Stary Ekspres Patagoński
Pociągiem przez Ameryki

Paul Theroux

Stary Ekspres Patagoński
Pociągiem przez Ameryki

Z nową przedmową Paula Theroux

Przełożył Paweł Lipszyc

wydawnictwo czarne

Wołowiec 2016

Tytuł oryginału angielskiego *The Old Patagonian Express:
By Train Through the Americas*

Projekt okładki Agnieszka Pasierska / Pracownia Papierówka
Fotografia na okładce © by Stuart Franklin / Magnum Photos /
EK Pictures
Fotografia Autora © by William Furniss

Redakcja Magdalena Koziej
Korekta Magdalena Adamek, Danuta Porębska / d2d.pl
Projekt typograficzny, redakcja techniczna i skład Robert Oleś / d2d.pl

Książkę wydrukowano na papierze Creamy HiBulk 53 g / m², vol. 2,4,
dystrybuowanym przez firmę Zing Sp. z o.o.

ISBN 978-83-8049-425-1

Niektórzy twierdzą, że książka podróżnicza jest odmianą powieści, że zawiera elementy fikcyjne, rodzi się z wyobraźni i jest swego rodzaju dziwnym stworem: w połowie prozaicznym zwierzęciem literatury faktu, w połowie bajkowym potworem beletrystyki. Oto stoi, parska, ryje ziemię i rzuca nam wyzwanie, żebyśmy nadali mu imię. Niewątpliwie są książki pasujące do tego opisu: drobne podróże, rozbudowane przez autorów do rozmiarów epopei i odysei. Chcesz napisać powieść, ale nie masz tematu, postaci, scenerii. Odbywasz więc kilkumiesięczną podróż – niezbyt drogą, niezbyt groźną – potem w swoim opisie nadajesz jej postać udręki, dramatyzujesz siebie, bo jesteś bohaterem tego, właściwie czego? Może dążenia do książki, dopuszczającej jednak znaczną swobodę.

Ja pracuję zupełnie inaczej. Kiedy wpada mi w ręce jedna z podobnych książek i zaczynam dostrzegać w niej fałsz, wymysł, upiększanie, przerywam lekturę. W książce podróżniczej dramatyzowanie własnych przeżyć jest nieuniknione – większość podróżników, nawet drętwych spacerowiczów, postrzega samych siebie jako samotnych, heroicznych poszukiwaczy przygód. Najdziwniejsze jest to, że prawdziwi bohaterowie podróży rzadko piszą o swych wędrówkach.

Jakiś czas temu przysłano mi grubą książkę, w której pewien młody człowiek szczegółowo opisał swoje podróże po francuskich miastach: „niezbędna lektura dla frankofilów, frankofobów, smakoszy, obżartuchów i innych podróżników po współczesnej

Galii". Zupełnie, jakby ten uprzywilejowany, zjeżdżony wszerz i wzdłuż kraj, do którego łatwo dotrzeć, był *terra incognita*. Owszem, jest miejsce na podobne książki, skierowane głównie do urlopowiczów, ja jednak wolałbym przeczytać o przygodach w trudniej dostępnym kraju.

Wyprawiając się w podróż, z której zrodził się *Stary Ekspres Patagoński*, poszukiwałem przygód. Postanowiłem wyjść z domu w Medford w stanie Massachusetts i ruszyć na południe, ku Patagonii, nie odrywając się od ziemi. Zapragnąłem opuścić wygodne, przytulne miejsce, gdzie się urodziłem, i udać się do odległej, nieziemskiej – jak mi się wydawało – krainy na południu Ameryki Południowej. Mój plan zakładał nawiązanie kontaktu między tym, co znane, a tym, co nieznane, bez opuszczania zachodniej półkuli. Nie byłaby to podróż okrężna, jaką opisałem w *Wielkim bazarze kolejowym*, ale raczej linearna, wiodąca Stąd Tam.

W opisach ekspedycji zawsze brakowało mi relacji o przygotowaniach. Taki opis znajduje się na początku *Starego Ekspresu Patagońskiego*, gdzie padają słowa: „Podróż to sztuczka ze znikaniem, samotna droga cienką linią geografii, wiodącą ku zapomnieniu". W pierwszej książce podróżniczej po prostu wyjechałem, katapultowałem się na wschód. Podczas pracy nad drugą czułem, że świadomie eksperymentuję z przestrzenią i czasem. Postawiłem sobie za cel wsiąść do pociągu, którym wszyscy jadą do pracy, a następnie, przesiadając się, dojechać do kresu linii kolejowej. Kres ten wyznaczała maleńka argentyńska stacja Esquel w środku Patagonii.

Praca nad tą książką była o wiele bardziej przemyślana niż nad pierwszą. Przede wszystkim postanowiłem nauczyć się języka. Z powodu braku znajomości hindi, japońskiego, perskiego, urdu i malajskiego, nie wspominając o wielu innych, moja pierwsza książka jest utrzymana w nieco żartobliwym tonie.

Łatwo było drwić z wpadek językowych. Ponieważ w kolejnej nie chciałem już być takim ignorantem, słuchałem nagrań po hiszpańsku. Chciałem wiedzieć, co się dzieje. Jedna z obiegowych opinii o książkach podróżniczych głosi, że zazwyczaj opowiadają one o podróżującym; zapragnąłem wykroczyć poza egocentryczną perspektywę i próbowałem choć trochę zrozumieć mijane miejsca. Wiedziałem co nieco o polityce, ale bardzo mało o geografii tych krajów. Jednym z moich celów było scharakteryzowanie każdego z tych miejsc, aby później czytelnik mógł wyrobić sobie klarowne wyobrażenie o Salwadorze, Kostaryce czy Peru, zamiast postrzegać je jako bezkształtny ciąg do złudzenia podobnych do siebie republik bananowych.

Nie zamierzałem uczynić z tej książki powieści. Planując podróż, kończyłem pisać *Picture Palace*, gdzie zbeletryzowany Graham Greene mówi: „Kto to powiedział, że podróż jest najsmutniejszą z przyjemności?". Działo się to latem 1977 roku. W drogę wyruszyłem sześć miesięcy później. W mroźne lutowe popołudnie wyszedłem z domu w Medford, pojechałem do Bostonu, stamtąd kolejnym pociągiem do Chicago i tak dalej. Niebo było niemal czarne od burzowych chmur, które wkrótce miały sprowadzić jedną z najcięższych śnieżyc na północnym wschodzie. O burzy śnieżnej przeczytałem w upalnym Meksyku. Jak łatwo się tam dostałem! Telepałem się na południe coraz bardziej wiekowymi pociągami.

Mając już za sobą pierwszą książkę podróżniczą, znałem nieco swoje słabe i mocne strony; miałem ogólne pojęcie o tym, jaką podróż pragnę odbyć. Nade wszystko chciałem poznać niezwykłych ludzi i tchnąć w nich życie na kartach książki, która jawiła mi się jako szereg portretów, krajobrazów i twarzy. Zawsze najbardziej ceniłem pisarstwo wizualne, a w *Picture Palace* celowo opisałem fotografkę; większość jej wypowiedzi o fotografii pokrywa się z moimi poglądami na temat pisania. Chciałem, by książka o Patagonii obfitowała w twarze i głosy, z wyraźnie nakreślonymi pierwszym i drugim planem.

Co się tyczy napotykanych ludzi, dopisało mi szczęście. Kanał Panamski znalazł się w centrum uwagi mediów; prezydent Carter zwołał konferencję mającą na celu zwrócenie kanału obywatelom Panamy. Strefowcy – urocza nazwa – zareagowali wściekłością na decyzję Cartera, uznawszy ją za zdradę. Znalazłem rozsądnego człowieka, z którym mogłem porozmawiać o tych i innych sprawach, pana Reissa kierującego zakładem pogrzebowym Gorgas. Poznałem też innych: kobietę w Vera Cruz szukającą ukochanego, pana Thornberry'ego w Kostaryce, irlandzkiego księdza, który założył rodzinę w Ekwadorze, Jorge Luisa Borgesa w Buenos Aires. (Borges opowiedział mi, że pracuje nad opowiadaniem o człowieku nazwiskiem Thorpe. Po latach znalazłem tę postać w utworze zatytułowanym *Pamięć Szekspira*). Poza tym próbowałem kreślić portrety miasteczek i miast. Widać to na przykład w opisie zaczynającym się od słów: „Niezwykle pozioma Gwatemala przypomina miasto leżące na plecach". Uważnie się przyglądałem, czujnie słuchałem, węszyłem i wszystko zapisywałem.

Mój przyjaciel Bruce Chatwin powiedział mi, że podróż do Patagonii odbył po przeczytaniu *Wielkiego bazaru kolejowego*. Zawsze się zastanawiałem, w jaki sposób dotarł do Patagonii; w jego książce nie znajdziemy odpowiedzi na to pytanie. Bruce napisał o swoim pobycie na miejscu, ja natomiast pragnąłem opisać podróż. Ponieważ ta myśl stale mi przyświecała, drobiazgowo zaplanowałem wyprawę. Dobrze wiedziałem, że kiedy tylko dotrę do Patagonii, rozejrzę się i wrócę do domu. Książka miała dotyczyć samej podróży.

To, co zobaczyłem, rozpraszało mnie wbrew mojej woli. Jako powieściopisarz nie mogłem ignorować możliwości, jakie oferowały mi sugestywne postacie czy dramatyczne krajobrazy, a jednocześnie wiedziałem, że muszę je zawrzeć w książce podróżniczej. Umieszczone tam, miały zastygnąć na zawsze; nie mogłem ich potem wydobyć i zbeletryzować. Uderzyła mnie gęstość dżungli, tak niedaleko Stanów Zjednoczonych. Kilka tygodni po opuszczeniu ogarniętej zimą Nowej Anglii znalazłem się w miejscach przypominających surową wersję Raju: nie było tam żadnych dróg, fabryk, domów, nawet misjonarzy. Człowiek mógł tu przyjechać i zacząć życie od zera, wybudować własne miasteczko, stworzyć własny świat. Szczególnie mocno odczułem to w Kostaryce, gdzie napisałem:

> Pociąg dotarł do wybrzeża i jechał wzdłuż porośniętej palmami plaży. To było Wybrzeże Moskitów, ciągnące się od Puerto Barrios w Gwatemali do Colón w Panamie. Dzikie wybrzeże wydaje się idealną scenerią dla opowieści o rozbitkach. Nieliczne wioski i porty są opuszczone; po załamaniu się rybołówstwa upomniała się o nie dżungla. Potężne fale pędziły ku nam, piana bielała w świetle zmierzchającego dnia; rozbijały się pod palmami kokosowymi tuż przy torach. Po zmroku morze ciemnieje jako ostatnie, jakby utrzymywało światło sączące się z nieba; drzewa są czarne. W blasku świetlistego morza i wciąż jeszcze błękitnego nieba na wschodzie, przy akompaniamencie łoskotu fal pociąg toczył się w kierunku Limón.

Wyobraziłem sobie, że ci rozbitkowie to rodzina uciekająca ze Stanów Zjednoczonych; skojarzyli mi się z rozmaitymi spotykanymi misjonarzami i księżmi. Ksiądz z Ekwadoru, który zrzucił sutannę, wydawał się idealnym modelem, swego rodzaju duchowym rozbitkiem, wiodącym sekretne życie z dala od domu. Ślubowałem jednak wierność książce podróżniczej, w której umieszczę wszystkie interesujące rzeczy i ludzi. Dobrze wiedziałem, że napisawszy o tym księdzu, nie będę mógł już do niego powrócić i odtworzyć go w powieści. Równie dobrze wiedziałem jednak, że po ukończeniu tej książki zacznę poważnie myśleć o powieści o rozbitkach na Wybrzeżu Moskitów.

Dojechałem do Patagonii, potem wróciłem do Londynu i napisałem tę książkę. Żałowałem, że nie dotarłem do Nikaragui, co mi odradzono ze względu na toczącą się tam wojnę partyzancką. Żałowałem, że podróż z Panamy do Barranquilli musiałem odbyć samolotem, podobnie jak z Guayaquil do Limy. Nie lubię latać, a ilekroć to robię – cierpiąc z powodu ogłuszającego buczenia i chłodnej duszności – zawsze podejrzewam, że kraina, nad którą przelatujemy, jest bogata, cudowna, ale wszystko to mi umyka. Podróż lotnicza jest bardzo prosta, irytująca i zawsze wzbudza niepokój. Przypomina wizytę u dentysty; nawet fotele są podobne. Podróż lądowa odbywa się wolniej, wiąże się z nią znacznie więcej kłopotów, jest jednak niewygodna w sposób całkowicie ludzki, a często dodaje otuchy.

Atmosfera *Starego Ekspresu Patagońskiego*, niekiedy posępna, wynika z mojej znajomości hiszpańskiego. Bardzo łatwo mogłem się zdobyć na lekki ton, kiedy podróżowałem w celu zbierania materiału do *Wielkiego bazaru kolejowego*. Niewielkie miałem pojęcie o tym, co ludzie mówią po japońsku czy w hindi. Jednak rozmowa z ludźmi w ich ojczystym języku – słuchanie lękliwych zwrotów, słów będących wyrazem gwałtownego gniewu czy idiomów zdradzających bezradność – bywa dotkliwa. Podobne doświadczenie przeżyłem osiem lat później, podróżując po Chinach i słuchając, jak ludzie martwią się po chińsku.

Książka, którą czytelnik trzyma teraz w dłoniach – dotyczy to zresztą wszystkich, jakie napisałem – nie jest pomyślana jako problem do roztrząsania czy analizowania. Napisałem ją po to, by dostarczała przyjemności i radości. Czytając ją, powinieneś lub powinnaś dostrzec ludzi i miejsca, usłyszeć, poczuć ich zapach. Naturalnie, część tego jest bolesna, jednak podróż – sam jej ruch – powinna sugerować nadzieję. Rozpacz jest fotelem, jego obojętnością, szklistym wzrokiem wyzbytym ciekawości. Według mnie podróżnicy są z natury optymistami, w przeciwnym razie donikąd by się nie wybrali. Książka podróżnicza winna odzwierciedlać ten właśnie optymizm.

Uporawszy się ze *Starym Ekspresem Patagońskim*, zacząłem robić notatki do kolejnej powieści, *Wybrzeża Moskitów*. Przed przystąpieniem do pisania wróciłem do Ameryki Środkowej i odbyłem podróż po Hondurasie. Co prawda, prowadziłem notatki, ale skwapliwie unikałem wykorzystywania ich w artykule czy reportażu. Z czasem stały się magazynem całej mojej wiedzy o tym odległym wybrzeżu Moskitii, stanowiącym scenerię powieści. Praca nad tą książką nie była pisaniem wzniosłego reportażu, ale niemal nieopisywalnym, podobnym do snu przeobrażeniem, tym bowiem właśnie jest beletrystyka.

Paul Theroux, 2008

Ten pociąg był jedyną żywą rzeczą w martwej krainie; był jedynym aktorem, jedynym spektaklem godnym oglądania wśród tego paraliżu człowieka i natury. Kiedy myślę o tym, jak poprowadzono kolej przez te jałowe, zamieszkane przez dzikie plemiona pustkowia [...] jak na każdym etapie budowy wyrastały ryczące miasta, pełne złota, żądzy i śmierci, by potem umrzeć i stać się zapomnianymi stacyjkami na pustyni; jak w tych surowych miejscach chińscy piraci z włosami splecionymi w warkocze pracowali ramię w ramię z łachudrami z pogranicza i przegranymi przybyszami z Europy, rozmawiali w mieszanym dialekcie złożonym głównie z przekleństw, oddawali się hazardowi, pili, kłócili się i zabijali jak wilki; jak ozdobiony piórami dziedziczny władca całej Ameryki usłyszał w swym ostatnim schronieniu okrzyk „wóz ze złym lekiem", obwieszczający przybycie wrogów; kiedy przypominam sobie, że cały ten zgiełk wywołali dżentelmeni w surdutach, pragnący po prostu zbić majątek i odwiedzić Paryż, wówczas przychodzi mi na myśl, że kolej stanowiła typowe osiągnięcie naszych czasów, jak gdyby spięła razem wszystkie krańce ziemi, wszystkie warstwy społeczne, podsuwając wielkiemu pisarzowi najbardziej rojny, rozległy i urozmaicony temat trwałego dzieła literackiego. Jeśli potrzebujemy romansu, kontrastu, heroizmu, to czym była Troja w porównaniu z koleją?

Robert Louis Stevenson, *The Amateur Emigrant*, tłum. P. Lipszyc

„Romans!" płaczą bilety sezonowe,
„Wszak on na pociąg nigdy się nie spieszył,
Z pompą stacyjkę mijał powozem,
Lokalny znów spóźniony!"
Diabli nadali romans... nagle
Romans sprowadził ranny pociąg.

Rudyard Kipling, *The King*, tłum. P. Lipszyc

rozdział_pierwszy_

Lake Shore Limited

Jeden z nas, pasażerów metra, najwyraźniej nie jechał do pracy. Natychmiast poznalibyście go po rozmiarach torby. Uciekiniera zawsze można też rozpoznać po błąkającym się na twarzy wyrazie samozadowolenia; wygląda, jakby trzymał w ustach sekret, jak gdyby lada chwila miał puścić bańkę. Po co ta chytrość? Obudziłem się w swojej starej sypialni, w domu, gdzie spędziłem większą część życia. Wokół budynku leżał głęboki śnieg, podwórze przecinały zamarznięte ślady stóp wiodące do pojemnika na śmieci. Właśnie przeszła śnieżyca, wkrótce miała uderzyć następna. Ubrałem się, staranniej niż zwykle zawiązałem sznurowadła, nie ogoliłem się nad górną wargą, bo zamierzałem zapuścić wąsy. Klepnąwszy się po kieszeniach, żeby sprawdzić, czy nie zapomniałem długopisów i paszportu, zszedłem na dół, minąłem matczyny czkający zegar z kukułką, wreszcie ruszyłem na Wellington Circle, żeby złapać pociąg. W mieście panował niemiłosierny ziąb, był to więc idealny dzień na wyjazd do Ameryki Południowej.

Dla jednych był to pociąg do Sullivan Square czy na Milk Street, najwyżej do Orient Heights; dla mnie był to pociąg do Patagonii. Dwaj mężczyźni rozmawiali cicho w obcym języku; inni trzymali pudełka z drugim śniadaniem, sakwojaże i aktówki, jedna z kobiet wiozła pomiętą torbę z domu towarowego, świadczącą o tym, że zamierza zwrócić lub wymienić niechciany towar (oryginalna torba miała uprawomocnić kłopotliwą sytuację). Mróz odmienił twarze w tym wielorasowym wagonie: policzki

białych wyglądały jak potarte różową kredą, Chińczycy byli bez-
krwiści, czarni zaś popielaci lub żółtoszarzy. O świcie termome-
try wskazywały −11 °C, rano było już −12 °C, a temperatura ciągle
spadała. Kiedy na stacji Haymarket drzwi się otworzyły, przez
wagon przetoczył się mroźny podmuch, który uciszył mamroczą-
cych cudzoziemców. Sprawiali wrażenie przybyszów z basenu
Morza Śródziemnego; skrzywili się na przeciąg. Większość pasażerów siedziała nieruchomo, z łokciami przy ciele, z dłońmi
na kolanach; mrużąc oczy, próbowali utrzymać ciepło.

Wszyscy ci ludzie mieli w mieście sprawy do załatwienia:
praca, zakupy, wizyta w banku, kłopotliwa rozmowa w sprawie zwrotu kosztów. Dwaj pasażerowie trzymali na kolanach
pokaźnych rozmiarów podręczniki; na grzbiecie zwróconym
w moją stronę przeczytałem: *Ogólny wstęp do socjologii*. Pewien
mężczyzna uważnie śledził nagłówki w „Globe", inny wertował
dokumenty w aktówce. Jedna pani kazała córce przestać kopać
i siedzieć spokojnie. Pasażerowie zaczęli wysiadać na smagane
wiatrem perony; po czterech stacjach wagon opustoszał do połowy. Ludzie ci wrócą wieczorem, spędziwszy dzień na rozmowach o pogodzie. Mimo to byli odpowiednio ubrani: na biurowe
ubrania włożyli parki, rękawiczki, rękawice z jednym palcem,
wełniane czapki; na twarzach malowała się rezygnacja i, nawet
rano, oznaki zmęczenia. Ani śladu ożywienia, wszystko to było
zwyczajne i typowe, pociąg był ich codziennością.

Nikt nie wyglądał przez okno. Ci ludzie już wcześniej
widzieli zatokę, Bunker Hill i billboardy. Nie patrzyli też na
siebie. Spojrzenia zatrzymywały się w odległości kilku centymetrów od oczu współpasażerów. Znajdujące się nad głowami ludzi napisy przemawiały do nich, jednak oni nie zwracali
na nie uwagi. Pasażerowie pochodzili stąd, byli ważni; spe-
ce od reklamy wiedzieli, do kogo się zwracają. POTRZEBNY CI
FORMULARZ PODATKOWY? Pod tym napisem młody człowiek

w grubej, dwurzędowej kurtce marynarskiej uśmiechnął się do swojej gazety i przełknął ślinę. REALIZUJ CZEKI W CAŁYM STANIE MASSACHUSETTS. Kobieta o żółtoszarej cerze zmarzniętej Hotentotki przycisnęła do siebie torbę z zakupami. ZGŁOŚ SIĘ NA OCHOTNIKA DO PRACY W BOSTOŃSKIEJ SZKOLE. To całkiem niezły pomysł dla tego gościa w rosyjskiej czapie, który grzebie w aktówce, a jego twarz zdradza, że ma wszystkiego dość. PIENIĄDZE NA HIPOTEKĘ? MAMY ICH W BRÓD. Nikt nie podniósł wzroku. DACHY I RYNSZTOKI. ZRÓB DYPLOM W CZASIE WOLNYM. Restauracja. Radiostacja. Prośba o zaprzestanie palenia.

Te napisy nie mówiły do mnie. Dotyczyły spraw lokalnych, a ja właśnie wyjeżdżałem. Kiedy wyjeżdżasz, obietnice reklamowe nie działają. Pieniądze, szkoła, dom, radio: zostawiałem je za sobą, a na krótkim odcinku od Wellington Circle do ulicy State słowa reklam zmieniły się w błagalny bełkot, jak niezrozumiały obcy język. Mogłem wzruszyć ramionami; coś odciągało mnie od domu. Oprócz mrozu i oślepiającego światła odbitego od śniegu w mojej podróży nie było nic szczególnego, nic zasługującego na uwagę, tyle że kiedy pociąg wjechał na dworzec South Station, znajdowałem się o półtora kilometra bliżej Patagonii.

Podróż to sztuczka ze znikaniem, samotna droga cienką linią geografii, wiodącą ku zapomnieniu.

> Co się stało z Waringiem
> Odkąd dał dyla i znikł?

Książka podróżnicza jest czymś wprost przeciwnym: oto heroiczny samotnik powraca, by opowiedzieć o swoim eksperymencie z przestrzenią. Taka książka jest najprostszym rodzajem narracji, wyjaśnieniem, w którym zarazem kryje się usprawiedliwienie faktu, że ktoś się zebrał i ruszył w drogę. Jest ruchem uporządkowanym przez to, że zostaje powtórzony w słowach.

Takie zniknięcie ma charakter elementarny, a mimo to tylko nieliczni wracają w milczeniu. Konwencja nakazuje zabierać się do pisania podróżniczego metodą teleskopową i zaczynać – jak to się dzieje w wielu powieściach – w samym środku zdarzeń, wyrzucać czytelnika na zdumiewający brzeg, nie doprowadzając go tam wcześniej. Książka może się więc zacząć: „Białe mrówki urządziły sobie ucztę na moim hamaku". Albo: „Tam w dole patagońska dolina przechodziła w szarą, popękaną od powodzi skałę, na której rysowały się pręgi epok". Bądź też, by posłużyć się autentycznymi pierwszymi zdaniami z trzech losowo wybranych książek:

> 1 marca 1898 roku, około południa, po raz pierwszy wpłynąłem do wąskiej i trochę niebezpiecznej zatoki Mombasy na wschodnim wybrzeżu Afryki (*The Man-Eaters of Tsavo*, podpułkownik J. H. Patterson).

> „Witajcie!" głosi duża tablica przy drodze, kiedy samochód kończy kręty podjazd z upalnych równin południowych Indii i wjeżdża w niemal niepokojący chłód (*Ooty Preserved*, Mollie Panter-Downes).

> Z balkonu mojego pokoju rozciągała się panorama Akry, stolicy Ghany (*A quale tribù appartieni?* Alberto Moravia).

Moje tradycyjne pytanie, na które próżno szukać odpowiedzi w powyższych – i wielu innych – książkach podróżniczych, brzmi: Jak się tam dostałeś? Nawet bez podania motywu wyprawy, prolog jest mile widziany, skoro podróż jest często nie mniej fascynująca niż przybycie na miejsce. Ponieważ jednak ciekawość zakłada zwłokę, a zwłokę uważa się za luksus (choć właściwie po co ten pośpiech?), przywykliśmy do tego, że życie jest serią przyjazdów i wyjazdów, triumfów i porażek, a między nimi nie wydarza się nic godnego uwagi. Owszem, górskie szczyty się liczą, ale co z niższymi zboczami Parnasu? Nie straciliśmy wiary w podróże, ale tekstów im poświęconych nie ma wiele. Wyjazd opisuje się zwykle jako chwilę paniki i odprawę biletową na lotnisku, nieporadny pocałunek na trapie statku, potem milczenie, aż wreszcie „Z balkonu mojego pokoju rozciągała się panorama Akry...".

Podróż jest czymś zgoła odmiennym. Od momentu przebudzenia zmierzasz ku odległemu celowi, a każdy krok (najpierw mijasz zegar z kukułką, potem zmierzasz Fulton w kierunku Fellsway) przybliża cię do niego. Książka *The Man-Eaters of Tsavo* opowiada o lwach pożerających Hindusów zatrudnionych przy budowie linii kolejowej w Kenii pod koniec dziewiętnastego wieku. Założę się jednak, że mogła powstać subtelniejsza, ale równie fascynująca książka o podróży morskiej z Southampton do Mombasy. Z sobie tylko znanych powodów podpułkownik Patterson jej nie napisał.

Literatura podróżnicza jest w opłakanym stanie. Standardowo na początku takiej książki narrator raczy nas widokiem, jaki rozpościera się przed nim, gdy przywiera nosem do okna przechylonego samolotu. Żartobliwe otwarcie książki, silenie się na efekt stały się tak znajome, że niemal nie sposób ich parodiować. Jak to leci? „Pod nami rozpościerała się tropikalna zieleń, zalana dolina, szachownica pól, a kiedy przeniknęliśmy chmury, ujrzałem piaszczyste drogi prowadzące w stronę wzgórz i samochody małe jak zabawki. Samolot zatoczył koło nad lotniskiem, a gdy zeszliśmy do lądowania, zobaczyłem majestatyczne palmy, plony, dachy biednych domów, pola pozszywane prostymi ogrodzeniami, ludzi jak mrówki, barwne...".

Podobne łamigłówki nigdy mnie nie przekonywały. Kiedy ląduję, serce mam w gardle. Zastanawiam się – kto tego nie robi? – czy się rozbijemy. Przed oczami przelatuje mi życie, krótki wybór plugawych i żałosnych bzdur. Potem jakiś głos każe mi pozostać na miejscu aż do całkowitego zatrzymania się samolotu; po wylądowaniu z głośników płynie instrumentalna wersja *Moon*

River. Gdybym odważył się rozejrzeć, zobaczyłbym pewnie, jak jeden z pasażerów notuje: „Pod nami rozpościerała się tropikalna zieleń…".

A co z samą podróżą? Przypuśćmy, że nie ma się nic do powiedzenia na jej temat. O większości podróży lotniczych nie da się wiele powiedzieć. Ponieważ każda niezwykła rzecz musi być katastrofalna, dobry lot definiuje się przez przeczenia: twój samolot nie został porwany, nie rozbił się, nie wymiotowałeś, nie spóźniłeś się, nie mdliło cię od jedzenia. Dlatego odczuwasz wdzięczność. Wdzięczność wywołuje w tobie taką ulgę, że w umyśle pojawia się pustka, co jest stosowne, ponieważ pasażer lotniczy poróżuje w czasie. Najpierw wpełza do wyłożonego wykładziną rękawa cuchnącego środkiem dezynfekującym, następnie przypina się do fotela, aby udać się do domu, bądź też się od niego oddalić. Czas ulega skróceniu, a z pewnością zakrzywieniu: nasz podróżnik startuje w jednej strefie czasowej, ląduje w innej. Od chwili, gdy wchodzi do samolotu i opiera kolana o siedzenie z przodu, siedząc w nienaturalnie wyprostowanej pozycji, od startu nasz podróżnik myśli o przylocie. Pod warunkiem że ma choć trochę oleju w głowie. Gdyby wyjrzał przez okno, zobaczyłby tylko tundrę chmur, a w górze pustą przestrzeń. Czas zostaje wspaniale oślepiony: nie ma czego oglądać. Dlatego właśnie tak wielu ludzi mówi o podróżowaniu samolotami tonem przepraszającym. Mówią: „Tak naprawdę to chciałbym zapomnieć o tych plastikowych odrzutowcach, stanąć na pokładzie widokowym trójmasztowego szkunera i poczuć wiatr we włosach".

Nie ma jednak potrzeby przepraszać. Lot samolotem nie jest może podróżą w przyjętym znaczeniu tego słowa, ale z pewnością jest magią. Każdy, kogo stać na bilet, może sobie wyczarować ruiny zamku Drachenfels albo wyspę z wiersza Yeatsa *Lake Isle of Innisfree*. Wystarczy, że wybierze odpowiednie schody ruchome, na przykład na lotnisku Logan w Bostonie. Należy jednak dodać, że ten jeden wjazd schodami ruchomymi bardziej ożywia umysł, bardziej przypomina podróż niż cały lot samolotem. Reszta, czyli obcy kraj, wszystko, co składa się na przyjazd, jest rampą cuchnącego lotniska. Jeśli pasażer postrzega ten rodzaj przemieszczania się jako podróż i oferuje swoją książkę publiczności, pierwszym napotkanym cudzoziemcem jest grzebiący w ubraniach celnik albo wąsaty demon w dziale imigracyjnym. Chociaż samoloty weszły do porządku dziennego, nadal powinniśmy ubolewać nad tym, że znieczuliły nas na przestrzeń; jesteśmy zapuszkowani jak kochankowie w zbrojach.

Wszystko to jest oczywiste. Mnie interesuje poranna pobudka, przejście od znanego do dość osobliwego, potem do dziwnego, całkiem obcego, wreszcie zupełnie nieziemskiego. Liczy się podróż, nie przyjazd; wyprawa, nie lądowanie. Ponieważ po lekturze książek podróżniczych czułem się pod tym względem oszukany, zacząłem się zastanawiać, czego mi właściwie odmówiono; postanowiłem wyruszyć do krainy z książek podróżniczych, tak daleko na południe, jak da się dotrzeć pociągiem z Medford w stanie Massachusetts, i zakończyć książkę tam, gdzie zaczynają się książki podróżnicze.

Nie miałem nic lepszego do roboty. Znalazłem się na etapie życia literackiego, który zacząłem rozpoznawać. Właśnie ukończyłem powieść, spędziwszy dwa lata w domowych pieleszach. Poszukiwałem tematu na kolejną książkę, ale stwierdziłem, że zamiast trafiać w sedno, uderzam na oślep. Nie cierpiałem mrozu. Pragnąłem słońca. Nie miałem pracy – w czym więc tkwił problem? Po przestudiowaniu map doszedłem do wniosku, że od mojego domu w Medford prowadzi nieprzerwana linia kolejowa aż do wielkiego płaskowyżu Patagonii na południu Argentyny. Tam, w miasteczku Esquel pociąg kończył bieg. Z Tierra del Fuego nie było połączeń kolejowych, ale między Medford a Esquel ich nie brakowało.

W tym włóczęgowskim nastroju wsiadłem do pierwszego pociągu, tego, którym ludzie jeździli do pracy. Oni wysiedli, ich podróż pociągiem dobiegła końca. Ja zostałem: moja dopiero się zaczynała.

Na dworcu South Station, z gęsią skórką od nieustępliwego mrozu, ujrzałem kilku przyjaciół. Spod pociągu buchała para; przyjaciele wyglądali jak ludzie z mgły, ich oddechy parowały. Z papierowych kubków wypiliśmy szampana, tupiąc dla rozgrzewki. Na peronie pojawiła się moja rodzina, zaczęły się uściski dłoni. Mój ojciec z podniecenia zapomniał, jak mam na imię, ale bracia zachowywali spokój; jeden był ironiczny, drugi zerknął na zgrabnego młodzieńca na peronie i rzucił:

– Lawendowa woda kolońska, Paul, uważaj, on wsiada!

Ja także wsiadłem i pomachałem na pożegnanie ludziom, którzy dobrze mi życzyli. Kiedy pociąg Lake Shore Limited ruszył z peronu piętnastego, poczułem, że wciąż jeszcze znajduję się w stanie tymczasowym, wszyscy bowiem wkrótce mieli wysiąść, a tylko ja jechałem do końca trasy.

Tę miłą, acz zarozumiałą myśl zachowałem dla siebie. Kiedy ktoś pytał, dokąd się wybieram, odpowiadałem, że do Chicago. Częściowo wynikało to z przesądu; uznałem, że na tak wczesnym etapie podróży wyjawienie jej celu przyniesie pecha. Po części nie chciałem też zaskakiwać pytającego komicznymi nazwami (Tapachula, Managua, Bogota) albo rozbudzać jego ciekawości, co mogłoby doprowadzić do przesłuchania. Tak czy inaczej, ciągle jeszcze znajdowałem się w domu, na znajomym terenie: przygarbione plecy miejskich budynków, niedorzeczna solenność iglic Uniwersytetu Bostońskiego, a po drugiej stronie zamarzniętej rzeki Charles białe wieżyczki Harvardu, same nieudane próby wzniesienia wieży z kości słoniowej. Gwizd pociągu niósł się w mroźnym, czystym powietrzu po całej zatoce Back

Bay. Sygnał amerykańskich pociągów cechuje słodko-gorzka zmiana tonacji i nawet najmniej znaczący pociąg idealnie gra tę samotną nutę dla marzycieli przy torach. W muzyce nosi to nazwę zmniejszonego interwału: Huu-łii! Huu-łii!

Na posypanych solą drogach dało się zauważyć trochę pojazdów, ale nie było żadnych pieszych. Przedmieścia Bostonu wyglądały jak po ewakuacji: ani śladu ludzi, wszystkie drzwi i okna szczelnie zamknięte, zaspy brudnego śniegu na pustych ulicach, śnieżne czapy na zaparkowanych samochodach. Minęliśmy stację telewizyjną otoczoną ceglanym murem, co miało jej nadać wygląd wiejskiej posiadłości, zamarznięty staw z kaczkami, arsenał okolony szarą atrapą murów obronnych, które wyglądały równie wojskowo jak wycinanki z pudełka płatków kukurydzianych. Znałem nazwy tych przedmieść, nieraz je odwiedzałem, ale ponieważ wyjeżdżałem tak daleko, każde mijane miejsce wydawało mi się ważne. Czułem się tak, jakbym po raz pierwszy opuszczał dom, i to na zawsze.

Zdając sobie sprawę, jak dobrze rozumiałem te miejsca, kurczowo trzymałem się tego, co znajome, i nie chciałem, by zawładnęło tym oddalenie. Ten most, ten kościół, to pole. W opuszczeniu domu nie ma nic szokującego, raczej powoli wzbierający smutek, kiedy poszczególne znajome miejsca migają za oknem, znikają i stają się częścią przeszłości. Czas staje się widoczny; przesuwa się wraz z przesuwającym się krajobrazem. Moim oczom ukazywały się mijające sekundy, w miarę jak pociąg sunął naprzód, odfajkowując budynki z szybkością, która wprawiała mnie w melancholię.

Tutaj, we Framingham, miałem jedenaścioro kuzynów. W tej okolicy stały drewniane chaty, rosły lasy, na wzgórzach widniały oblodzone werandy; śnieg był tu czystszy niż w Bostonie. Gdzieniegdzie majaczyli też ludzie. W to zimowe popołudnie pochylone dzieci jeździły na łyżwach na lodowisku między opuszczonymi domami. Po chwili minęliśmy barierę klasową: duże, krągłe, różowe, żółte i białe bryły domów, przy niektórych baseny wypełnione śniegiem. Pociąg Lake Shore Limited wstrzymał ruch na Main Street, gdzie policjant o opuchniętej twarzy, zaczerwienionej od mrozu jak salami zatrzymał pojazdy rękawicami podobnymi do niedźwiedzich łap.

Nie odjechałem daleko. Mógłbym wyskoczyć z pociągu i bez trudu wrócić do Medford autobusem. Dobrze znałem te miejsca, a mimo to zauważałem nowe szczegóły: inną fakturę podmiejskiego śniegu, swojskie nazwy sklepów – „U Wally'ego", „U Dave'a", „U Angie" – wszędzie też powiewały amerykańskie flagi. Gwiaździsty sztandar furkotał nad stacjami benzynowymi, supermarketami i wieloma podwórzami. Tam wznosiła się kościelna wieża podobna do pieprzniczki. Nie przypominałem sobie, żebym ją wcześniej widział, ale też nigdy wcześniej nie wyrwałem się tak z domu na oślep. Długość podróży, którą zamierzałem odbyć, pozwalała mi na uważne przyglądanie się detalom. Jednak flagi wprawiały mnie w zdumienie: czy były to świątobliwe przechwałki patriotów, ostrzeżenia dla cudzoziemców, czy też dekoracje przed świętem narodowym? Dlaczego nad zaśmieconym podwórkiem tego walącego się domu śliczna mała flaga powiewała lojalnie na maszcie? Sądząc po tych dowodach, należało to uznać za amerykańską obsesję, oddawanie czci wizerunkom, które kojarzyłem z najprymitywniejszymi umysłami politycznymi.

Zachodzące słońce złociło śnieg. Teraz widziałem flagi nad fabrykami, reklamującymi produkty na wysokich ceglanych kominach: na jednym WOŁOWINA SNIDERA, na drugim samotne słowo KOPERTY. Podobnie jak wcześniej widziałem atrapę warownych murów przy arsenale, teraz ujrzałem katedrę z atrapą wałów i dzwonnicą bez dzwonu, domy z kolumnami, które nie wspierały dachów, czysto dekoracyjną sztuczność piernikowych willi. Nikt nie udawał, że to nie atrapy. Raz po raz rzucały się w oczy cukierkowe imitacje, które stały się kanonem amerykańskiej architektury.

Między coraz bardziej oddalonymi od siebie miasteczkami fabrycznymi ciemniały gęste lasy; nieprzystępne czarne pnie dębów przypominały kształtem kościelne ambony. Kiedy pociąg zbliżał się do Springfield, nad nagimi wzgórzami zapadała noc; fosforyzujący głęboki śnieg w dolinach schodził ku czarnym potokom o marszczonej prądem powierzchni. Od wyjazdu z Bostonu wszędzie widziało się wodę: zamarznięte jeziora i stawy, na wpół zamarznięte rzeki i strumienie z konchami lodu przy brzegach, sunącą wodę o zmierzchu podobną do tuszu. Potem słońce zaszło, światło spływające z nieba znikło w otworze w ślad za słońcem, a okna prześwitujące wśród lasów jakby pojaśniały. Mężczyzna w rękawicach z jednym palcem stał przy swojej stacji benzynowej i patrzył, jak przejeżdżamy.

Wkrótce potem dotarliśmy do Springfield. Wyraźnie pamiętałem, jak pewnej zimowej nocy wysiadłem na tej właśnie stacji, przeszedłem długi most nad rzeką Connecticut do szosy 91, żeby pozostałą część trasy do Amherst przejechać autostopem. Dziś w nocy po rzece też płynęła kra, na przeciwległym brzegu ciemniały zbocza, wiatr ciął tak samo jak wtedy. Moje wspomnienia szkolne wiążą się z reguły z uczuciem osamotnienia, brakiem doświadczenia i pozbawionym radości zniecierpliwieniem, które doskwierało mi jak bieda. W tych stronach poznałem smak smutku. Jednak ruch podróży jest zbawienny: zanim zdążyłem sobie wiele przypomnieć – zanim to miasto i ta rzeka zdążyły cisnąć we mnie konkretnym wspomnieniem – podróż ze świstem rzuciła mnie w amnezję nocy. Ze stukotem tłumionym przez śnieg pociąg jechał na zachód przez lasy Massachusetts. Nawet w ciemnościach rozpoznawałem te strony. To nie była nieprzejrzysta noc, jednolity mrok, serce obcego kraju. Ten rodzaj ciemności oszałamia tylko obcych. Jak na tę porę roku był to typowy wieczór, a ja znałem tu wszystkie duchy. To była ciemność rodzinnych stron.

Ciągle siedziałem w przedziale. Od szampana wypitego na South Station kręciło mi się w głowie, a choć na kolanach trzymałem *Dzikie palmy* Williama Faulknera, przeczytałem zaledwie trzy strony. Na odwrocie książki zanotowałem: „policjant z twarzą jak salami", „woda jak tusz", „flagi". Pozostałą część czasu, jaki dotychczas upłynął, spędziłem z twarzą przyklejoną do okna. Nie widziałem innych pasażerów ani ich nie wypatrywałem. Nie miałem pojęcia, kto podróżuje tym pociągiem, ale niepokój podsunął mi myśl, że będzie jeszcze mnóstwo czasu, żeby poznać współpasażerów, jeśli nie tej nocy, to nazajutrz w Chicago albo dzień później w Teksasie. Albo zostawić to wszystko na Amerykę Południową lub inny klimat – po prostu siedzieć tu i czytać dopóty, dopóki pogoda się nie zmieni, i dopiero wtedy przejść się po pociągu? Faulkner okazał się jednak nieprzystępny; ciekawość wzięła we mnie górę nad niepokojem.

Na końcu wagonu sypialnego (jedynego w całym pociągu, zwanego „Srebrna orchidea") stał mężczyzna. Z twarzą i przedramionami opartymi o szybę, wpatrywał się, jak sądzę, w Pittsfield albo Berkshires, w biały jak papier brzozowy zagajnik, smagany nocą i śniegiem, szereg sztachet widocznych pod zaspami, ocienione niskie cedry podobne do latarni, wreszcie w płatki śniegu układające się zgodnie z kierunkiem wiatru na szybie tuż przed jego nosem.

– To jest jak kolej transsyberyjska – powiedział.

– Wcale nie – odparłem.

Nieznajomy skrzywił się i dalej patrzył w okno. Przeszedłem na koniec wagonu, ale zrobiło mi się przykro, że tak uciąłem rozmowę. Spojrzawszy za siebie, zobaczyłem, że nadal tam stał, wpatrzony w ciemność. Ten mężczyzna w podeszłym wieku przyjaźnie mnie zagadnął. Udałem, że też patrzę w okno, a kiedy tamten przeciągnął się i ruszył w moją stronę – stawiając kroki jak w tangu dla zachowania równowagi albo jak ludzie na statkach podczas sztormu – powiedziałem:

– Tak naprawdę na Syberii nie ma aż tyle śniegu.

– Co ty powiesz. – Poszedł dalej, a po burkliwym tonie poznałem, że z tej znajomości nic nie będzie.

Na jedzenie nie mogliśmy liczyć aż do Albany, gdzie do naszego składu dołączali część nowojorską z wagonem restauracyjnym. Dlatego poszedłem do wagonu barowego i zamówiłem piwo. Nabiłem fajkę, zapaliłem i rozkoszowałem się transowymi, leniwymi rozmyślaniami, jakie wywołuje we mnie fajkowy dym. Otoczyłem się kokonem dymu, tak przytulnym i gęstym, że dziewczyna, która weszła do wagonu i usiadła naprzeciwko, wyglądała jak zjawa albo dziecko we mgle. Na stoliku położyła trzy pękate torebki, podwinęła nogi pod siebie i, z dłońmi złożonymi na kolanach, patrzyła kamiennym wzrokiem w głąb wagonu. Intensywność tej dziewczyny mnie zaniepokoiła. Przy sąsiednim stoliku jakiś mężczyzna czytał książkę o przygodach Matta Helma, a obok niego dwaj sędziowie liniowi – narzędzia pracy mieli przy sobie – grali w pokera. Pewien chłopak słuchał radia, ale jego hałas tonął w jeszcze większym hałasie pociągu. Mężczyzna w mundurze mieszał kawę – kolejarz: u jego stóp stała stara poplamiona smarem latarnia. Przy stoliku kolejarza otyła kobieta w milczeniu, ukradkiem jadła batonik. Jadła z poczuciem winy, jakby w obawie, że lada chwila ktoś krzyknie: „Odłóż to!".

– Czy mógłbyś nie palić?

Głos należał do dziewczyny z torebkami i kamiennym wzrokiem.

Rozejrzałem się w poszukiwaniu zakazu palenia, ale go nie znalazłem.

– Czy to ci przeszkadza? – spytałem.

– Dym podrażnia mi oczy – wyjaśniła dziewczyna.

Odłożyłem fajkę, łyknąłem piwa.

– To jest trucizna – oświadczyła.

Zamiast spojrzeć na dziewczynę, zerknąłem na jej torebki.

– Podobno orzeszki ziemne powodują raka – powiedziałem.

– Pestki dyni. – Wyszczerzyła zęby w mściwym uśmiechu.

Odwróciłem wzrok.

– A to są migdały.

Zacząłem się zastanawiać, czy ponownie nie zapalić fajki.

– A to orzechy nerkowca.

Dziewczyna miała na imię Wendy. Jej owalna twarz wyrażała niewinność i ani śladu ciekawości. Jej wygląd był równie odległy od mojego wyobrażenia o pięknie jak pospolitość, dlatego też ani trochę mnie nie zainteresowała. Nie mogłem jednak winić za to dziewczyny: trudno być interesującą w wieku dwudziestu lat. Jak powiedziała, była studentką i jechała do Ohio. W hinduskiej spódnicy, wysokich sznurowanych buciorach, pod ciężarem skórzanej kurtki sprawiała wrażenie przygarbionej.

– Co studiujesz, Wendy?

– Filozofię wschodu. Interesuje mnie zen.

O, Chryste, pomyślałem. Dziewczyna wciąż mówiła. Zgłębiała Otwór, a może Pełnię, tak czy inaczej nic z tego nie rozumiałem. Wcale dużo nie czytała, a wykładowcy byli beznadziejni. Uznała jednak, że jeśli tylko dotrze do Japonii albo Birmy, dowie się znacznie więcej. W Ohio spędzi jeszcze kilka lat. Powiedziała, że buddyzm ogarnia całe twoje życie. Właściwie wszystko, co robisz, jest buddyzmem. Wszystko, co wydarza się na świecie, też jest buddyzmem.

– Ale nie polityka – zaoponowałem. – Polityka to nie buddyzm, tylko oszustwo.

– Tak wszyscy mówią, ale nie mają racji. Czytałam Marksa. Marks jest tak jakby buddystą.

Czy ona mnie nabierała?

– Marks był mniej więcej takim samym buddystą jak ta puszka piwa – powiedziałem. – Zresztą, wydawało mi się, że rozmawiamy o polityce. Polityka to zaprzeczenie myśli. Jest egoistyczna, ograniczona, nieuczciwa. Składa się z samych pół-prawd i rozwiązań na skróty. Może kilku buddyjskich polityków zmieniłoby sytuację, ale w Birmie, gdzie…

– Weźmy taki przykład – przerwała mi dziewczyna, wskazując na swoją torebkę orzechów. – Jestem weganką. Pewnie masz rację, twierdząc, że cała polityka jest zła. Według mnie ludzie wszystko robią źle, zupełnie źle. Jedzą śmieci. Konsumują śmieci. Tylko na nich spójrz! – Otyła kobieta wciąż jadła batonik, a może już następny. – Oni się niszczą i nawet o tym nie wiedzą. Paleniem doprowadzają się do śmierci. Spójrz na dym w tym wagonie.

– To częściowo mój dym – powiedziałem.

– Zabija mi oczy.

– Weganka – powtórzyłem. – To znaczy, że nie pijesz mleka.

– Zgadza się.

– A co z serem? Ser jest smaczny. Poza tym potrzebujemy wapnia.

– Wapń dostarczają mi nerkowce – odparła. Czy rzeczywiście tak było? – Zresztą, od mleka wytwarza mi się śluz. Mleko to największy wytwarzacz śluzu.

– Nie wiedziałem.

– Kiedyś zużywałam całą paczkę chusteczek dziennie.

– Całą paczkę. Sporo.

– Wszystko przez mleko. Mleko wytwarzało śluz. Nie masz pojęcia, jak mi leciało z nosa.

– To dlatego ludzie mają katar? Z powodu mleka?

– Tak! – zawołała dziewczyna.

Zacząłem się zastanawiać, czy ma rację. Ludzie pijący mleko mieli katar. Dzieci piły mleko. Z tego wniosek, że dzieci miały katar. Rzeczywiście tak było. Cała sprawa wydała mi się jednak dyskusyjna. Katar mieli wszyscy, najwyraźniej oprócz tej dziewczyny.

– Poza tym od nabiału boli cię głowa.

– Chcesz powiedzieć, że ciebie boli głowa.

– Tak. Na przykład wczoraj wieczorem. Moja siostra wie, że jestem wegetarianką, dlatego dała mi bakłażana z parmezanem. Ona nie wie, że nie jadam nabiału. Spojrzałam na bakłażana, a jak tylko zobaczyłam, że został upieczony z serem, wiedziałam, że poczuję się fatalnie. Ale siostra szykowała potrawę przez cały dzień, więc co miałam począć? Zabawne, że naprawdę mi smakował. Boże, ale potem wymiotowałam! Dostałam też kataru.

Powiedziałem jej, że w swojej autobiografii Mahatma Gandhi twierdzi, że jedzenie mięsa wzmaga pożądliwość. Mimo to w wieku trzynastu lat, kiedy większość amerykańskich dzieci gra w kulki albo pluje na odległość, Gandhi się ożenił. Należy dodać, że był wegetarianinem.

– Ale to nie było prawdziwe małżeństwo – powiedziała Wendy. – To była tylko taka hinduistyczna uroczystość.

– Zgodnie z umową, zaślubiny nastąpiły, kiedy Gandhi skończył siedem lat. Gdy małżonkowie mieli trzynaście lat, zaczął ją posuwać, chociaż nie jestem pewien, czy w ten sposób należy określać miłosne życie Mahatmy.

Wendy zastanowiła się nad moimi słowami. Postanowiłem spróbować znowu. Spytałem, czy dostrzegła u siebie osłabienie popędu seksualnego, kiedy nawróciła się na surowe warzywa.

– Cierpiałam na bezsenność – zaczęła. – Było mi niedobrze, naprawdę niedobrze. Przyznaję, że straciłam temperament. Myślę, że od mięsa ludzie robią się agresywni.

– Ale co z pożądaniem seksualnym? Lubieżnością, popędem, sam nie wiem, jak to nazwać.

– Chodzi ci o seks? Seks nie powinien być gwałtowny. Powinien być delikatny i piękny. Taki cichy.

Może jeśli człowiek jest wegetarianinem, pomyślałem. Wendy nadal brzęczała tym swoim pedantycznym głosem studentki.

– Teraz lepiej rozumiem swoje ciało... Znacznie lepiej je poznałam... Wiesz, potrafię rozpoznać nawet drobną zmianę poziomu cukru we krwi. Po zjedzeniu pewnych rzeczy.

Zapytałem, czy zdarza jej się ciężko chorować. Odparła, że nigdy. Czy czasem czuje się choć trochę chora? Odpowiedź Wendy wprawiła mnie w zdumienie.

– Nie wierzę w zarazki.

– Chcesz powiedzieć, że nie wierzysz w istnienie zarazków? Że są złudzeniem optycznym pod mikroskopem? Kurzem, drobinkami, tym podobnymi rzeczami?

– Nie uważam, że zarazki powodują choroby. Zarazki to żywe organizmy, małe, żywe organizmy, które nie wyrządzają nikomu krzywdy.

– Jak karaluchy i pchły – podsunąłem. – Przyjazne stworzonka, tak?

– To nie od zarazków chorujesz – nalegała. – Chorujesz od jedzenia. Niezdrowe jedzenie osłabia twoje organy wewnętrzne i chorujesz. Chorujesz od organów. Od serca, jelit.

– Ale od czego chorują organy?

– Od złego jedzenia, które je osłabia. Jeśli odżywiasz się zdrowo, jak ja – tu wskazała na pestki dyni – wtedy nie chorujesz. Ja nigdy nie choruję. Kiedy dostaję kataru i bólu gardła, nie nazywam tego przeziębieniem.

– Nie?

– Nie, ponieważ to się bierze z niewłaściwego jedzenia. Wtedy zjadam coś zdrowego.

Postanowiłem dać sobie spokój z wypytywaniem o to, czy choroba jest tylko kwestią kataru, a nie na przykład raka czy dżumy. Skoncentrujmy się na konkretach, pomyślałem. Co jadła dzisiaj?

– To. Pestki dyni, nerkowce, migdały. Banana. Jabłko. Trochę rodzynek. Grzankę z chleba pełnoziarnistego. Jeśli nie zrobisz z niego grzanki, dostaniesz śluzu.

– Wygląda na to, że wypowiadasz wojnę smakoszom, co?

– Wiem, że moje poglądy są dosyć radykalne – powiedziała Wendy.

– Nie nazwałbym ich radykalnymi – zaoponowałem. – Twoje poglądy cechuje samozadowolenie i zarozumialstwo. Także egocentryzm. W samozadowoleniu, egocentryzmie, w nieustannym myśleniu o zdrowiu i czystości zabawne jest to, że może cię doprowadzić do faszyzmu. Moja dieta, moje jelita, ja: w ten sposób mówią prawicowcy. Jeszcze jeden krok i zaczniesz krzyczeć o czystości rasowej.

– Zgoda. – Wendy wykonała nieoczekiwaną woltę. – Zgadzam się, że niektóre z moich poglądów są konserwatywne. Ale co z tego?

– Cóż, po pierwsze, oprócz twoich jelit jest jeszcze wielki świat. Bliski Wschód. Kanał Panamski. W Iranie więźniom politycznym wyrywają paznokcie u stóp. W Indiach głodują całe rodziny.

Moja tyrada nie zrobiła wrażenia, ale sprawiła, że Wendy poruszyła temat rodzin; może wywołała to uwaga o głodujących Hindusach. Jak powiedziała, wprost nienawidziła rodzin. To było silniejsze od niej.

– Z czym ci się kojarzy rodzina? – spytałem.

– Z samochodem kombi, matką, ojcem. Z czwórką dzieciaków jedzących hamburgery. Oni są okropni, są wszędzie, jeżdżą po całym świecie.

– Czyli uważasz rodziny za skazę krajobrazu?

– Cóż, tak.

Wendy od trzech lat studiowała w Ohio. W tym czasie nie zapisała się na żadne zajęcia z literatury. Co ciekawsze, pierwszy raz w życiu jechała pociągiem. Powiedziała, że podoba jej się ten pociąg, ale nie rozwinęła tematu.

Wtedy spytałem, jakie ma ambicje.

– Chyba chciałabym się zajmować jedzeniem. Uczyć ludzi na temat jedzenia, sposobu odżywiania się. Tłumaczyć, dlaczego chorują. – Wszystko to mówiła głosem komisarza, ale po chwili dodała rozmarzonym tonem: – Czasami patrzę na kawałek sera. Wiem, że jest smaczny, wiem, że będzie mi smakował. Jednocześnie wiem, że nazajutrz poczuję się po nim okropnie.

– To samo myślę, kiedy widzę półtoralitrową butelkę szampana, zapiekankę z królika i ptysie polane gorącą czekoladą – odparłem.

Wtedy nie uważałem, że Wendy jest szalona w prawdziwym rozumieniu tego słowa. Później jednak, przypominając sobie naszą rozmowę, doszedłem do wniosku, że dziewczyna miała nierówno pod sufitem. Poza tym uderzał jej brak ciekawości świata. Mimochodem wspomniałem w rozmowie, że odwiedziłem północną Birmę i Afrykę. Napomknąłem o uwielbieniu Leopolda Blooma dla „ulotnego aromatu moczu" w nereczkach jadanych na śniadanie. Wykazałem się pewną wiedzą o buddyzmie, obyczajach żywieniowych Buszmenów z Kalahari, a także życiu małżeńskim Gandhiego. Byłem przyjaźnie nastawionym, interesującym człowiekiem, czyż nie? Mimo to podczas całej rozmowy Wendy nie zadała mi ani jednego pytania. Nie zapytała, co robię, skąd pochodzę ani dokąd jadę. Kiedy jej nie wypytywałem, ona monologowała. Wypowiadając drżącym głosikiem słodkie banały, splatając nogi w pozycję lotosu, ilekroć się rozplotły, stanowiła przykład całkowitego zaabsorbowania sobą i rozpaczliwej autopromocji. Egotyzm myliła z buddyzmem. Nadal darzę wielką sympatią szczerość amerykańskich studentów, ale Wendy przypomniała mi, jak wielu spośród tych, których znałem, nie sposób czegokolwiek nauczyć.

Rozmowę o jedzeniu musiała wywołać późna pora i mój głód. Pociąg dotarł do Albany. Przeprosiłem Wendy i pospieszyłem do wagonu restauracyjnego, który właśnie dołączono do składu. Droga przed nami miała historyczny charakter: między Albany a Schenectady pociągi kursowały od stu pięćdziesięciu lat, a linie Mohawk i Hudson należały do najstarszych w Ameryce. Dalej trasa biegła wzdłuż Kanału Erie. To właśnie linie kolejowe doprowadziły kanały i połączenia wodne do upadku, chociaż konkurenci podawali w wątpliwość wydajność kolei. Z faktami trudno jednak dyskutować: w latach pięćdziesiątych dziewiętnastego wieku podróż wodą z Chicago do Nowego Jorku zajmowała czternaście i pół dnia, koleją zaś sześć i pół.

Kelner trzepiący ściereczką szybko podał posiłek. Kanapką ze stekiem, polaną tabasco, zemściłem się na Wendy i jej upodobaniu do surowej lucerny. Do mojego stolika przysiadł się dyrektor handlowy nazwiskiem Horace Chick (sprzedawał sprzęt do drukowania fotograficznych praw jazdy) i wgryzł się w hamburgera. Horace też monologował, ale w niegroźny sposób. Ilekroć chciał podkreślić wypowiedź, gwizdał przez szczelinę między przednimi zębami. Żuł i nadawał.

— W samolotach nie było miejsca. Fiuu. Dlatego pojechałem pociągiem. Jeszcze nigdy nie jechałem tym pociągiem. To proste. Fiuu. O trzeciej nad ranem jesteśmy w Rochester. Stamtąd pojadę do domu taksówką. Żona dostałaby pierdolca, gdybym zadzwonił do niej z dworca o trzeciej nad ranem. Następnym razem zabiorę dzieciaki. Po prostu wrzucę je do pociągu. Fiuu. Niech sobie pobiegają. Ależ tu gorąco. Lubię, jak jest zimno. Osiemnaście, dziewiętnaście stopni. Moja żona nie cierpi zimna.

Nie mogę spać. Podchodzę do okna i, fiuu, otwieram. Żona na mnie wrzeszczy. Po prostu budzi się i, fiuu, wrzeszczy. Większość kobiet jest właśnie taka. Lubią temperaturę o dwa stopnie wyższą niż mężczyźni. Fiuu. Sam nie wiem czemu. Ciała. Inne ciała, inny termostat. Czy to lepsze niż jazda samochodem? Jasne, że lepsze! Samochód! Osiem godzin, czternaście kaw. Fiuu. Z drugiej strony ten hamburger. Czuję smak wypełniacza. Hej, kelner!

Na dworze leżały śnieg i lód. Każda latarnia uliczna oświetlała własny słup, krąg śniegu, nic więcej. O północy z okna swego przedziału ujrzałem biały dom na wzgórzu. We wszystkich oknach paliły się światła, a jasne okna zdawały się zarazem powiększać dom i zdradzać jego pustkę.

O drugiej nad ranem minęliśmy Syracuse. Gdybym nie spał, zalałyby mnie wspomnienia. Za to przy śniadaniu, na widok nazwy tego miasta w rozkładzie jazdy linii Amtrak, przypomniałem sobie bezlitosny deszcz w Syracuse, przypadkowe spotkanie w Orange Bar z będącym już wtedy wrakiem poetą Delmore'em Schwartzem, salę wykładową (w ramach szkolenia Korpusu Pokoju uczyłem się języka cziczewa), gdzie usłyszałem o zabójstwie Kennedy'ego, ożyło też kłopotliwe wspomnienie pewnej pani antropolog, która, nieprzekonana moją żarliwością, zginęła później w jednym z zachodnich stanów – choć nie miało to związku z nami – kiedy drzewo runęło na samochód, zabijając ją wraz z kochanką, nauczycielką wychowania fizycznego.

Pociąg minął też Buffalo i Erie, co napawało optymizmem. Nie miałem pojęcia, gdzie się znajdujemy. Obudziwszy się w przedziale, poczułem, że wargi mam popękane z gorąca, opuszki palców bolały tak, jakby zdarto z nich skórę. Między wagonami panował za to taki mróz, że unosiła się gęsta para; szyby wagonu restauracyjnego pokrywał szron. Zdrapałem go, ale ujrzałem niewiele poza błękitnoszarą mgłą, zakrywającą krajobraz świetlistym tumanem.

Pociąg zatrzymał się we mgle. Przez kilka minut nic się nie działo. Potem z mgły wyłonił się kikut pnia. Krwawił pomarańczowym światłem, które rozlewało się, plamiło zeschłą korę jak rana krwawiąca w szary bandaż. W końcu cały kikut rozbłysnął, kępy trawy poza nim zapłonęły, nagle wyłoniły się drzewa. Wkrótce pola zamigotały od rubinowego ognia świtu, a kiedy cały krajobraz – kikut, drzewa i śnieg – się rozjaśnił, pociąg ruszył dalej.

– Ohio – powiedziała kobieta przy sąsiednim stoliku.

Jej mąż, który chyba nie czuł się najwygodniej w powyciąganej żółtej koszuli, odparł:

– Nie wygląda jak Ohio.

Wiedziałem, co ma na myśli.

– Zgadza się – powiedział kelner. – To Ohio. Niedługo dojedziemy do Cleveland. Cleveland w stanie Ohio.

Tuż za torami rósł las zamarzniętych gałęzi, topoli stworzonych ze szronu, podobnych do widmowych żagli i masztów pośród śniegowego morza. Wiązy i buki nabrzmiały, eksplodując w oblodzonych koronkach. Spod płaskiego, smaganego wiatrem śniegu wyłaniały się brązowe pasma połamanej trawy, przysypanej po same szczyty. Okazało się, że nawet stan Ohio, przykryty śniegiem, może stać się krainą ze snu.

Rozświetlony słońcem pociąg opustoszał. Nie widziałem pana Chicka i nie słyszałem jego fiuu; weganka Wendy też znikła. Odniosłem wrażenie, że oto – a wcale nie znajdowałem się daleko od domu – coraz więcej znanych rzeczy zostawało w tyle. Wcale nie polubiłem tych ludzi, ale teraz mi ich brakowało. Nie znałem nikogo z pozostałych w pociągu podróżnych.

Znowu wziąłem książkę. Poprzedniej nocy zasnąłem podczas lektury. To były wciąż *Dzikie palmy*; nadal się w nie nie wgryzłem. Co mnie uśpiło? Może to zdanie, czy raczej ogon długiego, rozwlekłego zdania: „...to było mauzoleum miłości, cuchnący katafalk trupa złożonego między bezwonnymi chodzącymi kształtami nieśmiertelnego, nieczującego, wymagającego starego mięsa".

Nie miałem pewności, o co chodzi Faulknerowi, ale był to dość wierny opis kiełbasy, którą zjadłem wczesnym rankiem w Ohio. Z wyjątkiem kiełbasy śniadanie okazało się pyszne: jajecznica, szynka, grejpfrut, kawa. Już wiele lat wcześniej zauważyłem, jak dokładnie pociągi odzwierciedlają kulturę danego kraju: nędzny, uciemiężony kraj ma nędzne, uciemiężone pociągi; dumny, skuteczny naród może się poszczycić takimi samymi pociągami, na przykład Japonia. W Indiach jest nadzieja, ponieważ pociągi uważa się tam za znacznie ważniejsze niż wozy, jakimi wciąż jeżdżą niektórzy Hindusi. Jak się przekonałem, wagony restauracyjne miały do opowiedzenia całą historię (a jeśli w pociągu nie było wagonu restauracyjnego, kraj się nie liczył). Kramik z makaronem w malajskim pociągu, barszcz i chamstwo w kolei transsyberyjskiej, śledzie i smażone grzanki w Latającym Szkocie. Tu, w pociągu Lake Shore Limited kolei Amtrak, przejrzałem menu i odkryłem, że mogę zamówić Krwawą Mary i Śrubokręt. Menu nazywało ten zastrzyk wódki „poranną pobudką". W żadnym innym pociągu na świecie nie można zamówić mocnego drinka o tak wczesnej porze. Amtrak bardzo się starał. Leżąca obok mojej grzanki broszura informowała, że przez kolejnych dwieście kilometrów tory biegną w linii prostej, bez zakrętów. Pociąg nie przeszkodził mi więc ani jednym przechyłem, kiedy, dla rozpisania się, skopiowałem to obszczekujące łydki zdanie Faulknera.

Przed południem para między wagonami zamarzła. Nawet najmniejsze przejścia parowały jak zamrażarki, pokrywały się skomplikowanymi skorupami szronu i lodowymi bańkami; przez szczeliny w gumie sączyła się para. Śnieg i lód ładnie wyglądały; na dworze też było ładnie, ale pogoda stanowiła też przeszkodę. Po jedenastej nie dotarliśmy jeszcze do Cleveland. Gdzie się podziało Cleveland? Nie tylko ja się niepokoiłem. W całym pociągu pasażerowie łapali konduktorów i pytali:

– Hej, co się stało z Cleveland? Mówił pan, że o tej godzinie już dojedziemy. Co jest grane?

Cleveland mogło leżeć tuż za oknem, przysypane śniegiem.

Mój konduktor opierał się o oszronione okno. Chciałem go spytać, co się stało z Cleveland, ale zanim zdążyłem się odezwać, powiedział:

– Wypatruję swojego zmiennika.

– Coś się stało?

– Nie. Po prostu zawsze, kiedy tędy przejeżdżamy, on rzuca we mnie śnieżką.

– A, tak przy okazji, gdzie jest Cleveland?

– Jeszcze kawał drogi. Nie wie pan, że mamy cztery godziny opóźnienia? W Erie zatrzymała nas zamarznięta zwrotnica.

– W Chicago muszę złapać pociąg o czwartej trzydzieści.

– Nie ma pan szans.

– Świetnie – odparłem i chciałem odejść.

– Proszę się o nic nie martwić. W Elkhart zatelegrafuję. Kiedy dotrzemy do Chicago, zostawimy ten problem firmie Amtrak. Zainstalują pana w Holiday Inn. Będzie panu wygodnie.

– Ale nie będę w Teksasie.

– Wszystkim się zajmę, proszę pana. – Konduktor dotknął daszka czapki. – Widział pan kiedyś taki śnieg? Boże, tragedia. – Znowu wyjrzał przez okno i westchnął. – Nie mam pojęcia, co się stało z tym zmiennikiem. Pewnie nabawił się odmrożeń.

Do Cleveland dojechaliśmy dopiero po wielu godzinach, a jak to zazwyczaj bywa z opóźnieniami, powolne tempo przyjazdu rozładowało napięcie; uznałem, że poświęciłem już opóźnieniu wszystkie myśli, na jakie zasługiwało. Śnieg już tylko mnie nudził, domy zaś wprawiały w przygnębienie; były to małe drewniane chaty, niewiele większe od zaparkowanych obok nich samochodów. Najśmieszniejsze jednak, że Cleveland, gdzie w zeszłym tygodniu uderzyła burza śnieżna, a media informowały o technikach przetrwania (informacje pasowały może bardziej do podróżników arktycznych: o śpiworach, ciepłocie ciała, utrzymywaniu wnętrza w cieple, gotowaniu na kamieniach i tym podobnych sprawach), to miasto, zamarznięte na kamień pod zaspami śniegu, musiało się podnosić na duchu długim artykułem w „Cleveland Plain Dealer" o katastrofalnej nieudolności Rosjan w usuwaniu śniegu. Ci Rosjanie! Pod nagłówkiem MOSKWA TRACI PALMĘ PIERWSZEŃSTWA W ODŚNIEŻANIU można było przeczytać relację: „Typowa dla tego miasta umiejętność sprawnego odśnieżania tej zimy znacznie osłabła z powodu połączenia biurokratycznych pomyłek z niespodziewanie ciężkimi opadami śniegu". W dalszej części artykułu dominował podobny ton przechwałek: „Problem nie leży najwyraźniej w braku specjalistycznego sprzętu... Mieszkańcy skarżą się tej zimy na opłakany stan ulic... Ciężkie opady śniegu w grudniu i nieadekwatne przepisy dotyczące parkowania są chyba jednak słabym wytłumaczeniem dla ulic zatkanych jeszcze wiele tygodni później".

Samozadowolenie typowe dla Środkowego Zachodu. Chcąc się chwalić w Ohio, musisz wspomnieć o Rosjanach. Jeszcze lepiej wspomnieć Syberię, nawiasem mówiąc, bardzo podobną do zimowego Ohio. Artykuł przeczytałem w Cleveland. Cały „Cleveland Plain Dealer" przeczytałem w Cleveland. Pociąg stał tam blisko dwie godziny. Gdy spytałem konduktora o przyczynę, odparł, że to przez śnieg i oblodzone szyny.

– To naprawdę ciężka zima.

Odpowiedziałem, że na Syberii pociągi kursują punktualnie. To była jednak tania zagrywka. Wybierając między Cleveland a Irkuckiem, zawsze wskazałbym na pierwsze miasto, chociaż najwyraźniej w Cleveland panował większy mróz.

Poszedłem do baru, zamówiłem poranną pobudkę i zagłębiłem się w lekturze *Dzikich palm*. Potem zamówiłem jeszcze jedną pobudkę, i kolejną. Potem zacząłem się zastanawiać nad czwartą, zamówiłem, ale postanowiłem sączyć. Jeszcze więcej takich pobudek, a wyląduję pod stołem.

– Co czytasz?

Głos należał do pulchnej, piegowatej kobiety po pięćdziesiątce, popijającej z puszki tonik bez cukru.

W odpowiedzi pokazałem jej tytuł.

– Słyszałam o tej książce. Dobra?

– Ma niezłe momenty – odparłem, po czym się zaśmiałem, choć bez związku z Faulknerem. Kiedyś, jadąc pociągiem Amtrak niedaleko stąd, czytałem książkę, o którą nikt nie spytał, a mimo to wywołała spore poruszenie. Była to biografia autora opowieści grozy H. P. Lovecrafta, a tytuł *Lovecraft* doprowadził moich współpasażerów do wniosku, że w ciągu dwudniowej podróży zgłębiałem techniki seksualne.

– Skąd jesteś? – spytała kobieta, która pochodziła z Flagstaff.

– Z Bostonu.

– Naprawdę? – zainteresowała się. – Zrobisz coś dla mnie? Powiedz B-o-ż-e.

– Boże.

Kobieta z zachwytem zaklaskała w dłonie. Pomimo pulchności była bardzo drobna, o szerokiej, płaskiej twarzy. Krzywe zęby przechylały się w jedną stronę, jak spiłowane. Zdziwiło mnie, że wypowiedzenie przeze mnie tego słowa sprawiło jej tyle radości.

– Baże – przedrzeźniła mnie.

– A jak ty wymawiasz to słowo?

– Ja mówię Błoże.

– On na pewno rozumie.

– Uwielbiam sposób, w jaki to wymawiasz. Tydzień temu jechałam tym pociągiem na wschód. Z powodu śniegu mieliśmy opóźnienie, ale było wspaniale. Umieścili nas w Holiday Inn!

– Mam nadzieję, że nam tego nie zrobią.

– Nie mów tak.

– Nie mam nic przeciwko Holiday Inn – odparłem. – Po prostu muszę złapać pociąg.

– Tak jak wszyscy. Założę się, że jadę dalej niż ty. Pamiętasz, jestem z Flagstaff. – Znowu napiła się toniku i dodała: – Podróż z Chicago do Nowego Jorku trwała kilka dni. Śnieg leżał wszędzie! Tamtym pociągiem jechał pewien chłopak, pochodził z Bostonu. Siedział obok mnie. – Na ustach kobiety pojawił się skromny uśmieszek. – Spaliśmy razem.

– Co za szczęście.

– Wiem, co sobie myślisz, ale to nie było tak. On leżał po swojej stronie, ja po swojej. Ale – ciągnęła świętoszkowato – spaliśmy razem. Ależ było zabawnie. Ja nie piję, ale ten chłopak pił za nas oboje. Mówiłam ci już, że miał dwadzieścia siedem lat? Z Bostonu. Przez całą noc powtarzał „Baże, ale jesteś piękna". Sama nie wiem, ile razy mnie całował. „Baże, ale jesteś piękna".

– To się działo w Holiday Inn?

– W pociągu. Pewnej nocy. W wagonie z miejscami siedzącymi. To było dla mnie coś bardzo, bardzo ważnego.

Odparłem, że to urocza przygoda, a jednocześnie próbowałem sobie wyobrazić pijanego młodzika obmacującego tę pulchną pieguskę, podczas gdy przedział (cuchnący, jak zwykle w nocy, brudnymi skarpetkami i starymi kanapkami) chrapał.

– To było nie tylko urocze, ale i bardzo ważne. Dokładnie wtedy tego potrzebowałam. Właśnie dlatego jechałam na wschód.

– Żeby spotkać się z tym chłopakiem?

– Nie, nie – odparła z irytacją. – Moja matka zmarła.

– Przykro mi.

– Dowiedziałam się o tym we Flagstaff i złapałam pociąg. Potem zatrzymało nas w Chicago, o ile pobyt w Holiday Inn można nazwać zatrzymaniem! Jacka spotkałam niedaleko Toledo, gdzieś tutaj, jeśli to jest Toledo. – Wyjrzała przez okno. – „Baże, ale jesteś piękna". To mnie naprawdę podniosło na duchu. Tyle się wtedy działo.

– Wyrazy współczucia. To musi być bardzo smutne: jechać do domu na pogrzeb.

– Na dwa pogrzeby – sprostowała.

– Słucham?

– Mój ojciec też zmarł.

– Niedawno?

– We wtorek.

Rozmawialiśmy w sobotę.

– Boże – powiedziałem.

– Uwielbiam, jak to mówisz. – Uśmiechnęła się.

– To straszne, co się stało z twoim ojcem.

– To był cios. Myślałam, że jadę do domu na pogrzeb matki, ale okazało się, że trzeba pochować oboje rodziców. „Powinnaś częściej przyjeżdżać do domu, kochanie", powtarzał ojciec. Obiecałam, że tak zrobię. Flagstaff leży dość daleko, ale mam własne mieszkanie i przyzwoicie zarabiam. Wtedy ojciec zmarł.

– Smutna podróż.

– Będę musiała wrócić. Nie mogli ich pochować. Muszę wrócić na pochówek.

– Sądziłbym, że przez ten czas zdążyli ich pochować.

– W Nowym Jorku nie można nikogo pochować – odparła, rzucając mi ostre spojrzenie.

Poprosiłem, żeby powtórzyła to dziwne zdanie. Powtórzyła, dokładnie tym samym tonem.

– Boże – westchnąłem.

– Mówisz to jak Jack. – Odsłoniła w uśmiechu zęby eskimoskiej babci.

– Dlaczego nie można nikogo pochować w Nowym Jorku?

– Ziemia jest za twarda, bo zamarzła. Nie da się kopać…

Podczas ostrej zimy 1978 roku, pomyślałem, kiedy ziemia tak stwardniała, że nie dało się chować zmarłych, a ciała piętrzyły się w kostnicach po sam strop, postanowiłem pojechać pociągiem w najbardziej słoneczne rejony Ameryki Południowej.

Kobieta z Flagstaff odeszła, ale w ciągu następnych ośmiu czy dziewięciu godzin w barze, w wagonie z miejscami siedzącymi, w wagonie restauracyjnym raz po raz słyszałem jej suchy, szeleszczący głos, który powtarzał: „W Nowym Jorku nie można nikogo pochować".

Na mój widok dwukrotnie powiedziała „Baże!" i się zaśmiała.

Zamarznięta zwrotnica, wygięte szyny, śnieg: mieliśmy duże opóźnienie, a konduktor twierdził, że nie mam szans zdążyć na przesiadkę do Fort Worth.

– Nie ma takiej siły, żeby pan zdążył – powiedział na stacji w Indiana, trzymając w dłoni śnieżkę. Poza tym pojawił się nowy problem. Jedno z kół się przegrzało i (o ile się nie mylę) wysiadł bezpiecznik; na końcu pociągu unosił się mroźny swąd gazu. Aby uniknąć wybuchu prędkość zredukowano do dwudziestu kilometrów na godzinę, i tak pełzliśmy do czasu, aż nadarzyła się okazja, by odłączyć wadliwy wagon od składu Lake Shore Limited. W Elkhart pozbyliśmy się wagonu z usterką, ale odczepianie go trwało niewyobrażalnie długo.

Podczas postoju w wagonie sypialnym „Srebrna orchidea" panował spokój. Tylko konduktor krzątał się nerwowo. Oznajmił, że zamarzająca para blokuje hamulce. Uzbrojony w miotłę, uwijał się tam i z powrotem z bardzo ważną miną; powiadomił mnie przy tym, że ta praca jest znacznie lepsza niż poprzednia. Wcześniej siedział przykuty do biurka w firmie elektronicznej, „ale wolę mieć kontakt z ludźmi".

Widząc rosnący niepokój konduktora, inny kolejarz sprawdzający bilety oświadczył:

– Kłopot z tobą taki, że martwisz się na zapas.

– Możliwe. – Konduktor walił miotłą w lód po wewnętrznej stronie drzwi.

– Nie będzie tak źle jak na poprzedniej trasie. To było zamarznięte wariatkowo.

– Muszę się troszczyć o moich pasażerów – powiedział konduktor.

„Moich pasażerów". W „Srebrnej orchidei" została nas tylko trójka: małżeństwo Bunce i ja. Na wstępie pan Bunce oznajmił mi, że przodkowie jego matki przypłynęli na *Mayflower*. Pan Bunce miał na głowie czapkę z nausznikami i wbił się w dwa swetry. Chciał rozmawiać o swej rodzinie i Cape Cod. Zdaniem pani Bunce Ohio było znacznie brzydsze niż Cape. Pan Bunce miał też wśród przodków hugenotów. W pewnym sensie był nietypowym nudziarzem. Charakterystyczne przechwałki Amerykanina dotyczą rozpaczliwej nędzy jego przodków-imigrantów. Protoplaści pana Bunce'a od razu osiągnęli wielki sukces. Słuchałem tych wynurzeń z taką cierpliwością, na jaką tylko mogłem się zdobyć. Uznałem, że to właśnie Bunce'a mogłem obrazić pierwszego dnia („To jest jak kolej transsyberyjska". „Wcale nie"). Potem unikałem państwa Bunce.

Pociąg Lake Shore Limited ciągle stał na stacji w Elkhart, a wśród pasażerów wybuchła panika. Wszyscy już wiedzieli, że nie zdążą na przesiadkę w Chicago. Spora grupa samotnych dziewcząt jechała do Nowego Orleanu na ostatki. Kilka małżeństw w podeszłym wieku miało zdążyć na statek w San Francisco: bardzo się niepokoili. Młody człowiek z Kansas powiedział, że jego żona na pewno pomyśli, że ją zostawił. Czarna para szeptała między sobą; usłyszałem, jak dziewczyna mówi: „Och, strzelaj". Jedna z dziewcząt jadących na karnawał spojrzała na zegarek i powiedziała: „Teraz mogłybyśmy już imprezować".

Kobieta z Flagstaff, której rodzice właśnie zmarli, sprawiła, że nastrój pasażerów zmienił się w radosny, a w końcu świąteczny. Wyjaśniła, że przed dziesięcioma dniami jechała pociągiem na wschód i stało się dokładnie to samo: opóźnienia, śnieg, stracone przesiadki. Firma Amtrak ulokowała wszystkich w Holiday Inn w Chicago, każdy dostał cztery dolary na taksówkę, kupony obiadowe, pieniądze na jedną rozmowę telefoniczną. Kobieta zapewniła, że Amtrak to samo zrobi teraz.

Wiadomość rozniosła się po pociągu, a jakby na dowód dobrych intencji firmy Amtrak, w wagonie restauracyjnym podano darmowy posiłek: zupę, smażonego kurczaka i lody waniliowe. W ten sposób słowa kobiety z Flagstaff znalazły potwierdzenie.

– Poczekajcie tylko, aż dotrzemy do Chicago! – mówiła.

Pasażerowie zaczęli wydawać cztery dolary na taksówkę, chociaż jeszcze ich nie dostali.

– Dobra, Ralph – powiedział do barmana chłopak o przetłuszczonych włosach, kładąc na barze dolara. – Upijmy się.

– Siedzimy tu od ośmiu godzin – oświadczył najgłośniejszy z trzech młodzieńców. – Już jesteśmy pijani.

– To już są moje nadgodziny – zauważył barman Ralph, ale posłusznie zaczął wsypywać lód do plastikowych kubków.

Z różnych stron dobiegały głosy podróżnych.

– Nigdy nie jedź do domu na wiosnę. Wtedy zawsze jest inaczej.

– Jezus Chrystus (pauza) był czarny. Jak Etiopczyk. Rysy białego, ale czarna skóra (pauza). Wszystkie tradycyjne wizerunki to bzdura.

I znowu:

– W Nowym Jorku nie można nikogo pochować.

Wszyscy ci ludzie nie posiadali się ze szczęścia. Cieszyli się opóźnieniem, zachwycali się śniegiem (znowu zaczął padać), radowali się złożoną przez kobietę z Flagstaff obietnicą jednej, a może dwóch nocy w Holiday Inn. Nie podzielałem ich radości, nie czułem też szczególnej sympatii do żadnego ze współpasażerów, a kiedy odkryłem, że wagon, który mieli odłączyć, znajdował się między „Srebrną orchideą" a tą zgrają, oznajmiłem konduktorowi, że wracam do łóżka.

– Niech mnie pan obudzi, jak dojedziemy do Chicago – poprosiłem.

– To może być dopiero o dziewiątej.

– Cudownie – powiedziałem. Z *Dzikimi palmami* na twarzy, pogrążyłem się we śnie.

Konduktor obudził mnie za dziesięć dziewiąta.

– Chicago!

Zerwałem się z łóżka, chwyciłem walizkę. Kiedy pędziłem po peronie przez kłęby pary, dobywające się spod pociągu i nadające memu przyjazdowi aurę tajemniczości i patosu jak ze starych filmów, kryształki lodu osadzały się na szkłach moich okularów, ograniczając widoczność prawie do zera.

Informacje kobiety z Flagstaff okazały się dokładne. Otrzymałem cztery dolary, łóżko w Holiday Inn i trzy kartki na posiłki. Wszyscy, którzy nie zdążyli na przesiadkę, dostali taki sam zestaw: państwo Bunce, pijacy z baru, młody człowiek z Kansas, dziewczyny zmierzające na karnawał, rozwrzeszczani wieśniacy z Południa, którzy przekimali podróż na tanich miejscach w wagonie do siedzenia, starsi państwo w drodze do San Francisco, kobieta z Flagstaff. Przedstawiciele linii Amtrak przywitali nas i wyprawili w drogę.

– Do zobaczenia w hotelu! – zawołała jedna z kobiet, której bagaż składał się z dwóch toreb z zakupami. Nie wierzyła we własne szczęście.

– Amtrak zapłaci za to majątek! – zauważył jeden z pijaków.

Gęsty śnieg, nagły pobyt w hotelu, Chicago – wszystko to wydawało się nierzeczywiste. Uczucie nierealności wzmogli inni goście hotelu Holiday Inn. Moim oczom ukazała się grupa czarnoskórych mężczyzn w mundurach nie z tej ziemi: jasnozielonych spodniach typu „dzwony", białych czapkach i złotych łańcuchach; inni nosili czerwone mundury albo białe z medalami, lub też beżowe ze srebrną lamówką wokół epoletów. Zacząłem się zastanawiać, czy to zespół muzyczny albo regiment popartowskich policjantów. Ani jedno, ani drugie. Ludzie ci (żony nie nosiły mundurów) należeli do Lojalnego Bractwa Poroża. Tak informowały drobnym drukiem odznaki na ramionach. Mężczyźni salutowali jak przystało na Braci Poroża, wymieniali uściski dłoni Braci Poroża, formalnie paradowali po holu w białych butach Braci Poroża i wyglądali na nieco zniesmaczonych klasą gości, jakich przywiała śnieżyca. Nie doszło do konfrontacji. Pasażerowie linii Amtrak udali się do dyskoteki Dlaczego Nie? oraz baru, natomiast Bracia Poroża (niektórzy mieli przypasane miecze) stali i salutowali do siebie. Przypuszczam, że nie siadali w obawie, że pogniotą spodnie.

Oświetlony reflektorami basen był pełen śniegu. Na murze namalowano zielone palmy, które sprawiały wrażenie wrośniętych w śnieżne zaspy. Miasto zamarzło. Rzekę skuły lodowe czapy. Na poboczach wznosiły się sterty śniegu z zeszłego tygodnia. Ulice przykrył świeży puch. Nowym opadom towarzyszyła gołoledź, siekące drobiny, które bardzo utrudniały jazdę. Biblia w moim pokoju hotelowym leżała otwarta na

Księdze Powtórzonego Prawa (24, 16). Czy była to zaszyfrowana wiadomość dla mnie? „Ojcowie nie poniosą śmierci za winy synów ani synowie za winy swych ojców. Każdy umrze za swój własny grzech"[1]. Amen, pomyślałem, zamknąłem Biblię i wyjąłem Faulknera.

Tak się złożyło, że Faulkner miał do przekazania wiadomość. „W Chicago była zima – czytałem – martwe dni ginęły w neonowym świetle, padającym na okolone futrem, podobne do płatków twarze żon i córek potentatów bydła i drewna, na kochanki polityków wracających z Europy... synów londyńskich brokerów i uszlachconych szewców z Midland...". Dalej wyszydzał ich status, po czym opisywał, jak wszyscy oni jechali na południe, uciekając przez chicagowskim śniegiem. Ludzie ci byli „członkami rasy pozbawionej zmysłu odkrywcy, uzbrojeni w notatniki, aparaty fotograficzne i kosmetyczki postanowili spędzić Boże Narodzenie w mrocznych, rojących się od komarów dzikich dżunglach".

Nie miałem pewności co do własnego zmysłu odkrywcy; nie byłem wyposażony ani w aparat fotograficzny, ani w kosmetyczkę, ale doba spędzona w Holiday Inn w zimowym Chicago przekonała mnie, że im szybciej dotrę do dzikiej dżungli, choćby nie wiem jak mrocznej i pełnej komarów, tym lepiej.

[1] Fragmenty biblijne cytowane w książce podano za: Biblia Tysiąclecia, Poznań–Warszawa: Wydawnictwo Pallottinum, 1980 (wszystkie przypisy pochodzą od tłumacza).

rozdział_drugi_

Lone Star, czyli Samotna Gwiazda Teksasu

W podróżowaniu nie było dla mnie nic doskonalszego, niż wsiąść do pociągu o zmierzchu, zamknąć drzwi przedziału sypialnego, odgradzając się od lodowatego, wrzaskliwego miasta ze świadomością, że ranek przywita mnie na nowej szerokości geograficznej. Oddałbym wszystko, myślałem, za miejsce w przedziale sypialnym ekspresu jadącego na południe.

Nie sposób było wyjechać z Chicago pociągiem Lone Star i rozpocząć podróży przez sześć stanów, nie słysząc melodii wszystkich piosenek na cześć pociągu. Połowa jazzu to muzyka pociągowa; sam ruch i odgłos pociągu mają rytm jazzu. Nic w tym dziwnego: epoka jazzu była też epoką pociągów. Muzycy podróżowali pociągami albo wcale, a pulsujące tempo, stukot i samotny gwizd przenikały do piosenek. Podobnie rzecz się miała z mijanymi miastami; jak inaczej teksty piosenek mogłyby opowiadać o Joplin albo Kansas City? Z Union Station ruszyliśmy w stronę Joliet, a miłe połączenie prywatności i ruchu – basowe tony kół na szynach – przyniosły mi melodię, a potem słowa. Koła mówiły: „Nie ma jak cygaro taty".

Płaszcz powiesiłem na wieszaku, wypakowałem rzeczy, nalałem sobie dżinu i patrzyłem, jak ostatnie różowe plamki zachodu znikają ze śniegu w mieście Joliet.

> Co mi tam forsa, gorzała czy twój szpanerski wóz –
> Nie ma jak cygaro taty.
> To co, że zbankrutował,
> Ważne, że kopci za dwóch…

Siedź sobie w modnym barze –
Nie ma jak cygaro taty.
Daje mi się zaciągnąć,
Ale jeden raz to za mało.

Niezły początek. Piosenka nadała właściwy ton, ale najwyraźniej wymagała jeszcze pracy. Oto konduktor.

– Przeniesiono pana do wyższej klasy – oznajmił, zerkając na mój bilet, po czym przedziurkował go wprawnym ruchem. – Jak będzie pan czegoś potrzebował, po prostu proszę krzyczeć.

– Czy do tego przedziału sypialnego jeszcze ktoś dojdzie? – spytałem.

– Nie. Całe miejsce ma pan dla siebie.

– Jaka jest prognoza pogody?

– Fatalna – odparł konduktor. – Pracuję w tym pociągu od pięćdziesięciu lat, a to jest najgorsza zima, jaką pamiętam. W Chicago dwadzieścia trzy stopnie poniżej zera, wiatr wieje z prędkością stu sześćdziesięciu kilometrów na godzinę. W Cleveland pozrywał znaki drogowe. Kurczę!

O mrozach z pewnością da się powiedzieć jedno: z każdego człowieka robią specjalistę od statystyki. Temperatury, prędkość wiatru, czynniki chłodzenia zawsze się różniły, ale zawsze były niepomyślne. Mimo to jeśli nawet prognozy nie były przesadzone, w ciągu jednego czy dwóch dni wyjadę z tego zlodowacenia. Od chwili opuszczenia Bostonu nie widziałem ani jednego zielonego drzewa, ani jednego niezamarzniętego zbiornika wodnego. Nie traciłem jednak nadziei; jechałem na południe, dalej na południe, niż uwierzyłby ktokolwiek w tym zmierzającym w tym kierunku pociągu. Gdzieś tam palmy szumiały na wietrze. Z drugiej strony byliśmy dopiero w Streator w stanie Illinois.

Streator leżało pogrążone w mroku, a wszystko, co zobaczyłem z Galesburga, sprowadzało się do prostokąta śniegu, znaku z napisem PARKING, niewielkiej oświetlonej szopy i samochodu na wpół przysypanego śniegiem – sceny równie nieistotnej jak okładka „New Yorkera". Wszystko to ujrzałem przez okno wagonu restauracyjnego, kiedy podniosłem wzrok znad halibuta i chablis. O butelkę wina oparłem *Papierowego człowieka* Dashiella Hammetta. Faulknera przewertowałem i zostawiłem w Chicago, w szufladzie nocnego stolika w Holiday Inn, obok Biblii.

Wątek kryminalny w *Papierowym człowieku* nie był nawet w połowie tak niepokojący jak picie. W tej książce wszyscy pili; w świecie Hammetta wiecznie panowała pora koktajlu. Faulkner zaniepokoił mnie potokami słów bez znaczenia i rozdrażnił metafizyką konfederatów. Angielszczyzna Hammetta okazała się klarowniejsza, ale intryga była sfabrykowana, a praca detektywistyczna stanowiła tylko pretekst do popijaw.

Po chwili zainteresowała mnie siedząca przy sąsiednim stoliku trójka rozgadanych ludzi mówiących z południowym akcentem. Para w średnim wieku odkryła, że nieznajomy, który się do nich przysiadł, też pochodzi z Teksasu. Ubrany na czarno, wyglądał dość niekonwencjonalnie, jak jeden z pastorów cudzołożników występujących w szacownych powieściach, osadzonych w tych stronach. Właśnie minęła dziewiąta, pociąg dotarł do Fort Madison w stanie Iowa, na zachodnim brzegu Missisipi.

– Tak, to potężna Miss – potwierdził kelner, kiedy postanowiłem się upewnić. Zabrał mój pusty talerz, po czym zawołał do pozostałych biesiadników: – Missisipi, Missisipi.

Pastor, podobnie jak małżonkowie – co wprawiło ich w niezmierne podniecenie – pochodził z San Tone. Cała trójka wracała z Nowego Jorku. Na przemian opowiadali sobie upiorne historie, wschodnie upiorne historie o narkotykach i przemocy.

– Pewnej nocy, kiedy wracaliśmy do hotelu, zobaczyłam, jak jeden człowiek... – Tego rodzaju historie. Odpowiedź zwykle brzmiała mniej więcej tak:

– Według ciebie to ma być groźne? Mój przyjaciel szedł po Central Parku…

Wkrótce cała trójka zaczęła wspominać Teksas. Po chwili zaczęli się przechwalać. Nagle przechwałki przybrały nieoczekiwany obrót: zaczęli rozmawiać o wszystkich znanych im ludziach w Teksasie noszących broń. „Mój kuzyn nosił broń przez całe życie". „Ron znał polityka, który nigdzie nie ruszał się bez broni". „Mój dziadek miał piękną broń".

– W tamtych czasach wszyscy nosili broń – zapewniał pastor.

– Dziadek dał ją mojemu tacie – mówiła kobieta.

– Mój tata miał dwie spluwy – ciągnął pastor. – Jedną tu, drugą tu. – Klepnął się po kieszeniach.

Kobieta opowiadała, jak pewnego razu jej tata próbował wejść z bronią do supermarketu w Dallas. Właśnie przyjechał z San Tone. Rano obudził się, przypiął broń, jak to robił zawsze. Nie było w tym nic zabawnego. Dokładnie to samo robił każdego dnia. Wszedł do sklepu z tą starą spluwą, a był potężnie zbudowany, metr dziewięćdziesiąt. Sprzedawczynie tylko go zobaczyły i uznały, że to napad. Włączyły alarm. Rozpętało się piekło, ale tata nic sobie z tego nie robił. Wyciągnął broń, a kiedy pojawili się policjanci, tata zawołał:

– Dobra, chłopcy, bierzmy go!

Mąż kobiety dodał, że w tym czasie jej tata miał osiemdziesiąt cztery lata.

– Dobra, chłopcy, bierzmy go!

Pastor słuchał tej historii z pogłębiającym się wyrazem klęski na twarzy. Po chwili milczenia powiedział:

– Mój tata miał osiem zawałów serca.

Kobieta łypnęła na pastora, jej mąż zaś powiedział:

– No, no.

– Zakrzepy tętnicy wieńcowej – powtórzył pastor. – Przeżył je wszystkie.

– On też pochodzi z San Tone? – spytał mąż kobiety.

– No jasne – potwierdził pastor.

– To musiało być ciężkie – powiedziała kobieta.

– Żaden człowiek ze wschodu nie przeżyłby czegoś takiego – zawyrokował pastor. – Tylko facet z zachodu mógł przeżyć osiem zawałów.

Słuchacze zgodzili się z powyższą uwagą. Co prawda chciałem spytać, jak facet z zachodu radził sobie z ośmioma zawałami, ale postanowiłem trzymać język za zębami.

– Na wschodzie... – zaczęła kobieta.

Uznałem, że czas się zbierać. Przez oblodzony szereg zamrażarek między wagonami wróciłem do przedziału. Naciągnąwszy kołdrę na głowę, pożegnałem się z Kansas. Zostaję tutaj, pomyślałem, a jeśli nazajutrz zobaczę na ziemi śnieg, nie ruszam się z łóżka.

Świt w Ponca City w stanie Oklahoma był wietrznym migotaniem pod niebem koloru szarej owsianki. Pociąg znajdował się w odległości blisko tysiąca trzystu kilometrów na południe od Chicago i zbliżał się do Perry. Na płaskiej ziemi nic nie rosło, ale ślady śniegu – nawiewane w koleiny i zagłębienia, przypominające porozrzucane truchła gronostajów – nie wystarczyły, by zatrzymać mnie w łóżku. To, jaki mróz panował w Oklahomie, uzmysłowiłem sobie dopiero na widok białych owali zamarzniętych stawów i wąskich lodowych ścieżek biegnących środkiem kamienistych rzek. Cała reszta brunatniała: kilka nagich brunatnych drzew, stadko brunatnego bydła, zagubionego w tym bezmiarze i żującego brunatną darń. W najwyższych partiach kopuły nieba żałosna owsianka rozwiewała się, odsłaniając łuk akwamaryny. Słońce wyglądało jak karmazynowe nacięcie, czerwona szpara w tej masie zupy mlecznej, poziomy cal nad horyzontem.

Przez może dwadzieścia minut i około trzydziestu kilometrów krajobraz świecił pustkami: nie było widać żadnych domów,
ludzi, bardzo mało śniegu, nic, tylko niezmienna brunatność.
Oto rozciągała się przede mną nieozdobiona powierzchnia ziemi,
wiekowe trawiaste tereny bez jakiegokolwiek wzniesienia, trawy
lizane przez wiatr i ani śladu muczącej krowy, która pozwoliłaby
umieścić pejzaż w jakiejś skali.

> Ogród Pustyni, pola niekoszone,
> Bezkresne, piękne, dla nich w mowie Anglii
> Nie znajdziesz żadnej odpowiedniej nazwy –
> To Prerie.

Pociąg dotarł do Perry. Tutejszy styl drewnianych domów
wywodził się z Massachusetts i Ohio. Niektóre, z dachami
krytymi papą i klimatyzacją szemrzącą za oknami, niemal
w całości kryły się za wyblakłymi od słońca samochodami za-
parkowanymi na podjazdach. Samochody były równie szerokie jak drogi. Jeden z domów w Perry, wysoki i biały, miał trzy
werandy, szczyty nad oknami, strome dachy i świeżo pomalo-
waną szalówkę. Nie wyglądałby osobliwie na przestronnym
zielonym trawniku w Cape Cod, ale w Perry, pośród wydepta-
nych kamieni, górujący nad prerią jak latarnia morska, stanowił zagadkę. Zagadkę wyrazistą i tak czytelną, że nie wymagała
rozwiązania. Pewna siebie klarowność tego domu była czysto
amerykańska; wydał mi się równie nadzwyczajny jak nieoczekiwany parking (oświetlona szopa, szyld, ośnieżony samochód)
ujrzany zeszłej nocy w Galesburgu, albo zasypany śniegiem basen z namalowanymi palmami w Chicago. Rzeczy te nie wyda-
łyby się tak piękne, gdyby nie ich lekki komizm. Amerykańskie
poczucie humoru cechowała jednoznaczność i świeżość; w połowie składało się z wyświechtanego banału, w połowie z geniuszu, łatwo zapadało w pamięć wzrokową. Na przykład chwila
spędzona w Norman w stanie Oklahoma: kino Sooner na rogu

Main Street i Jones, flaga amerykańska powiewająca nad sklepowymi frontonami, pięć zaparkowanych samochodów, surowy szereg niskich budynków, Main Street biegnąca w linii prostej stąd, czyli od stacji, aż na skraj miasta, wreszcie brunatna smuga prerii na końcu ulicy.

– Na dworze jest zimno, chłopie! – powiedział konduktor w Oklahoma City i radził, żebym został w pociągu. Oklahoma City właściwie nie różniło się od Perry. Szopy, sklepy i magazyny były tam większe, ale kształty te same; tamto miasto, podobnie jak Perry, wyglądało na tymczasowe i niedokończone, jakby plaśnięto je w sam środek prerii.

Miasta na zachodzie nie mają wyraźnego wieku. Wyrosły w miejscu osad baptystycznej użyteczności, gdzie mieszkańcy pracowali i modlili się, rozbierali domy, które przestały być potrzebne, wznosili nowe, kanciaste, nie zawracając sobie głowy innymi ozdobami niż flagi. Tak więc miasta zostawały w tyle, ich główne ulice były podobne do siebie jak dwie krople wody, kościoły i poczty wybudowane według tego samego projektu, jednopiętrowe domy w centrum, parterowe na obrzeżach. Dopiero na widok konkretnego domu, stodoły czy bocznej drogi z rzędem poczerniałych, rozwalających się szop przypominałem sobie, jak kiedyś wyglądały te miejsca, i wyczuwałem powiew romantyzmu.

– Chcesz usłyszeć coś potwornego? – spytał mężczyzna wchodzący do wagonu restauracyjnego na śniadanie. – Do pociągu właśnie wsiadło czterdzieści pięć tysięcy dzieciaków.

Burcząc pod nosem, podniósł menu, które pełniło też funkcję podkładki pod talerz.

Dopiwszy kawę, ruszyłem z powrotem do przedziału i zrozumiałem, co miał na myśli. Nie było ich aż tyle, jak mówił, ale dwieście, może trzysta kobiet z dziećmi, wszyscy z imiennymi plakietkami: Ricky, Sally, Tracy, Kim, Kathy. Prześliczna Kathy paplała z Marylin, która też zwalała z nóg. Obie stały przy swoich pucołowatych córeczkach.

– Tata bardzo się przeziębił – powiedziała Kathy, zerkając w dół. – Musiałam natychmiast zapakować go do łóżka.

– Nasz tata jak zwykle jest w biurze – odparła Marylin.

Usłyszawszy tę rozmowę, inna kobieta odezwała się tym samym głosem mamusi z telewizji:

– A gdzie jest nasz tatuś, kochanie? Powiedz im, gdzie jest tatuś. – Jej córka, ze wzrokiem wbitym w ziemię, ssała palec. – Nasz tata jest w podróży! Kiedy wróci, opowiemy mu, że my też podróżowałyśmy. Pociągiem!

Nie miałem wątpliwości, że zachowanie tych kobiet polegało w znacznej mierze na autoparodii. Ubrane z zabójczą elegancją, obarczone dziećmi, wyrwały się z kuchni na jeden dzień do Fort Worth. Kobietom dane było zasmakować wolności, ale to najwyraźniej nie wystarczyło: jutro wrócą do domów, przeklinając codzienne obowiązki, nienawidząc stereotypu mamusi i tatusia. Przypominały wygadane, ładne gospodynie domowe z telewizyjnych reklam płatków mydlanych i dezodorantów. Gdybym ujrzał kilkanaście takich pań, nie przyszłoby mi do głowy zastanawiać się nad ich położeniem. Ale kilkusetosobowa grupa kobiet, zamienionych w guwernantki, mówiących z łagodnym sarkazmem o swoich tatusiach, stanowiła nadzwyczajny przykład zmarnowanego talentu. Wydawało się co najmniej niesprawiedliwe, że w jednym z najbardziej rozwiniętych społecznie krajów świata grupa ludzi zachowywała się właściwie tak samo jak najbardziej nieufna społeczność etniczna. Oprócz mnie – a ja tylko przechodziłem – w zajmowanych przez tę grupę trzech wagonach nie było żadnego dorosłego mężczyzny. Panująca tam atmosfera przypominała więc izolowany świat kobiet islamskich czy hinduskich, co było nie tylko ponure dla feministek, ale dość żałosne nawet dla konserwatystów. Ponieważ przynajmniej połowa tych inteligentnie wyglądających kobiet ukończyła pewnie socjologię, zauważyły może, jak bardzo przypominały kobiety z plemienia Dinka w południowym Sudanie. Po powrocie do przedziału nie potrafiłem się oprzeć posępnym rozmyślaniom. Na widok pompy na prerii zdałem sobie sprawę, że już od trzech godzin patrzę na te wzniesione na podwyższeniach czarne wrzeciona wędrujące w górę i w dół, rozkołysane na terenie całej Oklahomy, czasem w skupiskach, ale częściej jako pojedyncze ramię bujające się na pustkowiu.

Za Purcell, tysiąc czterysta kilometrów od Chicago, wyjechaliśmy z epoki lodowcowej. W strumieniach, już nieskutych lodem, połyskiwała wilgoć, a rzadki śnieg, mało podobny do śniegu, walał się w gęstej trawie niby stary papier. Mijane miasteczko składało się z dwóch ulic drewnianych domów, tartaku, sklepu spożywczego, flagi amerykańskiej oraz, zaraz potem, prerii. Chciwie wypatrywałem szczegółów i po około godzinnej obserwacji z radością witałem drzewo lub kołyszącą się pompę, która przełamywała monotonię. Zastanawiałem się, jak to jest urodzić się w takim miejscu, gdzie liczył się tylko pierwszy plan: weranda, fronton sklepu, główna ulica. Cała reszta była pustką, a może tylko tak się wydawało mnie, obcemu przejeżdżającemu pociągiem? Nie miałem ochoty się zatrzymywać. Mieszkaniec Oklahomy czy Teksasu wielbi swoją wolność i mówi o stłoczeniu nowojorczyków, ale mijane miasteczka wydały mi się tak stłoczone, że graniczyło to z uduszeniem. Wszystkie zbudowano według obronnego planu, jakby wyskoczyły ze zbiorowego lęku. Na czym polegał ów plan? Na kręgu wozów osadników. Nawet małe podłużne domy przypominały wozy, wozy bez kół, postawione tam tylko dlatego, że nieopodal stały już podobne. Wokół rozciągała się bezkresna ziemia, ale domy kuliły się, zerkając na sąsiadów i wąską ulicę, odwrócone plecami do nieobjętych przestrzeni prerii.

Kilkanaście kilometrów za Ardmore, na granicy Oklahomy i Teksasu, stojący przy oknie starszy mężczyzna powiedział:

– Gene Autry.

Prosząc go o wyjaśnienie, przeoczyłem samą miejscowość, która nie była śpiewającym kowbojem, ale kolejnym miasteczkiem z tak małą stacyjką, że Lone Star przetoczył się przez nią bez zatrzymywania.

– Może się tu urodził – powiedział starszy mężczyzna. – Albo został tu pochowany.

Granicę Teksasu wyznaczały niskie suche wzgórza przechodzące w szarozielone równiny. Ani śladu lodu czy śniegu; najwyraźniej panował tu łagodny klimat. Farmer, śledzony przez stado kosów, orał pole traktorem, zostawiając za sobą sześć bruzd ziemi. Z ulgą zauważyłem, że nie nosi rękawic. Tak więc pora roku się zmieniła. Tu, w pierwszym tygodniu lutego, panowała wczesna wiosna, a jeśli nadal będę się trzymał pociągów, za kilka dni wjadę w lato. Pasażer lotniczy może zostać w krótkim czasie wrzucony w dowolny klimat, ale pasażer kolejowy, zmierzający ekspresem na południe, może z satysfakcją obserwować, jak pogoda zmienia się w najdrobniejszych szczegółach z godziny na godzinę. W Gainesville nadszedł czas sadzenia, orki, gdzieniegdzie z ziemi wyłaniały się krótkie pędy. Wokół domów rosły drzewa, wyczuwało się mniej stłoczenia niż w osadach Oklahomy. Przy gospodarstwach rolnych widniały studnie, wiatrowskazy i chyba sady.

> Tu, gdzie czerwonoskóry zgarniał liście,
> Chcąc dostać się do kory czy korzenia,
> Przydrożna jabłoń zrzuca cierpki owoc.

Trasa pociągu Lone Star – wystarczy ją porównać z mapą z dowolnej książki historycznej – biegnie wzdłuż głównego szlaku pędzenia bydła na północ, zwanego szlakiem Chisholma.

Początkowo, w latach sześćdziesiątych dziewiętnastego wieku, bydło pędzono przez Terytorium Indiańskie Oklahomy, aż do końcowej stacji linii kolejowej Abilene w stanie Kansas. Wszystkie wielkie miasta kolejowe – Dodge City, Wichita (które minęliśmy o szóstej nad ranem), Cheyenne – kwitły dzięki bydłu, które zamykano tam w zagrodach i wyceniano przed załadunkiem do pociągów do Chicago. Po długiej podróży z Rio Grande niektóre zwierzęta szalały, ale radzono sobie z nimi po meksykańsku. Amerykańscy kowboje przejęli od meksykańskich pasterzy lasso, żelazo do znakowania bydła i większość żargonu, z samym słowem „lingo", czyli żargon, na czele. Szlak Chisholma stanowił tylko jedną z tras; szlakiem Sedalia pędzono bydło przez Arkansas i Missouri, natomiast szlak Goodnight-Loving prowadził wzdłuż rzeki Pecos. Kolej zastąpiła te szlaki – dostawy wody po drodze, które zadecydowały o takim właśnie przebiegu szlaku Chisholma, okazały się nie mniej ważne niż pragnienie lokomotyw parowych – ale dopiero znacznie później ludzie zastąpili bydło jako źródło dochodu kolei.

Widziałem stada bydła, kaczki w locie, duże, czarne kołujące ptaki, może myszołowy, ale nawet tutaj, tysiąc pięćset kilometrów na południe od Chicago, drzewa stały nagie. W trakcie czterodniowej podróży przez kraj nie zobaczyłem ani jednego zielonego drzewa. Wszędzie go wypatrywałem, ale widziałem jedynie ptaki drapieżne, pompy wiatrowe i konie skubiące trawę. Co prawda, stały tu domy, ale nie było żadnych miast; wszystkie drzewa, które widziałem, były martwe, jak groźne wieszaki, nad wyschniętymi strumieniami. Za pojedynczymi domami o pordzewiałych dachach rozciągały się pustkowia, a bliżej torów, najczęściej przy ogrodzeniu z drutu kolczastego, ujrzałem to, czego się spodziewałem: sterty bydlęcych kości, wyblakłe kostki i kręgi, popękane czaszki z pustymi oczodołami.

Teksas szczycił się jowialnym, acz nieugięcie wulgarnym, groteskowo tłustym facetem, który w lutym siedział w Silver Dollar Saloon w centrum Forth Worth w wielkim kowbojskim kapeluszu na głowie. Kapelusz stanowił może wyraz sprzeciwu – dzień był pochmurny i chłodny, w barze panował mrok jak w lochu (jedyne światło dochodziło z akwarium, bulgoczącego na półce z butelkami whisky). Do baru schroniłem się, żeby się ogrzać i w spokoju przeczytać „The Forth Worth Star-Telegram". Kiedy moje oczy przywykły do ciemności, usiadłem przy akwarium i zacząłem czytać. Musiałem podjąć decyzję: albo spędzić noc w Forth Worth, albo za kilka godzin wyjechać do Laredo. Walizkę zostawiłem na stacji. Forth Worth nie przypadło mi do gustu.

Ktoś polecił mi Forth Worth jako miejsce bardziej przyjazne i łatwiejsze do ogarnięcia niż Dallas, ale w to lutowe popołudnie zobaczyłem tylko szare, smagane żwirem pompatycznie nieistotne teksańskie miasto, gdzie pustynny wiatr ciskał umazane keczupem papiery w ludzi przytrzymujących komiczne kapelusze. We wszystkich miejscach publicznych widniał ten sam złowrogi napis (właściwie dwa napisy, ale nie liczę tego: ŻEBY TU PRACOWAĆ, NIE MUSISZ BYĆ WARIATEM, ALE TO POMAGA!). Ostrzeżenie brzmiało następująco:

> W tym lokalu może znajdować się uzbrojony policjant. W razie komendy „stać", proszę się do niej zastosować!
>
> Policja Forth Worth

Fakt, iż mieszkańcom należało przypominać, że uzbrojony człowiek nie żartuje i nie jest tylko entuzjastycznym bywalcem strzelnicy, stanowił może komentarz do przyjaznej atmosfery Forth Worth. Powyższy napis widniał na wszystkich instytucjach związanych z finansami oraz sklepach sprzedających akcesoria westernowe: na każdym rogu mogłeś dostać kredyt hipoteczny i kowbojski strój ze złotą lamówką. Ten sam napis zobaczyłem w centrum krwiodawstwa (pięćdziesiąt dolarów za niecałe pół litra; dwóch wynędzniałych osobników czekało, aż wkłują im się w żyły), a także w ciasnym biurze pożyczek kaucji sądowych (na szyldzie, oprócz informacji, że biuro jest czynne przez dwadzieścia cztery godziny na dobę, widniał biedny drań w kajdankach). Ten sam napis zdobił lokale, gdzie sprzedawano chili. Nie brakowało go też w Silver Dollar, ale kiedy się tam schroniłem, zdążył mi się już tak opatrzyć, że przestałem się go bać.

Przy akompaniamencie akwariowego bulgotu czytałem gazetę. Nagłówki oburzały się lokalnymi sprawami. Przerzuciłem kartki do części sportowej, gdzie główny artykuł, utrzymany w tonie zachwytu, relacjonował krok po kroku Konkurs Południowozachodni podczas Rodeo Grubych Sztuk. Nie było żadnego baseballu, piłki nożnej, hokeja, tylko amerykański odpowiednik szczucia niedźwiedzi. Rodeo uważano za dyscyplinę sportową? Artykuł zajmował całą stronę, a także następną („Ujeżdżanie byków", „Wiązanie cielaków"). Ci ludzie nie żartowali.

– Nie tak znowu strasznie dawno temu – powiedział grubas w wielkim kapeluszu, używając nowego dla mnie zwrotu, wypowiedzianego powoli, jakby stanowił pełne zdanie – tutejsi ludzie zaczęliby rewolucję, gdyby nie mogli czytać wyników z rodeo. Jasne, cieszymy się, że je mamy.

Wiadomości z rodeo sprowadzały się jednak do wyników, jakie uwieczniony na zdjęciu kowboj osiągnął w konkurencji maltretowania byka. Jego triumf wprawił mnie w zdumienie, a zdobycie łącznej nagrody w wysokości dwóch tysięcy dolarów – o zastosowanej technice artykuł nie wspominał – uznałem za niezręczne, żeby nie powiedzieć niegodne zwycięstwo. Nie mówiąc o barbarzyństwie, nigdy wcześniej nie widziałem strony sportowej, gdzie obok każdego wyniku widniałyby kwoty w dolarach.

W nadziei na wytchnienie zacząłem czytać listy do redakcji. Ostatecznie, jeśli miałem tu spędzić noc, warto poznać charakter miasta. Pierwszy list zaczynał się tak: „Powszechnie wiadomo, że teorię ewolucji wykłada się w szkołach publicznych jako fakt…". Dalej autor listu z sarkazmem wypowiadał się o nauce podkopującej „wartości moralne" i wiele wskazywało na to, że po Rodeo Grubych Sztuk kolejną atrakcją w Forth Worth może się stać proces sądowy podobny do sprawy Scopesa. List numer dwa: na miłość Chrystusa, zachowajcie Kanał Panamski! List numer trzy odsądzał od czci i wiary teksańską konwencję demokratyczną za zaproszenie do Teksasu Césara Cháveza. W liście sugerowano, że pan Chávez jest awanturnikiem, ponieważ usiłuje zorganizować pracowników rolnych. Autor kończył: „Nic bardziej niż związki nie niszczy gospodarki naszego kraju, promując bezrobocie i inflację".

Związki, Kanał, Biblia: ludzie w Fort Worth nie przechodzili do rzeczy; oni nigdy się od rzeczy nie oderwali. Naprawdę nie znajdowałem w sobie siły, żeby zmagać się z Adamem i Ewą czy zajmować się dziecięcą siłą roboczą, dlatego wręczyłem gazetę grubasowi, wyszedłem z Silver Dollar i mijając reklamy (Słuchajcie radia dla wieśniaków!), ruszyłem na stację.

Czekając na opóźniony pociąg, poznałem bardzo szczęśliwego człowieka. Do Fort Worth przybył niedawno, ale sześć spędzonych tu miesięcy przekonało go o nieograniczonych możliwościach miasta, które skreśliłem w ciągu jednego popołudnia.

– Tenis, golf, kręgle – wymieniał. – Pływanie.

– To samo można robić w Cleveland – zauważyłem.

– Tutaj możesz robić wszytko.

Wszystko?

– Pochodzisz może z Anglii? – spytałem.

Owszem, pochodził z Londynu. Pracował jako policjant w obskurnej południowej dzielnicy, ale obrzydły mu podatki, ogólne ponuractwo, brytyjskie zamiłowanie do amatorstwa i porażek. Dlatego wyemigrował do Fort Worth.

– Bardziej niż wszystko inne zadecydowało dobro dzieciaków – wyjaśnił.

W Londynie, w zabawnym hełmie, uzbrojony wyłącznie w pałkę i gwizdek, stanowił przedmiot drwin. Zawsze pragnął grać w golfa, ale londyńscy policjanci nie grają w golfa. Poza tym lubił pływać. Trudno jednak poważnie pływać na basenie publicznym w Tooting. W Anglii znajdował się na najniższym szczeblu tabeli płacowej i drabiny społecznej. Tu, jako pracownik hotelowy w mieście ujeżdżaczy byków, kowbojów wiążących cielaki, pożyczkodawców kaucji, hurtowników strojów kowbojskich, fundamentalistów mówiących z południowym akcentem oraz – według ich własnego określenia – wieśniaków, pogwizdujący, południowolondyński akcent wyróżniał tego człowieka jak arystokratę, nadając mu churchillowski autorytet.

– Ja tu zostaję – oświadczył.

– Mógłbyś pracować jako policjant – zauważyłem.

– Policjanci mają tu dobrze – przyznał.

Życzyłem mu powodzenia, a potem, nieco podniesiony na duchu, wróciłem na odziedziczony przez kolej szlak Chisholma, zmierzając w odwrotnym kierunku niż pędzono bydło, do Laredo.

rozdziałtrzeci

Aztec Eagle, czyli Aztecki Orzeł

W pogrążonym w ciemności Laredo padał deszcz i mimo wczesnej pory miasto wyglądało na opuszczone. To szacowne miasto graniczne, leżące na samym końcu linii kolejowej Amtrak, rozlokowano na siatce geometrycznej rozświetlonych czarnych ulic, na klifie przypominającym rozorany buldożerami kamieniołom. W dole płynęła rzeka Rio Grande, cichy nurt mijał Laredo rozpadliną głęboką jak ściek. Na południowym brzegu zaczynał się Meksyk.

Zapalone miejskie światła potęgowały pustkę Laredo. W ich blasku ujrzałem, że miasto jest bardziej meksykańskie niż teksańskie. Światła błyskały, sugerując życie, jak to światła. Ale gdzie się podziali ludzie? Na każdym rogu paliły się czerwone światła, sygnalizacja na przejściach dla pieszych się zmieniała; jednopiętrowe frontony sklepów były oświetlone, w oknach parterowych domów paliły się lampy, latarnie uliczne nadawały kałużom wygląd jasnych dziur w wilgotnej jezdni. Niesamowity efekt tej iluminacji przywodził na myśl zadżumione miasto, które oświetlono w celu ochrony przed złodziejami. Na drzwiach sklepów wisiały masywne kłódki; szeregi reflektorów oświetlały kościoły. Wszystkie te światła, zamiast sprawiać wrażenie ciepła i aktywności, tylko obnażały pustkę Laredo.

Na czerwonych światłach nie czekały żadne samochody, piesi nie przechodzili przez pasy. Chociaż w mieście panowała cisza, w mżystym powietrzu dawał się słyszeć szmer, dźwięki muzyki granej gdzieś w oddali. Szedłem i szedłem, z hotelu ku rzece, od rzeki do placu, zagłębiłem się w labirynt ulic, aż nabrałem przekonania, że zabłądziłem. Strachem napełniał mnie migający o cztery przecznice dalej neon, który najpierw brałem za bar, restaurację, uroczystość, znak życia, ale kiedy podchodziłem, przemoczony i zdyszany, odkrywałem, że to tylko zamknięty na noc sklep obuwniczy albo zakład pogrzebowy. Idąc ulicami Laredo, słyszałem jedynie odgłos własnych kroków, fałszywą odwagę ich stukotu, wahanie się moich własnych nóg w zaułkach, chlupot towarzyszący mi w drodze powrotnej do jedynego znanego punktu orientacyjnego, czyli rzeki.

Sama rzeka nie wydawała odgłosu, choć płynęła wartko, wirując jak kłębowisko tłustych węży w wąwozie, z którego usunięto wszystkie krzaki i drzewa, żeby policja mogła go łatwiej patrolować. W tym miejscu trzy mosty łączyły Stany Zjednoczone z Meksykiem. Na klifie dźwięki muzyki rozbrzmiewały głośniej; dobiegały z przeciwległego brzegu, z Meksyku, drażniąc ucho jak radio u sąsiada. Teraz wyraźnie widziałem krętą rzekę i uderzyło mnie, że rzeka to odpowiednia granica. Woda jest neutralna, a jej bezstronne meandrowanie sprawia, że granica państwowa wygląda jak wyznaczona boską ręką.

Patrząc przez rzekę na południe, uzmysłowiłem sobie, że spoglądam na inny kontynent, inny kraj, inny świat. Stamtąd dobiegały dźwięki, nie tylko muzyka, ale także ludzkie głosy i klaksony samochodów. Granica była prawdziwa: po tamtej stronie ludzie żyli inaczej, a przyjrzawszy się dokładniej, zobaczyłem oświetlone neonami drzewa, ruch uliczny, źródło muzyki. Nie widziałem żadnych ludzi, ale samochody i ciężarówki zdradzały ich obecność. Dalej, za meksykańskim miastem Nuevo Laredo, wznosiło się czarne zbocze, bezkształtne, nawiedzane przez noc republiki Ameryki Południowej.

Z tyłu podjechał samochód. Po chwilowym lęku, uspokoiłem się na widok taksówki. Podałem kierowcy nazwę swego hotelu i wsiadłem, ale na moje próby nawiązania rozmowy taksówkarz odpowiadał pomrukami. Najwyraźniej znał tylko swój język ojczysty.

– Cicho tutaj – powiedziałem po hiszpańsku.

Po raz pierwszy w trakcie tej podróży odezwałem się po hiszpańsku. Od tej pory niemal wszystkie moje rozmowy odbywały się w tym właśnie języku. W książce postanowiłem jednak tłumaczyć wymiany zdań na angielski i unikać wtrącania hiszpańskich słów. Niecierpliwią mnie zdania w rodzaju „*Carramba!* powiedział *campesino*, jedząc *empanada* na *estancia…*".

– Laredo – wzruszył ramionami taksówkarz.

– Gdzie są wszyscy ludzie?

– Po drugiej stronie.

– W Nuevo Laredo?

– W Mieście Chłopaków – wyjaśnił, ku memu zaskoczeniu po angielsku. Dziwna nazwa mile połechtała moje ucho. Taksówkarz dodał po hiszpańsku: – W Strefie jest tysiąc prostytutek.

Liczba była okrągła, ale uwierzyłem. To oczywiście wyjaśniało brak ludzi w mieście. Po zmroku mieszkańcy Laredo przekradali się do Nuevo Laredo, nie gasząc świateł. Właśnie dlatego deszczowe Laredo wyglądało szacownie, czy wręcz szlachetnie; kluby, bary i burdele znajdowały się po drugiej stronie rzeki. Dzielnica rozkoszy leżała o dziesięć minut drogi stąd, w innym kraju.

Jednak w tym morale, symbolizowanym przez most łączący dwie krainy, kryła się głębsza prawda. O ile Teksańczycy korzystali z dobrodziejstw obu światów, pilnując, by dzielnica uciech znajdowała się po meksykańskiej stronie Mostu Międzynarodowego – rzeka, niczym pokrętny nurt trudnej sprzeczki, płynęła między cnotą a występkiem – o tyle Meksykanie mieli dość taktu, by ukryć Miasto Chłopaków pod kamuflażem obskurności, za torami, jako kolejny przykład geografii moralności. Wszędzie podziały: nikt nie chce mieszkać tuż obok burdelu. Mimo to obydwa miasta istniały z powodu Miasta Chłopaków. Bez prostytucji i szwindli Nuevo Laredo nie mogłoby sobie pozwolić na pelargonie wokół znajdującego się na placu pomnika wściekle gestykulującego patrioty, nie mówiąc o reklamowaniu się jako targ wyrobów wiklinowych i gitarowego folkloru; nikt zresztą nie wybierał się do Nuevo Laredo po wiklinowe koszyki. Laredo potrzebowało występnego siostrzanego miasta, bo dzięki niemu kościoły były pełne. Laredo miało lotnisko i kościoły, Nuevo Laredo burdele i fabryki wyrobów z wikliny. Każda narodowość ciążyła ku własnej specjalności. W sensie ekonomicznym było to jak najbardziej sensowne myślenie, zgodne co do joty z teorią przewagi komparatywnej, opracowaną przez wybitnego ekonomistę Davida Ricardo (1772–1823).

Na pierwszy rzut oka wyglądało to na typowy związek grzybów z kompostem, jaki można spotkać na granicach wielu krajów o różnym poziomie rozwoju. Im dłużej jednak o tym myślałem, tym bardziej Laredo wydawało mi się symbolem całych Stanów Zjednoczonych, a Nuevo Laredo całej Ameryki Południowej. Tutejsza granica była czymś więcej niż tylko przykładem wygodnej hipokryzji; widziało się tu wszystko, co należało wiedzieć o moralności obu Ameryk, o związku pomiędzy purytańską wydajnością na północ od granicy a brzęczącym, namiętnym chaosem – anarchią seksu i głodu – na południu. Cała sprawa nie była aż tak prosta, ponieważ po obu stronach dało się spotkać zarówno nikczemność, jak i miłosierdzie, ale przekraczając rzekę (Meksykanie nie nazywają jej Rio Grande, ale Río Bravo del Norte), ot, zwyczajny podróżnik w drodze na południe, z walizką pełną brudnych ubrań, plikiem rozkładów połączeń kolejowych, mapą i parą nieprzemakalnych butów, czułem się, jakbym odgrywał jakąś doniosłą rolę. Z pewnością miał znaczenie rozdźwięk między życiem po obu stronach granicy państwowej; po stronie meksykańskiej każda ludzka cecha urastała do wymiarów metafory.

Most graniczny ma długość zaledwie dwustu metrów, ale zapach Nuevo Laredo się nasila. Jest to zapach bezprawia; w nozdrza uderza woń dymu, chili i tanich perfum. Niemal natychmiast po wyjściu ze schludnego teksańskiego miasta po drugiej stronie mostu ujrzałem tłum ludzi, korek pojazdów, usłyszałem nawoływania i klaksony. Grupa osób czekała na wejście do Stanów Zjednoczonych, ale większość po prostu gapiła się na drugą stronę granicy, będącej, o czym świetnie wiedzieli, granicą ubóstwa.

Meksykanie wybierają się do Stanów Zjednoczonych, ponieważ tam czeka na nich praca. Do Stanów przedostają się nielegalnie, ponieważ legalny wjazd jest dla biednego Meksykanina szukającego pracy praktycznie niemożliwy. Jeśli zostaną schwytani, są zamykani w więzieniu, a po odsiedzeniu krótkiego wyroku deportowani do Meksyku. Po kilku dniach znowu ruszają do Stanów, gdzie na farmach czeka na nich słabo płatna praca. Rozwiązanie jest proste: gdybyśmy wprowadzili prawo zezwalające farmerom w Stanach Zjednoczonych na zatrudnianie tylko ludzi z wizami i pozwoleniami na pracę, problem by zniknął. Żadnego takiego prawa nie ma. Zatroszczyło się o to lobby farmerskie, bo gdyby zniknęli Meksykanie, których można wykorzystywać, jak ci handlarze niewolników o szerokich tyłkach radziliby sobie ze zbiorami płodów rolnych.

Im bardziej zbliżałem się do Meksyku, tym więcej szczegółów wyłaniało się z chaosu. Wylegujący się żołnierze i policjanci wzmagali wrażenie bezprawia, panował straszliwy hałas i momentalnie ujawniły się charakterystyczne cechy narodowe:

mężczyźni pozbawieni szyi, policjanci w butach na koturnach, a każdej prostytutce towarzyszył naturalny sprzymierzeniec w postaci kaleki lub starej kobiety. Zimnej, deszczowej pogodzie towarzyszyła atmosfera zniecierpliwienia: był luty, więc turyści mieli się pojawić dopiero za kilka miesięcy.

W połowie mostu minąłem zardzewiałą skrzynkę pocztową z napisem KONTRABANDA. Tutaj wrzucało się narkotyki. Napisy w dwóch językach informowały o grożących karach: pięć lat za miękkie narkotyki, piętnaście za twarde. Próbowałem zajrzeć do skrzynki, ale ponieważ nic nie zobaczyłem, walnąłem w nią pięścią. Głuchy odgłos świadczył o tym, że była pusta. Ruszyłem dalej w kierunku barierki, wrzuciłem pięć centów i tak łatwo jakbym wsiadał do autobusu, znalazłem się w Meksyku. Chociaż już przed podróżą zapuściłem wąsy, żeby upodobnić się do Latynosa, mój wybieg najwyraźniej nie działał. Pogranicznicy machnęli ręką na znak, że mam przejść przez bramkę razem z czterema innymi gringo: wyglądaliśmy niewinnie.

Nie ulegało wątpliwości, że znalazłem się w innym kraju. Chociaż mężczyznom bez szyi, paradującym policjantom i okaleczonym zwierzętom towarzyszyła atmosfera ponurej bezpaństwowości, to sprzedawca czosnku uosabiał Amerykę Południową. Ten brudny jegomość nikczemnej postury, w podartej koszuli i przetłuszczonym kapeluszu, raz po raz wykrzykiwał te same słowa. Same te cechy nie czyniły go nikim wyjątkowym; jego kopię znalazłoby się i w Cleveland. Wyróżniał go sposób, w jaki trzymał swój towar. Jeden sznur czosnku nosił na szyi, drugim się przepasał, inne zarzucił na ramię, potrząsał czosnkiem trzymanym w wyciągniętej dłoni. Handlarz przeciskał się przez tłum, a główki czosnku podskakiwały mu na ciele. Czy można sobie wyobrazić dobitniejszy przykład różnicy kulturowej niż ten człowiek? Po teksańskiej stronie mostu zatrzymano by go pod zarzutem łamania zasad higieny, tutaj go ignorowano. Co takiego dziwnego było w tym, że nosił na szyi główki czosnku? Może nic, ale nie robiłby tego, gdyby nie był Meksykaninem, a ja nie zwróciłbym na to uwagi, gdybym nie był Amerykaninem.

Miasto Chłopaków – Strefa – nosi stosowną nazwę, ponieważ znaczna jej część w nikczemny sposób odzwierciedla koszmarny seksualny raj zakazanych chłopięcych fantazji. W tej podmiejskiej dzielnicy libido, gdzie lęk spotyka się z pożądaniem, można zobaczyć groźne skutki wszystkich rozpasanych zachcianek. Strefa jest jak dziecko, które pragnie poczuć dreszcz pieszczoty kochanki, ale żadne dziecko nie przeżywa tej fantazji, nie doświadczając zarazem równie silnego lęku przed byciem ściganym przez tę samą osobę. Miesiące zimna, deszczu i pozasezonowej bezczynności zamieniły prostytutki ze Strefy w dość ponure przykłady demonicznych kochanek. Te kobiety wyły, szarpały przechodniów za rękawy, łapały za ręce, istne ucieleśnienie karzącego aspektu fantazji seksualnej. Czułem się jak Leopold Bloom idący nieśmiało przez nieskończony nocny lupanar, tu bowiem nie dało się okazać zainteresowania, nie ryzykując upokorzenia. Moja sytuacja była tym gorsza, że powodowała mną tylko ciekawość; ponieważ nie zamierzałem ani potępiać, ani zachęcać, brano mnie za najbardziej żałosną ze zwichrowanych dusz, czyli za krótkowzrocznego voyeura, seksualną narośl bacznie śledzącą targ mięsny. „Tylko patrzę", mówiłem, ale prostytutki nie miały cierpliwości do takiej postawy.

– Panie!

– Przepraszam, spieszę się na pociąg.

– O której odjeżdża?

– Za jakąś godzinę.

– No to mamy jeszcze mnóstwo czasu, panie!

Ulicznicy, stare kobiety, kalecy, sprzedawcy kuponów na loterię, rozgorączkowane brudne młodzieniaszki, handlarze oferujący noże na tacach, bary z tequilą i ustawiczną hałaśliwą muzyką, hotele cuchnące pluskwami – całe to rozedrganie groziło, że mnie pochłonie. Nie mogłem ukryć fascynacji, a zarazem bałem się, że przyjdzie mi zapłacić za ciekawość. „Jeżeli cię to nie interesuje – powiedziała ładna dziewczyna, leniwie unosząc spódnicę – czemu tu jesteś?"

Ponieważ nie znałem odpowiedzi na to dobre pytanie, odszedłem. Skierowałem się do biura meksykańskich linii kolejowych, żeby kupić bilet. Miasto było w opłakanym stanie; nie znalazłoby się domu bez wybitej szyby, ulicy bez wraku samochodu, rynsztoka niezapchanego odpadkami. W wilgotnej porze roku, bez upału, który usprawiedliwiłby nędzę i nadał miastu aurę romantyczności, szkaradność tego miejsca kłuła w oczy. Nuevo Laredo nie jest jednak bazarem Meksyku, ale naszym. Potrzebuje odwiedzających.

Niektórzy mieszkańcy pozostają czyści. Płacąc za bilet sypialny w pociągu Aztecki Orzeł, napomknąłem sympatycznej urzędniczce, że właśnie przyszedłem ze Strefy.

Kobieta przewróciła oczami, po czym powiedziała:

– Wie pan co? Nie wiem, gdzie to jest.

– Niedaleko stąd. Wystarczy…

– Proszę mi nie mówić. Mieszkam tu od dwóch lat. Znam swój dom, swoje biuro, swój kościół. Niczego więcej mi nie trzeba.

Urzędniczka powiedziała mi, że lepiej spędzę czas, oglądając ciekawostki, niż chodząc bez celu po Strefie. W drodze powrotnej na stację poszedłem za jej radą. Jak mogłem się spodziewać, zobaczyłem kosze, widokówki, noże, ale także gipsowe pieski, gipsowe figurki Chrystusa, wyrzeźbione kucające kobiety, tanie dewocjonalia wszelkiej maści, w tym różańce o rozmiarach liny okrętowej z paciorkami wielkości piłek basebalowych, zmoczone deszczem wyroby żelazne rdzewiejące na straganach, melancholijnych świętych z gipsu, brutalnie umęczonych przez ludzi, którzy ich pomalowali i opatrzyli podpisem *Pamiątka z Nuevo Laredo*. Ciekawostka (słowo wyjaśniające się samo, sugerujące ciekawość) jest przedmiotem, który ma spełniać tylko jedną funkcję: dowieść, że dotarłeś na miejsce. Może to być orzech kokosowy z wyrzeźbioną twarzą małpy, łatwo palna popielniczka, sombrero – wszystkie te rzeczy bez podpisu Nuevo Laredo są bezużyteczne, ale o wiele bardziej wulgarne niż to, co widziałem w Strefie.

Nieopodal stacji spotkałem człowieka, który topił szklane rurki, wyciągał je, aż stawały się cienkie, a następnie skręcał z nich modele samochodów. Jego umiejętności graniczyły z artyzmem, ale rezultat – zawsze ten sam samochód – był wyprany z wyobraźni. Wykonanie takiego szklanego cacuszka zajmowało wiele godzin. Człowiek mozolnie pracował nad czymś, co mogło być piękne, ale okazywało się tylko śmieszną pamiątką. Czy kiedykolwiek robił coś innego?

– Nie – odparł. – Tylko ten samochód. Zobaczyłem go na zdjęciu w czasopiśmie.

Spytałem, kiedy widział to zdjęcie.

– Jeszcze nikt mnie o to nie pytał! Dziesięć lat temu, może więcej.

– Gdzie się nauczyłeś to robić?

– Nie tutaj, w Pueblo. – Podniósł wzrok znad płomienia. – Myślisz, że tu, w Nuevo Laredo, człowiek mógłby się czegoś nauczyć? To jest jedna z tradycyjnych sztuk Puebla. Nauczyłem też żonę i dzieci. Żona robi małe pianina, a syn zwierzęta.

Raz po raz, ten sam samochód, pianino, zwierzę. Nie byłoby to tak niepokojące, gdyby chodziło o zwykłą masową produkcję przedmiotów. Wiele umiejętności i cierpliwości wkładano jednak w coś, co na koniec okazywało się zwykłym śmieciem.

Ktoś mógłby to uznać za marnotrawstwo, ale nie różniło się ono specjalnie od Strefy, która ze ślicznych dziewczyn robiła wściekłe, kłótliwe wiedźmy.

Wcześniej tego popołudnia zostawiłem walizkę w restauracji dworcowej. Kiedy spytałem, gdzie jest przechowalnia bagażu, Meksykanka siedząca przy stole, na który ktoś narzygał, odsunęła na bok swój blaszany talerz z fasolą i powiedziała:

– Tutaj. – Następnie wręczyła mi świstek papieru, a na walizce napisała szminką PAUL. Nie miałem nadziei więcej jej zobaczyć.

Teraz, usiłując odebrać walizkę, podałem świstek innej dziewczynie. Ta roześmiała się na jego widok, zawołała zezowatego mężczyznę i pokazała mu papier. On też się roześmiał.

– Co was tak śmieszy? – spytałem.

– Nie potrafimy odczytać jej pisma – wyjaśnił zezowaty.

– Ona pisze po chińsku – dodała dziewczyna, podrapała się po brzuchu i uśmiechnęła do świstka papieru. – Co tu jest napisane, pięćdziesiąt czy pięć?

– Umówmy się, że pięć – zaproponowałem. – Albo spytajmy tę dziewczynę. Gdzie ona jest?

– Una. – Zezowaty przeszedł na angielski. – Una poszła na blażę!

Oboje uznali, że to zabójczo zabawne.

– Gdzie jest moja walizka? – zapytałem.

– Znikła – odparła dziewczyna, ale zanim zdążyłem zareagować, zachichotała i wyciągnęła walizkę z kuchni.

Wagon sypialny w Azteckim Orle stał w odległości stu metrów ode mnie, a kiedy wreszcie do niego dotarłem, brakowało mi tchu. Angielskie nieprzemakalne buty, kupione specjalnie na tę podróż, zaczęły przeciekać; ubranie mi przemokło. Walizkę niosłem na głowie, jak kulisi, ale to tylko wywołało ból głowy i sprawiło, że deszcz pociekł mi za kołnierz.

Mężczyzna w czarnym mundurze zagrodził mi drzwi do pociągu.

– Nie możesz wsiąść – oznajmił. – Nie przeszedłeś przez odprawę celną.

To była prawda, chociaż zastanawiałem się, skąd mógł o tym wiedzieć.

– Gdzie jest odprawa celna? – spytałem.

Mundurowy wskazał ręką na koniec zalanego peronu i powiedział z obrzydzeniem:

– Tam.

Ponownie dźwignąłem walizkę na głowę, po czym, przekonany, że już bardziej nie zmoknę, poczłapałem z chlupotem na peron.

– Cło? – zapytałem. Sprzedawczyni gumy balonowej i ciastek roześmiała mi się w twarz. To samo pytanie zadałem małemu chłopcu, ale ten zasłonił twarz dłońmi. Kiedy spytałem jakiegoś człowieka z tabliczką z zaciskiem na papiery, odpowiedział:

– Poczekaj.

Przez otwory w dachu nad peronem lał się deszcz, Meksykanie ładowali dobytek przez okna wagonów drugiej klasy. Ten pociąg ekspresowy cieszył się dobrą sławą, ale nie widziałem zbyt wielu pasażerów. Obskurny dworzec był prawie pusty. Sprzedawczyni gumy balonowej rozmawiała ze sprzedawcą smażonych kurczaków; bose dzieci bawiły się w berka. Wciąż padało, ale nie była to rzęsista, oczyszczająca ulewa, lecz mroczna, męcząca mżawka, jakby z nieba leciały brudzące wszystko drobiny sadzy.

W końcu ujrzałem tego samego człowieka w czarnym mundurze, który zagrodził mi wejście do wagonu sypialnego. Teraz był przemoczony i wyglądał na rozwścieczonego.

– Nie mogę znaleźć cła – powiedziałem.

Mundurowy pokazał mi szminkę do ust i powiedział:

– To jest cło.

Nie zadając więcej pytań, oznaczył moją walizkę szminką, wyprostował się, stęknął i rzekł:

– Pospiesz się. Pociąg zaraz odjeżdża.

– Przepraszam, ale czy ja ciebie wstrzymuję?

Dwa stare wagony sypialne pochodziły od zbankrutowanych linii kolejowych w Stanach. Przedziały, chlubiące się głębokimi siedzeniami, wystrojem w stylu art déco i potrójnymi lustrami, były nie tylko ładne, ale też wygodne i wyłożone dywanami. Wszystko, co widziałem w Nuevo Laredo, sypało się; niczego nie utrzymywano w należytym stanie, o nic nie dbano. Za to ten stary pociąg z wagonami z drugiej ręki był zadbany, a za kilka lat można go będzie uznać za doskonale zakonserwowany zabytek. Wszystko okazało się dziełem przypadku: Meksykanie nie mieli pieniędzy na odnowienie wagonów sypialnych w stylu chromu i plastiku, jak to zrobiła linia Amtrak, ale utrzymując je w dobrym stanie, zdołali zachować ich oryginalność.

Większość przedziałów świeciła pustkami. Tuż przed gwizdkiem wzywającym do odjazdu przeszedłem przez wagony, gdzie zobaczyłem meksykańską rodzinę, grupkę dzieci podróżujących z matką, parę zaniepokojonych amerykańskich turystów, mrugającą kobietę w średnim wieku w płaszczu ze sztucznego futra lamparta. W przedziale sypialnym naprzeciwko mojego podróżowała starsza kobieta ze śliczną towarzyszką, dziewczyną w wieku może dwudziestu pięciu lat. Do mnie starsza pani odnosiła się zalotnie, natomiast dziewczynę, przypuszczalnie córkę, traktowała ostro. Dziewczyna była rozpaczliwie nieśmiała, a lichy strój (starsza pani owinęła szyję szalem z norek) w połączeniu z uroczą, choć ziemistą, smutną w pewien angielski sposób twarzą nadawał jej wygląd namiętnej czystości. Przez całą drogę do stolicy Meksyku usiłowałem nawiązać rozmowę z dziewczyną, ale za każdym razem starsza kobieta przerywała jazgotliwymi pytaniami, nie dopuszczając jej do głosu. Po pewnym czasie uznałem, że uległość dziewczyny jest czymś więcej niż posłuszeństwem córki; była służącą, zachowującą niespokojne milczenie. Oczy miała zielone i myślę, że nawet próżność starszej kobiety nie mogła ukryć przed nią atrakcyjności dziewczyny ani prawdziwego motywu moich pytań. Obydwie miały w sobie coś nieprzeniknionego, staromodnego i rosyjskiego.

Popijałem w przedziale tequilę, rozmyślając o tym – bardzo blisko Stanów Zjednoczonych, bo na zerodowanych klifach Laredo widziałem sklepy – jak wszystko stało się inne. W pociągu panował niefrasobliwy meksykański nieład. Ktoś zapukał do drzwi.

– Przepraszam – powiedział konduktor, gramoląc się do przedziału. – Położę to tylko tutaj.

Konduktor dźwigał dużą papierową torbę, wypełnioną wieloma mniejszymi pakunkami. Z szerokim uśmiechem uniósł torbę na wysokość piersi i wskazał na półkę bagażową nad umywalką.

– Zamierzałem położyć tam walizkę – odparłem.

– Nie ma problemu! Walizkę możesz wsunąć pod łóżko. Spójrz, sam to zrobię.

Konduktor ukląkł i wsunął moją walizkę pod łóżko, dodając przy tym, że doskonale pasuje. Nie uznałem za stosowne, by mu przypomnieć, że znajduje się w moim przedziale.

– Co tam jest? – spytałem.

Konduktor mocniej przycisnął torbę i znowu wyszczerzył zęby w uśmiechu.

– Takie tam rzeczy – odpowiedział pospiesznie, po czym wsunął torbę na półkę bagażową. Pod łóżkiem by się nie zmieściła. – Nie ma problemu, dobra?

– Sam nie wiem – powiedziałem. Torba zajmowała całą półkę.

Odchyliwszy papier, spróbowałem zajrzeć do torby. Konduktor, z nieszczerym uśmiechem, położył mi dłoń na ramieniu
i odsunął na bok.

– W porządku! – Wciąż się śmiał, tym razem z chytrą
wdzięcznością.

– Dlaczego nie położysz tej torby gdzie indziej? – spytałem.

– Tu jest o wiele lepiej – wyjaśnił. – Twoja walizka jest mała.
To dobry pomysł, zawsze podróżować z małą walizką. Świetnie
się mieści tam, pod łóżkiem.

– Ale co jest w tej torbie?

Konduktor nie odpowiedział. Nie zdjął też dłoni z mojego
ramienia. Lekko naciskając, posadził mnie na fotelu. Potem
cofnął się, rozejrzał po korytarzu, znów zbliżył do mnie, nachylił
się i szepnął po hiszpańsku:

– W porządku. Jesteś turystą. Nie ma problemu.

– Dobrze. – Uśmiechnąłem się do niego, potem do torby.

Konduktor przestał się śmiać. Chyba zaniepokoiła go moja
gotowość do przyjęcia torby. Przymknąwszy drzwi przedziału,
powiedział:

– Nic nie mów. – Z palcem przy ustach, wessał powietrze.

– Nie mówić? – Zacząłem wstawać. – Komu?

Konduktor dał mi znak ręką, żebym usiadł.

– Nic nie mów.

Zamknął drzwi.

Popatrzyłem na torbę.

Po chwili ktoś zapukał. Ten sam konduktor, nowy uśmiech.

– Obiad podano!

Odczekał chwilę, a kiedy wyszedłem z przedziału, zamknął
drzwi na klucz.

W wagonie restauracyjnym próbowałem nawiązać rozmowę
z zielonooką dziewczyną. Stara kobieta odbijała moje pytania.
Mój obiad składał się z dwóch czeskich piw i truchła chudego

kurczaka. Ponowiłem próbę nawiązania rozmowy. Stara kobieta zawsze odpowiadała w liczbie pojedynczej, „Jadę do Meksyku", „Byłam w Nuevo Laredo". Czyli zielonooka prawie na pewno była służącą, częścią bagażu starej. Koncentrując się na tym problemie, dopiero po chwili zauważyłem, że do wagonu restauracyjnego weszło trzech mężczyzn w mundurach. Pistolety, wąsy, pałki, ani śladu szyi; wreszcie wyszli. Meksyk był pełen mężczyzn w mundurach nieznanych mi służb; wyglądali jak część krajobrazu.

– Mieszkam w Coyoacán – mówiła starsza kobieta. Podczas jedzenia starła jej się szminka. Teraz nakładała nową.

– Czy to nie tam mieszkał Trocki? – spytałem.

U mego boku pojawił się steward w białym kitlu i rzekł:

– Proszę wrócić do swojego przedziału. Oni chcą z panem mówić.

– Kto?

– Celnicy.

– Już przeszedłem przez odprawę celną. – Przeczuwając kłopoty, przerzuciłem się na angielski.

– Pan nie mówić po hiszpańsku?

– Nie.

Starsza kobieta rzuciło mi ostre spojrzenie, ale nic nie powiedziała.

– Tamte ludzie. One chcieć z pan mówić.

– Tylko skończę piwo.

Steward odsunął moją szklankę.

– Teraz.

Trzej uzbrojeni celnicy czekali przed moim przedziałem. Konduktor zniknął, a mimo to drzwi zostały otwarte; najwyraźniej wymknął się, zostawiając mnie na lodzie.

– Dobry wieczór – powiedziałem, a celnicy skrzywili się do siebie na dźwięk angielszczyzny. Wyjąłem paszport, bilet, kartę ubezpieczenia medycznego i pomachałem nimi przed nosami celników dla odwrócenia uwagi. – Jak widzicie, mam też meksykańską legitymację turystyczną, świadectwo szczepienia przeciwko ospie, ważny paszport, patrzcie. – Z paszportu wysunąłem harmonijkę dodatkowych kartek i pokazałem celnikom birmańskie znaczki skarbowe na mojej birmańskiej wizie, imponujące zezwolenie na ponowny wjazd do Laosu, kwitek uprawniający mnie do nieograniczonego podróżowania po Gwatemali.

Dokumenty na chwilę zaabsorbowały celników – mrucząc pod nosem, wertowali kartki – wreszcie najbrzydszy z trójki wszedł do przedziału i uderzył pałką o półkę bagażową.

– To jest twoje?

Postanowiłem nie rozumieć po hiszpańsku. Gdybym odpowiedział zgodnie z prawdą, konduktor wpadłby jak śliwka w kompot, gdzie pewnie zresztą było jego miejsce. Jednak wcześniej tego samego dnia widziałem, jak celnik wyżywał się na starszym Meksykaninie, poddając go serii zaimprowizowanych upokorzeń. Starszemu mężczyźnie towarzyszył młody chłopak, a w ich walizce znaleziono może trzydzieści piłek tenisowych. Celnik kazał im opróżnić walizkę, piłki potoczyły się we wszystkie strony, a podczas gdy ofiary goniły piłki, celnik kopał je i powtarzał po hiszpańsku: „Twoje wyjaśnienie mnie nie satysfakcjonuje!". Po tej scenie zapałałem nieprzejednaną nienawiścią do wszystkich meksykańskich celników, znacznie przewyższającą złość na konduktora, który stał się przyczyną moich tarapatów.

Nie odpowiadając ani twierdząco, ani przecząco, powiedziałem szybko po angielsku:

– Ta torba leży tam od jakiegoś czasu, jakieś dwie godziny.

– Czyli jest twoja – odparł celnik po hiszpańsku.

– Nigdy wcześniej jej nie widziałem.

– To ich torba – zawołał po hiszpańsku. Celnicy na korytarzu zamruczeli.

– Myślę, że zaszło tutaj wielkie nieporozumienie. – Uśmiechnąłem się do celnika. Pochyliwszy się, wyciągnąłem walizkę i dodałem: – Patrz, już przeszedłem przez odprawę celną, widzisz tu znak. Z przyjemnością otworzę walizkę. Mam trochę starych ubrań, mapy…

– Nie mówisz po hiszpańsku? – przerwał mi celnik.

– W Meksyku jestem dopiero jeden dzień – wyjaśniłem po angielsku. – Nie możemy oczekiwać cudów, prawda? Jestem turystą.

– Ten tutaj to turysta – zawołał celnik w stronę korytarza.

Rozmowa biegła dalej, a tymczasem pociąg toczył się i szarpał, rzucając nas na siebie. Kiedy się zachwialiśmy, celnik dla zachowania równowagi chwycił się za pałkę i pistolet. Jak pamiętam, miał bardzo małe oczy.

– Czyli to wszystko tutaj jest twoje, włącznie z tą paczką na półce? – cedził groźnie po hiszpańsku.

– Co dokładnie chciałbyś zobaczyć? – odparłem po angielsku.

Celnik znowu spojrzał na torbę, nacisnął ją, rozległ się brzęk. Celnik łypał na mnie podejrzliwie, ale i smutno, bo jako turyście przysługiwała mi prywatność. Konduktor znał się na rzeczy.

– Życzę miłej podróży – powiedział celnik.

– Wzajemnie.

Kiedy celnicy sobie poszli, wróciłem do restauracyjnego i dopiłem piwo. Kelnerzy, szepcząc między sobą, uprzątali talerze ze stołów. Pociąg wjechał na stację, a kiedy ruszyliśmy dalej, nabrałem pewności, że celnicy wysiedli.

Szybko wróciłem do przedziału, umierając z ciekawości, co też zawiera torba. Po tym, co się stało, uznałem, że mam prawo do niej zajrzeć. W wagonie nikogo nie było, w moim przedziale nie zauważyłem żadnych zmian. Zamknąwszy za sobą drzwi, stanąłem na sedesie, żeby dokładniej przyjrzeć się półce bagażowej. Papierowa torba zniknęła.

Z Nuevo Laredo wyjechaliśmy o zmierzchu. Nieliczne mijane stacje były tak słabo oświetlone, że nie dostrzegałem ich nazw. Do późnych godzin czytałem *Papierowego człowieka*, którego odłożyłem na bok w Teksasie. Całkowicie pogubiłem się w akcji, ale picie nadal mnie ciekawiło. Wszyscy ludzie w tej powieści pili; spotykali się na koktajle, spiskowali w nielegalnych knajpach, rozmawiali o piciu i często byli pijani. Detektyw Hammetta nazwiskiem Nick Charles pił najwięcej. Najpierw skarżył się na kaca, potem pił, żeby go wyleczyć. Nick pił przed śniadaniem, następnie przez cały dzień, a ostatnią rzeczą, jaką robił przed pójściem spać, było wypicie drinka. Pewnego ranka czuje się szczególnie paskudnie i mówi: „Widocznie poszedłem spać trzeźwy", po czym nalewa sobie solidną lufę. Picie w tej książce odciągało moją uwagę od intrygi, podobnie jak tik twarzy prezydenta Bandy sprawiał, że nie rejestrowałem nic z tego, co mówił. Ale dlaczego ta powieść kryminalna tak ociekała alkoholem? Ponieważ powstała – i została osadzona – w czasach Prohibicji. Evelyn Waugh zauważył kiedyś, że w powieści *Powrót do Brideshead* jest tak wiele wystawnych posiłków, ponieważ powstała ona w okresie wojennego racjonowania żywności, kiedy ludzie rozmawiali o tym, jakie pyszności można przyrządzić z soi. Do północy skończyłem *Papierowego człowieka* i butelkę tequili.

Dwa koce nie wystarczyły, żebym się rozgrzał. O trzeciej czy czwartej nad ranem obudziłem się, dygocząc z zimna, przekonany – o co nietrudno w ciemnym pociągu – że znalazłem się z powrotem w Medford. Rano wciąż marzłem przy opuszczonych żaluzjach, nie mając pewności, w jakim kraju się znajduję.

Kiedy podniosłem żaluzję, ujrzałem słońce wschodzące za zielonym drzewem. To było samotne drzewo, a sunące w górę słońce nadawało mu wymiar symboliczny w tym kamienistym krajobrazie. Pionowe, jasne, obwieszone owocami podobnymi do granatów ręcznych, przy uważniejszej obserwacji zgrubiało, utraciło cechy drzewa i wreszcie zastygło jako kaktus.

Kaktusów rosło więcej, niektóre przypominały wypalone pochodnie, inne, bardziej znajome, kandelabry. Drzew nie widziałem. W słońcu, jasnym już o tak wczesnej porze, wzgórza w oddali błękitniały, a kolce kaktusów migotały. Długie poranne cienie leżały nieruchome i ciemne jak jeziora, okalając wyboisty teren prostymi marginesami. Kiedy zacząłem się zastanawiać, czy na dworze jest zimno, zobaczyłem człowieka – jedynego człowieka na pustyni – jadącego wozem zaprzężonym w osła drogą mogącą być dnem strumienia. Ciepło odziany, sombrero nacisnął na uszy, twarz otulił kasztanową chustą, a watowana kurtka została zszyta z pstrokatych łachmanów.

Wciąż było wcześnie. Słońce sunęło po niebie, dzień się ocieplał, budząc zapachy, aż wokół zapanowała ta specyficznie meksykańska mieszanina ożywienia i rozkładu, błękitu nieba i brudu. W przejrzystym powietrzu pojawiło się liche miasto Bocas. Tutaj rosły cztery drzewa, na stromym wzgórzu stał kościół o pobielonych ścianach, poczerwieniałych od pyłu, a kaktusy były tak duże, że do ich kolczastych pni przywiązano krowy. Jednak większa część miasta okazała się mimikrą: kościół był domem, domy szopami; ujrzałem, że drzewa to głównie kaktusy, a z powodu braku ziemi uprawnej zbiory – czerwona papryka i kukurydza – były znikome. Dzieciaki w podartych ubraniach przyleciały popatrzeć na pociąg, potem, na odgłos klaksonu, pobiegły na piaszczystą drogę, żeby zobaczyć wyładowaną ciężarówkę Coca-Coli, zakopaną po osie w piachu, zmierzającą ku jedynemu sklepowi w miasteczku.

Meksykanie tradycyjnie lokują wysypiska śmieci przy torach kolejowych. Odpadki najbiedniejszych ludzi są niewyobrażalnie wstrętne – kopcą się, ale są tak odrażające, że nawet ogień się ich nie ima. Na wysypisku w Bocas, stanowiącym część stacji kolejowej, dwa psy żerowały w jednej stercie śmieci, dwie świnie w drugiej. Zwierzęta ryły, zachowując między sobą bezpieczne odległości, a ja spostrzegłem, że oba psy kuleją, natomiast jednej świni brakuje ucha. Okaleczone zwierzęta pasowały do okaleczonego miasteczka, obdartych dzieci i walących się szop. Ciężarówka Coca-Coli zaparkowała. Dzieci patrzyły, jak pewien człowiek wlecze wyrywającą się świnię przez tory. Tylne nogi miała związane, a mężczyzna ciągnął kwiczącego zwierzaka łbem do tyłu.

Nie uważam się za miłośnika zwierząt, ale od nieprzepadania za nimi do okaleczania i znęcania się jest długa droga. Z czasem zacząłem dostrzegać podobieństwo między warunkami życia zwierząt domowych a kondycją ludzi, którzy tak źle je traktowali. Tu i tam dominowała pogarda; bity pies i kobieta dźwigająca drewno mieli to samo przelęknione spojrzenie. Bici ludzie bili swoje zwierzęta.

– Bocas znaczyć całuś – powiedział konduktor, mlasnął i się roześmiał.

– Czemu nie powiedziałeś mi, że jesteś przemytnikiem? – spytałem po hiszpańsku.

– Nie jestem przemytnikiem.

– A kontrabanda, którą zostawiłeś w moim przedziale?

– To nie żadna kontrabanda. Po prostu trochę rzeczy.

– Dlaczego schowałeś je w moim przedziale?

– Lepiej w twoim niż w moim.

– To dlaczego zabrałeś torbę z mojego przedziału?

Konduktor milczał. Zamierzałem mu odpuścić, ale znowu pomyślałem, że przez niego mogłem rano wylądować w więzieniu w Nuevo Laredo.

– Schowałeś tę torbę w moim przedziale, bo to kontrabanda.

– Nie.

– A ty jesteś przemytnikiem.

– Nie.

– Boisz się policji.

– Tak.

Obdartus przewlókł świnię przez tory. Teraz wciągał ją, łbem w dół, na furgonetkę stojącą przy stacji. Świnia kwiczała, rozrzucała kamyki racicami, a w jej wrzasku brzmiało szaleństwo, była bowiem dość inteligentna, by wiedzieć, że jej los został przesądzony.

– Policja nie daje nam spokoju – powiedział konduktor. – Tobie dadzą spokój. Słuchaj, to nie są Stany Zjednoczone, ci ludzie chcą forsy. Rozumiesz? – Śniade palce zwinął jak szpony i zrobił ruch, jakby coś chwytał. – Oto czego chcą, pieniędzy.

– Co było w tej torbie? Narkotyki?

– Narkotyki! – Konduktor plunął na korytarz, żeby pokazać, jak śmieszne zadałem pytanie.

– W takim razie co?

– Przybory kuchenne.

– Przemycasz przybory kuchenne?

– Ja nic nie przemycam. W Laredo kupuję przybory kuchenne i zawożę do domu.

– Nie macie przyborów kuchennych w Meksyku?

– Gówno mamy w Meksyku – odparł, skinął głową i dodał: – Pewnie, że mamy przybory kuchenne, ale są drogie. W Ameryce są tanie.

– Celnik pytał, czy torba należy do mnie.

– I co mu powiedziałeś?

– Powiedziałeś: „Nic nie mów". Nic nie powiedziałem.

– Widzisz? Zero problemu!

– Celnicy byli wściekli.

– Pewnie. Ale co mogą zrobić. Jesteś turystą.

Gwizd pociągu zagłuszył kwik świni. Wyjechaliśmy z Bocas.

– Wy, turyści, macie łatwo – powiedział konduktor.

– Wy, przemytnicy, macie łatwo dzięki nam, turystom.

Teksańczyk w Teksasie wskazuje na Main Street, nowe centrum handlowe, instytucje finansowe i mówi:

– Kilka lat temu była tu tylko pustynia.

Meksykanin ma inne podejście. Namawia cię, żebyś przymknął oczy na współczesną nędzę i pomyślał o minionej chwale. W dniu, który zaczął się od chłodu i przeszedł w bezchmurny skwar, około południa dotarliśmy do San Luis Potosí. Na torowisku dostrzegłem osadę złożoną z pięćdziesięciu wagonów towarowych, gdzie biegały gołe dzieci i kulawe psy. Meksykanin zasłania drzwi wyblakłym praniem, dodaje kurnik i dzieciaki, włącza głośno radio i udaje, że wagon towarowy to jego dom. Panuje tu nieopisana nędza, cuchnie odchodami, ale Meksykanin stojący obok mnie w drzwiach Azteckiego Orła powiedział z uśmiechem:

– Przed laty to była kopalnia srebra.

Z bliższej odległości wagony towarowe wyglądały potwornie. Nawet pelargonie, kobiety szykujące w drzwiach posiłki, pianie kogutów pokrywających kury, nawet to wszystko nie mogło ukryć okrutnego faktu, że wagony donikąd nie jechały. Te bydlęce wagony w San Luis Potosí parodiowały swoje pierwotne przeznaczenie.

Stojący obok mnie Meksykanin kipiał entuzjazmem. Ponieważ tu mieszkał, właśnie wysiadał. Jak powiedział, to było sławne miejsce. W San Luis Potosí było wiele pięknych kościołów, bardzo typowych, bardzo ładnych, bardzo starych.

– Czy mieszka tu dużo katolików? – spytałem.

Meksykanin zaśmiał się szybko trzy razy i mrugnął w antyklerykalnym porozumieniu.

– Za dużo!

– Czemu ci ludzie żyją w wagonach bydlęcych?

– Tam – wskazał ponad dachami wagonów – na Plaza Hidalgo stoi wspaniała budowla. Pałac Rządowy. Tam był Benito Juárez, słyszałeś o nim. Właśnie tam rozkazał stracić Maksymiliana.

Mój współpasażer podkręcił wąsy i uśmiechnął się z obywatelską dumą. Jednak meksykańska duma obywatelska, zawsze zwrócona ku przeszłości, wyrasta z ksenofobii. Mało krajów na świecie ma więcej powodów do ksenofobii. W pewnym sensie ta nienawiść do cudzoziemców zaczęła się właśnie tutaj, w San Luis Potosí. Podobnie jak wielu reformatorów, Benito Juárez wpadł w długi: wydaje się, że to niemal reguła rządów reformatorskich. Kiedy zawiesił spłatę długu państwowego, na Meksyk napadły sprzymierzone siły Hiszpanii, Wielkiej Brytanii i Francji. Na koniec w Meksyku zostali tylko Francuzi, a Benito Juárez, widząc, że nie zdoła utrzymać Ciudad de México, wycofał się do Potosí. W czerwcu 1863 roku armia francuska wkroczyła do Ciudad de México i mianowała arcyksięcia Maksymiliana Austriackiego nowym cesarzem Meksyku. Jego rządy okazały się nieudolne i pełne sprzeczności, można je nazwać tyranią dobrych intencji. Cesarz był słaby; dla zachowania władzy potrzebował obecności armii francuskiej i miał małe poparcie ludności (chociaż mówiono, że podobał się Indianom z powodu jasnych włosów, jak Quetzalcoatl; podobnym wzięciem cieszył się Cortéz z powodu podobieństwa do Pierzastego Węża). Najgorsze okazało się jednak to, że Maksymilian był cudzoziemcem. Meksykańska ksenofobia jest znacznie silniejsza niż skłonność do wewnętrznych swarów, wkrótce też z ambon kościołów katolickich wyklęto Maksymiliana jako syfilityka. Jego żona, cesarzowa Carlotta, nie urodziła mu dzieci, co miało stanowić dowód. Carlotta wybrała się do Europy, żeby szukać poparcia dla męża, ale jej apele nie przyniosły rezultatu; w końcu postradała zmysły i zmarła. W tym czasie Stany Zjednoczone pochłaniała nie tylko wojna secesyjna, ale również próby nakłonienia Francuzów do wycofania się z Meksyku. Po wojnie secesyjnej Amerykanie – którzy nigdy nie uznali Maksymiliana – zaczęli zbroić Juáreza, a w trakcie wojny partyzanckiej, która wybuchła w Meksyku, Maksymiliana schwytano i rozstrzelano w Querétaro w 1867 roku. Juárez pozostawił stolicę kraju w San Luis Potosí.

Pomoc amerykańska mogłaby nas zbliżyć do sprawy meksykańskiego nacjonalizmu. Juárez był ostatecznie czystej krwi Indianinem Zapoteka, a zarazem jednym z nielicznych przywódców meksykańskich, którzy zmarli śmiercią naturalną. Jego następca, przebiegły i chciwy Porfirio Díaz zaprosił – za pewną cenę – tych, o których myślimy dziś jako o filantropach i pionierach: Hearstów, U. S. Steel, Anaconda Corporation, Standard Oil, Guggenheimów. Chociaż Ralph Waldo Emerson pisał w czasach paranoicznych rządów Santa Any (Santa Ana kazał się tytułować „Jego Najjaśniejsza Wysokość", a meksykańscy dyktatorzy często przybierali tytuły królewskie, na przykład kreolski rzeźnik Iturbide mianował się Augustinem I), jego wersy pasują do wyprawy Guggenheima:

> Któż to paple
> O kulturze i ludzkości
> O lepszej sztuce i życiu?
> Pełznij, padalcu, patrz,
> Jak sławne Stany
> Plądrują Meksyk
> Uzbrojone w strzelbę i nóż!

Meksyk nigdy wcześniej nie zaznał takiego spokoju, nigdy wcześniej nie dotarł tam na podobną skalę przemysł, a zarazem nędza jak za rządów Díaza. Na Ameryce Łacińskiej ciąży mania wielkości nieuczciwych mężów stanu; Indianie i wieśniacy pozostają Indianami i wieśniakami. Podczas krwawej rewolucji, do której doprowadziła dyktatura Díaza – wiejskiej rebelii z 1910 roku, opisanej pompatycznie przez B. Travena w *Buncie powieszonych* i pięciu pozostałych tendencyjnych „powieściach dżungli" – Díaz potajemnie wsiadł do pociągu, który sam zbudował, uciekł incognito do Veracruz, a stamtąd do Paryża.

– Tutaj, w Potosí – mówił mój meksykański współpasażer – napisano nasz hymn narodowy. – Pociąg zatrzymał się przy długim peronie. – A to jest jeden z najnowocześniejszych dworców kolejowych w całym kraju.

Mój współpasażer mówił o samym budynku dworcowym, mauzoleum otępiałych podróżnych, ozdobionym na górnych ścianach freskami Fernanda Leala. Meksykanie wolą ozdabiać wnętrza budynków publicznych scenami tłumów i bitew niż tapetami. Na scenie przed moimi oczyma oszalały tłum najwyraźniej rozbierał na części dwie gumowe lokomotywy. Pandemonium pod burzowym niebem; muszkiety, strzały, toporki i symboliczne błyskawice; przypuszczalnie Benito Juárez prowadził ludzi do natarcia. Jeżeli nawet Meksykanom zdarzało się tworzyć konwencjonalne obrazy na płótnie, to ja ich nie widziałem. „Freski Diego Rivery na patio Ministerstwa Edukacji zasługują na uwagę przede wszystkim z powodu rozmiarów – pisał Aldous Huxley w *Beyond the Mexique Bay*. – Musi być ich z pięć czy sześć akrów". Na podstawie murali widzianych w Meksyku doszedłem do wniosku, że malarze w znacznym stopniu czerpali natchnienie z twórczości Gulleya Jimsona.

Poszedłem na plac, gdzie kupiłem meksykańską gazetę i cztery banany. Pozostali pasażerowie kupili komiksy. Po powrocie na peron, w oczekiwaniu na odjazd pociągu, zauważyłem, że zielonooka dziewczyna o żółtawej cerze trzyma pismo, które właśnie kupiła. Ujrzawszy, że jest to komiks, poczułem, jak mój żar słabnie. Widok ładnej dziewczyny czytającej komiks działa na mnie zniechęcająco. Za to starsza kobieta nie niosła nic. Może zielonooka trzymała komiks starej? Ponownie zainteresowałem się dziewczyną i podszedłem do niej bliżej.

– Zeszłej nocy było zimno.

Dziewczyna milczała.

– W tym pociągu nie ma ogrzewania – powiedziała starsza kobieta.

– Przynajmniej teraz jest ciepło – zwróciłem się do dziewczyny. Ta zwinęła komiks w tulejkę, którą mocno ścisnęła w dłoni.

– Bardzo dobrze mówi pan po angielsku – zauważyła stara. – Chciałabym, żeby mnie pan trochę nauczył. Pewnie jestem już na to za stara! – Rzuciwszy mi przebiegłe spojrzenie spod frędzli szala, wsiadła do pociągu. Dziewczyna posłusznie ruszyła za nią, unosząc rąbek spódnicy kobiety z brudnych schodków.

Na peronie stała też kobieta w płaszczu ze sztucznego futra lamparta. Ona również trzymała komiks.

– Jesteś Amerykaninem – powiedziała do mnie z uśmiechem. – Widzę to.

– Tak, z Massachusetts.

– Kawał drogi!

– Jadę jeszcze dalej. – Podróżowałem dopiero od sześciu dni, a kiedy przypominałem sobie, jak daleko leży Patagonia, ogarniał mnie niepokój.

– Dalej w głąb Meksyku?

– Tak, potem do Gwatemali, Panamy, Peru… – Urwałem, bo mówienie o celach podróży przynosi pecha.

– Nigdy nie byłam w Ameryce Środkowej – powiedziała kobieta w lamparcim futrze.

– A w Ameryce Południowej?

– Nigdy. Ale Peru... leży chyba w Ameryce Środkowej, prawda? Blisko Wenezueli?

– Chyba nie.

Kobieta potrząsnęła głową z powątpiewaniem, potem spytała:

– Jak długo trwają twoje wakacje?

– Dwa miesiące, może więcej.

– Ho, ho! Zobaczysz dość!

Pociąg zagwizdał. Szybko wsiedliśmy.

– Dwa miesiące wakacji! – mówiła. – Właśnie taką pracę chciałabym mieć. Czym się zajmujesz?

– Jestem nauczycielem.

– Szczęśliwy z ciebie nauczyciel.

– To prawda.

W przedziale rozłożyłem „El Sol de San Luis" i na pierwszej stronie ujrzałem zdjęcie statku tonącego w zatoce bostońskiej, opatrzone nagłówkiem GWAŁTOWNA ŚNIEŻYCA W USA POWODUJE CHAOS I ŚMIERĆ. Artykuł był wstrząsający: ponad pół metra śniegu w Bostonie, zgony, miasto pogrążone w ciemnościach w wyniku przerwy w zasilaniu; była to jedna z najgorszych burz śnieżnych w historii Bostonu. Po lekturze artykułu jeszcze bardziej poczułem się jak zbieg, ogarnięty poczuciem winy i zadowolony, że zdołał się wymknąć, tak jakbym zawczasu wiedział, że udając się w tę podróż pociągami ku słońcu, uciekam przed chaosem i śmiercią. Odłożyłem gazetę i wyjrzałem przez okno. Na pierwszym planie, w parowie koloru biszkoptów spore stado kóz żuło trawę, a pastuszek kucał pod drzewem. Na bezchmurnym niebie płonęło słońce. Dalej widniały pozostałości opuszczonej kopalni srebra i dzika żółta pustynia okolona kamienistymi wzgórzami. Wszędzie rosły niebieskie agawy, z których wytwarza się tequilę, i inne kaktusy o groteskowych kształtach – wielkie, sztywne, podobne do nabrzmiałych drzew, na których tkwiły paletki do ping-ponga albo kiście mieczy czy najeżone przyborniki do fajek.

Przez następne pół godziny czytałem o śnieżycy, a od czasu do czasu – między akapitami albo przewracając kartkę – podnosiłem wzrok i widziałem człowieka orzącego ziemię za pomocą dwóch młodych wołów i małego pługa, kilka kobiet na kolanach, piorących w płytkim strumieniu, chłopca prowadzącego osiołka obładowanego drewnem. Potem znowu artykuł: *Porzucone samochody… Zamknięte urzędy… Przypadki zawałów serca… Lód i śnieg tarasują drogi…*

Wtedy usłyszałem dzwonki. To steward z wagonu restauracyjnego uderzał w dzwonki, wołając:

– Lunch! Pierwsza tura na lunch!

Lunch i poranna gazeta w Azteckim Orle: ideał. Falujące od upału powietrze wisiało nad zieloną uprawną równiną. W panującym skwarze pociąg był jedyną rzeczą, jaka się poruszała. Na polach nie widziałem nikogo; nad strumieniami nie było żadnych piorących kobiet, chociaż mydliny unosiły się jeszcze na płyciźnie. Minęliśmy Querétaro, gdzie rozstrzelano Maksymiliana; na progach domów siedzieli śniadzi, groźnie wyglądający Meksykanie. Zupełnie nie przypominali pajaców ze złotymi zębami, których widziałem w Nuevo Laredo, a kiedy tak patrzyli, siedząc w cieniu, na ich twarzach pod sombrerami malowała się nikczemność i dezaprobata. Poza tymi domami niewiele było cienia; nic nie poruszało się w to skwarne popołudnie. Pociąg jechał szybko przez półpustynne tereny, a przez falujące powietrze widziałem zarys Sierra Madre Oriental. Pośrodku tej rozległej, spieczonej słońcem równiny stał osiołek przywiązany do drzewka, nieruchome stworzenie w cienistym kręgu.

Lunch dobiegł końca. Trzej kelnerzy i kucharz drzemali przy stoliku w kącie. Wstałem i ruszyłem przez wagon restauracyjny, kiedy łączniki grzmotnęły o siebie, aż się zatoczyłem. Pociąg gwałtownie stanął, solniczka i pieprzniczka poleciały na podłogę.

– Tłusty byczek – powiedział kelner, otwierając oko. – Teraz już nie ma co się o niego martwić.

Aztecki Orzeł wspinał się przez Cerro Rajón, okolicę stromych, porośniętych karłowatymi krzakami wzgórz. Jechaliśmy spiralnie w górę tak wolno, że mogłem zbierać polne kwiaty przy torach, ale kiedy zaczęliśmy zjeżdżać w dół, pociąg przyspieszył z głośnym turkotem, łączniki zatańczyły rumbę pod przejściem między wagonami, gdzie stanąłem, żeby zaczerpnąć świeżego powietrza. W tej okolicy było chłodniej, powietrze przestało falować i mogłem sięgnąć wzrokiem może na osiemdziesiąt kilometrów nad błękitnozieloną równiną. Pociąg raz po raz zmieniał kierunek na zboczu, zmieniał się więc i widok, z równiny na pasmo wzgórz, potem na żyzne doliny z wysokimi kolumnami pierzastych drzew nad brzegami spienionych rzek, niekiedy zaś na głęboki wąwóz między pionowymi granitowymi blokami. Pierzaste drzewa okazały się eukaliptusami, równie afrykańskimi jak cała ta rozległa kamienista panorama.

Schludna stacja Huichapan świeciła pustkami: nikt nie wsiadł, nikt nie wysiadł, tylko konduktor z flagą sygnalizacyjną na moment zszedł na peron. Tutaj, jak i w innych miejscach, poranne pranie rozwieszono na meksykańską modłę na kaktusach, co upodobniło je do skulonych postaci w czystych łachmanach. Pociąg dygoczący ważniacko na stacji Huichapan nadawał temu miejscu nieco majestatu, ale kiedy ruszyliśmy dalej, a ja spojrzałem w tył, odniosłem wrażenie, że stacyjkę spowija upalna samotność, kurz opada na ziemię, a kaktusy w łachmanach trwają skulone, jak porzuceni widmowi pasażerowie.

W to długie popołudnie czytałem *The Devil's Dictionary* Ambrose'a Bierce'a, książkę przepojoną czarnym humorem, samozadowoleniem i cynizmem. Lekturę słownika zacząłem od hasła *Kolej*, którą Bierce definiuje jako „najważniejsze z wielu urządzeń mechanicznych, pozwalających nam przenieść się z miejsca, gdzie przebywamy, do miejsca, gdzie wcale nie jest nam lepiej". Ponad pół metra śniegu w Bostonie. Chaos i śmierć. Przerwy w zasilaniu przy temperaturach poniżej zera. Tu zaś, za oknem, meksykańskie słońce, stare wzgórza i doniczki z karmazynowymi pelargoniami w oknach chat. Bierce pisze dalej: „Z tego względu optymista bardzo sobie ceni kolej, ponieważ pozwala mu ona na niezwykle sprawne przemieszczanie się". Bierce nigdy nie jest błyskotliwy; niekiedy bywa zabawny, częściej chybia celu, nachalnie argumentuje, w efekcie brzmi pompatycznie i wymuszenie. Nazywano go „amerykańskim Swiftem", ale jego żartobliwość raczej nie kwalifikuje go do tego opisu. Nie był tak wściekły, szalony ani tak wykształcony jak Swift, poza tym żył w czasach prostszych gustów literackich. Gdyby dziewiętnastowieczna Ameryka była na tyle złożona, by wydać Swifta, toby go wydała. Każdy kraj ma takich pisarzy, jakich potrzebuje i na jakich zasługuje, dlatego też Nikaragua w ciągu dwustu lat piśmiennictwa wydała jednego pisarza, miernego poetę. Żarty Bierce'a na temat kobiet i dzieci wydały mi się konwencjonalnie durne, zaciekawiło mnie jednak, że czytałem tę książkę właśnie w tej części Meksyku, gdzie Bierce zniknął. Każda linijka brzmiała jak naprędce nabazgrane epitafium, chociaż jego prawdziwe epitafium znalazło się w liście z 1913 roku, niedługo przed zniknięciem. „Być gringo w Meksyku – pisał Bierce w wieku siedemdziesięciu jeden lat – oto prawdziwa eutanazja!".

Nieopodal Tula bezdrzewna pustynia długich wzgórz wypiętrzyła się w szczyty podobne do piramid. Tutaj znajdowała się stolica Tolteków, z filarami, świątyniami i piramidą. Meksykańskie piramidy – Teotihuacán, Uxmal i Chichén-Itzá – to najwyraźniej rezultat ludzkich prób stworzenia gór; piramidy pasują do krajobrazu, a gdzieniegdzie z niego drwią. Bóg-król musiał pokazać, że jest w stanie odtworzyć boską geografię, a piramidy są widomym tego dowodem. Krajobraz wokół Tula leżał w ruinach, ale dzieła Tolteków miały przetrwać kolejną epokę.

Tuż przed zmrokiem ujrzałem pole pionowych mieczy. Może była to agawa sizalowa, ale raczej niebieska, której ognisty sok, tequila, wprawił mnie w stan halucynacji.

Kiedy dojechaliśmy do Meksyku, konduktor-przemytnik był cały w uśmiechach. Najpierw zaproponował, że poniesie moją walizkę, potem przypomniał, żebym niczego nie zostawił w przedziale, i zapewnił, że w stolicy zabawię się setnie. Ponieważ nie nagrodziłem napiwkiem jego służalczości, tylko chłodno podziękowałem, domyślił się chyba, że wciskając mi torbę z kontrabandą, posunął się za daleko.

Stacja okazała się wielka i zimna. Już tam wcześniej byłem. Meksyk, z dwunastoma milionami mieszkańców i sprytnych żebraków (połykacze mieczy i ognia robią sztuczki na chodniku obok przystanków autobusowych, żeby wyłudzić pesos od czekających w kolejce), tylko częściowo jest atrakcyjnym miastem. Siedemset pięćdziesiąt tysięcy mieszkańców Nezahualcóyotl niedaleko lotniska może się poszczycić wątpliwym wyróżnieniem: zamieszkują „największą dzielnicę nędzy na półkuli zachodniej". Nie czułem silnej potrzeby ponownego oglądania Mexico City. To przede wszystkim miejsce, gdzie można się zgubić, spowita smogiem metropolia gigantycznych rozmiarów i pewnie dlatego schronili się tu dwaj najbardziej zdeterminowani uchodźcy dwudziestego wieku, Lew Trocki i B. Traven.

Jeśli planuję przyjazd do miasta, wolę to zrobić wczesnym rankiem i mieć przed sobą cały dzień. Dlatego, bez namysłu, poszedłem do kasy, kupiłem bilet sypialny do Veracruz i wsiadłem do pociągu. Miejsce w przedziale sypialnym było tańsze niż pokój w hotelu, poza tym ludzie mówili, że leżące nad Zatoką Meksykańską Veracruz ma znacznie cieplejszy klimat.

rozdział_czwarty_

El Jarocho do Veracruz

Zanim wsiadłem do Jarocho – słowo to oznacza „gbura, chama",
a mieszkańcy Veracruz sami tak siebie nazywają – w restauracji
dworca Buenavista kupiłem lunch na wynos. W trakcie krótkiego
pobytu w stolicy Meksyku nie miałem czasu nic zjeść, a w Jarocho nie było wagonu restauracyjnego. Lunch na wynos okazał
się błędem, którego postanowiłem nigdy więcej nie popełnić.
W kolorowym pudełku znajdowała się parodia posiłku, przy-
gotowana przez ludzi oddanych idei kompletności, a zarazem
całkowicie ignorujących kwestie smaku. Dwie kanapki z szynką na czerstwym chlebie, jajko na półmiękko, nienadająca się
do obrania pomarańcza oraz kawałek spleśniałego ciasta. Po-
marańczę przeciąłem nożem sprężynowym kupionym w Nuevo
Laredo, a sok wcisnąłem do tequili. Resztę zawartości pudełka wyrzuciłem przez okno, kiedy tylko pociąg ruszył. Ohydny
lunch stanowił pewnie karę za to, że nie zostałem w Meksyku
dłużej niż godzinę. Nie był ze mnie jednak żaden zwiedzacz;
cieszyłem się, że jadę sypialnym na wybrzeże. Podróż z pustym
żołądkiem nie jest zabawna, ale tequila świetnie zabija apetyt.
Dzięki niej pogrążyłem się w drzemce, pełnej wyrazistych snów
o spełnieniu – tequila działała na mnie bardziej jak otępiający
narkotyk niż zmulający umysł alkohol – a po przebudzeniu będę
już w Veracruz.

Trzymając nogi w górze w spowitym dymem z fajki przedziale nocnego ekspresu do Veracruz, zostawiałem mgliste wyżyny dla wilgotnego upału i palm na wybrzeżu. Z kieliszkiem

tequili z sokiem pomarańczowym czułem się nad wyraz szczęśliwy. Pociąg zagwizdał, wagon sypialny przechylił się na zakręcie, zasłony w oknie się rozsunęły: ciemność, kilka jasnych świateł i ulotne poczucie zagrożenia spotęgowały romantyczność sytuacji. Otworzyłem nóż i odkroiłem plasterek pomarańczy do drinka. Oto jechałem z tajną misją (tequila zaczynała działać), jechałem incognito, jako prosty nauczyciel angielskiego, na tajną misję w Meksyku. Kosa w mojej dłoni była zabójczą bronią, ja zaś upiłem się na tyle, by wierzyć, że jeśli ktoś okaże się wystarczająco głupi, żeby ze mną zadzierać, wypruję mu flaki i zrobię z nich podwiązki. Pociąg, atmosfera, cel podróży, nastrój – wszystko to było śmieszną i miłą fantazją. Dopiłem drinka, nóż schowałem do kieszeni czarnej skórzanej kurtki, po czym wyślizgnąłem się na korytarz, żeby przyjrzeć się współpasażerom.

W pobliżu drzwi mojego przedziału czaił się wąsacz z podejrzanie wyglądającym pudełkiem.

– Chcesz czekoladowe ciasteczko?

Czar prysł.

– Nie, dziękuję.

– Poczęstuj się. Mam mnóstwo.

Chcąc być uprzejmy, wziąłem jedno. Wysoki, przyjaźnie nastawiony człowiek miał na imię Pepe i pochodził z Veracruz. Jak powiedział, od razu poznał, że jestem Amerykaninem, ale szybko dodał, że nie chodziło o mój hiszpański, tylko o wygląd. Szkoda, że dopiero teraz jechałem do Veracruz, ponieważ karnawał właśnie się skończył, powiedział. Przegapiłem coś wspaniałego. Orkiestry, bardzo głośne orkiestry! Tańce na ulicach! Pochody, i to długie! Muzyka, bębny, instrumenty dęte, marimby! Kostiumy, ludzie przebrani za książęta, klownów, konkwistadorów! Nabożeństwa kościelne, pyszne jedzenie, fantastyczna tequila i najróżniejsze przyjaźnie.

Opis Pepe usunął resztki żalu, jaki mógłbym odczuwać z powodu przegapienia karnawału w Veracruz. Z ulgą pomyślałem, że nie musiałem znosić tego wulgarnego widowiska, które z pewnością wprawiłoby mnie w przygnębienie i rozdrażniło, a już na pewno nie pozwoliłoby zasnąć.

– Jaka szkoda, że przegapiłem karnawał – powiedziałem.

– Możesz przyjechać za rok.

– Naturalnie.

– Jeszcze ciasteczko?

– Nie, dzięki. Nie zjadłem jeszcze tego. – Chciałem, żeby ten człowiek sobie poszedł. Po chwili ziewnąłem i rzuciłem: – Jestem bardzo żonaty.

Pepe spojrzał na mnie zdziwiony.

– Bardzo żonaty? Ciekawe. – Wyraz zdumienia nie znikał jednak z jego twarzy.

– Ty nie jesteś żonaty?

– Mam dopiero osiemnaście lat.

To mnie zbiło z pantałyku.

– Żonaty – powiedziałem. – Czy nie to właśnie mówi człowiek, kiedy chce pójść spać?

– Masz na myśli: zmęczony.

– Właśnie. – Te hiszpańskie słowa brzmią dla mnie podobnie: *casado, cansado,* żonaty, zmęczony.

Lapsus językowy odniósł pożądany skutek. Pepe najwyraźniej uznał, że jestem pomylony. Pudełko z ciasteczkami schował pod pachę, życzył mi dobrej nocy i odszedł. W wagonie sypialnym nie zobaczyłem już nikogo.

„Podróż z Veracruz [do Meksyku] jest według mnie najwspanialsza na świecie, pod względem spektakularnych widoków", pisze satanista Aleister Crowley w swojej autobiografii *Confessions*. Pojedź do Veracruz w ciągu dnia, radzili mi ludzie. Zobacz pola trzciny cukrowej i wulkan Orizaba; zobacz wieśniaków i ogrody. Jednak Ameryka Południowa pełna jest wulkanów, pól trzciny cukrowej i wieśniaków; niekiedy można odnieść wrażenie, że nie ma tu prawie nic innego. Uznałem, że lepszym pomysłem będzie przyjazd do Veracruz o świcie; ekspresem Jarocho podróżowało się wygodnie, a słyszałem, że miejsce mojej kolejnej przesiadki, Tapachula na granicy z Gwatemalą, jest w opłakanym stanie. Dzięki przyjętemu planowi zyskam cały dzień w Veracruz, żeby przygotować się do kolejnego etapu podróży. Ekspres Jarocho należy do tych pociągów – dzisiaj rzadziej spotykanych niż dawniej – do których wsiadasz wyczerpany, a wysiadasz, czując się tak, jakbyś wygrał milion dolarów. Na przedmieściach Meksyku byłem pijany, ale pociąg jechał powoli, więc rankiem w Veracruz z pewnością wytrzeźwieję.

Kiedy się obudziłem, w przedziale było gorąco i duszno, okno zaparowało, a po przetarciu szyby ujrzałem pieniste żółte światło i mżawkę padającą na zielone mokradła. Postrzępione chmury o błotnistej barwie zwieszały się nisko, jak uschnięte strzępy mchu hiszpańskiego. Pociąg zbliżał się do Zatoki Meksykańskiej; na horyzoncie widniały wysokie palmy, jak niemądre parasole na deszczu.

Wszędzie panowała idealna cisza. Nawet pociąg nie wydawał odgłosu. Przyczyna tkwiła jednak w moich uszach – bardzo mnie bolały, a czułem się tak, jakbym lądował w samolocie, gdzie nie utrzymano odpowiedniego ciśnienia. Wcześniej jechaliśmy na dużej wysokości, a podczas snu nie zdołałem zrównoważyć zmieniającego się ciśnienia przełykaniem śliny. Teraz, na poziomie morza, bębenki w uszach, głuche na odgłosy poranka, pękały z bólu.

Chcąc oddalić się od brudnego okna i dusznego przedziału, przekonany, że kilka głębokich oddechów pomoże moim uszom, przeszedłem na tył wagonu sypialnego. W przejściu między wagonami znalazłem otwarte okno. Wdychając powietrze, patrzyłem na zostające w tyle dzielnice biedoty. Uszy się przetkały; słyszałem turkot pociągu.

– Popatrz tylko na tych ludzi – powiedział konduktor.

Przy torach stały chałupy, a przy nich dreptały mokre kurczaki i smutne dzieci. Zastanawiałem się, co jeszcze powie konduktor.

– Ci ludzie wiedzą, co jest grane. Spójrz tylko, to jest życie!

– Jakie życie? – Widziałem tylko chałupy, kurczaki i ludzi w kapeluszach z szerokimi rondami, z których kapał deszcz.

– Bardzo spokojne – odparł, kiwając głową z aprobatą w stronę tych obrazów nędzy. Ludzie autentycznie protekcjonalni zazwyczaj mówią o swoich ofiarach tonem mędrca. Ten Meksykanin mądrze zmrużył oczy i rzekł: – Bardzo spokojne życie. Nie takie jak w mieście Meksyk. Tam wszystko dzieje się za szybko, ludzie biegają tam i sam. Nie mają pojęcia, o co chodzi w życiu. Ale patrz, jaki tutaj panuje spokój.

– Chciałbyś mieszkać w tym domu? – spytałem.

To w ogóle nie był dom, ale szopa z dykty i pordzewiałej blachy. W blasze wycięto otwory na okna, a dziurawy dach przykryto folią, przygniecioną odłamkami cegieł. Pod drzwiami pies obwąchiwał śmieci; gruba, zaniedbana kobieta odprowadzała wzrokiem nasz pociąg. W szopie mignęła jeszcze większa nędza.

– Och! – Konduktor westchnął, wyraźnie przybity.

Nie powinienem był zadawać mu takich pytań. Konduktor spodziewał się, że się z nim zgodzę: tak, jakież to spokojne życie! Jaka sielanka panuje w tej małej szopie! Przyjazne nastawienie Meksykanów zależało od tego, w jakim stopniu zgadzałeś się z tym, co mówili. Brak zgody albo zwykłą dyskusję postrzegano jako oznakę agresji. Nie wiedziałem, czy wynika to z poczucia braku bezpieczeństwa, czy z tej nieufności wobec wszystkiego, co subtelne, która z każdego obrazu czyniła fresk o powierzchni hektara, a z każdego komiksu antykobiecą broszurę. Nie mówiłem źle po hiszpańsku, ale trudno mi było prowadzić z Meksykanami rozmowę niebędącą zwykłym przekomarzaniem się albo najprostszymi wypowiedziami. W upalne popołudnie zatrzymałem taksówkę na przedmieściach Veracruz, ale zanim podałem kierowcy adres, ten zapytał:

– Chcesz dziwkę?

– Jestem zmęczony – odparłem. – Poza tym mam żonę.

– Rozumiem – odparł taksówkarz.

– Zresztą, założę się, że nie są ładne.

– Nie, wcale nie są ładne – przyznał. – Ale są młode. To już coś.

Do Veracruz dotarłem o siódmej rano, znalazłem hotel na ładnym Plaza Constitución i poszedłem na spacer. Nie miałem zupełnie nic do roboty, w Veracruz nie znałem nikogo, a pociąg do granicy z Gwatemalą odjeżdżał dopiero za dwa dni. Mimo to miasto nie wyglądało źle. W Veracruz znajduje się niewiele atrakcji turystycznych; jest tu stary fort, a jakieś trzy kilometry na południe plaża. Przewodniki zachowują rezerwę przy opisie tego dość brzydkiego miasta: jeden nazywa Veracruz miastem „kipiącym życiem", inny „malowniczym". Można tu znaleźć opuszczony port, dzielnice nędzy i nowoczesność w złym guście, otaczającą zrujnowane budynki w centrum. W przeciwieństwie do innych meksykańskich miast, w Veracruz są kawiarnie na chodnikach, gdzie żebrzą obdarte dzieci, a muzycy grający na marimbach dopełniają dzieła zniszczenia twoich bębenków usznych, dzieła rozpoczętego podczas zjazdu ze szczytów Orizaby. Meksykanie traktują uliczne dzieci tak jak inni bezpańskie koty (bezpańskie koty traktują jak szkodniki), sadzają je sobie na kolanach, kupują im lody, przekrzykując przy tym hałas marimb.

Nie znalazłszy na placu niczego ciekawego, przeszedłem półtora kilometra do zamku San Juan de Ulúa. Wcześniej była to wyspa – Cortés dobił tu do brzegu w Wielki Tydzień

1519 roku – ale zatoka uległa takiemu zamuleniu, że poprowadzono drogę i można tu znaleźć brudne fabryki, nędzne baraki i graffiti, czyli najwyraźniej nieodzowne elementy meksykańskiego miejskiego krajobrazu. W zamku znajduje się stała wystawa poświęcona przeszłości Veracruz, zapis inwazji, misji karnych i militarnych klęsk. Ekspozycja ucieleśnia typowo meksykański entuzjazm: upokorzenie jako historia. O ile ryciny i stare fotografie pokazywały cynizm i agresywność innych krajów – zwłaszcza Stanów Zjednoczonych – wobec Meksyku, o tyle większość eksponatów zapraszała Meksykanów do porannego lizania ran i seansu pogardy dla siebie. Veracruz jest znane jako „bohaterskie miasto". To bardzo poruszający epitet: w Meksyku bohater jest prawie zawsze trupem.

Przez cały ranek deszcz padał raz silniej, raz słabiej, ale zanim wyszedłem z zamku, chmury podniosły się i pobielały, wreszcie rozwiały się na odrębne kalafiory. Na murach obronnych znalazłem słoneczne miejsce, gdzie przeczytałem gazetę. Wiadomości o śnieżycy w Bostonie wciąż były bardzo złe, chociaż tutaj, mając przed oczami migotliwą wodę, rozkołysane palmy – rześka morska bryza przynosiła krzyki mew – z trudem wyobrażałem sobie zimowe miasto, samochody zasypane śniegiem czy ból fizyczny spowodowany mrozem. Ból pamięta się najtrudniej ze wszystkich uczuć; pamięć jest miłosierna. Inny nagłówek donosił: TRAGICZNY KONIEC KARNAWAŁU, poniżej: *Ujęto dziesięciu zboczeńców seksualnych*, a jeszcze niżej: *Ale dwudziestu dwóch wciąż znajduje się na wolności*. Artykuł opowiadał o gangu trzydziestu dwóch zboczeńców, którzy w ostatki zaciągali kobiety („matki z córkami") w krzaki, gdzie je gwałcili. „Wiele kobiet napadnięto w pokojach hotelowych". Gang przyjął nazwę „Rurki". Nie miałem pojęcia, czy jest to nazwa znacząca, czy kryje się w niej aluzja seksualna. Kolorowe zdjęcie w gazecie przedstawiało dziesięciu ujętych zboczeńców. Wyglądali zwyczajnie, nieśmiało przygarbieni, w porozciąganych bluzach i dżinsach, równie dobrze mogli należeć do grupy z akademika, która przegrała konkurs w przeciąganiu liny. Ktoś mógłby wyciągnąć taki wniosek zarówno na podstawie ponurych twarzy, na których błąkały się drwiące uśmieszki, jak i napisów na bluzach: „Uniwersytet Iowa", „Teksański Uniwersytet Stanowy", „Amherst College". W artykule kilkanaście razy padało słowo „zboczeńcy", chociaż żadnego z chłopaków nie skazano. Obok imion i nazwisk – zgodnie z obyczajem meksykańskich relacji kryminalnych – figurowały przezwiska: „Chińczyk", „Król", „Śpiewak", „Polak", „Śmiałek", „Koń", „Lew", „Czarodziej" i tym podobne. Sznyt odgrywał duże znaczenie w życiu meksykańskich mężczyzn, ale Rurka o ksywce Śpiewak, facet wkładający studencką bluzę, żeby gwałcić kobiety podczas chrześcijańskiego święta w Veracruz – wszystko to wydało mi się osobliwą mieszaniną stylów.

Później tego samego dnia zobaczyłem coś nie mniej dziwacznego. Mijając kościół, ujrzałem księdza błogosławiącego osiem nowych furgonetek za pomocą wiadra wody święconej. Księdzu towarzyszyło trzech ministrantów ze świecami i krzyżami. Sama ta scena nie miała w sobie nic dziwnego; w Bostonie co roku błogosławi się domy, rok w rok błogosławi się flotę rybacką w Gloucester. Dziwne wydało mi się jednak to, że kiedy ksiądz spryskał już wodą święconą drzwi, koła, tylną klapę i maskę, właściciel furgonetki podniósł maskę, a ksiądz zanurkował, żeby poświęcić także silnik, jak gdyby Wszechmogący nie potrafił przeniknąć przez karoserię. Może uważali, że Bóg jest jeszcze jednym cudzoziemcem, na którym nie można polegać, dlatego odnosili się do Niego nieufnie, podobnie jak do innych gringo. Jezus na pewno był gringo, jak pokazywały święte obrazki.

Udając, że mam ważne sprawy do załatwienia w Veracruz, zrobiłem listę rzeczy do kupienia przed podróżą do Gwatemali.

Potem przypomniałem sobie, że nie mam biletu, więc natychmiast poszedłem na stację.

– Dzisiaj nie mogę ci sprzedać biletu – powiedział kasjer.

– A kiedy mogę go kupić?

– Kiedy wyjeżdżasz?

– W czwartek.

– Dobrze, wobec tego sprzedam ci bilet w czwartek.

– Dlaczego nie mogę go kupić dzisiaj?

– Tak się nie robi.

– A jeśli w czwartek nie będzie miejsc?

– W tym pociągu zawsze są miejsca. – Kasjer zaśmiał się.

Właśnie tego dnia spotkałem taksówkarza, który powiedział mi, że ma dla mnie „zupełnie nieładną" dziwkę. Odparłem, że nie jestem zainteresowany, ale spytałem, co jeszcze można robić w Veracruz. Taksówkarz poradził mi zwiedzić zamek. Kiedy wyjaśniłem, że mam to już za sobą, powiedział: przejdź się po mieście, są tu piękne kościoły, dobre restauracje, bary pełne prostytutek. Potrząsnąłem głową.

– Szkoda, że nie byłeś tu kilka dni temu – westchnął taksówkarz. – Karnawał był kapitalny.

– Może pójdę popływać – odparłem.

– Dobry pomysł. Mamy najlepszą plażę na świecie.

Plaża nazywa się Mocambo. Nazajutrz się tam wybrałem. Sama plaża okazała się czysta, ale na wodzie unosiły się tęczowe plamy ropy. Na odcinku piasku długości może półtora kilometra przebywała pięćdziesiątka ludzi, ale nikt się nie kąpał. Fakt ten uznałem za przestrogę. Wzdłuż plaży biegł szereg jednakowych restauracji. W jednej z nich zamówiłem zupę rybną, a po chwili przysiadł się do mnie człowiek, którego wziąłem za zwykłą przyjazną duszę, dopóki nie zaproponował, że za dwa dolary zrobi mi zdjęcie.

– Zapłacę ci pięćdziesiąt centów – powiedziałem.

Zrobił mi zdjęcie.

– Smakuje ci jedzenie w Veracruz? – zapytał.

– W tej zupie pływa rybia głowa.

– My zawsze jemy rybie głowy.

– Ostatni raz jadłem rybie głowy w Afryce.

Moja uwaga uraziła rozmówcę, zmarszczył brwi i przesiadł się do innego stolika.

Na plaży wynająłem leżak, zacząłem przyglądać się dzieciom sypiącym piasek i zapragnąłem ruszyć dalej na południe. Lenistwo na tej pustej plaży było fałszywą uciechą. Nie mogłem znieść myśli, że zabijam czas, ale podobnie jak postać De Vriesa, którą zawsze podziwiałem, robiłem to w ramach samoobrony. Przy plaży zatrzymał się autobus, z którego wysiadło czterdzieści osób o silnie indiańskich rysach. Mężczyźni mieli na sobie ubrania pracowników rolnych, kobiety długie spódnice i szale. Przybysze rozdzielili się na dwie grupy; jedna składała się z mężczyzn i chłopców, druga z kobiet i małych dzieci. Grupy schroniły się w cieniu dwóch drzew. Mężczyźni stali, kobiety siedziały. Ludzie patrzyli na fale i szeptali między sobą. Nie zdjęli ubrań ani butów. Nieprzyzwyczajeni do plaży, sprawiali wrażenie bardzo onieśmielonych; przypuszczalnie przyjechali z daleka. Skrępowani, pozowali do zdjęcia, a po kilku godzinach, kiedy schodziłem z plaży, wciąż tam tkwili, mężczyźni na stojąco, kobiety siedziały, wszyscy byli wpatrzeni w oleiste fale. Jeśli miałem przed sobą przeciętną grupę meksykańskich wieśniaków (a tak wyglądali), to byli niepiśmienni, mieszkali w jednoizbowych chatach, rzadko jedli mięso czy jajka, zarabiali mniej niż piętnaście dolarów tygodniowo.

Po południu, przed zamknięciem sklepów, ruszyłem na zakupy. Do kupionego kosza spakowałem małe bochenki chleba, funt sera, plastry szynki oraz – ponieważ w pociągu bez wagonu restauracyjnego zazwyczaj nie można dostać nic do picia – butelki piwa, sok grejpfrutowy i wodę mineralną. Ładując kosz jak przed dwudniowym piknikiem, postępowałem rozsądnie. Meksykanie podróżujący pociągiem zazwyczaj nie wożą prowiantu, ale nakłaniają cię do pójścia w ich ślady, czyli do kupowania lokalnych przysmaków od kobiet i dzieci na stacjach. Lokalne przysmaki nosi się jednak zawsze na głowach, w blaszanych miednicach, a ponieważ sprzedawczyni wołająca „Smaczne kurczaki!" nie widzi własnego towaru, nie widzi też much, które go obsiadły. Tradycyjnie meksykańska sprzedawczyni jedzenia to kobieta idąca po peronie z pełną much miednicą na głowie.

Zamierzałem wcześnie się położyć, a rankiem pójść po bilet do Tapachuli. Dopiero po zgaszeniu światła usłyszałem muzykę; ciemność uwydatniła dźwięki, które brzmiały tak wyraźnie, że nie mogły pochodzić z radia. Pod moimi oknami grała pełną parą orkiestra dęta:

> Kraju nadziei i chwały, matko wolnych ludzi,
> Jak mamy cię sławić, my, zrodzeni z ciebie?

Marsz *Pomp and Circumstance*? W Veracruz? O jedenastej w nocy?

> Twe granice coraz dalej będą się rozciągać;
> Bóg uczynił cię potężnym, w potędze umocni.

Ubrałem się i zszedłem na dół.

Na środku placu, niedaleko czterech fontann, orkiestra meksykańskiej marynarki wojennej w białych mundurach z pełnym zaangażowaniem grała Elgara. Wśród gałęzi złotokapów migotały światła, różowe reflektory przesuwały się po balkonach i palmach. Spory tłum zebrał się, żeby słuchać muzyki – dzieci bawiły się przy fontannie, ludzie wyprowadzali psy, kochankowie trzymali się za ręce. Zapadała chłodna, aromatyczna noc, ludzie mieli dobry nastrój. To był jeden z najpiękniejszych widoków, jakie zdarzyło mi się oglądać; na twarzach Meksykanów malował się sympatyczny wyraz zamyślenia i pogody, jaki wywołuje słuchanie ślicznej muzyki. Robiło się późno, łagodny wiatr szumiał pośród drzew, a tropikalna szorstkość, dotychczas wszechobecna w Veracruz, znikła. To byli łagodni ludzie i miłe miejsce.

Pieśń dobiegła końca. Słuchacze nagrodzili orkiestrę brawami. Muzycy zaczęli grać marsz *The Washington Post*, a ja spacerowałem po obwodzie placu, z czym wiązało się pewne ryzyko. Ponieważ karnawał dopiero się skończył, po Veracruz wałęsało się mnóstwo bezczynnych prostytutek, a kiedy tak szedłem, zrozumiałem, że większość z nich nie przyszła na plac słuchać muzyki; w istocie większość słuchaczy stanowiły ciemnookie dziewczyny w rozciętych spódnicach i sukienkach z głębokim dekoltem, które, kiedy je mijałem, wołały „Chodźmy do mnie" albo zaczynały iść obok mnie i szeptały „Rżnięcie?". Cała scena wydała mi się komiczna i dość miła: pompatyczność muzyki marszowej, różowe reflektory na soczystych drzewach i balkonach wokół placu, szeptane zaproszenia od chętnych dziewcząt.

Orkiestra grała Webera. Postanowiłem usiąść i pełną uwagę skupić na muzyce. Przycupnąłem na ławce obok rozmawiającej pary. Mężczyzna i kobieta mówili jednocześnie. Blondynka powtarzała po angielsku, żeby jej rozmówca sobie poszedł; mężczyzna proponował po hiszpańsku drinka i dobrą zabawę. Kobieta konsekwentnie odmawiała, mężczyzna – znacznie od niej młodszy – perorował pojednawczo. Z końca ławki przysłuchiwałem się z uwagą, gładziłem wąsy z nadzieją, że mnie nie zauważą.

– Mój mąż, rozumiesz? – powiedziała kobieta. – Za pięć minut mam się tu spotkać z moim mężem.

– Znam jedno piękne miejsce – odparł tamten po hiszpańsku. – Bardzo blisko stąd.

Kobieta zwróciła się do mnie i zapytała:

– Mówisz po angielsku?

Potwierdziłem.

– Jak się mówi tym ludziom, żeby sobie poszli?

Wtedy odwróciłem się do mężczyzny i zauważyłem, że nie ma więcej niż dwadzieścia pięć lat.

– Ta pani chce, żebyś sobie poszedł.

Młody wzruszył ramionami, wyszczerzył zęby w uśmiechu. Nic nie powiedział, ale jego mina mówiła „Wygrałeś". Odszedł, ścigany przez dwie dziewczyny.

– Dziś rano musiałam walnąć jednego parasolką po głowie – powiedziała kobieta. – Za żadne skarby nie chciał się odczepić.

W powierzchowny sposób atrakcyjna, zbliżała się do pięćdziesiątki, mocno umalowana, nosiła ciężką meksykańską biżuterię ze srebra i turkusów. W platynowych włosach połyskiwał kolor różowy i zielony, ale może tak padały światła z placu. Biały kostium, biała torebka, białe buty. Trudno się dziwić, że Meksykanin próbował ją poderwać. Kobieta idealnie pasowała do stereotypu Amerykanki, jaki często pojawia się w sztukach Tennessee Williamsa i meksykańskich komiksach: urlopowiczka z udręczonym libido, problemem alkoholowym i symbolicznym imieniem przyjeżdża do Meksyku w poszukiwaniu kochanka.

Moja rozmówczyni miała na imię Nicky. W Veracruz przebywała od dziewięciu dni, a kiedy wyraziłem zdziwienie, oznajmiła:

– Może zostanę tu przez miesiąc albo, któż to wie, nawet znacznie dłużej.

– Musi ci się tu podobać – powiedziałem.

– Tak. – Przyjrzała mi się uważnie. – A ty co tu robisz?

– Zapuszczam wąsy.

Nie zaśmiała się.

– Szukam przyjaciela – oświadczyła takim tonem, że o mały włos nie wstałem i nie odszedłem. – On jest bardzo chory. Potrzebuje pomocy. – W głosie Nicky pobrzmiewała rozpacz, jej twarz stężała. – Nie mogę go znaleźć. Odprowadziłam go na samolot w Mazatlán. Dałam mu pieniądze, nowe ubrania, bilet. Nigdy wcześniej nie leciał samolotem. Nie wiem, gdzie on jest. Czytasz gazety?

– Stale.

– Widziałeś to?

Nicky pokazała mi lokalną gazetę złożoną na szerokiej szpalcie, w której, pod *Ogłoszeniami osobistymi*, widniała czarna ramka z hiszpańskim nagłówkiem PILNIE POSZUKIWANY. Ujrzałem fotografię z podpisem. Tego rodzaju prześwietlone zdjęcia robią zaskoczonym gościom w nocnych klubach namolni ludzie powtarzający „Zmięcie? Zmięcie?". Na tym zdjęciu Nicky, w wielkich okularach przeciwsłonecznych i sukni wieczorowej – mocno opalona i pełniejsza na twarzy – siedziała przy stoliku (kwiaty, kieliszki z winem) obok szczupłego wąsacza. Nieco przestraszony, trochę chytry, obejmował ją gestem wyrażającym brawurę.

Podpis brzmiał: „Señora Nicky pragnie pilnie skontaktować się ze swoim mężem Señorem José, który mieszkał w Mazatlán. Uważa się, że obecnie przebywa on w Veracruz. Każdy, kto rozpozna go na powyższym zdjęciu, jest proszony o niezwłoczne skontaktowanie się…". Tu następowały wskazówki, jak należało porozumieć się z Nicky, i trzy numery telefonów.

– Czy ktoś zadzwonił? – spytałem.

– Nie – odparła i schowała gazetę do torebki. – Dzisiaj to ogłoszenie ukazało się po raz pierwszy. Zamierzam je dawać przez cały tydzień.

– To musi drogo kosztować.

– Mam dość pieniędzy. On jest bardzo chory. Umiera na gruźlicę. Powiedział mi, że chce odwiedzić matkę. W Mazatlán odprowadziłam go na samolot, potem zatrzymałam się tam kilka dni. Podałam mu swój numer w hotelu. Kiedy nie zadzwonił, zaczęłam się niepokoić i przyjechałam tutaj. Tu mieszka jego matka, tu się wybierał. Ale nie mogę go znaleźć.

– Może spróbuj przez jego matkę.

– Jej też nie mogę znaleźć. Widzisz, on nie znał jej adresu. Wiedział tylko, że mieszka blisko dworca autobusowego. Narysował mi jej dom. Znalazłam dom, który wygląda podobnie, ale nikt go tam nie znał. Mój mąż zamierzał wysiąść z samolotu w Meksyku, a dalej pojechać autobusem, w ten sposób mógł znaleźć dom matki. To trochę skomplikowane.

I trochę podejrzane, pomyślałem, ale zamiast się odezwać, chrząknąłem ze współczuciem.

– Sprawa jest poważna. On jest chory. Teraz waży pewnie czterdzieści kilka kilo. W Jalapa jest szpital, gdzie mogliby mu pomóc. Zapłaciłabym za to. – Nicky spojrzała w stronę orkiestry, grającej wiązankę piosenek z *My Fair Lady*. Po chwili dodała: – Dzisiaj poszłam do urzędu z aktami zgonów, żeby sprawdzić, czy umarł. Przynajmniej nie umarł.

– W Veracruz.

– Jak to?

– Mógł umrzeć w Meksyku.

– On nie zna nikogo w Meksyku. Nie zostałby tam. Na pewno przyjechał prosto tutaj.

Mimo to José wsiadł do samolotu i wyparował. Po dziewięciu dniach poszukiwań Nicky nie natrafiła na jego ślad. Może pod wpływem lektury książki Dashiella Hammetta zacząłem analizować całą sytuację jak sceptyczny detektyw. Trudno o coś bardziej melodramatycznego albo w stylu filmu z Bogartem: około północy w Veracruz orkiestra gra ironiczne piosenki miłosne, plac pełen przyjaźnie nastawionych prostytutek, a kobieta w bieli opowiada o zniknięciu meksykańskiego męża. Niewykluczone, że tego rodzaju fantazja filmowa, dostępna dla samotnego podróżnika, stanowi jeden z głównych powodów podróżowania. Nicky obsadziła się w głównej roli w dramacie poszukiwań, a ja chętnie przyjąłem wyznaczoną mi rolę. Z dala od domu mogliśmy być kimkolwiek chcieliśmy. Podróż ma wiele do zaoferowania aktorowi amatorowi.

Gdybym nie zobaczył siebie w tej bogartowskiej roli, okazałbym Nicky współczucie i powiedział, jaka to szkoda, że nie może znaleźć tego człowieka. Zamiast tak jednak postąpić, zachowałem dystans; zapragnąłem poznać całą prawdę.

– Czy on wie, że go szukasz? – spytałem.

– Nie, nie wie, że tu jestem. Myśli, że wróciłam do Denver. Kiedy się żegnaliśmy, on po prostu jechał odwiedzić matkę. Od ośmiu lat nie był w domu. Widzisz, to właśnie jest dla niego takie kłopotliwe. Mieszkał w Mazatlán. Jest biednym rybakiem, ledwo czyta.

– Ciekawe. Ty mieszkasz w Denver, a on w Mazatlán.

– Zgadza się.

– I jesteście małżeństwem?

– Nie, skąd taki pomysł? Nie jesteśmy małżeństwem. To mój przyjaciel.

– W gazecie jest napisane, że to twój mąż.

– Ja tego nie pisałam. Nie mówię po hiszpańsku.

– Tu napisali, po hiszpańsku, że to twój mąż.

Oto przestałem być Bogartem, a stałem się Montgomerym Cliftem w roli psychiatry w filmie *Nagle, zeszłego lata*. Katherine Hepburn wręcza mu akt zgonu Sebastiana Venable. Mali chłopcy zjedli Sebastiana żywcem, a okaleczenia zostały opisane w akcie zgonu. „To po hiszpańsku", mówi Hepburn, przekonana, że upiorny sekret jest bezpieczny. „Ja czytam po hiszpańsku", odpowiada chłodno Montgomery Clift.

– To pomyłka – powiedziała Nicky. – On nie jest moim mężem. Jest po prostu pięknym człowiekiem.

Zamilkła, pozwalając mi w pełni zgłębić swoje słowa. Orkiestra grała walca.

– Poznałam go rok temu w Mazatlán. Groziło mi załamanie nerwowe, zostawił mnie mąż. Nie wiedziałam, dokąd się zwrócić. Ruszyłam plażą, a wtedy José mnie zobaczył i wysiadł z łodzi. Dotknął mnie z uśmiechem... – Urwała, ale po chwili ciągnęła dalej. – Był dla mnie bardzo dobry. Dokładnie tego potrzebowałam. Znajdowałam się na skraju załamania, a on mnie ocalił.

– Co to była za łódź?

– Mała łódź, on jest biednym rybakiem. – Nicky zmrużyła oczy. – Wyciągnął dłoń i mnie dotknął. Później poznałam go lepiej. Poszliśmy do restauracji. On nigdy nic nie miał, nie był żonaty, nie miał centa przy duszy. Nigdy nie miał porządnych ubrań, nigdy nie jadł w dobrej restauracji, nie wiedział, co robić. To wszystko było dla niego nowe. Nie rozumiał, dlaczego tak dużo mu daję. „Ocaliłeś mnie", powiedziałam, a on tylko się uśmiechnął. Dałam mu pieniądze i przez kilka tygodni bawiliśmy się wspaniale. Wtedy powiedział mi, że ma gruźlicę.

– Ale nie mówił po angielsku, prawda?

– Znał trochę słów.

– Uwierzyłaś mu, kiedy powiedział, że ma gruźlicę?

– On nie kłamał, jeśli to właśnie sugerujesz. Widziałam się z jego lekarzem, który powiedział, że José musi się leczyć. Wtedy przyrzekłam, że mu pomogę, dlatego miesiąc temu pojechałam do Mazatlán. Żeby mu pomóc. José bardzo schudł, nie mógł wypływać na połów. Naprawdę bardzo się martwiłam. Spytałam go, czego chce, a on odparł, że chciałby odwiedzić matkę. Dałam mu pieniądze, trochę rzeczy, odprowadziłam go na samolot, a kiedy się nie odzywał, sama tu przyjechałam.

– Postępujesz bardzo hojnie. Przecież mogłabyś się dobrze bawić, a zamiast tego szukasz tej zaginionej duszy w Veracruz.

– Tego właśnie chce Bóg – wyszeptała.

– Tak?

– Znajdę go, jeśli Bóg tego chce.

– Nie odpuścisz, co?

– My, Strzelce, jesteśmy bardzo uparci, przygodę mamy we krwi! Spod jakiego jesteś znaku?

– Barana.

– Ambitny.

– To ja.

– Właściwie, myślę, że Bóg mnie sprawdza – powiedziała Nicky.

– W jaki sposób?

– Ta sprawa z José to nic. Niedawno przeszłam przez bardzo trudny rozwód. Jest też kilka innych rzeczy.

– Wracając do José. Jeśli on nie umie czytać, jego matka pewnie też jest analfabetką. W takim wypadku nie przeczyta twojego ogłoszenia w gazecie. Może zamówisz plakat ze zdjęciem, garścią informacji, potem mogłabyś go rozwiesić w pobliżu dworca autobusowego, gdzie ma jakoby stać dom jego matki.

– Chyba spróbuję.

Potem dałem Nicky kilka innych rad: wynajmij prywatnego detektywa, zamów ogłoszenie radiowe. W końcu przyszło mi do głowy, że José mógł wrócić do Mazatlán. Jeśli był chory albo zaniepokojony, mógł to zrobić, a jeżeli próbował ją wykiwać – jak podejrzewałem – z pewnością w końcu wrócił, kiedy skończyły mu się pieniądze.

Nicky przyznała, że José mógł wrócić do Mazatlán, ale nie z powodów, które wymieniłem.

– Zostanę tu dopóty, dopóki go nie znajdę. Nawet jeśli znajdę go jutro, zostanę jeszcze przez miesiąc. Podoba mi się tutaj. To naprawdę miłe miasto. Byłeś tu podczas karnawału? Nie? Ale jazda. Wszyscy zebrali się tu, na placu...

Orkiestra zaczęła grać uwerturę *Cyrulika sewilskiego* Rossiniego.

– ...pili, tańczyli. Wszyscy byli tacy przyjacielscy. Poznałam tylu ludzi. Noc w noc imprezowałam. Dlatego nie mam nic przeciwko temu, żeby zostać tu i szukać José. Poza tym poznałam, hm, mężczyznę.

– To ktoś stąd?

– Meksykanin. Dawał mi dobre wibracje, tak jak ty. Masz pozytywne nastawienie: zamów plakaty, ogłoszenie radiowe, tego właśnie mi trzeba.

– Ten nowy mężczyzna, którego poznałaś, może skomplikować całą sprawę.

– On jest dla mnie dobry. – Nicky potrząsnęła głową.

– A jeśli się dowie, że szukasz José? To mogłoby go rozdrażnić.

– On o wszystkim wie. Rozmawialiśmy o tym. Zresztą – dodała po chwili – José umiera.

Koncert dobiegł końca. Zrobiło się późno, a ja byłem bardzo głodny. Kiedy oznajmiłem, że idę do restauracji, Nicky spytała:

– Mogę dołączyć?

Oboje zamówiliśmy karmazyna, a ona opowiedziała mi o swoich rozwodach. Pierwszy mąż okazał się gwałtownikiem, drugi łajzą. Takiego określenia użyła.

– Prawdziwą łajzą?

– Prawdziwą. Był tak leniwy. Wiesz, że pracował dla mnie? Podczas małżeństwa. Był jednak taki leniwy, że musiałam go zwolnić.

– Wtedy, kiedy się z nim rozwiodłaś?

– Nie, znacznie wcześniej. Zwolniłam go, ale nadal byliśmy małżeństwem. To się działo może pięć lat temu. Potem on tylko szwendał się po domu. Kiedy już nie mogłam tego znieść, rozwiodłam się z nim. Wiesz, co się stało? Poszedł do prawnika i próbował mnie zmusić do wypłacenia mu pieniędzy za utrzymanie. Że niby ja mam mu płacić!

– Czym się zajmujesz?

– Jestem właścicielką tanich mieszkań. Mam pięćdziesiąt siedem, to znaczy pięćdziesiąt siedem jednostek. Dawniej miałam sto dwadzieścia osiem jednostek. Ale te mieszkania znajdują się w osiemnastu różnych miejscach. Mnóstwo z tym roboty, ludzie stale chcą farby, napraw, nowego dachu.

W tym momencie przestałem postrzegać Nicky jako kobietę z udręczonym libido, zabijającą czas w Meksyku. Była właścicielką mieszkań; żyła z czynszów. Jak powiedziała, nie płaciła podatków z powodu „amortyzacji", a w papierach „wszystko się zgadzało".

– Bóg okazał się dla mnie łaskawy – oświadczyła.

– Czy zamierzasz sprzedać te tanie mieszkania?

– Pewnie tak. Chciałabym tu zamieszkać. Mam hopla na punkcie Meksyku.

– Przypuszczam, że sprzedasz je z zyskiem.

– O to w tym wszystkim chodzi.

– Może pozwolisz tym ludziom mieszkać tam za darmo? Wyświadczają ci przysługę, utrzymując mieszkania w dobrym stanie. Bóg by cię za to pokochał. I tak sprzedasz je z zyskiem.

– Głupi pomysł – skwitowała.

Kelner przyniósł rachunek.

– Zapłacę za siebie – powiedziała Nicky.

– Zachowaj pieniądze – odparłem. – José może się pojawić.

– Ciekawy z ciebie gość. – Uśmiechnęła się.

W ciągu całej rozmowy nie powiedziałem ani słowa o sobie. Nicky nie znała nawet mego imienia. Może właśnie ta skrytość wydała jej się interesująca? Tyle że to nie była skrytość; Nicky o nic mnie nie spytała.

– Może zobaczymy się jutro – rzuciłem.

– Zatrzymałam się w hotelu Diligencia.

Ja też mieszkałem w Diligencia, ale postanowiłem jej tego nie mówić.

– Mam nadzieję, że znajdziesz to, czego szukasz – życzyłem jej szczerze.

Nazajutrz wstałem wcześnie i popędziłem na stację kupić bilet do Tapachuli. Sprawa okazała się prosta, miałem więc jeszcze dość czasu, by wrócić do hotelu na śniadanie. Jedząc, ujrzałem w holu Nicky. Kupiła gazetę, rozejrzała się. Ukryłem się za kolumną. Kiedy droga była wolna, ruszyłem na stację. Nad placem wschodziło słońce. Dzień zapowiadał się upalny.

rozdział_piąty_

Pasażerski do Tapachuli

Od dwunastu godzin podróżowałem tym pociągiem. Coś z nim było nie w porządku: przez cały dzień przejechaliśmy zaledwie sto kilkadziesiąt kilometrów, głównie przez tereny bagniste. Od gorąca zbierało mi się na wymioty, drzwi łoskotały, łączniki między wagonami tłukły się o siebie metalicznie, aż rozbolała mnie głowa. Zapadła noc, wciąż hałaśliwa, a przy tym bardzo chłodna. Mój wagon nie miał przedziałów, prawie wszystkie osiemdziesiąt miejsc zajęto, niemal wszystkie okna były wybite lub wyłamane. Przy słabym świetle żarówek nie dało się ani czytać, ani zasnąć. Pozostali pasażerowie spali, a jeden, po drugiej stronie przejścia, głośno chrapał. Siedzący za mną człowiek, który przez cały dzień wzdychał, klął i kopał oparcie fotela, zasnął, wspierając głowę na pięści. Pająki i mrówki, które zauważyłem w ciągu dnia, powyłaziły z końskiego włosia rozdartych poduszek i zaczęły mnie kąsać. A może to były komary? Kostki piekły mnie i swędziały. Właśnie minęła dwudziesta pierwsza. W dłoni trzymałem powieść *Pudd'nhead Wilson*, ale zrezygnowałem z czytania.

Otworzyłem książkę i napisałem na skrzydełku okładki: *Dwie klasy: obydwie niewygodne i brudne. Brak prywatności, wytchnienia. Pociąg raz po raz staje i rusza, awaria silnika, rozwrzeszczani pasażerowie. W takie dni zastanawiam się, czemu zawracam sobie głowę: zostawiam ład i przyjaciół dla nieładu i obcych. Tęsknię za domem i czuję, że zostałem ukarany za egoistyczny krok, jakim był wyjazd. Dokładnie to mówi Crusoe na*

wyspie. Na tym siedzeniu nie sposób wygodnie usiąść. Więzien-
na atmosfera: brunatne ściany i przyćmione światło celi skazań-
ców. Poza tym hałas: fabryczny łoskot – turkot pociągu wraca
do nas przez otwarte okna, odbity od pobliskich ścian dżungli
przy torach.

Urwałem. Pisanie może wywołać silne poczucie osamotnienia.

Dzisiaj widziałem jedną rzecz: smukłą czaplę siwą stojącą
na bagnach.

Na skrzydełku okładki został jeszcze wolny centymetr.

Ci pasażerowie jadą do domu. Co prawda, narzekają na po-
dróż, ale jutro dotrą do domu. Mnie czeka przesiadka do innego
pociągu. Wolałbym...

Potem zasnąłem. W tym pociągu różnica między jawą
a snem jest taka, że na jawie tłukłem komary. Po zaśnięciu, chociaż zdawałem sobie sprawę, że mnie kłują, byłem bezradny;
brakowało mi woli, by je powstrzymać.

Czapla: widziałem ją na mokradłach niedaleko Piedras
Negras – wysoka, czujna, smukła, wyglądała bardzo osobliwie
wśród tej bagnistej sałaty. Godzinę później jak okiem sięgnąć
nie widać było ani krztyny wilgoci: pokryte pyłem drzewa tkwiły
korzeniami w suchej ziemi, uschnięta trawa, obwisłe, spalone
słońcem liście, chaty z błota kryte liśćmi palmowymi, jak w najbiedniejszych zakątkach Afryki. Pociąg wciąż zatrzymywał się
co chwila, zazwyczaj przy polu trzciny cukrowej; stacje należały
do rzadkości, a ja nabrałem podejrzeń, że w silniku jest usterka.
Dostrzegłem ludzi, którzy gmerali przy lokomotywie, popra-
wiając słomkowe kapelusze na głowach. Pociąg toczył się przez
następne kilka kilometrów, znowu stawał.

Podczas jednego z postojów na stacji do naszego wagonu
wsiadł chłopak i zaczął śpiewać słodkim głosem. Początkowo pasażerowie wyglądali na zakłopotanych, ale po drugiej i trzeciej

piosence zaczęli bić brawo. Aplauz dodał chłopakowi otuchy, zaśpiewał więc czwartą. Kiedy pociąg zagwizdał, śpiewak przeszedł przez wagon, zbierając pieniądze. Duże wrażenie wywarł na mnie, oprócz samego głosu, jego wiek – miał około dwudziestu lat, więc bez trudu mógł pracować przy ścinaniu trzciny cukrowej lub na farmie (choć pracownicy rolni w Meksyku pracują zaledwie sto trzydzieści pięć dni w roku). Śpiewanie wydawało się nietypowym zajęciem, ale oddawał mu się może tylko wtedy, gdy pociąg przejeżdżał przez jego wioskę.

Pociąg dotarł do Tierra Blanca. Opisowa nazwa wcale nie opisywała tego miejsca. Hiszpańskie nazwy działały tylko w sensie ironicznym albo jako uproszczenia; rzadko pasowały do desygnatu. Ten argument przedstawia się najczęściej inaczej, w celu dowiedzenia tępoty, braku wyobraźni i dosłowności hiszpańskiego odkrywcy czy kartografa. Na widok ciemnej rzeki podróżnik natychmiast nadawał jej nazwę Río Negro. Można ją spotkać w całej Ameryce Południowej, ale nigdy nie odpowiada ona rzeczywistej barwie wody. Żadna z czterech rzek Río Colorado, jakie widziałem, nie miała w sobie nawet odcienia czerwieni. W Piedras Negras nie widziałem czarnych kamieni, ale bagna; w Venado Tuerto nie spotkałem jeleni, a w Lagartos jaszczurek. Laguna Verdes nie były zielone, La Dorada miała barwę ołowiu, Progreso w Gwatemali raziło zacofaniem, La Libertad w Salwadorze okazało się siedliskiem ucisku w kraju, gdzie zbawienia było jak na lekarstwo. To nie kwestia dosłowności, ale arbitralności. Nazwy geograficzne odwoływały się do piękna, wolności, pobożności lub wyrazistych kolorów, lecz same miejsca noszące tak śliczne nazwy były czymś zgoła innym. Czy mapa wprost skrzyła się od wspaniałych atrybutów i pochwał z powodu upartej niedokładności, czy też braku subtelności? Latynosom trudno się żyło z nagimi faktami; czarowna nazwa, nawet jeśli nie czyniła miasteczka czarodziejskim, to przynajmniej zdejmowała z niego klątwę. Poza tym zawsze jest szansa, że nazwa pobudzająca wyobraźnię przywoła coś, co uczyni zwykłe miasteczko znośniejszym.

Uważnie przyglądałem się biednemu, brunatnemu miasteczku Tierra Blanca. Po peronie dreptały kurczaki, ludzie dźwigali towary, dzieci wskazywały palcami na pasażerów gapiących się z okien pociągu. Sprzedawcy jedzenia (była pora lunchu) wykrzykiwali nazwy roznoszonych produktów: placki, fasola, smażone warzywa w cieście, kolby kukurydzy, babeczki, kanapki z serem, smażone kurczaki, banany, pomarańcze, ananasy, arbuzy. Z własnych zapasów wyjąłem mały bochenek chleba, przekroiłem i wsunąłem do środka szynkę z serem. Po drugiej stronie przejścia spora rodzina jadąca do Gwatemali konsumowała kupionego kurczaka, po którym jeszcze przed chwilą łaziły muchy. Ludzie ci nie spuszczali ze mnie wzroku.

– To duża kanapka – odezwała się matka.

– Nazywamy ją łodzią podwodną – wyjaśniłem.

Nadal mi się przyglądali.

– Z powodu kształtu – powiedziałem, unosząc kanapkę wyżej. – Przypomina łódź podwodną.

Moi współpasażerowie zmrużyli oczy. Nigdy nie widzieli łodzi podwodnej.

– Oczywiście – przyznała matka.

W ciągu kolejnych kilku godzin pociąg zatrzymywał się jeszcze osiem razy, chociaż nie na stacjach. Zwalniał przy polach trzciny cukrowej, na mokradłach, w upalnych lasach, jazgoczący silnik cichł, pociąg stawał gwałtownie, pasażerowie wydawali jęk, wyglądali przez okna, a nie widząc stacji, mówili „W szczerym polu", „Nigdzie" albo „Nie wiem". W trakcie jazdy pociągu rozmawiali w najlepsze, ale kiedy się zatrzymywał, ludzie stawali się lakoniczni, pomrukiwali, wzdychali. Takie upalne chwile milczenia przerywał zazwyczaj okrzyk zza okna:

– Banany?

Niezależnie od tego, gdzie stawaliśmy, na bagnach czy w pustym lesie, przy pociągu pojawiała się sprzedawczyni – dziewczyna w podartej sukience – i wołała: „Banany?". W tym pociągu do Tapachuli nie groziła mi śmierć głodowa.

Około czternastej, gdy mijaliśmy pola trzciny cukrowej, a ja zdumiałem się, jak gęsto rosła – praktycznie nieprzebyta ściana zielonych łodyg, podobna do gaju bambusowego – poczułem, że pociąg zwalnia. Za oknem ujrzałem jeszcze więcej trzciny cukrowej. Pociąg stanął. Pasażerowie jęknęli. Zagłębiłem się w lekturze *Pudd'nhead Wilson*. Tak minęła godzina, powolna parna popołudniowa godzina, z radiem brzęczącym w sąsiednim wagonie. Sprzedawczyni bananów przyszła i poszła. Zrobiłem sobie kanapkę, wypiłem butelkę wody mineralnej. Wtedy pomyślałem, że zanim ruszymy, mogę zjeść cały prowiant i skończyć książkę. To jedzenie, ta książka – tylko dzięki nim utrzymywałem się na powierzchni.

Pociąg ruszył; oparłem nogi w górze i westchnąłem z ulgą. Pociąg przejechał sto metrów i stanął. Ktoś w sąsiednim wagonie zawołał:

– Matko Boska!

Pociąg stał na długim czerwonym moście ze stalowych dźwigarów, a w dole płynęła rzeka. Na mapie prześledziłem naszą trasę z Veracruz; znalazłem Tierra Blanca, bagna, rzekę, czyli w dole płynęła Río Papaloapan. Przewodnik informował, że dorzecze Papaloapan ma „dwukrotnie większą powierzchnię niż Holandia", ale w pobliskim miasteczku znajdowało się „niewiele rzeczy godnych uwagi". Na moście staliśmy jeszcze przez godzinę – irytującą godzinę, ponieważ nie mogliśmy wysiąść, żeby się przejść: na moście nie było chodnika, a sama rzeka wyglądała zdradliwie. Przez chwilę rozważałem jedzenie, ale wybiłem to sobie z głowy. W tym tempie droga do Tapachuli zajmie kilka dni. Pasażerowie uwięzieni w pociągu uwięzionym na moście robili się niespokojni, a gwatemalskie dzieci z licznej rodziny wychyliły się przez okno i zaczęły wołać:

– Jedźmy! Jedźmy! – Jazgotały tak do zmroku.

Zastanawiałem się, czy wrócić do lektury. Tylko to utrzymywało mnie przy zdrowych zmysłach w takich chwilach całkowitej nudy. Jeśli jednak skończę *Pudd'nhead Wilson*, która mi się podobała, nie będę miał już nic do czytania. Tam i z powrotem chodziłem po długim pociągu, mając wrażenie, że jadę już ponad dzień. Wkrótce ruszył, przejechał dwieście metrów i stanął.

Oto znaleźliśmy się w wiosce Papaloapan. „Niewiele rzeczy godnych uwagi" okazało się szaloną przesadą. Dwa sklepy, kilka chałup, parę świń, urodlin. Słońce obniżyło się do poziomu okien i przeszywało pociąg palącym blaskiem.

Kiedy wjechaliśmy na stację, na rozwalonej ławce nieopodal torów siedział Meksykanin. Drzewo, pod którym się ulokował, należało do niewielkich, a ja przyglądałem mu się uważnie, ciekaw, co zrobi, kiedy dotrze do niego słońce. Mężczyzna nie ruszał się przez pół godziny, chociaż dwa wieprze przywiązane do drzewa wyrywały się i kwiczały. Meksykanin nie zwracał uwagi na świnie, pociąg ani słońce. To ostatnie obniżyło się z dolnych gałęzi do jego kapelusza. Mężczyzna trwał nieruchomo. Wieprze kwiczały. Słońce obniżało się, oświetlając nos Meksykanina. Ten nie poruszył się od razu, ale zaszurał nogami, skrzywił się bardzo powoli, jakby pogrążał się w nowej fazie drzemki, wreszcie przekrzywił palcem kapelusz, dzięki czemu nos znalazł się w cieniu. Ponownie osunął się w niebyt. Słońce jednak się poruszało: światło odnalazło jego twarz (znalazło też wieprze, które usiłowały się wyrwać), a Meksykanin raz jeszcze przesunął palcem kapelusz. Nie spojrzał na pociąg, ignorował zwierzęta, ani nie spał, ani też nie czuwał, jedyną istotną zmianą był żółty krąg kapelusza, podobny do czujnego talerza usychającego słonecznika, nasadzony pionowo na głowę.

Kiedy tak obserwowałem Meksykanina, równie wiarygodnego jak zegar słoneczny, do pociągu wszedł karzeł. Chociaż siedziałem, jego oczy znalazły się na wysokości moich; zobaczyłem, że są wyłupiaste, a w szarych tęczówkach brak źrenic. Karzeł był niewidomy. Nie przestając szczebiotać, żebrał o pieniądze. Podarte ubranie przewiązał sznurkiem jak kłąb łachów; na całym ciele widziałem pętelki i supły postrzępionego sznurka. Pasażerowie dający karłowi pieniądze rozmawiali z nim, a on kuśtykał przez wagon i odpowiadał, chichocząc.

– Niech ten pociąg wreszcie ruszy – mówili ludzie.

– Robię co w mojej mocy – odpowiadał karzeł.

– Gdzie my jesteśmy? – pytali.

– W Papaloapan – mówił karzeł. – To ładne miasteczko. Może tu zostaniecie?

– Nie chcemy tu zostawać! – krzyczeli pasażerowie. Ślepy karzeł śmiał się i stukał kijem w następny wagon. Po chwili dobiegł mnie jego głos:

– Dobry wieczór…

Do pociągu wsiadło więcej żebraków – staruszka z niemowlęciem na ręku, dwoje chudych dzieci; pojawili się sprzedawcy jedzenia – dzieci z dzbankami kawy, miskami pełnymi warzyw i mięsa smażonego w cieście, kobieta z chlebem i ościstą rybą. Dzieciaki z Papaloapan wbiegały i wybiegały z pociągu, z pobliskiego sklepu ludzie przyszli pogadać z pasażerami.

W ciągu kilku godzin (było późne popołudnie, a ludzie wracający z pól trzciny cukrowej przystawali przy pociągu, żeby zobaczyć, co się dzieje) opóźniony pociąg przestał być postrzegany jako coś, co przetacza się z rykiem przez nadrzeczną wioskę Papaloapan. Wieśniacy, którzy pewnie już wcześniej obserwowali nas z oddali, teraz zaczęli wsiadać do pociągu, korzystać z toalet, machać do przyjaciół przez okno. Kurczaki dziobały i gdakały pod wagonami, równie ośmielone jak pasażerowie, którzy ruszyli do sklepiku wychylać napoje. Pociąg stał się częścią miasta.

Nikt nie wiedział, co jest z pociągiem. Wypadek przed nami, powiedział jeden z pasażerów, inny twierdził, że nawalił silnik. Nie wybuchła panika. Ponadtrzydziestostopniowy upał ze wszystkich spuścił parę. Kilka osób się dopytywało, nikt nie panikował, większość zaczęła się zadomawiać w Papaloapan. (Dla zabicia czasu pytałem ludzi, jak bardzo oddaliliśmy się od Veracruz, ale nikt nie udzielił mi właściwej odpowiedzi: sto sześćdziesiąt kilometrów). W kraju, gdzie opóźnienia są na porządku dziennym, takiej przygody można się było spodziewać; zresztą wioska okazała się przyjaźnie nastawiona, pogoda ciepła, na siedzeniach zaroiło się od papierków po jedzeniu, dzieci układały się do snu. Człowiek za mną przestał kopać w oparcie.

– Chyba będziemy musieli tu przenocować – oświadczył całkiem spokojnie.

Gwatemalka powiedziała do swoich dzieci:

– On chyba ma rację. No, trudno.

Nic nie trwa dłużej niż nieoczekiwane opóźnienie. Nic nie jest trudniejsze do opisania; nie ma też nudniejszej rzeczy do czytania. „Minęła godzina", pisze ktoś, ale w tym zdaniu brakuje mozołu, zapachu, upału, hałasu, much wylatujących z toalety, której drzwi, pogięte i pozbawione klamki, nie dają się zamknąć. „Minęła kolejna godzina" – jak trudno zawrzeć w tych słowach dwa radia, kwiczące wieprzki, wrzaski dzieci, nierówne siedzenie z pająkami wyłażącymi z końskiego włosa. Sam upał zdawał się spowalniać czas. Gdybyśmy stanęli w większej miejscowości, chyba spakowałbym rzeczy i zatrzymał się w najbliższym hotelu. Wioska była jednak mała, a następny pociąg do Tapachuli miał nadjechać dopiero za trzy dni.

Spostrzegłszy, że do końca *Pudd'nhead Wilson* zostało mi zaledwie pięćdziesiąt stron, postanowiłem odłożyć lekturę na godzinę napiętych nerwów. Oparłem się pokusie, by czytać dalej, a zamiast tego przeczytałem „Wstęp". Doznanie okazało się wielce niepokojące: poważna frazeologia eseju kontrastowała z zapadającym zmierzchem, hałasem i wonią biednej meksykańskiej wioski, zatłoczonym pociągiem. „Jednym ze sposobów pokazania, jak autor osiąga efekt ironiczny, jest porównanie go z Jane Austen, której powieści wyrażają aprobatę dla życia społecznego, stanowiącego podstawę dla jej własnych surowych wartości moralnych…".

Jaaaaa! Rozdarła się dziewczynka po drugiej stronie przejścia. Jej brat uśmiechnął się i znowu ją uszczypnął. Meksykanin w cieniu podrapał się w głowę, nie przesuwając kapelusza. Wieprze chrumkały. Radio w sklepie zawyło i zatrzeszczało. Dwaj mężczyźni przy drzwiach zaśmiali się głośno.

– Zimne piwo! – wołał sprzedawca. – Banany! Lody!

– On mnie uszczypnął!

„W jej dziełach wartości społeczne nie są wartościami moralnymi sensu stricto, ale stosując ironię, Austen pokazuje, że mogłyby nimi być, że swego rodzaju pełna, sprawdzona…".

Chichot, okrzyk „Wcale nie!", potem dwie ładne dziewczynki w zielonych mundurkach szkolnych przeszły przez pociąg, przyciskając do ciała książki. Czarnowłose, o skrzących się oczach, śmiały się w najlepsze.

„…pełna i sprawdzona świadomość społeczna jest także świadomością moralną…".

Wtedy zamknąłem książkę. W końcu wagonu wybuchła sprzeczka: nic poważnego, ot, krzyki, zawziętość, wymachiwanie rękami. Smród z toalety znacznie się nasilił. Pociąg stał od kilku godzin, ludzie wciąż załatwiali się nad blaszanym otworem, więc pod wagonem na torach rósł odrażający stos odchodów.

Głośne, tłuste muchy, podniecone ekskrementami, rojnie wpadały przez okna, których nie dawało się zamknąć. Sprzedawca piwa wrócił, postawił swoją skrzynkę i na niej usiadł. Ochrypniętym od krzyków głosem spytał cicho, czy chcę piwo. Chociaż miałem jeszcze dwa, kupiłem dwie butelki: ostatecznie nastała *happy hour*, a zapowiadała się długa noc.

Na końcu pociągu znajdował się rząd wolnych siedzeń. Tam właśnie się ułożyłem, zapaliłem fajkę i pozwoliłem sobie na jeszcze jeden rozdział *Pudd'nhead Wilson*. Nad Papaloapan zapadała noc. Psy szczekały, wiejskie odgłosy przeszły w odległe pomruki, radio nadal grało, ale w nadchodzącym zmroku ludzie w pociągu rozmawiali ciszej. Świerszcze grały tak szybko jak kastaniety, od lat ich nie słyszałem, a odgłos działał kojąco. Powieść podniosła mnie na duchu; cóż za cudowna książka! Sądziłem, że ją znam z poprzedniej lektury, ale okazało się, że zapamiętałem tylko sprawę z odciskami palców, identyczne dzieci i zbrodnię. Dawniej umknęła mi cała ironia: była to opowieść o wolności i niewolnictwie, tożsamości i przebraniu, a zabarwienia rasowe otrzymały rangę atrybutów. *Pudd'nhead Wilson* był nieokrzesanym arcydziełem, pełnym okrutnej i posępnej wesołości, oryginalniejszym i bardziej pesymistycznym niż wszystkie inne książki Twaina, które czytałem. Powieść została oparta na przypowieści ludowej: zamienione dzieci, dziecko niewolników zostaje panem, syn pana zostaje niewolnikiem. Jednak implikacje wynikające z kwestii rasowych czyniły z tej opowieści koszmar zamaskowanych krzywd. Wszystko zaczęło się jako farsa o dwóch bliźniakach syjamskich. Twain widział w tym defekt, „dwie opowieści w jednej, farsa i tragedia". Dlatego postanowił zmodyfikować historię. „Wyciąłem farsę, a pozostawiłem tragedię". Ta ostatnia jest jednak potwornie gorzka. Tę rzadko czytaną powieść – jedną z najbardziej posępnych komedii w literaturze amerykańskiej – uważa się za historię prawnika, jegomościa o zabawnym wyglądzie, który wygrywa sprawę dzięki odciskom palców. Jego zwycięstwo nie jest w stanie przesłonić faktu, że wszystkie postaci w powieści, włącznie z najszlachetniejszą, ponoszą klęskę. Lektura podsunęła mi pomysł na wykład: jak za pomocą uważnej selekcji upraszczamy naszych pisarzy. Literatura amerykańska jest antologią tego, co można znieść.

Tymczasem w Papaloapan robiło się coraz ciemniej. Podniósłszy wzrok, zobaczyłem samotną lokomotywę nadjeżdżającą od strony mostu. Najpierw nas minęła, pięć minut później poczuliśmy wstrząs, szarpnięcie, ludzie zakrzątnęli się na torach. Po chwili rozległ się świdrujący gwizd, gwatemalskie dzieci zawołały:

– Jedźmy!

W wiosce zapaliły się światła, nieosłonięte i oślepiające; wkrótce zaczęły się poruszać obok pociągu, wieśniacy odprowadzali nas wzrokiem, niektórzy machali niepewnie, jakby się spodziewali, że znowu się zatrzymamy. Ale nie stanęliśmy. Powiew odświeżył powietrze w wagonach, a za drzewami i rozświetloną wioską ujrzeliśmy niebo i zachodzące słońce, które pięćset lat temu w tym właśnie miejscu oglądał aztecki poeta:

Nasz ojciec, Słońce,
Odziany w strojne pióra, rzuca się w dół
Prosto w czarę pełną klejnotów,
Przystrojony w turkusowy naszyjnik
Pośród wielobarwnych kwiatów,
Co sypią się wiecznym deszczem.

Migotanie utrzymywało się jeszcze przez kilka minut, potem zielona dżungla i bagna zlały się w jedną masę cienia, zapadła całkowita ciemność. Cztery małe żarówki – pozostałe się przepaliły albo ich brakowało – nie dawały dość światła do czytania. Odłożyłem książkę, piłem i wyglądałem przez okno.

Pociąg rzadko się zatrzymywał; mijaliśmy wioski i osady, które nawet nie były wioskami. Przed moimi oczami przesuwały się otwarte drzwi oświetlone filującymi świecami i wnętrza chat pobielałe od lamp. W progu jednego z domów ujrzałem silnie erotyczny obraz: dziewczyna lub kobieta, oparta o framugę i wychylona w przód, stała na szeroko rozstawionych nogach, z uniesionymi rękami, a padające spoza niej światło ukazywało szczupłe ciało pod zwiewną sukienką. Cudna sylwetka w rozświetlonym prostokącie, a wokoło bezkształtna meksykańska noc. Widok ten wywołał we mnie lekki niepokój i rozdrażnienie.

Podczas postoju w miasteczku jakiś chłopak wychylił się przez okno pociągu i zawołał do dziewczyny sprzedającej kukurydzę:

– Gdzie my jesteśmy?

Sprzedawczyni zdjęła z głowy tacę z kukurydzą i wlepiła wzrok w chłopca. To było trudne pytanie.

– Ona nie wie, gdzie jesteśmy! – powiedział chłopiec.

Dziewczyna patrzyła na roześmianego chłopca w pociągu. Doskonale wiedziała, gdzie się znajduje, ale on nie o to pytał.

Chłopiec szturchnął ojca, brata, kiwnął głową w moją stronę.

– Ona nie wie, gdzie jesteśmy!

Na tyle głośno, by dziewczyna z tacą usłyszała, powiedziałem:

– Ja wiem, gdzie jesteśmy.

– Gdzie? – spytał chłopiec.

– W pociągu.

Tamci uznali moją odpowiedź za niezwykle zabawną. Chłopiec powtórzył ją, cała grupa jeszcze głośniej się roześmiała. W istocie staliśmy w zatłoczonym miasteczku Suelta, co znaczy „luźny".

Później, nie mogąc ani spać, ani czytać, notowałem na skrzydełku okładki książki: „Dwie klasy: obydwie niewygodne i brudne…" Tęskniłem za domem. Jaki sens miała ta podróż, jeśli pominąć fakt, że niepokój wygnał mnie od biurka i nie pozwalał znieść kolejnej zimy? Z domu wyjeżdżałem w podniosłym nastroju, ale nie byłem żadnym odkrywcą: podróż miała dostarczać radości, a nie być próbą wytrzymałości czy cierpliwości. Nie czerpałem żadnej przyjemności ze znoszenia trudów podróży, chciałem tylko uczynić z nich materię literacką. Ciekawił mnie następujący proces: obudzić się rano w domu, złapać lokalny pociąg, jechać nim tak długo, aż ludzie dojeżdżający do pracy wysiądą, a potem zmieniać pociągi dopóty, dopóki nie znajdę się w Patagonii, a tory kolejowe się nie skończą. Jeszcze bardziej melancholijne niż myśl o *Tęsknocie za domem: książce podróżniczej* było wspomnienie czegoś, co przeczytałem kiedyś o Jacku Kerouacu. W wieku czterdziestu paru lat, mając powieść *W drodze* dawno za sobą, postanowił raz jeszcze przemierzyć autostopem Amerykę. Kerouac był teraz bardziej otyły, czuł się pokonany, ale nabrał przekonania, że zdoła powtórzyć swoją epicką podróż przez kraj. Wyjechał z Nowego Jorku z zamiarem dotarcia do Kalifornii. Wciąż miał groźne rysy twarzy, a czasy się zmieniły. W ponurym nastroju dojechał do New Jersey, gdzie przez kilka godzin stał na deszczu, próbując złapać okazję, w końcu poddał się i wrócił do domu autobusem.

Nie zdałem sobie sprawy, że zasnąłem. Zbudziły mnie komary i chłód. Spodnie wpuściłem w skarpety (chociaż komary kąsały także przez nie), włożyłem gruby sweter i skórzaną kurtkę, którą zabrałem z myślą o wysokich Andach. Zwinąwszy się w kłębek, spałem jak kamień aż do świtu. Wcześniej nie podejrzewałem siebie o takie zdolności adaptacyjne: przezwyciężenie udręki okropnej nocy na zdezelowanym siedzeniu zimnego, cuchnącego pociągu napełniło mnie jasnym optymizmem i wprawiło w dobry humor, jaki zawsze towarzyszy takim eskapadom. Poczułem się mężnie, wiedząc zarazem, że moja dzielność jest śmiechu warta.

O szóstej rano, mrużąc oczy, spojrzałem na zegarek. Światła w wagonie pogasły, panował całkowity mrok. Po chwili wstał świt. Nie zobaczyłem jednak słonecznej kuli, światło sączyło się ze wszystkich stron, rozpędzając mrok, barwiąc bezmiar nieboskłonu błękitem pachnącym ozonem. Powietrze nagrzało się, krajobraz odzyskał odpowiednie proporcje, w wagonie zapachniało pustynną rosą. Nigdy jeszcze nie widziałem, żeby świt wstawał tak raptownie, ale też nigdy wcześniej nie spałem w ten sposób. W otwartych oknach brakowało żaluzji; przypominało to spanie na parkowej ławce.

W oddali rysowały się góry. Słońce odsłoniło ich maleńkie głowy i purpurowe barczyste ramiona, porośnięte drobnymi czarnymi drzewami, delikatnymi jak rzęsy. Ten poszarpany grzbiet górski biegł na wschód; na południu rosły rzadkie, pokryte pyłem lasy. Pociąg stanął. Oto znaleźliśmy się w pustce. Za oknem pojawiła się dziewczyna.

– Kawa!

Nalała mi kawy do papierowego kubka, zacząłem sączyć gorący napój, a pociąg toczył się podgórzem.

Wybrzeżem Pacyfiku jechaliśmy przez przesmyk Tehuantepec, najwęższą część Meksyku, tak wąską, że długo uważano ją za najkorzystniejszą lokalizację dla kanału. Przesmyk wydawał się też atrakcyjniejszy niż Panama, znajdował się bowiem bliżej Stanów Zjednoczonych. Tehuantepec – upalne, nędznie wyglądające miejsce – ma ciekawą historię. Zawsze zamieszkiwali je – często wręcz tu panowali – Indianie Zapotek. W tej matrylinearnej społeczności kobiety posiadały ziemię, łowiły ryby, handlowały, zajmowały się rolnictwem i sprawowały władzę lokalną, mężczyźni zaś, z głupawym wyrazem twarzy, jaki towarzyszy całkowitej bezczynności, wylegiwali się całymi dniami. Mijane tego ranka stacje dowodziły, że tradycja nie uległa zmianie: przedsiębiorcze kobiety i mężczyźni z pustymi rękami. Łatwo jednak było zlekceważyć drzemiącą w tych ludziach zdolność do buntu; cierpliwość często wygląda jak porażka, a milczenie jak nawrócenie. W 1680 roku wybuchło tu jedno z pierwszych powstań meksykańskich; Zapotekowie powstali i przez osiem lat panowali prawie na całym przesmyku. W późniejszych latach podejmowano wielkie przedsięwzięcia, które miały na celu nadanie przesmykowi wysokiej rangi, ale Indianie nie współpracowali; po prostu odsuwali się na bok i patrzyli, jak projekty upadają.

W swojej radosnej, kipiącej energią książce podróżniczej *The West Indies and the Spanish Main*, Anthony Trollope pisał, że tę część Meksyku „wybrał Cortés, a następnie wmusił władcom Hiszpanii […] granica miała biec od zatoki Campeche, w górę rzeki Coatzacoalcos, aż do Tehuantepec i Pacyfiku". Trollope, który uważał, że szlaki biegnące dalej na południe, przez Panamę i Kostarykę (podróżował po obydwu tych krajach), byłyby kosztowne i niepraktyczne, pisał w 1860 roku. Dziesięć lat później prezydent Ulysses S. Grant (nie kto inny, ale właśnie on) wysłał tu Ekspedycję Tehuantepec, która miała zbadać możliwość przekopania kanału. W sumie wyprawiło się tu aż siedem ekspedycji, a chociaż kanału nie wykopano, przesmyk przemierzały dziesiątki tysięcy podróżników, najpierw na mułach i dyliżansami, potem pociągiem. Tędy biegła jedna z najlepszych tras ze wschodniego wybrzeża Stanów Zjednoczonych do Kalifornii, a gorączka złota w 1849 roku znacznie nasiliła ruch. Skoro tylu ludzi przemierzało Tehuantepec tam i z powrotem (odprowadzanych, jak można podejrzewać, posępnymi lub szyderczymi spojrzeniami Indian), korzyści płynące z aneksji przesmyku były oczywiste. Rząd amerykański kilkakrotnie nakłaniał Meksykanów do przekazania Tehuantepec. Meksykańska wytrwałość nie mogła rywalizować z amerykańską zaborczością, toteż Meksyk w końcu oddał to, co obecnie uważa się za zachodnie stany, ale za wszelką cenę postanowił bronić Tehuantepec. W 1894 roku przez przesmyk poprowadzono kolej, która szybko zaczęła zarabiać krocie. W okresie rozkwitu jedną z najbardziej obleganych linii kolejowych na świecie jeździło sześć pociągów dziennie. Fakt ten zdumiewa, ponieważ z całego tego zgiełku i wydajności zostało bardzo niewiele, zaledwie cząstka owoców pracy budowniczych i spekulantów. Z Państwowej Linii Kolejowej Tehuantepec zostało mniej niż z ruin Majów w Uxmal czy Palenque. W wyschniętych korytach rzek i zakurzonych torach, łączących biedne miasteczka, nie widać śladu po niegdysiejszym wielkim skrzyżowaniu świata. Mimo to część linii kolejowej się zachowała. W 1913 roku przedłużono ją, by połączyć z tak zwaną Koleją Panamerykańską na granicy z Gwatemalą. Wysiłek okazał się jednak daremny. Rok później otwarto Kanał Panamski, który puścił z torbami wszystkie linie kolejowe, szlaki mułów, połączenia promowe i dyliżansowe w Ameryce Środkowej. Począwszy od tego roku, Tehuantepec zaczął obumierać i nawet odkrycie ropy naftowej (wiele lat wcześniej Aztekowie znajdowali ją w postaci lepkich bryłek, które palili podczas ceremonii religijnych) nie zdołało uzdrowić przesmyku i doprowadzić go do choćby względnego dobrobytu. Dzisiaj przesmyk wygląda żałośnie: upalna, jałowa kraina, zamieszkana przez znękanych Indian, ledwo wiążących koniec z końcem. Tutejsze miasteczka i wioski są mizerniejsze niż w czasach Azteków. Meksykanie nauczyli się jednak czerpać pociechę z przeszłości – z faktycznych zdarzeń, napawającej otuchą prostoty mitów – i nawet pośród porośniętych kaktusami wzgór, na pofałdowanej pustyni Tehuantepec zacofany Meksykanin czerpał pociechę z myśli, że ta kraina pamięta czasy chwały.

Pasmo górskie, niekiedy podobne do fortecy, kiedy indziej do katedry (była to jeszcze jedna opiekuńczo-macierzyńska odnoga Sierra Madre), towarzyszyło nam przez cały dzień. Pociąg nigdy jednak nie wjechał na szczyt. Upalną niziną sunęliśmy na południe, a im dalej, tym indiańskie wioski stawały się prymitywniejsze i mniejsze, ludzie coraz bardziej symboliczni: nagie dziecko, kobieta z koszem, mężczyzna na koniu, w miażdżącym słońcu obok biednej lepianki. Z upływem czasu ludzie się pochowali; o jedenastej obserwowali nas z chat, które stały się znacznie mniejsze. Cienia jak na lekarstwo, wychudłe wiejskie psy drzemały pod brzuchami krów, które zastygły nad kępami trawy.

Na południowym zachodzie ujrzałem wodę, błękitnozieloną mgiełkę, połyskliwą pustkę, płaską połać, a na niej brunatne, dziwnie uniesione w górę łodzie. Przed oczami miałem Morze Martwe, romboidalne jezioro na wybrzeżu Pacyfiku. Bliżej pociągu widać było konie uwiązane do słupów werand przed barami, mężczyzn siedzących przy oknach, kobiety i dziewczyny sprzedające z wiader krewetki i ryby z różowymi łuskami. Oczy łzawiły mi od upału, więc brunatne świnie w kokosowych i bananowych zagajnikach oraz, dalej, zwaliste głazy gór widziałem niewyraźnie.

Pociąg wjechał do stanu Chiapas. Góry w Chiapas sprawiały wrażenie wyższych, ziemia bardziej rozpalonej słońcem, a te dwa kontrastujące ze sobą krajobrazy były tak niegościnne i pozbawione wszelkich śladów ludzkiej działalności, że ludzie przypominali pionierów, twardych przybyszów, którzy dopiero mieli zostawić tu swoje piętno. Pociąg znajdował się między stacjami, ale nawet one przypominały osady z pogranicza. W miasteczku Arriaga spytałem konduktora, kiedy możemy się spodziewać przyjazdu do Tapachuli. Konduktor policzył na palcach, potem roześmiał się, ponieważ mieliśmy ponad dziesięć godzin opóźnienia.

– Może dziś w nocy – odparł. – Nie martw się.

– Ja się nie martwię.

Nie martwiłem się, choć miałem już dość rozgrzanego, zatłoczonego pociągu. Podróż pociągiem osobowym, a takim właśnie jechaliśmy, może być frajdą, pod warunkiem że siedzenia są całe, toaleta działa, z podłogi sprząta się kurz. Pasażerowie, zmaltretowani upałem, z rozdziawionymi ustami, leżeli rozwaleni na siedzeniach, jak skoszeni ogniem karabinów maszynowych albo zagazowani.

– Wrócę tu – powiedział konduktor. – Uprzedzę cię, jak będziemy dojeżdżać do Tapachuli. Dobrze?

– Dziękuję.

Jednak sam przyjazd stanowił niewielkie osiągnięcie. Tapachula leżała na pustkowiu. Tam po prostu pociąg miał się zatrzymać na dobre.

Zanim dotarliśmy do Pijijiapan, zjadłem większość prowiantu, a resztki – odbarwione plasterki szynki i ser, który w upale zamienił się w kit – wyrzuciłem przez okno. Ponadto skończyłem czytać *Pudd'nhead Wilson*. Pijijiapan to miasteczko targowe. Pociąg zatrzymał się w samym jego środku na pół godziny, wędrowni sprzedawcy, kupujący i kierowcy zdezelowanych samochodów nie mogli przekroczyć drogi, co doprowadzało ludzi do szału. Konduktor nie pozwalał też nikomu przejść przez pociąg. Ludzie czekali więc w słońcu z koszami, a znajdujące się w nich ryby cuchnęły coraz bardziej. Poza tym nieśli kurczaki, indyki, kukurydzę i fasolę. Ci niscy Indianie o kanciastych rysach marszczyli brwi na widok przeszkody.

Jeśli ktoś chce dokładnie dowiedzieć się, kim byli ci ludzie, wystarczy sięgnąć po książkę Jacques'a Soustelle'a o Aztekach. Przed zagłębieniem się w artystyczne i kulturowe dokonania arystokracji, Soustelle kieruje naszą uwagę, w swego rodzaju szeptanym wstępie, ku innej grupie. „Na obrzeżach zamożnych, kwitnących miast – pisze – wieśniak z plemienia Nahuatl,

Otomi, Zapotek lub innego wiódł cierpliwy, pracowity żywot w zapomnieniu. Prawie nic o nim nie wiemy [...]. Ani rodzimego, ani hiszpańskiego kronikarza nie interesował wieśniak ze swoją chatą, polem kukurydzy, indykami, niewielką monogamiczną rodziną i wąskimi horyzontami, toteż wspominają o nim tylko przelotnie [...]. W tym miejscu należy jednak o nim wspomnieć, choćby tylko po to, by poczuć jego milczącą obecność w cieniu, z dala od okazałej cywilizacji miejskiej, tym bardziej że po katastrofie 1521 roku [hiszpańska konkwista], po załamaniu się wszelkiej władzy, pojęć, struktur społecznych i religii, przetrwał tylko on, i tylko on żyje do dziś".

On – a raczej ona – sprzedała mi w Pijijiapan ryż i smażone warzywa w cieście; dopiłem wodę mineralną (wcześniej połowę butelki zużyłem na mycie zębów), po czym ruszyliśmy w dalszą drogę. Uczucie znużenia pośród tak pięknego krajobrazu budziło frustrację, jak senność podczas koncertu. Pociąg nabrał szybkości i pędziliśmy przez sawannę, mijając majestatyczne góry, ale upał, kurz, zmęczenie, a teraz jeszcze hałas pociągu nie pozwalały mi na koncentrację uwagi czy skupienie wzroku na zostających w tyle jasnych skałach lub drzewach. To uczucie pokonania i niemożności wprawiało mnie w przygnębienie, tym silniejsze, że oto przegapiałem najlepszą część stanu Chiapas. Walka z sennością wyczerpała mnie, czyste powietrze i żółta kraina zawładnęły mną bez reszty, aż zasnąłem.

Ilekroć pociąg stawał, budziłem się zlany potem. W miasteczkach takich jak Mapastepec i Margaritas pierwszy plan kipiał jaskrawymi barwami: jacaranda, bugenwilla, hibiskus rywalizowały między sobą pośród pustyni cherlawych drzew, jałowej ziemi, przeplatanej polami kukurydzy i tytoniu. Teraz posuwaliśmy się w głąb kraju, a później nauczyłem się rozpoznawać podobne odludzia, stanowiące połączenie wiosek indiańskich, złych dróg oraz pojedynczej linii kolejowej, przy której sadowili się Chińczycy. Nie było w tym nic niezwykłego: po prostu przybyli razem z koleją, a potem zostali. Ich nazwiska zdobiły szyldy sklepowe: *Casa Wong* albo *Chen Hermanos*. Rano sądziłem, że jest gorąco, ale popołudnie stało się wprost nie do zniesienia; w Soconusco od upału poczułem mdłości.

Idąc przez pociąg w poszukiwaniu butelkowanej wody do popicia soli owocowej, spotkałem człowieka, którego w pierwszym momencie wziąłem za Amerykanina. Od wyjazdu z Veracruz nie spotkałem nikogo, kto mówił po angielsku, dlatego przywitałem się z nim, rad, że wreszcie ktoś zdoła pojąć moją niewygodę. Mężczyzna zerknął na mnie niepewnie. Ubrany w kurtkę, okulary miał pokryte kurzem, na kolanach trzymał małą mapę i siedział samotnie w drugiej klasie. Oczywiście był Niemcem.

Nie mówił ani po angielsku, ani po hiszpańsku. Kulawą niemczyzną spytałem, gdzie wsiadł do pociągu. W Veracruz, odparł. Ale nie widziałem go w Veracruz, Papaloapan ani na żadnej innej stacji. Cóż, odpowiedział, nie opuszczał przedziału. Co jadł?

– Kanapkę. Ser.

Przez dwa dni?

– Tak – potwierdził. – Nie lubię toalet. Nie jem, więc nie korzystam z toalet. Wypiłem pepsi. W Gwatemali zjem.

– Do Gwatemali dotrzemy dopiero jutro.

– Wobec tego zjem jutro. Dobrze jest głodować przez kilka dni. Ludzie jedzą za dużo, zwłaszcza ci ludzie. Widziałeś ich? Jak korzystają z toalety?

– Dokąd się wybierasz w Gwatemali?

– Może do ruin. Sam nie wiem. W przyszłym tygodniu muszę wracać do pracy.

– Dokąd?

– Do Niemiec.

– Aha. – Mój rozmówca podróżował drugą klasą. W drugiej klasie były potrzaskane siedzenia z czarnego plastiku. W pierwszej klasie były potrzaskane siedzenia z czerwonego plastiku. Niektóre z siedzeń w pierwszej klasie mogły się poszczycić oparciami pod ręce. Za to w drugiej panował nieco większy tłok. Jak mu się podróżowało?

Niemiecki podróżnik uśmiechnął się – po raz pierwszy – z uczuciem triumfu i niekłamanej przyjemności.

– Trzy dolary – powiedział.

Nie był ani odkrywcą, ani autostopowiczem; nie miał plecaka ani kompasu. Ze schludną walizeczką, w zakurzonych okularkach w złotej oprawce, z butelką po pepsi i papierkiem po kanapce, po niemiecku wyprostowany, jechał przez stan Chiapas. Mapę miał niewielką, oprócz niej żadnej książki, piwa nie pił. Jednym słowem, dusigrosz.

W innym pociągu, z numerowanymi miejscami i przedziałami, moglibyśmy wylądować obok siebie, a ja musiałbym znosić jego drewniane towarzystwo przez dwa dni. Jeśli ten obskurny, zaniedbany meksykański pociąg miał jakąś dobrą stronę, to taką, że pasażer mógł swobodnie wędrować po zdezelowanych wagonach. Nie było tu reguł, a jeśli nawet były, to nikt ich nie przestrzegał. Dlatego bez trudu mogłem odrzucić towarzystwo tego gościa, co nie znaczy, że je zaoferował. Skąpi ludzie, z natury podejrzliwi niedowiarkowie nieciekawi świata, przyjaźń oferują równie niechętnie, jak rozstają się z pieniędzmi. W pewnym sensie podziwiałem jego wyniosłość, chociaż stał za nią tylko egoizm i pragnienie tego, co tanie. Odmawiając ponoszenia jakiegokolwiek ryzyka, godził się na największe ryzyko: w samotnej podróży przez tak upalną, anarchiczną krainę przyjaciele są potrzebni.

– Dobrej podróży – powiedziałem.

Niemiec skinął głową, ale się nie uśmiechnął. To było wszystko. Przypadkowe spotkanie, nic poza tym. Po prostu otarliśmy się o siebie na krańcu świata.

Jeszcze jeden chiński sklep, kolejne pola tytoniu, po południu zebrały się chmury, ale nadal panował skwar. Znowu zasnąłem na siedzeniu, obudził mnie dopiero krzyk jednego z gwatemalskich dzieciaków. „Jedźmy!", darł się, jak to robił od samego Veracruz, tyle że teraz darł się do mnie. Pociąg stanął, zbudziłem się po ciemku i ujrzałem, jak nachyla się nade mną matka gwatemalskiej rodziny.

– Jeżeli jedziesz do granicy, jak mówiłeś, możemy złożyć się na taksówkę. Mam tylko trzy walizki i tę czwórkę dzieciaków. Możemy się wcisnąć z tyłu, a ty usiądziesz obok kierowcy. Co ty na to?

Ponieważ miałem za sobą okropną podróż, w jej propozycji dostrzegłem szansę opuszczenia Meksyku, pociągu i tego miasteczka; wystarczyło tylko przekroczyć granicę. Później uznałem, że lepiej bym postąpił, gdybym zatrzymał się w hotelu w Tapachuli, ale wtedy chciałem stamtąd jak najszybciej wyjechać. Dlatego przystałem na ofertę Gwatemalki, a pół godziny później, w ciemnościach, szedłem przez most nad rzeką Suchiate. Za plecami zostawiałem meksykańskie wzgórza i gaje bananowe; przed sobą widziałem czarne brwi skał, na klifach błękitną dżunglę z białymi lianami i pnączami, oświetlonymi przez księżyc. Kiedy rzeka przestała szumieć, dobiegły mnie krzyki nietoperzy.

rozdziałszósty

7:30 do Gwatemali

Gwatemala zaczęła się nieoczekiwanie: granica na rzece, a po przeciwległej stronie porośnięte dżunglą skarpy i zwieszające się pnącza. Na tle księżyca sunęły chmury burzowe, podobne do zakapturzonych druidów i szarych łachmanów. Graniczne miasto Tecún Umán było tak małe, że w porównaniu z nim Tapachula jawiła się jako metropolia. Widziany w Tapachuli billboard reklamujący hotel (smaczne jedzenie, wygodne pokoje, niskie ceny) tkwił w mojej pamięci, kiedy jadłem ohydną fasolę w słabo oświetlonym pokoju w znacznie nędzniejszym hotelu w Tecún Umán. Hotel nazywał się Perła. Sto lat temu Brytyjczyk podróżujący po Gwatemali napisał: „Obcy, przyjeżdżający bez zapowiedzi, może liczyć tylko na bardzo nędzny zajazd... przeznaczony dla mulników, poganiaczy bydła i drobnych handlarzy". Ja byłem jednak sam, jak okiem sięgnąć ani śladu mulnika; z radością powitałbym jego towarzystwo. Przy drzwiach ujrzałem psa iskającego sobie pchły z tylnej łapy. Kiedy rzuciłem mu chrząstkę z talerza, porwał się na nią z wygłodniałymi oczami, a ja pomyślałem, że na szczęście nazajutrz wyjadę stąd pociągiem.

– Bardzo wcześnie – powiedział człowiek z hotelu.

– Im wcześniej, tym lepiej – odparłem.

Tecún Umán była tylko małą końcową stacją, niczym więcej. Dawniej stąd do Panamy – wówczas zaniedbanej prowincji Kolumbii – rozciągało się królestwo Gwatemali. Niestabilne, zwaśnione, rozchwiało się jeszcze bardziej, kiedy po serii powstań ustanowiono monarchię konstytucyjną, cieszącą się jałową niepodległością. Krajowi temu zagrażał Meksyk pod rządami niedorzecznego Iturbide, który kazał się koronować jako „cesarz z łaski Boga i bagnetów", jak szydził Bolívar. Po uzyskaniu przez Gwatemalę niepodległości powołano rady miejskie, które w 1822 roku przegłosowały włączenie Gwatemali do Meksyku, wychodząc z założenia, że lepiej przyłączyć się do Meksykanów, niż dać się im upokorzyć w walce. Rządy meksykańskie od początku okazały się niestabilne, Iturbide okrzyknięto tyranem, rok później Gwatemala się odłączyła, a Zgromadzenie Narodowe ogłosiło niepodległość pięciu prowincji: Gwatemali, Kostaryki, Hondurasu, Nikaragui i Salwadoru.

Nominalnie była to konfederacja Zjednoczonych Prowincji Ameryki Środkowej, chociaż przez kolejnych osiemdziesiąt lat podróżnicy nazywali je „Gwatemalą", a wyprawy w głąb dżungli Kostaryki i Nikaragui oraz eskapady canoe po salwadorskim jeziorze Ilopango nazywali podróżami po Gwatemali. O ile Gwatemala była tylko mylącą nazwą tej zbieraniny krajów, o tyle „Zjednoczone Prowincje" należy uznać za bezmyślne nadużycie językowe, podobne do dzisiejszej „Republiki Ludowej", określającej groteskową dyktaturę. W wyżej wymienionych pięciu krajach niemal natychmiast wybuchła wojna domowa: pracownicy leśni wystąpili przeciwko miastowym, konserwatyści przeciwko liberałom, Indianie przeciwko Hiszpanom, dzierżawcy ziemi przeciwko właścicielom ziemskim. Prowincje walczyły między sobą, jedność rozpadła się w szarżach na szable i ogniu armat. W ciągu piętnastu lat na całym tym obszarze zapanował polityczny i społeczny chaos albo, wedle słów jednego z historyków, „pięciokrotny zamęt". Amerykańscy i brytyjscy podróżnicy utyskiwali na trudności w przemieszczaniu się z wioski do wioski, zwracali też uwagę, jak niewiele wiadomo o tym wąskim skrawku lądu, na którym Ameryka Południowa zwisa z Ameryki Północnej.

Trudno zapanować nad tymi nazwami. Gwatemala to kraj w kształcie kowadła, sąsiadujący z Meksykiem; Salvador jest maleńkim państwem, ściśniętym przez wybrzuszenie Hondurasu do prostokątnej tratwy, która okazała się nieprzydatna do pływania po Pacyfiku; Nikaragua to klin, Kostaryka zaś to mankiet rozciągniętego rękawa Panamy. W Belize nie ma linii kolejowych. Biorąc pod uwagę historię tych krajów – nie tylko zamieszek, wojen domowych i rewolucji, ale także silnych trzęsień ziemi oraz niesłabnącej aktywności wulkanicznej – należy uznać za cud, że nie znikły w morskich odmętach, tylko nadal istnieją. Kraje te leżą na jednym z najgorszych uskoków tektonicznych naszej planety, nad szczeliną wulkaniczną, która każdego roku grozi przesunięciem i połknięciem państw wraz z ich sporami. O dziwo najbardziej szczycą się one właśnie wulkanami: występują na godłach, pieniądzach, zajmują poczytne miejsce w lokalnych przesądach.

Wszystko to miałem przed sobą, ale zamierzałem trzymać się zaplanowanej trasy i radzić sobie z krajami po kolei. Kiedy oznajmiłem człowiekowi w hotelu, że wybieram się na pociąg, spojrzał na mnie zdziwiony.

– Autobus jest szybszy – powiedział.

– Ja się nie spieszę – odparłem.

– Ten pociąg jest bardzo stary.

– Meksykański pociąg do Tapachuli również był stary.

– Ale ten jest też brudny.

– Wykąpię się w stolicy.

– Wszyscy turyści jeżdżą autobusami albo taksówkami.

– Nie jestem turystą.

– Tak – powiedział w końcu, widząc, że podjąłem decyzję. – Pociąg jest bardzo interesujący, ale z jakiegoś powodu nikt nim nie jeździ.

W tym ostatnim punkcie się mylił. Nazajutrz na stacji czekał tłum podróżnych. Niscy farmerzy w oklapłych kapeluszach i słomkowych sombrerach, Indianki z nosidełkami dla niemowląt i włosami spiętymi w kucyki, bose dzieci. Każdy miał przy sobie spory tobół, kosz obwiązany pnączem lub walizę domowej roboty. Doszedłem do wniosku, że ci ludzie postanowili jechać pociągiem, ponieważ w autobusie bagaże by zawadzały. Poza tym pociąg jechał inną trasą niż autobusy, a bilet kolejowy z Tecún Umán do Gwatemali kosztował niecałe dwa dolary. Jeszcze dziesięć minut przed odjazdem policjant nie pozwalał nam wejść na peron, staliśmy więc, ściskając w dłoniach bilety, czyli kawałki papieru z listą stacji. Bilet przecinano na stacji, do której człowiek jechał.

Różnica między pociągami meksykańskimi a gwatemalskimi stała się oczywista, kiedy tylko pozwolono nam wsiąść. Cztery wagony okazały się małymi drewnianymi skrzyniami z dużymi oknami bez szyb. Drewna nie pomalowano. Ta kolej wąskotorowa przypominała kolejkę w podupadającym wesołym miasteczku, zbyt małą i zdezelowaną, by traktować ją poważnie. Siedzenia, również małe, zapełniły się na pięć minut przed odjazdem. Siedziałem kolano w kolano obok Indianki, która, kiedy tylko pociąg ruszył, oparła podbródek na czerwonym kocu na ramieniu i zasnęła. Jej chuda, niespokojna córka w podartej sukience nie spuszczała ze mnie wzroku. Nikt w pociągu się nie odzywał, jeśli nie liczyć targowania się ze sprzedawcami owoców na mijanych stacjach.

Chociaż mogłem czerpać zadowolenie z myśli, że ten pociąg pasażerski do Gwatemali stanowił przedłużenie pierwszego, do którego wsiadłem w mroźny poranek dwa tygodnie wcześniej w Bostonie, to nie mogłem liczyć na wygodę ani towarzystwo. W tym dniu, spowitym dymem i mgłą, nie spodziewałem się niczego poza spartańską jazdą przez wilgotną, mroczną dżunglę.

W miejscach, gdzie ciemne drzewa nie łączyły się w baldachimy, ukazywały się przedmioty podobne do śmieci: opakowania, sznurek, połamane skrzynki, szmaty; w istocie były to suche liście, pnącza i kwiaty. W ten pochmurny poranek w dżungli szarzało. Kołyszący się na szynach pociąg odsłaniał swoje blizny (osmalony sufit, połamane siedzenia), a kiedy tak stawał i ruszał niepewnie, wydawał mi się mocno niewiarygodny, by nie powiedzieć niebezpieczny. Na mapie przejazd wyglądał prosto: Veracruz – Tapachula – Tecún Umán – Gwatemala, najwyżej dwa dni. Mapa była jednak myląca, powątpiewałem też, czy pociąg – stękający na zakrętach i podczas niewielkich podjazdów – zdoła dojechać do celu. Współpasażerowie marszczyli brwi, jakby podzielali moje obawy. Tory oczyszczono, ale już trzy metry od nich zaczynała się tak gęsta dżungla, że nie przenikało jej żadne światło.

W 1886 roku podróżował w tych stronach pewien Bostończyk. Oczarowany dziką przyrodą, pojawienie się kolei powitał z uczuciem przerażenia. Jego styl podróżowania można określić jako snobistyczny, pełen typowych przechwałek na temat przedzierania się przez nieprzebyte lasy wraz z grupą Indian i mulników (we wstępnie do swej książki *When The Going Was Good* Evelyn Waugh nie stroni od podobnych opryskliwych przechwałek). „Dawni podróżnicy wiedzą, jak szybko kraj traci indywidualność, kiedy fala podróżujących po nim cudzoziemców kieruje się do miast lub na boczne drogi", pisze William T. Brigham w swej książce *Guatemala*. (Chyba ten sam William Brigham o mały włos nie zginął rażony prądem, kiedy dotknął drewnianego kija naładowanego przez miejscowego szamana). Brigham daje wyraz swoim obawom: „Kiedy linia Northern Railroad zostanie przeprowadzona przez Gwatemalę, gdy Transcontinental Railway przetnie równiny Hondurasu, a Kanał Nikaraguański połączy Atlantyk z Pacyfikiem, czar pryśnie, drogi mułów i *mozo de cargo* (tragarzy) odejdą w zapomnienie, a podróż przez Amerykę Środkową stanie się niemal równie nudna jak podróż z Chicago do Cheyenne".

Jakże się mylił.

Chiapas był ugorem, kamienistą krainą, wyglądającą tak, jakby człowiek dopiero miał wziąć ją w posiadanie. Teraz jechaliśmy przez część Gwatemali porośniętą na obrzeżach gęstym lasem – granica państwa ukazała się nagle na wznoszącym się terenie, wśród porośniętych pnączami drzew – gdy zjechaliśmy w dół do Coatepeque i Retalhuleu, przyroda rozsypała się w tropikalny nieład: dżungla rozciągała się we wszystkie strony, tu i ówdzie małe, mizerne chaty, a symetrię dało się dostrzec jedynie w polach trzciny cukrowej. W Meksyku widziałem ściętą trzcinę w wagonach pociągów towarowych; tutaj ładowano ją na furgonetki i stare rzężące ciężarówki. Snopy trzciny wlokły się po drodze i spadały, przez co większość dróg wyglądała jak po przejściu burzy.

Od ścinanej trzciny cukrowej w Gwatemali unosił się mdląco słodki zapach. Uwalniany przez maczety, zawisał ciężko w powietrzu, w miarę jak dzień stawał się coraz gorętszy. Słodycz mdliła niczym palony syrop, z domieszką czegoś warzywnego i drażniącym chemicznym posmakiem. Dało się też w niej wyczuć ostrzejszy smród, nieprzyjemny powiew, jaki wydziela cukier palony na węgiel. Zbiory trzciny cukrowej weszły w szczytową fazę, a zapachy, wyładowane ciężarówki i grupy pracowników nadawały Gwatemali wygląd kraju niezwykle przedsiębiorczego, choć w sposób staroświecki, rodem z plantacji.

Pociąg jechał równolegle do drogi, przecinając ją od czasu do czasu, ale najczęściej nie zbliżaliśmy się do gęsto zaludnionych obszarów. Miasteczka były małe i nędzne; w tym kraju komunikacji autobusowej ludzie mieszkali przy głównych drogach. Po kilku postojach pojąłem, że ten pociąg traktowano jako połączenie lokalne, nikt nie podróżował daleko. Pasażerowie, którzy wsiedli w Tecún Umán, jechali na targ w Coatepeque, leżącym przy drodze, albo do Retalhuleu, by dostać się na wybrzeże położone jakieś czterdzieści kilometrów dalej. W południe dotarliśmy do La Democracia. Wtedy uznałem tę nazwę za ironiczną, ale może pasowała do miasteczka o słodko-kwaśnym zapachu, gdzie chaty sklecono z patyków, tektury i wyklepanych puszek po konserwach, radia wyły, ludzie wsiadali do autobusów, sprzedawali owoce, najczęściej jednak po prostu stali, owinięci w koce, patrząc ponuro na pociąg. Zmęczone dzieci kucały w błocie. Gdzieniegdzie, wśród starych landar, migał elegancki samochód, a pośród chałup ładny dom. Demokracja jest chaotycznym systemem rządów, toteż w nazwie tego bałaganiarskiego miasteczka było coś bezładnie stosownego. Ale jak dużo demokracji faktycznie tu istniało?

Na słupach werand sklepowych widniały plakaty wyborcze. Za kilka miesięcy miały się odbyć wybory. W drodze do stolicy Gwatemali próbowałem wciągać współpasażerów w rozmowy polityczne, ale szybko się przekonałem, że Gwatemalczykom brakuje szczerości Meksykanów. „Echeverría był bandytą i hipokrytą", usłyszałem od pewnego człowieka; „López Portillo jest taki sam, tylko poczekaj". Gwatemalczycy okazali się bardziej skryci; wzruszali ramionami, spluwali, przewracali oczami, nie zdradzali sympatii politycznych. Któż mógł ich winić? Przez dwanaście lat krajem rządziła partia fanatycznych antykomunistów, pupilka amerykańskiej Centralnej Agencji Wywiadowczej, która jeszcze nie pojęła, że fanatyczni antykomuniści są prawie zawsze fanatycznymi przeciwnikami demokracji. Pod koniec lat sześćdziesiątych i na początku siedemdziesiątych nasiliła się działalność partyzancka: uprowadzenia, zabójstwa, zamachy bombowe, jednak armia okazała się nieskuteczna w walce z partyzantami, a proces zaprowadzania porządku prawnego w Gwatemali zawsze przebiegał powoli. Odpowiedź była prosta. Idąc za radą attaché wojskowego ambasady Stanów Zjednoczonych (później znaleziono go zamordowanego), powołano do życia szereg grup straży obywatelskiej. Obywatelski pluton egzekucyjny nie odpowiada przed nikim, a „Biała Dłoń", gwatemalska wersja ochotniczej jednostki Gestapo, ponosi odpowiedzialność za tysiące zabójstw i tortur. Ktoś mógłby się zdziwić, że tak mały kraj mógł tak obficie krwawić, że system terroru i kontrterroru odpowiada za tyle zgonów. Ktoś inny mógłby spytać: jaki w tym sens? Siedemdziesiąt pięć procent Gwatemalczyków stanowią klasyczni wieśniacy: farmerzy produkujący tylko na własne potrzeby, sezonowi ścinacze trzciny cukrowej, zbieracze kawy i bawełny. Co prawda, rząd twierdzi z uporem, że jest demokratyczny i nie wsadza ludzi do więzień, ale fałszuje wybory i pozwala „Białej Dłoni" oraz innym grupom terroryzować ludność, pogrążoną w zrozumiałym przygnębieniu. (W kraju działa wielu wolnych strzelców, w dosłownym znaczeniu tych słów; w 1975 roku wiceprezydent oświadczył, że w samej tylko własnej partii ma dość uzbrojonych ludzi, by dokonać inwazji na Belize, gdyby armia okazała się oporna i pozbawiona męstwa). Biorąc pod uwagę wszystkie te okoliczności, nie zdziwił mnie bałagan w miasteczku La Democracia ani ponury nastrój współpasażerów.

Podczas podróży tym pociągiem pogrążyłem się w rozmyślaniach natury politycznej. Oto rząd organizował wybory, zachęcał ludzi do głosowania i stwarzał pozory demokracji. Armia wykazywała bezstronność, gazety zaś brak zainteresowania. Społeczeństwo nadal miało charakter rolniczy, ludzie pozostawali niedożywieni i zniewoleni. Wieśniak musi być zdumiony, kiedy słyszy, że żyje w wolnym kraju, skoro przeczą temu naoczne fakty. Może zresztą wcale nie jest zdumiony. Dowody pokazują mu, że demokracja jest feudalna, biurokracją rządzą oszuści i ochotnicy, którzy lubią pociągać za spust. Kiedy widzi się taki rząd jak gwatemalski, zapewniający o dążeniach do szczytnych celów społecznych, przy marnych rezultatach, trudno się dziwić, że wieśniacy zaczynają postrzegać komunizm jako poprawę. Na tym polegała południowoamerykańska choroba: rząd pośledniego sortu rzucał cień na demokrację, nie pozostawiając ludziom innego wyjścia jak szukanie innego rozwiązania. Cynik – wielu takich spotkałem – mógłby powiedzieć, że tym ludziom lepiej będzie się wiodło pod autorytarnymi rządami. Według mnie to bzdura. Od Gwatemali po Argentynę w większości krajów rządzą egotyczni tyrani, przez co bezlitosna zemsta anarchii staje się nieunikniona. Nędzne oszustwa rządzących były z okien pociągu równie dobrze widoczne jak reklamy piany do golenia Burma Shave.

Gryząca słodycz trzciny cukrowej, zgnilizna w każdej zapadłej wsi, nieszczęśliwe dzieci, ledwo stojące chaty i posępne twarze współpasażerów – wszystko to wprawiało mnie w refleksyjny nastrój. Jadąc tym pociągiem, ulegałem złudzeniu, że wcale nie oddaliłem się zbytnio od Bostonu; granicę amerykańską przekroczyłem zaledwie przed tygodniem. Pociąg dawał poczucie ciągłości, przez co, inaczej niż w wypadku uczucia oderwania i przemieszczenia doświadczanego po podróży samolotem, Gwatemala wydała mi się niespójna i zdumiewająca. Na tym odcinku podróży koleją z Bostonu spotkałem bosych Indian, głodujące dzieci i złowrogich wieśniaków z półmetrowymi nożami na kolanach.

W pociągu panowała mroczna atmosfera. Ci ludzie, z najniższego szczebla drabiny społecznej, jechali zazwyczaj do następnej wioski. Kupili bilet za dziesięć centów, żeby sprzedać banany za dolara. Tylko dzieci gadały. Dorośli nie okazywali zainteresowania, wydawali się naburmuszeni, a jeśli napotykałem czyjeś spojrzenie, na twarzy tej osoby pojawiał się wyraz podszytej poczuciem winy podejrzliwości i odwracała wzrok. Ich rozmowy sprowadzały się do zdawkowych wypowiedzi. W ogóle nie zdawali pytań, odpowiadali krótko.

W Coatepeque powiedziałem do człowieka na peronie:

– Ależ tu zimno. Zawsze tutaj tak zimno?

– Czasami – odparł i odszedł.

W Santa Lucia zapytałem człowieka, skąd jedzie. Odparł, że z Mazatenango.

– Mieszkasz w Mazatenango?

– Nie. – Nic więcej nie powiedział, a gdy pociąg ruszył, przesiadł się.

W La Democracia powiedziałem do jednego z pasażerów, że jadę do Zacapa. Ten nic nie odpowiedział. Przez chwilę myślałem, że może jest głuchy.

– Trudno dostać się do Zacapa?

– Tak – odparł, po czym znowu zamilkł.

Człowiek ten palił papierosa. Większość pasażerów miała papierosy w ustach. Gwatemala sprawiała wrażenie kraju nałogowych palaczy. Pewien brytyjski podróżnik zauważył: „W Gwatemali panują obyczaje, o których, by mówić z szacunkiem, trzeba się zdobyć na większą niż przeciętną dobrą wolę. Na pierwszym miejscu należy wymienić nałóg palenia tytoniu przez ludzi obojga płci". Tak w 1828 roku pisał Henry Dunn, który oceniał, że mężczyźni wypalają dwadzieścia cygar dziennie, kobiety zaś pięćdziesiąt papierosów. W naszym pociągu nikt nie palił cygar, ale, jak już wspomniałem, pasażerowie pochodzili z najbiedniejszej klasy społecznej kraju.

Warto pojechać pociągiem, jeśli człowiek pragnie zrozumieć. Zrozumienie gwarantowało depresję, ale przybliżało do prawdy. Dla większości turystów Gwatemala to czterodniowy pobyt, poświęcony na zwiedzanie ślicznych miejsc i ruin: podziwianie stołecznych kościołów, dzień wąchania bukiecików w Antigua, dzień na barwny indiański targ w Chichicastenango, piknik przy ruinach Majów w Tikál. Taka trasa wprawiłaby mnie chyba w większe przygnębienie i okazałaby się mniej wartościowa niż moje kluczenie od granicy z Meksykiem przez departamenty wybrzeża. Pociąg skrzypiał i rzęził, ale, o dziwo, trzymał się rozkładu: o 3:20 znaleźliśmy się w Santa Maria – zgodnie z obietnicą *Międzynarodowego Rozkładu Jazdy Cooka* – a jedząc piątego banana tego dnia, patrzyłem, jak wspinamy się do Escuintla i wyżej, ku miastu Gwatemala.

Wokół nas wyrosły wulkany lub wzniesienia wulkaniczne w kształcie podnóżków, zwanych przez Meksykanów piecykami. Zrobiło się chłodniej, pasmo wzgórz uniosło się na spotkanie zaróżowionego słońca, zniżającego się ku kielichowi nad Pacyfikiem, gęstniejąca ciemność rzucała półtony na wzgórza; plamy bieli były kapeluszami i koszulami ścinaczy trzciny cukrowej wracających do domu. Nie był to jednak zwykły zmierzch w dżungli, pleśń cienia pod szerokimi lśniącymi liśćmi, migotliwe ogniska przy chatach i przewalające się nakrapiane świnie i kozy. Odległe niebo stało w płomieniach, a kiedy się zbliżyliśmy, ogień urósł do olbrzymich rozmiarów: ogniska z odpadów trzciny cukrowej płonęły na stromych polach, ciskając w górę kłęby purpurowego, pomarańczowego i karmazynowego dymu, które szybowały, tracąc kolor, bielały, aż wchłaniała je noc. Potem dym spowił tory, wydawało się więc, że jedziemy staroświecką lokomotywą parową przez górską przełęcz w Azji, we mgle pachnącej zwietrzałymi słodyczami. Mówiąc słowami Harta Crane'a: „z hukiem jechaliśmy dalej, zostawiając / na torach trzech głodnych ludzi, co powłóczyli nogami / patrząc, jak tylne światła schną, zlewają się / oddalają się spiralnie, wreszcie nikną z oczu".

Ostatnim krajobrazem, jaki widziałem w świetle dnia, był szereg wulkanów podobnych do dziecinnych rysunków górskich szczytów, z prostymi, stromymi zboczami i wąskimi wierzchołkami. Kiedy zbliżaliśmy się do miasta Gwatemala, krajobraz sprowadzał się do płonącej trzciny cukrowej i świateł pojazdów na drogach, resztę spowijała ciemność, przerywana od czasu do czasu latarniami i oświetloną wieżą kościoła w górskiej wiosce. Pociąg jechał przez chłodną wyżynę, by dotrzeć do miasta położonego na płaskowyżu: chaty, domy, latarnie uliczne, zabudowania. W końcu przejechaliśmy przez most nad główną ulicą. Pasażerowie, którzy przybyli z wybrzeża, z niepokojem patrzyli na miejski blask i tłumy.

Niezwykle pozioma Gwatemala przypomina miasto leżące na plecach. Jej brzydota, w której daje się wyczuć zagrożenie (na fasadach niskich, posępnych domów widać pęknięcia po trzęsieniach ziemi), jest najbardziej dojmująca na tych ulicach, gdzie tuż za ostatnim walącym się domem wyrasta błękitny stożek wulkanu. Z okna pokoju hotelowego widziałem wysokie wulkany wyglądające tak, jakby mogły pluć lawą. Ich uroda nie ulegała wątpliwości, była to jednak uroda wiedźm. W przeszłości pomruki palonych przez nie ognisk rzucały miasto na kolana.

Pierwszą stolicę zniszczyły potoki wody. W połowie szesnastego wieku przeniesiono ją więc do położonej pięć kilometrów dalej Antigui. Po tym jak w 1773 roku Antiguę zniszczyło trzęsienie ziemi, znaleziono bezpieczniejsze miejsce – przynajmniej bardziej oddalone od zboczy wielkich wulkanów – tutaj, w Dolinie Pustelni, dawnej wiosce indiańskiej. Postawiono tuzin uroczych hiszpańskich kościołów ze smukłymi wieżami, misternymi werandami i kopułami. Ziemia trzęsła się – nie bardzo, ale dość, by popękały. Między oknami pojawiły się szczeliny, które porozdzielały na witrażach pasterza od trzody, świętego od złotej laski, męczennika od prześladowców. Chrystusowie odłączyli się od krzyży, budowa ciała Najświętszych Panienek w kaplicach uległa zachwianiu, gdy emalia oraz porcelanowa biel twarzy i palców pękały, niekiedy z trzaskiem, który zaskakiwał pogrążonych w modlitwie wiernych. Okna, posągi i mury naprawiano; popękane ołtarze pokrywano grubą warstwą złoceń. Ktoś mógłby uznać, że kościoły zostały scalone, ale trzęsienia ziemi nigdy nie ustały. W Gwatemali nie sposób ich uniknąć. W 1917 roku wszyscy mieszkańcy zostali wyrzuceni na ulice, wszyscy ludzie z kościołów, domów mieszkalnych, burdeli. Tysiące ludzi straciło życie w tym bezprecedensowym trzęsieniu ziemi, które uznano za karę bożą. Rzesze ludności przeniosły się na wybrzeże karaibskie, gdzie jedyny problem stanowili dzicy.

Kiedy porusza się temat trzęsień ziemi, Gwatemalczycy – w najlepszym razie posępni – wykazują rezygnację, graniczącą czasem z poczuciem winy. Charles Darwin wspaniale opisuje poczucie wykorzenienia i paniki duchowej, jakie wywołuje w ludziach trzęsienie ziemi. On sam przeżył jedno, kiedy *Beagle* stał na kotwicy przy brzegach Chile. „Ciężkie trzęsienie ziemi – pisze Darwin – w mgnieniu oka niszczy naszą najstarszą więź: oto ziemia, symbol trwałości, poruszyła się pod naszymi stopami, jak cienka skorupka na powierzchni cieczy; jedna sekunda wywołała w umyśle osobliwe poczucie zagrożenia, jakiego nie zrodziłyby wielogodzinne rozmyślania".

Mówiąc o występujących tu często trzęsieniach ziemi, Gwatemalczyk zdaje się sugerować, że są one zasłużoną karą. Sąd ten przepowiedziany został w Apokalipsie Świętego Jana („co wkrótce ma nadejść") w rozdziale szóstym, gdzie jest mowa o złamaniu szóstej pieczęci: „Stało się wielkie trzęsienie ziemi i słońce stało się czarne jak włosienny wór, a cały księżyc stał się jak krew. I gwiazdy spadły z nieba na ziemię, podobnie jak drzewo figowe wstrząsane silnym wiatrem zrzuca na ziemię swe niedojrzałe owoce. Niebo zostało usunięte jak księga, którą się zwija, a każda góra i wyspa z miejsc swych poruszone.

A królowie ziemscy, wielmoże i wodzowie, bogacze i możni, i każdy niewolnik, i wolny ukryli się do jaskiń i górskich skał"[1]. Gwatemalskie trzęsienia ziemi nie są gorsze niż ten obraz sądnego dnia.

Miasto odbudowano. Nie było już dokąd go przenosić. Kolejne trzęsienia ziemi odcisnęły piętno na stolicy, ale te zmarszczki – integralna część Gwatemali – są nie tyle zniekształceniami, ile stylem architektonicznym, jaki nastał po hiszpańskim. Miasto składa się dziś ze stawianych tarasowo chałup, stiukowych domów imitujących styl kolonialny, piętrowych budynków, a ostatnio także wyższych hoteli w stylu amerykańskim (ciekawe, jak długo przetrwają te szkaradzieństwa). Niektóre kościoły odbudowano, stępiając dawne subtelności.

Kościoły wydały mi się posępne, ale po kilku dniach zwiedzanie ich stało się moją jedyną rozrywką. „Mieszkańcy Gwatemali wykazują niewielkie pragnienie publicznych rozrywek, które można zaobserwować w innych miastach – pisał Robert Dunlop w 1847 roku. Trudno obalić te dawne sądy. – Niemal jedyną rozrywką miejscowych są procesje religijne, podczas których obnosi się posągi świętych […]. Co miesiąc odbywają się dwie lub trzy takie procesje". Z przyczyn historycznych, religijnych i sejsmicznych mój wybór padł na kościół La Merced. Akurat przypadał dzień Naszej Pani Miłosierdzia, której poświęcono kościół. Szkody poczynione przez trzęsienie ziemi dało się zauważyć, choć nie w takim stopniu jak w katedrze, bo tę należało uznać za niebezpieczną z uwagi na popękane łuki i kolumny oraz brakujące fragmenty sklepienia. Kościół La Merced także uległ zniszczeniu, ale kawaler Arthur Morelet (określany przez swego tłumacza mianem „francuskiego dżentelmena o rozległej wiedzy naukowej") w *Voyage dans l'Amérique Centrale* (1871)

[1] Ap 6, 12–16.

zachwala go jako „malowniczo położony kościół. Z artystycznego punktu widzenia jego masywne wieże można krytykować, choć to właśnie one w dużej mierze stanowią o oryginalności całej budowli".

Przed La Merced zgromadziło się kilkaset osób, czekających na wejście; tłum okazał się tak gęsty, że musiałem wepchnąć się bocznymi drzwiami. Wewnątrz odbywały się jednocześnie trzy wydarzenia: w głównym przejściu spory tłum cisnął się do kapłana, trzymającego wysoką świecę na srebrnym świeczniku, mniej więcej wielkości strzelby; inna grupa, bardziej rozsypana, składała się z rodzin pozujących do polaroidowych zdjęć; ostatnia grupa zebrała się wokół stołu w pobliżu brutalnego ukrzyżowania. Ludzie ci podpisywali świstki papieru i wręczali monety pewnemu mężczyźnie; okazało się, że jest to loteria. Przy kapliczkach i pomniejszych ołtarzach wierni modlili się, zapalali świece, nosili knoty lub plotkowali w najlepsze. W bocznej kaplicy ujrzałem Madonnę z Chiquinquirà o hebanowej twarzy. Czarnoskórzy Gwatemalczycy (jest ich wielu, a czarni mieszkańcy Livingstone na wybrzeżu karaibskim mówią po angielsku) padli na twarz przed tą murzyńską dziewicą, która, „obwieszona przepysznymi ozdobami, odbiera hołdy wyłącznie od wiernych rasy afrykańskiej", pisze Morelet.

Podróżnicy mniej przyjaźnie nastawieni niż Morelet – przypuszczalnie nieugięci protestanci – uznali gwatemalski katolicyzm za barbarzyński. Dla Dunlopa procesje na cześć świętych w Gwatemali stanowiły jedynie pretekst do palenia „dużych ilości sztucznych ogni", natomiast Dunn, zniesmaczony widokiem posągów, pisał, że „większość podobizn świętych razi pospolitością, w dodatku zniekształcają je absurdalne, wulgarne stroje". Aldous Huxley, pozujący na komicznego, otępiałego buddystę (jego starczy transcendentalizm znalazł zbeletryzowany wyraz w głupawej powieści *Wyspa*), szydził z gwatemalskich pątników do czasu, aż jego zorganizowana wycieczka przeniosła się do Antigui, gdzie wznowił szyderstwa.

Każdy, kto natrafi na rozgorączkowane świeckie obyczaje podczas nabożeństwa w Gwatemali i uzna, że powinno się je wyplenić, powinien się udać do dzielnicy North End w Bostonie w dniu świętego Antoniego. Tam powinien się zastanowić nad możliwością odkupienia w dziesięciotysięcznym tłumie Włochów, którzy gorączkowo przypinają banknoty dolarowe do szat świętego, niesionego na lektyce obok pizzerii i mafijnych knajp, w procesji prowadzonej przez zawodzącego księdza i sześciu uśmiechających się półgębkiem ministrantów. W porównaniu z tym wydarzenia w kościele La Merced miały solenny charakter. Ksiądz ze srebrną świecą wydawał się przeciskać przez tłum kobiet; w tej części kościoła widziałem tylko kobiety. W istocie, kapłan podawał świecznik kolejnym kobietom. Każda z nich czekała, rzucała się do przodu, oburącz chwytała świecznik i wydawała głośny okrzyk; wtedy ksiądz wyrywał jej świecę i rzucała się ku niej inna kobieta. Duchowny poruszał się w kręgu; biała komża poszarzała mu od potu.

Fotografowie z aparatami Polaroid byli nieco lepiej zorganizowani. Ich pomocnicy podbiegali do rodzin i, za dwa dolary, ustawiali ludzi do zdjęcia obok szczególnie umęczonych świętych. Na tym polu istniała silna konkurencja. Naliczyłem czternastu fotografów i tyluż pomocników. Ludzie ci ustawili się od drzwi zakrystii aż do chrzcielnicy, w każdej niszy, przy każdym ołtarzu; w pobliżu świętego Sebastiana zauważyłem dwóch fotografów, ponieważ tego męczennika ceniono szczególnie. Lampy błyskowe strzelały, a łatwowierni Indianie wydawali okrzyki zdumienia na widok własnych twarzy wyłaniających się w kolorze na kawałkach papieru. W pewnym sensie dostępowali cudu, na który mieli nadzieję, choć płacili słoną cenę: dwa dolary zarabiało się przez tydzień.

Loteria była znacznie tańsza. Przy stole obok ukrzyżowania zebrał się tak gęsty tłum, że dopiero po kwadransie udało mi się dostrzec tablicę, opłatę i, jak się później okazało, nagrodę. Nie ulegało wątpliwości, że nie był to kraj ludzi piśmiennych. Tylko garstka osób potrafiła się podpisać; pozostali podawali nazwiska kobiecie w czarnym szalu. Ta powoli zapisywała nazwisko wraz z adresem, osoba wręczała dziesięć centów, za co otrzymywała świstek papieru z numerem. Większość grających stanowiły Indianki z dziećmi w nosidłach. Odczekałem, aż pewien człowiek się podpisze, po czym ruszyłem za nim, gdy szedł, uśmiechając się do swego kuponu.

– Przepraszam – zagadnąłem. – Na jaką wygraną liczysz?

– Nie widziałeś figury?

– Nie.

– Stoi na stole, chodź. – Zaprowadził mnie na tyły grupy i wskazał ręką. Kobieta w czarnym szalu, widząc, że jestem cudzoziemcem pragnącym przyjrzeć się figurze, uniosła ją wyżej.

– Jest piękna, prawda?

– Bardzo piękna – potwierdziłem.

– Myślę, że jest bardzo droga.

– Naturalnie.

Kilka Indianek podsłuchało naszą rozmowę. Pokiwały głowami, uśmiechnęły się bezzębnie, powiedziały, że figura jest piękna, po czym wróciły do podawania nazwisk, podpisywania się i wpłacania pieniędzy.

Nagroda w loterii – coś więcej niż zwykła figura – okazała się nadzwyczajna. Półmetrowej wysokości Jezus stał odwrócony plecami. Ze złotą koroną na głowie, owinięty w jasnoczerwoną opończę ze złotymi frędzlami, prawą dłonią pukał do drzwi wiejskiego domu. Niemal na pewno miałem przed sobą plastikową kopię angielskiego wiejskiego domu z plastikowymi belkami stropowymi, oknem z pionowym filarkiem i plastikowymi szybami; pod plastikowymi dębowymi drzwiami rosły plastikowe dzikie róże, niektóre niebieskie, inne żółte. To nie były powoje, bo miały plastikowe ciernie. Dzięki katolickiemu wykształceniu wiedziałem o Jezusie na krzyżu, w łodzi, biczowanym, pracującym jako cieśla, modlącym się, wyrzucającym lichwiarzy i stojącym w rzece w oczekiwaniu na chrzest. Nigdy jeszcze nie widziałem Jezusa pukającego do drzwi angielskiego wiejskiego domu, chociaż kołatało mi się w głowie mgliste wspomnienie podobnego obrazu (pięć miesięcy później w katedrze Świętego Pawła w Londynie, w obrazie Holmana Hunta *Światło świata* ujrzałem oryginał tamtej gwatemalskiej scenki).

– Co robi Jezus? – spytałem Gwatemalczyka.

– Jak widzisz, puka do drzwi. – „Pukanie" ma w języku hiszpańskim gwałtowny wydźwięk, bardziej przypomina walenie młotem, duszenie. Jezus nic podobnego nie robił.

– Dlaczego to robi?

– Chce wejść. – Gwatemalczyk zaśmiał się. – Myślę, że chce wejść.

Kobieta w czarnym szalu postawiła nagrodę na stole.

– Jest ciężka – powiedziała.

– Czy ten dom znajduje się w Gwatemali? – spytałem, wskazując ręką.

– Tak – odparł mój rozmówca. Po chwili wspiął się na palce i ponownie się przyjrzał. – Trudno powiedzieć.

– Czy ten dom coś symbolizuje?

– Ten domek? Symbolizuje dom.

Rozmowa donikąd nie prowadziła. Gwatemalczyk przeprosił i odszedł, mówiąc, że chce sobie zrobić zdjęcie.

– Mam pytanie, ojcze – zwróciłem się do stojącego w pobliżu księdza. Ten dobrotliwie skinął głową. – Podziwiałem figurę Jezusa na loterii.

– Piękna figura – zauważył.

– Tak, ale co symbolizuje?

– Symbolizuje Jezusa, który odwiedza dom. Dom jest pokazany. Jesteś Amerykaninem, prawda? Przyjeżdża tu wielu Amerykanów.

– Nigdy w życiu nie widziałem czegoś podobnego.

– To bardzo szczególna loteria. Nasze święto. – Ksiądz skłonił głowę. Najwyraźniej chciał się uwolnić od mego towarzystwa.

– Czy to jest w Biblii? Jezus w małym domku?

– O, tak. Jezus idzie do małego domku. Odwiedza ludzi, naucza i tak dalej.

Słowa księdza brzmiały tak, jakby wymyślał to wszystko na poczekaniu.

– Gdzie dokładnie w Biblii… – zacząłem pytać, ale on przerwał:

– Wybaczysz mi? – Zgarnął sutannę z ziemi. – Witamy w Gwatemali.

Może ksiądz uznał, że drwię, ale wcale tego nie robiłem; ja tylko szukałem informacji. Gdyby mój hotel był czymś więcej niż tanią noclegownią, prowadzoną przez rozdrażnioną staruchę, na stoliku przy łóżku mógłbym znaleźć Biblię. Nie było jednak ani stolika, ani Biblii. „Mam pokój z kąpielą", powiedziała starucha. Kąpiel sprowadzała się do zardzewiałej rury prysznicowej, podwieszonej przy suficie kawałkiem drutu. Po dwóch dniach w tym hotelu dojrzałem do podróży dowolnym pociągiem, choćby gwatemalskim.

Po pewnym czasie znalazłem fragment Biblii, skąd zaczerpnięto nagrodę na loterię. W trzecim rozdziale Apokalipsy Świętego Jana, niedaleko opisu trzęsienia ziemi („Stało się wielkie trzęsienie ziemi i słońce stało się czarne…"), Chrystus mówi: „Ja wszystkich, których kocham, karcę i ćwiczę. Bądź więc gorliwy i nawróć się! Oto stoję u drzwi i kołaczę: jeśli kto posłyszy mój głos i drzwi otworzy, wejdę do niego i będę z nim wieczerzał, a on ze mną"[1].

Pobyt w stolicy Gwatemali przeznaczyłem na regenerację sił po wyczerpującej podróży z Veracruz. Potrzebowałem długich spacerów i porządnego snu; zadzwoniłem do Londynu (żona tęskniła za mną, powiedziałem, że ją kocham, dzieci oznajmiły, że ulepiły bałwana; rozmowa kosztowała sto czternaście dolarów), następnie zrobiłem obchód po barach w nadziei, że spotkam Gwatemalczyków sypiących barwnymi opowieściami, ale otaczali mnie tylko zawiedzeni turyści. Spacerowałem z jednego krańca miasta na drugi, od strefy do strefy, przez targowisko osobliwości (haftowane koszule, kosze, ceramika, niezdarne wyroby Indian o twarzach wyrażających klęskę), przez targ z jedzeniem (świńskie łby obdarte ze skóry, czarne kiełbasy, średniowieczny widok dzieci wiążących zakrwawionymi palcami bukieciki, poganianych krzykami okrutnych starców). To było duże, ale wcale nie gościnne miasto. Stolica Gwatemali miała złą sławę miasta złodziei, ale nie wydała mi się niebezpieczna, jedynie pospolita i ponura. W rozmowie ze staruchą w hotelu zauważyłem, że w mieście uderza brak rozrywek.

– Powinieneś pójść na targ w Chichicastenango – powiedziała. – Tam chodzą wszyscy.

Właśnie dlatego nie chcę tam iść, pomyślałem, ale odparłem:

– Wybieram się do Zacapa.

Starucha roześmiała się, czego wcześniej nie słyszałem. Upiorne przeżycie.

– Przyjechałeś tu, żeby pojechać do Zacapa!

– Zgadza się.

[1] Ap 3, 19–20.

– Wiesz, jaki upał jest w Zacapa?

– Nigdy tam nie byłem.

– Posłuchaj – powiedziała. – W Zacapa nie ma nic. Nic, nic.

– Jest pociąg do Zacapa – odparłem. – A stamtąd można pojechać pociągiem do Salwadoru.

– Widziałeś ten pociąg! – zawyła znowu.

Ponieważ starucha zaczynała grać mi na nerwach, chciałem jej powiedzieć, co myślę o hotelu.

– Kiedy byłam małą dziewczynką, mój ojciec miał farmę w Mazatenango. Wtedy bez przerwy jeździłam tym pociągiem. Podróż zajmowała cały dzień! To mi się podobało, bo byłam mała. Teraz już nie jestem małą dziewczynką – nie sposób było się z tym nie zgodzić – i nigdy nie jeżdżę tym pociągiem. Powinieneś pojechać autobusem. Zapomnij o Zacapa. Pojedź do Tikál, zobacz Antiguę, kup coś na targu, ale nie jedź do Zacapa.

Poszedłem na stację. Nad dwoma okienkami kasowymi widniał napis: „Podróż pociągiem jest znacznie tańsza!" Nad jednym okienkiem było napisane *Nad Pacyfik*, na drugim „*Nad Atlantyk*". Za dolara kupiłem bilet do Zacapa, czyli do połowy linii atlantyckiej.

Pociąg odjeżdżał dopiero nazajutrz o siódmej rano, poszedłem więc na ostatni długi spacer. W strefie czwartej znalazłem kościół, jakiego nie spodziewałem się zobaczyć nie tylko w Gwatemali, ale na tej półkuli. Powiedzieć, że Capilla de Yurrita imituje rosyjski styl prawosławny to nic nie powiedzieć, chociaż są tu cebulaste kopuły i ikony. Kościół przypomina szalone zamczysko. Na ścianach namalowano różowe prostokąty, mające przypominać cegły; na głównej wieży znajdują się cztery olbrzymie stożki jak wafle do lodów; pod wieżą widnieje czternaście filarów pomalowanych spiralnie w biało-czerwone pasy. Kościół ma balkony i werandy, rzędy betonowych pąków na blankowym dachu, cztery zegary pokazujące niewłaściwą godzinę, gargulce i psa w skali dwa do jednego, który przywarł do jednego ze stożków. Fasadę zdobi czterech ewangelistów, z okien wygląda dwunastu apostołów, jest też trzech Chrystusów i dwugłowy orzeł. Kościół jest czerwony i czarny, pełen pordzewiałego metalu i dachówek. Na lewym skrzydle dębowych drzwi wyryto gwatemalskie ruiny, na prawym gwatemalskie groby, nad drzwiami zaś widnieje hiszpański napis „Kaplica Najświętszej Marii Panny od Udręki", z dedykacją do Don Pedro de Alvarado y Mesia. Na tarczy Don Pedra umieszczono konkwistadora cofającego się z wojskiem, a poniżej trzy wulkany, w tym jeden w chwili wybuchu.

W kościele, we frontowej ławce, trzy starsze panie śpiewały hymn do Marii. *Ma-rii-aa*, intonowały żarliwie, choć fałszując; *Ma-rii-aa*. W głębi stała kobieta z pieskiem i pięciu Indian. Tych pobożnych ludzi przytłaczał – kogóż by nie przytłaczał? – mauretański chór, bogato zdobiony hiszpański ołtarz oraz olbrzymi Chrystus leżący na wznak, zakryty czarną koronkową zasłoną, któremu usługiwała Maria w ciemnych szatach, z siedmioma sztyletami w piersi. Wszystkie posągi były ubrane, a wiele bukietów w ciężkich złoconych wazonach składało się z prawdziwych kwiatów. Ściany pokrywały ciemne freski i reliefy: drzewa, świece, promienie słoneczne, płomienie; niedaleko ambony widniał relief przedstawiający Kazanie na Górze. Nawet piesek milczał. Ten szaleńczo wystawny kościół jakimś cudem przetrwał sto lat trzęsień ziemi.

Politechnika przy Avenida Reforma także pozostała nienaruszona. Wyglądało na to, że tylko najbardziej dziwaczne budowle przetrwały wstrząsy. Zajmująca dwie przecznice politechnika imitowała fortecę z wieżami, strażnicami i otworami na działa. Pomalowano ją na szaro, a motto na głównej wieży brzmiało „Cnota–Nauka–Siła". Szeroką, cienistą aleję, przy której stała politechnika, zdobiły pomniki: wielki byk z brązu (z członkiem pomalowanym na czerwono), pantera, jeleń, kolejny byk, tym razem w natarciu, lew zabijający krokodyla, dwa duże walczące dziki, z których jeden wgryzał się drugiemu w brzuch. Na skrzyżowaniu alei z główną ulicą stał pomnik złożony z lwów, wieńców, panien i serii cokołów podtrzymujących patriotę. Nieopodal ział otwarty otwór kanałowy, głęboki jak studnia i dwukrotnie szerszy.

Poza mną na ulicy nie było przechodniów. Kiedy tak szedłem, przyszło mi na myśl, że fakt, iż komiczny kościół, imitacja pałacu i prymitywne pomniki przetrwały najcięższe trzęsienia ziemi na świecie, urastał do rangi maksymy; pozostały nienaruszone, tak jak drwiny spływają po głupcach niczym woda po kaczce. Tuż po zmroku na ciemnych przedmieściach znalazłem wegetariańską restaurację. W sali siedziało tylko trzech ludzi, w tym młody mężczyzna w turbanie, z długą brodą i srebrną bransoletą Sikhów. Powiedział, że pochodzi z Kalifornii i zamierza rzucić religię sikhijską, ale jeszcze nie zdobył się na golenie, a turban dodaje mu pewności siebie. Ci trzej mężczyźni byli architektami i zajmowali się projektowaniem domów dla ludzi, którzy stracili dach nad głową po trzęsieniu ziemi w 1976 roku, czyli dwa lata wcześniej.

– Tylko projektujecie domy czy także je budujecie? – spytałem.

– Projektujemy, robimy betonowe bloki, planujemy wioski, stawiamy domy, wszystko – odparł mężczyzna w turbanie.

Wysunąłem argument, że podobny idealizm może sięgać za daleko. Przecież to rząd ponosił odpowiedzialność za zapewnienie ludziom mieszkań. Jeśli potrzebowali pieniędzy, mogli sprzedać te pomniki z brązu na złom.

– My pracujemy dla rządu – powiedział inny mężczyzna.

Czy nie byłoby lepiej, mówiłem, nauczyć ludzi budować domy i pozwolić im to robić?

– My stawiamy trzy ściany – wyjaśnił młodzieniec w turbanie. – Jeśli ktoś chce mieć dom, musi dobudować czwartą ścianę i dach.

Ich wysiłki przypadły mi do gustu. Wiarę w idealizm równoważyła doza rozwagi. Wyznałem, że dotychczas Gwatemalczycy wydali mi się dość ponurą zgrają. Czy oni odnosili podobne wrażenie?

– Ty odpowiedz – zwrócił się jeden z architektów do tego w turbanie. – Jesteś tu od roku.

– To trudni ludzie – przyznał tamten, gładząc brodę gestem mędrca. – Ale mają wiele powodów, by być trudni.

7:00 do Zacapa

To było brutalne miasto, ale o szóstej rano piana mgły dodawała mu tajemniczości i prostoty górskiego szczytu. Zanim wzeszło słońce i rozpędziło mgłę, wygładziła proste linie ulic, pobieliła niskie domy i upodobniła poważnych ludzi do mściwych duchów, uchwyconych tuż przed zniknięciem. Posępne miasto Gwatemala stało się zarysem, bezcielesnym szkicem, natomiast biedni Indianie i wieśniacy – pozbawieni wszelkiej władzy – wyglądali smutno, dzielnie i czujnie. O tej porze miasto należało do nich. Ani krztyny wiatru; mgła zwisała w szarych tumanach ze trzydzieści centymetrów nad ziemią. Nawet stacja kolejowa, zaledwie ceglany barak, nabrała charakteru wielkiego dworca: nikt nie mógł stwierdzić, że w górze nie wznosiła się na wysokość pięciu pięter wieża z zegarem, żelaznymi zdobieniami i gołębiami, ponieważ mały blaszany dach całkowicie skrywała mgła, uwięziona przez wulkany. Przy kasie stało może dwadzieścia osób w łachmanach, ale nawet łachmany wyglądały jak kolejne oszustwo mgły.

Podróżni nieśli kosze, tekturowe skrzynie, banany i maczety. Ci Indianie i ogorzali farmerzy stali w milczeniu w wilgotnej szarości świtu. Pewien dystyngowany mężczyzna z siwymi wąsami, w nieskazitelnym sombrero i surducie palił cygaro. Od pasa wzwyż mógł uchodzić za burmistrza, ale spodnie miał postrzępione, poza tym brakowało mu butów, na co szybko zwrócili uwagę pucybuci. Oni też byli boso.

W końcu rozległ się dzwonek. Otwarto drzwi. Wyszliśmy na peron. Wagony – w znacznie gorszym stanie niż te, którymi przyjechałem z Tecún Umán – w dodatku przemoczyła mgła. Z rozdartych foteli wyłaziły sprężyny i włosie, rozchybotane drewniane siedzenia były wilgotne. Sam wagon stanowił relikt z lat dwudziestych, ani ładny, ani wygodny, ot, zaniedbane, śmierdzące kurzem pudło z drutami zwisającymi z sufitu. Podobnie jak wszystkie wagony kolejowe w Ameryce Środkowej, miał kształt tramwaju – drewnianego, z krągłym dachem i podestami po obu końcach. Zacapa nie leżało na trasie turystycznej, w przeciwnym razie Departament Zacapa zapewniłby przyzwoite połączenie autobusowe. Gwatemalskie Biuro Turystyki wychodziło naprzeciw potrzebom gości. Ale w Zacapa mieszkali tylko bosi wieśniacy, do których pasował ten żałosny pociąg.

W wilgotnym wagonie słuchaliśmy jazgotu zielonego radia dziewczyny, która umieściła je w zagłębieniu łokcia; drugą ręką trzymała dziecko.

Przez wagon przeszedł człowiek z kluczem nastawnym.

– Ten wagon jest zniszczony – zauważył siedzący obok mnie mężczyzna.

– To prawda – przyznałem.

Po nagłym okrzyku wszyscy pasażerowie naszego wagonu rzucili się do sąsiedniego. Patrzyłem, jak Indianie taszczą kosze, kobiety pchają dzieci, mężczyźni niosą maczety. Ludzie najczęściej po prostu opuszczali głowy i bykiem wbijali się do następnego wagonu. Po chwili zostałem sam.

– Wysiadaj – rozkazał człowiek z kluczem, więc wstałem i dołączyłem do reszty. Ludzie z dwóch wagonów upchnęli się do jednego, więc miałem szczęście, że znalazłem miejsce siedzące. – Dzień dobry – powiedziałem do Indian, chcąc się przypodobać ludziom, z którymi miałem przez cały dzień jechać do wschodniej prowincji. – Jak się macie?

Chichoczący mężczyzna po lewej, kołyszący na kolanie chudego chłopca, powiedział:

– Oni nie mówią po hiszpańsku. Znają tylko kilka słów, nic więcej.

– Ja podobnie – odparłem.

– Nie, ty świetnie sobie radzisz.

– Z drugiej strony po angielsku idzie mi znacznie lepiej.

Tamten roześmiał się, o wiele za głośno. Nie wiedziałem, jak udało mu się upić o tak wczesnej porze.

Pociąg przetaczano tam i z powrotem, w końcu odłączono uszkodzony wagon, choć nie wyglądał na bardziej uszkodzony niż nasz. Ponieważ spodziewałem się opóźnienia, zaopatrzyłem się w gazetę i książkę, ale punktualnie o siódmej pociąg zagwizdał i ruszyliśmy przez mgłę, wzdłuż błotnistej drogi.

Nagle na dworze wybuchł harmider, a jedna z kobiet w naszym wagonie wstała, zaczęła się śmiać i krzyczeć. Gdy pociąg zwolnił przed przejazdem, ujrzałem chłopca z pakunkiem biegnącego przy torach. Kobieta wołała do chłopca, popędzała go, ale w tej chwili żołnierz przy drzwiach (w każdym z trzech wagonów jechało po dwóch żołnierzy), odstawił karabin maszynowy, wychylił się i złapał pakunek. Potem wręczył go kobiecie.

– To moje jedzenie – wyjaśniła.

Pasażerowie wpatrywali się w kobietę w milczeniu.

– Zapomniałam zabrać go rano – mówiła. – To był mój syn.

– Szybki z niego biegacz! – pochwalił mój pijany sąsiad. – Ten żołnierz też jest całkiem zwinny. Ha!

Żołnierz wsunął karabin pod pachę, zajął pozycję przy drzwiach i groźnie spojrzał na pijanego. Po sposobie, w jaki żołnierze lustrowali wzrokiem chaty przy torach, ktoś mógłby uznać, że spodziewają się ostrej strzelaniny. W stronę pociągu nie poleciało jednak nic groźniejszego niż skórka od banana.

Jeśli nie liczyć upiornej dzielnicy nędzy pod San Salvador, te mijane chaty były najgorszymi, jakie widziałem w Ameryce

Południowej. Wiejska nędza kłuje w oczy, ale jest jeszcze odrobina nadziei w poletku dyniowym, widoku kurczaków czy stadku bydła, które, nawet jeśli nie należy do mieszkańców chat, otwiera jednak pewne możliwości przed wygłodniałymi złodziejami. Ale skupisko nędzy pod Gwatemalą, zbieranina byle jakich chałup z papieru i blachy, stanowiło obraz największej beznadziei, jaką widziałem w życiu. Jak się dowiedziałem, mieszkali w nich ludzie pozbawieni dachu nad głową po ostatnim trzęsieniu ziemi, uchodźcy koczujący tam od dwóch lat mieli pewnie spędzić w tym miejscu resztę życia albo tkwić tam do czasu, gdy rząd ich przegna i podpali chaty, żeby nie narażać turystów na przykry widok. Chałupy sklecono z odpadów drewna i gałęzi, tektury i plastiku, szmat, drzwi samochodowych, liści palmowych, znaków drogowych zdjętych ze słupków oraz siatki splecionej z trawy. Całe koczowisko, pozostające przed naszymi oczyma przez dwadzieścia minut – ciągnęło się kilometrami – dymiło; przy każdym domu płonęło małe ognisko, w którym podgrzewano osmaloną puszkę. W tropikach dzieci budzą się wcześnie. To osiedle nędzy składało się chyba z samych dzieci, umorusanych, zakatarzonych, machających w stronę pociągu zza zasłony żółtawej mgły.

Pasażerowie zmierzający do Zacapa nie interesowali się tą osadą nędzy, ale trudno ich winić. Sami byli nie mniej obdarci niż mieszkańcy chałup.

Później wjechaliśmy w pustkę. Nie było żadnych chat, drzew, ludzi, dymu, szczekających psów. Ziemia ustąpiła i rozpostarła się pustka; ptaki i owady umilkły, a w ciszy dało się słyszeć słabe echo wron. Doznałem zaskakującego wrażenia przestrzeni. Pociąg przejeżdżał po moście nad głębokim wąwozem. Kiedy wyjrzałem przez okno, widok zaparł mi dech w piersiach, poczułem drętwienie w nogach, w uszach mi zaszumiało. Kilkaset metrów w dole, przy zardzewiałych wspornikach mostu, widniały skały.

Oto opuszczaliśmy płaskowyż miasta Gwatemala i po chybotliwym moście – tak długim, że nie widziałem drugiego końca – zmierzaliśmy ku górom położonym na północny wschód od stolicy. Trasa wyglądała na szczególnie niebezpieczną nie tylko dlatego, że stary pociąg trząsł się na moście, ale także przez to, że wszystkie okna były otwarte.

Ocknąwszy się po pierwszym szoku, wychyliłem się i raz jeszcze spojrzałem na wąwóz. Nie było w nim wody. Skalne iglice łapały mgłę, tak jak wiejskie żywopłoty i ierniste krzewy chwytają kosmyki runa; w tej przelewającej się bieli zawisły dwie wrony. W dole widziałem grzbiety wron, a ten widok, z bielą w tle, był jak widok nieba – ptasie sylwetki w chmurach – jak gdyby pociąg odwrócił się do góry kołami. Nad pociągiem była tylko mgła, ale w dole szybowały poszarpane chmury, ptaki, przebłyskiwało słońce. Od odwróconej perspektywy zakręciło mi się w głowie. Zamknąłem okno.

– Otwórz okno! – Chłopiec w wieku ośmiu czy dziewięciu lat uderzył mnie w kolano.

– Nie – odparłem.

– Chcę wyjrzeć!

– To niebezpieczne – powiedziałem.

– Chcę popatrzeć! – wrzeszczał, próbując przecisnąć się obok mnie.

– Usiądź – poleciłem. Ludzie mi się przyglądali. – To bardzo niebezpieczne.

Chłopiec odezwał się do ojca, mego pijanego sąsiada.

– Chcę wyjrzeć przez okno, a on mi nie pozwala!

– Wypadnie w dolinę. – Uśmiechnąłem się do starego.

– Ty! – powiedział stary, odpychając na bok chłopca, który się nadąsał. – Bo wypadniesz w dolinę. Z nim zawsze są kłopoty – zwrócił się do mnie. – Pewnego dnia przydarzy mu się coś okropnego.

Widząc, że stary jest bardzo rozgniewany, próbowałem go uspokoić:

– Twój syn to dobry chłopak, ale ten pociąg jest bardzo niebezpieczny, więc...

– Ten pociąg nie jest bardzo niebezpieczny – przerwał mi. – To stary, bezużyteczny pociąg. Jest nic niewart.

– Tak – przyznałem. Indianie pokiwali głowami. Z radością ujrzałem, że ci ludzie doskonale wiedzieli, że pociąg nadawał się na złom. Ponieważ dotychczas milczeli, wcale nie miałem pewności.

Pociąg przejeżdżał jeszcze przez inne mosty, przekraczał wąwozy wypełnione chmurami i mgłą, ale żaden nie napawał takim lękiem jak tamten pierwszy. Ta część podróży przypominała mi drogę zdezelowanym pociągiem przez przełęcz Khyber do Peszawaru. Nie chodziło tylko o skaliste zbocze, oglądane z okna podobnego, sfatygowanego wagonu. Podobieństwo wzmagał widok kilkunastu odcinków torów – przed nami, po drugiej stronie doliny, w dole, w górze, jeszcze inny położony równolegle, i tak aż po samo dno doliny. Nie było to kilkanaście różnych torów, ale fragmenty naszego, po których rzężąca lokomotywa miała okrążyć cztery góry, zjechać na kolejny most, potem znowu wspiąć się serpentyną na odległe zbocza. Pociąg kołował i kołował. Kiedy lokomotywa znajdowała się po drugiej stronie górskiego grzbietu, jej odgłos cichł; za to na ostrych zakrętach mijała nas tuż obok, jak zupełnie inny pociąg jadący w przeciwnym kierunku.

Dno doliny było kamieniste; mgła się podniosła. Krajobraz w słońcu okazał się martwy i brunatny, a rośliny, które z góry wyglądały jak jasnozielone lasy, były ciernistymi krzewami i kaktusami, tak cienkimi, że nie rzucały cienia. Wcześniej sądziłem, że Gwatemala jest zielona – cała jak fragment dżungli wokół Tecún Umán – ale kiedy przemierzało się ją z zachodu na wschód, a następnie na północny wschód do Zacapa, kraj stawał się coraz bardziej nagi, biedny i kamienisty. Teraz, w dolinie Motagua – według mapy, wśród tych wzgórz miała płynąć rzeka – znaleźliśmy się na pustyni bez wody. W tej wyschniętej na wiór okolicy nie było widać ani śladu rzeki, tylko kamieniste góry, skaliste koryta rzek, żadnych ludzi. Pusta, zakurzona kraina rozciągała się przed nami aż do słońca.

Pociąg zatrzymywał się co dziesięć, piętnaście minut. Żołnierze wyskakiwali, przykucali w pozycjach strzeleckich. Po chwili kilka osób zeskakiwało na ziemię i nie oglądając się na pociąg, zaczynało iść w pustynię; znikało za głazami, nim jeszcze pociąg ruszył dalej. Większość tych stacji nie figurowała na bilecie; składały się tylko z tablic z nazwami i kępy kaktusów. Jedną z takich miejscowości była Aguas Calientes: tablica, kaktusy, sterta głazów u podnóża suchej góry. Pociąg ruszył, ujrzałem wyschnięte koryto rzeki imitujące drogę, a nieopodal dziwny widok: biała piana, buchająca z gorących źródeł, które dały nazwę miejscowości, z bulgotem dobywała się spod wulkanu. Wokół tryskającej pary formowały się gorące jeziorka, w których kobiety prały. Wśród tych gejzerów nie mogłyby rosnąć nawet kaktusy, wrząca woda pieniła się w skale i sączyła szczelinami. Jedynym znakiem życia w tym martwym zakątku pustyni były kobiety pochylone nad praniem.

Pierwsza duża stacja wcale nie była stacją, ale szeregiem sklepów, szkołą i wysokimi uschniętymi drzewami. Ludzie patrzyli z werand sklepowych, dzieci wybiegły na dziedziniec, żeby pooglądać pociąg (taka gratka trafiała się tylko dwa razy w tygodniu). Sporo ludzi wysiadło, ale nikt nie wsiadł. Pociąg kursował tak rzadko i z tak małą wiarygodnością, że nawet sprzedawcom jedzenia nie chciało się wyjść na stację. Tylko jeden chłopiec ze skrzynką toniku wrzasnął, czy ktoś chce pić. Jeden z Indian z naprzeciwka wysiadł, mogłem więc rozprostować nogi.

Upał uśpił większość pasażerów. Dzięki małemu wzrostowi mieścili się na siedzeniach w pozycji leżącej. Pochylony do przodu, zmusiłem się do robienia notatek na pustych stronach książki, którą próbowałem czytać, *Przygody Artura Gordona Pyma* Poego. Co pewien czas zapalałem fajkę. Z nikim nie rozmawiałem. Nikt z nikim nie rozmawiał. W tym pociągu nie prowadzono rozmów.

Uderzyło mnie, że od wyjazdu z Veracruz w pociągach nie panowała zbyt przyjazna atmosfera. Na każdym kroku przypominano mi, że podróżuję samotnie. Nie spodziewałem się, że ludzie okażą się tak ponurzy, a pociągi tak zniszczone. Oczekiwałem raczej typowej zbieraniny: plantatorów i drobnych farmerów, Indian, hipisów, najemnych pracowników, czarnych z wybrzeża, Amerykanów z plecakami i mapami, garstki turystów. Tym pociągiem podróżowali jednak tylko biedacy, cała reszta pojechała autobusem. W dodatku nie byli to po prostu biedacy, ale ludzie pokonani, w kapeluszach, ale boso, odnoszący się podejrzliwie zarówno do nieznajomych, jak i do siebie nawzajem. Z pewnością żadnego z nich nie dało się uznać za duszę towarzystwa, a chociaż podobał mi się stukot kół, choć gratulowałem sobie, że odkryłem mało znaną trasę przez Amerykę Środkową, podróżowało mi się bardzo samotnie.

Karą za to odkrycie – któż mógł się spodziewać, że Gwatemala okaże się taką pustynią? – za dojmujące doznania związane z jazdą przez cudowną krainę wulkanów, było przekonanie, że jestem obcym podróżującym wśród obcych. Moja obecność zdumiewała tych ludzi, bądź też nie zwracali na nią uwagi. Co prawda, zerkali na moją fajkę, ale gdy zwracałem się do nich w ich języku, wykazywali (za pomocą chrząknięć i wzruszeń ramionami) wyraźną niechęć do rozmowy.

Po drugiej stronie przejścia pewna kobieta charkała i pluła. Odchrząknąwszy, spluwała sobie pod nogi, pac! Ta powtarzająca się scena drażniła mnie (natomiast pasażerowie przechodzący przez plwociny wywoływali we mnie mdłości), ale najgorsze miało dopiero nadejść. Na małej stacyjce do pociągu wsiadła kobieta sprzedająca kawę z glinianego dzbanka. Nie jadłem śniadania, poza tym uznałem, że dzięki kawie się spocę, a przez to ochłodzę. W najgorętszych częściach Birmy mądrzy Birmańczycy wypijają mnóstwo gorącej herbaty, dzięki czemu jest im chłodno. Kawiarka zanurzała w dzbanie blaszany kubek, nalewała kawę do kubka, który wyjęła z kieszeni, i wręczała klientowi. Kiedy człowiek wypił, kobieta odbierała kubek i proces się powtarzał. Wszyscy więc pili z tego samego kubka. Gdybym o tym nie wiedział albo gdybym zdołał przekonać siebie, że nic mi nie grozi, może kupiłbym kawę. Zanim jednak nadeszła moja kolej, kawiarkę przywołała plująca pasażerka.

– Ile? – spytała.

Kawiarka podała cenę: dwa centy.

Kobieta splunęła, wypiła, otarła usta i oddała kubek.

Wtedy nadeszła moja kolej.

– Czy masz inny kubek?

– Przykro mi – odparła kawiarka i poszła dalej.

Nieco dalej wsiadła dziewczynka z plastrami arbuza.

– Te kawałki są dla mnie za duże – powiedziałem i wyjąłem scyzoryk. Kiedy odciąłem kawałek („Taki będzie w sam raz, co?"), zabezpieczając się przed cholerą, zauważyłem, że tym, co wcześniej wziąłem za nasiona, były połyskliwe czarne muchy.

Góry zostały w oddali. Pociąg okrążył je i prostą drogą zjechał w jałową okolicę. Przez kolejnych kilka godzin wypatrywałem rzeki Motagua, ale nigdzie jej nie dostrzegłem. Wokół nas rozciągała się Dolina Śmierci. Podmuch naszego małego pociągu poruszał jasnobrunatną, drobno sproszkowaną ziemią, bardziej matową niż piach. Jej warstwa pokrywała kaktusy, nadając im wygląd kikutów. Nie ma bardziej beznadziejnej rzeczy niż martwy kaktus, który nie przewraca się, ale szarzeje i jakby kamienieje. Poza tym widziałem tylko karłowate krzaki, pojedyncze kamienie, a raz, nieopodal torów, żebra i czaszkę krowy, znacznie bielsze niż w Teksasie. Jedyna woń pochodziła od pyłu tej sproszkowanej równiny. Oprócz braku wody, główną cechą pustyni była właśnie nieobecność zapachu.

Nie przestawałem myśleć o tym, co mówiła kobieta z hotelu: „Nie jedź do Zacapa!".

Gdybym jednak tu nie przyjechał, nie dowiedziałbym się, jak bardzo opuszczone jest to miejsce. Upał panował straszliwy, ale wciąż dawał się znieść, a czyż jeszcze niedawno w Chicago nie skarżyłem się na zimno? Tego właśnie chciałem. Oto była droga mulników do Salwadoru; tą samą drogą, choć rzadko dziś używaną, podróżowało się do Puerto Barrios i na tak zwane wybrzeże atlantyckie. Trasa nie należała do łatwych, ale jeśli nie ulegnie pogorszeniu – trudno było sobie wyobrazić coś gorszego – da się znieść.

Nie opuszczał mnie lęk, że pociąg stanie, ot, po prostu, bez ostrzeżenia, między stacjami; lokomotywa odmówi posłuszeństwa w upale i ugrzęźniemy w szczerym polu. To samo przytrafiło się przecież cieszącemu się dobrą opinią pociągowi sto kilkadziesiąt kilometrów od Veracruz, a Meksykanie nie potrafili podać żadnego wytłumaczenia. Ten pociąg był najwyraźniej znacznie starszy, lokomotywa o wiele ciężej dyszała. Jeśli tak się stanie, myślałem, jeżeli zatrzyma się i nie zdoła ruszyć? Dziesiąta rano, otwarte wagony pełne ludzi, brak wody, a w promieniu wielu kilometrów ani śladu drogi czy cienia. Ile czasu pozostanie do śmierci? Jak przypuszczałem, na tej bezkresnej pustyni nie mogło to potrwać długo.

Przyjazd pół godziny później na stację Progreso nie dodał mi otuchy. Aldous Huxley przybył tu w 1933 roku. „Kiedy wyjechaliśmy ze stacji, zobaczyłem, że nosi nazwę Progreso.

Rozdrażniło mnie to; potrafię dostrzec ironię, nawet jeśli nie podtyka mi się jej pod nos". Progreso składało się z chałup z niewypalonej gliny, krytych liśćmi palmowymi (dziwne, bo w pobliżu nie widziałem żadnych palm ani drzew). Położone nieco dalej Rancho nie było lepsze: brak postępu w Progreso, brak rancz w Rancho. Jeśli nie liczyć zapadłych dziur północnej Ugandy, było to najbardziej skwarne, zakurzone i opuszczone miejsce, jakie widziałem w życiu.

Jedna znacząca różnica rzucała się w oczy. Duży cmentarz koło Rancha nie pozostawiał wątpliwości co do swego przeznaczenia. Solidne, świeżo pobielone groby z kolumienkami i pochyłymi dachami niemal dorównywały rozmiarami chałupom z Rancho. Mimo to dostrzegałem logikę. Człowiek spędzał życie w glinianej chacie, ale w tych grobach jego szczątki miały spoczywać przez całą wieczność. Glinianych chat nie budowano tak, by opierały się trzęsieniom ziemi, za to groby owszem.

Piekący upał wzmagał pragnienie. W gardle mi zaschło, jakbym zjadł garść ciem. Godzinę później kupiłem butelkę wody mineralnej, którą wypiłem nieschłodzoną. Skwar nie odpuszczał, krajobraz nie ulegał zmianie. Od postoju do postoju widziałem tylko kaktusy i sproszkowaną ziemię. Ludzie włazili do pociągu, złazili, spali, staruszka spluwała. Raz po raz myślałem: A jeśli lokomotywa nawali? Co wtedy? Z cienia kaktusa spozierał na nas chudy człowiek, podobny do Anioła Śmierci.

Już dawno przestałem oczekiwać, że ujrzę jakiekolwiek zmiany, kiedy obok pociągu pojawiło się długie koryto czarnej wody, rów irygacyjny. Z czasem przeszedł w wąski kanał, który rozdzielał się na odnogi, nawadniające pola kukurydzy w Malena i tytoniu w Jicaro. Zieleń wprost oślepiała; tak przywykłem do pustynnych odcieni, że te barwy graniczyły z cudem. A przecież był to tylko niewielki spłachetek na bezkresnej pustyni.

Okolica Jicaro wyglądała na krainę trzęsień ziemi. Niewiele tu stało chat, a te, które widziałem, popękały, zawaliły się im dachy lub ściany. Mimo to ludzie, przyzwyczajeni do brakujących ścian i dziur, wciąż w nich mieszkali. Budowano tu domy – niewątpliwie zaprojektowane przez amerykańskich architektów, których spotkałem w Gwatemali. Nie mogłem jednak stwierdzić, by ten sponsorowany przez rząd projekt odniósł sukces. Wiele domów miało tylko trzy ściany, bez dachów, co wskazywało, że nikt nie wyraża chęci, by je dokończyć i zamieszkać. Miasteczko Jicaro leżało w gruzach: katastrofa rzucała się w oczy, bardzo niewiele odbudowano.

Pociąg dotarł do Cabañas. Tu rosły palmy kokosowe. Kobieta rozcinała orzechy kokosowe maczetą i sprzedawała pasażerom pociągu za pięć centów. Ludzie wypijali mleko, resztę wyrzucali. Świnie usiłowały wepchnąć ryje w łupiny i wyjeść miąższ. Jednak kobieta zręcznie operowała maczetą: trzy cięcia i orzech zmieniał się w naczynie do picia; świnie nie mogły wcisnąć ryjów do środka. Z kwikiem nacierały na łupiny.

W Cabañas spędziliśmy dużo czasu. Za oknem widziałem drewnianą stację; domyśliłem się, że sama wioska znajduje się za wydmą piaskową. W Ameryce Środkowej stacje lokowano zawsze na skraju miasteczek, nie w centrum. Temperatura w pociągu rosła, zrobiło się jak w piecu. Łupiny orzechów kokosowych zwabiły muchy; pasażerowie chrapali. Ujrzawszy ludzi majstrujących przy lokomotywie, zacząłem wysiadać.

– To twoja stacja? – spytał żołnierz, jeden z naszych uzbrojonych strażników.

– Nie – odparłem.

– To wsiadaj z powrotem. – Pchnął mnie karabinem.

Pospiesznie wróciłem na miejsce.

To może być tutaj, myślałem. Może tutaj podróż się skończy.

Jakiś staruszek zaczął głośno drwić z miejscowości, gdzie stanęliśmy. Chyba upał dał mu się we znaki.

– Cabañas! Śmiech na sali! Wiecie, co to są cabañas? To małe kosze, można je znaleźć przy hotelach i na plażach.

Pasażerowie milczeli, ale stary nie potrzebował zachęty.

– Cabañas są ładne i miłe. Siadasz tam sobie i pijesz chłodne napoje. Tak się nazywają, cabañas. A oni nazwali tę obmierzłą dziurę Cabañas!

Słysząc krzyki, Indianka na sąsiednim siedzeniu otworzyła oko, ale ujrzawszy tylko człowieka o przekrwionej twarzy, ocierającego chustką pot ściekający mu spod sombrera, opuściła powiekę.

– To nie jest Cabañas, powinno się inaczej nazywać.

Atak minął. Staremu zabrakło tchu.

– Widziałem prawdziwe cabañas. Wyglądają zupełnie inaczej.

Nikt nie przejął się tym wybuchem. Ciekawe, myślałem, że nawet ci bezzębni farmerzy i drzemiący Indianie uznają tę mieścinę za śmiechu wartą. Doskonale wiedzieli, że otacza ich pustkowie, a pociąg jest kupą złomu. Od tej pory dałem sobie spokój z autocenzurą myśli. Jeszcze bardziej interesujący wydał mi się fakt, że ci sami ludzie, którzy unikali rozmów, nie mieli zahamowań przed wygłaszaniem szalonych tyrad. Gdy pociąg ruszył, stary zamilkł.

Mieścina Anton Bram była tak mała, że jej nazwy nie wymieniono na bilecie.

– Anton Bram! – zawył szyderczo człowiek za mną.

– Co za durna nazwa! – zawtórowała jego żona.

Pasażerowie się uśmiechnęli. Dlaczego jednak nie śmiali się z Progreso?

Pociąg wjechał w kolejną martwą dolinę, gdzie, jak w pierwszej, słońce wypaliło wszystkie barwy. Ta była bardziej płaska niż poprzednia, sprawiała też wrażenie znacznie gorętszej. Roślinność przybierała tu osobliwe formy. Kaktusy dorównywały wysokością wiązom i miały te same co one kształty. Mniejsze drzewa uschły, a ponieważ oblazła z nich kora, bladością przypominały ludzką skórę. Rosnących tu wilczomleczy używano do celów leczniczych; widziałem też kaktusy wielkości jabłoni o kulistych odgałęzieniach. Kaktus jest wytrzymałą rośliną. Tam, gdzie krzewy o mniej skomplikowanych systemach korzeniowych i liściach bardziej nadających się do żucia wymarły lub zostały zjedzone przez zwierzęta, kaktus trzyma się dzielnie, odstrasza zwierzęta kolcami, a miękkim białym włosiem osłania łykowate wnętrze, zapobiegając parowaniu. Pod niebem o najczystszym odcieniu błękitu ujrzałem jeszcze fantastyczniejsze rośliny: kępy psich ogonów, włochatych brązowych rurek, kłujące opuncje i rozległe siatki chwastów.

Pociąg jechał z prędkością piętnastu kilometrów na godzinę, mogłem więc oddać się zapiskom botanicznym na końcowych stronach powieści Poego, a także uważniej przyjrzeć się rojnym gniazdom dzikich os. Po dwóch godzinach tych zajęć zobaczyłem traktor, szopę, kilka walących się domów oraz trzypiętrową konstrukcję z szarych desek, z werandą na każdym piętrze: *Hotel kolejowy.*

Dotarliśmy do Zacapa.

Zakurzona stacja stała na końcu zakurzonej drogi, a o tej popołudniowej porze panował duszący skwar. Ludzie za dworcową barierką wołali w stronę pociągu. Idąc w kierunku hotelu – upiornego, niegościnnego budynku – usłyszałem łoskot generatora i zobaczyłem ludzi kopiących coś tuż przy nim. Glina stwardniała na kamień, który musieli rozbijać młotem pneumatycznym. W tym hotelu nie da się odpocząć. To, co zobaczyłem z miasteczka, nie zachęcało do dłuższego pobytu: popękane chałupy, żółta wieża kościoła, kaktusy. A więc tak wyglądało

Zacapa. Kobieta w Gwatemali nie przesadzała. Miejscowość prezentowała się okropnie, rozpalona jak inne żałosne wioski na trasie pociągu, tyle że nieco większa.

Po chwili znalazłem biuro zawiadowcy stacji. Człowiek ten miał wentylator, kalendarz, drewnianą szafkę na akta i stertę papierów. Nawet tutaj musiałem przekrzykiwać hałas generatora.

– Przepraszam, kiedy odjeżdża pociąg do granicy? – zapytałem.

– Którą granicę chcesz przekroczyć?

Pytanie nie było pozbawione sensu: znajdowaliśmy się bliżej Hondurasu niż Salwadoru.

– Próbuję się dostać do Metapán w Salwadorze.

– Tak, za dwa dni, w środę, o szóstej trzydzieści jest pociąg do Metapán. Chcesz kupić bilet?

Dwa dni w tym miejscu!

– Nie, dziękuję – odparłem.

Tymczasem pociąg wyjechał z Zacapa i ruszył na północ do Puerto Barrios. Peron opustoszał, kurz opadał. Po konsultacji z rozkładem jazdy Cooka stwierdziłem, że gdybym przekroczył granicę i znalazł się w Metapán lub Santa Ana, nazajutrz złapałbym pociąg do San Salvador. Postanowiłem zaryzykować; granica przebiegała chyba nie dalej niż pięćdziesiąt kilometrów od Zacapa.

Pewien człowiek przyglądał mi się od pewnego czasu. Podszedłem do niego i spytałem, czy w Zacapa jest dworzec autobusowy.

– Dokąd jedziesz?

– Do Salwadoru.

– Szkoda. Wszystkie autobusy do Salwadoru odjeżdżają wcześnie rano.

Nie przestawał się uśmiechać.

– Chciałbym się dostać do Santa Ana – powiedziałem.

– Mam samochód – odparł. – Ale benzyna jest bardzo droga.

– Zapłacę ci pięć dolarów.

– Za dziesięć zawiozę cię do Anguiatu. To jest na granicy.

– Daleko stąd?

– Nie bardzo.

Natychmiast po wyjeździe z Zacapa znaleźliśmy się na pustyni. Wśród krągłych, zielonych wzgórz płynęła rzeka. Zacząłem rozmawiać z kierowcą, Sebastiano, który nie miał pracy, bo nikt w Gwatemali nie miał pracy, jak powiedział. Sebastiano pochodził z Zacapa. Nienawidził Zacapa, ale odwiedził miasto Gwatemala i uznał, że jest znacznie gorsze.

– Chyba powinienem ci coś powiedzieć – rzekł nieco później, zwalniając na zakręcie. Po chwili zatrzymał samochód i uśmiechnął się nieśmiało. – Nie mam prawa jazdy, a ten samochód nie jest zarejestrowany. Nie jest też ubezpieczony, bo skoro nie ma rejestracji, to jaki sens go ubezpieczać?

– Ciekawe – odparłem. – Ale dlaczego się zatrzymałeś?

– Nie mogę cię wieźć dalej. Gdybym to zrobił, policjant na granicy poprosiłby mnie o prawo jazdy i tak dalej. Ponieważ go nie mam, aresztowaliby mnie i pewnie daliby mi w kość. Nie mogę ich przekupić, nie mam pieniędzy.

– Masz dziesięć dolarów – przypomniałem.

– To opłaci benzynę! – zaśmiał się Sebastiano.

– To co mam zrobić?

– Idź na piechotę – powiedział, otwierając drzwi.

– Czy to daleko?

– Nie bardzo.

Sebastiano odjechał. Przez chwilę stałem na tej drodze na obrzeżach Gwatemali, w końcu ruszyłem. Sebastiano powiedział, że to niezbyt daleko. Odcinek miał długość półtora kilometra, na drodze nie było ruchu, wśród zielonych drzew śpiewały ptaki. Walizka nie ważyła zbyt wiele, więc spacer wydał mi się dość przyjemny.

Przejście graniczne mieściło się w baraku. Chłopak w sportowej koszuli przystemplował mój paszport, zażądał pieniędzy, potem spytał, czy mam przy sobie narkotyki. Zaprzeczyłem. „Co mam teraz zrobić?" – spytałem. „Idź tą drogą – odparł. – Tam znajdziesz drugi dom. To będzie Salwador".

Droga wiodła w cieniu wokół wzgórza, skrajem łąki i wzdłuż bulgoczącego strumienia. Cóż za zmiana krajobrazu. Wcześniej tego dnia myślałem, że uschnę na wiór w dolinie Motagua, a tu szedłem sobie przez zielone wzgórza przy akompaniamencie śpiewu ptaków. W słoneczne późne popołudnie, rześkie jak letni dzień w Massachusetts, szedłem z Gwatemali do Salwadoru. To przejście przez granicę, jedna z najmilszych przechadzek w moim życiu, przywodziło na myśl wędrówkę drogą z Amherst do Shutesbury.

Przed chatą, pełniącą funkcję przejścia granicznego, stał samochód. Żołnierz, który z niego wysiadł, sprawdził zawartość mojej walizki.

– Co to jest?

– Książka. Po angielsku. *Przygody Arthura Gordona Pyma*.

– Przejdź tam – rozkazał. – Pokaż paszport.

– Dokąd idziesz? – spytał urzędnik imigracyjny.

– Do Santa Ana.

Pod barak podjechał samochód, a człowiek, który z niego wysiadł, stanął za mną.

– Jadę do Santa Ana – powiedział. – Podwieźć cię?

– Za ile?

– Za darmo!

Pojechałem więc do Santa Ana, która nie leżała daleko. Po drodze minęliśmy jezioro Güija, wulkany, pola kawy i tytoniu.

– Może pojedziesz ze mną do San Salvador? – zaproponował kierowca, kiedy dotarliśmy do Santa Ana. – Ruszam dziś wieczorem.

– Chyba tu zostanę.

– Szczerze ci odradzam. Tutaj roi się od złodziei, kieszonkowców i morderców. Nie żartuję.

Noc już zapadała. Mimo wszystko postanowiłem zostać w Santa Ana.

rozdziałósmy

Wagon silnikowy do San Salvador

Miasto tylko wyglądało na opuszczone przez Boga; w istocie stanowiło przyjemne połączenie cech. Santa Ana, najbardziej środkowoamerykańskie ze środkowoamerykańskich miast, było pod każdym względem doskonałe: doskonałe w swej pobożności i ze swymi ślicznymi dziewczętami, doskonałe w drzemce, w pachnącym kawą upale, z okolonym dżunglą placem i zakurzoną elegancją starych budynków, których pobielone ściany zdawały się fosforyzować po zmroku. Nawet wulkan był czynny. Mój hotel, Floryda, parterowy labirynt z palmami w donicach i wiklinowymi krzesłami, oferował świetne jedzenie: świeże ryby z pobliskiego jeziora Güija, aksamitną kawę oraz deser z Santa Ana, finezyjne ciasto z mielonej fasoli i bananów, podawane ze śmietaną. Nocleg w tym miłym hotelu, oddalonym o przecznicę od głównego placu, kosztował cztery dolary. Wszystkie ważne budynki miasta Santa Ana, w liczbie trzech, znajdowały się przy placu: neogotycka katedra, ratusz z przepyszną kolumnadą książęcego pałacu oraz teatr, gdzie dawniej mieściła się opera.

Przypuszczalnie w innym klimacie teatr ten nie wydałby się tak wyjątkowy, ale w tym sennym, tropikalnym mieście na zachodniej wyżynie Salwadoru – bez żadnych atrakcji dla turysty lubiącego luksus czy buszowanie po ruinach – prezentował się okazale i osobliwie. Świeżo pobielony teatr w stylu grecko-rzymskim, w wydaniu republiki bananowej, był klasyczny w przyjemnie wulgarny sposób: z cherubinami na fasadzie, aniołami dmącymi w trąby, komediowymi i tragicznymi maskami oraz częściowym zestawem muz. Pulchna Melpomena, skacząca Talia, Kaliope z lirą na kolanach, wreszcie Terpsychora, z mięśniami nauczycielki wychowania fizycznego pod tuniką. Prócz tego kolumny, romański portyk, a na godle dymiący wulkan, równie proporcjonalny jak Izalco, ten za miastem, na którym go pewnie wzorowano. Ten piękny teatr z przełomu wieku nie uległ całkowitemu zaniedbaniu; dawniej odbywały się tu koncerty i opery, ale Santa Ana skurczyła się pod względem kulturalnym, a teatr przerobiono na kino. W tym tygodniu grano *New York, New York*.

Natychmiast polubiłem Santa Ana za łagodny klimat i uważnych, reagujących ludzi, miasto na tyle małe, że wystarczył krótki spacer, by znaleźć się na przedmieściach, gdzie wzgórza lśniły ciemną zielenią krzewów kawowych. Uciemiężeni Gwatemalczycy zrobili na mnie wrażenie podzielonego narodu, Indianie z głębi lądu wydawali się beznadziejnie zagubieni, za to Salwador, sądząc po Santa Ana, był krajem energicznych, wygadanych mieszańców, praktykujących katolicyzm oparty na liturgii dotykowej. W katedrze pobożni Salwadorczycy szczypali stopy świętych, pocierali dłońmi relikwie, a kobiety z dziećmi, uprzednio wrzuciwszy monetę i zapaliwszy świeczkę, chwytały za pas Chrystusa i ocierały nim głowę dziecka.

Żaden z mieszkańców nie miał pojęcia, gdzie znajduje się dworzec kolejowy. Od granicy przyjechałem samochodem, po dwóch nocach w Santa Ana uznałem, że czas ruszyć do stolicy. Według rozkładu jazdy, pociąg odjeżdżał dwa razy dziennie, a rozmaici ludzie bez wahania wskazywali mi, gdzie jest stacja. Poszukiwania nie przynosiły jednak rezultatu. Co prawda, poznałem wszystkie wąskie zaułki Santa Ana, ale stacja wciąż mi umykała. Kiedy znalazłem ją rankiem trzeciego dnia, półtora kilometra od hotelu, za wysokim ogrodzeniem w części miasta rozsypującej się na pola uprawne, zrozumiałem, dlaczego nikt nie wiedział, gdzie się znajduje. Nikt nie jeździł pociągiem. Jeśli nie liczyć zawiadowcy stacji przy pustym biurku, dworzec świecił pustkami. Z Santa Ana do San Salvador wiodła główna droga. *Jeździmy autobusem*, brzmiała środkowoamerykańska odpowiedź na reklamy kolejowe: *Jedź pociągiem, to tańsze!* Wszystko polegało na szybkości: podróż autobusem trwała dwie godziny, pociągiem całe popołudnie.

Nigdy wcześniej nie widziałem podobnego dworca. Zielony drewniany budynek ze ścianami z listewek i wiatrem gwiżdżącym w szparach przypominał szopę do suszenia tytoniu z doliny Connecticut. Cały skład kolejowy stał na widoku: cztery drewniane wagony i dieslowska lokomotywa. Wagony opatrzono na przemian napisami *Pierwsza* i *Druga*, ale wszystkie wyglądały na jednakowo brudne. Na bocznicy ujrzałem sfatygowaną lokomotywę parową ze stożkowatym kominem i napisem na kotle *Baldwin Locomotive Works, Philadelphia, Pa – 110*. Lokomotywa mogła mieć ze sto lat, ale zawiadowca zapewnił mnie, że jeździ bez zarzutu. Bliżej stacji stał wagon silnikowy w kształcie kolejki linowej. To urządzenie miało własny silnik i właśnie ono, jak poinformował mnie zawiadowca, kursowało do San Salvador.

– Skąd przyjechałeś? – spytał zawiadowca.

– Z Bostonu.

– Samolotem?

– Pociągiem.

– Chciałbym zrobić coś takiego! – Uścisnął mi rękę. Powiedział, że był w Zacapa, ale Gwatemalczycy mieli mętlik w głowach. Z ludźmi w Hondurasie sprawy miały się jeszcze gorzej. Ale co z moją trasą z Bostonu? Zawiadowca wypytał mnie dokładnie: ile godzin jechałem z Chicago do Fort Worth? Jakimi pociągami? Czy koleje meksykańskie są rzeczywiście takie dobre, jak mówiono? Które pociągi mają wagony restauracyjne i pulmanowskie? Czy widziałem coś takiego jak jego lokomotywa parowa? Ludzie twierdzą, że jest warta dużo pieniędzy, chyba mają rację. Dokąd się wybierałem? Kiedy odparłem, że do Argentyny, zawołał:

– Wspaniale. Ale uważaj w Nikaragui. Tam jest teraz powstanie. Co za okrutnik z tego Somozy.

Zawiadowca stacji pokiwał głową w stronę stojącego nieopodal wagonu silnikowego.

– Jest dość stary, ale jeździ.

Wagon odjeżdżał do San Salvador po lunchu. Wymeldowawszy się z Florydy, kupiłem na stacji bilet – prawdziwa okazja: trzydzieści pięć centów za trzydzieści pięć mil, czyli pięćdziesiąt sześć kilometrów. Wcześniej zamierzałem usiąść z przodu wagonu, ale silnik hałasował, a gdy tylko ruszyliśmy, na tyłach znalazłem dwóch Salwadorczyków, z którymi wdałem się w rozmowę. Obydwaj byli sprzedawcami w wieku dwudziestu kilku lat. Krępy, śniady, atletycznie zbudowany Alfredo sprzedawał plastikowe miednice i przybory gospodarstwa domowego. Chudy Mario raz po raz wybuchał niewesołym chichotem. On z kolei sprzedawał pastę do zębów, oliwę, mydło i masło. Firmy wysłały ich do Santa Ana, a odpowiadali za samo miasto i jego okolice, niemal cały zachodni Salwador. To duży teren, powiedziałem. Przypomnieli mi, że to bardzo mały kraj; chcąc wypracować zysk, musieli odwiedzić dwadzieścia do trzydziestu sklepów dziennie.

Rozmowa toczyła się po hiszpańsku. Spytałem, czy mówią po angielsku.

– Wystarczająco – odparł Mario po hiszpańsku i zachichotał.

– Ja mówię całkiem nieźle – oświadczył Alfredo po hiszpańsku. – Przez dwa miesiące uczyłem się angielskiego w Arrisburgu.

– W Pensylwanii?

– W Misipi.

– Powiedz coś po angielsku.

Alfredo uśmiechnął się do mnie lubieżnie i rzekł:

– Cycek. – Potem powiedział jeszcze kilka wulgaryzmów, ale z jego okropną wymową nie brzmiały obraźliwie.

– Hiszpański jest lepszy niż angielski – zawyrokował Mario.

– Myślę, że to prawda – przyznał Alfredo.

– Bzdura – zaprotestowałem. – Jak jeden język może być lepszy niż drugi? Wszystko zależy od tego, co próbujesz powiedzieć.

– We wszystkich sprawach hiszpański jest silniejszy – upierał się Mario. – Angielski jest krótki i praktyczny.

– Szekspir jest krótki i praktyczny?

– Mamy Szekspira po hiszpańsku – powiedział Alfredo.

– W hiszpańskim mamy więcej słów – obstawał przy swoim Mario.

– Więcej niż w angielskim?

– Znacznie więcej.

Wagon silnikowy stanął, żeby zabrać pasażerów. Kiedy ruszyliśmy, przy torach pojawiła się szczeciniasta nakrapiana świnia, ryjąca w trawie. Mario wskazał na nią ręką.

– Weźmy na przykład „świnię" – powiedział. – Mamy pięć słów na świnię. Ile wy macie?

Wieprz, maciora, prosiak, świniak.

– Cztery – odparłem.

– Posłuchaj – powiedział Mario i wyliczył na palcach: – *Cuche, tunco, marano, cochino, serdo*. Co ty na to?

– Mamy też dwa słowa na psa – pochwalił się Alfredo. – *Chucho* i *can*.

– Mamy może siedem słów na dzieci czy dziecko – dodał Mario. – W Hondurasie mają osiem!

– Ile słów macie na psa? – spytał Alfredo.

Szczeniak, kundel, psisko, psiak.

– Cztery – powiedziałem. – To więcej niż wy.

– My mamy cztery słowa na byka – licytował się Mario.

Boże, cóż za śmieszna rozmowa, pomyślałem.

Mario wyliczył słowa na byka: *novillo, buey, torrete, guiriche.*

– Wygraliście – oświadczyłem.

Wagon silnikowy znowu stanął, a kiedy Alfredo i Mario wysiedli, żeby kupić colę, wyjąłem słownik hiszpański i sprawdziłem kilka słów. Gdy wagon potoczył się dalej, powiedziałem:

– *Buey* nie znaczy byk, ale wół.

– To jest to samo zwierzę – zapewnił Mario.

Przez pewien czas się sprzeczaliśmy, aż Alfredo rozsądził:

– Tak, w Stanach Zjednoczonych wół jest inny niż u nas. Widziałem je w Arrisburgu.

Pociąg jechał przez malownicze góry, strome i wulkaniczne. W niższych partiach rosła kawa. Nawet teraz nie znajdowaliśmy się daleko od Gwatemali i uderzyło mnie, jak wielkie różnice krajobrazu mogą dzielić ościenne kraje. Tutejsza okolica, nie tylko bardziej zielona i pofałdowana niż dolina Motagua tuż za granicą, sprawiała wrażenie bardziej zadbanej; wiejska schludność i wdzięk czyniły ją niezwykle atrakcyjną. Wtedy nie wiedziałem, że Salwador importuje większość warzyw z Gwatemali, ale mimo to sprawiał wrażenie lepiej zagospodarowanego i zintegrowanego kraju. Prawdziwy problem Salwadoru leżał w jego rozmiarach: kto miałby się liczyć z takim maleństwem? Jak mówiono, krajem rządziło czternaście rodzin. Ta melancholijna opinia wyrażała zarówno komiczny snobizm i tarcia społeczne, jak i wściekły opór wobec nich. Marksistowscy studenci nie posiadali się z oburzenia. Mario i Alfredo potwierdzili, że tak się właśnie sprawy mają.

– Nie lubię rozmawiać o polityce – powiedział Alfredo. – Ale w tym kraju policja jest okrutna, a rząd sprawują wojskowi. Co o tym sądzisz, Mario?

Mario potrząsnął głową. Najwyraźniej wolał zmienić temat.

Około wpół do czwartej dotarliśmy do miasteczka Quezaltepeque. Na widok kościoła Mario i Alfredo się przeżegnali. Kobiety w wagonie zrobiły to samo. Kilku mężczyzn zdjęło kapelusze.

– Nie jesteś katolikiem? – spytał Alfredo.

Nie chcąc sprawiać mu zawodu, także się przeżegnałem.

– Co to znaczy po angielsku *icozro*? – spytał Alfredo.

Czy to słowo z języka Nahuatl? Alfredo zachichotał. Nie, w Salwadorze nie używano języków indiańskich. *Icozro* było słowem angielskim, upierał się, ale co oznaczało? Kiedy odparłem, że go nie znam, i poprosiłem, żeby użył go w zdaniu, odchrząknął i zapytał:

– Icozrobisz, kiedy studnia wyschnie?

– Angielski – prychnął pogardliwie Mario.

Chociaż obaj byli komiwojażerami, mieli nadzieję, że awansują i pewnego dnia dostaną pracę przy biurku w siedzibie firmy w San Salvador. Mario pracował na zleceniu, ale zysk Alfreda obliczano na podstawie systemu kredytowego, którego nie potrafiłem pojąć. Z typową dla biznesmena umiejętnością tłumaczył długo i mętnie, aż znużony słuchacz zgadzał się, choć bynajmniej nie zrozumiał. Zauważyłem, że obaj są niezwykle ambitni. O tak, przyznał Alfredo, Salwadorczycy są znacznie bystrzejsi niż inni mieszkańcy Ameryki Środkowej.

– Jesteśmy jak Izraelczycy – powiedział Alfredo.

– Czy zamierzacie dokonać inwazji?

– Kilka lat temu mogliśmy zająć Honduras.

– Mam pewną ambicję – wyznał Mario, po czym opowiedział, że ten sprzedawca w jego firmie, który sprzeda najwięcej opakowań Rinso, wygra wycieczkę na wyspę San Andrés. Mario miał nadzieję na wygraną, bo sprzedał już tysiące opakowań.

Doliny stawały się coraz głębsze, zachodzące słońce rzucało cienie na góry. Nasz niewielki wagon ani przez chwilę nie był pełny, podejrzewałem więc, że wkrótce to połączenie zostanie zlikwidowane, a wagonem silnikowym będzie się przewozić tylko kawę. Pod wieczór wjechaliśmy w gęsty las. Alfredo powiedział, że w pobliżu znajduje się basen napełniany wodą z wodospadu, wspaniałe miejsce na podryw. Z przyjemnością mnie tam zabierze. Gdy odparłem, że powinienem jechać dalej, do Cutuco i Nikaragui, powiedział, że za żadne skarby nie pojechałby do Nikaragui. Ani Alfredo, ani Mario nigdy nie byli w Hondurasie czy Nikaragui, tuż za miedzą.

San Salvador wciąż krył się przed naszym wzrokiem. Miasto leży w niecce, otoczone górami, które zatrzymują powietrze i powodują smog. Po prawej stronie mieliśmy autostradę panamerykańską. Zdaniem Alfredo, podróżowało się po niej szybko, ale istniały pewne zagrożenia. W odległości kilkunastu kilometrów od San Salvador na autostradzie czasami odbywa się awaryjne lądowanie samolotów. Powiedziałem, że wolę się toczyć tym wagonem przez plantacje kawy, niż jechać autobusem na spotkanie kołującego samolotu.

Co moi znajomi zamierzali robić w stolicy? Sprawy zawodowe, odparli, spotkanie z szefem, zamówienia. Mario dodał z wahaniem, że zamierzał też spotkać się z dziewczyną. W Santa Ana nie miał jeszcze dziewczyny, a prowincjonalna moralność miasteczka doprowadzała go do szału. Alfredo miał dwie czy trzy dziewczyny. Głównym powodem jego wyprawy do San Salvador („tylko nie mów mojemu szefowi!") był mecz piłkarski tego wieczoru. Spotkanie zapowiadało się na jeden z najciekawszych meczy tego roku: Salwador grał z Meksykiem na Stadionie Narodowym, a ponieważ Meksyk miał wystąpić na mistrzostwach świata w Argentynie, Salwador miał szansę się wykazać.

Już wcześniej czytałem o południowoamerykańskiej piłce nożnej, o chaosie, zamieszkach, walecznych tłumach, o tym, jak frustracja polityczna znajduje ujście na stadionach. Doskonale wiedziałem, że jeśli człowiek chce zrozumieć Anglików, powinien pójść na mecz, bo tam Anglicy nie są tak dobrze wychowani, nie zachowują się z taką rezerwą. Brytyjski mecz piłki nożnej stanowił w istocie okazję do wojny młodocianych gangów. Sportowy rytuał jest zawsze czytelnym przejawem dzikszych popędów, drzemiących w charakterze danego narodu. Olimpiada jest zajmująca głównie jako pantomima wojny światowej.

– Czy mógłbym pójść z wami na mecz?

– Tam będzie straszny tłum – odparł Alfredo z zatroskaną miną. – Może być niespokojnie. Lepiej pójść jutro na basen, ze względu na dziewczyny.

– Myślisz, że przyjechałem do Salwadoru podrywać dziewczyny na basenie?

– A przyjechałeś do Salwadoru, żeby zobaczyć mecz?

– Owszem – odparłem.

Dworzec kolejowy w San Salvador znajdował się na wyburzonym końcu drogi, w ponurej dzielnicy miasta. Człowiek w filcowym kapelusiku, sportowej koszuli, ze staroświeckim rewolwerem na biodrze odebrał ode mnie bilet. Cały dworzec sprowadzał się do zbieraniny magazynów towarowych, gdzie koczowali biedacy oczekujący na poranny pociąg do Cutuco; najwyraźniej ofiarami nędzy w Ameryce Środkowej padali ludzie starzy i bardzo młodzi. Alfredo podał mi nazwę hotelu i powiedział, że przyjedzie po mnie na godzinę przed rozpoczęciem meczu, które zaplanowano na dwudziestą pierwszą. Mecze rozgrywano późno, wyjaśnił, ponieważ wtedy słabł upał. Teraz, już po zmroku, parny skwar wprost mnie zatykał. Zacząłem żałować, że nie zostałem w Santa Ana. Wydany na pastwę trzęsień ziemi, San Salvador nie był ładnym miastem: rozciągnięty we wszystkie strony, hałaśliwy, z domami bez wdzięku. W światłach samochodowych wzbijały się tumany pyłu. Po cóż ktokolwiek miałby tu przyjeżdżać?

– Nie wygaduj na to miasto – powiedział mi pewien Amerykanin w San Salvador. – Jeszcze nie widziałeś Nikaragui!

Alfredo się spóźnił. Winą obarczał korki.

– Na stadion wybiera się milion ludzi. – Przyprowadził dwóch przyjaciół, którzy, jak się pochwalił, uczyli się angielskiego.

– Jak się macie? – pozdrowiłem ich po angielsku.

– Słucham? – spytał jeden, a drugi się roześmiał. Ten pierwszy wyjaśnił: – Mieliśmy dopiero drugą lekcję.

Z powodu korków i ryzyka kradzieży samochodu przy stadionie Alfredo zaparkował kilkaset metrów dalej, pod domem przyjaciela. Dom ten zasługiwał na uwagę: składał się z szeregu sześcianów poprzybijanych do drzew, których liściaste gałęzie zwieszały się do pokojów. Ściany zrobiono z ubrań zawieszonych na kijach, a całość otaczało solidne ogrodzenie. Na moje pytanie, od jak dawna tam mieszka, przyjaciel Alfreda odparł, że mieszka tam z rodziną od wielu lat. Nie spytałem, co się dzieje, kiedy pada.

Nędza w biednym kraju ma jednak wiele subtelnych stopni. Długim zboczem schodziliśmy na stadion, a gdy na moście spojrzałem w dół wąwozu, spodziewając się ujrzeć rzekę, zobaczyłem chaty, ogniska i lampiony. „Kto tam mieszka?" – spytałem Alfreda.

– Biedni ludzie – brzmiała odpowiedź.

Inni też szli na stadion. Po chwili dołączyliśmy do dużej procesji maszerujących szybkim krokiem kibiców, którzy niedaleko stadionu zaczęli krzyczeć i przepychać się niecierpliwie. Procesja zalała podnóża góry pod stadionem, depcząc przydomowe ogródki i gniotąc zderzaki samochodów. Tupiące nogi kibiców wzbijały gęste kłęby brunatnego pyłu, przez co całość upodobniła się do sepiowej fotografii zamieszek, z połyskującymi tu i ówdzie snopami przednich świateł. Ludzie ruszyli biegiem, pył zakrył Alfreda i jego przyjaciół. Co kilka metrów podbiegali do mnie chłopcy, potrząsali biletami i wołali:

– Słońca! Słońca! Słońca!

To były koniki. Wcześniej kupiły najtańsze bilety, a teraz sprzedawały je z zyskiem ludziom, którzy nie mieli czasu lub odwagi, by stanąć w długiej kolejce do kasy. Stosowano tu taki sam podział miejsc jak podczas walk byków: *Słońca* były najtańszymi miejscami na trybunach; droższe *Cienie* znajdowały się pod zadaszeniem.

Przepchnąwszy się przez grupę koników, straciłem z oczu Alfreda, więc samotnie ruszyłem w górę na stadion w kształcie imbryka. Moim oczom ukazał się nieziemski widok: ludzie wyłaniali się z mroku i zagłębiali w podświetloną brunatną mgłę. Krzyki, pył, dymy z górskiego zbocza wznosiły się w bezgwiezdne z powodu pyłu niebo. Przez moment rozważałem możliwość zawrócenia, ale tłum pchał mnie ku stadionowi, gdzie ryk widzów brzmiał jak ogień buzujący w kominie.

Wchodzący ludzie zaczęli ryczeć i runęli obok mnie, wzbijając pył. Na zewnętrznym obwodzie stadionu kobiety sprzedawały smażone banany i zapiekanki mięsne. Z powodu dymu i pyłu latarki zdawały się palić dymnym płomieniem. Bliżej stadionu koniki znowu się pojawiły, w stanie graniczącym z histerią. Mecz miał się rozpocząć, a oni nie sprzedali biletów. Nachalnie chwytali mnie za ręce, podtykali bilety pod nos, krzyczeli.

Wystarczyło jedno spojrzenie na kolejkę do kasy, by nabrać przekonania, że nie mam szansy na legalne kupienie biletu. Właśnie rozważałem ten problem, gdy z dymu i pyłu wyłonił się Alfredo.

– Zdejmij zegarek – polecił mi. – Zdejmij obrączkę. Schowaj je do kieszeni. Miej oczy szeroko otwarte. Większość tych ludzi to złodzieje. Okradną cię.

Oczywiście zrobiłem, co kazał.

– Co z biletami? Kupujemy Słońca od tych chłopaków?

– Nie, kupię Cienie.

– Czy są drogie?

– Naturalnie, ale to będzie świetny mecz. Czegoś takiego nigdy nie zobaczyłbym w Santa Ana. Zresztą, Cienie będą cichsze. – Alfredo rozejrzał się wkoło. – Schowaj się pod tamtą ścianą. Idę po bilety.

Zanurkował w kolejkę przed kasą. Po chwili wyłonił się w jej połowie, zaczął się rozpychać łokciami i w krótkim czasie wylądował przy okienku. Nawet przyjaciele zachwycali się jego szybkością. Alfredo wrócił do nas uśmiechnięty, triumfalnie wymachując biletami.

Przy wejściu przeszukano nas, minęliśmy tunel i wyszliśmy na stadion. Z zewnątrz przypominał imbryk; w środku wyglądał jak taca albo waza do zupy, wypełniona brunatnymi rozwrzeszczanymi twarzami. Na środku widniał nienaganny prostokąt zielonej trawy.

Te czterdzieści pięć tysięcy osób stanowiło model salwadorskiego społeczeństwa. Prócz połowy stadionu, gdzie siedziały Słońca (tę część zajęto do ostatniego miejsca), oraz lepiej ubranego i niemal równie zatłoczonego sektora Cieni (w nocy, w porze suchej, miejsca nie różniły się jakością: siedzieliśmy na betonowych stopniach, ale nasze, z uwagi na wyższą cenę, były luźniejsze niż Słońca) ujrzałem jeszcze sektor, o którym Alfredo nie wspomniał: Balkony. Nad nami, w pięciorzędowej galerii biegnącej wzdłuż obwodu stadionu, siedzieli ludzie z Balkonów. Ludzie z Balkonów mieli bilety sezonowe. Ludzie z Balkonów dysponowali pomieszczeniami wielkości kredensu albo przeciętnej salwadorskiej chaty; dostrzegłem tam butelki wina, kieliszki, talerze z jedzeniem. Ludzie z Balkonów mieli rozkładane krzesełka i dobry widok na boisko. Ludzi z Balkonów nie było wiele – od dwustu do trzystu – ale nie ma się czemu dziwić, skoro w kraju, gdzie średni dochód na głowę wynosił trzysta siedemdziesiąt trzy dolary, bilet sezonowy kosztował dwa tysiące dolarów. Ludzie z Balkonów mieli przed sobą wrzeszczące Słońca, a dalej, za stadionem, płaskowyż. To, co wcześniej brałem za wielobarwną roślinność porastającą płaskowyż, okazało się zbitą masą Salwadorczyków. Ten wielotysięczny tłum, oświetlony stadionowym blaskiem, budził większą grozę niż Słońca. Zbite ciała falowały w ledwo dostrzegalny sposób niczym mrowisko.

Z porysowanych płyt gramofonowych puszczono hymny narodowe obu państw, po czym mecz się rozpoczął. Od początku stało się jasne, kto wygra. Meksykańscy piłkarze, szybsi i lepiej zbudowani, mieli konkretną strategię gry; mizerna i chaotyczna drużyna Salwadoru mogła się poszczycić dwoma zawodnikami, którzy lubili trzymać piłkę przy sobie. Tłum syczał na Meksykanów i dopingował Salwadorczyków. Jeden z lubiących piłkę Salwadorczyków ruszył przez boisko, strzelił i chybił. Piłkę przejęli Meksykanie, którzy zaczęli dręczyć przeciwników podaniami od nogi do nogi, wreszcie, kwadrans od rozpoczęcia, wbili gola. Stadion umilkł, podczas gdy meksykańscy piłkarze się całowali.

Kilka minut później piłkę wybito do sektora Cieni. Kibice oddali ją i gra potoczyła się dalej. Następnie jeden z piłkarzy kopnął piłkę do sektora Słońc. Słońca zaczęły o nią walczyć, jeden z kibiców opanował ją, ale inni skoczyli na niego, piłka poszybowała w górę i rzuciło się za nią dziesięć Słońc. Jeden z kibiców próbował zbiec z piłką po schodach, ale złapano go i przejęto zdobycz. W bijatyce, jaka się wywiązała, grupki Słońc raz po raz przeciskały się do piłki. Siedzące wyżej Słońca ciskały butelki, puszki i papierowe kule w walczących ludzi; leciały też zapiekanki mięsne, banany i chusteczki. Cienie, Balkony i Mrowisko przyglądały się walce.

Zawodnicy także się przyglądali. Mecz przerwano. Meksykanie kopali murawę, Salwadorczycy krzyczeli na Słońca.

„Proszę zwrócić piłkę – rozległ się głos sprawozdawcy. – Jeśli piłka nie zostanie zwrócona, mecz nie będzie wznowiony".

Po tych słowach z górnych rzędów poleciał jeszcze bardziej rzęsisty grad przedmiotów – kubków, poduszek, butelek. Te ostatnie rozbijały się głośno na betonowych stopniach. Siedzące niżej Słońca zaczęły odrzucać rzeczy w swoich prześladowców. Nie sposób było stwierdzić, gdzie się podziała piłka.

Piłki nie zwrócono. Sprawozdawca powtórzył ostrzeżenie. Piłkarze usiedli na murawie i zaczęli się rozgrzewać. Wreszcie, po dziesięciominutowej przerwie, na boisko wrzucono nową piłkę. Kibice zaczęli wiwatować, ale szybko zamilkli. Meksyk zdobył kolejną bramkę.

Wkrótce niecelne kopnięcie skierowało piłkę do sektora Cieni. Kibice zaczęli się o nią bić, piłka wędrowała z rąk do rąk. Sama piłka rzadko się pokazywała, ale po wybuchających to tu, to tam kotłowaninach, można się było domyślić, gdzie się znajduje. Balkony lały wodę na Cienie, ale piłki nie oddano. Teraz z kolei Słońca mogły zobaczyć, że nieco lepiej sytuowani Salwadorczycy z sektora Cieni zachowują się jak świnie. Sprawozdawca powtórzył ostrzeżenie: gra nie zostanie wznowiona, dopóki ludzie nie oddadzą piłki. Ostrzeżenie zignorowano, a po dłuższej przerwie sędzia wszedł na boisko z nową piłką.

W sumie przepadło tak pięć piłek. Czwarta wylądowała niedaleko mnie, mogłem więc zobaczyć, że walczący zadają prawdziwe ciosy, krew tryskała z salwadorskich nosów, a tłukące się butelki i walka o piłkę składały się na odrębną rywalizację, gwałtowniejszą niż ta na boisku, toczoną z bezmyślnym okrucieństwem, o jakim czyta się w opisach krwawych średniowiecznych turniejów. Komunikaty sprawozdawcy okazywały się pustą formalnością; policja nie interweniowała, pozwalała kibicom załatwiać sprawy między sobą. Znudzeni piłkarze truchtali w miejscu, robili pompki. Ilekroć grę wznawiano, a Meksykanom udało się przejąć piłkę, zręcznie przesuwali się po boisku i wbijali bramkę. Jednak sama gra i gole stanowiły tylko przerywniki w bardziej krwawym sporcie, który przed północą (a mecz jeszcze się nie skończył!) urozmaicały petardy rzucane przez Słońca na boisko i innych kibiców z własnego sektora.

Po ostatniej przerwie w grze i walkach, jakie wybuchły między Słońcami – piłka wędrowała od jednego obszarpańca do drugiego – z górnych trybun poszybowały balony. Tak naprawdę, nie były to jednak balony. Białe, pofałdowane, miały cienki dzyndzel na końcu; najpierw poleciał jeden, potem całe tuziny. Na stadionie rozległ się śmiech; szybujące prezerwatywy przeganiano z sektora do sektora. Alfredo nie mógł ukryć zażenowania.

– To okropne – wykształtusił ze wstydem, po czym zaczął mnie przepraszać za przerwy, walki, opóźnienie w grze. Na koniec to: dziesiątki szybujących prezerwatyw. Mecz rozsypał się na chaos, walki, śmieci, ale rzucił światło na rozrywki Salwadorczyków. Jeśli idzie o nadmuchane prezerwatywy, to później się dowiedziałem, że Agencja Międzynarodowego Rozwoju zorganizowała w Salwadorze program planowania rodziny zakrojony na największą skalę w Ameryce Środkowej. Wskaźnik urodzeń raczej się nie zmienił, ale z taką liczbą darmowych balonów dziecięce przyjęcia urodzinowe w salwadorskich wioskach są na pewno bardzo wesołe.

Meksyk zwyciężył sześć do jednego. Bramkę dla Salwadoru, rakietę z trzydziestu metrów, Alfredo uznał za najlepszą w całym spotkaniu, dzięki czemu zachował cień dumy. Jednak już podczas drugiej połowy ludzie zaczęli opuszczać stadion, a reszta prawie nie zwróciła uwagi na to, że mecz dobiegł końca. Tuż przed wyjściem ze stadionu spojrzałem na mrowisko. Wyludnione wzgórze sprawiało wrażenie bardzo małego.

Na zboczach stadionu rozgrywały się sceny w rodzaju tych, jakie w południowoamerykańskich kościołach można oglądać na muralach przedstawiających piekło. Żółty pył przesypywał się i wirował wśród dołów podobnych do kraterów, małe samochody z demonicznymi światłami przemieszczały się wolno od otworu do otworu jak mechaniczne diabły. Tam, gdzie na muralach widnieją udramatyzowane, podpisane złotymi literami grzechy: Żądza, Gniew, Zawiść, Pijaństwo, Obżarstwo, Kradzież, Duma, Zazdrość, Lichwa, Hazard i tym podobne, tutaj, po północy, chłopcy obłapiali dziewczyny, ludzie walczyli, liczyli wygrane pieniądze, zataczając się, pili z butelek, wrzeszczeli bluźnierstwa pod adresem Meksyku, deptali maski samochodów lub pojedynkowali się na gałęzie zerwane z drzew i anteny odkręcone z samochodów. Kibice deptali pył i wyli. Klaksony brzmiały jak ochrypłe jęki bólu, a grupa spoconych wyrostków bez koszul przewróciła jeden z samochodów. Wiele osób próbowało uciec z tłumu, zasłaniając usta chusteczkami. Oprócz dziesiątek tysięcy ludzi kłębiły się tu zwierzęta; okaleczone psy warczały i kuliły się jak na klasycznych przedstawieniach piekła. Panował nieopisany upał; trudno się oddychało ciemnym, brudnym powietrzem, przeniknietym na wskroś smrodem potu, tłumiącym wszelkie światło. W ustach czuło się smak ognia i popiołów. Tłum bynajmniej się nie rozchodził, zbyt rozwścieczony, by wracać do domu, zbyt urażony porażką, by ją zlekceważyć. Rozwrzeszczani ludzie poruszali się jakby pociągani i popychani przez niewidzialną siłę, w szalonym tańcu na dnie otchłani.

Alfredo poprowadził nas skrótem do szosy, przez parking i kępy połamanych drzew na tyłach chat. Na ziemi leżeli ludzie, ale nie potrafiłem stwierdzić, czy byli ranni, spali, czy też nie żyli.

Kiedy zagadnąłem Alfreda o tłum kibiców, powiedział:

– A nie mówiłem? Żałujesz, że poszedłeś, prawda?

– Nie – zapewniłem go zgodnie z prawdą, ponieważ czułem satysfakcję. Podróżowanie nie ma sensu bez pewnego ryzyka. Przez cały wieczór bacznie się wszystkiemu przyglądałem, usiłując zapamiętać najdrobniejsze detale, nabierając przekonania, że nigdy więcej nie pójdę na mecz piłki nożnej w Ameryce Łacińskiej.

Mecz nie był jedynym wydarzeniem tego wieczoru w San Salvador. Podczas gdy kibice awanturowali się na Stadionie Narodowym, w katedrze arcybiskup Salwadoru odbierał tytuł doktora honoris causa z rąk rektora Uniwersytetu Georgetown. Pragnąc rzucić wyzwanie rządowi i wygłosić jezuickie przemówienie, arcybiskup celowo zorganizował publiczną uroczystość. Do katedry przybyło dziesięć tysięcy osób, jak mi mówiono, równie groźnych w swoim niezadowoleniu jak kibice.

Dziesięć lat wcześniej wybuchła wojna futbolowa, zwana też wojną stu godzin. Najpierw starły się ze sobą piłkarskie drużyny oraz kibice Salwadoru i Hondurasu, później do dzieła przystąpiły armie obu państw. Wszystko wzięło się z chronicznego deficytu ziemi w Salwadorze. Salwadorczycy przekradali się przez granicę do Hondurasu, gdzie uprawiali ziemię, osiedlali się, pracowali na plantacjach bananowych. Ludzie ci ciężko pracowali, ale gdy obywatele Hondurasu zorientowali się, co się święci, próbowali ograniczyć napływ ludności z Salwadoru; prześladowali nielegalnych przybyszów, repatriowali ich. Jak to się dzieje w tego rodzaju przypadkach, pojawiły się opowieści o przemocy: gwałtach, morderstwach, torturach. Jednak do okrucieństw na dużą skalę doszło dopiero po eliminacyjnych meczach piłki nożnej przed mistrzostwami świata w 1970 roku. W czerwcu 1969 roku po meczu między Salwadorem a Hondurasem w Tegucigalpa wybuchły zamieszki, które powtórzyły się tydzień później w San Salvador. W ciągu kilku dni armia salwadorska, biorąc sobie do serca wojowniczy nastrój kibiców, zaatakowała Honduras. Chociaż wojna trwała niewiele ponad cztery dni, zginęło dwa tysiące żołnierzy i cywilów, głównie po stronie Hondurasu.

Rok temu w Salwadorze odbyły się wybory, ale zostały sfałszowane. Zamieszki, jakie wybuchły, przypominały sceny, które widziałem po meczu, ale wówczas rozgrywały się one na ulicach stolicy. Żołnierze strzelali do studentów, ludzi zamykano w więzieniach. W Salwadorze doszła do władzy kolejna, wyjątkowo brutalna dyktatura wojskowa. Polityka to obmierzły temat, ale powiem jedno: ludzie mawiają, że dyktatury niekiedy są niezbędne do zaprowadzenia ładu, a ten rodzaj scentralizowanej władzy jest stabilny i godny zaufania. W istocie rzadko tak bywa. Taka władza jest zawsze biurokratyczna, skorumpowana, niestabilna, chwiejna, barbarzyńska, a przy tym wywołuje te same cechy w rządzonych.

Po powrocie do nędznego hotelu opisałem mecz piłkarski. Pisanie odegnało senność, w pokoju rozlegały się hałasy, drapanie od strony sufitu. Zacząłem czytać *Przygody Arthura Gordona Pyma*. Od pierwszego rozdziału powieść budziła grozę. Pym podróżuje nielegalnie pod pokładem, brakuje mu jedzenia i wody. Towarzyszący mu pies rzuca się na niego w ataku wścieklizny. Pym o mały włos nie ginie, a kiedy wreszcie się uwalnia, stwierdza, że na statku wybuchł bunt, zrywa się kolejny sztorm. Czytając o tym wszystkim w ciasnym pokoju, raz po raz słyszałem złowrogie drapanie. W końcu zgasiłem światło, zasnąłem i przyśnił mi się koszmar: sztorm, ciemność, wiatr i szczury szurające w spiżarni. Koszmar zbudził mnie, sięgnąłem do włącznika światła. W blasku lampy ujrzałem, że w suficie, dokładnie nad moją głową, widnieje dziura wielkości ćwierćdolarówki. Wcześniej jej tam nie było. Po chwili na wygryzionym obrzeżu otworu pojawiła się para żółtych zębów.

Tej nocy już nie zmrużyłem oka.

rozdziałdziewiąty

Lokalny do Cutuco

Nawet Salwadorczycy, lojalni wobec swego małego kraiku i żarliwie nacjonalistyczni, uważają Cutuco za dziurę. Patrząc na Nikaraguę tuż po drugiej stronie granicy, człowiek wie, że koniec trasy musi znajdować się tuż, tuż. Widać to gołym okiem. W Cutuco pociąg z Bostonu zatrzymuje się definitywnie. Dalej można popłynąć promem przez zatokę Fonseca i po ośmiu albo jedenastu godzinach (zależy, czy jest przypływ, czy odpływ) znaleźć się w Nikaragui. Jeżeli akurat nie trwa indiańskie powstanie, bunt wieśniaków lub wojna domowa, do Nikaragui można się dostać drogą lądową, choćby tylko po to, by stwierdzić, ile przesady kryje się w opinii, że Nikaragua jest najgorszym wrzodem na świecie: najbardziej upalnym, najbiedniejszym, najbrutalniej rządzonym krajem z morderczym krajobrazem, średniowiecznymi prawami i niestrawnym jedzeniem. Miałem nadzieję zweryfikować te sądy. Niegościnny kraj, podobnie jak okropna podróż pociągiem, nadaje relacji podróżnika ton heroiczny. Jeśli nie liczyć kilku niedogodności w drodze z dworca South Station do San Salvador Central, podróż w znacznej mierze przebiegła bez zakłóceń. Za to Nikaragua przedstawiała pewien problem.

O Nikaragui zacząłem myśleć już kilka miesięcy wcześniej w Bostonie, kiedy przeczytałem, że wojna partyzancka (będąca po części indiańskim powstaniem) rozprzestrzeniła się z Managui na mniejsze wioski. Dlaczego, zastanawiałem się, wszystkie te wioski muszą się znajdować właśnie na wytyczonej przeze mnie trasie przez kraj? Planując podróż, zazwyczaj nie uwzględniałem wiadomości z gazet. Zaopatrzywszy się w najlepsze dostępne mapy, przewodniki i kolejowe rozkłady jazdy, próbowałem ustalić optymalne połączenia jednej linii kolejowej z drugą. Nigdy nie zaprzątałem sobie głowy hotelami. Jeżeli miasto było na tyle ważne, by zostać uwzględnione na mapie, zakładałem, że warto je odwiedzić (niespodzianek nie dało się uniknąć: Zacapa figurowała na większości map, Santa Ana zaś nie, ale tego rodzaju odkrycia dodają podróżnikowi otuchy i odwagi). Wcześniej słyszałem, że Nikaragua jest środkowoamerykańskim odpowiednikiem Afganistanu, ale oprócz tego mglistego porównania niewiele wiedziałem o kraju, poza faktem, że w latach 1855–1857 rządził nim William Walker z Tennessee, mający metr pięćdziesiąt wzrostu, który wprowadził angielski jako język urzędowy, ustanowił niewolnictwo, zamierzał też przyłączyć Nikaraguę do Południa Stanów Zjednoczonych. Karzeł ten został zastrzelony w 1860 roku. Przez blisko czterdzieści lat Nikaraguą w barbarzyński sposób rządziła rodzina Somozów, o tym wiedzieli wszyscy. Ale wojna partyzancka? Doniesienia prasowe, na których musiałem teraz polegać, różniły się w ocenie powagi sytuacji.

W Meksyku, Gwatemali i Salwadorze kupowałem lokalne gazety, próbując odkryć, co się dzieje w Nikaragui. Wiadomości nieodmiennie były złe, z tendencją do pogarszania się. Jednego dnia czytałem: PARTYZANCI ATAKUJĄ POSTERUNEK POLICJI, nazajutrz gazety donosiły, że SOMOZA WPROWADZA GODZINĘ POLICYJNĄ. Później przyszedł czas na PARTYZANCI NAPADAJĄ NA BANK – starannie tłumaczyłem nagłówki – oraz SOMOZA RZĄDZI TWARDĄ RĘKĄ. W Santa Ana przeczytałem: PARTYZANCI ZABIJAJĄ DZIESIĘĆ OSÓB, w San Salvador nagłówki brzmiały: SOMOZA ARESZTUJE 200 oraz INIDIANIE CHWYTAJĄ ZA BROŃ. Niedawno przeczytałem: W NIKARAGUI PANUJE CHWIEJNY SPOKÓJ, ale tuż przed wyjazdem z San Salvador w „La Prensa" ujrzałem artykuł

opatrzony nagłówkiem PARTYZANCI KUPUJĄ OD STANÓW ZJED-
NOCZONYCH BROŃ WARTĄ 5 MILIONÓW DOLARÓW. Prezydent
Carter zachowywał rozsądną neutralność wobec sprawy Nikaragui; najwyraźniej w Stanach dominowała nadzieja, że Somoza
zostanie obalony. Te pobożne życzenia raczej mi nie pomagały.
Luty się kończył, a rewolucja nie wybuchała; dochodziło do spo-
radycznych walk, pojawiły się doniesienia o masakrach, Somoza utrzymywał się przy władzy. Wyglądało na to, że pozostanie
tam przez kolejnych czterdzieści lat, a w każdym razie przekaże
rządy – w wypadku Nikaragui jest to aparat represji – synowi.
Perspektywa podróży przez Nikaraguę zaczęła mnie niepokoić. W końcu postanowiłem pojechać do granicy i porozmawiać
z ludźmi. W razie utrzymującej się złej sytuacji objadę kraj dookoła. Pociągiem do Cutuco pojechałem właśnie po to, by zbadać Nikaraguę. Zupełnie jakbym szedł do dentysty z nadzieją,
że zastanę gabinet zamknięty, bo dentystę zmógł atak lumba-
go. U dentysty nigdy mi się to nie przytrafiło, za to w wypadku
Nikaragui dopisało mi szczęście.

– Nie możesz wjechać do Nikaragui – powiedział Salwadorczyk na przejściu granicznym przy przystani promowej. Czy
można znaleźć na świecie bardziej błotnisty widok, bardziej ponurą perspektywę niż zatoka Fonseca? – Granica jest zamknięta.
Żołnierze każą ci zawrócić.

To było lepsze niż wstrzymanie egzekucji. Oto zdjęto ze
mnie obowiązek podróży przez Nikaraguę. Po powrocie do
San Salvador przeniosłem się do hotelu bez szczurów, ale nie
miałem tam nic do roboty. Wygłosiłem wykład na temat, który
przyszedł mi do głowy w pociągu do Tapachuli: „Mało znane
książki sławnych amerykańskich pisarzy – *Pudd'nhead Wilson*,
The Devil's Dictionary, *Dzikie palmy*". Zwiedziłem uniwersytet (gdzie nikt nie potrafił mi wyjaśnić, skąd na uniwersytecie w kraju prawicowej dyktatury wziął się mural z Marksem,

Engelsem i Leninem). Ponieważ miałem cały dzień do dyspozycji, postanowiłem znowu pojechać do Cutuco, ale tym razem zatrzymać się po drodze.

Z poprzedniej podróży wiedziałem, że na długo przed San Miguel, leżącym w trzech czwartych drogi do Cutuco, okolica przestaje być interesująca. Jak poprzednio, pociąg składał się z dwóch wagonów, w których nie podróżowało więcej niż dwadzieścia pięć osób. W oczekiwaniu na podstawienie pociągu spytałem ludzi, dokąd jadą. Do San Vicente, odpowiedzieli. W San Vicente był dzień targowy. Czy San Vicente jest ładne? O, bardzo ładne, zapewnili, postanowiłem więc wysiąść w San Vicente.

Nie ma dwóch jednakowych pociągów. Te salwadorskie są równie zdezelowane jak gwatemalskie, ale nie brakuje różnic. Może tchnęła w nie życie ta sama firma owocowa, lecz ewoluowały w różnych kierunkach. Zasada ta dotyczy wszystkich linii kolejowych na świecie – jeszcze nigdy nie widziałem dwóch choćby odlegle podobnych do siebie. El Jarocho różni się od Złotych Dudów nie tylko nazwą. Nie chodzi jedynie o różnice narodowe; pociągi nasiąkają charakterem przemierzanych tras. W pociągu lokalnym do Cutuco ta odmienność uderza natychmiast po wejściu. W przejściu prowadzącym na peron ujrzałem tego samego smutnego śniadego człeczynę, który wpuścił mnie do wagonu silnikowego, w sportowej koszuli, ze starym rewolwerem w kaburze i pasem z amunicją. Miałem nadzieję, że nic nie sprowokuje go do strzału, bo wtedy broń z pewnością wybuchłaby mu w twarz, a ja zginąłbym nie od kuli, ale od odłamka. Człowieczek skasował mi bilet, pociąg wjechał z chrzęstem na peron, wsiadłem. Z rozdartych siedzeń wyłaziło włosie; oparcie sprawiało ból.

– Te siedzenia są w bardzo złym stanie – powiedział przepraszającym tonem siedzący naprzeciwko mnie Salwadorczyk, kopnął siedzenie przed sobą i ciągnął: – Ale są mocne. Patrz, same fotele są w porządku, tylko porozdzierane i brudne. Powinni je naprawić.

– Czemu ich nie naprawią? – spytałem.

– Bo wszyscy jeżdżą autobusem.

– Gdyby je naprawili, wszyscy jeździliby pociągiem.

– To prawda – przyznał. – Ale wtedy pociąg byłby zatłoczony.

Zgodziłem się z nim, nie dlatego, żebym wierzył w to, co mówił, ale miałem już dość wygłaszania kazań na temat nieporządku. W Ameryce Środkowej wszystko stało na głowie. Tak jakby Nowa Anglia całkiem zeszła na psy, a w miejscach w rodzaju Rhode Island i Connecticut doszli do władzy opętani generałowie i policjanci o bandyckiej mentalności; jak gdyby miejsca te wyrodziły się w tyranie, stając się wylęgarniami nacjonalizmu. Nic dziwnego, że potentaci tacy jak Vanderbilt oraz kompanie o imperialnych zapędach w rodzaju United Fruit Company, uważając te kraje za zdegenerowane, przejęli władzę i usiłowali nimi rządzić. Sprawa powinna być prosta. Jednak magnatom przemysłowym i wielkim firmom brakowało moralności i współczucia, niezbędnych do zaprowadzenia ładu w tych krajach; kierowali się wyłącznie pogardą i własnym interesem. Nie byli nawet kolonizatorami, ale rekieterami, którzy powoływali do życia kolejnych rekieterów. W pozbawionych prawa krajach zapanowała groteskowa nierówność i odrażająca przemoc. Salwador zasługuje na to, by być spokojnym miejscem, ale nim nie jest. Piłka nożna, najprostszy sport na świecie, zamieniła się tam w wolną amerykankę, z wyładowującymi frustrację widzami w roli głównej. Czemu nie mielibyśmy się trochę pobawić, mogliby odpowiedzieć, przecież żyjemy jak psy. Piłka nożna nie była piłką nożną, Kościół nie był Kościołem, nigdy też nie jechałem czymś takim jak ten pociąg. Zanim pociąg osiągnąłby ten stan zniszczenia, każde rozsądne przedsiębiorstwo kolejowe odebrałoby ubezpieczenie za szkody i rozpoczęło działalność od zera, jak to się dzieje na przykład w Indiach. Nie znajdowaliśmy się jednak w Indiach, ale w Salwadorze; tę kupę złomu wyśmiano by w Bengalu Zachodnim, a to już o czymś świadczy.

Prawda jest jednak taka, że najgorszymi pociągami podróżuje się przez najlepsze krajobrazy. Superszybkie ekspresy – japoński shinkansen, Błękitny Pociąg z Paryża do Cannes czy Latający Szkot oferują tylko luksusową przejażdżkę, nic więcej; szybkość niweluje przyjemność podróży. Za to lokalny pociąg do Cutuco zabiera człowieka w podróż przez wspaniałość. Jeżeli nie odstraszy nas uzbrojony konduktor, brudne wagony czy niewygodne siedzenia, zostaniemy nagrodzeni najcudowniejszymi widokami na południe od Massachusetts. Pociąg posuwa się z taką starczą powolnością, że człowiek odnosi wrażenie, iż Salwador dorównuje wielkością Teksasowi. Taki efekt wywołuje słaba lokomotywa i niezliczone postoje; sześćdziesięciokilometrowy odcinek do San Vicente pociąg pokonuje w trzy i pół godziny.

Przedstawienie rozpoczyna się dopiero po pewnym czasie. Wcześniej Salwador wydawał mi się schludny, żyzny i bogaty. Tak też jest, ale na zachodzie. Nędza zaczyna się na wschód od stolicy, po drugiej stronie torów, tuż za ostatnimi zabudowaniami kolejowymi przy kamieniołomie na skraju miasta. Pociąg toczy się przez całą godzinę przez przerażające skupisko chat z epoki kamiennej: glina i bambus, tektura i patyki, blacha i glina, na dachach zaś wszelkiego rodzaju odpadki mają przygniatać całość, bo przecież nie da się wbić gwoździ w glinę czy tekturę. Na dachach można zobaczyć zdumiewającą kolekcję zepsutych przedmiotów. Spójrzmy na tamten: stara zardzewiała maszyna do szycia, żelazny piecyk w kawałkach, sześć opon, cegły, puszki, głazy; na tamtym natomiast porąbane drewno, gałąź i kilka kamieni. Chaty opierają się o siebie, przylegają do stromych zboczy kamieniołomu, cisną się przy torach, za jedyną ozdobę mając obrazek z Jezusem czy świętym, a jedyny kolor pochodzi od łachmanów rozwieszonych do wyschnięcia na drewnianym trójnogu. W tym kraju uprawia się kawę. Cena kawy jest niebotyczna. Ci ludzie naprawdę żyją jak psy, natomiast same psy zdegenerowały się do skulonych stworzeń, które nigdy nie szczekają, tylko kuśtykają, czają się i ryją w zakurzonych zaroślach. Psy przekształciły się w zwierzęta ryjące, podobne do szczególnie parchatych mrówkojadów. Opustoszały pociąg jechał tak wolno, że dzieci z biednych chałup wdrapywały się z wrzaskiem, przebiegały przez wagon, skacząc po siedzeniach, i wyskakiwały z pociągu na kolejnym zakręcie.

Gdyby te biedne dzieci zostały w pociągu jeszcze przez dziesięć minut, zobaczyłyby otwartą przestrzeń, drzewa, dzikie kwiaty i ptaki śpiewające. Dzieci nie zapuszczają się jednak w głąb kraju. Może jest to zabronione, a może są posłuszne instynktowi mieszkańców dzielnic nędzy, który każe chronić się na obszarach nędzy i nie wykraczać poza ich granice. W świecie zewnętrznym zagrażają im policjanci, właściciele ziemscy, inspektorzy podatkowi; z powodu łachmanów nędzarzy łatwo namierzyć i upokorzyć. Dlatego w ciągu dnia środkowoamerykańska dzielnica nędzy tętni życiem i prawie zawsze kończy się na strumieniu, potoku lub torach kolejowych. Tuż za naturalną granicą nędzy zaczyna się dżungla lub pastwiska. Tutaj skupisko chat ustąpiło miejsca plantacjom kawy, należało więc sądzić, że nędzarze, których widziałem wcześniej, pracowali przy zbiorze kawy. Później dowiedziałem się, że ich zarobki nie mają się nijak do ceny kawy.

Pociąg wspinał się na niskie wzgórza, potem minęliśmy wyższy grzbiet. Rozejrzawszy się po dolinie, zobaczyłem jezioro Ilopango oraz wulkan Chinchontepec. Od tych wysoko położonych terenów aż do San Vicente – gdzie perspektywa skraca się, gdy pociąg zjeżdża w dół – jezioro i wulkan olbrzymieją i zmieniają barwy, w miarę jak słońce kryje się za nimi. Już pierwszy widok jest imponujący, ale później jezioro pęcznieje, wulkan rośnie, nabierając niewiarygodnej urody. Woda jeziora jest błękitna, potem szarzeje, wreszcie czernieje, gdy pociąg wjeżdża na grzbiet wulkaniczny na północnym krańcu jeziora. Na jeziorze leży wyspa. W 1880 roku, kiedy poziom wody nagle opadł, wyspa wyłoniła się i tkwi tam nadal, jak pozbawiony masztów okręt flagowy pośrodku ciemnego chromatycznego morza. Między jeziorem a pociągiem wznoszą się niskie zielone wzgórza, a bliżej torów rosną bananowce, gaje pomarańczowe i żółte rozkołysane bambusy. Bliższa roślinność jest spłowiała i przykurzona, ale ta rosnąca dalej, gęsta i soczysta, mieni się szmaragdowo.

Teraz jezioro jest srebrzyste, z emalią błękitnych kręgów, po chwili czernieje i pieni się biało, jeszcze później różowieje, a brzegi przyjmują zieleń drzew. Dla miejscowych Indian jezioro było czymś znacznie więcej niż tylko zbiornikiem wodnym, gdzie się myli, łowili ryby i gasili pragnienie. Przewodniki powtarzają kłamliwe informacje o doniosłym znaczeniu jeziora ku uciesze łatwowiernych turystów. W jednym czytamy, że przed hiszpańską konkwistą Indianie „przebłagiwali bogów urodzaju, rokrocznie topiąc w jeziorze cztery dziewice". Niewykluczone, że to prawda, a zgodnie z obiegowym żartem rytuał zarzucono z powodu braku kandydatek. Ofiary z ludzi składano w tym jeziorze jeszcze pod koniec dziewiętnastego wieku, ale nie miały one nic wspólnego z bogami urodzaju. Skomplikowana procedura miała jasno określony cel.

Świadkiem takiego obrzędu był Don Camillo Galvar, wizytator generalny w San Salvador w latach sześćdziesiątych dziewiętnastego wieku. W latach osiemdziesiątych opisał krwawe praktyki Indian znad jeziora Ilopango. „Mieszkańcy puebli wokół jeziora, Cojutepeque, Texacuangos i Tepezontes, twierdzą, że kiedy trzęsienia ziemi nadchodzą od strony jeziora, czego oznaką jest brak ryb, oznacza to, że pożarł je rządzący okolicą potwór, mieszkający w jeziorze".

Zatem nie bóg urodzaju, ale potwór, a Indianie bali się, że o ile nie „dostarczą mu bardziej delikatnego, soczystego pożywienia, godnego jego potęgi i żarłoczności", potwór pożre wszystkie ryby i dla rybaków nic nie zostanie. Indianie twierdzili, że potwór je ryby tylko na takiej zasadzie, na jakiej „ludzie jedzą owoce, dla orzeźwienia lub aby uśmierzyć głód". Jezioro i wulkan drżały, ryby znikały, więc Indianie, „którym brak ryb mocno dał się we znaki [...] zebrali się na rozkaz wodzów". Czarownicy w rytualnych strojach i nakryciach głowy poradzili, że należy wrzucić do jeziora kwiaty i owoce. Czasami takie postępowanie przynosiło skutek: wstrząsy ustawały. Jeśli jednak ziemia nadal się trzęsła, Indianie zbierali się znowu, a czarownicy radzili, by wrzucić do jeziora zwierzęta, najlepiej susły, szopy, pancerniki i stworzenia zwane taltusa. Zwierzęta należało schwytać i wrzucić do wody żywe. Każdemu Indianinowi, którego przyłapano na wrzucaniu do jeziora martwego zwierzęcia, groziło powieszenie na pnączu zinak, ponieważ władca-potwór bardzo by się rozgniewał, gdyby musiał zjeść padlinę.

Przez kilka następnych dni badano poziom wody, zarybienie, obecność lub brak wstrząsów. W razie utrzymujących się niedobrych oznak „mędrcy" przystępowali do działania. Wybrawszy dziewczynkę w wieku od sześciu do dziewięciu lat, przystrajali ją kwiatami, krępowali nogi i ręce, do szyi przywiązywali kamień, po czym „zabierali ją o północy na środek jeziora i wrzucali do wody. Jeśli nazajutrz dziewczynka pływała po powierzchni, a wstrząsy się utrzymywały, do jeziora wrzucano kolejną ofiarę, z zachowaniem tej samej procedury".

„W latach 1861–1862 – ciągnie Don Camillo – kiedy odwiedzałem te strony, ludzie przyznawali, że stosują ów barbarzyński obrzęd, aby zapewnić sobie obfity połów". Tak więc istniał racjonalny powód, a Indianie wcale nie przechwalali się składaniem ofiar. Według Don Camilla, mówili mu o tym „z wielką rezerwą".

Jezioro przybrało bardziej złowrogi odcień błękitu, po powierzchni pędziły szare mgły podobne do zjaw, a pociąg stale się wznosił. W dole ujrzałem nie jedną, lecz pięćdziesiąt dolin oraz zielone szczyty. Trudno było uwierzyć, że wzgórza, położone tak daleko w dole, mogą być tak wysokie, ale pociąg przekraczał górski grzbiet na wielkiej wysokości, toteż porównanie wzgórz z wulkanem Chinchontepec stanowiło pouczającą lekcję o skali. Wulkan wciąż znajdował się daleko, stale rósł; teraz wydawał się olbrzymi, czarny i niedostępny.

Wulkan pozostawał w oddali, wśród soczystej zieleni. Pociąg przeciął gorętsze pasmo górskie. Pył wpadał do wagonów. W celu rozprostowania nóg zacząłem spacerować po składzie, a po powrocie poznałem swoje siedzenie po kolorze: miało cieńszą warstwę pyłu niż inne, pokryte brązowym prochem. W wagonach brakowało drzwi, a w pozbawionych szyb oknach pył wirował z taką gwałtownością, że bagażowi, konduktorzy i cały personel pociągu przenieśli się na dachy wagonów, gdzie pył nie mógł ich dosięgnąć. Ludzie siedzieli, trzymając się rur lub kółek, albo stawali na środku dachu na szeroko rozstawionych nogach. Pociąg do Zacapa był zakurzony, ale w dolinie Motagua nie wiał wiatr. Tutaj znajdowaliśmy się na dużej wysokości, a pęd pociągu oraz porywisty górski wiatr tworzyły podmuchy, które zakrywały pociąg brunatnym welonem pyłu, więc na długi czas wszystko znikało z pola widzenia. Pasażerowie kulili się, opuszczali głowy, zakrywali twarze koszulami. Pociąg głośno łomotał, oddychało się z trudem, jakbyśmy wąskim, pylnym tunelem uciekali przed zapadającą się ziemią.

Za wioską Michapa pociąg sunął korytem pomiędzy stromymi piaszczystymi brzegami. Dziewczynka, w wieku może ośmiu lat, przywarła do jednego brzegu, a pył furkotał wokół niej. W objęciach tuliła małą kózkę, żeby w panice nie wyskoczyła na tory. Na twarzy dziewczynki, udręczonej hałasem i kurzem, zastygł wyraz bolesnej zgryzoty.

Kiedy burza piaskowa minęła, a nad nami rozwarło się niebieskie niebo, łoskot pociągu utonął w pustym powietrzu i odnosiło się wrażenie, że lecimy samolotem na małej wysokości, muskając wierzchołki drzew, opadamy w doliny. Krajobraz bawił się z nami w ciuciubabkę: pociąg balansował na wąskim grzbiecie górskim, widzieliśmy wszystko prócz torów. Wcześniej jechaliśmy wolno, ale teraz, pędząc w dół, nabraliśmy szybkości. Stara lokomotywa i wagony sunęły w powietrzu jak latający pociąg. Nieczęsto można podziwiać taki widok z pociągu, a jego piękno pozwoliło mi zapomnieć o upale, kurzu, zniszczonych siedzeniach; widok wzgórz w dole i bliższych, porośniętych kawą i bambusami, podniósł mnie na duchu. Przez kolejne pół godziny nurkowaliśmy tą powietrzną koleją we wzgórza najczystszej zieleni.

Krajobraz się zmienił, ale wioski pozostały takie same. Człowiek myśli sobie: „Ja już tu byłem". Niewielka wioseczka nosi imię świętego. Stacja mieści się w otwartej z trzech stron szopie, wokół której walają się skórki od pomarańczy, włochate skorupy kokosowe, papiery i butelki. Bura strużka ścieków napełniająca zielonożółtą kałużę; kobieta z koszem na głowie, bananami w koszu i muchami na bananach; sterta czarnych podkładów kolejowych i zatłuszczonych desek, szyld Coca-Coli spłowiały na różowo, dziesiątka umorusanych dzieci i dziewczynka z niemowlęciem na plecach, chłopiec z brzęczącym radioodbiornikiem wielkości pudełka na buty, bananowce, cztery chaty, kulawy pies, kwicząca świnia, człowiek drzemiący z głową na lewym ramieniu, z przygniecionym rondem kapelusza. Już tu byłeś, widziałeś udeptaną ścieżkę i dym, słońce dokładnie pod tym kątem nad drzewami, wrak samochodu spoczywający na osiach, kurczaki wydziobujące z cienia kamyki, twarz za zasłoną z łachmanów w oknie chaty, zawiadowcę stacji z rejestrem pod pachą, w koszuli z długimi rękawami i ciemnych spodniach, stojącego w słońcu na baczność, liście wioskowych drzew pokryte tak grubą warstwą kurzu, że wyglądają jak uschnięte. Wszystko to wygląda tak znajomo, że zaczynasz się zastanawiać, czy podróżujesz po kole, wyruszasz rano, by w upalne popołudnie dotrzeć do tej samej wioski, ze świnią, ludźmi, uschniętymi drzewami, a wizja nędzy powtarza się jak sen, który wymaga, abyś raz po raz wracał na to samo miejsce, przy czym ta identyczność ma w sobie coś drwiącego. Czy możliwe, że po wielu tygodniach jazdy pociągiem dotarłeś tylko tutaj i ciągle wracasz do tej zapadłej mieściny? Nie, chociaż od przekroczenia Rio Grande widziałeś setki takich miejsc, nigdy tu jeszcze nie byłeś.

Kiedy pociąg gwiżdże, odjeżdżasz, a ponieważ widziałeś już tak wiele podobnych odjazdów, wioska nie pozostawia żadnego wrażenia. Wzbijany przez przyspieszający pociąg kurz zakrywa chaty. Jednak te miejsca odkładają się w zakamarkach pamięci, aż zaczynasz się modlić o odmianę, o odrobinę nadziei, która mogłaby tchnąć nadzieję w te miejsca. Zobaczenie nędzy kraju nie oznacza wejrzenia w jego serce, ale o podobnej żałości bardzo trudno zapomnieć.

Pociąg wspiął się na kolejne górskie pasmo, a moją uwagę przykuł wąwóz na południu. Wysokie koślawe drzewa oplecione smukłymi pnączami porastały urwisko jak początki dżungli. Stromizny nie pozwalały na uprawy, nie pozwalały nawet na budowanie chat czy wytyczanie ścieżek. W tej dzikiej, niezamieszkanej okolicy ptaki fruwały wzdłuż zboczy wąwozu, ale chyba nie odważały się przelatywać na drugą stronę. Pociąg witały gwizdami. Wypatrując ptaków, wychyliłem się przez okno i wtedy wszystko spowiła czerń.

Pociąg wjechał w tunel. Pasażerowie zaczęli krzyczeć. Mieszkańcy Ameryki Środkowej zawsze krzyczą w tunelach, choć nie wiem, czy z entuzjazmu, czy ze strachu. W wagonach brakowało oświetlenia, a z ciemności buchnął na nas pył, który gęstniał, im bardziej zagłębialiśmy się w tunelu. Pył pokrywał mi twarz, włosy, aż poczułem się jak w wykopanym dole, do którego sypią łopatami ziemię. Idąc w ślady pasażerów, zakryłem twarz koszulą i oddychałem przez materiał. Pociąg jechał przez tunel pięć minut, co jest długim okresem, jeśli człowiek się dusi i słyszy krzyki ludzi. Jednak nie wszyscy wrzeszczeli. Naprzeciwko mnie siedziała starsza kobieta, która powiedziała mi, że jedzie do San Vicente sprzedać pomarańcze. Gdy pociąg zagłębił się w tunelu, spała; spała też, kiedy z niego wyjechaliśmy. Z głową odrzuconą do tyłu i otwartymi ustami, nie zmieniła pozycji.

Wyjechawszy z tunelu na słońce i klarowne powietrze, pociąg przestał łoskotać. Wagony kołysały się na zboczu, a chrzęst lokomotywy, przytłumiony przez napór powietrza, brzmiał jak przyciszony hołd dla kilkunastokilometrowej żyznej doliny Ji-boa, która zaczęła się przy wjeździe do tunelu, opadała łagodnie jak stok narciarski, by wznieść się u podnóża wulkanu. Sam wulkan, w ciemniejszym odcieniu zieleni niż okolica, z której wyrastał, miał kształt lwa; światła i cienie układały się w barki, przednie łapy, mięśnie boków i tylnych ud. Stwór ten sprawiał wrażenie zamyślonego, a gdy tak pędziłem ku niemu pociągiem, wydał mi się bezgłowym sfinksem, zielonym i monumentalnym, jakby głowa gdzieś się potoczyła, ale ciało pozostało nietknięte. Bez trudu można pojąć, dlaczego tutejsi Indianie wierzą, że ich ziemię zamieszkują potworni władcy. Góry nie tylko przypominały potwory, przybierały kształty zwierząt, nieporadnych łap olbrzymów i demonów, ale w dodatku pomrukiwały, grzmiały, dygotały, strząsały chwiejne indiańskie chatynki, paliły Indian żywcem i grzebały pod popiołem, przyczyniały się do zniknięcia ich ryb, pożerały ich dzieci. Te osobliwości krajobrazu nadal budziły grozę.

Przez kolejnych czterdzieści minut zjeżdżaliśmy górską doliną w stronę cienia wulkanu. Pociąg posuwał się wolno, jakby przykuty do obrzeża doliny, a wulkan zdawał się rosnąć i obracać, odsłaniając smukły lwi grzbiet, wydłużając się, może prężąc do wybuchu, aż wreszcie, gdy byłem pewien, że się uniesie i ryknie, zniknęło wszystko z wyjątkiem dwóch górskich grzbietów, napiętych jak przednie łapy. Oto dotarliśmy do San Vicente, miasteczka położonego najbliżej wulkanu, głęboko między jego przednimi łapami.

Większość pasażerów wysiadła i ruszyła przez tory. Nikt nie sprawdzał biletów. Pracownicy kolejowi przyglądali się podróżnym z cienia pod drzewami. Pociąg zagwizdał i potoczył się w kierunku Cutuco. Pył opadł, a wraz z nim żałobna cisza miasteczka w upalne popołudnie.

Na moje pytanie o targ chłopiec udzielił mi prostych wskazówek: idź tą drogą. Wydawał się zdziwiony, że ktokolwiek pyta o drogę w tej małej mieścinie. Stacja nie leżała jednak w centrum. Aby dostać się z niej do placu, należało przejść ponad pół kilometra główną ulicą, przy której stała większość domów San Vicente. Ulica zaczyna się w piachu, potem pojawiają się wyboje, następnie bruk, a w pobliżu placu beton. Targ, który zachwalano mi jako ciekawy, przypominał orientalny bazar, złożony z namiotów rozstawionych wzdłuż kilku alejek. Pod każdym namiotem piętrzyły się owoce lub warzywa, wisiały martwe zwierzęta, stały pudełka z ołówkami czy grzebykami. W danej części targu wszyscy sprzedawali to samo: oddzielnie owoce, warzywa, mięso i przedmioty gospodarcze; dalej zaczynała się część cuchnąca nieświeżymi rybami. Kupiłem butelkę wody mineralnej, zwracając przy tym uwagę, że nikt nie zachwala towarów. Sprzedawcy zbili się w grupy, tu mężczyźni, tam kobiety, i rozprawiali w najlepsze.

Na końcu dzielnicy targowej otwierał się plac, a przy nim wznosił się kościół El Pilar, jeden z najstarszych w Ameryce Środkowej. Zbudowany przez Hiszpanów w tym odległym miasteczku, nigdy nie był odnawiany, ponieważ nie zaszła ta potrzeba. Z założenia miał przetrwać oblężenia pogan i trzęsienia ziemi. Jeśli pominąć kilka wybitych szyb, kościół z powodzeniem oparł się zębowi czasu. Mury mają metr grubości, a kolumny, liczące cztery metry w obwodzie, są niskie i przysadziste jak w katedrze. El Pilar to jednak niewiele więcej niż kaplica, podobna kształtem do mauzoleów, które widziałem w Gwatemali: biały, krągły, z meczetowymi kopułami i arabeskami, którymi Hiszpanie zdobili wiejskie kościoły. Pobielone ściany nie potrafiły jednak ukryć wojowniczego wyglądu, a witraże i krzyże nie mogły zamaskować tego, czym kościół był chyba zawsze – fortecą.

Na początku dziewiętnastego wieku w tej części Ameryki Środkowej wybuchały wojny z Indianami. Dzięki liczebności i waleczności Indianie zdołali wziąć górę nad Hiszpanami na pewnych obszarach i założyć tam twierdze, małe królestwa na terenie hiszpańskiej kolonii. Z tych enklaw robili wypady na hiszpańskie miasta i niekiedy trzymali ich mieszkańców w szachu. W latach trzydziestych toczono wiele bitew, a najliczniejszymi siłami Indian dowodził chrześcijanin Agostino Aquinas, którego brawura doprowadziła właśnie tu, do El Pilar w San Vicente. Chcąc rzucić wyzwanie Hiszpanom, Aquinas wtargnął do kościoła El Pilar i zerwał koronę z posągu świętego Józefa. Wsunąwszy ją sobie na głowę, wypowiedział Hiszpanom wojnę. Potem schronił się w górach, skąd kontrolował spory obszar i prowadził wojnę partyzancką.

Kościół nie mógł się znacznie zmienić od czasu, gdy Aquinas wtargnął i go zbezcześcił. Łuki są ciężkie, płyty posadzki ani drgną, drewniany ołtarz po prostu nieco pociemniał, atmosfera całego ciasnego wnętrza przypomina grobowiec. Możliwe, że jest to najświętsza budowla w miasteczku; z pewnością jest najsolidniejsza. W przeszłości niewątpliwie pełniła funkcję twierdzy.

W przednich ławkach klęczało jedenaście kobiet pogrążonych w modlitwie. Ponieważ w środku panował chłód, usiadłem z tyłu i zacząłem szukać wzrokiem posągu świętego Józefa. Od strony jedenastu owiniętych w czarne szale głów dochodził miarowy pomruk modlitwy; ciche głosy szemrały jak gęste salwadorskie mydło w garnku, ten sam bulgoczący rytm modlitewnych formuł. Staruszki w czerni, mamroczące modlitwy w cienistym kościele, przypominały zjawy. Promienie słoneczne wpadające przez dziury w witrażach zdawały się podpierać ściany; w powietrzu unosiła się woń topionego wosku, płomyki świec drżały nieustannie jak głosy staruszek. W kościele El Pilar mógł być 1831 rok, a te kobiety, żony i matki hiszpańskich żołnierzy, modliły się o przeżycie ataku dzikich Indian.

W zakrystii zadźwięczał dzwonek. Instynktownie wyprostowałem się w akuratnej, pobożnej postawie. Oto siła nawyku: nie mogłem wejść do kościoła bez klękania i zanurzania palców w wodzie święconej. Ksiądz ruszył do ołtarza w towarzystwie dwóch ministrantów. Kapłan uniósł ręce w geście mistrza ceremonii w klubie nocnym, ale może pomyślałem tak, ponieważ był przystojny i gładko uczesany. W zmanierowany sposób modlił się, nie po łacinie, ale po hiszpańsku, następnie wyciągnął rękę w stronę części kościoła zakrytej przed moim wzrokiem. Wygiął dłoń w przegubie, machnął, i popłynęła muzyka.

Muzyka bynajmniej nie brzmiała solennie. Dwie gitary elektryczne, klarnet, marakasy i perkusja – kiedy tylko rozległy się pierwsze dźwięki, zacząłem wypatrywać muzyków. Od tygodni unikałem właśnie takich drażniących, zawodzących łoskotów i gdakania, które po raz pierwszy usłyszałem od strony Meksyku, stojąc na wysokim brzegu rzeki w Laredo. Od tamtej pory tylko sporadycznie udawało mi się ukryć przed taką muzyką. Jak ją opisać? Gitara zawodziła w nieregularnym rytmie, każde uderzenie perkusji brzmiało jak upuszczone na podłogę sztućce; dziewczyna i chłopak potrząsali marakasami i śpiewali. W tych kocich jękach słyszało się próby harmonii, ale fałszowali tak, że efekt był mniej melodyjny niż gra rozszalałych szarańczy.

Chłopak i dziewczyna oczywiście śpiewali hymn. W miejscu, gdzie Jezusa Chrystusa przedstawia się jako muskularnego, błękitnookiego Latynosa o przylizanych włosach, niezwykle przystojnego gościa, religia przypomina romans. W pewnych odmianach katolicyzmu, często właśnie w Ameryce Łacińskiej, modlitwa upodobniła się do romansowania z Jezusem. Nie jest on straszliwym Bogiem, niszczycielem, zimnym i mściwym ascetą, ale księciem, w dodatku w typie macho. Hymn był latynoską pieśnią miłosną, wzbierającą smętną namiętnością, ze słowem „serce" powtarzanym w każdej zwrotce. Poza tym śpiewali bardzo głośno. Nie słyszałem wielkiej różnicy między nabożeństwem w tym starym kościele a szafą grającą w El Bar Americano na końcu ulicy. Kościół przyniesiono ludziom, ale nie uczynił ich bardziej pobożnymi; traktowali go jako okazję do zabawy i usunęli nudę z nabożeństwa. Msza albo te wieczorne modlitwy stanowiły okazję do skupienia umysłu w modlitwie; muzyka zamieniła nabożeństwo w rozrywkę.

Tego rodzaju ogłuszająca muzyka wydaje się ważna dla Ameryki Łacińskiej, ponieważ nie dopuszcza do głosu jakichkolwiek myśli. Chłopak z radioodbiornikiem w pociągu, wiejscy chłopcy zebrani wokół ujadającej skrzynki, mężczyzna w Santa Ana, który przynosił na śniadanie magnetofon kasetowy i wpatrywał się w jęczący wzmacniacz. W kraju, gdzie alkohol był drogi, a narkotyki nielegalne, całe to podrygiwanie kolanami, pstrykanie palcami i wsysanie powietrza przez zęby miało chyba jeden cel: wprowadzić w stupor. Muzyka ogłuszała i przynosiła zapomnienie; nie święciła niczego poza utraconą urodą i złamanymi sercami; nie miała wpadającej w ucho melodii; brzmiała jak potłuczone szkło spuszczane do klozetu, bębny dudniły, śpiewacy stękali. Ludzie, których spotykałem podczas podróży, nieustannie mówili mi, że kochają muzykę. Nie muzykę pop ze Stanów, ale właśnie tę. Doskonale wiedziałem, co mają na myśli.

Tymczasem ksiądz, z wyrazem zadowolenia na twarzy, usiadł przy ołtarzu. Rzeczywiście, mógł sobie pogratulować: muzyka odniosła skutek. Kiedy tylko się zaczęła, do kościoła ruszyli ludzie: dziatwa szkolna w mundurkach z workami, bosi uliczni-cy o zmierzwionych, zawszonych włosach, którzy hasali po pla-cu, mamroczący staruszkowie z maczetami, dwóch chłopaków z gospodarstwa ze słomkowymi kapeluszami przyciśniętymi do piersi, kobieta z blaszaną miską, banda chłopaków, prze-straszony pies. Ten ostatni usiadł w głównym przejściu i zaczął uderzać o posadzkę kikutem ogona. Muzyka brzmiała na tyle donośnie, by dotrzeć na targ; oto weszły trzy kobiety w długich spódnicach, niosąc puste kosze i skórzane woreczki. Niektórzy ludzie siedzieli, inni czekali na tyłach kościoła. Uśmiechnięci, nie wpatrywali się w tabernakulum, ale w muzyków. O tak, właśnie na tym polega religia – na radości, uśmiechach, szczęściu, Pan z wami, pstrykajcie palcami, On odkupił świat. Dwukrotnie za-dźwięczały cymbały.

Muzyka ucichła. Ksiądz wstał. Zaczęła się modlitwa.

Ludzie, którzy napłynęli do kościoła podczas pieśni, teraz zaczęli się tłoczyć do drzwi. Jedenaście kobiet z przednich ła-wek nie poruszyło się, tylko one zostały na Confiteor. Ksiądz chodził tam i z powrotem wzdłuż ołtarza. Kazanie nie trwało długo: Bóg was kocha, mówił; musicie nauczyć się Go kochać. We współczesnym świecie nie jest łatwo znaleźć czas dla Boga;

wiele jest pokus, wszędzie widać dowody grzechu. Trzeba ciężko pracować, a każde dzieło poświęcać bożej chwale. Amen.

Kolejny ruch dłonią, znowu popłynęła muzyka. Tym razem brzmiała znacznie głośniej, przyciągając z placu o wiele więcej ludzi. Pieśń brzmiała podobnie: jęk, łup, serce, serce, jęk, trzask, dubi-du, łup, trzask, trzask. Kiedy dobiegła końca, widzowie się nie wahali. Po końcowym łupnięciu jak jeden mąż wybiegli z kościoła. Nie na długo. Dziesięć minut później (dwie modlitwy, minuta medytacji, trochę zamieszania z kadzielnicą, krótka mowa) muzycy zaczęli grać i ludzie wrócili. Taki cykl ciągnął się przez pełną godzinę, a kiedy zebrałem się do wyjścia, nadal trwał. Podczas pieśni – nie w czasie kazania czy modlitwy – wyszedłem z kościoła; spieszyłem się na pociąg.

Niebo purpurowiało i różowiało, jasne snopy pomarańczowego pyłu wypełniały doliny, rozpłomienione jezioro przypominało staw roztopionej lawy.

rozdział_dziesiąty_

Pociąg Atlantic: 12:00 do Limón

Widok Chińczyka w barze w kostarykańskim mieście San José trochę mnie zdziwił. Chińczycy nie są klasycznymi ćmami barowymi. Raz do roku, przy szczególnej okazji, zdarza im się wypić całą butelkę brandy. Wtedy robią się czerwoni na twarzy, bardzo głośno mówią głupie lub obraźliwe rzeczy, wymiotują, po czym trzeba ich zanieść do domu. Picie alkoholu jest ich szaloną próbą zabawy, jest to jednak próba chybiona, ponieważ nie czerpią z picia żadnej przyjemności. Co więc robił tutaj Chińczyk? Najpierw rozmawialiśmy powierzchownie, jak to nieznajomi, porozumieliśmy się w kilku trywialnych sprawach, zanim zaryzykowaliśmy tematy osobiste. W końcu mi powiedział. Cóż, tak się złożyło, że jest właścicielem tego baru. Oprócz baru miał jeszcze restaurację i hotel. Świadomie wybrał kostarykańskie obywatelstwo. Żaden inny kraj, jaki widział, nie przypadł mu do gustu.

– Jakie kraje zwiedziłeś? – spytałem. Rozmowa toczyła się po hiszpańsku. Właściciel baru powiedział, że jego angielski jest niepewny, na co odparłem, że mój kantoński jest daleki od doskonałości.

– Byłem wszędzie – odparł. – Chiny opuściłem w pięćdziesiątym czwartym roku jako młody człowiek. Lubiłem podróżować. Zjeździłem cały Meksyk. Nie spodobał mi się. Potem objechałem Gwatemalę i Nikaraguę, tam było bardzo źle. W Panamie też mi się nie podobało. Zwiedziłem nawet Honduras i Salwador.

– A Stany Zjednoczone?

– Zjeździłem całe. Może to i dobry kraj, ale mnie się tak nie wydawało. Nie mógłbym tam mieszkać. Ciągle podróżując, zapytałem sam siebie: „Który kraj jest najlepszy?". Najbardziej spodobała mi się Kostaryka, więc tu zostałem.

Dotychczas widziałem tylko San José, ale rozumiałem, co mówił Chińczyk. To było wyjątkowe miasto. Gdyby porządnie umyć San Salvador i miasto Gwatemala, usunąć chaty, a ludzi przenieść do schludnych domów, pomalować budynki, założyć obroże bezpańskim psom i nakarmić je, dać dzieciom buty, uprzątnąć odpadki z parków, żołnierzy posłać na emeryturę – w Kostaryce nie ma armii – uwolnić wszystkich więźniów politycznych, to miasta te upodobniłyby się do San José. W Salwadorze czułem się tak sfrustrowany, że pogryzłem na kawałki ustnik fajki. W San José mogłem dorobić nowy ustnik (kupiłem też nowy na podróż do Panamy), takie to było miasto. Pogoda dopisywała, usługi sprawne, miasto schludne. Niedawno odbyły się tu wybory. W pozostałych krajach Ameryki Środkowej wybory mogły się stać kryminalną aferą; w Kostaryce przeprowadzono je uczciwie i zamieniły się we fiestę.

– Szkoda, że nie byłeś tu podczas wyborów – powiedziała mi pewna kobieta w San José, jakbym przegapił imprezę. Kostarykanie szczycili się swoim przyzwoitym rządem, wysokim odsetkiem ludzi umiejących czytać i pisać, dobrym wychowaniem. Jedyną wspólną cechą Kostaryki i ościennych krajów jest wzajemna antypatia. Nie usłyszysz tu dobrego słowa o Gwatemali czy Salwadorze, a Nikaraguę i Panamę – kraje, między które Kostaryka jest wciśnięta – darzy się szczerą pogardą. Kostarykanie są równie zadowoleni z siebie jak ich sąsiedzi, ale mają po temu więcej powodów.

– W tamtych krajach nienawidzą gringo – powiedział mi pewien sklepikarz. W istocie komunikował dwie rzeczy: że w Kostaryce nie nienawidzi się gringo oraz że sami Kostarykanie są honorowymi gringo. Cudzoziemcy z pewnym ociąganiem tłumaczą, dlaczego Kostaryka tak dobrze funkcjonuje.

– To jest biały kraj, prawda? – mówią z wahaniem. – To znaczy, zamieszkują go sami biali, tak?

Wystarczy pojechać pociągiem do Limón, by zobaczyć, że to nieprawda. Ponieważ jednak dobrze się bawiłem w San José, podróż do Limón odkładałem na później.

Kostarykanie, jak się przekonałem, są uprzejmi i uczynni. Cudzoziemcy wręcz przeciwnie. Kiedy pojedziesz do cuchnącej dziury w rodzaju Cutuco, zdziwisz się, jak bardzo przypomina scenerię filmu z Bogartem, pełną much; znajdziesz tam upał, atmosferę romansu filmowego, skrajną nędzę i groźnie wyglądające bary, które kojarzą ci się z gringo z bokobrodami, którzy przybyli tu z niebezpieczną misją. W istocie jednak w Cutuco nie znajdziesz żadnych gringo, a wszelkie niebezpieczeństwo czyha w wodzie pitnej. Nie jest to malaryczne zadupie, jakiego szuka cudzoziemiec, ale gościnne, tropikalne miasto, gdzie mimo nudy, można dobrze zjeść, bezpiecznie udać się do burdelu, rozkręcić interes lub zarobić fortunę. Kostaryka przeżywa rozkwit gospodarczy, a w San José dobrobyt widać gołym okiem. San José nie jest romantyczną miejscowością, ale ponieważ sąsiaduje z Panamą, znajduje się tam największe skupisko cudzoziemców w Ameryce Środkowej. Niektórzy z nich to drobni oszuści i naciągacze, inni są przestępcami na dużą skalę. Robert Vesco twierdzi, że mieszka na przedmieściach San José, bo odpowiada mu klimat, ale podobno zdefraudował pół miliarda dolarów z firmy inwestycyjnej. (Dom Vesco, z wysokim ogrodzeniem i ukrytymi kamerami w ogrodzie, jest jedną z atrakcji San José, którą pokazuje się turystom, jadącym oglądać wulkan Irazú). Nie wszyscy obcokrajowcy w San José są oszustami. Można tu znaleźć księgarzy, aptekarzy i potentatów produkujących lody.

Poza tym ściągają tutaj emeryci z całych Stanów Zjednoczonych, którzy kupili apartamenty i działki, siedzą w cieniu, dziękując Bogu, że nie są w Saint Pete. Różnica między Florydą a San José jest taka, że w Kostaryce nie ma tak wielu starszych ludzi, którzy przypominaliby im, że przyjechali tu umrzeć.

– Według mnie, lepiej by im było na Florydzie – powiedział kapitan Ruggles. – Po pierwsze, otrzymaliby lepszą opiekę medyczną. Bóg jeden wie, jaką francę musiałbyś tu złapać, żeby lekarz na ciebie spojrzał.

Pochodzący właśnie z Florydy Andy Ruggles – „kapitan" był tytułem grzecznościowym – pracował jako pilot lotniczy. Głośno pytał, co, na Boga, robi w San José. On i ja siedzieliśmy w barze hotelu Royal Dutch, a Andy rezolutnie się upijał. Jak powiedział, nie mógł pić na służbie. Kiedy miał przed sobą lot, nie wolno mu było wypić ani kropli. Dla niego dobre wakacje polegały na pójściu w tango z zabójczą prostytutką.

– Ale na Florydzie mamy lepsze piwo niż tutaj, a dziewczyny są ładniejsze. Paul – wyznał – przyjeżdżając tu, popełniłem chyba gruby błąd. Ale dali mi zniżkę na przelot.

Potem rozmawialiśmy o religii; Andy był baptystą. Rozmowa zeszła na politykę; zdaniem Andy'ego, Nixona wrobiono. Wreszcie poruszyliśmy kwestię rasową, i tu Andy okazał się człowiekiem oświeconym. Jak mi wyjaśnił, na świecie żyje pięć ras. Człowiek o węższych horyzontach powiedziałby, że dwie. Indianie z Ameryki Środkowej są, rzecz jasna, pochodzenia mongolskiego.

– Przeszli przez Cieśninę Beringa, kiedy był tam ląd. Spójrz tylko na naszych Indian, są mongolscy do szpiku kości.

Rozmowy o rasie wprawiają mnie w zakłopotanie; ogólnie rzecz biorąc, zmierzają w stronę Auschwitz. Ucieszyłem się, kiedy zapytał:

– Jak się wymawia stolicę stanu Kentucky? Louieville czy Lewisville?

– Louieville – odparłem.

– Źle. Wymawia się Frankfort – parsknął śmiechem. – Dowcip z brodą.

Wtedy poprosiłem go, żeby podał stolicę Górnej Wolty. Andy nie wiedział, że jest nią Wagadugu. Ripostował Newadą. Nie wiedziałem, że jej stolicą jest Carson City, podobnie jak nie znałem stolicy Illinois. Nie spotkałem człowieka, który znałby więcej stolic niż Andy, a szczyciłem się, że znam ich sporo. Oprócz New Hampshire (Concord), Sri Lanki (Kolombo) i Górnej Wolty odpowiedział właściwie na wszystkie pytania. Tak więc Andy postawił trzy piwa, ja zaś musiałem postawić sześć.

Andy był opanowanym pijakiem, a ponieważ do San José przyleciał już trzy dni wcześniej, chciał mnie oprowadzić po mieście. Naszej rozmowie przysłuchiwał się pewien człowiek siedzący po jego prawej ręce, a gdy Andy zaczął zbierać się do wyjścia, tamten odezwał się z silnym hiszpańskim akcentem.

– Uważam, że twoje linie lotnicze są najgorsze na świecie. Lecę do Miami, ale nie zamierzam lecieć waszymi liniami. Są najgorsze.

– Zawsze znajdzie się niezadowolony klient, nie? – zwrócił się do mnie Andy z szerokim uśmiechem.

– Wasze linie cuchną – ciągnął tamten. – Naprawdę cuchną.

Przez moment myślałem, że Andy go uderzy, ale na zaczerwienioną twarz mego kompana powrócił uśmiech.

– Pewnie miałeś zły lot. Trochę turbulencji? – Andy pomachał dłonią. – Samolot fikał w górę i w dół, co?

– Latałem wiele razy.

– Poprawka – powiedział Andy. – Dwa złe loty.

– Już nigdy nie polecę waszymi liniami.

– Wspomnę o tym prezesowi, kiedy go spotkam.

– Możesz mu też przekazać ode mnie...

– Chwileczkę, drogi panie – przerwał mu Andy z niezwykłym spokojem. – Chciałbym wiedzieć, co Szkot taki jak pan robi w takim miejscu?

Hiszpanowi opadła szczęka.

Andy odwrócił się do niego plecami i zsunął mankiet z zegarka.

– Czas coś zjeść.

– Oprowadzę cię po mieście, chłopie. Jesteś tu nowy. Pokażę ci główne atrakcje. Jeśli spotkamy moich kumpli, trzymaj buzię na kłódkę. Powiem, że jesteś Anglikiem, który właśnie przyleciał z Londynu. Nie odzywaj się, to się nie połapią.

Udaliśmy się do baru o nazwie Nasz Klub. W hałaśliwym, ciemnym wnętrzu dostrzegłem mężczyzn ukradkiem obmacujących prostytutki.

– Podawaj – zarządził Andy. – Ten dżentelmen i ja napijemy się piwa. Wszystko jedno jakiego. – Barmanka w sukience z głębokim dekoltem przetarła bar szmatą. – Wyglądasz na inteligentną dziewczynę – ciągnął Andy. – Czy wiesz… – Barmanka odeszła. – O, nie słucha. Paul, czy wiesz, kto jest największym poetą na świecie? Nie, nie Szekspir. Nie możesz zgadnąć? Rudyard Kipling.

Dziewczyna przyniosła dwie butelki piwa.

– Bawiłem się, jak umiałem – mówił Andy. – Daj jej dwa dolary, Paul. Nadal mi wisisz za Oregon. Salem, pamiętasz. W swoim czasie było ze mnie niezłe ziółko.

Andy zaczął recytować wiersz *The Ladies*. Najwyraźniej nie zdawał sobie sprawy, że o metr dalej siedzi przy barze samotny tłuścioch, który pije, sięga po fistaszki i nie spuszcza nas z oczu. Grubas zagrzechotał fistaszkami w dłoni jak kostkami do gry, wrzucił je sobie do ust, po czym jego druga ręka sięgnęła po drinka. Wypił, sięgnął po nową porcję fistaszków, odstawił drinka, potrząsnął fistaszkami, wrzucił do ust. Ruchom nienasyconego żarłoka towarzyszyło utkwione w nas spojrzenie.

Andy recytował szorstko, tonem niemal naburmuszonym, ale zabarwionym melancholią.

Nie mieszkaliśmy w pałacu,
Ale, jak mąż z żoną, przy placu.
Przez mą laleczkę, cudną jak kwiat
Poznałem kobiet świat.

– To był kiedyś świetny kraj – odezwał się grubas, żując orzeszki.

Kiedy spojrzałem na niego, chichotał posępnie. Lewa dłoń odnalazła miskę z fistaszkami, ale nie spuścił z nas wzroku.

Andy recytował:

Zadałem się z istną diablicą,
Żoną czarnego z Mhow.
Pokazała mi cygańskie *bolee*,
Kipiała i wrzała jak wulkan…

– Wszędzie łaziły dziwki – mówił tłuścioch, który musiał ważyć ze sto czterdzieści kilo. Włosy zarzucił do tyłu; sadło zwisało mu z rąk. – Trudno się było opędzić od dziwek.

„Szkoda, że nie jesteś biała"
Rzekłem. Wbiła mi nóż, tak jak stała.
I poznałem kobiet świat.

Tak recytował Andy.

– Teraz przyjeżdżają tu Amerykanie. Kupują małe firmy taksówkowe, przedsiębiorstwa produkujące napoje, stacje benzynowe. Potem siedzą na dupach i liczą kasę. Rządowi zależało na tych ludziach, więc wyczyścił cały kraj, dziwki wysłał do Panamy. Właśnie przez tych gości, co tu zjeżdżają. Praktycznie wszyscy są z Nowego Jorku. Większość to żydki.

Andy nie przerwał recytacji, ale na koniec powiedział szybko:

– Siostrami są kobieta pułkownika i O'Grady Monika. Czy pan coś mówił?

– Żydki – powtórzył gruby, żując wyzywająco.

– Słyszałeś, Paul? – zwrócił się do mnie Andy, po czym zapytał tamtego: – Ale pan tu jest, prawda?

– Tylko przejazdem – odparł tłuścioch. Drink, fistaszki, drink, fistaszki; nie przestawał ani na chwilę.

– Jasne – powiedział Andy. – Przyjeżdża pan tu ze swoimi pieniędzmi, ale jeśli to samo robią inni, pan ich krytykuje. – A więc jednak Andy słyszał utyskiwania grubasa! Recytując *The Ladies*, słyszał wszystko. Teraz mówił mentorskim tonem: – Cóż, ma pan prawo do własnej opinii. Nie zamierzam z panem dyskutować. Ja również mam prawo do własnej opinii i uważam, że drugim co do wielkości poetą na świecie jest Robert W. Service.

To rzekłszy, Andy zaczął recytować *Kremację Sama McGee*. Najpierw zająknął się, zaklął, potem wyrecytował w całości wiersz Roberta Service'a *Moja Madonna*.

Uliczną dziewkę zatrzymałem,
Bezwstydną, ale jakże słodką!

Grubas został uciszony na kilka minut, ale kiedy Andy skończył recytację, zaczął znowu.

– Nie tylko żydki. Przyjeżdża tu każdy, kto ma trochę dolców. Ci ludzie zniszczyli to miejsce. Coś wam powiem: Carazo właśnie wygrał wybory i wykopie ich stąd. Wrócą do Nowego Jorku, gdzie ich miejsce. Problem w tym, że dziwki już nie wrócą. – Gruby sięgnął do miski, zagmerał palcami, w końcu zajrzał. Miska była pusta. – Dziwki już nie wrócą – powtórzył.

– Skąd pan pochodzi? – spytał Andy.

– Z Teksasu.

– Wiedziałem. Wie pan, jak się domyśliłem? Poznałem, że interesujesz się poezją, Teksańczyku. O, tak. Słuchaj, wiem, że nie jesteś wsiowym burakiem...

– To tylko taka piwna gadka – przerwał mu gruby. Dłoń bez fistaszków buszowała po barze, duża chciwa bryła szukała jedzenia.

– ...ale zastanawiam się, czy mógłbyś coś dla mnie zrobić?

– Hę?

– Chodzi tylko o wniosek – powiedział Andy. Przycupnięty na stołku, mówił konkretnie, ale co kilka słów brał łyk piwa. – Zastanawiam się, czy mógłbyś załatwić dla mnie wniosek... – Łyknął piwa. – Wniosek, żeby wstąpić do... – Kolejny łyk. – Do Ku-Klux-Klanu.

Tłuścioch charknął flegmą na podłogę.

– Zrobiłbyś dla mnie taki drobiazg? – spytał Andy.

– Możesz wyprać pościel – warknął grubas.

– Wiedziałem, że on ma poczucie humoru – ciągnął niezrażony Andy. – Ten Teksańczyk to naprawdę zabawny gość i mógłbym tak sobie żartować z nim do rana. Ale myślę, Paul, że mam już dosyć piwa.

Andy zszedł ze stołka, ale kiedy próbował stanąć, zachwiał się, oparł o bar, wydął policzki i rzekł:

– Ta, jak nie możesz ustać, znaczy masz już dość. Powiedz, Paul, w którym hotelu ja się zatrzymałem?

Kiedy Andy wyszedł, grubas powiedział:

– Ma szczęście, że jestem w dobrym humorze. Inaczej łapy bym mu poobrywał.

Grubas nazywał się Dibbs. Wcześniej pracował w Teksasie jako policjant, ale się zwolnił. W rozmowie dał mi do zrozumienia, że odszedł, ponieważ policjanci nie mieli prawa być wystarczająco gwałtowni. Dibbs? Dwa albo trzy razy miał ochotę rozwalić ludziom mózg, ale nie powinno się robić takich rzeczy.

Zrobiłby to bez problemu, a potem by powiedział, że stawiali opór przy zatrzymaniu. Gnoje z niego szydziły, a on nie miał prawa strzelać. Potem zatrudnił się na budowie, prowadził buldożer, ale się zwolnił, bo wszyscy brali forsę z ubezpieczenia, to czemu on nie miałby postąpić tak samo? Teraz pracował jako obstawa ("żydka") i kurier.

– Co dokładnie robi kurier? – zapytałem.

– Kurierzy noszą różne rzeczy. Ja noszę pieniądze.

Dibbs jeździł do Meksyku, Panamy i Hondurasu. Do Montrealu zawiózł równowartość pięćdziesięciu tysięcy dolarów w peso, a równowartość osiemdziesięciu tysięcy dolarów kanadyjskich zawiózł do Hondurasu i Panamy. Jak powiedział, pracuje dla pewnego człowieka. Gdy spytałem, dlaczego przewozi przez granice tak duże kwoty, Dibbs się roześmiał. Powiedział za to, w jaki sposób przewozi pieniądze: w walizce.

– W dużej walizce. Zdziwiłbyś się, jaką furę forsy można zmieścić w niewielkiej walizce. To proste. Żaden kraj nie sprawdza ci bagażu przy wyjeździe. Celników w Stanach i Kanadzie nie obchodzi, że otworzą walizkę i znajdą w niej mnóstwo peso. Czasami w ogóle jej nie otwierają. Kiedy otworzą, srają w gacie. Nigdy w życiu nie widzieli takiej forsy.

Stało się dla mnie jasne, dlaczego Dibbsowi powierzono tę pracę. Silny, wielki jak dom, był przy tym dość głupi i całkowicie lojalny. W rozmowie ze mną nie wdawał się w szczegóły dotyczące swego pracodawcy czy powodu przewożenia pieniędzy.

– Może nazywam się Dibbs, a może nie – powiedział. Wyraźnie fantazjował na temat własnej ważności, a przewożenie dużych sum pieniędzy napędzało tę fantazję. Z dumą oznajmił, że nikt nigdy nie próbował go obrabować. – Zgadnij dlaczego.

Kiedy wyznałem, że nie wiem, wyjaśnił:

– Ponieważ jestem alkoholikiem. – Podniósł szklankę. – Widzisz to? Coca-cola. Gdybym napił się czegoś mocniejszego, byłoby po mnie. Dlatego nie piję. Nie mogę. Na pijaków się napada. Na ciebie pewnie napadną. Całą noc pijesz piwo. Mógłbym przenieść pięćdziesiąt patoli przez najgorszą dzielnicę Panamy i nic by mi się nie stało.

– Byłbyś trzeźwy.

– Wiesz, co jeszcze?

– Nie mam pojęcia.

– Znam karate. Mógłbym oberwać ci łapy. – Dibbs nachylił się do przodu. Wyglądał tak, jakby chciał mi oberwać łapy. – Poza tym nie jestem głupi – ciągnął. – Ludzie, na których napadają, sami się o to proszą. Są głupi. Łażą nie tam, gdzie trzeba. Upijają się. Nie znają karate.

Poza tym, pomyślałem, ważą mniej niż sto czterdzieści kilo.

Dibbs wydał mi się bardzo nikczemnym typem, a po odejściu Andy'ego Rugglesa, który odwracał uwagę grubasa, poczułem się dość bezbronny. Dibbs miał jedną namiętność, mianowicie dziwki, najchętniej dwie lub trzy naraz.

– Ja tylko leżę, one wykonują całą robotę – powiedział, chwaląc się, że nigdy im nie płaci. Po prostu im się podoba. Wystarczy, że wejdzie do burdelu, a dziwki rzucają się na niego, bo każda chce pójść do łóżka z taką górą mięcha. Dibbs nie wiedział, dlaczego tak jest.

– Może dlatego, że jestem przystojny!

Grubas chciał mnie zabrać do najlepszego, jego zdaniem, burdelu w San José. Za późno, odparłem, już prawie północ. Przekonywał mnie, że północ to najlepsza pora, bo dziwki właśnie się budzą.

– Może jutro? – zaproponowałem, wiedząc, że nazajutrz będę w Limón.

– Cykor z ciebie – powiedział Dibbs, a kiedy schodziłem na ulicę, słyszałem, jak się śmieje.

W Kostaryce są dwie linie kolejowe, a każda ma własny dworzec w San José. Trasy tych linii ilustrują obojętność Kostaryki wobec ościennych krajów: obie prowadzą na wybrzeża, nie do granicy. Linia kolejowa Pacyfik prowadzi do Puntarenas nad zatoką Nicoya, natomiast linia Atlantyk wiedzie do Puerto Limón. Połączenie obsługiwane przez dworzec Atlantyk, starszy niż Pacyfik, funkcjonuje od blisko stu lat. Przed dworcem stoi na podwyższeniu lokomotywa parowa, którą mogą podziwiać podróżni. W Salwadorze taka lokomotywa sapałaby po szynach do Santa Ana; w Gwatemali przetopiono by ją na bomby, używane przez bojówki Białej Ręki przeciwko ludności.

Pociąg do Limón odjeżdża z dworca Atlantyk codziennie w południe. Nie jest może wspaniały, ale, jak na warunki środkowoamerykańskie, to Brighton Belle. Lokomotywa ciągnie pięć wagonów pasażerskich, podzielonych na dwie klasy, i ani jednego wagonu towarowego. Bardzo chciałem nim pojechać, ponieważ trasa uchodzi za jedną z najpiękniejszych w świecie, prowadząc z górskiej stolicy o umiarkowanym klimacie, przez głębokie doliny północnego wschodu, na tropikalne wybrzeże, które – ze względu na soczystą, gęstą dżunglę – Kolumb nazwał Costa Rica, kiedy wylądował tam w trakcie czwartej wyprawy w 1502 roku. Kolumb wierzył, że ma przed sobą zielony splendor Azji. (Po halsowaniu wzdłuż wybrzeża Kolumb zachorował na cztery miesiące w Panamie. Okrutnym zrządzeniem losu nikt mu nie powiedział, że za górami rozciąga się drugi wielki ocean; kiedy się o to dopytywał, Indianie pozostali głusi).

Trasa kolejowa ze stolicy do Limón jest najbardziej malownicza w całej Ameryce Środkowej, ale miałem jeszcze inny powód, by wyjechać tym pociągiem z San José. Od przyjazdu do Kostaryki spędzałem sporo czasu w towarzystwie ostro pijących amerykańskich uchodźców, których było znacznie więcej oprócz Andy'ego Rugglesa i diabolicznego Dibbsa. Ich towarzystwo sprawiało mi radość; w Salwadorze nie było zbyt zabawnie. Teraz jednak dojrzałem do samodzielnej wyprawy. Podróż jest, w najlepszym razie, samotnym przedsięwzięciem: jeśli chcesz coś zobaczyć, zbadać, ocenić, musisz być sam, nie-obarczony niczyim towarzystwem. Inni ludzie mogą cię zwieść; do twoich splątanych wrażeń dokładają własne; jeśli są w na-stroju towarzyskim, zaciemniają ci widok, jeśli zaś są nudni, niszczą ciszę retorycznymi stwierdzeniami, zakłócając twoją koncentrację zdaniami: „Och, popatrz, pada" albo „Dużo tutaj drzew". Samotne podróżowanie może wywoływać straszne uczucie osamotnienia (i jest stylem podróży niepojętym dla Japończyków, którzy widząc, jak uśmiechasz się melancholij-nie do polany meksykańskich jaskrów, zazwyczaj mówią coś w rodzaju: „A gdzie jest reszta twojej grupy?"). Myślę o wie-czorze w pokoju hotelowym w obcym mieście; uzupełniłem wpis do dziennika; czuję potrzebę towarzystwa, co więc robię? W tym mieście nie znam nikogo, dlatego wychodzę na spacer, odkrywam trzy ulice, bo więcej nie ma, zaczynam zazdrościć spacerującym parom i ludziom z dziećmi. Muzea i kościoły są zamknięte, a przed północą ulice pustoszeją. „Nie noś przy sobie nic wartościowego – ostrzegano mnie – w przeciwnym razie cię okradną". Jeżeli ktoś na mnie napadnie, będę musiał przepraszać po hiszpańsku, najuprzejmiej jak potrafię: „Przykro mi, proszę pana, ale nie mam przy sobie nic cennego". Czy ist-nieje pewniejszy sposób, by rozsierdzić złodzieja i sprowokować do aktu przemocy? Spacerowanie po tych ciemnych ulicach jest niebezpieczne, ale bary są otwarte. Ruggles i Dibbs czekają. Dzięki nim nuda przestaje mnie nękać, ale podejrzewam, że gdybym został w domu i pochodził po centrum Bostonu do północy, spotkałbym Rugglesa i Dibbsa w barze Two O'Clock (20 ZUPEŁNIE NAGICH STUDENTEK!!!). W tym celu nie musiałem jechać pociągiem do Kostaryki.

W towarzystwie innych ludzi trudno wyraźnie widzieć lub myśleć. Nie tylko czuję się onieśmielony, ale – jeśli obok mnie ktoś głośno myśli – trudno mi zapanować nad przemyśleniami, niezbędnymi w procesie pisania. Inni ludzie odwracają moją uwagę, ale ja szukam nowych odkryć. Klarowność samotności jest niezbędna, by uchwycić wizję, choćby banalną; w takim prywatnym nastroju wydaje się wyjątkowa i godna uwagi. Kiedy czuję się podle, coś stymuluje mój umysł, sprawiając, że staje się niezwykle podatny na ulotne wrażenia. Później wrażenia te mogą zostać odrzucone lub skasowane, ale mogą też zostać potwierdzone i oczyszczone; tak czy owak miałem satysfakcję ukończenia całej sprawy w samotności. Podróż to nie wakacje, a często stanowi przeciwieństwo odpoczynku. „Baw się dobrze", mówili ludzie żegnający mnie na South Station. Niezupełnie na to liczyłem. Pragnąłem odrobiny ryzyka, niebezpieczeństwa, przykrego wydarzenia, silnej niewygody, przeżywania własnego towarzystwa oraz, w skromnym zakresie, romantyczności, jaką daje samotność.

Zająwszy miejsce w kącie przy oknie, patrzyłem, jak domy maleją, w miarę jak pociąg zbliża się do przedmieść San José. Domy malały, ale, w przeciwieństwie do innych przedmieść w Ameryce Środkowej, nie stawały się nędzniejsze ani bardziej podniszczone. Flagi z kampanii wyborczej wciąż powiewały, na niektórych ścianach nadal widniały hasła i plakaty. Domy ranczerów, bungalowy, sześcienne domy kryte blachą, domy z szalówki i betonu. Na małych osiedlach były różowe, zielone, cytrynowożółte, natomiast na droższych przedmieściach ceglane, białe, z dużymi trawnikami. Dalej, nie mijając wysypiska śmieci ani dzielnicy nędzy czy brudnej rzeki z szarą pianą mydlin, co zwykle wyznaczało granicę każdego innego miasta, jakie do tej pory widziałem, wjechaliśmy w gaje bananowe i pola kawowe. Za oknem widziałem cieniste plantacje, otoczone zalesionymi wzgórzami. Luty dobiegał końca, dzień był chłodny i słoneczny, a niedaleko torów ujrzałem kostarykańskiego pszczelarza, podobnego do emerytowanego Sherlocka Holmesa, z tym samym haczykowatym nosem, chudego; podniósł wzrok znad rojnych uli i uśmiechnął się szeroko do pociągu.

Nawet najbiedniejsze, najmniejsze domy były starannie pomalowane, schody zamiecione, nakrochmalone zasłony powiewały w oknach. Na podwórzach piętrzyło się drewno na opał, widziałem ogrody warzywne i klomby z kwiatami. Duma tych domków dodawała im godności. Miały w sobie pełnię, swoistą formalność, która znajdowała odzwierciedlenie w ubiorze moich współpasażerów: dziewczęta nosiły kapelusze przeciwsłoneczne, mężczyźni filcowe z rowkiem i wywijanym rondem, czyli fedory, kobiety owijały się szalami.

Ponad połowę pasażerów stanowili czarnoskórzy. Dziwne, w San José ich nie widziałem. Kosze i torby z zakupami moich czarnoskórych współpasażerów świadczyły o tym, że są Kostarykanami, a nie turystami; na początku podróży gawędzili z białymi w pociągu. Czarnoskórzy mówili po hiszpańsku, zawierali znajomości, śmiali się i żartowali.

– Mam nadzieję, że wystarczy mi jedzenia – powiedziała czarnoskóra kobieta w czepcu przeciwsłonecznym. – Moje dzieci bez przerwy jedzą.

Potem usłyszałem:

– Weź ta głowa z okna!

Ta sama kobieta, która wcześniej niepokoiła się o prowiant, teraz krzyczała po angielsku. Jeden z jej synków, w niebieskim dżersejowym pulowerku, wychylał się przez okno. Głowę wystawił tak daleko, że jej nie usłyszał.

– Drzewo ci ją ciachnie!

Teraz chłopak usłyszał. Co prawda odwrócił głowę, ale jej nie cofnął.

– Tak nie wolno! – Kobieta walnęła go w ramię. Chłopak usiadł z powrotem i zachichotał do siostry. – Bez przerwy muszę ich pilnować – powiedziała po hiszpańsku. Po angielsku mówiła śpiewnie, po hiszpańsku się jąkała.

Pociąg mijał słoneczne plamy w ładnym, cienistym lesie. Podróż w cieniu, wśród gałęzi zwieszających się nad torami, była czymś niezwykłym. Upał najczęściej uderzał z obu stron, słońce świeciło przez okna. Tutaj jednak słońce kładło się cętkami na szybach, migotało w pociągu, a drzewa rosły tak gęsto, że na smukłych pniach i świetlistych smugach kończyło się pole widzenia. Pociąg wjechał w góry. Przestrzeń między drzewami otworzyła się jak brama, a sosny w oddali ciemniały na wzgórzach, pod nimi zaś, w ocienionym rowie, ujrzałem mleczarnię, tartak, drewniane domy i szkółkę leśną. Przez wioskę płynęła migotliwa rzeka, wpadająca w ocienioną dolinę, a cała okolica przypominała miasteczko w stanie Vermont, które widziałem w dzieciństwie, może Bellows Falls lub White River Junction. Złudzenie Vermont się utrzymywało, chociaż w wiosce ujrzałem rząd majestatycznych palm.

Pociąg dojechał do miasteczka targowego Cartago. Tu w 1886 roku amerykański spekulant Minor Keith rozpoczął budowę linii kolejowej. Upamiętniającą tamto wydarzenie srebrną łopatę ze stosownym napisem można zobaczyć w Muzeum Narodowym w San José wraz z okazami ceramiki prekolumbijskiej, maskami, złotą biżuterią oraz portretami wąsatych kostarykańskich patriotów i prezydentów. Laski tych ostatnich również można oglądać, a każda ma swój własny, unikatowy charakter, podobnie jak wąsy. W tym samym muzeum wisi obraz Cartago, przedstawiający skutki wielkiego trzęsienia ziemi w 1910 roku. Obraz jest ciekawy, ponieważ w samym środku miasta, na pierwszym planie, widnieją tory kolejowe, w dużej mierze przysypane gruzem, który spadł z klasztornego muru. Trzęsienie zrównało

Cartago z ziemią, ale kolej odbudowano. Oprócz niej ze starego Cartago nie zostało nic.

Wcześniej na miejscu obok mnie nikt nie siedział. Kiedy tylko wyjechaliśmy z Cartago, usiadł na nim młody człowiek i spytał, jak daleko jadę. Sam jechał do Siquirres. Limón, powiedział, jest interesujące, ale może okazać się dla mnie zbyt zatłoczone. Do Siquirres mieliśmy dojechać dopiero za kilka godzin, a młody człowiek wyraził nadzieję, że w tym czasie mógłbym nauczyć go trochę angielskiego. Co prawda, próbował się uczyć, ale język wydał mu się bardzo trudny. Przedstawił się jako Luis Alvarado. Spytałem, czy moglibyśmy zrezygnować z lekcji.

– Po prostu wyglądasz jak nauczyciel. Chyba mógłbyś mi pomóc – powiedział po hiszpańsku. – Jak ci się podoba Kostaryka?

Odparłem, że według mnie to piękny kraj.

– Dlaczego tak myślisz?

Góry, odparłem.

– Nie są tak piękne jak góry w Oregonie. Ani takie wysokie.

Rzeka, powiedziałem. Tam, w dolinie, płynie piękna rzeka.

– Rzeki w Oregonie są znacznie piękniejsze.

Wtedy powiedziałem mu, że ludzie w Kostaryce są nadzwyczaj mili.

– Ludzie w Oregonie stale się uśmiechają. Są znacznie bardziej przyjacielscy niż Kostarykanie.

To zielony kraj, powiedziałem.

– A byłeś w Oregonie?

– Nie, a ty?

Luis Alvarado był w Oregonie. Jeden jedyny raz wyjechał w lecie z Kostaryki i próbował się uczyć angielskiego. Pobyt okazał się cudowny, ale z lekcji angielskiego nic nie wyszło. Luis nie odwiedził Nikaragui ani Panamy; oba te kraje napawały go odrazą. Powiedział, że zamiast jechać do Panamy, powinienem wrócić do Stanów i odwiedzić Oregon.

W dole płynęła rzeka. Krajobraz otworzył się, uprościł, stał się przerażający: dwa równoległe grzbiety górskie, a między nimi wąwóz, tak głęboki, że ogarnął mnie niepokój. W wąwozie unosił się wodny pył pieniącej się Río Reventazón. Siła tej wartkiej rzeki wyrąbała koryto między górami, tworząc wypełniony głazami kanion. Głazy, rzeka rwąca po skałach, pieniste wiry – wszystko to leżało ponad sto metrów pod pociągiem. Niskie krzewy kawowe nie zasłaniały widoku. Rwąca biel na dnie doliny wyrównała wąwóz. Dolina Reventazón ma ponad sześćdziesiąt kilometrów długości. Góry są miejscami tak strome, że pociąg musi zjeżdżać tunelami (wrzaski, podniecone krzyki w wagonie) ku skarpie, gdzie znajduje się tak blisko rzeki, że woda ochlapuje okna. Potem znowu w górę skrótem do krętych torów i mostów.

Do mostów pociąg podjeżdżał pod kątem, dzięki czemu widziałem je w całości, z boku; ukazywały się jako spinające dwa zbocza konstrukcje ze smukłych wsporników, a niekiedy drewnianych belek. Ktoś mógłby uznać, że ma przed sobą widok mostu na innych torach, a nasz pociąg zaraz go ominie. Zawsze jednak pociąg ostro skręcał i głośno wjeżdżał na most; potem rwący nurt w dole wyglądał dziwnie groźnie, jak schody bystrzy, spadających pieniście w obfitszy nurt. Zdumiało mnie, jak chłodno jest w sosnowej Kostaryce, a nie chodziło tylko o to, że kraj bardzo się różnił od sąsiadów, ale że chłodem i sosnami przypominał Vermont, w dodatku pełen świeżej wody – tu tartak, tam mleczarnia, krowy skubiące trawę na wzgórzach, wreszcie niezważające na pociąg konie, przywiązane do płotów. Później poznałem w Kostaryce amerykańskiego handlarza koni.

– Gdybym przywiązał konie przy torach, toby się zerwały i powiesiły.

Jedna trzecia podróży z San José do Limón to jazda przez góry; pociąg toczy się po wąskiej półce wyciętej w zboczu. Jak wąskiej? Cóż, w pewnym momencie na tory wybiegła krowa.

Po lewej mieliśmy stromą ścianę góry, po prawej spadek do rzeki. Oszołomiona krowa przez kilometr biegła przed lokomotywą, która zwolniła, żeby jej nie zabić. Co pewien czas zwierzę zwalniało, zbliżało nos do górskiego zbocza, wąchało przepaść, potem ruszało dalej, kołysząc się w przód i w tył na sztywnych nogach, bo tak właśnie biegają krowy. Trasa była zbyt wąska, by krowa mogła zejść na pobocze, dlatego biegła rozkołysana, machając ogonem, przez kilometr po tej wysokiej górskiej półce.

Bliżej rzeki krzewy kawowe rosły gęsto, widziałem też kakaowce o szerokich liściach i pulchnych wrzecionowatych strąkach. Tutaj łatwiej się notowało, ponieważ pociąg jechał wolno po płaskich torach przy rzece. Mimo to moje notatki były dość lapidarne. *Głazy*, pisałem, *Dolina – Rzeka – Pył wodny – Kruchy most – Uwięziona krowa – Kakao*.

– Wy, Amerykanie, lubicie podróżować – odezwał się Luis.

– Nie cierpię podróżować samotnie – odparłem. – To przygnębiające. Tęsknię do żony i dzieci. Jednak kiedy jestem sam, wszystko widzę wyraźniej.

– Wy, Amerykanie, nigdy ze sobą nie rozmawiacie.

– W Oregonie?

– Nie, tutaj, kiedy podróżujecie.

– Bez przerwy rozmawiamy! Kto mówi, że Amerykanie ze sobą nie rozmawiają?

– Tam siedzi Amerykanin – powiedział Luis. – Widzisz go? Może z nim porozmawiasz?

Człowiek, o którego chodziło, miał na głowie niebieską czapkę z daszkiem à la Barney Oldfield, jasnozieloną koszulę i spodnie w marynarskim kroju. Chociaż siedział, przełożył przez ramię pasek torby, którą przyciskał do ciała, jakby miał w niej coś cennego. Opalony, około sześćdziesiątki, z siwymi włoskami na rękach. Mimo że siedział blisko rozmawiających po angielsku i hiszpańsku czarnoskórych, do nikogo się nie odzywał.

– Nie wiedziałem, że on jest Amerykaninem – odparłem, co rozbawiło Luisa.

– Nie wiedziałeś, że jest Amerykaninem?

Pewnie chodziło o czapkę, którą Luis uznał za głupio młodzieńczą. Kostarykanie nosili filcowe kapelusze i fedory. Zawadiacko przekrzywiona czapka domniemanego Amerykanina nie do końca pasowała do ostrych rysów twarzy.

– Porozmawiaj z nim – zachęcał mnie Luis.

– Nie, dziękuję.

Miałem rozmawiać z tym starszym panem tylko dlatego, że Luis chciał usłyszeć angielski? Wystarczająco dużo Amerykanów spotkałem w San José, właśnie dlatego wyjechałem z miasta. Chciałem zbadać niezamieszkane, jak słyszałem, wybrzeże atlantyckie, może powymieniać się opowieściami z siwym Murzynem w barze w Limón, rozmawiać o handlu mułami i piractwie na Wybrzeżu Moskitów.

– No, idź.

– Sam z nim porozmawiaj – powiedziałem. – Może nauczy cię trochę angielskiego.

Moje zachowanie wynikało przede wszystkim z jeszcze innego lęku: bałem się, że towarzystwo mnie rozproszy. Nie chciałem patrzeć na świat oczami innych ludzi. Kiedy pokażą ci coś, co już widziałeś, zdajesz sobie sprawę, że spostrzegłeś coś dość oczywistego; kiedy pokażą ci coś, co przegapiłeś, czujesz się oszukany, a prawdziwe oszustwo następuje wtedy, gdy pokazujesz to potem innym jako swoje własne odkrycie. W obydwu wypadkach sprawa jest irytująca. „Och, spójrz, pada" brzmi równie fatalnie jak „Kostarykanie mają własną jednostkę długości, *vara*".

Całą uwagę pragnąłem skupić na tym, co się działo za oknem; chciałem zapamiętać dolinę, rzekę, góry, wietrzyk odświeżający powietrze w pociągu, woń kwiatów rosnących przy torach. *Ładne kwiaty*, zapisałem.

Luis wstał, uśmiechając się nerwowo. Przeszedłszy między siedzeniami, zamamrotał coś do starszego pana. Ten nic nie zrozumiał. Luis ponowił próbę. Ty draniu, pomyślałem. Starszy pan odwrócił się do mnie i uśmiechnął. Wstał. Luis usiadł na jego miejscu, a starszy pan podszedł do mnie i zajął miejsce Luisa.

– Kurczę, jak się cieszę, że pana widzę!

Amerykanin zgubił swoją wycieczkę. Wyjazd obejmował wszystko: podróż pociągiem do Limón, rejs wzdłuż wybrzeża, mieli własnego kucharza, który przyrządzał świetne posiłki. Potem powrót do Limón: pływanie, czterogwiazdkowy hotel, autobusem na lotnisko i samolotem do San José. Na tym polegała wycieczka. Ale (rzeka rozłupywała stare canoe na kawałki, a tamci chłopcy, na pewno łowili ryby?) kierownik hotelu coś pokręcił, wycieczka wyruszyła nie o dziewiątej, tylko o szóstej, więc starszy pan, pod wpływem impulsu, nie mając nic do roboty w San José, spytał o pociąg i wskoczył, ot tak, nigdy nic nie wiadomo, może dogoni wycieczkę; w końcu zapłacił trzysta dolarów, o, tu miał dowód zapłaty i bony.

Do Limón mieliśmy dojechać za sześć godzin.

– Wiedział pan, że ten pociąg tak długo jedzie?

– Nie miałbym nic przeciwko temu, gdyby jechał cztery dni.

Po tej odzywce przez chwilę miałem spokój, ale gdy tylko znowu wjechaliśmy w cudowną dolinę, zaczął gadać. Nazywał się Thornberry, mieszkał w New Hampshire, malował obrazy. Nie zawsze był malarzem. Jeszcze do niedawna zarabiał na życie w reklamie, zajmował się też wystrojem wnętrz. Martwienie się o to, za co kupi jedzenie, stało się prawdziwą mordęgą, ale kilka lat temu dostał trochę pieniędzy – całkiem sporą sumę – i postanowił zwiedzić świat. Thornberry odwiedził Hawaje, Włochy, Francję, Indie Zachodnie, Kolumbię, Alaskę, Kalifornię, Irlandię, Meksyk i Gwatemalę. Z Gwatemali wyniósł inne wrażenia niż ja. Uwielbiał Gwatemalę. Bardzo podobały mu się kwiaty. W Antigua spędził dwa tygodnie z uroczym facetem, który co noc urządzał przyjęcia. Według Thornberry'ego był alkoholikiem. Do Zacapa Thornberry nie pojechał.

– Ten krajobraz jest odjazdowy – powiedział Thornberry. Miał ciekawy sposób mówienia: mrużył oczy do szparek, twarz tężała mu w grymasie, usta otwierały się w imitacji uśmiechu, po czym mówił przez zęby, nie poruszając ustami. Tak rozmawiają ludzie dźwigający beczki, wykrzywiają twarze i stękając, wyrzucają z siebie słowa.

Dla Thornberry'ego wiele rzeczy było odjazdowych: łoskot rzeki, splendor doliny, małe domki, duże głazy, a już najbardziej odjazdowy wydawał mu się klimat; sądził, że okaże się bardziej tropikalny. Jak na człowieka w jego wieku, „odjazdowy" mogło się wydać dziwnym określeniem, ale w końcu pan Thornberry był malarzem. Kiedy zdziwiłem się, że nie zabrał ze sobą szkicownika, przypomniał mi, że z hotelu wyjechał pod wpływem impulsu. Podróżował z małym bagażem.

– Gdzie pana bagaż? – spytał.

W odpowiedzi wskazałem na walizkę na półce.

– Spora.

– To wszystko, co mam. W Limón może poznam piękną kobietę i postanowię spędzić tam resztę życia.

– Raz coś takiego zrobiłem.

– Żartowałem – wyjaśniłem.

– W moim wypadku to się skończyło całkowitą klęską – skrzywił się Thornberry.

Kątem oka dostrzegłem, że rzeka się pieni, na płyciźnie stoją ludzie – nie widziałem wyraźnie, co robią – a przy torach rosną różowe i niebieskie kwiaty.

– Ten facet w Antigua miał piękny dom – powiedział pan Thornberry. – Dookoła rósł powój, zupełnie taki jak tamten.

– A więc to jest powój, tak? – spytałem. – Właśnie się zastanawiałem.

Pan Thornberry opowiedział mi o swoim malowaniu. Podczas wielkiego kryzysu nie dało się z tego wyżyć. Pracował w Detroit i Nowym Jorku. Nie żyło mu się lekko. Żona umarła na gruźlicę, kiedy trzecie dziecko było małe; nie mógł sobie pozwolić na dobrego lekarza. Żona umarła, a on musiał sam wychować dzieci. Kiedy dorosły i się pożeniły, Thornberry wyjechał do New Hampshire i zajął się malowaniem, bo zawsze chciał to robić. Teraz mieszkał w ładnym miejscu, na północy stanu New Hampshire; w gruncie rzeczy, jak mówił, bardzo przypominało tę część Kostaryki.

– Sądziłem, że te strony wyglądają jak Vermont. Na przykład Bellow Falls.

– Raczej nie.

W wodzie leżały kłody, wielkie, ciemne, tłukły o siebie i zahaczały o skały. Skąd tu kłody? Nie chciałem pytać o nie Thornberry'ego. Przecież nie był w Kostaryce dłużej niż ja. Skąd miałby wiedzieć, dlaczego ta rzeka, nad którą nie stały domy, niosła kłody długie jak słupy telegraficzne i dwa razy od nich grubsze? Skupiłem się. Nic nie odkryłem.

– Tartak – powiedział pan Thornberry. – Widzi pan te ciemne kształty w wodzie? – Zmrużył oczy, usta otworzył w kwadrat. – Kłody.

Cholera, pomyślałem na widok tartaku. To stąd te kłody. Pocięto je w górze rzeki. Musieli…

– Musieli spławić te kłody, żeby je pociąć na deski – powiedział pan Thornberry.

– To samo robią u nas – zauważyłem.

– To samo robią u nas – powiedział pan Thornberry.

Przez kilka minut milczał. Z torby wyjął aparat i zaczął pstrykać zdjęcia przez okno. Niełatwo mu się robiło zdjęcia obok mnie, ale za żadne skarby nie ustąpiłbym miejsca w kącie. Pociąg wjechał w kolejną chłodną dolinę; wokół nas piętrzyły się kolumny skał. Moją uwagę przykuło jeziorko.

– Jeziorko – powiedział pan Thornberry.

– Bardzo ładne – odparłem. Czy to właśnie należało powiedzieć?

– Co? – spytał pan Thornberry.

– Bardzo ładne jeziorko.

Pan Thornberry pochylił się do przodu.

– Kakao – oznajmił.

– Już wcześniej widziałem.

– Ale tu rośnie więcej. Dorosłe drzewa.

Czy brał mnie za niewidomego?

– Tak czy owak, oprócz kakaowców rośnie tu też kawa – powiedziałem.

– Owoce kawy – uściślił pan Thornberry, mrużąc oczy. Niemal kładąc mi się na kolanach, przywarł do okna i pstryknął zdjęcie. O nie, nie oddam mu swojego miejsca.

Nie zauważyłem owoców kawy; jakim cudem on je spostrzegł? Nie chciałem ich zobaczyć.

– Te czerwone są dojrzałe. Wkrótce pewnie zobaczymy zbieraczy. Boże, nienawidzę tego pociągu. – Na twarzy pana Thornberry'ego zastygł typowy grymas. – Odjazd.

Poważny artysta zabrałby w podróż szkicownik z ołówkami, rysowałby coś w skupieniu, z zamkniętymi ustami. Pan Thornberry tylko majstrował przy aparacie fotograficznym i mówił; nazywał rzeczy, które widział, to wszystko. Chciałem wierzyć, że okłamał mnie, mówiąc, że jest malarzem. Malarz nie paplałby tak bez ładu i składu.

– Ale się cieszę, że pana spotkałem! – wykrzyknął. – Na tamtym siedzeniu odchodziłem od zmysłów.

W milczeniu spojrzałem przez okno.

– Jakiś rurociąg – powiedział pan Thornberry.

Równolegle do torów, w bagnie, które powstało na miejscu rzeki, biegła zardzewiała rura. Nie zauważyłem, kiedy rzeka się skończyła. Zardzewiała rura, jego zdaniem rurociąg, biegła wśród palm. Za palmami wznosiły się kamieniste skarpy; pociąg wjechał na nie, w dole pojawiły się strumienie...

– Strumienie – oznajmił pan Thornberry.

Dalej stały chaty, dość interesujące, podobne do domów drobnych dzierżawców, drewniane, acz solidne, wzniesione na palach nad podmokłym gruntem. Pociąg zatrzymał się w wiosce Swampmouth: więcej podobnych chat.

– Bieda – zawyrokował pan Thornberry.

– Niechże pan nie będzie niemądry – odparłem. Pociąg przejeżdżał obok porządnych drewnianych domów, krytych szerokimi dachami z blachy falistej; w oknach migały zdrowe twarze, na dużych werandach stały dobrze ubrane dzieci. Tutejsi mieszkańcy nie byli zamożni, ale nie byli też biedni. Zdumiewające, myślałem, że tak daleko od San José – tak daleko od Limón – w pasie gęstej dżungli pełnej pnączy i na sawannie ludzie mieszkali w suchych, solidnych domach. Większość autochtonów stanowili czarni, podobnie zresztą jak większość pasażerów pociągu. Aby uwolnić się od pana Thornberry'ego, przeszedłem na tył wagonu, gdzie wdałem się w rozmowę ze starszym czarnoskórym. Człowiek ten powiedział, że czarnych sprowadzono tu z Jamajki do budowy kolei.

– My nie chorowaliśmy – wyjaśnił mi po angielsku. – To Brytyjczycy chorowali. – Jego ojciec pochodził z Kostaryki, matka z Jamajki; językiem ojczystym był angielski, dzięki czemu mogłem poznać nieco socjologii jego rodziny. Wychowała go matka. Mój rozmówca krytycznie wyrażał się o czarnych chłopcach hałasujących i śmiejących się na korytarzu pociągu. – Ich dziadkowie chcieli pracować, ale oni nie chcą.

Możliwe, że tutejsze domy też budowano w stylu Indii Zachodnich. Z pewnością widywałem podobne na południu Stanów, w wioskach Missisipi i Alabamy, ale tamte wyglądały schludniej. Tu, w Kostaryce, na każdym błotnistym podwórzu rosły bananowce, w każdej wiosce widziałem sklep, niemal zawsze z chińskim nazwiskiem na szyldzie; prawie każdy sklep łączył się z drugim budynkiem, pełniącym funkcję baru i sali bilardowej. W tych wsiach panowała przyjazna atmosfera, a chociaż większość gospodarstw zamieszkiwali sami czarni, zdarzały się też pary mieszane. Pan Thornberry zwrócił mi na to uwagę, kiedy tylko wróciłem na swoje miejsce.

– Czarny chłopak, biała dziewczyna – powiedział. – Najwyraźniej dobrze się dogadują. Znowu rurociąg.

Od tej pory, ilekroć pojawiał się rurociąg – a zanim pociąg dotarł do wybrzeża, zdarzyło się to może dwadzieścia razy – pan Thornberry uczynnie mi go pokazywał.

Pociąg jechał przez tropiki. W upalnym powietrzu unosiła się wilgotna woń roślinności, bagiennej wody i słodkawo-mdlący zapach kwiatów z dżungli. Długodziobe ptaki o patykowatych nogach nurkowały w powietrzu, a potem, chcąc zahamować spadek, nagle rozpościerały skrzydła, co upodabniało je do latawców. Krowy, po kolana w bagnie, muczały. Jedne palmy przypominały fontanny, inne pierzaste kiście dziesięciometrowej wysokości; nie dostrzegałem pni, tylko pierzaste liście wystrzelające prosto z bagna.

– Właśnie patrzyłem na palmy – powiedział pan Thornberry.

– Wyglądają jak wielkie pióra – odparłem.

– Zabawne zielone fontanny – wyjaśnił. – Niech pan spojrzy, znowu domy.

Kolejna wioska.

– Kwietne ogrody, niech pan spojrzy na te bugenwille – powiedział pan Thornberry. – Odjazdowe. Mama w kuchni, dzieci na werandzie. Tamtą niedawno odmalowano. Niech pan patrzy na te wszystkie warzywa!

Wszystko wyglądało tak, jak mówił. Pociąg przejechał przez wioskę i znowu znaleźliśmy się w bagnistej dżungli. Niebo zasnuło się chmurami, powietrze było wilgotne. Powieki zaczęły mi opadać. Gdybym zaczął robić notatki, tobym się obudził, ale nie miałem gdzie pisać, bo pan Thornberry co pięć minut rzucał się do okna, żeby zrobić zdjęcie. Spytał mnie, co piszę. Jego gadanina sprawiała, że zacząłem się skrycie zachowywać. W wilgotnym, zielonkawym świetle gęstniał dym z ognisk, na których gotowano jedzenie. Niektórzy ludzie gotowali pod domami, w wolnej przestrzeni pod podłogą.

– Jest tak, jak pan mówił, ci ludzie są przedsiębiorczy – powiedział pan Thornberry. Kiedy to mówiłem? – W każdym z tych cholernych domów coś sprzedawali.

To niemożliwe, pomyślałem. Nie widziałem, żeby ktoś cokolwiek sprzedawał.

– Banany – mówił pan Thornberry. – Szlag mnie trafia na myśl, że sprzedają je po dwadzieścia pięć centów za funt. Dawniej sprzedawali je na kiście.

– W Kostaryce?

– W New Hampshire. – Na chwilę zamilkł, po czym dodał: – W Buffalo.

Pan Thornberry odczytywał stacyjny napis. Nie, to nie stacja, ale szopa.

– Ale te strony nie przypominają mi Nowego Jorku. – Nieco wcześniej pociąg dojechał do wioski Bataan. Pan Thornberry przypomniał mi, że na Filipinach jest półwysep Bataan. Bataański marsz śmierci. Zabawne, dwa miejsca o tej samej nazwie, zwłaszcza takiej jak Bataan. Pociąg dotarł do wioski Liverpool. Wziąłem głęboki wdech.

– Liverpool – oznajmił pan Thornberry. – Zabawne.

W tym strumieniu świadomości pan Thornberry grał rolę mniej aluzyjnego Leopolda Blooma, ja zaś opornego Stefana Dedalusa. Pan Thornberry miał siedemdziesiąt jeden lat. Jak powiedział, mieszkał sam, sam sobie gotował. Poza tym malował obrazy. Niewykluczone, że to wszystko wyjaśniało. Samotny tryb życia nasilał nawyk mówienia do siebie; ten człowiek głośno myślał. Od lat mieszkał sam. Żona zmarła w wieku dwudziestu pięciu lat. Ale czy nie wspominał o katastrofie małżeńskiej? Przecież nie miał na myśli tragicznej śmierci żony.

– Rozchorowałem się – mówił pan Thornberry. – W szpitalu pracowała pewna pielęgniarka, miała może pięćdziesiąt lat, trochę gruba, ale miła. Przynajmniej tak mi się wydawało. Nie można jednak poznać człowieka, dopóki się z nim nie zamieszka. Pielęgniarka nigdy nie miała męża. O, jest nasz rurociąg. Ja od razu chciałem pójść z nią do łóżka; chyba dlatego, że chorowałem, ona była pielęgniarką. Takie rzeczy często się zdarzają. „Do łóżka dopiero po ślubie”, powiedziała. – Pan Thornberry skrzywił się i mówił dalej. – To była cicha uroczystość. Potem polecieliśmy na Hawaje. Nie do Honolulu, ale na jedną z mniejszych wysp, naprawdę piękną, z dżunglą, plażami, pełną kwiatów. Żona nie cierpiała tego miejsca. „Tu jest za cicho”, mówiła. Urodzona i wychowana w małej mieścinie w New Hampshire – miasteczko z jednym koniem, na pewno pan takie widywał – jedzie na Hawaje i jest dla niej za cicho. Chciała chodzić do nocnych klubów. Na wyspie nie było żadnego. Ona miała wielkie piersi, ale nie pozwalała mi ich dotykać. „Jak dotykasz, to mnie bolą”. Odchodziłem od zmysłów. Poza tym miała hopla na punkcie czystości. Podczas podróży poślubnej codziennie schodziła do pralni, a ja czekałem na dworze, czytając gazetę. Codziennie prała pościel. Może tak się robi w szpitalach, ale w życiu codziennym to nienormalne. Chyba trochę poczułem się rozczarowany. – Pan Thornberry zamilkł, a po chwili milczenia podjął wątek. – Słupy telegraficzne... świnia... znowu rurociąg. To była prawdziwa katastrofa. Po powrocie z podróży poślubnej powiedziałem: „Chyba nic z tego nie wyjdzie". Ona przyznała mi rację i jeszcze tego samego dnia się wyprowadziła. Cóż, tak naprawdę to nigdy się nie wprowadziła. Wkrótce potem wystąpiła o rozwód, domagając się alimentów, pieniędzy na utrzymanie i całej reszty. Chciała się ze mną spotkać w sądzie.

– Chciałbym dobrze zrozumieć – przerwałem mu. – Pojechaliście tylko w podróż poślubną, tak?

– Na dziesięć dni – powiedział pan Thornberry. – Planowaliśmy dwa tygodnie, ale ona nie mogła znieść milczenia. Na Hawajach było dla niej za cicho.

– Domagała się alimentów?

– Wiedziała, że po siostrze odziedziczyłem sporo pieniędzy, więc mnie pozwała.

– I co pan zrobił?

Pan Thornberry uśmiechnął się szeroko, po raz pierwszy w ciągu całego popołudnia.

– Co zrobiłem? Też ją pozwałem. Za oszustwo. Widzi pan, ona miała przyjaciela, który dzwonił do niej, kiedy byliśmy na Hawajach. Wyjaśniła, że to jej brat. Akurat.

Pan Thornberry wciąż wyglądał przez okno, ale myślami był gdzie indziej.

– Potem nie musiałem nawet kiwnąć palcem. Stanęła przed sądem. „Dlaczego wyszła pani za mąż za tego człowieka?", spytał sędzia. „Powiedział mi, że ma dużo pieniędzy", odparła. Powiedział mi, że ma dużo pieniędzy! Pogrążyła się, rozumie pan? Wyśmiano ją z sądu. Dałem jej pięć tysięcy, szczęśliwy, że mam ją z głowy. – Niemal nie przerywając potoku wymowy, mówił: – Palmy. Świnia. Płot. Drewno. Znowu powój, na Capri jest go mnóstwo. Czarny jak as pikowy. Amerykański samochód.

Godziny mijały, a pan Thornberry mówił bez wytchnienia.

– Stół bilardowy. Muszą być na zasiłku. Rower. Ładna dziewczyna. Latarnie.

– Kiedy odbyła się ta nieudana podróż poślubna? – spytałem.

– W zeszłym roku.

Za oknem ujrzałem trzypiętrowy dom, z werandą na każdym piętrze. Ten szary, drewniany, walący się budynek przypominał hotel kolejowy, który widziałem w Zacapa. Ten jednak sprawiał wrażenie nawiedzonego. Wszystkie okna miał powybijane, na zachwaszczonym podwórzu rdzewiała stara lokomotywa parowa. Mógł kiedyś należeć do plantatora; w pobliżu rosło mnóstwo bananowców. Spróchniały dom był niezamieszkany, ale resztki ogrodzenia, podwórza, werand i stodoły, gdzie może dawniej mieściła się wozownia, świadczyły o tym, że niegdyś musiała to być wspaniała posiadłość, jedna z tych, w jakich mieszkają despotyczni potentaci bananowi w powieściach Asturiasa. W ciemniejącej dżungli i upale walący się dom wyglądał nierealnie, jak stara, postrzępiona pajęczyna, z resztkami widocznej symetrii.

– Tamten dom – powiedział pan Thornberry. – Kostarykański styl gotycki.

Ja pierwszy go zobaczyłem, pomyślałem.

– Byk Brahmy – mówił pan Thornberry. – Kaczki. Potok. Bawiące się dzieci. – Wreszcie, na koniec: – Fale.

Pociąg dotarł do wybrzeża i jechał wzdłuż porośniętej palmami plaży. To było Wybrzeże Moskitów, ciągnące się od Puerto Barrios w Gwatemali do Colón w Panamie. Dzikie wybrzeże wydaje się idealną scenerią dla opowieści o rozbitkach. Nieliczne wioski i porty są opuszczone; po załamaniu się rybołówstwa upomniała się o nie dżungla. Potężne fale pędziły ku nam, piana bielała w świetle zmierzchającego dnia; rozbijały się pod palmami kokosowymi tuż przy torach. Po zmroku ostatnią rzeczą, jaka ciemnieje, jest morze, jakby utrzymywało światło sączące się z nieba; drzewa są czarne. W blasku świetlistego morza i wciąż jeszcze błękitnego nieba na wschodzie, przy akompaniamencie łoskotu fal pociąg toczył się w kierunku Limón. Pan Thornberry ciągle mówił.

– Chyba mi się tu spodoba – oświadczył, po czym rzekł, że wypatrzył dom, zwierzę, ogień, aż wreszcie zapadła ciemność. Fale zniknęły, upał dręczył nieznośnie. Za drzewami ujrzałem straszny błysk. – Limón – zakrakał pan Thornberry.

Limón wyglądało okropnie. Niedawno przestał padać deszcz, miasto cuchnęło. Stacja znajdowała się na błotnistej drodze koło portu, zrujnowane domy i zbyt jasne światła odbijały się w kałużach. Powietrze śmierdziało martwymi pąklami i wilgotnym piaskiem, przepełnionymi ściekami, wodą morską, ropą naftową, karaluchami i tropikalną roślinnością. Ta ostatnia, zmoczona deszczem, wydziela gorącą, zgniłą woń, która kojarzy się z kompostem w lecie, smród pleśni i ściółki. W Limón panował hałas: rozbrzmiewała muzyka, ludzie krzyczeli, samochody trąbiły. Ostatni widok porośniętego palmami wybrzeża i fal okazał się mylący. Nawet pan Thornberry, wcześniej tak pełen nadziei, wyglądał na nieprzyjemnie zaskoczonego. Kątem oka widziałem, jak krzywił się z niedowierzaniem.

– Boże – jęknął. – Co za dziura.

On i ja brnęliśmy przez kałuże, ochlapywani przez spieszących się podróżnych.

– Ale odjazd – powiedział pan Thornberry.

Miarka się przebrała, pomyślałem.

– Chyba pójdę poszukać sobie hotelu – oświadczyłem.

– Może zatrzyma się pan w moim?

O, niech pan patrzy, pada. Ale odjazd. To jakiś rurociąg.

– Raczej powęszę po mieście. Kiedy przyjeżdżam w nowe miejsce, czuję się jak szczur w labiryncie.

– Moglibyśmy zjeść razem kolację. Mogłoby być przyjemnie. Nigdy nic nie wiadomo. Może mają tam dobre jedzenie. – Mrużąc oczy, przyjrzał się ulicy. – Polecono mi to miasto.

– Mnie nikt go nie polecał – odparłem. – Wygląda dość dziwnie.

– Może znajdę swoją wycieczkę – powiedział pan Thornberry, ale w jego głosie brakowało wcześniejszej nadziei.

– Gdzie pan się zatrzymał?

Pan Thornberry wymienił nazwę najdroższego hotelu w Limón, ja zaś wykorzystałem to jako pretekst, by poszukać sobie innego miejsca. Drobny, trochę niespełna rozumu człowieczek zapytał uroczo, czy mógłby ponieść moją walizkę. Kiedy ruszył z nią ulicą, wlokła się po ziemi. Po chwili, z walizką na głowie, niczym elf-pracownik pomaszerował na ugiętych nogach w kierunku placu targowego. Tu drogi pana Thornberry'ego i moja się rozeszły.

– Mam nadzieję, że znajdzie pan swoją wycieczkę – powiedziałem. Pan Thornberry odparł, że się cieszy z naszego spotkania w pociągu; w sumie było zabawnie. Potem odszedł. Uczucie ulgi, jakie mnie wypełniło, można porównać z tym, co czuje człowiek, który wyszedł na wolność po długim okresie uwięzienia. Byłem wyzwolony. Wręczywszy napiwek elfowi, szybko odszedłem w przeciwnym kierunku niż pan Thornberry.

Aby nasycić się wolnością i rozprostować nogi, szedłem przed siebie. Trzy przecznice dalej miasto nie wyglądało lepiej, a czy tam, obok przewróconej beczki z odpadkami, nie skubał czegoś szczur? To kraj białych, powiedział mi pewien człowiek w San José. Teraz jednak znalazłem się w smrodliwym nadmorskim mieście parujących drzew, zamieszkanym przez czarnych. Spróbowałem szczęścia w kilku hotelach. Kręte schody, spoceni recepcjoniści. Nie, mówili, nie mamy wolnych miejsc. Taka odpowiedź mnie zresztą cieszyła, hotele były bowiem odrażająco brudne, a ludzie aroganccy, dlatego szedłem dalej. Znajdę lepszy hotel. Ale każdy następny okazywał się jeszcze bardziej cuchnący, nigdzie nie znalazłem wolnych miejsc. W jednym z hoteli, gdy stałem zadyszany po wspinaczce po schodach, po ścianie zbiegły dwa karaluchy i przemknęły po podłodze, w czym nikt im nie przeszkadzał. „Karaluchy", powiedziałem. „Czego pan tu szuka?", spytał recepcjonista. Tu także nie było wolnych miejsc. Wcześniej, idąc przez miasto, zatrzymywałem się w co drugim hotelu. Teraz wchodziłem do wszystkich. To nie były hotele, ale nory z cuchnącą pościelą, kilkoma pokojami i kawałkiem werandy. Powinienem był się domyślić, że nie znajdę wolnego miejsca: po schodach schodziły udręczone rodziny, kobiety i dzieci niosły walizki, rozdrażniony ojciec wsysał powietrze, mrucząc: „Trzeba będzie poszukać gdzie indziej". Na wąskich schodach musiałem się cofać, żeby przepuścić tych ludzi.

W jednym z takich domów (hotelu, co poznałem po chwiejnych schodach, gołych żarówkach, zjedzonych przez mole meblach i woni stęchlizny) kobieta w fartuchu powiedziała: „Tłoczą się jak sardynki", wskazując na korytarz pełen ludzi – starszych pań, młodych kobiet, wzdychających mężczyzn, dzieci o szklistych oczach, czarnych, znużonych, wpychających stare walizy we wnękę; kilka osób przebierało się jeszcze w korytarzu.

Nie miałem pojęcia, która godzina. Chyba było późno; ludzie w Limón, którzy nie polowali na pokoje, przechadzali się mokrymi ulicami. Na ich twarzach malował się wyraz samozadowolenia, odczytywany przez obcych jako szyderstwo lub przynajmniej obojętność. Sobotnie wieczory w obcych miastach nawet w najspokojniejszym podróżnym potrafią wywołać uczucie wyobcowania.

– Niech pan nie traci czasu na szukanie – powiedział mi człowiek w jednym z hoteli. – W Limón nie ma wolnych miejsc. Może spróbuje pan jutro.

– A co mam zrobić tej nocy?

– Może pan zrobić tylko jedno – odparł. – Widzi pan tamten bar? – Z frontowej ściany obłaziła farba, na kablu przewieszonym nad drzwiami paliły się żarówki; w środku kontury ludzkich głów, dym i muzyka tłuczonych talerzy. – Niech pan wejdzie i wybierze sobie dziewczynę. Spędzi pan z nią noc. To pana jedyna nadzieja.

Propozycja zasługiwała na rozważenie, ale nie widziałem żadnych dziewczyn. Przy drzwiach stała grupa chłopaków, gwiżdżących na wchodzących ludzi. Wtedy spróbowałem szczęścia w jeszcze jednym hotelu. Czarnoskóry właściciel zobaczył, że jego odpowiedź na moje pytanie bardzo mnie zmartwiła.

– Jeśli naprawdę nie dopisze ci szczęście i nie znajdziesz pokoju, wróć tutaj. Możesz tam usiąść na krześle – pokazał mi proste krzesło na werandzie. Po drugiej stronie ulicy ujrzałem bar: muzyka, kolejna grupa gapiów. Zacząłem tłuc komary. Przejeżdżające motory brzmiały jak motorówki. Ich warkot, połączony z odgłosami chłopaków i muzyką, zlewał się w jazgot. Walizkę zostawiłem u hotelarza i ruszyłem na poszukiwania. Nie znalazłem hoteli, barów, pensjonatów; nawet muzyka była przytłumiona. W końcu postanowiłem zawrócić, ale zaszedłem za daleko; zabłądziłem.

Po pewnym czasie dotarłem do dzielnicy Limón zwanej „Jamaicatown". W Kostaryce, hiszpańskojęzycznym kraju białych, znajduje się anglojęzyczna dzielnica nędzy, zamieszkana przez czarnych. Tam właśnie zobaczyłem najgorsze ulice, jakie widziałem w Kostaryce, na każdym rogu stało kilkanaście osób, śmiały się, rozmawiały gdacząco. Ludzie obserwowali mnie, nikt mi nie groził, a mimo to nigdy w życiu nie czułem się tak zagubiony, zupełnie jakbym przebił się przez dno wszystkich swoich planów i spadał w ciemność. Upadek miał trwać do rana. Nogi mnie bolały, byłem zmęczony, brudny, spocony; przez cały dzień nic nie jadłem. Nie był to ani czas, ani miejsce, żeby rozmyślać o daremności całej podróży, a przecież wcześniej Kostaryka obiecywała coś lepszego niż ten ciemny ślepy zaułek.

Na rogu spytałem ludzi po hiszpańsku o drogę na targ; odpowiedzieli po angielsku, wiedzieli, że jestem cudzoziemcem. Wskazówki, jakich mi udzielili, brzmiały klarownie; powiedzieli, że bez trudu znajdę drogę.

Przed sobą ujrzałem rząd hoteli i pensjonatów, które odwiedzałem wcześniej. Wtedy wzbudzały moją odrazę, ale teraz nie wydawały mi się takie złe. Szedłem dalej, a niedaleko placu targowego dostrzegłem człowieka, który powłócząc mokasynami, sunął przez ulicę, z ramieniem zgiętym pod ciężarem torby, w zabawnej niebieskiej czapce na głowie, jasnozielonej koszuli, spodniach marynarskich: Thornberry.

– Wszędzie pana szukam.

Potrzebowałem jego towarzystwa; cieszyłem się, że mogę z kimś porozmawiać.

– Nigdzie nie mogę znaleźć pokoju – powiedziałem. – W całym Limón nie ma ani jednego wolnego miejsca. Jestem załatwiony.

Thornberry ujął mnie pod ramię i mrugnął.

– W moim pokoju są trzy łóżka – rzekł. – Proszę zatrzymać się u mnie.

– Mówi pan serio?

– Pewnie, chodźmy.

Ulga, jaką odczułem, była nieopisana.

Zabrałem walizkę z hotelu, gdzie właściciel pozwolił mi spędzić noc na werandzie. Pan Thornberry nazwał to miejsce zaszczaną meliną (w ciągu kilku następnych dni, ilekroć mijaliśmy ten hotel, mówił: „O, pańska weranda!"). Wszedłem do jego pokoju, umyłem twarz, potem wypiliśmy po piwie i zaczęliśmy narzekać na Limón. Z wdzięczności zaprosiłem go na kolację, złożoną z pieczonej ryby, serc palmowych i wina. Pan Thornberry opowiadał mi smutne historie ze swego życia w New Hampshire, mówił o osamotnieniu. Może na zimę wynajmie dom w Puntarenas. Nie zniesie kolejnej mroźnej zimy. Przez pieniądze spieprzył życie, powiedział. Wszystko przez akcje IBM, odziedziczone po siostrze.

– Tego, czego pragnę, nie da się kupić za pieniądze. Pieniądze są warte funta kłaków. Jeśli je masz. Jeśli ich nie masz, są ważne. Ja nie zawsze miałem pieniądze.

– Uratował mi pan życie – powiedziałem.

– Nie mogłem pozwolić, żeby pan przez całą noc chodził po mieście. To niebezpieczne. Nienawidzę tego miasta. – Potrząsnął głową. – Myślałem, że mi się spodoba. Z pociągu wyglądało nieźle, wszystkie te palmy. Agencja turystyczna mnie okłamała. Powiedzieli mi, że zobaczę papugi i małpy.

– Może jutro pojedzie pan na wycieczkę.

– Na samą myśl robi mi się niedobrze. – Pan Thornberry spojrzał na zegarek. – Dziewiąta. Jestem padnięty. Idziemy spać?

– Zazwyczaj nie kładę się o dziewiątej – odparłem.

– Ja zawsze to robię – powiedział mój gospodarz.

Tak więc poszliśmy spać. W zamku tkwił jedyny klucz do pokoju. Niczym stare małżeństwo cicho przekomarzaliśmy się przed zaśnięciem, ziewaliśmy, przyzwoicie wkładaliśmy piżamy. Pan Thornberry przykrył się, westchnął. Przez chwilę czytałem, potem zgasiłem światło. Pora była wczesna, za oknem panował zgiełk.

– Motor – powiedział pan Thornberry. – Muzyka. Niech pan posłucha, jak gadają. Samochód. Gwizd pociągu. To muszą być fale. – W końcu zasnął.

Mimo niechęci, jaką czułem do niego w pociągu, uważałem pana Thornberry'ego za wybawcę. W ramach rewanżu znalazłem dla niego wycieczkę – rejs kanałem na północ do Laguny Matina, który miał się zakończyć popołudniem na długiej lawowej plaży u ujścia Río Matina. Pan Thornberry nalegał, żebym mu towarzyszył („Pieniądze są warte funta kłaków"), i kupił mi bilet. Łódź okazała się niewielka, kanał zarosły hiacynty, więc płynęło się powoli. Na drzewach tropikalnych rosły orchidee, nad naszymi głowami przelatywały czaple i egrety, a dalej pelikany, lecące w kluczach jak gęsi.

– Nie widzę żadnych papug – oświadczył pan Thornberry. – Nie widzę żadnych małp.

Przeszedłem na dziób, usiadłem w słońcu i patrzyłem na zostającą w tyle dżunglę.

– Motyle – mówił pan Thornberry, który stał nadal na dziobie pod zadaszeniem.

Niemal kwadratowe, jaskrawobłękitne motyle wielkości rękawic do garnków naśladowały orchidee, pośród których furkotały.

– Znowu czaple – mówił pan Thornberry. – Gdzie są papugi?

Czułem, jak wzbiera we mnie pragnienie zepchnięcia go do wody, ale wstydziłem się własnego rozdrażnienia. Przecież mnie ocalił.

– Niech pan spojrzy, jakie wszystko jest zielone – powiedział pan Thornberry.

O wpół do drugiej dopłynęliśmy do laguny, gdzie zacumowaliśmy łódź, ponieważ czarny przewodnik bał się, że pływy mogą zepchnąć nas z powrotem w morze. Pan Thornberry i ja ruszyliśmy plażą szarej lawy. Kiedy wszedłem do morza, żeby popływać, przewodnik zawołał po hiszpańsku, żebym wyszedł z wody. Ostrzegł mnie, że w morzu pływają najgłodniejsze, najgwałtowniejsze rekiny. Gdy spytałem pana Thornberry'ego, czy widział tu rekiny, odparł, że nie, ale wie, że tu są. Po tej rozmowie znowu zanurzyłem się w morzu.

– Rekiny! – zawołał czarny przewodnik.

– Gdzie? – spytałem, stojąc po pas w wodzie.

– Tam! Wychodź! Wychodź!

Wychodząc z morza, ujrzałem czarną płetwę grzbietową rekina, tnącą powierzchnię wody. Ryba nie mogła mieć więcej niż metr długości. Większe rekiny widywałem w East Sandwich w Cape Cod, o czym powiedziałem przewodnikowi. Ponieważ uparcie twierdził, że pływanie w tym morzu to szaleństwo, machnąłem ręką i poszedłem na spacer.

Pan Thornberry dołączył do mnie na plaży. Razem ruszyliśmy wzdłuż brzegu.

– Drewno wyrzucone przez morze – powiedział. – Tu wszędzie zalega lawa, dlatego piach jest taki czarny.

W drodze powrotnej w silniku łodzi pękł kołek bezpiecznika. Przewodnik zatrzymał przepływające w pobliżu canoe i odpłynął. Przez godzinę lub dłużej szukał nowego kołka bezpiecznika w chatach nad kanałem.

– Moja wycieczka miała własnego kucharza – powiedział pan Thornberry. – Ta nie ma nawet silnika.

– Możemy tu ugrzęznąć na cztery dni – zauważyłem złośliwie, bo już widziałem nadpływające canoe z przewodnikiem.

Po powrocie do Limón znalazłem dla siebie hotel. Weekendowi goście wyjechali, więc mogłem wybierać i przebierać. Hotel, w którym się zatrzymałem, nie był zły, chociaż łóżko nasiąkło morską wilgocią, komary nie dawały mi spokoju, a szum fal nie pozwalał mi zasnąć przez pół nocy. W samotności mogłem myśleć jasno, zacząłem więc rozgryzać paradoks Thornberry'ego.

Następny dzień przeznaczyłem na zwiedzanie Limón, ale przy bliższym poznaniu nie prezentowało się lepiej niż pierwszej nocy: parujące, cuchnące miasto błotnistych kałuż i domów wyblakłych od wilgoci. Stiukowe frontony przypominały kolorem i konsystencją nieświeże ciasto, na chodnikach walały się odłamki betonu. W parku na drzewach widziałem leniwce trójpalczaste, na targu i parapetach rozsypujących się domów siedziały parchate sępy. Inne kołowały nad głównym placem. Czy można sobie wyobrazić obskurniejszą dziurę? Kolumb odwiedził to miasto z synem Ferdynandem. Ferdynand, wówczas czternastolatek, opisał Limón jako „wspaniałe miasto pełne rzek, obfitujące w bardzo wysokie drzewa, podobne do tych, które rosły na wysepce [wyspa Uva, zwana przez Indian Quirivi]. Z powodu gęstych zagajników wysokich drzew Admirał [Kolumb] nazwał to miejsce La Huerta [Ogród]". Niewykluczone, że tak właśnie było, ale relacje z tej wyprawy wzajemnie sobie przeczą. Ferdynand widział czasem sprawy inaczej niż jego ojciec. W Limón, pisał na przykład Ferdynand, Indianie, pragnąc uspokoić żeglarzy, wysłali starca z „dwiema dziewczynkami, jedną może ośmioletnią, drugą czternastoletnią... Dziewczynki wykazały wielki hart ducha. Mimo iż nigdy wcześniej nie spotkały ludzi o wyglądzie, zachowaniu i pochodzeniu chrześcijan, nie okazywały strachu, ale stale były radosne i skromne. Admirał zrobił z nich właściwy użytek...". W swoich listach do monarchów (*Lettera Rarissima*) Kolumb przytacza inną wersję tego wydarzenia. „W Cariai [Limón] i krajach ościennych mieszkają czarownicy. Oddaliby mi wszystko, bylebym nie zatrzymywał się tam nawet na godzinę. Gdy tylko tam dotarłem, przysłali dwie odświętnie odziane dziewczynki; starsza nie mogła mieć więcej niż jedenaście lat, młodsza miała siedem. Obie zachowywały się nieprzyzwoicie, nie lepiej niż ladacznice. Ponieważ miały ukryty magiczny proszek, natychmiast po ich przybyciu wydałem rozkaz, żeby dać im nieco towarów na wymianę i odesłać na brzeg...".

Moje pragnienie opuszczenia Limón nasiliło się pewnego ranka, kiedy nie mając nic lepszego do roboty, obserwowałem sępy na głównym placu: to były sępy, myszołowy czy jakieś inne ptaki drapieżne. Nagle usłyszałem ostry krzyk i ujrzałem potężnie zbudowanego czarnoskórego mężczyznę, który podrygując, szedł w moją stronę. W dłoni trzymał coś srebrnego, na głowie miał wełnianą czapkę, był boso. Oczy połyskiwały mu szalonym blaskiem.

– Jestem synem bożym – oświadczył. Potrząsnął srebrnym przedmiotem, następnie uniósł w geście błogosławieństwa jak cyborium. Wtedy zobaczyłem, że to długopis. – Jestem synem bożym.

Ludzie z uśmiechem pozwolili mu przejść. Może nie znali angielskiego.

– Jestem synem bożym.

Odsunąłem się na bok.

Pan Thornberry siedział w małym lobby swojego hotelu. Z wyrazem głębokiej troski studiował broszurę turystyczną. Na mój widok zerwał się na równe nogi.

– Wynośmy się stąd – powiedziałem.

– Próbowałem, ale w samolocie nie ma wolnych miejsc – odparł. – Autobus odjeżdża dopiero w nocy.

W dodatku pociąg odjechał o piątej rano.

– Możemy wziąć taksówkę – zaproponowałem.

– Taksówkę? Do San José?

Pan Thornberry i ja poszliśmy na postój taksówek na głównym placu. Wybrawszy najmniej poobijany samochód, podszedłem i spytałem kierowcy, ile by wziął za kurs do San José. Taksówkarz zastanawiał się przez chwilę, wreszcie wymienił astronomiczną kwotę. Gdy przetłumaczyłem ją panu Thornberry'emu, powiedział:

– Niech pan mu powie, że się zgadzamy.

Dla zasady utargowałem dziesięć dolarów i powiedziałem taksówkarzowi, że musimy zdążyć do San José na lunch. Kierowca przystał na to i powiedział z uśmiechem:

– Jeszcze nigdy nie jechałem tą trasą.

– To był świetny pomysł. – Pan Thornberry cieszył się. – Już myślałem, że nigdy nie wydostanę się z tego miasta. – Mrużąc oczy, wyjrzał przez okno. – Chata – powiedział. – Świnia. Krowa. Banany. – Kiedy zbliżaliśmy się do San José, ogarnęło go podniecenie. – Proszę spojrzeć, jest nasz rurociąg! – zawołał.

rozdział_jedenasty_

Pociąg Pacific: 10:00 do Puntarenas

Po epizodzie w Limón, idąc pewnego dnia główną ulicą San José, ujrzałem kapitana Rugglesa z walizkami w obu dłoniach, który spiesznie oddalał się od swego hotelu. Poprzedniej nocy, po raz pierwszy od przyjazdu do San José, próbował zaciągnąć dziewczynę do pokoju. Kierownik hotelu nie pozwolił jej wejść dalej niż do lobby. Andy'ego wkurzyły słowa kierownika, że „musi dbać o zachowanie standardów". Dlatego właśnie opuścił hotel.

– Przenoszę się do innego hotelu – oświadczył. – Jest w porządku. Można zapraszać do pokoju, kogo się chce.

– Ty też musisz dbać o standardy.

– Żebyś wiedział. Z zasady nie zatrzymuję się w hotelu, do którego nie mogę przyprowadzić dwugłowej czarnej.

Poszedłem z Andym do hotelu, rozpadającego się budynku w dzielnicy czerwonych latarni, w którym chętnie bywali panamscy marynarze. W lobby leżały worki marynarskie, ale wielka wypchana rzecz nieopodal recepcji tylko wyglądała jak worek marynarski. W istocie był to Dibbs, zajadający banana. Świat naprawdę jest mały.

– Nieźle tu – powiedział Andy.

– Z dupy gwóźdź – mruknął na nasz widok Dibbs, po czym wrócił do banana.

W miarę upływu czasu Andy upadał na duchu. Ilekroć go spotykałem, skarżył się na to samo.

– Nienawidzę tego miejsca. Nie wiem, o co chodzi, ale nie daję rady. Zmieniam hotele, żebym mógł przyprowadzać dziwki, zawsze proszę o cichy pokój. Dają mi pokój od frontu. Okna z zewnętrznymi żaluzjami, stale otwarte, jak przód pontiaca ventury. Klaksony, motocykle, spaliny, wszystko to doprowadza mnie do szału. Nie mogę zamknąć okien, nie mogę spać, nie przyprowadziłem nawet dziewczyny. Nie zaprosiłbym dziewczyny do takiego miejsca. Słuchaj, te dziewczyny chyba nawet nie są ładne, jak myślisz?

Nie chodziło jednak tylko o dziewczyny, ale też o amerykańskich buraków, wprawiających Andy'ego w większe przygnębienie niż panamscy marynarze. Andy przedstawił mnie facetowi z Teksasu, który miał sześćdziesiąt siedem lat.

– To moja czterdziesta pierwsza wizyta w San José – chwalił się Teksańczyk. – Tutejsze dziewczyny nie są tanie, ale są warte każdego centa. – Jego kolega przyjechał do San José po raz dwunasty, ale był młodszy. Hotel Andy'ego roił się od buraków, którzy przyjechali chlać piwo i łazić po burdelach. Ludzie ci nosili czapki baseballowe, kowbojskie buty i kapelusze, koszulki z krótkimi rękawami z nadrukiem. Wszyscy mówili, że w San José można się dobrze zabawić. Andy'emu trzeba oddać sprawiedliwość, bo powiedział:

– Nie chcę skończyć tak jak te pajace.

Ostatniego wieczoru, za moją namową, raz jeszcze wyrecytował wiersz Roberta Service'a *Moja Madonna*.

Nikczemność San José była tylko powierzchowna. Mimo to czułem się wykluczony z poważnego, spokojnego życia miasta, przez co pobyt w stolicy przebiegał w dziwniejszej atmosferze niż w Limón. Przedziwnie było podróżować po mieście, gdzie ludzie się krzątali: szli do dentysty, kupowali zasłony, szukali części zamiennych do motoru, prowadzili dzieci do szkoły, słowem wiedli życie niewinnie i z oddaniem. Ten Kostarykanin z torbą pełną zakupów, wchodzący z młodym synem do urzędu, żeby zapłacić rachunek za prąd, był wszystkim, czym ja nie byłem.

Amerykańska hołota stanowiła jedynie fragment tła. Podróżując wśród tych ludzi, czułem się niby intruz, obcy, który patrzy, jak inni oddają się codziennej rutynie, ale nie mogłem ani na nią wpłynąć, ani w nią wejść. Nie miałem tu żadnych spraw, a moje przygnębienie nasiliło się, gdy ujrzałem, jak bardzo życie tych ludzi przypomina moje własne, które zostawiłem. Co z moją rodziną? Moim samochodem? Rachunkiem za światło? Co z moimi zębami? Ład w San José był wyrzutem; czułem, że zaniedbałem swoje obowiązki. Na widok młodej pary wybierającej odkurzacz ogarnęło mnie poczucie winy i tęsknota za domem. W całej Ameryce Środkowej nie znalazłem nic bardziej odbierającego otuchę niż widok tej pary, z dumą wynoszącej nowy odkurzacz ze sklepu w San José. Chyba wtedy zacząłem rozumieć, dlaczego zawsze czułem się szczęśliwszy w zapadłych dziurach, dlaczego tak mnie urzekła obcość Santa Any, czemu szukałem niezwykłych zakątków Gwatemali i meksykańskich pustkowi. Może w tym kryła się przyczyna mojej potrzeby poszukiwania nieprzeniknionego magnetyzmu egzotyki: w najdzikszym miejscu wszyscy sprawiali wrażenie tak marginalnych, tymczasowych, niezręcznych, głodnych i zmęczonych, że jako podróżnik mogłem być anonimowy, albo nawet, paradoksalnie, pasować do całości w ten sam tymczasowy sposób.

Na mapie widnieje linia kolejowa z Limón do granicy z Panamą, ale to połączenie z czasów republik bananowych jest nieczynne. Nawet gdyby pociąg kursował, dowiózłby mnie tylko do miejscowości o nazwie Bocas del Toro, skąd musiałbym polecieć samolotem do stolicy Panamy. Tak więc pozostało mi tylko jedno rozwiązanie: pociąg osobowy do Puntarenas na wybrzeżu Pacyfiku, a stamtąd lądem lub powietrzem do Panamy.

Jednak główny powód, dla którego postanowiłem pojechać pociągiem do Puntarenas, nie miał nic wspólnego z podróżą.

Przede wszystkim chciałem przeczytać książkę, a miałem naprawdę dobrą. Dwukrotnie w San Salvador i raz w Limón otwierałem *Przygody Arthura Gordona Pyma*; za każdym razem robiłem to w nocy, a po zgaszeniu światła wywołane lekturą koszmary nie pozwalały mi zasnąć. Bez wątpienia była to najbardziej przerażająca historia, jaką kiedykolwiek czytałem: klaustrofobia, rozbitkowie na morzu, pragnienie, bunt, kanibalizm, zawroty głowy, morderstwo, sztorm – ta relacja z podróży przez koszmar wywoływała we mnie koszmary. Czytana w domu, książka nie wywierałaby może aż tak silnego wpływu, ale tu, w pokojach hotelowych Ameryki Środkowej – gorących, dusznych, ciasnych, z kloszem lampy przepalonym żarówką, w obcym łóżku, ze szczurem przegryzającym sufit – wywoływała przerażenie w czystej postaci. Odłożyłem Poego, obiecując sobie, że nie otworzę książki ponownie, dopóki nie znajdę się w słonecznym przedziale kolejowym. Nie miało dla mnie znaczenia, dokąd jechał pociąg; liczyło się to, że będę czytać w idealnych warunkach, w pociągu, z nogami w górze, pykając fajkę. Pociągiem do Puntarenas pojechałem właśnie z powodu *Przygód Arthura Gordona Pyma*.

Stacja linii Pacific wyglądała obiecująco. Ktoś mył podłogę, inny człowiek przecierał okna, a takie oznaki często świadczą o tym, że pociągi kursują punktualnie. Naprzeciwko kasy biletowej stała figura Jezusa Chrystusa wysokości dwóch i pół metra: bogobojność i czystość. Linia Pacific jest nowsza niż Atlantic, zelektryfikowana, pociągi kursują szybko i bez zakłóceń, a jeśli nie liczyć kwaczącego sygnału, podróż przebiega w ciszy. Siedzenia w niebieskich wagonach nie są połamane, a ponieważ codziennie jeździ osiem pociągów, rzadko panuje w nich tłok. Słowem, idealne warunki do czytania.

Nawet krajobraz nie jest na tyle niezwykły, by zakłócać uwagę. Południowy zachód Kostaryki bardzo różni się od północnego wschodu. Ziemia zdaje się opadać ku wybrzeżu Pacyfiku, od krzewów kawowych na wysoko położonych przedmieściach do obszarów lekkiego przemysłu, cementowni i tartaków, dostarczających materiałów potrzebnych do rozwoju kraju. Z przedmieść przemysłowych wyjechaliśmy jeszcze przed południem, ale już nadeszła pora lunchu, nie tylko dla robotników, także urzędników i menedżerów. Kostaryka ma liczną klasę średnią, ale ludzie ci wcześnie chodzą spać i wstają o świcie. Studenci, robotnicy, biznesmeni, zarządcy posiadłości, politycy – wszyscy przestrzegają godzin rolników.

Większość pasażerów tego pociągu jechała na plażę. W przedziałach panował radosny nastrój, ludzie wieźli płetwy do pływania, ręczniki, kapelusze przeciwsłoneczne, kosze z jedzeniem. Nadszedł czas wakacji. Pociągiem jechało niewielu czarnoskórych (ich ojczyste strony znajdują się na drugim wybrzeżu), a sposób, w jaki pasażerowie się usadowili – dziewczęta po jednej stronie, chłopcy po drugiej, matki zajmujące się dziećmi, starsi mężczyźni i mężowie siedzący razem, w bezpiecznym oddaleniu od kobiet – przypomniał mi weekendowe wyjazdy w Bostonie, kiedy mieszkańcy włoskich dzielnic w pobliżu North Station wyprawiali się pociągami do City Point. Na twarzach Kostarykanów widziałem neapolitańskie rysy, nad ich bagażami unosiła się woń mięsnych klopsów. Ci weseli ludzie mieli radioodbiorniki, śpiewali, krzyczeli, jedli lody.

W przerwach między rozdziałami *Pyma* wyglądałem przez okno. Na gałęziach wysokich drzew rosły jaskrawopomarańczowe kwiaty, na pobliskich polach widziałem rzędy dojrzałych pomidorów, papryki i fasoli. Dzień stawał się coraz gorętszy, teren płaski; w tej okolicy większość pomidorów już zebrano, rośliny zaczynały usychać, część pól zdążyła pożółknąć. Ktoś mógłby uznać, że panuje tu inna pora roku niż ta, którą widziałem na północnym wschodzie, gdzie – zanim pociąg wjechał na tropikalne niziny – spędziliśmy wiele godzin na wyżynach, pełnych zielonych, wczesnowiosennych ogrodów. Przez większą część drogi do Puntarenas jechaliśmy przez jesienny krajobraz: na polach chyliła się uschnięta kukurydza, drzewa stały nagie albo na gałęziach furkotały resztki brązowych liści, trawę wypalono, nawet słupy ogrodzeń, które wypuściły pędy, traciły liście w suchym powietrzu. W Ojo de Agua i Ciruelas nastał czas sianokosów.

W rolnictwie tego kraju brakowało spójności. Pionowe ukształtowanie terenu nie pomagało w rozpoznawaniu upraw. W Kostaryce spotykało się zarówno góry, jak i tereny tropikalne i bagniste; z obu stron kraj obmywały oceany. Gdy tylko uznałem, że do tej prowincji przyszła jesień, wjechaliśmy w cieniste wioski i gaje pomarańczowe. Przed wjazdem do wsi Atena pociąg wspiął się na skraj głębokiego wąwozu szarych i brunatnych skał. Wąwóz biegł na zachód aż po horyzont, ale chociaż domyślałem się, że jest głęboki, z powodu pyłu nie mogłem dostrzec dna. Nad wąwozem przycupnęły przykurzone wioski, osady na sześć stodół, sady owocowe; na peronach dzieci sprzedawały kiście purpurowych kul. Nigdy wcześniej nie widziałem takich owoców.

...bryg płynął powoli, bardziej miarowo niż dotychczas. Nie potrafię opowiadać spokojnie o tym wydarzeniu. Serca zabiły nam mocniej, zaczęliśmy wznosić żarliwe okrzyki i dziękować Bogu za całkowite, nieoczekiwane, cudowne wyzwolenie, które znalazło się na wyciągnięcie ręki. Nagle, zupełnie nieoczekiwanie, od obcego statku (znajdującego się już blisko nas) doleciał fetor, na jaki świat nie ma nazwy...

Upał uciszył pasażerów. Ludzie przestali śpiewać, pociąg stukotał sennie po lesistych zboczach.

...dokładnie widzieliśmy pokład statku. Czy kiedykolwiek zapomnę potrójną grozę tego widowiska? Między kambuzem a koszem rufy leżało dwadzieścia pięć czy trzydzieści ludzkich ciał,

*w tym kilka kobiet, w ostatnim, najbardziej odrażającym stadium
rozkładu. Dobrze widzieliśmy, że na tym przeklętym statku nikt
nie przeżył. Mimo to wołaliśmy do zmarłych, wzywając pomocy!*

Odgłos szarańczy rozbrzmiewał donośniej niż warkot lokomotywy, a pasażerowie ledwo zauważali sprzedawców owoców
na krótkich peronach wiejskich stacyjek.

*Po naszym pierwszym głośnym okrzyku przerażenia, od buksz-
prytu obcego statku dobiegł krzyk, tak bardzo przypominający
ludzki głos, że mógł zaskoczyć i omamić nawet najczulsze ucho...*

Przede mną, po drugiej stronie przejścia, siedziała rodzina:
matka z dwiema ładnymi córkami, jedną może szesnastoletnią,
drugą o rok czy dwa starszą. Ojciec stał nieco dalej, pociągając
piwo z butelki. Na wolnym miejscu między dziewczętami stał
kosz. Chcąc dać oczom odpocząć, zamknąłem książkę i przy
drzwiach do wagonu ujrzałem chłopaka. Początkowo sądziłem,
że mnie obserwuje. Kiedy podszedł bliżej, pojąłem, że patrzy na
dwie dziewczyny i wolne miejsce. W końcu podkradł się do nich,
zebrał się na odwagę i zapytał:

– Czy to miejsce jest zajęte?

Dziewczęta zachichotały i przesunęły kosz. Chłopak usiadł.
Po chwili niezręcznego milczenia zaczął wypytywać: dokąd jadą?
Czym się zajmują? Powiedział, że jest studentem. Czy to nie
szczęśliwy zbieg okoliczności, że wszyscy jadą do Puntarenas?
Chłopak dodał, że ma radio. Czy chciałyby posłuchać muzyki?

Błagam, pomyślałem, tylko nie to.

Dziewczęta jedynie się uśmiechnęły. Chłopak nie zrozumiał,
że podróżują z rodzicami. Ojciec dalej pił, ale matka przyglądała się chłopakowi. Jej nalana twarz pociemniała z oburzenia,
splotła palce i przygarbiła się gniewnie. Chłopak opowiadał
o tancbudach w Puntarenas. Tam dopiero można się zabawić,
mówił; znał wszystkie fajne miejsca. Zaczął wymieniać nazwy
nocnych lokali.

Tego matka już nie zniosła. Wstała i zaczęła obrzucać chłopaka wyzwiskami. Mówiła tak szybko i piskliwie, że chwytałem tylko oderwane wyrazy; oskarżała chłopaka, że próbuje poderwać jej córki, że odzywa się do nich bez szacunku. „Nie masz prawa – wołała. – Za kogo się masz?" W końcu przestała krzyczeć. Zawstydzony chłopak wyszczerzył zęby w uśmiechu. Ani nie odpowiedział, ani nie ruszył się z miejsca. Zgodnie z latynoskim kodeksem zachowań, nie ustąpił, ale najwyraźniej ogarnęła go nieśmiałość. Dziewczęta, które wcześniej bardzo mało się do niego odzywały, teraz całkiem zamilkły.

Matka zaczęła znowu. Nazwała chłopaka świnią, intruzem; groziła, że poskarży się konduktorowi. Z każdym oskarżeniem zbliżała się do chłopaka, przysuwając ku niemu tłustą, wściekłą twarz. Wreszcie uniosła rękę, dłoń zacisnęła w pięść i trzasnęła chłopca łokciem w szczękę. Chłopak poleciał na bok, złapał się za usta, spojrzał na dłoń: krew. Co prawda, zaczął protestować, ale robił to słabo, spodziewając się kolejnego uderzenia.

Na tym się nie skończyło. Dziewczynka w wieku około jedenastu lat – może jeszcze jedna córka – podbiegła do chłopca z butelką coca-coli. Wstrząsnąwszy nią, chlusnęła pianą w twarz chłopaka. Dwie dziewczyny wciąż milczały. Chłopak wyjął z kieszeni chustkę i ocierając twarz, tłumaczył błagalnie:

– Powiedziały, że miejsce jest wolne... powiedziały, że mogę usiąść... niech pani je spyta, no, dalej, same pani powiedzą...

Ojciec pił piwo. Jego żona darła się co sił w płucach, a on rozglądał się bezradnie. Czułem pewien podziw dla chłopaka za to, że nie czmychnął, jednak po kolejnym wybuchu kobiety odszedł, stanął między wagonami i zaczął opatrywać ranę. Odszukawszy go, spytałem o kobietę. Czy była typową kostarykańską matką?

– Większość jest właśnie taka. Wściekła się, nie chce, żebym rozmawiał z jej córkami. One powiedziały, że miejsce jest wolne! Spójrz, co mi zrobiła!

Chłopak odchylił dolną wargę, pokazując krwawiące dziąsło.

– Ale ojciec, ten z piwem, mnie przeprosił. Przed chwilą podszedł do mnie i powiedział: „Jest mi bardzo przykro z powodu tego, co się stało, ale cóż mogę począć?". Ta kobieta jest świnią.

...na jego plecach, z których zdarto kawał koszuli, siedziała wielka mewa z zakrwawionymi piórami. Zagłębiając dziób i szpony, posilała się upiornym ciałem. Gdy nasz bryg podpłynął bliżej, ptak z trudem uniósł karmazynową głowę, przez chwilę przyglądał się nam oszołomiony, w końcu wzniósł się leniwie nad ciałem, na którym ucztował. Przelatując nad naszym pokładem, na moment zawisł w powietrzu, z kawałkiem podobnego do wątroby mięsa w dziobie. Upiorny ów kąsek spadł i plasnął tuż pod nogami Parkera...

Na kolanie poczułem czyjąś dłoń. Wcześniej obok mnie usiadła kobieta, która teraz ścisnęła mnie za kolano.

– Zaraz wracam – powiedziała. – Przypilnuj, żeby nikt nie ukradł mi walizki! – Jeszcze jeden uścisk, uśmiech. Miała może trzydzieści pięć lat i dwa złote zęby. W drodze na koniec wagonu, mijając konduktora, uszczypnęła go w pośladek. To go podnieciło, a gdy kobieta wróciła na miejsce, podszedł, żeby z nią flirtować. Ponieważ jednak nie miał pewności, co łączy kobietę ze mną, wycofał się. Kobieta znowu ścisnęła mnie za kolano.

– Ale podoba ci się ta książka!

...Szybko skoczyłem do przodu, wzdrygnąłem się i cisnąłem przerażający ochłap do morza...

– O czym jest?

– O statkach – odparłem.

– W Puntarenas będziesz miał mnóstwo statków.

Pociąg przejeżdżał obok kościoła. W Salwadorze czy Gwatemali pasażerowie przeżegnaliby się powoli znakiem krzyża; mężczyźni zdjęliby nakrycia głowy. Tutaj kościół nie wzbudzał szczególnego zainteresowania, a był imponujący, z dwiema hiszpańskimi wieżami w kształcie grubych termosów, witrażami, spiralnymi ornamentami i dwiema dzwonnicami. Pasażerowie pociągu nie zareagowali pobożną gestykulacją. Równie dobrze mogliśmy mijać stodołę, chociaż na widok stodoły tej wielkości pasażerowie z pewnością zaczęliby pomrukiwać z uznaniem.

Kostaryka uchodzi za wyjątkowy kraj w Ameryce Środkowej. Dobrobyt sprawił, że życie stało się monotonne, ale jest ono z pewnością korzystniejsze niż rozgorączkowanie i harmider, jakie towarzyszą życiu w nędzy. Niezwykła jest świeckość Kostaryki. Na to nie byłem przygotowany; nikt wcześniej o tym nie wspominał, a po wizytach w kościołach Gwatemali i Salwadoru spodziewałem się widoku klerykalnego społeczeństwa, ludzi klękających w kościołach, biedaków noszących różańce zamiast naszyjników i komentarzy w rodzaju „Daj sobie spokój z tymi chatami, spójrz lepiej na katedrę!". Meksyk wydał mi się zarówno pobożny, jak i antyklerykalny; autorytet kapłański nie pasuje do meksykańskiego temperamentu. Kostaryka nie jest ani pobożna, ani antyklerykalna. Tutejsi ludzie zachowywali obojętność wobec religii, co wiązało się może z pluralizmem politycznym, o ile tak właśnie należy nazwać światłe przekonanie, że wybory są czymś więcej niż oszustwem lub okazją do zamieszek. Wybory w Kostaryce wypadły w ostatki, a z tego, co słyszałem, wręcz je wyparły. Okres po wyborach się zamienił się w fiestę; ludzie gratulowali sobie, ale debata publiczna praktycznie nie istniała. Nowy prezydent nie został jeszcze zaprzysiężony, nadal trwało święto. Wolne wybory były też reakcją na autorytarną władzę duchownych domagających się pokory i pokuty. Wybory zdawały się pokazywać, że konkurencja bez przemocy i wzajemnych oskarżeń jest możliwa. Niechęć Kostarykanów do dyktatorów zrodziła też brak tolerancji wobec kapłanów. Dzięki szczęściu i pomysłowości kraj rozkwitł, a był na tyle mały i spójny, że zdołał utrzymać dobrobyt.

W geriatrycznych częściach Florydy (którą Kostaryka bardzo przypomina) ludzie liczą na wygodę i dostatnie życie tu i teraz, na ziemi. Tylko biedny wieśniak wierzy, że w niebie dołączy do burżuazji. Rodząca się klasa średnia pragnie wygody na ziemi; nie ma inklinacji religijnych, nie ma też na nie czasu. W Kostaryce było to oczywiste. W sytuacji kryzysowej – takiej jak choroba, załamanie, śmiertelna rana – Kostarykanin zwracał się do Kościoła i domagał cudu, ale przedstawiciele klasy średniej zazwyczaj nie mają czasu, by wierzyć w cuda. Dlatego, bez świadomego odrzucenia Kościoła, szukają odpowiedzi w polityce i biznesie. Taka postawa sprawiła, że stali się uczciwi, choć nudni. W Cartago znajduje się największy kościół w Kostaryce, Bazylika Najświętszej Marii Panny od Aniołów, patronki całego kraju. Ulotki turystyczne wspominają jednak tylko o tym, że przez Cartago przebiega autostrada Inter-American; co pięć minut odjeżdża autobus do San José; o tym, że Cartago jest chłodne oraz że „w pobliżu znajduje się słynny wulkan Irazú". Żadne materiały turystyczne nie wspominały o kościołach. Bazylika nie jest wybitnym przykładem architektury, ale nie o to chodzi. Kostarykanie wolą się szczycić nowoczesnością, brakiem armii, klimatem, fabrykami i wulkanem niż kościołami. „Dobra opieka medyczna", można przeczytać w ulotce turystycznej poświęconej San José, co brzmi nie tyle jak przechwałka, ile zapewnienie dla przyszłych imigrantów. Katedry popękane od trzęsień ziemi, krwawiące i chyboczące się na cokołach posągi nie powstrzymały innych krajów latynoskich przed reklamowaniem swoich kościołów, chociaż trzeba przyznać, że prócz nich nie mają wielu powodów do chwały. Co więcej, kraje te zachowały wiarę. Świeckość Kostaryki oznacza, że kościół stał się źródłem zakłopotania lub w najlepszym razie czymś zbędnym, raczej zakurzoną spuścizną historyczną niż propozycją rozwoju duchowego. Z tego względu Kostarykanie są może najbardziej przewidywalnymi ludźmi w Ameryce Południowej, a z braku entuzjazmu religijnego, także najbardziej upolitycznionymi.

Miasto i kościół zostały daleko w tyle. Pociąg mijał kolejne stacje, krajobraz zmieniał się przy każdej: najpierw otwarte, płaskie pustkowie, potem wąwóz, następnie wykarczowane wzgórza, nietypowa wioska w załamującym się świetle, złożona z zielonych chat, błękitnych drzew i wzgórza porośniętego czerwoną trawą. Pastelowe barwy przebijały przez pryzmat pyłu.

...ogarnęła mnie nieodparta chęć spojrzenia w dół. Nie mogłem, nie chciałem zatrzymać wzroku na skarpie. Powodowany szalonym, nieokreślonym uczuciem, na wpół przerażeniem, na wpół ulgą, zajrzałem w przepaść. Moje palce zacisnęły się kurczowo na oparciu, w tej samej chwili przez umysł przemknęła jak cień myśl o ostatecznej ucieczce, po chwili całą duszę ogarnęło pragnienie upadku...

Mieliśmy za sobą może siedemdziesiąt kilometrów w upale, tory wyprostowały się, do wagonu wsiadły sprzedawczynie jedzenia (ciemnookie dziewczęta i okutane w chusty kobiety o niemal bliskowschodnich rysach, w długich spódnicach). W koszach niosły pomarańcze, mandarynki, mango, papierowe rożki z fistaszkami i prażonymi orzechami nerkowca. Przed nami, za spaloną słońcem ziemią uprawną, połyskiwało błękitne jezioro. Pociąg wjechał na zbocze: słońce bieliło część wielkiego jeziora, wysysając z niego błękit.

Ściskaczka kolan znowu usiadła obok mnie.

– Czy to jezioro?

– To jest ocean – wyjaśniła.

Pacyfik. Raptownie, powodowany nieuzasadnionymi domysłami, rozejrzałem się wokół siebie, po czym wróciłem do lektury. Kiedy znowu podniosłem wzrok, pociąg jechał wąskim półwyspem do Puntarenas.

Na tym skrawku lądu rosło bardzo niewiele drzew. Miejsca starczyło tylko na linię kolejową, drogę i rząd domów. Po stronie Pacyfiku kotwiczyły statki towarowe, po stronie chronionej żaglówki i małe łódki. W połowie półwyspu bez wyraźnego powodu pociąg stanął na dwadzieścia minut. Gorące podmuchy wpadały przez otwarte okna, żaluzje grzechotały, leniwe brunatne fale uderzały o skaliste nabrzeża pod pociągiem. Zachodzące słońce rozgrzewało wagon. Zmęczeni pasażerowie zamilkli. Słychać było tylko morze i wiatr. Po lewej stronie pociągu nie widziałem lądu, tylko bezmiar oceanu. Trudno sobie wyobrazić cichszy i bardziej wypełniony słońcem pociąg.

…*pomknęliśmy w objęcia katarakty, gdzie otchłań rozwarła się, by nas przyjąć. Drogę zagrodziła nam postać w opończy, znacznie większa niż jakikolwiek człowiek, o nieskazitelnej, śnieżnobiałej skórze.*

Zamknąłem książkę. Pociąg wreszcie ruszył i przetoczył się ostatnie kilkaset metrów do Puntarenas. Miasto okazało się upalne i, mimo bryzy, bardzo wilgotne. Ruszyłem na spacer, mijałem pensjonaty, tanie hotele, bary, restauracje, stragany z pamiątkami, sprzedawców drapaczek do pleców, rękawków do pływania i kapeluszy przeciwsłonecznych. Podniszczony kurort tętnił życiem. Poza pływaniem nie było tu wiele do roboty, a zanurzenie się w wodzie zaśmieconej portowymi odpadkami, postrzępionymi kawałkami lin, butelkami, olejem i wodorostami podobnymi do zatłuszczonych szmat wcale mi się nie uśmiechało. Pijąc lemoniadę, zastanawiałem się, czy powinienem zatrzymać się tu, nad zatoką Nicoya.

– Powinieneś pojechać na drugą stronę – poradził mi człowiek, który sprzedał mi lemoniadę. – Tam mieszkają wszyscy Amerykanie. Bardzo tam pięknie.

Niektórych zobaczyłem, jak wloką się ulicami Puntarenas, przyjechali umrzeć w tym słonecznym, młodzieńczym miejscu. Na chwilę wezbrała we mnie pokusa, by pojechać autobusem i obejrzeć ich domy, ale raczej wiedziałem, co zastanę. Może warto zobaczyć przedmieście w tropikach, ale wątpiłem, czy zasługiwało na drobiazgowe oględziny. Nie tęskniłem też za poczuciem wykluczenia, jakiego doświadczyłbym na widok ludzi koszących trawniki i pchających odkurzacze. Po całej przebytej drodze nie chciałem opisywać Sarasoty, z jej zakładami pogrzebowymi i miniaturowymi polami do golfa. Miejsce podróżników nie jest na przedmieściach, a większość cywilizowanych okolic najszybciej nuży wzrok. W takich miejscach podróżny jest intruzem, dokładnie tak jak w Sarasocie. Pragnąłem czegoś rozleglejszego, bardziej niezdarnej romantyczności obcych stron. Ci przyjaźnie nastawieni Amerykanie wzbudzali we mnie tylko tęsknotę za domem.

rozdziałdwunasty

Balboa Bullet, czyli Pocisk Balboa do Colón

Akurat wypadał dzień poparcia dla Kanału. Dwaj amerykańscy kongresmeni przywieźli do Strefy Kanału Panamskiego wiadomość, że stan New Hampshire w całej rozciągłości popiera ich dążenia do utrzymania Strefy w amerykańskich rękach. Cała sytuacja przypomniała mi autoironiczny dowcip karaibski: „Dalej, Anglio, Barbados cię popiera!". Gubernator New Hampshire na znak poparcia ogłosił święto w całym stanie. Podczas głośnego wiecu Amerykanów w Balboa jeden z kongresmenów oświadczył, że siedemdziesiąt pięć procent obywateli Stanów Zjednoczonych opowiada się przeciwko podpisaniu Traktatu w sprawie Kanału. Jednak cały ten wrzask – odbyła się nawet demonstracja – nie był niczym więcej niż tylko wietrzeniem nacjonalistycznych nastrojów. W ciągu kilku miesięcy traktat miał zostać ratyfikowany. Kiedy powiedziałem o tym jednej z mieszkanek Strefy, odparła, że nic ją to nie obchodzi. Wiec jej się podobał.

– Czuliśmy się porzuceni, jakby wszyscy zwrócili się przeciwko nam – powiedziała.

Strefowcy, trzy tysiące pracowników Panama Canal Company z rodzinami, uważali traktat za zdradę. Dlaczego Kanał miał zostać przekazany za dwadzieścia lat panamskim łachmytom, którzy na niego nie zasłużyli? Czemu nie zarządzać nim dalej tak, jak przez ostatnie sześćdziesiąt trzy lata? W każdej rozmowie, którą odbywałem z mieszkańcami Panamy, Strefowiec zaczynał gestykulować i wołać:

– To nasz kanał!

– Chcesz wiedzieć, na czym polega problem tych ludzi? – zapytał urzędnik ambasady amerykańskiej. – Nie mogą zdecydować, czy Kanał podlega rządowi, czy jest spółką, czy może niepodległym państwem.

Niezależnie od statusu Kanału sprawa była z pewnością przegrana, choć nie stała się przez to mniej interesująca. Niewiele miejsc na świecie może się równać ze Strefą Kanału pod względem złożonej historii, wyjątkowego położenia geograficznego czy mglistej przyszłości. Sam Kanał jest cudem, zrodzonym z energii, geniuszu i szwindli Ameryki. Strefa również jest paradoksem: to cudowne miejsce jest przekrętem. Panamczycy praktycznie nie uczestniczą w debacie; chcą Kanału z powodów nacjonalistycznych. Ale przed wykopaniem Kanału Panama właściwie nie istniała. Gdyby sprawiedliwości miało stać się zadość, cały przesmyk należałoby zwrócić Kolumbijczykom, od których wycyganiono go w 1903 roku. Debata toczy się między zwolennikami ratyfikacji traktatu a Strefowcami, a chociaż mówią i zachowują się jak ci, których Guliwer spotkał w Glubbdubdrib, jedni i drudzy są Amerykanami; płyną pod tą samą banderą. Kiedy emocje Strefowców zaczynają buzować, palą gwiaździsty sztandar, a ich dzieci wychodzą wcześniej z liceum w Balboa, żeby deptać popiół. Zwolennicy ratyfikacji, chociaż głośno oskarżają Strefowców w gronie przyjaciół, przebywając w Strefie, nie chcą się ujawniać. Popierający ratyfikację urzędnik ambasady, który udał się ze mną do liceum w Balboa, gdzie miałem wygłosić wykład, nie chciał przedstawić mnie uczniom ze Strefy w obawie, że gdyby się ujawnił, przewróciliby mu samochód. Dwa dni wcześniej mściwi Strefowcy powbijali wieczorem gwoździe w szkolne zamki, dążąc w ten sposób do zamknięcia placówki. Cóż za jątrząca się mała sprzeczka, pomyślałem. Nigdy wcześniej aż w takim stopniu nie czułem się jak Lemuel Guliwer.

Na mocy powszechnej zgody miasto należy do Firmy (Panama Canal Company). Zakres swobód osobistych w Strefie jest niewielki. Nie mówię o liberalnych gwarancjach wolności wypowiedzi czy zgromadzeń, które są kojącymi abstraktami, rzadko wcielanymi w życie. Mowa o tym, że jeśli Strefowiec pragnie pomalować dom na inny kolor, czy choćby pociągnąć szelakiem listwę przypodłogową w łazience, musi uzyskać zgodę Firmy. Jeżeli chce położyć asfalt na podjeździe, musi złożyć pisemny wniosek, ale spotka się z odmową, ponieważ dopuszczalny jest tylko żwir. Strefowiec mieszka w firmowym domu, jeździ po firmowych drogach, posyła dzieci do firmowych szkół, korzysta z firmowego banku, zaciąga pożyczkę z firmowego Credit Union, robi zakupy w firmowym sklepie (gdzie niskie ceny odpowiadają cenom w Nowym Orleanie), żegluje w firmowym klubie, ogląda filmy w firmowym kinie, a kiedy chce zaprosić rodzinę do restauracji, idzie do firmowej knajpy w centrum Balboa, gdzie zjedzą firmowe steki i firmowe lody. Jeżeli potrzebny jest hydraulik lub elektryk, Firma się o niego postara. Cały ten system może doprowadzić do szału, ale jeśli Strefowiec oszaleje, Firma postara się o psychiatrę. Społeczność jest całkowicie samowystarczalna. Dzieci rodzą się w firmowym szpitalu; ludzie biorą śluby w firmowych kościołach – jest wiele wyznań, ale dominują baptyści; kiedy Strefowiec umiera, jego zwłoki zostają zabalsamowane w firmowym zakładzie pogrzebowym. Darmowa trumna i pogrzeb są przewidziane w każdym firmowym kontrakcie.

Dwa rywalizujące ze sobą widma nawiedzają społeczeństwo Strefowców: widmo Lenina i generała Bullmoose'a. Firma nie ma żadnych oznaczeń, billboardów, reklam; firmowe budynki cechuje spartański, wojskowy wystrój. Cała Strefa przypomina wielką bazę wojskową: płowe domy, same kąty proste, dachówki na dachach, surowy krajobraz, ostrzeżenia na ogrodzeniach z metalowej siatki, budki wartownicze, przygnębione żony i surowi podtatusiali mężowie. W Strefie znajdują się bazy wojskowe, ale całkowicie wtapiają się w przedmieścia. To mnie zdziwiło. Panująca w Stanach Zjednoczonych histeria wokół Kanału rozpętała się na dobre po wiadomościach, że Strefowcy żyją jak książęta, mają służących, niebotyczne pensje i opłacane przez Firmę rozrywki. W istocie Strefowca należałoby raczej opisać jako wojskowego, który posłusznie służy w tropikach. Restrykcje i przepisy zabiły jego wyobraźnię; sprawiły też, że jest głuchy na subtelności polityki. Człowiek ten jest chrześcijaninem; Kanał napawa go dumą; do Firmy czuje mglistą, niewyrażoną nieufność; zarabia mniej więcej tyle, co jego odpowiednik w Stanach – w końcu jest spawaczem lub mechanikiem, czemu więc nie miałby zarabiać szesnastu dolarów za godzinę? Zna spawaczy w Oklahomie, którzy zarabiają więcej. Mimo to większość Strefowców żyje skromnie: dom, samochód, wyjścia do restauracji i kina. Wysocy urzędnicy Firmy żyją jak wicekrólowie, ale stanowią wyjątek. Jak we wszystkich koloniach w Strefie obowiązuje kolejność dziobania: to Kompania Wschodnioindyjska w miniaturze, nawet organizacja społeczna przypomina tamto kolonialne przedsięwzięcie. Strefowiec jest anachronicznie przykuty do jednej warstwy społecznej. Takiego człowieka utożsamia się z jego pensją, klubem, zawodem. Firmowy mechanik nie styka się z personelem administracyjnym Firmy, pracującym w tak zwanym Budynku, czyli siedzibie władzy w Balboa Heights. Firma nie idzie na żadne kompromisy w kwestii klas, a w efekcie Strefowiec – chociaż szczyci się Kanałem – często czuje się uciążliwie zaszufladkowany.

– Teraz już wiem, na czym polega socjalizm – powiedział mi pewien Strefowiec w Miraflores.

Próbowałem mu wyjaśnić, że to nie jest socjalizm, tylko raczej najwyższy etap rozwoju kapitalizmu, firma imperialna;

idealizm i zysk; wyzysk dla wyższych celów. Taki system można nazwać kolonializmem w czystej postaci. Kolonializm jest z natury rzeczy wybiórczy. Gdzie zatem są ofiary, biedni, wyzyskiwani? Strefa jest nienaganna, ale tylko na pozór wygląda jak oaza spokoju. Mniej więcej cztery lata temu przeprowadzono reklasyfikację szkół, co oznaczało, że nie musiały mieć charakteru integracyjnego. Czarnoskórych pracowników, przywiezionych przed laty do pracy w Strefie, uważano za Panamczyków, toteż kwestia integracji została uproszczona: czarnych poproszono o wyjazd ze Strefy. Nie wynieśli się daleko; nie mogli, bo przecież mieli tu pracę. Ci odrzuceni zamieszkują obrzeża Strefy, a po drugiej stronie autostrady Czwartego Lipca znajduje się dzielnica nędzy. Chcąc się dostać do pracy, czarnoskórzy muszą przekroczyć autostradę, wieczorem zaś wracają do swoich nor. Ciekawe, że kiedy Strefowiec chce podkreślić swój wkład w ucywilizowanie przesmyku, wskazuje na linię graniczną i mówi: „Spójrz tylko na ten kontrast!". Ale to właśnie Strefowcy uznali, że czarnoskórzy pracownicy mają tam mieszkać, a cała Panama powinna stanąć z boku i pozwolić Strefowcom pracować.

Trudno przesadzić w opisie nieustępliwości Strefowców. Ich zwierciadlanym odbiciem są nie tyle pracownicy Kanału Sueskiego, ile wyrobnicy w Indiach w ostatnim okresie panowania Brytyjczyków. Strefowcy nie mówią może biegle po hiszpańsku, ale są wydajni i ciężko pracują. Na tydzień przed moim przyjazdem robotnicy ze Strefy spróbowali zorganizować strajk, chcąc pokazać, że należy się z nimi liczyć. Próba zakończyła się fiaskiem, podobnie jak próby strajkujących w Polsce i Czechosłowacji, zresztą może z tego samego powodu: strajk stłumiono, a przerwa w pracy nie mogła trwać w nieskończoność. Robotnicy nie mieli serca zamknąć Kanału. W geście solidarności ich dzieci zrywały się z lekcji w liceum w Balboa, chodziły na wagary dla dobra rodziców i z własnych powodów. Strefowcy zdają sobie sprawę, że zamieszkują wyjątkowy świat, wiedzą też, że jego dni są policzone. Ponieważ jednak żyją w zamknięciu, zagrażający świat jest bliższy niż demoniczne kraje, o których szepczą: Rosja, Chiny, „Arabowie", „komuniści". Wielki, głupi, nieporadny świat kanibali zaczyna się tam, gdzie kończy się Strefa; tuż za autostradą Czwartego Lipca otwiera się drapieżny świat niedomytych ludzi, gadających po hiszpańsku. Nawet najsympatyczniejsi Strefowcy nie mają o tym świecie pojęcia. Pewna bibliotekarka ze Strefy przechodziła na emeryturę po czterdziestu latach pracy, a z tej okazji wydano kolację na jej cześć. Czterdzieści lat w firmowej bibliotece, czterdzieści lat w Strefie, kierowanie personelem, zamawianie książek, wypisywanie fiszek, uczestnictwo w zebraniach, wydawanie dyrektyw, radzenie sobie z system klasyfikacji Deweya. Na uroczystą kolację przyszli wszyscy znajomi bibliotekarki, a dobrze świadczy o niej fakt, że większość gości stanowili Panamczycy. Po wygłoszonych mowach i laudacji bibliotekarka wstała, żeby podziękować po hiszpańsku. Po chwili zabrakło jej słów i usiadła. Przez czterdzieści lat nie nauczyła się hiszpańskiego na tyle, by powiedzieć jedno pełne zdanie wdzięczności do hiszpańskich pracowników, którzy zorganizowali kolację.

– Nie obchodzi mnie, co uważasz – powiedział Strefowiec w Miraflores. – W tym systemie czuję się jak w socjalizmie.

Właśnie patrzyliśmy, jak chilijski statek towarowy *Palma* przepływa przez śluzę. W Kanale nie ma pomp. Statek wpływa do śluzy, bramy się zamykają i po chwili wielka jednostka pływająca opada do poziomu Pacyfiku. Górne bramy także się zamykają, po czym z jeziora Madden spływa dziewiętnaście milionów litrów wody, żeby wyrównać poziom. Następnie małe silniki holują statek na boczne odnogi Kanału – to jedyna racjonalizacja, jaką wprowadzono w ciągu sześćdziesięciu lat. Dawniej to

muły ciągnęły statki, dlatego na silniki nadal mówi się „muły".
Funkcjonowanie Kanału budzi podziw; niewiele ludzkich konstrukcji na świecie może się z nim równać.

– Kim są ci ludzie? – spytałem.

Pięciu mężczyzn w czystych białych panamskich koszulach przeskakiwało przez zwoje kabli. Potykając się, szli w kierunku stalowego przodu śluzy, podobnego do dziobu okrętu wojennego. Ludzie sapali w upale, a ich eleganckie buty nie nadawały się do chodzenia po śliskiej nawierzchni. Kiedy spytałem, czy mogę pospacerować po śluzie, usłyszałem, że to zabronione.

– To są kongresmeni – wyjaśnił przewodnik. – Ostatnio przysyłają nam tylko kongresmenów.

Czarnoskóry przewodnik był Panamczykiem z prowincji Chiriquí. Całkowicie dwujęzyczny, na Uniwersytecie Panamskim obronił pracę na temat historii Kanału. Zaciekawiło mnie, czy popiera pomysł oddania Kanału.

– Jeżeli traktat zostanie ratyfikowany, to będzie koniec tego miejsca.

– Chcesz, żeby Amerykanie zawsze tu rządzili?

– Oczywiście, że tak.

Przewodnik nie wyrażał poglądu panamskiego, ale należał do mniejszości. Wszyscy Panamczycy, których później spotkałem, twierdzili, że Kanał należy do nich, chociaż każdy przedstawiał nieco inne warunki, na jakich powinno się go przekazać. Strefowcy mają pewnie rację, gdy mówią, że w panamskich rękach Kanał będzie źle zarządzany. Niewiele potrzeba, by zaburzyć opłacalność całego przedsięwzięcia. Są lata, kiedy Kanał przynosi straty, a chcąc wypracować zysk, Panama Canal Company musi przeholować trzydzieści pięć do czterdziestu statków dziennie przez okrągły rok. Czy Kanał jest staroświecki? Nie, odparł przewodnik. Kanał może obsługiwać wszystkie statki świata z wyjątkiem nielicznych supertankowców. Czy kanał przekopany na poziomie oceanu nie byłby prostszym rozwiązaniem? Nie, wyjaśnił przewodnik, ponieważ pływy Atlantyku różnią się od tych na Pacyfiku, a na dodatek w tym ostatnim żyją jadowite węże morskie. Kanał na poziomie oceanu umożliwiłby tym zwierzętom przedostanie się na Karaiby.

– Bóg wie, co by się wtedy stało.

– Cieszę się, że jesteś po naszej stronie – powiedziała do przewodnika kobieta ze Strefy.

– Przyślij tu, kogo chcesz, a ja powiem im prawdę – obiecał przewodnik.

Wtedy zauważyłem, że prawda jest podobna do argumentów za pozostaniem Brytyjczyków w Indiach, amerykańskiej marynarki w Veracruz czy pułkownika Vanderbilta w Nikaragui: ta przygoda po prostu nie mogła trwać wiecznie. Na dobre lub złe („Złe!", powiedział szybko przewodnik). Kanał musi stać się własnością Republiki Panamy. To chyba jasne, że traktat będzie ratyfikowany i to właśnie się stanie.

– Może się stanie, a może nie – odparł. – Trudno powiedzieć. Jeśli jednak do tego dojdzie, będzie bieda.

– Brawo dla ciebie! – pochwaliła przewodnika kobieta, po czym zwróciła się do mnie: – Oddamy Kanał tak, jak oddaliśmy Wietnam. To okropne. Powinniśmy byli tam zostać. Powinniśmy byli zachować Tajwan.

– Tajwan? – zdziwiłem się.

– Oddaliśmy go Chińczykom. Dlatego musimy zachować Kanał. To nasza ostatnia szansa. Spójrz, co się stało w Wietnamie, kiedy go oddaliśmy.

– Nie oddaliśmy Wietnamu.

– Owszem, oddaliśmy.

– Droga pani, myśmy przegrali wojnę – powiedziałem.

– Powinniśmy byli ją wygrać – oświadczyła. – Teraz mówi pan jak ci reporterzy. Przyjeżdżają tu i mówią, że wszyscy

Strefowcy to prostaki, że mieszkają w pięknych domach. Boże, jesteśmy zwykłymi ludźmi.

– To akurat mogę zaświadczyć – przytaknąłem.

Kiedy ludzie w Panamie mówili „my", musiałem się dobrze zastanowić, kogo mają na myśli. „My" kobiety ze Strefy odnosiło się do wszystkich Strefowców; „my" ambasadora Jordena oznaczało Stany Zjednoczone; „my" zwolenników traktatu wykluczało Strefowców, słowem – ten zaimek zawsze kogoś wykluczał. Amerykańscy żołnierze ze Strefy oficjalnie zachowywali neutralność, ale kiedy wojskowy mówił „my", to znaczyło, że jest przeciwko traktatowi. Trzecie i czwarte pokolenie ludzi z Indii Zachodnich, głównie z Barbados, mówiło „my" po angielsku i obawiało się utraty pracy; inni Panamczycy mówili „my" po hiszpańsku, przypominając o długiej tradycji i rozwiniętej kulturze; spośród trzech plemion indiańskich, Cuña, Guaymí i Chocó, zaledwie trzy procent mówiło po hiszpańsku, a ich „my", wymawiane w ojczystych językach, sprzeciwia się traktatowi. Odnosząc się do kwestii Kanału (a w Panamie wszyscy odnoszą się właśnie do niego), żaden z moich rozmówców nie mówił „ja". Ludzie wyrażali opinie danej grupy, utożsamiali się z nią i nie wypuszczali się daleko poza obręb własnego plemienia. Podobnie jak Guliwer, byłem przejazdem; wędrowałem od grupy do grupy, notowałem ich skargi, które coraz bardziej mąciły obraz całości.

Nie wszyscy się skarżyli. Pewna dziewczyna, którą poznałem w mieście Panama, powiedziała:

– W większości krajów ludzie mówią: „Żałuj, że nie byłaś tu w zeszłym roku". To właśnie słyszałam w Brazylii, Peru, Kolumbii. Ale nikt tego nie mówi w Panamie. To jest właściwy moment, żeby tu być.

Mój pierwszy postój przypadł na Kanał i śluzę Miraflores, ale pragnąłem dowiedzieć się czegoś więcej o tym miejscu.

Wieczór spędziłem w kasynie w Holiday Inn, gdzie patrzyłem, jak ludzie przegrywają fury pieniędzy. Wygrywanie wprawiało ich w ponury nastrój, ponieważ marzeniem hazardzisty jest przegrać. Bladzi, bez uśmiechu na twarzy, dosłownie wyrzucali pieniądze. Na przykład tamci mężczyźni przy stoliku do gry w oczko, zgarbieni nad kurczącymi się stertami żetonów, posępnie ciskają karty: przecież to kongresmeni! W kasynie widziałem ludzi w butach kowbojskich; kobiety wyjmowały ze stanika studolarówki, krupierzy besztali hałaśliwych Amerykanów za to, że spluwali na kości („Dajże mi spokój!", wrzasnął jeden z graczy i cisnął kostkami w krupiera). Hazard wyglądał na uzależnienie całkowicie wyprane z radości; musiałem wyjść, bo za chwilę stałbym się marksistą. Nazajutrz przyjrzałem się dokładniej zamieszkanym przez czarnych czynszówkom w mieście Panama. Domy, co prawda, w opłakanym stanie – wybite szyby, osuwające się balkony, farba obłażąca z drewnianych ścian – pochodziły z czasów francuskiej okupacji Panamy i zachowały nieco pierwotnej elegancji. Sam ich wygląd nie wystarczył jednak, by na dłużej przykuć moją uwagę, a rozmowy z rozdrażnionymi mieszkańcami utwierdziły mnie w przekonaniu, że jest to jeszcze jeden obszar plemienny skłócony z sąsiadami.

Pewnego ranka wygłosiłem wykład w Canal Zone College. Wyznałem, że czuję się osobliwie, opowiadając o świecie i romantyzmie podróży ludziom, którzy boją się pojechać do miasta Panama, ludziom, dla których pobliskie miasteczko Colón jest dziksze i groźniejsze niż cała dżungla amazońskich łowców głów.

Po wykładzie wdałem się w rozmowę z kobietą ze Strefy, która powiedziała:

– Nie wiem, co spodziewałeś się zastać tu, w Strefie, ale mogę cię zapewnić, że prowadzimy bardzo spokojne życie.

Znowu „my", ale tym razem użyte nie w znaczeniu mafijnym, tylko bardziej intymne, wypowiedziane niemal z małżeńską czułością. Kobieta miała na myśli swoją rodzinę. Przyjechali z Pensylwanii, początkowo na dwa lata, ale spodobało im się w Strefie, więc postanowili zostać. Po jedenastu latach to miejsce nadal miało dla nich urok, chociaż Firma często represyjnie mieszała się w ich życie.

– Czym się zajmujesz? – zapytałem.

– To mój mąż pracuje. Kieruje domem pogrzebowym Gorgas. Nie śmiej się.

– Wcale się nie śmieję – zapewniłem. – To ciekawe.

– Uważasz, że to ciekawe? – Teraz ona zaczęła się śmiać. Nie posiadałem się z ciekawości, bardzo chciałem zwiedzić dom pogrzebowy, a kiedy przekonałem ją, że mówię serio, jeszcze jadąc do starego szarego budynku, pytała: – Jesteś pewien, że chcesz to zrobić?

John Reiss był wysokim, mocno zbudowanym szefem zakładu pogrzebowego, o rumianej cerze i przyjaznym usposobieniu.

– On ma cudowne podejście do pogrążonych w żałobie krewnych zmarłego, po prostu ich uspokaja – powiedziała jego żona. – Nie mam pojęcia, jak to robi.

Pan Reiss mówił cicho, dobitnie; interesowała go praca, którą wykonywał, zwłaszcza balsamowanie zwłok; szczycił się tym, że ciała przysyłano mu z całej Ameryki Środkowej i Południowej. Podobnie jak wielu Strefowców, należał do Elks' Club, Rotary Club, do Klubu Weteranów Wojennych, ale do wszystkich wstępował pewnie głównie z racji swego zawodu. W Stanach Zjednoczonych pracownik zakładu pogrzebowego jest osobą publiczną, jak burmistrz czy dowódca straży pożarnej, a Strefa była odmianą Stanów. Pan Reiss, członek miejscowego kwartetu muzykującego u fryzjera, modulował głos jak śpiewak i zatroskany pracownik zakładu pogrzebowego.

– Na początek mamy trumny – zaczął pan Reiss scenicznym szeptem w Sali Trumien. – Gdyby był pan miejscowym pracownikiem, dostałby pan tę trumnę.

Prosta srebrzystostalowa trumna z nieozdobionymi uchwytami wyglądała jak zwykła skrzynia z polerowanego metalu, długości człowieka i szerokości poidła dla koni. Wieko było zamknięte. Na jej widok mimowolnie poczułem się nieswojo, myśląc o tym, co mogła zawierać.

– Gdyby był pan Amerykaninem, dostałby pan taką.

Pan Reiss wskazał na większą, bardziej wyszukaną trumnę. Po bokach miała rozety, rogi wieka ozdobiono imitowaną grawiurą; widziałem romańskie ornamenty spiralne, liście i uchwyty w rodzaju tych, jakie można zobaczyć na drzwiach przy placu Louisburg w Bostonie. Zastanawiałem się, czy oprócz liści i rozmiarów ta trumna różni się czymś jeszcze od srebrzystej.

– Ta tutaj jest znacznie droższa – wyjaśnił pan Reiss. – Ma hermetyczne zamknięcie, poza tym proszę zwrócić uwagę na różne kolory.

Oczywiście, droższa trumna miała barwę złocistego brązu, tańsza, jak już wspomniałem, była srebrzysta. Trumny odpowiadały statusowi zmarłego, a rozróżnienie miało charakter rasowy. Mniej więcej od początku dwudziestego wieku do niedawna firma Panama Canal Company wyrażała swoje stanowisko w kwestii rasowej nie za pomocą rozróżnienia „biali i czarni", ale „złoto i srebro". Ten eufemizm wywodził się ze sposobu opłacania pracowników. Niewykwalifikowani robotnicy, w znacznej mierze czarni, otrzymywali wynagrodzenie w srebrze; wykwalifikowanym, prawie wyłącznie białym Amerykanom, płacono w złocie. To samo rozróżnienie występowało we wszystkich sferach życia w Strefie, były więc złote i srebrne szkoły, złote i srebrne domy, i tak dalej. Co się tyczy złotych i srebrnych trumien, te pierwsze były hermetycznie zamykane, za to srebrne, podobnie jak srebrne domy, były nieszczelne. Dlatego też pracownika kanału dawało się rozpoznawać nawet wtedy, gdy już leżał w trumnie. Długo po tym, jak obrócił się w proch, a wszelkie oznaki rasy odeszły w zapomnienie, ekshumacja pozwalała stwierdzić po kolorze trumny, czy szczątki należały kiedyś do białego, czy czarnego człowieka. Firma musi czerpać satysfakcję z faktu, że bez względu na to, jak równo trawa porasta groby, linia podziału rasowego, która obowiązywała w szkołach i domach (a nawet publicznych miejscach z wodą pitną, toaletach, pocztach i kawiarniach), nadal obowiązuje pod ziemią.

– Obecnie wszyscy dostają lepsze trumny – mówił pan Reiss. – Dlatego nasz dom pogrzebowy traci pieniądze. Te trumny kosztują majątek.

Na piętrze znajdowała się Sala Przyjęć. Była tu chłodnia; w ścianie o barwie krzemienia widniały duże stalowe szuflady, które większość ludzi zna z filmowych scen w kostnicy. Biegnące od podłogi po sufit szuflady wyglądają jak rozrośnięte szafki na dokumenty.

Pan Reiss sięgnął do jednej z szuflad. Chwyciwszy za rączkę, utrzymał równowagę; pod spodem ujrzałem nazwisko i datę.

– Mam tu pewnego człowieka – mówił, ciągnąc za rączkę. – Zmarł miesiąc temu. Nie wiemy, co z nim począć. Pochodził z Kalifornii. Nie ma rodziny ani przyjaciół.

– Wolałbym, żeby pan nie otwierał tej szuflady.

Pan Reiss pchnął szufladę i puścił.

– Nikt się po niego nie zgłasza.

W pomieszczeniu panował chłód. Drżąc, zauważyłem, że mam gęsią skórkę. Od burzy śnieżnej w Chicago nie było mi tak zimno.

– Idziemy dalej – podsunąłem.

Ale pan Reiss czytał kolejną metkę.

– Tak – powiedział, stukając palcem w inną szufladę. – To jest mały chłopiec, zaledwie sześcioletni. – Palce mojego przewodnika zacisnęły się na rączce. – Jest tu od czerwca. Czy coś się stało?

– Trochę mi zimno.

– Musimy utrzymywać tu niską temperaturę. O czym to ja mówiłem? A, tak. – Zerknął na swoją dłoń, na metkę. – Ten chłopiec poleży tu do następnego czerwca. Ale nic mu nie będzie.

– W jakim sensie?

Na twarzy pana Reissa zagościł uśmiech profesjonalisty.

– Osobiście go zabalsamowałem. Jest gotowy do drogi. Na wszelki wypadek – zwracał się teraz do szuflady – zaglądam do niego raz na miesiąc. Otwieram, sprawdzam.

– Co pan wtedy widzi?

– Odwodnienie.

W drodze do Sali Kremacji powiedziałem:

– Przez chwilę sądziłem, że otworzy pan jedną z tamtych szuflad.

– Taki miałem zamiar – odparł pan Reiss. – Ale pan nie chciał.

– Chybabym zemdlał.

– Wszyscy tak mówią. Ale to jest coś, co powinien pan zobaczyć. Martwy człowiek to tylko martwy człowiek. Śmierć jest jedną ze spraw, z którymi trzeba się pogodzić. Nie ma się czego bać. – Najwyraźniej tym właśnie tonem mówił do żałobników. Pan Reiss był naprawdę przekonujący, a ja poczułem się jak przesądny ignorant. Ale gdybym naprawdę się przestraszył? Jak wymazać z umysłu obraz pomarszczonego ciała sześciolatka? Obawiałem się, że gdybym go zobaczył, przestraszyłbym się na resztę życia.

W gorącej, zakurzonej Sali Kremacji panował zaduch; czułem żar bijący od pieców, stanowiących powiększoną wersję piecyków węglowych z dzieciństwa. Poczerwieniałe od żaru żelazne drzwi pokrywał drobny pył. We wpadającym przez okna słońcu tańczyły drobiny kurzu, wirujące w ciepłym powietrzu.

– W tym pokoju jest tak gorąco, ponieważ dziś rano mieliśmy tu kremację. – Pan Reiss podszedł do pieców i otworzył żelazne drzwi. – To był ktoś stąd – oświadczył, zaglądając do środka. Pogrzebaczem rozgarnął białe, dymiące szczątki. – Został tylko popiół i resztki kości.

Obok pieców stały dwa aluminiowe pojemniki. Pan Reiss uniósł pokrywę jednego z nich, po czym z popiołu wyjął fragment kości. Suchą kredową kość, pobielałą w żarze jak muszla, pokrywały szare płatki popiołu. Kość kończyła się zgrubieniem, jak prehistoryczny młoteczek.

– Tu zostały same resztki.

– Wygląda jak kość udowa.

– Brawo – pochwalił pan Reiss. – To jest kość udowa. Skąd pan wiedział?

– Jestem niedopieczonym studentem medycyny.

– Powinien był pan skończyć studia! Z pewnością zna się pan na kościach! – Pan Reiss zamknął fragment kości w dłoni, ścisnął jak biszkoptowe ciasteczko, posypały się okruchy. *Pokażę ci strach w garści prochu*[1] – Mamy tu wiele amputowanych kończyn. To była cała noga.

Pan Reiss wsypał proch z powrotem do pojemnika, otrzepał ręce. Zajrzawszy do środka, zobaczyłem osmalone agrafki i kawałki zmumifikowanego materiału.

[1] T. S. Eliot, *Ziemia jałowa*, przeł. A. Pomorski, w: tenże, *W moim początku jest mój kres*, Warszawa: Świat Książki, 2007, s. 56.

– Nieopodal znajduje się szpital akademii medycznej, skąd przysyłają nam zwłoki do kremacji. Są w okropnym stanie, bez mózgów, porozcinane, po sekcji. Niektóre trudno rozpoznać. Poza nami w zakładzie pogrzebowym nie było nikogo, to jest nikogo żywego. Pustka, brak głosów i mebli, wszystko to upodabniało wnętrza do mauzoleum, a ja czułem, jakby zamknięto mnie tu z tym cichym przewodnikiem. Pan Reiss tak zwyczajnie traktował trumny, odwadniające się zwłoki i skruszałe kości udowe, że zacząłem się zastanawiać, czy nie ukrywa przede mną przerażającej tajemnicy.

– Tracimy mnóstwo pieniędzy – mówił tymczasem pan Reiss. – Wszystko przez cennik. Wyposażenie zakładu i trumny są takie drogie, że nie pokrywamy nawet własnych kosztów. Miejscowi robotnicy dostają te drogie trumny... O, jesteśmy – przerwał sam sobie na progu kolejnego pomieszczenia. – Oto Sala Balsamowania.

Centralne miejsce zajmowały cztery pochyłe zlewy, z których wodę odprowadzano do podłogi gumowymi wężami. Oprócz zlewów zobaczyłem bloki z szarego marmuru, ustawione jak stoły, do sufitu umocowano dwa wentylatory, a w całym pomieszczeniu utrzymywała się silna woń środków dezynfekcyjnych.

– Od lat prosimy o klimatyzację – powiedział pan Reiss.

– Nie wiem dlaczego – odparłem. – Przecież tu jest całkiem chłodno.

– Mniej więcej dwadzieścia sześć stopni! – zaśmiał się mój przewodnik.

Dziwne: znowu drżałem.

– Nie chcą nam założyć klimatyzacji – mówił. – Te wentylatory nie wystarczają. Podczas pracy zdarza się, że intensywnie pachnie.

– Chciałem pana spytać, jak nazywacie zwłoki – powiedziałem. – Czy mówicie „ukochany zmarły"? Albo ciało, ofiara, zwłoki czy jeszcze inaczej?

– Fachowa literatura podaje „ukochany zmarły", ale to prze-
sada – odparł pan Reiss. – Ludzie mają mnóstwo zabawnych
wyobrażeń na temat pracowników zakładów pogrzebowych.
Jessica Mitford napisała o tym książkę, ale ona nie odwiedziła
zbyt wielu miejsc. Wcale tacy nie jesteśmy. Zazwyczaj używamy
określenia „szczątki doczesne".

Pan Reiss podszedł do jednego z głębokich zlewów i ciągnął
dalej:

– Szczątki doczesne kładziemy tu, na stole, skąd zsuwają
się do zlewu. Następnie otwieramy tętnicę. Moją ulubioną jest
tętnica szyjna. Wypuszczamy z niej całą krew, która spływa tędy,
wężem do podłogi – mówił do zlewu, pokazując dłonią kierunek
spływającej krwi. – Następnie, widzi pan tę rurkę, wypełniamy
szczątki preparatem balsamującym. Cały proces trochę trwa,
trzeba zachować ostrożność. To trudniejsze, niż się wydaje.

Mamrocząc pod nosem, robiłem notatki skostniałymi z zimna palcami. Kiedy zauważyłem, że to interesujące, pan Reiss
podjął entuzjastycznie.

– To niezwykle interesujące! Codziennie przywożą nam kogoś innego. Całkiem niedawno – mówił, uderzając dłonią o zlew
dla podkreślenia słów – autobus spadł z mostu, zna pan ten
most nad Kanałem? Zginęło trzydzieści osiem osób, a wszystkie
przywieziono do nas. Kurczę, to było coś. Samoloty, wypadki
samochodowe, utonięcia, morderstwa na statkach, ofiary na-
padów w Colón. Weźmy na przykład morderstwo na statku,
przepływającym przez Kanał. Delikatna sprawa, ale zajmujemy
się tym. Albo Indianie. Piją alkohol, potem wypływają w morze
swoimi canoe i toną. Przywożą nam wszystkie typy, jakie tylko
może pan sobie wyobrazić. Tę pracę trzeba uznać za interesującą.

Milczałem, ale pan Reiss nadal stał przy zlewie i mówił:

– Mieszkam tu, w Strefie, od jedenastu lat. Przez cały ten
czas pracuję w zakładzie pogrzebowym. – Teraz mówił wolno,

ze zdumieniem. – Wie pan, co? Nie było dwóch takich samych dni. Chce pan zobaczyć prosektorium?

Wymownie zerknąłem na zegarek.

– Jasny gwint – powiedział pan Reiss, spoglądając na swój. – Już po pierwszej. Nie wiem, jak pan, ale ja zgłodniałem.

Kuchnia Elks Club była zamknięta, więc poszliśmy do kantyny Weteranów Wojennych 2537, gdzie zamówiliśmy chop suey i mrożoną herbatę.

– Mimo wszystko nie ma porównania z usługami pogrzebowymi w Stanach – mówił pan Reiss. – Tam naprawdę zajmują się klientem. W Stanach oferują elegancką uroczystość, duże samochody. Tutaj mamy tylko karawan.

– I balsamowanie – dodałem.

– Zawsze interesowało mnie balsamowanie – wyznał.

Na stole pojawiło się chop suey, spora porcja rozmoczonych warzyw z makaronem. Kuchnia Weteranów Wojennych oferowała niewielki wybór dań, ale była czysta, klimatyzowana, niczym nie różniła się od kantyn w Stanach. Spytałem pana Reissa, jak to się stało, że został pracownikiem zakładu pogrzebowego.

– To jest zazwyczaj rodzinny interes. Twój ojciec pracuje w zakładzie pogrzebowym, więc ty też. Z tego względu mój przypadek jest nietypowy, moja rodzina się tym nie zajmowała.

– Czyli po prostu postanowił pan wybrać ten zawód?

Pan Reiss przełknął kęs chop suey, otarł usta serwetką i powiedział:

– Odkąd pamiętam, chciałem organizować pogrzeby. Wie pan, że to jest moje najwcześniejsze wspomnienie? Musiałem mieć sześć lat, kiedy umarła moja babcia. Rodzice kazali mi zostać na piętrze, dali mi słodycze, żebym siedział cicho. Pamiętam, że to były kawałki lukrecji w kształcie meloników i kowbojskich kapeluszy. Siedziałem na górze, to było w Pensylwanii, i zacząłem krzyczeć: „Chcę zobaczyć babcię!".

„Nie – mówili dorośli – niech on siedzi na górze, dajcie mu jeszcze słodyczy". Ponieważ jednak nie przestawałem krzyczeć, dorośli w końcu się poddali i pozwolili mi zejść na dół. Kuzyn wziął mnie za rękę i podeszliśmy do babci, która leżała w trumnie. Wtedy pogrzeby odbywały się w domach. Na widok zmarłej zacząłem zadawać najróżniejsze pytania: „Jak oni to robią? Kto to zrobił?" i tym podobne. Bardzo mnie to wszystko zaciekawiło. Właśnie wtedy postanowiłem, że chcę organizować pogrzeby. W wieku około dziewięciu lat miałem już pewność, że to właśnie chcę robić.

Mimowolnie wyobraziłem sobie, jak w szkolnej klasie w Pensylwanii nauczycielka pochyla się nad cichym, rumianym chłopcem i pyta:

– Powiedz, Johnny, kim chciałbyś zostać, jak dorośniesz?

Nasza rozmowa w nieunikniony sposób zeszła na traktat w sprawie Kanału. Spytałem pana Reissa, co stanie się z nim i zakładem pogrzebowym Gorgas w razie ratyfikowania traktatu.

– Bez względu na to, co się stanie, chyba nic nam nie grozi. Nie wiem, jaki będzie los traktatu, ale jeśli nas przejmą, to mam nadzieję, że nas zatrzymają. Większość z nas kocha ten Kanał, a my wykonujemy dobrą robotę w zakładzie. Myślę, że po prostu zatrudnią nas na nowo. Wszyscy się martwią, ale właściwie dlaczego? Bez nas nie zdołają zarządzać Kanałem. Bardzo chciałbym tu zostać.

Wieczorem zaproszono mnie na kolację.

– Będziesz musiał zaśpiewać za swój posiłek – uprzedził gospodarz, a ja spytałem, na jaki temat mam mówić. Odparł, że w sumie to obojętne, może o czymś związanym z pisaniem? – Niezależnie od tego, co powiesz, ludzi będzie interesowało tylko to, co uważasz na temat traktatu. – Zapewniłem go, że to mój ulubiony temat.

Przed zgromadzeniem panamskich pisarzy i artystów mówiłem o *Przygodach Artura Gordona Pyma*. Ponieważ żaden ze słuchaczy nie znał tej książki, czułem, jakbym mówił o nowości wydawniczej, kandydatce do listy bestsellerów, równie świeżej jak bostońska wiosna. Zafascynowani, słuchali streszczenia akcji, śledzili sekwencję okropności, wsłuchiwali się w przytłumioną muzykę dramatycznego zakończenia. Wpatrzony w twarze, na których malował się wyraz krótkowzrocznego współczucia, widywany na obliczach studentów w dalekich salach wykładowych, próbowałem wyjaśnić, jak za pomocą zmyślnych węzłów i pętli Poe zdołał z luźnych kawałków sznura ukręcić przekonujący stryczek.

– Ciekawi mnie – powiedział pewien człowiek, kiedy nadszedł czas na pytania – jakie jest pańskie stanowisko w kwestii traktatu dotyczącego Kanału Panamskiego. Czy mógłby pan nam o tym opowiedzieć?

– Oczywiście – odparłem. Powiedziałem słuchaczom, że mają prawo do własnej opinii na temat Strefowców, nie powinni jednak umniejszać ich przywiązania do Kanału. Nie żyjemy w czasach silnego przywiązania do pracy, ale Strefowcy są dumni z wykonywanej pracy, wkładają serce we właściwe zarządzanie Kanałem. Nawet najsilniejszy nacjonalizm panamski i powiewanie flagą nie zastąpi umiejętności technicznych, dzięki którym czterdzieści statków codziennie bezpiecznie przepływa przez Kanał. Przyznałem, że Strefowcy mało wiedzą o Panamie, ale jednocześnie Panamczycy słabo znają złożoność życia w Strefie i entuzjazm jej mieszkańców.

Na twarzach słuchaczy pojawiły się uśmiechy, świadczące o tym, że nie zgadzają się z moimi tezami, ale ponieważ nikt nie oponował, dodałem, że Strefa Kanału Panamskiego jest w istocie rzeczy kolonią, a chcąc zrozumieć kolonię, należy przeczytać *Frankensteina* i *Prometeusza w okowach*.

Przy kolacji wdałem się w rozmowę ze starszym panem, z zawodu architektem. Jak powiedział, też pisał opowiadania, głównie satyry na temat szefa rządu, dowódcy sił zbrojnych, generała Omara Torrijosa. Co Torrijos sądził na temat tych utworów? Chciał zakazać ich publikacji, ale nie mógł, ponieważ otrzymały nagrodę literacką.

– Niektórzy ludzie uważają, że Torrijos jest mistykiem – powiedziałem.

– On nie jest mistykiem, ale demagogiem – odparł architekt. – To bardzo chytry showman, zna mnóstwo sztuczek.

– Czyli uważa pan, że Amerykanie powinni zatrzymać Kanał?

– Nie. Zaraz panu wyjaśnię. Kanał jest marzeniem każdego Panamczyka. Wy, Amerykanie, macie swoje marzenie, a to jest nasze. Nic innego nie mamy. Prawdziwa tragedia polega na tym, że Kanał zostanie nam przekazany za rządów Torrijosa. Na niego spadnie cały splendor. Powie: „Zobaczcie, co zrobiłem! Odzyskałem nasz Kanał!".

Mój rozmówca przypuszczalnie miał rację. Za pośrednictwem programu pomocowego rząd amerykański wybudował pod stolicą Panamy domy mieszkalne. Osiedla te, mające pomieścić tysiące bezdomnych Panamczyków, zwano „Domami Torrijosa". Stosowniej byłoby nadać im nazwę prawdziwego dobroczyńcy, czyli amerykańskiego podatnika. Wyjaśniłem mojemu rozmówcy, że mam większe prawo do tych domów mieszkalnych niż Torrijos, ponieważ, w przeciwieństwie do generała, płaciłem amerykańskie podatki.

– Ale umożliwiliście mu dojście do władzy.

– Ja nie umożliwiłem generałowi Torrijosowi dojścia do władzy – odparłem.

– Chodzi mi o to, że rząd Stanów Zjednoczonych pozwolił mu objąć władzę. Chcieli mieć takiego prezydenta, żeby móc z nim negocjować. O wiele trudniej byłoby im układać się z demokratycznie wybranym rządem. Doskonale wiadomo, że Torrijos poszedł na ustępstwa, na jakie demokratycznie wybrany przywódca nigdy by się nie zgodził.

– Czy Torrijos nie rozpisał referendum w sprawie traktatu?

– To był blef. Nikt nie wiedział, o co chodzi. Referendum niczego nie pokazało. Ludzie nie mieli nic do powiedzenia w kwestii traktatu. Niech pan patrzy, Stany Zjednoczone dały Torrijosowi pięćdziesiąt milionów dolarów na samą armię! Dlaczego? Ponieważ tego zażądał. Somozie w Nikaragui dali znacznie mniej, a i tak utrzymał się przy władzy.

– Czyli jesteście skazani na Torrijosa?

– Nie – odpowiedział architekt. – Myślę, że kiedy Stany Zjednoczone dostaną od niego to, co chcą, wyrzucą go na śmietnik.

Architekta ponosiła własna wymowa. Całkiem zapomniał o jedzeniu, gestykulował jedną ręką, w drugiej trzymał chustkę, którą ocierał czoło.

– Chce pan wiedzieć, jaki naprawdę jest Torrijos? – mówił. – On jest jak chłopiec, który rozbił swój pierwszy samochód. Ten samochód to nasza republika. Teraz czeka, aż będzie mógł rozwalić drugi wóz, czyli traktat. Mój komunikat do Torrijosa brzmi: „Zapomnij o samochodzie, naucz się prowadzić!".

– Powinien pan coś zjeść – poradziłem.

– Nie jesteśmy przyzwyczajeni do takich ludzi jak on – ciągnął architekt, zerkając na talerz. – Dyktatura jest dla nas czymś obcym. Odkąd w 1903 roku uzyskaliśmy niepodległość, Torrijos jest pierwszym dyktatorem. Nigdy wcześniej nie znałem kogoś podobnego. My nie przywykliśmy do dyktatorów, panie Theroux.

Wypowiedź architekta tak mnie zaciekawiła, że kilka dni później odbyłem rozmowę z panamskim prawnikiem, który pomógł opracować prawne aspekty traktatu. Nazwisko architekta zataiłem, ponieważ prawnik był bliskim przyjacielem Torrijosa, a nie chciałem, żeby architekt wylądował w więzieniu za głoszenie wywrotowych opinii. Prawnik wysłuchał argumentów, po czym powiedział po hiszpańsku:

– Bzdury!

Dalej ciągnął po angielsku:

– Omar nie zawdzięcza władzy gringo.

Frazeologia prawnika nie przypadła mi do gustu, ale tuż obok stał amerykański ambasador. Nie mogłem powiedzieć do tego śniadego obywatela Panamy: „Nie nazywaj mnie gringo, to ja nie nazwę cię brudnym Latynosem".

– W 1967 wybrany rząd nie mógł dojść do konsensusu w sprawie projektu traktatu.

– Czy dlatego generał Torrijos obalił rząd w 1968 roku? – spytałem, odwracając wzrok od ambasadora.

– Niektórzy ludzie uważają, że za próbą obalenia Torrijosa w 1969 roku stała CIA – wycedził prawnik. – Co powiedziałby na to pański przyjaciel?

– Jeśli przewrót się nie powiódł, CIA pewnie za nim nie stała. Ha, ha.

– Niekiedy zdarzają nam się pomyłki – oświadczył ambasador, ale nie miałem pewności, co ma na myśli.

– Torrijos wykazał wielką odwagę, podpisując traktat – powiedział prawnik.

– Jaką odwagę? – spytałem. – Podpisuje i dostaje Kanał. To nie odwaga, ale oportunizm.

– Teraz mówi pan jak pański przyjaciel – zauważył prawnik. – Najwyraźniej należy do skrajnej lewicy.

– Tak się składa, że to konserwatysta.

– To jedno i to samo – oświadczył prawnik, odwrócił się na pięcie i odszedł.

Przed odjazdem pociągiem do Colón pozostał mi jeszcze wykład w liceum Balboa. Pan Dachi, odpowiedzialny w ambasadzie amerykańskiej za organizację wydarzeń kulturalnych, uznał, że to może być dobry pomysł: ambasada jeszcze nigdy nie wysłała wykładowcy do liceum Balboa. Ponieważ moja wizyta nie miała oficjalnego charakteru, a Departament Stanu nie opłacał mego pobytu, nie było powodu, dla którego tradycyjna wrogość Strefowców wobec ambasady miałaby się skupić na mnie. W geście przyjaźni dla pana Dachi (poznaliśmy się w Budapeszcie) zgodziłem się wygłosić wykład. Towarzyszący mi pracownik ambasady amerykańskiej powiedział, że woli zachować anonimowość: licealiści słynęli jako nieprzewidywalna banda.

Liceum Balboa przypominało typowe liceum amerykańskie z lat pięćdziesiątych. Dobrze znałem tę atmosferę anarchii, przybierającą formę napadania na pierwszoklasistów w toalecie czy wywieszania na maszt flagi z Myszką Miki. Uczniowie z upodobaniem pluli kulkami, strzygli się na jeża, wygłupiali się w sali gimnastycznej, poszukiwali intelektualnej mierioty w antologiach („Thornton Wilder został okrzyknięty amerykańskim Szekspirem"), a przy tym nie ufali wybitności, ponieważ każda niezwykłość musi zawierać skazę (jeśli nosisz okulary, jesteś molem książkowym, a cała szkoła mówi na ciebie „Einstein"), wybierali nauki ścisłe, ponieważ to właśnie robią Rosjanie, potem korzystając z okazji, ślinili się do tablic anatomicznych w podręczniku do biologii, edukację postrzegali głównie w kategoriach towarzyskich, dochodzili do ładu z pryszczami i spoconymi dłońmi, wychwalali rozgrywających, szydzili z frajerów grzejących ławę – o tak, liceum Balboa wyglądało znajomo. Moda na rock and roll dodatkowo potęgowała wrażenie cofnięcia się w czasie: na jednej koszulce ujrzałem napis *Elvis,* na innej *Buddy Holly.*

Pragnąc utwierdzić się w swym przekonaniu, wszedłem do toalety dla chłopców. W powietrzu unosiła się woń skrycie palonych papierosów, ściany zdobiły napisy: *Balboa rządzi*, *Ameryka jest wielka* oraz wielokrotnie *Panama to syf*.

Pierwszy raz od dwudziestu lat wszedłem do amerykańskiego liceum. Jakie to dziwne, że małpiarnię, którą kiedyś ukończyłem, złożono, cegła po cegle, wraz z dzwonkiem i bluszczem tu, w Ameryce Środkowej. Doskonale wiedziałem, jak zareagowałbym w liceum Medford, gdyby ogłoszono, że zamiast łaciny o dziesiątej odbędzie się apel. Doskonała okazja, żeby poświrować!

W audytorium, gdzie zebrała się może połowa spośród tysiąca dwustu osiemdziesięciu pięciu uczniów, panował szum, młodzież śmiała się, szturchała, gadała, szeleściła papierami. Mikrofon – jakżeby inaczej! – wył jak szarańcza, a czasami w ogóle przestawał działać, redukując mój głos do szeptu. Patrzyłem na zgraję grubych i chudych uczniów; ujrzałem, jak nauczycielka przeciska się między rzędami, zwija czasopismo w rulon i wali chichoczącego chłopaka po głowie.

Dyrektor liceum przedstawił mnie zebranym. Kiedy tylko podszedł do mównicy, uczniowie zabuczeli. Po chwili zająłem miejsce, dostałem brawa, ale kiedy ucichły, buczenie się nasiliło. Tematem wykładu miała być podróż.

– Oni chyba nie wytrzymają dłużej niż dwadzieścia minut – uprzedził mnie wcześniej dyrektor. Po dziesięciu minutach pomruki na widowni prawie zagłuszyły moje słowa. Spoglądając na zegarek, mówiłem dalej, wreszcie zakończyłem. Czy są pytania?

– Ile pan zarabia? – spytał chłopak z pierwszego rzędu.

– Jak jest w Ameryce? – chciała wiedzieć dziewczyna.

– Po co się telepać całą drogę pociągiem, skoro to tak cholernie długo trwa? – brzmiało ostatnie pytanie.

– Możesz zabrać do przedziału sześć butelek piwa, wyżłopać, a kiedy wytrzeźwiejesz, będziesz już na miejscu – odpowiedziałem.

Takie wyjaśnienie najwyraźniej zadowoliło słuchaczy. Młodzi ludzie zawyli, tupali nogami, głośno na mnie buczeli.

– Pańscy, hm, uczniowie – powiedziałem później do dyrektora – są dość, hm...

– To miłe dzieciaki – uciął moją ewentualną krytykę. – Kiedy tu przyjechałem, myślałem, że zastanę światową młodzież. Panama to obcy kraj, może spotkam tu kosmopolitów, myślałem. Zabawne, że te dzieciaki są mniej światowe niż młodzi ludzie w Stanach.

– No, tak, nie są obyci w świecie – przyznałem. – Zauważyłem, że oblali czerwoną farbą popiersie konkwistadora Balboa przed szkołą.

– To jest kolor naszej szkoły – wyjaśnił dyrektor.

– Czy młodzież uczy się historii Panamy?

Dyrektor zamyślił się na dłuższą chwilę, w końcu odparł niepewnie:

– Nie, ale w szóstej klasie mają nauki społeczne.

– Stare dobre nauki społeczne!

– Jednakże historia Panamy nie jest oddzielnym przedmiotem.

– Od jak dawna pan tu mieszka?

– Od szesnastu lat. Uważam Panamę za swój dom. Niektórzy ludzie stąd mają domy w Stanach, jeżdżą tam na lato. Ja tego nie robię. Zamierzam tu zostać. W sześćdziesiątym czwartym jeden z naszych nauczycieli uciekł, myślał, że wszystko skończone. Pamięta pan palenie flag? Gdyby został, miałby prawie trzydziestoletni staż pracy i dobrą emeryturę. Nie został. Zamierzam zobaczyć, co tu się wydarzy. Nigdy nic nie wiadomo, cała ta sprawa z traktatem wcale nie jest zakończona.

Młoda nauczycielka podeszła posłuchać, co mówi dyrektor. Kiedy skończył, powiedziała:

– Panama to nie mój dom. Jestem tu już dziesięć lat, ale stale czuję się, cóż, tymczasowo. Niekiedy budzę się rano, rozsuwam zasłony, widzę palmy i myślę „Mój Boże!".

– Co pan sądzi o uczniach? – spytał uśmiechnięty nauczyciel, który odprowadzał mnie do wyjścia.

– Są dość hałaśliwi – odparłem.

– Zachowywali się przyzwoicie – powiedział. – To mnie nawet zdziwiło, bo spodziewałem się rozróby. Ostatnio robili piekło.

Za naszymi plecami rozległ się brzęk tłuczonego szkła, młodzieńczy śmiech i krzyk rozdrażnionego nauczyciela.

Właśnie licealiści nazwali ten pociąg Pociskiem Balboa. Pociąg, podobnie jak Kanał, ma amerykański charakter, wygląda solidnie, jest dobrze utrzymany i należycie funkcjonuje. Jeśli wsiądziesz do niego w Balboa Heights, możesz ulec złudzeniu, że znalazłeś się w starym pociągu do Worcester. W sposobie sprzedaży biletów i konduktorach w małych czapeczkach, którzy kasują je i oddają ci odcinek (Zachowaj bilet do kontroli), jest pewna staromodność i spolegliwość. To także przypomina cały Kanał: zarówno on, jak i pociąg ładnie się postarzały; przetrwały erę nowoczesności bez potrzeby modernizacji. Pociąg jedzie z wybrzeża Atlantyku nad Pacyfik w niespełna półtorej godziny i prawie zawsze przyjeżdża punktualnie.

W Panamie spędziłem już dość czasu, by zacząć rozpoznawać charakterystyczne miejsca: „Budynek" nad Stevens Circle, wille w Balboa Heights, Fort Clayton o wyglądzie więzienia z zaostrzonym nadzorem. Większość domów wygląda tak samo: dwa drzewa, rabata, łódka w przejściu między domami. Na chodnikach nie widać przechodniów; zazwyczaj w ogóle nie ma chodników. Jedynie widok służby odpoczywającej w drzwiach kuchennych przerywa monotonię i wskazuje, że toczy się tu życie.

Pierwszy postój pociągu wypadał w Miraflores, „Mirror--floors" według wymowy strefowej. Dalej Kanał opada za wzgórzem i pojawia się znowu dopiero w Pedro Miguel, gdzie przy śluzach stoją pogłębiarki, których kominy i kształty przywodzą na myśl stare statki parowe z Missisipi.

W Pocisku Balboa, inaczej niż w innych pociągach w Ameryce Południowej, można spotkać przekrój społeczeństwa. W klimatyzowanych wagonach podróżują oficerowie armii amerykańskiej, zamożniejsi Strefowcy, turyści oraz biznesmeni z Francji i Japonii, którzy przyjechali w tym kluczowym momencie, żeby zarobić krocie na nieruchomościach czy imporcie. Z własnej woli wybrałem wagon bez klimatyzacji, gdzie zastałem pstrokatą grupę Panamczyków i Strefowców, poborowych, pracowników Kanału z drugiej zmiany. Czarni nosili aksamitne czapki, rastafariańskie dredy; ludzie z jedną ósmą krwi murzyńskiej zaplatali włosy w kucyki. Prócz nich widziałem całe rodziny, białe, czarne i we wszystkich barwach pośrednich.

W klimatyzowanym wagonie pasażerowie wyglądali przez okna, zachwycali się Kanałem, ale tu, w wagonie z tańszymi miejscami, wielu podróżnych spało i nikt nie zwracał uwagi na fakt, że oto przejeżdżamy przez las. Coraz gęściej rosnące, pokryte pnączami drzewa przeszły w cienisty, na wpół okiełznany las tropikalny. Dżungla rozciągała się jednak tylko na wschodzie; na zachodzie, bliżej Kanału, znajdowało się pole golfowe, poprzecinane brunatnymi drogami. Zniechęceni gracze maszerowali po nierównym terenie. Plagą na tym polu były skorpiony i węże. Przy drogach nie widziałem billboardów ani znaków, żadnych śmieci, stoisk z hamburgerami czy stacji benzynowych. Przed naszymi oczami rozciągała się apoteoza amerykańskich przedmieść, triumf banalności, osada konkretnych domów, konkretnych stacji kolejowych, konkretnych kościołów, a nawet konkretnych więzień, ponieważ tu, w Gamboa, mieści się Zakład Penitencjarny Strefy Kanału, który nie wygląda ani lepiej, ani gorzej niż koszary w Fort Clayton albo domy Strefowców w Balboa. Surowość krajobrazu podkreśla policjant w kowbojskim kapeluszu, oparty o zderzak wozu patrolowego i piłujący sobie paznokcie.

Tylko w tunelach przypominałem sobie, że jestem w Ameryce Środkowej: ludzie krzyczeli.

Za tunelem zaczynała się gęstsza dżungla, drzewa rosły tuż przy sobie, pnącza obrastały pnącza; w mroku nie widziałem żadnych ścieżek. Ta pierwotna, rojąca się od ptaków dżungla nie ma żadnego związku z Kanałem. Tu przebiega granica świata Strefy, przecinającego Panamę niczym wstęga. Dzikość tego miejsca jest równie nierealna jak militarne wymuskanie Strefy. Nie ma znaczenia, że żyją tu aligatory i Indianie, tuż obok są też bowiem małe szczeniaczki i policjanci, a las ciągnie się aż do podnóża Andów.

W Culebra przekroczyliśmy granicę między kontynentami, a przez przesmyk przepływały właśnie dwa statki. Po to, by te dwa statki mogły sennie sunąć po wodzie, trzeba było kopać przez siedem lat. Jak wyraził się Lord Bryce, „nigdy wcześniej nie pozwolono sobie na taką poufałość wobec natury". Szczegóły dotyczące całego przedsięwzięcia można znaleźć w książce historycznej Davida McCullougha *The Path Between the Seas*: przekopanie odcinka długości piętnastu kilometrów i usunięcie około dziewięćdziesięciu sześciu milionów metrów sześciennych ziemi kosztowało dziewięćdziesiąt milionów dolarów; do wysadzania skał użyto dwudziestu czterech i pół tysiąca ton dynamitu, z czego znaczną część wykorzystano właśnie tu, w Culebra. Teraz było słoneczne, gorące popołudnie, ptaki śpiewały, a Culebra wyglądała jak typowa rzeka w tropikach. Na podstawie tego, co można zobaczyć w Strefie, nie sposób wyobrazić sobie historii Kanału, tym bardziej że większość konstrukcji znajduje się pod wodą.

Uwaga Bunau-Varilli, że „kolebka Republiki Panamy" znajdowała się w pokoju 1162 hotelu Waldorf Astoria w Nowym Jorku, jest prawdziwa, chociaż, podobnie jak inne szczegóły historyczne związane z Kanałem, wydaje się monstrualna i zmyślona.

Czy można wyobrazić sobie coś dziwniejszego niż wielki statek oceaniczny w dżungli? W głębi lądu pociąg coraz częściej mijał bagna i laguny; później zaczęły się jeziora. W wyniku budowy Kanału Panamskiego powstało jezioro Gatún; przed rokiem 1914, kiedy otwarto śluzy, płynęła tu tylko wąska rzeka Chagres. Teraz jest tu rozległe jezioro, większe niż Moosehead w stanie Maine. Niedaleko Frijoles po jeziorze tańczyła chłodna bryza, wzbijając białe fale. W oddali widziałem wyspę Barro Colorado. Kiedy woda wypełniła dolinę, tworząc jezioro, zwierzęta schroniły się na Barro Colorado, ptaki zagnieździły się na tamtejszych drzewach, przez co wzgórze zamieniło się w arkę. Do dziś znajduje się tam rezerwat dzikiej przyrody.

Kiedy pociąg przejeżdżał groblą z Monte Liro na stronę Gatún, wszystkich pięć radioodbiorników w wagonie nadawało aktualny przebój, *Stayin' Alive*. Atmosfera do złudzenia przypominała Luizjanę, nie tylko z powodu czarnych z radiami, ale także dlatego, że większość Strefowców pochodziła z Nowego Orleanu, a trasa prawie niczym nie różniła się od przejazdu mostem przez jezioro Pontchartrain pociągiem z Chicago, który, chyba nie przypadkiem, nosił nazwę The Panama Limited. Wyspy na jeziorze Gatún są tak młode, że nadal przywodzą na myśl wzgórza zalane potopem, nie miałem jednak czasu, by przyjrzeć się im dokładniej. Pociąg turkotał po grobli z szybkością dziewięćdziesięciu kilometrów na godzinę. Szczerze żałowałem, że nie jedzie dalej i nie mogę po prostu, pykając fajkę, zmierzać do Kolumbii i Ekwadoru. Jednak żaden pociąg nigdy nie jedzie dostatecznie daleko, podobnie jak żaden zły pociąg nigdy nie dojeżdża do celu na czas.

Ostatnie śluzy na jeziorze Gatún, okoliczne zabudowania, obóz, domy, oznaczenia wojskowe – wszystko obudziło wspomnienie, o którym sądziłem, że leży pogrzebane bezpowrotnie w niepamięci. Właśnie to wspomnienie umieściło całe doświadczenie panamskie w odpowiedniej perspektywie. W liceum Balboa Heights doznałem znajomej melancholii; czułem się tam po prostu tak jak w swoim dawnym liceum. Wszystkie amerykańskie szkoły średnie są do siebie podobne; wszędzie panuje atmosfera udawanej nauki i komicznych utarczek między uczniami a nauczycielami. Ten zapach kleju i papieru wydzielany przez podręczniki, wosku z podłóg na korytarzach, kredy, gumy z tenisówek; odległy łoskot szafek, krzyki, chichoty. Pobyt w Balboa Heights nie podziałał stymulująco na moją percepcję.

Za to jezioro Gatún mnie poruszyło. Gatún stanowiło fragment mojej przeszłości, którego nie miałem już nadziei odzyskać; zapomniałem o nim, a dopiero po przejeździe przez jezioro zrozumiałem, jak bardzo był ważny. Gdyby nie ta podróż, wspomnienie mogłoby nigdy nie ożyć. Około 1953 roku, gdy byłem dwunastoletnim chudzielcem, zbyt krótkowzrocznym, by złapać piłkę baseballową, mój stryj, lekarz wojskowy, zaprosił mnie, żebym spędził lato z nim, ciotką i kuzynami w Fort Lee w stanie Wirginia. Stryj był oficerem. Szeregowi o wyglądzie ofiar, zbierający na poboczu papierki po gumach do żucia, salutowali w kierunku naszego samochodu, nawet gdy za kierownicą siedziała ciotka; przypuszczalnie salutowali do oznakowań wojskowych. Jechaliśmy wówczas najczęściej na basen, do Otwartej Mesy Oficerskiej Fortu Lee. Pamiętam chłopaka w moim wieku nazwiskiem Miller, z żółtą plamą na kąpielówkach.

– To sos po piklach – powiedział. – Rozlałem go w Niemczech.

Wyjaśnienie brzmiało niewiarygodnie, ale mu uwierzyłem. Miller miał niemiecki bagnet. W Wirginii przebywał już od tak dawna, że przyzwyczaił się do upału. Ja nigdy wcześniej nie zaznałem takich temperatur. Na ochotnika zgłosiłem się do noszenia kijów golfowych za stryjem, ale po sześciu dołkach musiałem usiąść w cieniu i poczekać, aż wróci do trzynastego dołka, znajdującego się w pobliżu. Chociaż, wzorem Millera, próbowałem się zaaklimatyzować, raz po raz lądowałem pod drzewem. Stryj stwierdził, że chyba mam puchlinę.

– To jest mój siostrzeniec – przedstawiał mnie partnerowi od golfa. – Ma puchlinę.

Przezwisko „Puchlina" prześladowało mnie przez całe lato. Obóz wojskowy Fort Lee nie przypominał znanych z filmów stereotypów; wyglądał raczej jak więzienie stanowe, używane jako ekskluzywny klub. Oprócz żołnierzy – salutujących, salutujących – wszędzie widziałem czarnych, którzy pielęgnowali ogrody, wałęsali się przy lodziarni, spacerowali nieocienionymi drogami, prowadzili spryskiwarki DDT, zostawiające za domami malownicze obłoczki trucizny, a potem sterty martwych pasikoników. Z tamtych wakacji pamiętam jeszcze rzadkie, sosnowe lasy, najbardziej czerwoną ziemię, jaką widziałem, chłodne domy (ciotka urządzała „kawowe poranki"). Przy wejściu do pobliskiej restauracji widniały małe prostokątne szyldy, w rodzaju tych z Bostonu z nazwiskami DUFFY czy JONES, tutaj jednak nazwisko – naiwnie wierzyłem, że to jest nazwisko – brzmiało WHITE (Biały). Nieopodal obozu przebiegała linia kolejowa do Hopewell i Petersburga, owady hałasowały w dzień nie mniej niż w nocy, stały tam jasnożółte domy z czerwoną dachówką, płotami i takimi napisami, jakie widziałem teraz za oknem.

Kiedy pociąg zbliżył się do Gatún i stanął, cofnąłem się w czasie o dwadzieścia pięć lat i ponownie znalazłem się w Fort Lee, gdzie z tym samym lękiem i podnieceniem patrzyłem na zabudowania wojskowe, karłowate drzewa, czerwoną ziemię, niewiarygodnie jaskrawe kwiaty, rakiety WAC, żółty autobus szkolny, rząd oliwkowych fordów, boisko do baseballa, czarnoskórych, boisko młodzieżowe, cmentarz, młodych żołnierzy, którzy jeśli nie maszerowali, wyglądali na pozbawionych celu, opadający w upale kurz. Obydwa światy się spotkały; oto miałem przed sobą wiejską część stanu Wirginia, lata pięćdziesiąte, ten sam zapach, a wspomnienie było tak sugestywne, że pomyślałem: „Następna stacja to na pewno Petersburg".

Pociąg minął Mount Hope, ale Mount Hope należała do tego samego wspomnienia. Nieczęsto zdarzało mi się podróżować tak daleko od domu i tak łatwo uchwycić dotychczas stracony fragment przeszłości. Podobnie jak we wszystkich wspomnieniach, pewna część wydaje się niedokładnie odwzorowana, jak wspomnienie o tabliczce z nazwiskiem WHITE. Perspektywa lat pozwoliła mi zobaczyć, jak mały i stary był tamten świat, i jak bardzo dałem się nabrać.

Czar prysł w Colón. Otwarcie kolonialne miasto Colón miało w sobie pęknięcie, do jakiego nigdy nie umiałem się przyzwyczaić. Po jednej stronie torów – w tak zwanej dzielnicy rdzennej ludności – stały czynszówki dla biednych; po drugiej widziałem wojskową symetrię imperialnych budynków, klub jachtowy, urzędy, domy z ogrodami. Tutaj rządzący, tam rządzeni. To jest dawna postać kolonializmu, ponieważ – w odróżnieniu od równie chciwych wielonarodowych korporacji, bardzo często niewidzialnych – na pierwszy rzut oka poznajesz, że znalazłeś się w kolonii, a marki samochodów dopowiadają, że jest to kolonia amerykańska.

Czynszówki przypominały te, które widziałem w mieście Panama. Warstwa farby i odrdzewiacz nadałyby im wygląd domów z Dzielnicy Francuskiej Nowego Orleanu albo starszych części Singapuru. O ile Gatún i znaczna część Strefy przypominały Fort Lee w stanie Wirginia około 1953 roku, o tyle krajobraz za oknem przywodził na pamięć chaotyczne, lekko zaśmierdłe dzielnice handlowe przedwojennego Singapuru – kwaśny odór bazaru, sklepy z odzieżą i pamiątkami, zaopatrzeniowcy oraz handlarze, którzy w Colón, tak jak w Singapurze, byli Chińczykami i Hindusami.

Powiedziano mi, że Hindusi ze Strefy przybyli tu z Indii do pracy na kolei. Niełatwo potwierdzić ten fakt; robotnicy są robotnikami – milczącymi bohaterami książek historycznych – ale przy budowie Kanału zatrudniano siłę roboczą z dziewięćdziesięciu siedmiu krajów. Indie musiały być jednym z nich. W Colón nie udało mi się znaleźć żadnego Hindusa, który przyjechałby właśnie z tego powodu. Pan Gulchand sprawiał wrażenie typowego przedstawiciela mniejszości hinduskiej. Ten Hindus rodem z Sindh miał w sklepie barwny portret Mahatmy. Po podziale Indii prowincja Sindh weszła w skład Pakistanu, a pan Gulchand, w obawie przed rządami muzułmanów, przeniósł się do Bombaju. Tam nie było jak w domu, ale miasto miało przynajmniej hinduski charakter. Pan Gulchand otworzył firmę importowo--eksportową, a z czasem nawiązał kontakty z Filipińczykami. Gdy odwiedził Filipiny, spodobały mu się na tyle, że w latach sześćdziesiątych przeniósł tam firmę. Wojna wietnamska stworzyła krótkotrwałą koniunkturę na Filipinach. Interesy pana Gulchanda szły znakomicie. Dzięki przeprowadzce osiągnął kilka rzeczy: oderwał się od angloindyjskiej strefy wpływów i zbliżył do Amerykanów. Co więcej, nauczył się hiszpańskiego. Teraz miał już za sobą podróż przez pół świata. Tylko Pacyfik odgradzał go od obietnicy większego bogactwa w Panamie, koneksji środkowoamerykańskich oraz miasta, które wszyscy Latynosi uważają za swoją metropolię, czyli Miami. W Colón mieszkał od pięciu lat i szczerze go nienawidził. Pan Gulchand tęsknił za bardziej zrozumiałym nieładem Bombaju, za znajomą anarchią.

– Interesy idą marnie – skarżył się i obwiniał traktat w sprawie Kanału. Od pana Gulchanda usłyszałem starą śpiewkę:

kolonia zawali się na sklepikarzy, nastąpi recesja, biali zwieją, ceny spadną. „Przecież nie mogę oddać tego towaru za darmo".

Co myśli o Colón?

– Psiemoc – powiedział z akcentem. – Bludno.

Pan Gulchand poradził mi, żebym zdjął zegarek. Zapewniłem go, że to zrobię. Kiedy szukałem poczty i zwróciłem się o pomoc do czarnoskórego przechodnia, usłyszałem:

– Pokażę ci drogę, ale to – postukał w szkiełko mego zegarka – musisz zdjąć, bo inaczej zgubisz. – Tak więc zdjąłem zegarek.

Napisy na sklepach stanowiły wariacje na jeden temat: „Likwidacja i wyprzedaż", „Wyprzedaż do końca!", „Całkowita likwidacja", „Dzisiaj wyprzedaż przed zamknięciem sklepu".

– Nie wiem, co się stanie – powiedział mi pan Reiss z zakładu pogrzebowego Gorgas, mając na myśli traktat. Ale te napisy na sklepach w Colón mówiły jasno, że traktat zostanie ratyfikowany, a sklepy wkrótce opustoszeją.

Spytałem innego Hindusa, co zrobi w razie przyjęcia traktatu.

– Znajdę nowe miejsce, w nowym kraju.

Hindusi mówili, że czarni dopuszczają się aktów przemocy; czarni mówili, że Hindusi kradną. Jednocześnie czarni nie zaprzeczali, że niektórzy czarni to złodzieje. Winą za taki stan rzeczy obarczali młodych, rastamanów, bezrobotnych. W Colón wszyscy sprawiali wrażenie bezrobotnych, nawet sklepikarze; nigdzie nie widać ani śladu klienta. Jeśli jednak interesy szły marnie – a z pewnością na to wyglądało – nietrudno było to zrozumieć. Wystarczyło spojrzeć na towary: japońskie fajki, wyglądające tak, jakby służyły do puszczania baniek mydlanych; skomputeryzowane radioodbiorniki i komicznie skomplikowane kamery; serwisy obiadowe na dwadzieścia cztery osoby wraz z purpurowymi sofami; skórzane krawaty, plastikowe kimona,

noże myśliwskie i fińskie; wypchane aligatory w ośmiu rozmiarach, najmniejsze za dwa dolary, największe – ponadmetrowej
długości – za sześćdziesiąt pięć dolarów; wypchane pancerniki za
trzydzieści pięć dolarów; widziałem nawet wypchaną ropuchę za
dolara, podobną do piłki krykietowej z czterema łapami. Oprócz
tego sam szmelc: otwieracze do listów, onyksowe jaja, mizerne
koszyki, drewniane maty z wypalankami, wytwarzane tysiącami
przez zubożałych Indian Cuña. Komu potrzebny jest taki szajs?

– Nie chodzi o jakość towaru – zapewniał mnie inny hinduski sklepikarz. – Chodzi o brak klientów. Oni po prostu nie
przychodzą.

Ponieważ zachciało mi się pić, wszedłem do baru i zamówiłem piwo. Stojący przy szafie grającej panamski policjant wcis-
nął guzik, a po chwili w barze rozbrzmiał przebój *Stayin' Alive*.
Policjant odwrócił się do mnie i powiedział:

– To nie jest bezpieczny lokal.

Następnie udałem się do francuskiego muzeum figur woskowych. Na widok krwawiącej głowy Chrystusa pomyślałem, że
muzeum ma może charakter dewocyjny, tym bardziej że w oknie ujrzałem męczennika. Ekspozycja okazała się jednak raczej
anatomiczna, a składała się z dwustu trupów i eksponatów, takich jak: płody w wosku, organy płciowe, bliźniaki syjamskie, trę-
dowaci, syfilitycy, całe cesarskie cięcie. „Poznaj prawdę o prze-
mianie mężczyzny w kobietę!" – głosiła broszura przy żółtym,
obupłciowym eksponacie. „Zobacz raka wątroby, serca i innych
organów! Obejrzyj cud narodzin!" Z broszury dowiedziałem się,
że wpływy z muzeum figur woskowych zasilają Panamski Czerwony Krzyż.

Jeżeli miałem zostać w Colón, musiałem wybierać między
chaosem i przemocą dzielnicy rdzennej ludności a kolonialną
sterylnością Strefy. Idąc po linii najmniejszego oporu, kupiłem
bilet powrotny do Panamy i kwadrans po piątej wsiadłem do

pociągu. Kiedy tylko wyjechaliśmy ze stacji, niebo pociemniało i lunął deszcz. Oto Karaiby: deszcz może spaść w każdej chwili. Osiemdziesiąt kilometrów dalej, nad Pacyfikiem, trwała pora sucha; tam deszczu spodziewano się dopiero za sześć tygodni. Przesmyk jest może wąski, ale wybrzeża są tak odmienne, jakby rozdzielał je wielki kontynent. Ulewny deszcz siekł pola, czernił kanał, rozpryskiwał się na wagonach i szybach. Po pierwszych kroplach pasażerowie pozamykali okna, więc teraz siedzieliśmy zlani nie deszczem, ale potem.

– Pytałem, gdzie jest twój bilet?

Głos należał do konduktora, który zwracał się do czarnoskórego pasażera z luizjańskim akcentem.

– Współpracuj ze mną, kolego, jesteś w moim pociągu!

Konduktor mówił po angielsku, bo ostatecznie znajdowaliśmy się w Strefie. Jednak moimi współpasażerami nie byli Strefowcy, tylko pracownicy Kanału, głównie czarni, których przekwalifikowano na Panamczyków. Dlatego też wydawał się tu nie na miejscu amerykański konduktor, z irytacją szarpiący swoją kolejową czapkę, pilnie kasujący bilety i mówiący do hiszpańskojęzycznego pasażera podającego bilet:

– Należy się jeszcze pięć centów, ceny wzrosły w zeszłym roku.

Po chwili znowu dobiegł mnie jego głos; kolejny problem z biletem:

– Nie wciskaj mi kitu!

W okresie rozkwitu imperium holenderskich Indii Wschodnich ludzie w niebieskich mundurach, w rodzaju tego konduktora – tyle że Holendrzy – prowadzili tramwaje i pociągi w Medanie. Wszystko to działo się na północy Sumatry, po drugiej stronie świata od Amsterdamu. Konduktorzy nauczyli się jednak fachu właśnie w Amsterdamie; nosili skórzane torby, sprzedawali bilety, kasowali je, pociągali za dzwonki tramwajowe. Potem archipelag stał się Indonezją, a większość pociągów i wszystkie tramwaje przestały kursować, ponieważ mieszkańcy Sumatry i Jawy nigdy wcześniej ich nie prowadzili.

„Jesteś w moim pociągu!" – to okrzyk kolonialny. Nie byłbym jednak sprawiedliwy w stosunku do konduktora, gdybym nie dodał, że sprawdziwszy bilety wszystkich pasażerów, rozluźnił się, zaczął żartować z rechoczącą czarnoskórą dziewczyną, plotkował z rodziną zajmującą trzy rzędy siedzeń. Chcąc rozbawić pasażerów, wychylających się przez okno – już otwarte, bo pięć kilometrów za Colón przestało padać – udawał, że goni pięciu małych chłopców bawiących się na peronie we Frijoles. Konduktor tupał i wołał: „Huzia! Huzia! Huzia!". Potem wdał się w rozmowę z ludźmi stojącymi obok pociągu, którzy trzymali naręcza ryb złowionych w jeziorze, oddalonym o zaledwie siedem metrów od torów.

W Balboa i Panamie zaczęły się popołudniowe rozgrywki baseballowe w parkach; najpierw minęliśmy trzy z rzędu, potem jeszcze dwie. Amerykańscy turyści, którzy wcześniej zajmowali wszystkie miejsca w klimatyzowanym wagonie, wysypali się z pociągu i ruszyli do klimatyzowanego autobusu. Wtedy przyszło mi na myśl, że musimy mieć najstarszych turystów na świecie. Chociaż traktowano ich jak przedszkolaków, ich ciekawość świata nie słabła. Dla tych ludzi w żółtych spodniach i niebieskich butach, daj im Boże zdrowie, podróżowanie stanowiło integralną część procesu starzenia się.

W całej Strefie nastała pora chodzenia do klubów. W mesie oficerskiej weteranów wojennych, w Legionie Amerykańskim i w Elks' Club, w kościelnym centrum God Servicemen's, w klubie Shriners, u Masonów, w klubach golfowych, w Dziewiątej Loży Gwiazdy Edenu, w Loży Starożytnej i Prześwietnej Gwiazdy Betlejemskiej, u Bawołów, u Łosi, w Dwudziestej Piątej Loży Lorda Kitchenera oraz firmowej kafejce w Balboa dzień dobiegł końca, a koloniści ze Strefy rozmawiali. Wszystkie dyskusje dotyczyły traktatu. W Strefie była godzina dziewiętnasta, ale który rok – któż to wie? Z pewnością nie bieżący. Dla Strefowca znaczenie miała przeszłość; najbardziej sprzeciwiali się teraźniejszości, a chociaż nadal zarządzali Kanałem, udało im się zatrzymać upływ czasu.

W liceum Balboa High uczniowie czekali na zapadnięcie zmroku, żeby po kryjomu powbijać gwoździe w zamki i nie dopuścić do otwarcia szkoły. O północy nauczycielka plastyki przypomniała sobie, że nie wyłączyła pieca do wypalania gliny, i ogarnął ją strach, że cała szkoła spłonie. Zadzwoniła do dyrektora, który przebrał się z piżamy i poszedł sprawdzić. Szkole nic nie groziło; piec został wyłączony, zamków nie zabito gwoździami. Nazajutrz liceum otwarto bez zakłóceń, a życie w Strefie toczyło się dalej. Zaproszono mnie, żebym został dłużej, poszedł na przyjęcie, porozmawiał o traktacie, zobaczył Indian. Ale zaczynało mi brakować czasu; był już marzec, a ja nie postawiłem nawet nogi w Ameryce Południowej. Za kilka dni miały się odbyć wybory w Kolumbii, a panna McKinven z ambasady powiedziała, że „spodziewają się kłopotów". Te okoliczności, jak pisał Guliwer, skłoniły mnie do szybszego wyjazdu, niż wcześniej planowałem.

rozdziałtrzynasty

Expreso del Sol do Bogoty

Kiedy obcy pytali mnie, dokąd jadę, często odpowiadałem: donikąd. Mgliste odpowiedzi mogą wejść w krew, a podróż może stać się odmianą lenistwa. Nie mogłem sobie na przykład przypomnieć, czemu przyjechałem do Barranquilli.

Z pewnością musiałem przylecieć tam z Panamy – przez przesmyk Darién między Panamą a Kolumbią nie biegnie żadna droga ani linia kolejowa – ale dlaczego wybrałem właśnie Barranquillę? Może nazwę wydrukowano na mapie większą czcionką; może miasto wydało mi się ważne; może ktoś mi poradził, że stamtąd łatwo złapać pociąg do Bogoty. Żaden z tych domysłów nie znalazł potwierdzenia w faktach. Miasto Barranquilla okazało się niewygodne i brudne, a w dodatku dotarłem do tej dziury w przeddzień ogólnonarodowych wyborów do senatu. Wszyscy zapewniali mnie, że wybuchną zamieszki; z gór zwożono autobusami farmerów, którzy sprzedali głosy za dwieście pesos (około dwóch i pół dolara), dzięki czemu zafundowano im darmowy przejazd do lokali wyborczych. Człowiek, z którym rozmawiałem, nie miał zębów. Ucząc się obcego języka, rzadko bierze się poprawkę na wady wymowy, toteż ledwo rozumiałem bełkotliwy hiszpański mego bezzębnego rozmówcy. Mimo to uchwyciłem ogólny sens. Na dwa dni wstrzymano sprzedaż alkoholu; bary zostaną zamknięte, a po rozpoczęciu głosowania żadna taksówka ani autobus nie będą mogły wyjechać z miasta, położonego w pobliżu ujścia rzeki Magdalena nad Morzem Karaibskim. Będziesz musiał poczekać, powiedział mi człowiek bez zębów. Czekając, usiłowałem sobie przypomnieć, dlaczego przyjechałem do Barranquilli. Piłem wodę mineralną i kawę za pięć centów. Pod palmą w ogrodzie hotelowym zacząłem czytać *Żywot doktora Samuela Johnsona* Boswella. Wsłuchiwałem się w klaksony samochodowe. Kilkakrotnie przeszedłem się po mieście, gdzie ujrzałem ciężarówki z wyborcami, którzy nosili nazwiska kandydatów na transparentach i koszulkach, oraz znacznie bardziej wyładowane ciężarówki z uzbrojonymi żołnierzami. Najwyraźniej całe armie szykowały się do bitwy. Wróciwszy z Boswellem pod palmę, próbowałem sobie przypomnieć, dlaczego nie pojechałem prosto do Santa Marta, skąd odjeżdża pociąg do Bogoty.

Krążąc po Barranquilli, spotkałem amerykańskiego dyplomatę Dudleya Symesa. Dudley kierował centrum kulturalnym i miał poczucie, że został porzucony w tym mieście jak rozbitek. W dniu wyborów zadzwonił do mnie do hotelu z pytaniem, czy chciałbym zobaczyć, jak ludzie głosują. „Czy to bezpieczne?" – spytałem.

– Zobaczymy – odparł. – Myślę, że jeśli nie będziemy się afiszować, to nikt się do nas nie przyczepi.

Przystrzygłem więc wąsy, włożyłem wymiętą koszulę z krótkimi rękawami, ciemne spodnie i nieprzemakalne buty. Idealnie wtopię się w tłum, myślałem, ale moje wysiłki poszły na marne. Dudley, w sandałach i jaskrawych bermudach, prowadził ogromnego chevroleta, chyba jedyny taki wóz w Barranquilli. „Nie afiszować się", powiedział, ale dokądkolwiek jechaliśmy, ludzie się na nas gapili, a samochód okazał się praktycznie bezużyteczny na wąskich, rozwalonych drogach w centrum miasta. Niemal natychmiast utknęliśmy w korku. Ludzie, którzy sprzedali głosy, a do domów mogli wrócić dopiero jutro, łazili ulicami, w papierowych czapeczkach z nadrukiem kandydatów i z ciekawością zaglądali do naszego auta. Wszyscy krzyczeli, śpiewali, a w siedzibach sztabów wyborczych – w sklepach z witrynami ozdobionymi krepiną – setki zwolenników (koszulka i papierowa czapeczka) skandowały nazwiska kandydatów w oczekiwaniu na wyniki. (Głosy obliczono dopiero po dwóch tygodniach). Wyborców dawało się bez trudu rozpoznać jako zwolenników tej czy innej partii; dowolna grupa mogła w każdej chwili wszcząć bójkę. Żołnierze stawili się jednak licznie, a krew w żyłach mroził tylko jeden rodzaj hałasu: bębnienie na metalowych beczkach i kocia muzyka sztabów wyborczych, usiłujących zagłuszać się nawzajem.

Dudley prowadził samochód boczną ulicą, przeklinając wyboje i trąbiąc na tłumy. W parnym upale twarze ludzi lśniły od potu.

– Widzisz jakieś zamieszki? – spytał Dudley.

Odparłem, że nie.

– Ci ludzie – mówił dalej, mając może na myśli chłopców, którzy tłukli pięściami w zderzaki jego chevroleta – są znani jako „szczęśliwi Kolumbijczycy".

Cóż, nie użyłbym chyba określenia „szczęśliwi". Ludzie na ulicach sprawiali wrażenie rozhisteryzowanych; krzyczeli piskliwie; wycierali twarze koszulkami, przez co nadrukowane podobizny kandydatów ciemniały od potu; wyli z samochodów; widzieliśmy, jak nowe auto uderzyło w tył gazika, rzucając go na drzewo. Chłodnica nowego wozu pękła, na jezdnię polała się woda.

– Tata kupi mu nowy – zapewnił Dudley.

– Kto nazywa ich szczęśliwymi Kolumbijczykami? – spytałem.

– Wszyscy – odparł. – Właśnie dlatego nic tu się nigdy nie wydarza. Tutejszy rząd nic nie robi. Nie musi. Wie, że ludzie są szczęśliwi, więc nic nie trzeba im dawać.

Wszystkie autobusy i ciężarówki, a także część samochodów miały pęki liści palmowych przywiązane do zderzaków. Te miotełki, umocowane tuż przed oponami, przypominały tropikalne ozdoby, ale w istocie pełniły konkretną funkcję. Podczas wyborów rozbawieni Kolumbijczycy sypali tłuczone szkło i gwoździe na drogi. Pojazd bez liści palmowych przebiłby opony, a wówczas pasażerów można było bez trudu okraść lub zastraszyć. Odpowiednio umocowane liście palmowe zmiatały na bok szkło i gwoździe.

– Gdybym był bystrzejszy, przywiązałbym coś takiego do auta – powiedział Dudley. – Zrobię to następnym razem, o ile dożyję.

Dudley był czarny. Przez kilka lat pracował w Nigerii i Meksyku. Po hiszpańsku mówił z akcentem południowca. Barranquilla była najgorszym miejscem, jakie widział, a czasem zastanawiał się, czy nie wiodłoby mu się lepiej, gdyby wrócił do rodzinnej Georgii.

– Napatrzyłeś się już na wybory?

Zapewniłem go, że widziałem już dość, podobnie jak całą Barranquillę. Pozbawione centrum miasto składało się z setek zakurzonych dróg, przecinających się pod kątem prostym, z korkiem na każdym skrzyżowaniu, wiecami na ulicach, żołnierzami przy lokalach wyborczych i policjantami bezcelowo używającymi gwizdków. Muzyka i tłumy. W porannej gazecie „Chronicle" przeczytałem: „Człowiek żyjący w demokracji często uznaje jej swobody za oczywistość". Całkiem możliwe, że w Kolumbii panowała demokracja; chaos był z pewnością olbrzymi. Głosowanie odbywało się w niesłychanym zamęcie, a ludzie na ulicach wyglądali tak, jakby spodziewali się doniosłego wydarzenia.

Nic się jednak nie stało. Nazajutrz każda z partii ogłosiła takie czy inne zwycięstwo. Niewykluczone, że to właśnie była odpowiedź. W dyktaturze wygrywa tylko jedna partia;

w demokracji południowoamerykańskiej zwyciężają wszystkie partie, co musi prowadzić do niesnasek. Wybory przypominają latynoski mecz piłki nożnej. Wynik, sama gra, strategia znaczą bardzo niewiele; liczy się zadowolenie tłumu. Wszystkie chwyty są dozwolone, ponieważ bez względu na rozwój wydarzeń Barranquilla musiała pozostać Barranquillą.

– Kiedyś pojechałem do Bonaventury – opowiadał mi pewien Amerykanin. – Ktoś mi powiedział, że Bonaventura to najgorsze miejsce w Kolumbii, ale nie wierzyłem, że może być coś gorszego niż Barranquilla. Rzeczywiście było kiepsko, ale i tak o niebo lepiej niż tu.

W trakcie wyborów Niemcy, Anglicy, Libańczycy, Amerykanie, opalający się Japończycy – wszystkie społeczności mieszkające w Barranquilli, wszyscy członkowie klubu Cabana – przestrzegali godziny policyjnej przy basenie i na patio hotelu Prado. Kobiety czytały stare numery „Vogue'a", dziewczyny słuchały radia, mężczyźni obracali złotymi krzyżykami na szyjach; ludzie flirtowali i byczyli się. Półtora kilometra dalej farmerzy siedzieli w bramach, z pieniędzmi za sprzedane głosy w kieszeniach; czekali, aż zniosą godzinę policyjną, żeby wrócić w góry.

Wszystkich ludzi w Barranquilli łączy jeden towar: narkotyki. Jedni hodują, inni sprzedają, jeszcze inni kupują, są też tacy, którzy palą. W więzieniu w Barranquilli wielu ludzi odsiaduje wyrok za handel narkotykami (Henri Charrière, „Motylek", spędził tu rok po ucieczce z Diabelskiej Wyspy), ale znacznie więcej osób zbija fortunę na handlu marihuaną. Tacy ludzie mają nawet swoją nazwę, *marijuaneros*, czyli marihuaniści. W Barranquilli zyski widać znacznie wyraźniej niż w innych miastach Ameryki Południowej, ponieważ jest biedniejsza niż one. W odległości kilometra od zaśmieconych ulic Barranquilli, na łagodnych wzgórzach nad błotnistymi łachami Magdaleny i mgiełką spowijającą wybrzeże karaibskie, ciągną się ulice z najdziwniejszymi domami, jakie widziałem w życiu. Należą one do przemytników i handlarzy narkotyków, określanych nieprecyzyjnym terminem „Mafia". Takie domy buduje się jak sejfy bankowe. Otoczone murami z marmurowych płyt, często nie mają okien. Jeśli są w nich okna, mają kształt długich, szerokich na piętnaście centymetrów szczelin. Domy te są nie tylko niedostępne dla włamywaczy, ale mogą też oprzeć się oblężeniu. W porównaniu z nimi uzbrojone przedmieście Bel-Air w Kalifornii wygląda przyjaźnie i bezbronnie. Ktoś może spytać, skąd mieszkańcy tak biednego miasta mają pieniądze na budowę podobnych więzień, przypominających mauzolea. Po co tyle psów, klimatyzacji, zwojów drutu kolczastego?

Rzut oka na mapę pozwala zbliżyć się do odpowiedzi. Barranquilla ma położenie strategiczne, z dostępem do portu. Między górami na wschodzie znajduje się wiele płaskich, ukrytych dolin, gdzie samoloty mogą lądować niepostrzeżenie. Góry tworzą wysoki półwysep Guajira, o idealnym klimacie do uprawy marihuany. Na Guajira nie uprawia się nic innego. Palacze ziela na całym świecie znają smak tej odmiany, nazywanej Colombian Gold. Większość domów na tym przedmieściu Barranquilli należy do farmerów, którzy zbili majątek na handlu narkotykami. Znaczne zyski czerpią nie tylko farmerzy, ale także przemytnicy. Samolot odlatuje często z toną marihuany, a przemyt tak się zakorzenił, że Barranquilla stała się też ośrodkiem handlu kokainą. Liście koki hoduje się w Peru, przemyca do południowej Kolumbii, przerabia w Cali, pakuje w Bogocie, przewozi na wybrzeże, a gdy towar dociera do Barranquilli, jest gotowy do spożycia. W Stanach kilogram kokainy jest wart pół miliona dolarów. Ryzyko jest wysokie, ale nagroda też.

Samoloty czarteruje się w Miami. Mniejsze maszyny lądują po drodze na Karaibach, żeby zatankować; większe lecą prosto do Guajiry. Niekiedy zdarzają się aresztowania – wlatywanie pustym samolotem do Kolumbii jest przestępstwem – ale do więzienia trafiają tylko płotki. Pozostali wykupują się albo używają wpływów w Bogocie. Tylko najbardziej naiwni ludzie nie wierzą, że wielu kolumbijskich polityków ma bliskie związki z handlem narkotykami. Obrotny amerykański przemytnik może w ten sposób zarobić miliony dolarów. Kolumbijczycy kupują sobie drogie domy albo samochody, lodówki, sprzęt hi-fi i chłodziarki w Miami, a następnie lokują się w Barranquilli. Oprócz nietypowych domów, starają się nie afiszować majątkiem. Jeden z handlarzy narkotyków sprowadził sobie rolls-royce'a corniche za czterysta tysięcy dolarów, ale inni handlarze nie pozwolili mu jeździć nim po Barranquilli, bo uznali, że za bardzo rzuca się w oczy i wszyscy będą mieli z tego powodu nieprzyjemności. Co się tyczy drobnych płotek lądujących w więzieniu, niewiele można dla nich zrobić. Ich majątek zostaje skonfiskowany, po czym dostają wysokie wyroki. Kiedy przejeżdżałem przez Barranquillę, w tamtejszym więzieniu siedziało dwudziestu Amerykanów, a zamknięty od lat konsulat amerykański otwarto ponownie, żeby zajmował się właśnie tymi ludźmi. Konsulat wydaje też wizy. Odkąd Barranquilla wzbogaciła się na handlu narkotykami, zapotrzebowanie na wizy amerykańskie wzrosło stukrotnie.

Wybory dobiegły końca, ale pociąg do Bogoty odjeżdżał dopiero nazajutrz. Mając cały dzień, zrobiłem to samo, co większość ludzi dysponujących wolnym czasem: udałem się na zwiedzanie. Okropnym lokalnym autobusem pojechałem wzdłuż wybrzeża na zachód, do starego – założonego w 1533 roku – miasta Cartagena. Cartagena była tym, czym dzisiaj jest Barranquilla, miastem przemytników, piratów i poszukiwaczy przygód. Fortyfikacje przypominają domy w Barranquilli, tyle że na większą skalę. Jeśli potrafisz przymknąć oko na żałosne chałupy wzdłuż trasy, drogę budzącą strach, jazgot klaksonu i upał, Cartagena jest urocza. To czcigodne, atrakcyjne muzeum na świeżym powietrzu. Zamek, morski brzeg, place, kościoły i klasztory są ładne i dobrze zachowane. Jednak siłą napędzającą turystów jest nuda i lenistwo; nawet w tym ładnym mieście nie mogłem się uwolnić od uczucia niepokoju. Nogi zawiodły mnie do hotelu Bolívar. Restauracja na piętrze była pusta, ale chłodna; na suficie obracały się cztery wentylatory, gałęzie drzew uderzały o balkon. Zamówiwszy świeże serca palmowe z kubańskim ryżem, napisałem do żony list na hotelowym papierze i natychmiast poczułem, że spędziłem wartościowy dzień.

Po drodze na pocztę mijałem sklepy z pamiątkami, takimi samymi, jak w całej Ameryce Środkowej: galanteria skórzana, indiańskie hafty (ponownie uderzyło mnie, że Indianki zostały podstępnie sprowadzone do roli hafciarek, a może wyszywanie serwet było lokalnym rękodziełem?), niezdarne rzeźby, krowie kopyta przerobione na popielniczki, aligatory na lampy, wypchane ropuchy ze szklanymi oczami. Interes się kręcił. Przed kasą stała kolejka turystów: jeden trzymał maskę z kokosa, inny wyszywany obrus, kolejni nieśli maty z włókna i aligatory. Na końcu stała roztargniona kobieta w przepoconej sukience, ze zwiniętym biczem w dłoni.

Jedna z ulic w Cartagenie wydała mi się godna uwagi. Tu znalazłem same lombardy, z napisami *Kupujemy i sprzedajemy wszystko*. Jednak nie zaciekawiły mnie stare ubrania, tostery, zegarki i używane buty, ale narzędzia. Połowę towaru lombardów stanowił sprzęt budowlany: klucze francuskie, świdry, śrubokręty w różnych rozmiarach, szydła, młotki, heble, siekiery, klucze nastawne, ołowianki, poziomnice, kozły murarskie, kielnie, bretnale. Wszystko to zastawiono, wszystko było na sprzedaż. Wtedy zacząłem rozumieć, dlaczego nikt nie pracował na tych nieukończonych budowach między Barranquillą a Cartageną:

pracownicy zastawili narzędzia. Gdyby w każdym sklepie leżało trochę narzędzi albo gdyby tylko kilka sklepów sprzedawało narzędzia, nie byłoby w tym nic niezwykłego. Ale te lombardy przypominały specjalistyczne sklepy z wyrobami metalowymi; z napisów wynikało, że po trzech miesiącach towar zostanie sprzedany. Nie ulegało wątpliwości, że oglądałem przejawy rezygnacji. W lombardach leżało dość narzędzi, by przebudować całą Kolumbię; nie brakowało też bezczynnych ludzi. Społeczeństwo zajmowało się jednak złodziejstwem i przemytem, a młotek czy piła nie były narzędziami, ale walutą, towarem wymiennym.

Co zobaczyłem do tej pory? Tylko mały odcinek wybrzeża. W nadziei, że znajdę pewną odmianę, postanowiłem ruszyć dalej. Kiedy zacząłem wypytywać o pociąg, ponownie odkryłem – po przyjemnej podróży w Panamie – trudności związane z przemieszczaniem się pociągami po Ameryce Południowej. To nigdy nie było proste. Nie chodziło nawet o złą obsługę czy zniszczone pociągi, ale o fakt, że nikt nic o nich nie wiedział. Wszyscy znają główne szlaki z Meksyku do Ameryki Południowej; wielu ludzi podróżuje między stolicami. Ludzie ci jednak latają, a biedniejsi jeżdżą autobusami. Mało kto wie, że pociągi istnieją, a ci, którzy twierdzą, że wiedzą, nigdy nimi nie jechali. Ktoś mówi, że podróż z Santa Marta do Bogoty zajmuje dwanaście godzin, inna osoba zapewnia, że dwadzieścia cztery; powiedziano mi, że w pociągu nie ma wagonu sypialnego, chociaż *Rozkład jazdy* Cooka mówi co innego. Czy w pociągu jest wagon restauracyjny, czy potrzebuję śpiwora, czy przedziały mają klimatyzację?

– Wyświadcz sobie przysługę i poleć samolotem – usłyszałem. – To właśnie robią Kolumbijczycy.

Jak się przekonałem, zawsze podróżowałem do popularnego miejsca nieznaną trasą. Rzadko miałem pojęcie, ile zapłacę za podróż, jak długo będzie trwała i czy w ogóle dotrę do celu. Niepewność rodziła niepokój, ponieważ wszystkie moje założenia i wnioski opierały się na cienkiej czarnej linii, oznaczającej na mapie linię kolejową. Dobrze wiedziałem, że nie jestem w Europie, ale to połączenie kolejowe okazało się jeszcze mniej godne zaufania niż jakakolwiek kolej w Azji. Nie publikowano żadnych lokalnych rozkładów jazdy, a nieliczne informacje mogłem uzyskać tylko na stacji, o ile dopisało mi szczęście i ją znalazłem. („Stacja kolejowa, jesteś pewien, że chodzi ci o stację kolejową?", pytali mnie miejscowi). Potrzebnych informacji zazwyczaj udzielał mi człowiek zamiatający poczekalnię albo sprzedawca mango przy drzwiach. Przed każdą podróżą wypytywałem właśnie takich ludzi na stacji (znali odpowiedź, ponieważ stale tam przebywali i widzieli, jak pociągi przyjeżdżają i odjeżdżają); uzyskiwałem godziny odjazdów. Mimo to uczucie niepokoju mnie nie opuszczało. Nie miałem nic na piśmie, żadnego biletu ani oficjalnego potwierdzenia. Kasy otwierano tylko na kilka godzin przed odjazdem pociągu. Tajemnica wyjaśniała się dopiero w dniu odjazdu. Kiedy pojawiałem się przy kasie i wymieniałem cel podróży, kasjer okazywał zdziwienie na mój widok, a także lekkie niedowierzanie, jakbym odkrył jego sekret za pomocą chytrego wybiegu. Po chwili wahania chichotał, ale gra była skończona: zwyciężyłem dzięki temu, że go znalazłem. Nie miał innego wyjścia, jak sprzedać mi bilet.

Rzeczywiście, wszystko to przypominało skomplikowaną grę, polegającą na często umykającym mi celu. Odkrywanie połączenia, znajdowanie stacji, kupno biletu, wsiadanie do pociągu i opadanie na fotel stawało się celem samym w sobie. Podróż przedwcześnie rozładowywała napięcie albo stanowiła epilog. Tak bardzo absorbowało mnie kupowanie biletów, że często zapominałem, dokąd jadę, a kiedy ktoś mnie o to pytał, uznawałem, że pytanie ma nikły związek z całą resztą, odpowiadałem więc: „Donikąd".

Kolumbijska piosenka brzmi:

Santa Marta ma pociąg,
Ale nie ma tramwaju!

Santa Marta, gdzie Simón Bolívar, w pożyczonej koszuli, umarł bez grosza przy duszy, jest najstarszym miastem w Kolumbii. W minionych latach powstał tutaj kurort, ale drogie hotele leżą za miastem, z dala od barów i sal bilardowych. Santa Marta usilnie próbuje być miejscem kultu Bolívara i, podobnie jak wszystkie inne większe miasta na kontynencie, szczyci się imponującym pomnikiem wyzwoliciela. W kulcie Bolívara kryje się niszcząca ironia, która wpisuje się w inne błędne przekonania Ameryki Południowej. Bolívar przyjechał do Santa Marta, ponieważ w Bogocie czyhano na jego życie. W Peru uważano go za dyktatora, w Kolumbii za zdrajcę, w ojczystej Wenezueli wyjęto go spod prawa. Za wyzwolenie Ameryki Południowej Bolívara nagrodzono nędzą i obmową. Pomniki są efektem myśli po fakcie, a wypisane na nich słowa to zawołania wojenne wypowiadane przez Bolívara w okresie, kiedy wydawało się, że rewolucja się powiodła. Jaka rada miejska zorganizowałaby zbiórkę pieniędzy, aby na jednym z tych cokołów wypisać ostatnie myśli wyzwoliciela? „Ameryka nie nadaje się do rządzenia – pisał do Floresa. – Ci, którzy służą rewolucji, orzą morze. Z Ameryki można tylko emigrować".

Bolívar przyjechał tu, do Santa Marty, z zamiarem ucieczki z kraju. W 1830 to nie mogło być imponujące miasto; nawet dziś jest niewielkie, z plażą, kilkoma kawiarniami, burdelem („*Mister!*"), pasem wybrzeża nad płaskim błękitem Morza Karaibskiego. W bezchmurny marcowy dzień, uświęcony słońcem, miasteczko ziało pustką. Po wyjściu z autobusu z Barranquilli ruszyłem wzdłuż plaży, wypytując przechodniów o drogę do stacji. Dziewczyny w burdelu, zadowolone na mój widok, zawyły poirytowane, kiedy okazało się, że chcę tylko spytać o drogę do stacji.

Kasa była zamknięta, ale do okna przylepiono taśmą kartkę z nagryzmolonymi długopisem godzinami pociągów: jeden odjeżdżał, jeden przyjeżdżał. Odjeżdżający pociąg nazywał się Expreso del Sol. Usiadłem na ławce w oczekiwaniu na otwarcie kasy. Nagle rozległ się krzyk i zobaczyłem czterech policjantów goniących człowieka. Przygnietli go do ziemi, nogi i ręce skuli kajdanami. W końcu posadzili go obok mnie. Człowiek miał zmierzwione włosy, świeże rany na twarzy, oddychał z trudem, ale gdy tylko usiadł, przestał się ruszać. Wstałem i przeszedłem na inną ławkę. Gdyby człowiek postanowił uciekać, jeden z uzbrojonych policjantów mógłby strzelić, dopilnowałem więc, żeby znaleźć się poza linią ognia.

Drobna staruszka z torbą zakupową (też jechała do Bogoty) podeszła do więźnia. Zbliżywszy twarz blisko jego twarzy, wymieniła kilka słów z policjantami. Po chwili usiadła obok mnie.

– Kto to jest? – zapytałem. – Złodziej?

Staruszka spojrzała na mnie i skierowała jedno oko ku górze. Grube okulary zniekształcały jej oczy, a cały wyraz twarzy miała dość szalony.

– Wariat! – syknęła.

Okienko kasy się otworzyło. Podszedłem i poprosiłem o sypialny do Bogoty.

– Masz rodzinę?

– Tak.

– Rodzina podróżuje z tobą?

– Jest w Wielkiej Brytanii.

– W takim razie nie mogę ci sprzedać miejsca w sypialnym – powiedziała kasjerka. – Są zarezerwowane dla rodzin, dla sześciu i więcej osób.

Kupiwszy zwykły bilet, spytałem:

– Kiedy dojedziemy do celu?

Kasjerka uśmiechnęła się, ale jej twarz wyrażała powątpiewanie.

– Jutro?

– I miejsce sypialne nie wchodzi w grę, tak?

– Jeśli naprawdę ci na nim zależy, zwróć się do konduktora. Może on ci sprzeda.

Przekupię konduktora, postanowiłem, ale widok pociągu i przedziałów sypialnych – ciasnych brudnych klitek z wykładanymi półkami – nie napełnił mnie otuchą. Szybko poszedłem do sklepu, gdzie kupiłem kilka bochenków chleba, ser oraz, wedle określenia sprzedawczyni, „wschodnią mortadelę". Wręczanie łapówki konduktorowi w celu uzyskania miejsca sypialnego mijało się z celem: w przedziałach nie było pościeli, wody, zamków w drzwiach. Postanowiłem spróbować szczęścia w otwartym wagonie, na pochyłym plastikowym siedzeniu. Coś mi mówiło, że to będzie długa podróż.

Pociąg wyruszył o zachodzie słońca, a ja natychmiast zapragnąłem wysiąść. Podróż nie była warta takiej niewygody. Dzieci płakały w matczynych ramionach, a gdy tylko opuściliśmy stację, ludzie zaczęli głośno uskarżać się na zepsute światła, tłok i upał. „Siedzisz na moim miejscu!" – krzyczał pewien chłopak do starszego mężczyzny, podróżującego z wiekową żoną. „Nie zamierzam się przesiadać" – odparł staruszek. Wszyscy pocili się i mamrotali pod nosem. „Nie mam czym oddychać" – narzekała kobieta. „Co za smród!" – mówił mężczyzna o okrutnej twarzy, zasłaniając nos dłonią. Na peronie poruszyły mnie przejawy czułości: ojcowie całowali dzieci na pożegnanie, chłopcy obejmowali dziewczyny, mężowie i żony trzymali się za ręce. Teraz jednak ci sami ludzie łypali na siebie spode łba, a mnie ogarniała irytacja. Oni muszą tu być, mówiłem sobie. Mają cel. Jadą do domu, do pracy, na spotkanie z przyjaciółmi. Ja nie mam takiego uzasadnienia.

Najwyraźniej padłem ofiarą własnych planów. Dojechałem tak daleko i wsiadłem do pociągu tylko w celu znalezienia się w tym pociągu. Podobnie jak ja, zmierzał do Bogoty, ale Bogota nic dla mnie nie znaczyła. Jechałem tam po to, żeby wyjechać. W najlepszym razie podobna podróż może być fraszką, ta jednak zaczęła się źle. Nie mogłem już wysiąść; oddalając się od zachodzącego słońca, wjeżdżaliśmy w mrok; pociąg gwizdał, a pasażerowie, uciszeni turkotem kół, uśmiechali się smutno. Szczerze żałowałem, że pociąg nie wywozi mnie z Kolumbii, ale wiezie w głąb kraju, trasą, przed którą wszyscy mnie ostrzegali – skwar, moskity, bagna rzeki Magdalena – do stolicy, której nikt nie zachwalał.

Po wyjeździe z Santa Marta przecięliśmy zieloną równinę, na której skraju wznosiły się popielate góry z pasem karłowatej roślinności, żółknącej w łososiowym świetle zachodzącego słońca. Pociąg jechał przez pewien czas wzdłuż wybrzeża karaibskiego; różowe słońce różowiło mokradła, gwiazdy odbijały się w stawach. Widok palm i żyznych pól tchnął we mnie nadzieję. Smagane bryzą jeziorka, powstałe w wyniku przypływów, marszczyły się i traciły kolor.

Pociąg był prawie pełny, ale na pierwszym postoju, w Ciénaga, na peronie rozległy się krzyki i oczekujący ludzie zaczęli walczyć o prawo wejścia do składu. „Kolumbijczycy z zapałem podróżują samolotami", przeczytałem w broszurze turystycznej o Ameryce Południowej. „Nikt nie jeździ pociągami", mówiono mi w Barranquilli. Niektórzy przeczyli wręcz istnieniu tego pociągu; informacje na jego temat zdobyłem dopiero po kilkudniowym dochodzeniu. Jak wobec tego wyjaśnić ten tłum? Możliwe, że bardzo prosto. Mimo zapewnień, że Kolumbia to zamożny, cywilizowany kraj, pozostawała ona krajem wieśniaków, półanalfabetów, w większości zamieszkujących niedostępne tereny. Takie warunki – ubóstwo, niepiśmienność, odludzie – sprzyjały powstaniu tradycji ustnej, i właśnie dzięki pogłoskom rozeszła się wieść o pociągu. Do Ciénaga przyjechaliśmy z opóźnieniem, ale ludzie przez cały dzień czekali na peronie, ponieważ usłyszeli, że pociąg nadjedzie. Teraz wpychali się na nieliczne wolne miejsca, taszcząc walizki i toboły. Wielu pasażerów po prostu stanęło w korytarzu albo usiadło na swoich tekturowych pudłach. Korytarz został zablokowany. Całość przypominała pociąg dowożący do pracy zmęczonych ludzi, zwieszających się u poręczy. Ale ten pociąg miał przed sobą tysiąc dwieście kilometrów do Bogoty.

W wagonie nie dało się oddychać. Kiedy zaczął padać ciepły, wieczorny kapuśniaczek, pasażerowie pozamykali okna. Światła filowały, pociąg kołysał się na szynach, a pasażerowie, upakowani jak sardynki, przy najdrobniejszym przechyle wpadali na siebie i głośno narzekali. Teraz ktoś włączy radio, pomyślałem. Natychmiast rozległy się donośne dźwięki latynoskiego quick-stepa, wżerające mi się w uszy jak kwas. Deszcz, muzyka, gorący, parny wagon, a do tego jeszcze moskity i słabe żarówki, podobne do wyschniętych mandarynek. Otworzywszy okno, wyjąłem Boswella, ale nie zdążyłem nawet przeczytać dwóch zdań, kiedy zgasło światło. Wagon pogrążył się w ciemności.

Mrok okazał się lepszy niż światło, ponieważ uśpił pasażerów, w przeważającej mierze wieśniaków. Wkrótce w wagonie zapanowała cisza, deszcz ustał, okrągły żółty księżyc wyglądał jak cheddar, a za oknem – tylko moje było uchylone – widziałem płaskie mokradła i chałupy, przy których paliły się ogniska. Ta ciemna, bagnista kraina pachniała błotem i deszczem; pasażerowie spali lub kiwali się na stojąco w korytarzu. W tej czystej, spokojnej ciemności pomyślałem: żyję.

O dziewiątej albo tuż po minęliśmy miejscowość Aracataca. Tu urodził się powieściopisarz Gabriel García Márquez; to było

Macondo z *Szarańczy* i *Stu lat samotności*. W blasku ognisk i lamp dostrzegałem lepianki, palmy, bananowce, świetliki w wysokiej trawie. Nie było późno, ale tylko nieliczni nie spali: młodzi ludzie o szklistym spojrzeniu nie poszli spać, żeby zobaczyć pociąg. „Nadjeżdża – mówi pewna kobieta z Macondo Márqueza na widok pierwszego pociągu zbliżającego się do miasteczka. – Coś strasznego, jak kuchnia, ciągnąca za sobą całą wieś".

Zrobiłem sobie kanapkę z mortadelą, wypiłem dwa piwa kupione w Santa Marta, po czym ułożyłem się do snu. Stukot kół działał usypiająco. O północy obudziła mnie cisza i panująca w wagonie martwota; pociąg stanął. Nie wiedziałem, gdzie jesteśmy, ale miejscowość musiała być spora, ponieważ większość pasażerów z wagonu – w tym mężczyzna siedzący obok mnie – wysiadła. Nie mniej ludzi wsiadło, toteż tłok wcale się nie zmniejszył. Rozbudzone dzieci zaczęły płakać; ludzie przepychali się, walcząc o wolne miejsca. Obok mnie usiadła Indianka; dworcowe światła wydobywały z mroku jej pełną twarz. Ubrana w bezrękawnik, spodnie i czapkę baseballową, wtaszczyła bagaż złożony z trzech tekturowych pudeł i pustej beczki po benzynie. Kiedy pociąg ruszył, oparła się o mnie i zasnęła. Koszulę miałem przepoconą, a wilgotny wietrzyk nie pomagał; wiedziałem, że dopiero pod koniec następnego dnia wyjadę z tego bagna. Po chwili zapadłem w sen, a gdy obudziłem się na kolejnej samotnej stacji – niski budynek, człowiek, latarnia – spostrzegłem, że dziewczyna przesiadła się na drugą stronę przejścia i tuliła się do mruczącego mężczyzny.

Za oknami wstawał tropikalny świt, słońce w chmurze przypominało szarą purchawkę. Najpierw upewniłem się, że nikt mnie w nocy nie okradł: paszport i pieniądze nadal tkwiły w skórzanej saszetce. Z mapy wynikało, że mniej więcej godzinę temu minęliśmy Barrancabermeja. Okolica była słabo zaludniona, sawanna przechodziła w bagna. Wciąż znajdowaliśmy się za daleko od Magdaleny, aby ją zobaczyć, a rozgrzane chmury przesłaniały szczyty gór. Nasz mały pociąg na prostych torach mozolnie toczył się przez tereny bez dróg; tu i ówdzie migała lepianka kryta słomą, byk w trawie, sępy i czaple.

– Może kawy?

Pewien człowiek roznosił tacę z kubkami. Za dwa zapłaciłem kolumbijską równowartość centa. Ponieważ sąsiednie miejsce się zwolniło, mogłem się rozsiąść, pić kawę, palić fajkę i czytać Boswella. Nie było źle. Podobnie jak w Meksyku, ogarnęło mnie uczucie, że oto czegoś dokonałem: przeżyłem okropną noc na ciasnym siedzeniu.

Na porannym niebie utrzymywały się chmury. Tym lepiej, bo ostrzegano mnie, że jeśli przebije się słońce, upał stanie się nie do zniesienia. Zresztą, może tylko tak gadano; dotychczas nic z tego, co mówili ludzie, się nie sprawdziło. Podobno miała tu rosnąć dżungla, jednak nic podobnego nie widziałem. Pociąg jechał przez mokradła, w oddali majaczyły niskie wzgórza o dziwnych, wytartych konturach, jakby wygładzonych przez powódź. Ludzie ostrzegali mnie przed moskitami. Owszem, widziałem trochę moskitów, ale znacznie gorsze okazały się latające żuki, które nie tylko gryzły, ale też wplątywały się we włosy. Upał, nie gorszy niż w Santa Marta, nie umywał się do tego w Zacapa. Ludzie ostrzegali, że skończy nam się lód, ale w tym pociągu w ogóle nie widziałem lodu; poza tym nawet ostrzeżenia nie wzbudziły we mnie wielkiego niepokoju. Tak więc po osiemnastu godzinach jazdy tym ekspresem przez bagna mogłem szczerze powiedzieć, że widziałem w życiu gorsze pociągi. Może nie była to pochwała, ale nie nabrałem też przekonania, że ten pociąg należy ubezpieczyć, po czym oddać na złom.

Ponieważ podczas całej tej podróży chciałem pozostać przy zdrowych zmysłach, niczym biznesmen zrobiłem aktualny wpis do dziennika. W ten sposób upłynął mi czas do lunchu. Z prowiantem w dłoni przeszedłem przez pociąg, w nieużywanym wagonie restauracyjnym znalazłem wolny stolik, gdzie zrobiłem sobie kanapkę w kształcie łodzi podwodnej. Spacer powrotny i w końcu mogłem zasiąść do Boswella. Słońce wyszło zza chmur, mokradła migotały, książka była znakomita. Doktor Johnson mówi o wszystkim, także o podróży. Boswell wybiera się na Korsykę: „Doradzając mi w kwestii podróży, doktor Johnson nie poświęcał szczególnej uwagi miastom, pałacom, obrazom, przedstawieniom i scenkom arkadyjskim. Podzielał zdanie Lorda Essexa, który tak oto radził krewniakowi, Rogerowi z hrabstwa Rutland: »Lepiej przebyć sto mil, by porozmawiać z mądrym człowiekiem, niż pięć mil, aby zobaczyć ładne miasto«".

Ta książka stała się moją liną ratunkową. Próżno było w niej szukać opisów przyrody. Wszelkie krajobrazy, jakich chciałem, miałem za oknem. Brakowało mi rozmów, a to była błyskotliwa rozmowa, pełna mądrych rad i zabawnych uwag. Bez trudu utożsamiałam się z Boswellem („Dlaczego lis ma puszysty ogon, sir?"), a połączenie pociągu, doliny rzeki Magdalena i Boswella okazało się idealne. Bez tej książki chyba nie zniósłbym podróży przez Kolumbię.

Jednak po konwersacjach u pani Thrale i w Mitre trudno było nawiązać rozmowę z pasażerami. Wcześniej sądziłem, że jestem jedynym cudzoziemcem w pociągu, ale się myliłem. Już po obciętych drelichach, brodzie, kolczyku, mapach i plecaku powinienem był w nim rozpoznać podróżnika. Człowiek ów był Francuzem. Bolało go gardło. Francuski podróżnik z bolącym gardłem to niezapomniany widok, ale zwykłe zapalenie migdałków nie powstrzyma Francuza przed przechwałkami.

Ze wzgardą spojrzał na moją koszulę niewymagającą prasowania, nieprzemakalne buty i okulary przeciwsłoneczne.

– Jesteś turystą? – spytał.

– Tak jak ty – odparłem przyjaźnie.

– Ja podróżuję – wyjaśnił, podkreślając różnicę. – Jadę z wyspy San Andrés. Przedtem podróżowałem po Stanach.

– Ja też. Ale przyjechałem tu przez Amerykę Środkową.

– Widziałeś Tikál?

– Nie, ale widziałem Zacapa. Nikt nie jeździ do Zacapa.

– Zwiedziłem Tikál. Ależ tam jest pięknie. Powinieneś był to zobaczyć. Od jak dawna podróżujesz?

– Nieco ponad miesiąc.

– Pięć miesięcy jestem w podróży! Pięć. Z Paryża wyjechałem w październiku. Miesiąc spędziłem w Nowym Jorku.

– Podróżowałeś po Nowym Jorku?

To go ubodło.

– Chodziłem tu i tam – odparł. – Dokąd jedziesz?

– Do Bogoty.

– Tak, ale później.

– Na południe Argentyny.

– *Patagone*. – Podróżnik wodził palcem po francuskiej mapie. – Ja jadę tu – powiedział, stukając paznokciem w zielone wybrzuszenie w Brazylii. – Z Leticia w dół Amazonki. Podróż rzeką zajmie piętnaście dni, może więcej. – Francuz spojrzał na mnie. – Argentyna ma zły rząd.

– Brazylia ma cudowny rząd – odpowiedziałem. – Spytaj Indian amazońskich, to ci powiedzą.

Podróżnik pogładził brodę, niepewny, czy z niego drwię.

– W Chile i Argentynie jest gorzej. Dlatego tam nie jadę. Wybierasz się tym pociągiem aż do Bogoty?

– Zgadza się.

– Ja nie. Wysiadam w La Dorada. Dalej jadę autobusem.

– Tak jest szybciej?

– Nie, ale można zaoszczędzić pięć dolarów, albo nawet więcej.

– Mam pięć dolarów – powiedziałem, na co Francuz się rozkaszlał. Wstał i kaszlał, za każdym razem zginając się wpół. – Powinieneś coś zrobić z tym gardłem – poradziłem. – Chcesz aspirynę?

– Nie, to nic poważnego – zapewnił.

Wróciłem do lektury Boswella, zdrzemnąłem się, wyjrzałem przez okno. Krajobraz się nie zmienił. Dolina była tak płaska i szeroka, że zbocza nikły z pola widzenia; roślinność rosła zbyt gęsto, by dało się ją wyraźnie dostrzec. Po pewnym czasie sawanna wróciła, ujrzałem niewyraźne kontury wzgórz, bydło pasące się blisko torów i konie, zrywające się do galopu na widok pociągu. Czaple sunęły nad trawą jak skrawki papieru na wietrze.

W jednym z miasteczek znajdował się bar o nazwie „Modry Dunaj", i to w pobliżu potężniejszej rzeki Magdalena. Przed barem stały uwiązane trzy osiodłane konie; jeźdźcy pili piwo przy oknie. Ta scena, jak żywcem wyjęta z Dzikiego Zachodu, pasowała do biednego pustkowia, chałup osadników, chlewów i pogłosek o szmaragdach. Sytuacja w pociągu nie przedstawiała się lepiej. Pasażerowie albo spali, albo siedzieli w milczeniu, otępiali od upału. Połowę stanowili Indianie o płaskich twarzach, owinięci w chusty lub w filcowych kapeluszach.

Późnym popołudniem na jednej ze stacji usłyszeliśmy, że w pobliżu Bogoty wykoleił się pociąg, przypuszczalnie z powodu osunięcia się ziemi. Francuz potwierdził tę wiadomość, ale powiedział, że nic mu to nie przeszkadza, bo wysiada w La Dorada. Nowiny o wykolejeniu właściwie mnie nie zdziwiły. W Barranquilli Dudley skontaktował mnie z pewnym Amerykaninem pracującym w transporcie. Człowiek ten pokazał mi najnowsze dane statystyczne dotyczące wykolejeń na odcinku między Santa Marta a Bogotą. Dane kończyły się na roku 1972, ale i tak wystarczyły: w 1970 roku doszło do 7 116 wykolejeń, w 1971 roku liczba ta wynosiła 5 969, w 1972 zaś 4 368. Amerykanin mówił, że sytuacja ulega pogorszeniu, toteż wyruszyłem z Santa Marta, spodziewając się, że nasz pociąg się wykolei albo zostanie zatrzymany przez inny, który wypadł z torów. (Ten sam człowiek powiedział mi, że bandyci zatrzymują pociąg, żeby obrabować pasażerów, ale moi kolumbijscy współpasażerowie tego nie potwierdzili).

– Myślisz, że dojedziemy? – spytałem konduktora.

– Dziś w nocy będziesz w Bogocie – odparł. – Taka jest prawda.

Wkrótce pojawiły się góry, andyjska kordyliera, a wraz z nią brunatna rzeka Magdalena, po której ludzie wiosłowali dłubankami i łowili z brzegu ryby za pomocą więcierzy podobnych do siatek na motyle. Początkowo kordyliera składała się z porozrzucanych ostańców i samotnych szczytów, czasem układających się w kanciaste cytadele, ukształtowane na wierzchołkach jak fortece. Pociąg wjeżdżał prosto w błękitne, szare, zielone szczyty, a to, co wziąłem za zwoje chmur – zaledwie mgliste kontury na niebie – również okazało się górami. Wszystko wokół mnie, co wcześniej zdawało się ulotne, w istocie było namacalne.

Pociąg zaczął się wspinać ku chmurom i mgle. Tutaj wciąż panował suchy upał, tam, w górze, padało. Nagle wjechaliśmy w zimną strefę ulewy. Wokół nas rozciągały się jasnozielone pola i ogrody, ujrzałem wille o niespotykanych wcześniej kształtach. Opatrzone nazwami, takimi jak „Sewilla" i „Schronienie", stały na zboczach, okolone murami i żywopłotami. Przy willach widziałem baseny, ogrody i trawniki w równe barwne wzory jak dywany. Niektóre wille przywodziły na myśl zamki, inne szwajcarskie szalety; jedna, wykonana w całości z pomarańczowych kafelków, wyglądała jak domek z bajki ze stożkowatymi dachami. Indianie i biedni ludzie z Expreso del Sol, którzy przyjechali z wybrzeża, patrzyli na te domy z wyrazem zaskoczenia i chyba lekkiego niepokoju. Ciekawe, czy wiedzą, że w każdym z takich okazałych górskich domostw mieszka jedna rodzina, myślałem. Skoro ja uznałem wille za fantastyczne, to co powiedziałby o nich wieśniak znad rzeki Magdalena?

Zagadnąłem jednego z pasażerów, wychylającego się przez okno z twarzą mokrą od deszczu. Mimo chłodu miał na sobie tylko koszulę.

– Kto mieszka w tych domach?

– Szefowie – odparł po hiszpańsku.

Oto Kolumbia: nie widziało się bagna bez góry ani posiadłości bez skupiska chałup. Chałupy stały bliżej torów, a w wioskach zgarbieni wieśniacy uciekali przed deszczem. Tu, w górze, panował chłód, ale wznieśliśmy się z równiny tak szybko, że koszulę wciąż przesiąkał mi pot. Po chwili zacząłem dygotać z zimna; włożyłem skórzaną kurtkę, jednak nadal drżałem.

Pociąg zatrzymał się na górskim zboczu. Wszyscy wysiedli, jakby na wcześniej ustalony sygnał. Przy torach czekały autobusy. Nie ogłoszono żadnego komunikatu o wykolejonym pociągu z przodu, ale i tak wszyscy o tym wiedzieli. Ostatnie kilometry przemierzyliśmy starym autobusem, ślizgającym się na zmoczonych deszczem górskich drogach. Pierwszy raz podczas tej podróży poczułem, że grozi mi śmiertelne niebezpieczeństwo. W ciemności dotarliśmy do deszczowego miasta, położonego wysoko w górach.

Starodawne domy Bogoty zawdzięczają żałobny wygląd hiszpańskiemu stylowi, ale posępna lokalizacja w Andach to wyjątkowa cecha stolicy Kolumbii. Nawet w słoneczny dzień trzy wierzchołki – klasztor, krzyż i figura Chrystusa – są mokre i ciemne. Całe miasto leży na olbrzymiej granitowej półce, na wysokości ponad dwóch tysięcy sześciuset metrów nad poziomem morza. Podczas prawie całego mego pobytu w Bogocie padała zimna mżawka, która więziła miasto w atmosferze ponurej podniosłości. Mój nastrój wcale nie był lepszy. Od wysokości kręciło mi się w głowie. Z palpitującym sercem szedłem przez miasto, słaniając się na nogach.

Zanim wzniesiono drapacze chmur Bogota, ze swymi kościelnymi wieżami, musiała być posępnie piękna. To najlepsze przykłady złotego wieku hiszpańskiej architektury, a jeśli dodać klimat północno-zachodniej Hiszpanii, w pewnych częściach miasta bez trudu można uwierzyć, że, jak ujmuje to Boswell, „przechadzasz się po Salamance". Bogota utrzymywała żywe kontakty z Hiszpanią, ponieważ przez kilkaset lat łatwiej spływało się Magdaleną do morza i żeglowało do Hiszpanii, niż podróżowało po Kolumbii. Pod względem kulturowym i geograficznym Bogota wynosiła się ponad resztę Ameryki Południowej i własny kraj. Do dziś pozostaje wyniosłym miastem o systemie klasowym, którego nie sposób oszacować. Krowy skubią trawę w parkach Bogoty, ale ten sielski akcent, podobnie jak kościelne wieże, praktycznie ginie pod natłokiem paskudnych biurowców.

Gdy tylko ujrzałem pierwszego Indianina w Bogocie, obrazy Hiszpanii szybko ulotniły się z mego umysłu. W Kolumbii żyje trzysta sześćdziesiąt pięć plemion indiańskich. Niektórzy wspinają się do Bogoty w poszukiwaniu pracy; inni przybyli tu na spotkanie z Hiszpanami i już nigdy nie odeszli. Ujrzawszy starą Indiankę, postanowiłem za nią pójść. Na głowie miała filcowy kapelusz, w rodzaju tych, jakie w starych hollywoodzkich filmach noszą reporterzy i detektywi. Owinięta czarnym szalem, w grubej spódnicy i sandałach, prowadziła na postronkach dwa osiołki. Zwierzęta dźwigały metalowe pojemniki i bele materiału. Nie na tym jednak polegała niezwykłość Indianki i jej dwóch osiołków z Bogoty. Z powodu silnego ruchu na jezdni kobieta wędrowała ze zwierzętami chodnikiem, mijała eleganckie damy i żebraków, galerie z tanimi grafikami (Ameryka Południowa musi zajmować pierwsze miejsce na świecie w produkcji trzeciorzędnej sztuki abstrakcyjnej, co niewątpliwie wynika z istnienia wulgarnej, zamożnej klasy średniej i wzrostu popularności dekoratorów wnętrz; nawet w takiej dziurze jak Barranquilla prawie co wieczór można iść na wernisaż); Indianka nie spojrzała nawet na obrazy, ale szła dalej obok Banku Bogota, przez plac (znowu Bolívar, z mieczem wbitym u stóp), mijała sklepy z pamiątkami, pełne galanterii skórzanej i tanich rzeźb, zakłady jubilerskie ze szmaragdami wyłożonymi na pokaz dla turystów. Indianka zaczyna przechodzić przez ulicę, osiołki suną ciężko, uginając się pod ciężarem towarów, samochody trąbią, skręcają, ludzie robią dla niej miejsce. O biednej kobiecie i jej zwierzętach w surowym, czteromilionowym mieście ktoś mógłby nakręcić cudowny film dokumentalny; Indianka stanowi wyrzut dla całego otoczenia, choć tylko nieliczni ją widzą, a nikt się nie odwraca. Gdyby sfilmować po prostu, jak przechodzi z jednego krańca Bogoty na drugi, film zdobyłby nagrodę; gdyby ktoś uwiecznił ją na obrazie, powstałoby arcydzieło (ale nikt w Ameryce Południowej nie maluje ludzkich postaci z przekonaniem). Zupełnie jakby czterysta pięćdziesiąt lat nie minęło. Ta Indianka nie idzie przez miasto; ona kroczy po górskim zboczu, a osiołki pewnie stawiają nogi. Kobieta jest w Andach, u siebie, wszyscy pozostali są w Hiszpanii.

Nie podnosząc wzroku, Indianka przeszła obok człowieka sprzedającego plakaty, minęła żebraków pod starym kościołem. Właśnie kiedy zerknąłem na plakaty i zacząłem przyglądać się żebrakom, straciłem ją z oczu. Na chwilę przystanąłem, spojrzałem w bok, i znikła. Zadowoliłem się więc plakatami Bolívara, Chrystusa i Che Guevary, chociaż trudno było ich od siebie odróżnić. Wszyscy wyglądali jak wersje jednej osoby: te same smutne oczy, przystojna zacięta twarz, heroiczna postawa. Na plakatach politycznych w Barranquilli widziałem podobne uproszczenia: prawicowi kandydaci wyglądali na dobrze odżywionych i zadowolonych, natomiast lewicowcy łączyli w sobie cechy właśnie tego patrioty, zbawiciela i rewolucjonisty.

Pozostałe plakaty przedstawiały nagie blondynki, Jane Fondę, Józefa Stalina (ostrzegającego przed „Jankesami"), Marlona Brando i Kaczora Donalda. Najlepszy z plakatów kupiłem. Ukrzyżowany Chrystus zdołał oderwać jedną dłoń i, wciąż na krzyżu, opierając rękę na ramieniu partyzanta, mówił: „Mnie także prześladowano, mój żarliwy partyzancie".

Żebraków widziało się wszędzie, ale najczęściej koczowali w pobliżu kościołów i innych świętych miejsc, podobnie jak w Kalkucie, aby łapać ludzi z rozbudzonym sumieniem. Widziałem niewidomych, kulawych, wstrząsanych drgawkami; dzieci, kobiety, starców. Skulone staruchy kołysały na kolanach niemowlęta, zupełnie nagie na tym chłodzie. Oto dwie siostry, jedna w pomarańczowej skrzynce z napisem informującym, że jest sparaliżowana (*A to jest moja siostra...*). Niektórzy wcale nie żebrzą, tylko koczują na wysepce ulicznej w centrum miasta, gotują bury płyn w puszkach, obozują pod murami albo żyją (jak pewien młody chłopak, którego widywałem każdego dnia w Bogocie) w ruinach opuszczonych domów. Kartki żebraków nagabujących przechodniów są żałośnie lapidarne: *Jestem trędowaty*, *Jestem chory*, *Jesteśmy sierotami*; inni noszą większe tabliczki z wypisanymi historiami nieszczęśliwych zdarzeń i chorób. Gapie gromadzą się wokół tych, którzy robią sztuczki: indiańskich akrobatów i niewidomych muzyków.

> Patrz, jak tańczy żebrak ślepy, jak kaleka śpiewa,
> Nędzarz będzie bohaterem, a szaleniec królem[1].

W uwadze o liczbie żebraków nie kryje się może szczególnie wielka głębia, podobnie jak w stwierdzeniu, że jest to kontynent żołnierzy i pucybutów. Ktoś mógłby nawet powiedzieć, że w Kolumbii, jak w innych miejscach, żebranina wymaga pewnej

[1] Alexander Pope, *An Essay on Man*, tłum. P. Lipszyc.

dozy zorganizowania. Dlaczego jednak wśród żebraków widziało się tak dużo dzieci? Nie były chore ani kulawe, nie nosiły tabliczek z napisami, ale żyły w ruinach i całymi chmarami biegały po ulicach. Te energiczne dzieci żyły jak szczury. Gdy pytałem o nie Kolumbijczyków, okazywali zdziwienie. To ulicznicy, wyjaśniali (w języku hiszpańskim i angielskim jest to samo słowo *gamin*). Ludzie ostrzegali mnie przed nimi, ponieważ większość uliczników to kieszonkowcy i drobne złodziejaszki. Zamożni Kolumbijczycy uważają tych urwisów za szkodniki. Po co zapewniać im mieszkanie, po co ich karmić, skoro znacznie taniej jest otoczyć własny dom wysokim murem i w ten sposób się od nich odgrodzić?

Pobyt w Bogocie przeznaczyłem na zwiedzanie kościołów (eleganckie wnętrza z domieszką wudu; kobiety przepychają się, żeby nabrać święconej wody; *Zakaz używania słoików, tylko butelki*, głosi napis), wspinałem się na wzgórza, podziwiałem stare amerykańskie samochody – tutaj nash, tam studebaker – aż sam zatęskniłem za jednym z nich i zacząłem żałować, że ojciec sprzedał pontiaca z 1938 roku. Następnym szałem w Stanach, uznałem, będzie powrót do niezniszczalnych aut z lat czterdziestych i pięćdziesiątych, doskonale odnowionych. Zmęczony namolnymi młodymi ludźmi o szemranym wyglądzie („Ej, psze pana, pan z Nowego Jorku?"), przygnębiony widokiem żebraków i uliczników, szukałem pociechy u Boswella. Właśnie w Bogocie pewnego pochmurnego popołudnia przeczytałem następujące słowa: „Jeśli znaczna część narodu musi wieść żywot w bezradnej nędzy, to z pewnością taki kraj ma złą policję i beznadziejny rząd. Prawdziwym sprawdzianem cywilizacji są rzetelne świadczenia dla biednych". Boswell zauważa dalej, że wykształceni dżentelmeni są podobni we wszystkich krajach; tym, co odróżnia narody od siebie, jest położenie niższych warstw społeczeństwa, szczególnie biedoty.

rozdział_czternasty_

The Expreso Calima

Nie bez powodu linia kolejowa do Bogoty kończy się w Ibagué. Za Ibagué rozwiera się tak stroma przełęcz, że aby ją sobie wyobrazić, należy przywołać w wyobraźni Wielki Kanion porośnięty roślinnością – głębokie zielone wąwozy, zielone szczyty, półki skalne i skarpy. Wiedza techniczna pozwalająca na kładzenie torów w takich miejscach zanikła na początku dwudziestego wieku. Niedawno Kolumbijczycy przedłużyli linię z Girardot do Ibagué, ale tam właśnie speszyła ich przełęcz Quindío. W dole kłębi się nieprzebyty nurt rzeki, nad przełęczą wznoszą się wysokie góry, ściany wąwozu są pionowe. Cud, że w ogóle istnieje tu droga, choć nie jest ona szczególnie wygodna. Przebycie stukilometrowego odcinka z Ibagué do Armenii, gdzie znowu zaczynają się tory, zajmuje sześć godzin. Pociąg jedzie na południe do Cali i Popayán, skąd już blisko do Ekwadoru.

Zjeżdżając kordylierą z Bogoty, czułem, że odzyskuję zdrowie. Na niższych wysokościach, w zagłębieniu między dwoma pasmami górskimi, przejaśniło mi się w głowie. Wzgórza miały delikatną fakturę, niczym wielkie, miękkie sterty zielonego piachu, usypane przy torach. Wzdłuż szyn biegły linie telegrafu, a z powodu wilgoci na obwisłych przewodach pojawiły się rośliny. Niczym kępki orchidei rosły w powietrzu, kołysząc kwiatami i liśćmi.

W Girardot pociąg stanął. Wszyscy wysiedli. Tylko ja, zaczytany w Boswellu, nie ruszyłem się z miejsca.

– Jesteśmy na miejscu – powiedział do mnie przez okno konduktor stojący na peronie.

– Jadę do Ibagué – odparłem.

– Będziesz musiał pojechać autobusem. Ten pociąg tam nie jedzie.

– W Bogocie nikt mnie o tym nie powiadomił.

– Co oni wiedzą w Bogocie? Ha!

Klnąc w żywy kamień, ruszyłem na dworzec autobusowy. Autobus do Ibagué już odjechał, ale za kilka godzin miał odjechać inny, do Armenii. Ten autobus mógł mnie przewieźć przez przełęcz Quindío, spędziłbym noc w Armenii, następnie ruszyłbym ciuchcią do Cali. Kupiwszy bilet, poszedłem coś zjeść. Z Bogoty wyjechałem przed śniadaniem, dlatego czułem wilczy apetyt.

Restauracja okazała się mała i brudna. Gdy poprosiłem o menu, okazało się, że nie mają. Wtedy zapytałem kelnerkę, co jest do jedzenia.

– Danie dnia – odparła. – Dzisiaj mamy fasolę à la Antioquia.

Fasola à la Antioquia nie brzmiała źle. Właśnie znajdowałem się w prowincji Antioquia. Może ta potrawa jest miejscowym przysmakiem? Nazwy potrafią jednak być bardzo mylące. Mogli sobie nazywać to danie, jak chcieli, ale i tak potrafię rozpoznać podgardle wieprzowe. Wokół mnie, nad tłustym kawałkiem ryja na talerzu bzyczały muchy. Zjadłem trochę fasoli i chleba, resztę oddałem.

Girardot leży w górnym biegu Magdaleny, ale rzeka jest tu tak płytka, że nie można nią pływać niczym większym niż canoe. Most nad Magdaleną właśnie odmalowywano. Autobus na półtorej godziny utknął w korku. To oznaczało opóźniony przyjazd do Armenii, a co gorsza, niebezpieczną nocną jazdę przez ostre zakręty przełęczy Quindío. Kolumbijczycy to opanowani ludzie. Przez lata zdążyli się przyzwyczaić do czekania na autobusy, które nie przyjeżdżają, do jazdy autobusami i pociągami, które nie docierają do celu. Kolumbijczycy nie skarżą się, rzadko się odzywają. Ja się skarżyłem, ale ponieważ nikt mi nie odpowiedział, ponownie zagłębiłem się w dzieje doktora Johnsona. „Często wspominał, że w życiu więcej jest spraw, które należy znosić, niż takich, które radują [...] Twierdził, że nie przeżył tygodnia, który chciałby powtórzyć, gdyby anioł złożył mu taką propozycję". Tydzień temu byłem w Barranquilli, pomyślałem.

Kiedy podniosłem wzrok znad książki, zobaczyłem, że autobus nawet nie drgnął: ta sama reklama piwa; w drzwiach dziecko z tacą ciastek; sterty potłuczonych cegieł; na drodze sznur ciężarówek i autobusów.

– To jest okropne – powiedziałem.

Siedzący obok mnie człowiek się uśmiechnął.

Nasz autobus jechał znikąd donikąd. Ibagué, Armenia, Cali: to były tylko miejsca na mapie, nic więcej.

– Skąd pan pochodzi?

Odpowiedziałem.

– Kawał drogi – zauważył.

– A pan jest skąd?

– Z Armenii – wskazał rękę na niebo. Zwinięte poncho trzymał na kolanach. W autobusie panował upał.

– Myśli pan, że dojedziemy na miejsce?

Podróżny uśmiechnął się, wzruszył ramionami.

– Żałuję, że nie jestem w domu – powiedziałem. – Podróżuję już od pewnego czasu, ale zadaję sobie pytanie, czy warto.

Kolumbijczyk się zaśmiał. Gdybym lepiej znał hiszpański, przetłumaczyłbym mu zdanie, które właśnie przeczytałem: „Nie przeżył tygodnia, który chciałby powtórzyć".

Zaczęliśmy rozmawiać o ludziach malujących most. Z powodu tej błahostki ruch w Girardot został wstrzymany, a żaden pojazd nie miał prawa przejechać przez most. Malowanie to skomplikowane zajęcie, prawda? – szydził mój rozmówca. Malarze bardzo się starają. Kolumbijczyk z Armenii siedział, pocił się i drwił. Ludzie na wybrzeżu byli wylewni i głośni, ale ci górale zajmowali stoicką postawę, niekiedy z domieszką goryczy.

– To bez znaczenia – mówił sąsiad. – Jadę do domu. Jeszcze dziś w nocy będę w domu.

– Szczęściarz z pana – powiedziałem. – Gdyby pan zechciał, mógłby pan pójść na piechotę.

– Nie. Nigdy nie przeszedłbym przez przełęcz Quindío.

Oczekiwanie, lektura Boswella. „Pan Elphinstone opowiadał o nowej, powszechnie podziwianej książce. Gdy spytał doktora Johnsona, czy ją przeczytał, ten odparł:»Przejrzałem ją«. »Co takiego – zdziwił się pan Elphinstone – nie przeczytał pan jej dokładnie?« Johnson, urażony tym, że wywierają na niego presję, zmuszony przyznać się do pobieżnego sposobu czytania, odparł sucho:»Nie, a pan czyta książki od deski do deski?«".

Autobus ruszył wolno, ale po czyśćcowym postoju w skwarnym słońcu, odczułem wdzięczność. Ruch wstrzymano nie tylko przez malarzy na moście, ale także przez policjantów, którzy zaglądali do autobusów i ciężarówek w poszukiwaniu narkotyków. Zresztą, może wcale nie chodziło o narkotyki. Policjanci wsiadali do naszego autobusu, opierali dłonie na pistoletach i chodzili między siedzeniami. Wybrawszy kilka osób, kazali im wysiąść i opróżnić walizki na poboczu. Podczas podróży z Girardot do Armenii zdarzyło się to czterokrotnie, a raz policjant kazał mi opróżnić walizkę.

– Czego pan szuka? – spytałem go, ale nie odpowiedział. Kiedy wróciłem do autobusu, mój sąsiad rzekł:

– Nie trzeba było zadawać policjantowi tego pytania. Widzi pan, on niczego nie szuka, ale po prostu stwarza problemy.

Góry ciągle jeszcze majaczyły w oddali. Przestrzeń między Girardot a Ibagué okalały zielone wzgórza, cieniste łąki i farmy:

kukurydza, bydło i nawodnione doliny. W tej idyllicznej scenerii przy domach kwitła bugenwilla, a purpurowe i pomarańczowe kwiaty jawiły się jako forma bogactwa. Łagodny krajobraz i ciemnozielona trawa działały na mnie kojąco. Oto odkryłem część kraju, gdzie ludzie żyli w zgodzie z przestrzenią i umiarkowanym klimatem. Wciąż czytałem, tylko od czasu do czasu unosząc głowę. Boswell był doskonałą lekturą na tę podróż. Na kolumbijskich wyżynach książka często objaśniała mi rzeczywistość albo – jak zdarzyło się w tej miłej dolinie – sprowadzała na ziemię.

„Rozmowa dotyczyła sposobów życia w różnych krajach oraz rozmaitych poglądów, z jakimi ludzie podróżują w poszukiwaniu nowych widoków. Pewien wykształcony dżentelmen zaczął rozprawiać o urokach życia na łonie natury; wspomniał przy tym o oficerze, który przez pewien czas mieszkał w amerykańskiej głuszy. Oficer ów wykrzyknął raz w zachwycie, co dżentelmen zacytował, niczym głęboką filozoficzną sentencję:»Oto żyję tu, wolny, nieskrępowany, pośród szorstkiego splendoru natury, z Indianką u boku i strzelbą, za pomocą której mogę zdobywać pożywienie. Czegóż więcej trzeba człowiekowi do szczęścia?«... Johnson:»Nie ulegaj, sir, takiemu absurdowi. To smutna, wulgarna sprawa. Gdyby byk umiał mówić, mógłby wykrzyknąć: – Oto żyję sobie, z krową u boku, trawy mam pod dostatkiem, czy można sobie wyobrazić szczęśliwsze stworzenie?«".

To prawda. Nic nie mogłem powiedzieć o zadowoleniu tych kolumbijskich wieśniaków. Jakże pomocny okazywał się doktor Johnson i jego przestrogi.

Autobus zatrzymał się w Ibagué, gdzie ponownie przeszukali go policjanci, następnie wyjechaliśmy z miasta. Nie ujechawszy nawet stu metrów, zaczęliśmy podjeżdżać pod górę. Raz po raz skręcaliśmy, nabierając wysokości, a po kilku minutach zostawiliśmy w dole dachy, wieże i kominy Ibagué. Przed nami rozwarła się przełęcz Quindío.

Ponieważ od pewnego czasu ogarniał mnie nastrój znużenia podróżą, trudno było mnie oderwać od uroków Boswella i Johnsona. Na przełęczy Quindío odłożyłem jednak książkę, by sięgnąć po nią znowu dopiero po kilku dniach. W życiu nie widziałem niczego, co mogłoby się równać z tym, cóż, szorstkim splendorem natury. Nawet łańcuch wulkaniczny Ameryki Środkowej, Dolina Śmierci koło Zacapa ani nieprzebyte wyżyny Chiapas nie dorównywały majestatowi Quindío. Głęboko na dnie zielonego kanionu płynęła rzeka, biała i niedostępna. Nieliczne domy i małe gospodarstwa przylgnęły jakimś cudem do zboczy, tak stromych, że chaty wyglądały jak prymitywne, dwuwymiarowe malunki. Na pionowej stromiźnie grządki fasoli biegły jedna nad drugą, niczym żłobki ustawionej pionowo tarki do prania. Nie widziałem, żeby ktokolwiek wychodził z domu; odnosiło się wrażenie, że przestąpiwszy próg, natychmiast spadłby w dół. Nie miałem pojęcia, jak uprawiali swoje pionowe ogrody.

Jak okiem sięgnąć, widziało się tylko ogrody. Na zwierzęta brakowało miejsca; nie widziałem skrawka ziemi na tyle płaskiego, by mógł się tam utrzymać kurczak, nie mówiąc już o świni. Samych chałup nie widziałem wiele – tuzin małych gospodarstw, na których widok kręciło się w głowie; resztę stanowiły zielone stromizny i przepastne parowy. Droga wycięta w górskim zboczu była tak wąska, że budynki zwrócone ku stromiźnie – prawie same bary – podparto drewnianym rusztowaniem. Na wysokich okapach gniazdowały ptaki.

Cajamarca, jedyne miasteczko po drodze, leżało na niedużej skalnej półce. Ujrzałem je dopiero wtedy, gdy tam wjechaliśmy, ale już po chwili domy zostały w dole, a Cajamarca rozsypała się na zardzewiałe dachy, ronda kapeluszy, osadę, która przylgnęła do skarpy. Ta kręta droga wyjaśniała, dlaczego Bogota leży na odludziu. Nasz autobus jechał jedyną drogą na południe i zachód, ku plantacjom kawy i do głównego miasta portowego

Bonaventura. Przelatując nad Kolumbią, człowiek nie miałby pojęcia, jak trudno dostarczać paliwo i jedzenie do Bogoty, a im dłużej podróżowałem lądem, tym bardziej Bogota wydawała mi się twierdzą w Andach, bez związku z innymi miastami. Nadal był to kraj, gdzie rzeka i ścieżka dla mułów miały znaczenie. W porze deszczowej taka droga przez przełęcz Quindío – tylko częściowo brukowana – była nie do pomyślenia. Nawet w to suche, słoneczne popołudnie na poboczu leżało pięć wywróconych ciężarówek, a kierowcy, może nie wierząc w pomoc, koczowali obok pojazdów, podobnie jak Pigmeje, kiedy zabiją słonia, którego nie mogą przetransportować.

Pasażerów autobusu uciszył pewnie nie tyle majestat wysokogórskiej przyrody, ile lęk wysokości. Większość stanowili okutani w poncho Indianie o śniadych, posępnych twarzach pod kapelusikami. Beznamiętnie wsuwali do ust kawałki koziego sera. Po obmierzłym posiłku w Girardot zgłodniałem, a gdy czekaliśmy przed zakrętem, aż wyprzedzi nas ciężarówka, do autobusu podszedł chłopak, wołając: „Ser! Ser! Ser!". Echo niosło się wąwozem. Grudy sera, o fakturze niewyrośniętego ciasta, leżały owinięte w liście bananowca. Kupiłem grudkę i zjadłem, szczypta po szczypcie. Słony, o silnej koziej woni, nie ustępował smakiem gorgonzoli.

W mozolnie toczącym się autobusie upłynęły cztery godziny: ser, zakręty, od czasu do czasu zapierający dech w piersiach widok wąwozu.

W najwyższym punkcie przełęczy znaleźliśmy się w chmurach. Nie były to jednak kosmyki układające się w fantastyczne kształty, jakie widziałem pod Bogotą, ale biały, bezkształtny opar, w który się zatopiliśmy. Pustka pochłonęła drogę. Chmury kapały do autobusu, przesłaniały wąwóz, jedne szczyty skrywały, inne, stojące dalej, całkowicie wymazywały. Przyćmione słońce pęczniało, świecąc perłowym blaskiem. Chmury przeszły z białych w szare; droga, dolina, góry i niebo znikły, pozostało tylko szare królestwo mgieł, podobne do przerażającej sceny, która wita Artura Pyma u kresu podróży. Wszystko to przypominało ucieczkę na oślep, jak w dziecinnej opowieści o rozklekotanym autobusie, który wzbił się w powietrze. Niepojęty czar osiągnął taki stopień czystości – w dodatku autobusem zaczął rzucać wiatr – że straciłem wszelkie poczucie czasu i przestrzeni. Przede wszystkim jednak przypominało to doświadczenie śmierci. Mimo usilnych prób dostrzegałem tylko ten autobus i posępną, bezkształtną mgłę.

Szarość przeszła w biel, odbarwiła się, w górę poszybowały skrawki zieleni. Autobus zjeżdżał w dół. W wilgotnych chmurach zieleń była niemal czarna; potem przeszła w oliwkową na nieogrodzonym poboczu, gdzie wylądowalibyśmy po wypadnięciu z drogi. Nikt nie zobaczyłby upadku, kiedy półtorakilometrowa gardziel wchłonęłaby nas z mlaśnięciem.

Drzwi autobusu wyłamały się z zawiasów. Na jednym z zakrętów rozległ się łoskot. Siedzący na przodzie Indianin trzymał na kolanach pakunek, który wysunął mu się z rąk, potoczył na podłogę i wypadł z autobusu.

Indianin wstał.

– Proszę pana, ja tam mam pięć pesos.

Mniej więcej równowartość piętnastu centów. Kierowca zwolnił.

– Mam tam jeszcze inne rzeczy.

Kierowca zatrzymał autobus na środku drogi. Raczej nie mógł zjechać na pobocze; półtora metra na prawo ziała otchłań. Indianin wysiadł, poncho furkotało na wietrze, pobiegł po pakunek.

– Pięć pesos – mówił kierowca. – Prawdziwy majątek, co? – Podkręcił wąsy, pasażerowie wybuchli śmiechem, co dodało mu animuszu. – Jakie to ma znaczenie, że będziemy musieli jechać w ciemności? Ten gość musi wrócić po tobołek i pięć pesos, prawda?

Pasażerowie nadal chichotali, kiedy Indianin wrócił. Pakunek położył na siedzeniu, klepnął go, po czym na nim usiadł. Autobus ruszył dalej przez warstwy chmur, które filtrowały słońce, barwiące jasną żółcią drzewa i trawę. Przed nami, w kolejnej dolinie, wśród żółtych pól i żółtych wzgórz leżało żółte miasto. Armenia.

Armenia, Antioquia, niewiele dalej miasteczko Circasia. Azjatyckie nazwy brzmiały zdumiewająco, ale zmęczenie nie pozwalało mi się nad nimi zastanowić. Autobus toczył się przez miasteczko, a pomimo ciemności dostrzegłem spory hotel. Poprosiłem kierowcę, żeby stanął, poszedłem do hotelu i wynająłem pokój. Początkowo sądziłem, że praca nad kolejnym wpisem do dziennika uśpi mnie, ale wysokość nad poziomem morza i chłód działały stymulująco. W końcu postanowiłem pójść na spacer i zwiedzić Armenię.

Gdyby w miasteczku panowała ciemność albo gdyby cokolwiek mi zagrażało, nie wypuściłbym się samotnie. W ten piątkowy wieczór – w sobotę przypadał dzień targowy – Armenia okazała się jednak dobrze oświetlona, pełna wieśniaków, którzy przyjechali sprzedawać warzywa. Przed witrynami sklepów z urządzeniami elektronicznymi stali ludzie oglądający telewizję. Tłum składał się głównie z rolników, Indian, mieszkańców wiosek bez światła, nie mówiąc o telewizji. Przyłączyłem się do jednej z grup. Telewizja emitowała film dokumentalny o australijskich Aborygenach. Wielu było nagich, ale przynajmniej połowa nosiła przygniecione kapelusze i używane ubrania, niezbyt różniące się od strojów telewidzów z Armenii.

– ...ci ludzie z epoki paleolitu – mówił narrator, a na ekranie Aborygeni budowali szałasy, przewracali zwalone pnie, zbierali duże białe larwy ciem, piekli jaszczurki nad ogniskiem. Oglądani z tej kolumbijskiej doliny, Aborygeni wcale nie wyglądali na zabiedzonych. Tam, w australijskim buszu, świeciło słońce, a ludzie skradający się do kangura emanowali czujnością i myśliwskim sprytem. Kamera pokazywała teraz aborygeńskie dzieci. Narrator raczył nas protekcjonalnymi komentarzami na temat ich zdrowia i historii, co z perspektywy Bogoty wyglądało pewnie na świt dziejów ludzkości w nędznej osadzie jaskiniowców. Jednak mieszkańcy Armenii zdumiewali się nagością, nagimi członkami, obwisłymi piersiami. Widzowie śmiali się z zażenowaniem. Wszechwiedzący głos narratora zwracał uwagę na posiłek z larw, siedziby z gałązek, prymitywne narzędzia do kopania.

– Patrz, patrz – mówili widzowie przed sklepem elektrycznym. – Gdzie to jest? W Afryce?

– Daleko – powiedział ktoś. – Bardzo daleko.

Pięć minut później w drodze powrotnej do hotelu zatrzymałem się na chodniku, żeby zapalić fajkę. Z ciemnej bramy dobiegł mnie kaszel dziecka. Kaszel dorosłego często drażni; kaszel dziecka jest zawsze bezradny i żałosny. Zajrzawszy w bramę, zapytałem:

– Wszystko w porządku?

Trójka dzieci zerwała się na równe nogi. Najstarszy, czarnoskóry, był ubrany w męską marynarkę sięgającą kolan; pozostali dwaj, Latynosi w podartych koszulach i spodenkach, mieli zaspany wygląd. Kiedy mnie pozdrowili, spytałem ich o wiek. Czarny chłopak miał dziesięć lat, jego dwaj koledzy po dziewięć. Jeden z dziewięciolatków, chudy, chorowity chłopiec, kaszlał.

– Właśnie robiłem obliczenia – powiedział drugi dziewięciolatek, pokazując mi kartkę pokrytą schludnymi słupkami liczb. – Patrz, wyszedł mi milion.

– Świetnie – pochwaliłem. – Twojemu nauczycielowi się to spodoba.

Chłopcy roześmiali się, a czarnoskóry powiedział:

– Nie mamy nauczyciela.

– Nie chodzicie do szkoły?

– Kiedyś chodziliśmy.

– Skąd jesteście?

Nazwa wioski czarnego chłopca nic mi nie mówiła. Jego rodzice wciąż tam mieszkali, ale musieli go odesłać, bo w domu było za dużo dzieci. Ile? spytałem. Ponad dziesięcioro, odparł. Dom był mały, brakowało jedzenia.

Do rozmowy włączył się drugi chłopiec:

– Moi rodzice są w Cali. Tam jest mój dom. Mam liczne rodzeństwo, ale był pewien problem. Ojciec ciągle mnie bił. Bałem się, więc pewnego dnia przyjechałem tu, do Armenii.

– Czy to jest twój brat? – spytałem.

Trzeci chłopiec zachichotał i znowu się rozkaszlał.

– To jest mój przyjaciel.

– Posłuchajcie, czy jeśli dam wam trochę pieniędzy, podzielicie się między sobą? – spytałem.

– Tak – zapewnił drugi chłopak i objął czarnoskórego. – To jest mój najlepszy przyjaciel.

– A on? – wskazałem na trzeciego. Najdrobniejszy, najbardziej obdarty, bosy, kiedy kaszlał, unosił kościste, brudne ręce.

– On też jest z nami – powiedział czarnoskóry chłopiec. – Chce z nami zostać, boi się być sam. – W głosie czarnego pobrzmiewało powątpiewanie. Wyraźnie widziałem, że uważa chudego za ciężar.

Dałem im trochę pieniędzy, upomniałem, żeby się nimi podzielili, wreszcie (chociaż wiedziałem, jaką usłyszę odpowiedź), zapytałem:

– Co robicie tu tak późno?

– Próbowaliśmy spać – odparł drugi chłopak.

– Gdzie sypiacie?

– Tutaj. – Chłopcy pokazali mi bramę, gdzie przy chodniku leżał tekturowy prostokąt, niewielkie spłaszczone pudło. Noc była wilgotna i chłodna, a w tej ciemnej bocznej uliczce w Armenii, gdzie wszystkie okiennice sklepowe pozamykano, wiatr hulał jak na górskiej przełęczy.

– Gdzie jecie?

– Ludzie dają nam jedzenie.

– Powinniście wrócić do domu – powiedziałem.

– Nie możemy – wyjaśnił czarny chłopak. – To za daleko, droga jest zbyt trudna. Możemy mieszkać tutaj.

– To chyba nie jest dobry pomysł, co?

– Musimy.

Północ minęła, jednak chłopcy odpowiadali przytomnie, inteligentnie; chwilami można było zapomnieć, że to dzieci. Czujni jak dorośli, wiedzę o życiu zdobywali na ulicy, ale w bramie, gdzie mieszkali, leżał tylko kawałek tektury. W Indiach widziałem żebrzące dzieci, słyszałem mechaniczne prośby o rupię, wyuczone historyjki; tamte dzieci były równie biedne i zagubione. Jednak hinduski żebrak jest nieprzystępny, zalękniony, kuli się; do tego dochodzi bariera językowa. Znajomość hiszpańskiego pozwalała mi na wypytanie tych trzech chłopców o sposób życia, a od każdej odpowiedzi pękało mi serce. Chociaż mówili o sobie z poczuciem niezależności, nie mogli nie wiedzieć, że wyglądają smutno i mizernie. Na co mogli liczyć, żyjąc dalej na ulicy? Oczywiście czekała ich śmierć, a każdy, kto posłużyłby się ich zwłokami, żeby wyrazić własne oburzenie, zostałby oskarżony o sympatie bolszewickie. Przecież na tym polega demokracja, prawda? Tydzień wcześniej odbyły się wybory, a w Bogocie nie brakowało Kolumbijczyków, którzy zapewniali mnie, jaki to zamożny, przyjemny kraj, pod warunkiem że człowiek uważa na drobnych złodziejaszków i uliczników. Wszystkie te opowieści były stekiem bzdur. Upiorne, że dzieci giną w taki sposób.

Jeszcze trochę rozmawiałem z chłopcami, ale przechodnie zaczęli się za mną oglądać. Kto to, zboczeniec namawiający bezdomnych chłopców do odrażających czynów? Odszedłem, lecz niedaleko. Może kwadrans później znowu tamtędy przechodziłem. Dzieci spały w bramie, tuląc się do siebie, najmłodszy w środku, czarnoskóry osłaniał dwóch pozostałych połą marynarki. Mimo skórzanej kurtki, czułem chłód. Z oddali patrzyłem na dzieci. Niespokojnie wierciły się, prostowały gołe nogi. Doszedłszy do rogu, przepuściłem przejeżdżający samochód. Kiedy warkot silnika ucichł, usłyszałem głęboki, gruźliczy kaszel najmłodszego chłopca, a po nim suchy wdech.

Takie dzieci nie są tematem wiadomości. Nazajutrz na pierwszej stronie gazety ukazującej się w Armenii, obok informacji o wyborach – nadal liczono głosy – znalazłem artykuł o zdarzeniu, które miało miejsce w Columbus w stanie Ohio. Reporter donosił triumfalnie, że po siedmiogodzinnej operacji udało się rozdzielić bliźniaków syjamskich. Stan Marka i Matthew Myersów był zadowalający, mówił lekarz. „Mark radzi sobie świetnie". Oto była wiadomość: osobliwość odpowiadała gustom czytelników prowincjonalnej gazety. Dziwadła cieszyły się dużą popularnością w całej Ameryce Południowej. Mnie jednak bardziej uderzał fakt, że dzieci śpią w zimne noce na tekturze. O nich gazeta nie wspominała, nikt ich nie zauważał. Dzieci z bramy miały pecha, bo nie urodziły się z dwiema głowami. Bezdomne dzieci nie były niczym dziwnym w Kolumbii; jako zjawisko powszechne, nie spotykały się z oburzeniem.

Przewróciwszy kartkę gazety, ujrzałem całostronicową reklamę drogich apartamentów. Nagłówek brzmiał: *Kto mówi, że musisz wyjechać z kraju, żeby żyć jak w Kalifornii?* Domy budowano w odległości około kilometra od Armenii. Reklama opisywała je z soczystymi szczegółami. Bajeczne wnętrza, garaże na dwa samochody, a dla bezpieczeństwa i wygody cały teren zostanie otoczony murem.

Dworzec kolejowy w Armenii jest okazałym, żółtym przykładem architektury południowoamerykańskiej z przełomu wieku, rzymską willą, którą podniszczenie jeszcze bardziej upodabnia do rzymskiej willi. Linia kolejowa dała Armenii, Medellín oraz – okrężną trasą – Bogocie dostęp do morskiego portu Buenaventura. Problem z tym dworcem, podobnie jak z wieloma innymi sprawami w Kolumbii, polegał na tym, że ludzie mnie przed nim ostrzegali.

– Niech pan nie idzie tam sam – powiedziała kobieta z hotelu. – Ja bym tam nie szła sama.

Na co odparłem, że podróżuję samotnie.

– Tam jest bardzo niebezpiecznie.

Wtedy spytałem dlaczego.

– Złodzieje.

Ludzie mówili mi, że złodzieje grasują na stacji, na dworcu autobusowym, na targowiskach, w parkach, na wzgórzach, w bocznych uliczkach i na głównych ulicach. Gdy pytałem o drogę do pewnej konkretnej części miasta, nikt nie chciał udzielić mi wskazówek. „Nie idź tam", słyszałem. W Expreso del Sol usłyszałem, że Bogota jest niebezpieczna. W Bogocie powiedziałem, że jadę do Armenii. „Nie jedź, tam jest groźnie". Stacja kolejowa? „Niebezpieczna". Ale przecież pociąg odjeżdża o szóstej rano. „To najgorsza pora, złodzieje obrabują cię po ciemku". Jak wobec tego mam się dostać do Cali? „Nie jedź do Cali, tam jest jeszcze niebezpieczniej niż w Armenii".

Nie lekceważyłem tych opowieści. Ostrzeżenie turysty jest jak historia o napadzie ulicznym w Nowym Jorku: to nie tyle relacja o faktycznym zdarzeniu, ile szept strachu. Jednak przestrogę Kolumbijczyka dotyczącą miejsca, które dobrze zna, należy wziąć sobie do serca. Na pozór miałby wszelkie powody, żeby dodać cudzoziemcowi otuchy i namówić go do zostania dłużej. Większość Kolumbijczyków mówiła jednak to samo: wyjedź z miasta, weź taksówkę, złap samolot, wracaj do domu. To akurat nie wchodziło w grę. Wychodząc na dwór, chowałem zegarek. Nigdy nie spędzałem w jednym miejscu więcej niż kilka nocy, stale się przemieszczałem z walizką i kilkoma tysiącami dolarów (karty kredytowe w głębi lądu były bezużyteczne). Dobrze wiedziałem, że stanowię łatwy łup, dlatego zapuściłem wąsy; one i przylizane włosy miały uczynić mnie anonimowym. Ludzie ostrzegali, że złodzieje podchodzą parami. Albo przykładają ci nóż do żeber, albo rozcinają walizkę. Owszem, zdarzały mi się zaczepki („Pan tu podejdzie, psze pana, jest pan moim przyjacielem..."); drażniło mnie, że mimo wysiłku włożonego w kamuflaż, zwracano na mnie uwagę. Jednak dopisywało mi szczęście; uciekałem lub chowałem się przed napastnikami. Nie obrabowano mnie w Kolumbii ani w żadnym innym kraju.

Z powtarzających się ostrzeżeń przed złodziejami zrodziła się fantazja, towarzysząca mi podczas całego pobytu w Kolumbii. Oto idę ciemną ulicą, z pistoletem w kieszeni. Złodziej napada na mnie i grozi nożem. Dawaj forsę, mówi. Wtedy wyciągam broń i okradam go do ostatniego peso. Na razie, frajerze. Rzucam w niego papierosem i patrzę, jak czmycha, błagając o życie.

W rzeczywistości jednak nie miałem broni, a w Armenii zaczęło mnie ogarniać zdenerwowanie. To miasto naprawdę było niebezpieczne. Wczesnym rankiem wstałem i pospieszyłem przez ciemną dzielnicę nędzy na drugi kraniec miasta. Na stacji, ukrytej w bocznej uliczce, ujrzałem skulonych Indian oraz jakieś niewyraźne cienie. Kupiwszy bilet, wskoczyłem do pociągu, znalazłem miejsce w kącie i aż do odjazdu siedziałem z pochyloną głową. Wedle standardów kolumbijskich, pociąg był luksusowy, znacznie lepszy niż Expreso de Sol, którym przyjechałem z wybrzeża. W oknach wisiały koronkowe firanki, nie było tłoku. Przy odrobinie szczęścia, w Cali spotkam Francuza chwalipiętę jadącego do Amazonii, któremu powiem, że ten pociąg jest o trzydzieści pięć centów tańszy niż autobus.

Już z ulic Armenii widać było wzgórza. Kiedy pociąg znalazł się pośród nich, zobaczyłem, że poza zielonym pasmem rozciąga się kolejne, błękitne, a za nim czarne, wyższe, o ostrzejszych konturach. Doliną Cauca jechaliśmy przez podobne do paproci bambusy, skupione wzdłuż rzeki przepływającej przez cały kraj. Widziałem też drogę, która przecięła tory i odbiła w stronę wzgórz, ale linia kolejowa wiodła równolegle do rzeki. Autobusy śmigały drogą w obu kierunkach; pociąg wlókł się w żółwim tempie na południe, często stając. Po pewnym czasie wjechaliśmy w upał, co dodało mi otuchy, bo przecież zmierzałem na południe, do Patagonii. Opóźnienia, skręty na wschód i zachód irytowały mnie, kazały myśleć, jak bardzo myliłem się w Bostonie, zakładając, że wskoczę do pociągu i w parę miesięcy dotrę do Patagonii. Gdzie znajdowałem się po ponadmiesięcznej podróży? W sennym pociągu, toczącym się przez zielony, odległy kraj. Tutejsi ludzie nie mieli pojęcia, gdzie jest Patagonia.

Pociąg jechał przez żyzne tereny; jak okiem sięgnąć ciągnęły się uprawy bananów i kawy. Gdzie się podziali właściciele tych posiadłości? Wszędzie widziałem tylko wieśniaków: chatynki, świnie, chude konie, ludzie żyjący wśród odpadków, cała kolumbijska nędza, za którą nikt nie ponosi winy. Pasące się krowy przystrzygły wzgórza i łąki, przez co wyglądały jak świeżo skoszone; trawiaste połacie miały w sobie schludność pól golfowych. Widok ten stanowił jednak hiperbolę. Jeśli wkrótce nie spadnie deszcz, cały obszar ucierpi z powodu nadmiernego wypasu bydła i dla zwierząt zabraknie trawy.

Na stacji w Tuluá kupiłem „brytyjską" wodę mineralną. Gdy pociąg ruszył, a ja zabrałem się do picia, napotkałem wzrok starszej pani.

– Gorąco tu – powiedziałem, onieśmielony przenikliwym spojrzeniem.

– W Cali jest znacznie goręcej – odparła.

– Naprawdę? Wydawało mi się, że tam jest chłodno.

– Bardzo gorąco. Nie spodoba się panu.

– Pani pochodzi z Cali?

– Z Wenezueli. – Starsza pani uśmiechnęła się.

– Od jak dawna pani podróżuje? – pytałem.

– Od dwóch dni. Przyleciałam do Bogoty. Stamtąd autobusem do Armenii, a teraz ten pociąg. Jadę do siostry. Czemu jedzie pan do Cali?

Nie znałem odpowiedzi. Jedynym powodem, dla którego zmierzałem do Cali, był fakt, że miasto leżało na południe od Bogoty, na trasie do Ekwadoru. Gdybym powiedział tej kobiecie, dokąd zmierzam, zaczęłaby pewnie zadawać inne pytania, na które nie znałem odpowiedzi.

– Mam tam przyjaciela.

Własne kłamstwo wprawiło mnie w przygnębienie. Jeśli nie liczyć dalekich krewnych w Ekwadorze, na całym kontynencie nie znałem żywej duszy. Znajomi podali mi różne adresy, ale jedną z zasad, których trzymam się w podróży, jest unikanie odwiedzin znajomych znajomych. W przeszłości zdarzały mi się takie wizyty, a ich rezultaty okazywały się kłopotliwe, żeby nie powiedzieć katastrofalne. Samotne podróżowanie, egoistyczny nawyk, bardzo trudno uzasadnić czy wyjaśnić.

– To dobrze – powiedziała starsza pani. – W Cali przyda ci się przyjaciel.

Po tych słowach moje przygnębienie stało się całkowite.

Upał nie pozwalał na czytanie. Boswella wraz z zegarkiem i obrączką spakowałem do walizki. Dopiwszy wodę mineralną, patrzyłem na ludzi myjących ciężarówki na środku Río Barragán. Mycie pojazdów w rzekach to zwyczaj mieszkańców tropików, ale w tych stronach panował klimat zarówno tropikalny, jak i umiarkowany. Zielone wzgórza nie wyglądałyby dziwnie w Catskills, gdyby nie proste, wysokie palmy na zboczach, banany i tamta świnia. Pociąg zjechał ku niższym partiom wzgórz porośniętych kosmatą zielenią: banany, kurczaki, znowu świnie; nie sposób było wyglądać przez okno, nie myśląc o śniadaniu.

Sześćdziesiąt kilometrów dalej przyroda na wzgórzach stała się dziksza, a po przebyciu stu kilometrów wjechaliśmy w zupełnie inny klimat. Trawę na wzgórzach wyjadło bydło, ziemia zbrunatniała od słońca, jak okiem sięgnąć nie widziało się zieleni. Łagodne, pozbawione roślinności łyse wzgórza falowały jak brunatne morze. Można było sobie wyobrazić, że powódź błota zastygła na krągłych szczytach; wkrótce wzgórza miały się rozsypać na wydmy i osypiska piaskowe. W oddali za wzgórzami migotała pastelowa płaszczyzna rozcieńczonej zieleni – pola trzcinowe leżące między dwiema kordylierami. Stąd do Cali pola trzciny cukrowej rozszerzały się, a na skrzyżowaniach dróg, na ciężarówkach stali ścinacze – zbyt wielu, by mogli usiąść – podobni do pracujących więźniów. Ludzie ci wstali o świcie. Teraz dochodziła szesnasta, a ciężarówki odwoziły ich do domów przez pola, które zżęli.

Miasta widziane z perspektywy stacji nie prezentowały się imponująco. W Bugalagrande dostrzegłem kilka fabryk i pola uschniętej kukurydzy. Wzgórza każdego miasta miały wyjątkowe kształty, na przykład w Bugalagrande przypominały wielkie, osiadające namioty cyrkowe. W Tuluá widziałem dwa kościoły, jeden z kopułą Bazyliki Świętego Piotra, drugi podobny do katedry w Rheims; mimo to Tuluá wyglądała obskurnie, jak muzułmańskie węzły kolejowe we wschodniej Turcji: kurz, słońce i parę meczetów. W pobliżu kolumbijskich stacji stały tablice z nazwami miejscowości oraz znaki informacyjne połączone z reklamami. Rezultat bywał zaskakujący: *Narodowy Instytut Policyjny Pij Coca-Colę, Zakaz wjazdu Pal papierosy Hombre, Zwolnij Bank Kolumbii.* Za miastem Buga (okazały stary dworzec z poczekalniami oznaczonymi „Pierwsza klasa" oraz „Druga klasa", obiema pustymi i w równie kiepskim stanie) tory całkowicie się wyprostowały, co niezmiennie oznaczało, że przed nami nie było wzgórz, a pociąg toczył się po równinie prosto w upał. W powietrzu wiły się miraże, odbite od wypalonej ziemi.

Słońce grzało przez koronkowe firanki. Ponieważ nie mogłem się przesiąść, przeszedłem na tył pociągu, znalazłem otwarte drzwi, usiadłem w cieniu i zapaliłem fajkę, patrząc na zostające w tyle pola trzciny cukrowej. Inny człowiek miał ten sam pomysł co ja. Przez chwilę gawędziliśmy. Ubrany w wybląkłą koszulę i zmięty kapelusz, nie miał butów. Jak powiedział, pracował w Cali przy zbiorze kawy, ale nie lubił tego zajęcia. Płacili marnie, a kawa nie była zbyt dobra.

– Najlepsza jest kawa z Armenii. W całej Kolumbii nie znajdziesz lepszej – powiedział. – W Armenii lepiej płacą zbieraczom, bo tamtejsza kawa osiąga najwyższe ceny.

– Ile zarabiasz w Cali?

– Osiemdziesiąt pesos. – Czyli niecałe trzy dolary.

– Tygodniowo? Dziennie? Za jeden kosz?

– Osiemdziesiąt dziennie.

– Dlaczego nie płacą wam od kosza?

– W niektórych miejscach tak jest, ale nie w Cali.

– Czy to ciężka praca?

– To jest praca – uśmiechnął się. – Zapewniam cię, że jest bardzo gorąco.

– Ile zarabiałeś dziennie w zeszłym roku?

– Sześćdziesiąt cztery pesos. – Dwa dolary.

– A rok wcześniej?

– Pięćdziesiąt sześć pesos. – Półtora dolara.

– Czyli co roku zarabiasz więcej.

– Ale za mało. Czy wiesz, ile kosztuje mięso, mąka, jajka, warzywa?

– Może w przyszłym roku będziesz zarabiał sto.

– W Armenii zarabiają sto – odparł. – Czasami nawet sto pięćdziesiąt. Dlatego tam pojechałem. Chcę pracować w Armenii.

– Ile godzin pracujesz?

– Cały dzień.

– Wcześnie zaczynasz?

– O, tak. Zaczynamy wcześnie, kończymy późno.

– Przepraszam, że zadaję ci tak wiele pytań – powiedziałem.

Mój rozmówca odpowiedział ładnym hiszpańskim sformułowaniem.

– Jestem do twoich usług.

– Ile płaci się za pół kilo kawy? – spytałem.

– Jeśli pracuje się w posiadłości, kawa nie jest zbyt droga.

Wtedy powiedziałem mu, ile kosztuje funt kawy w Stanach. Początkowo mi nie wierzył, ale potem rzekł:

– Niezależnie od tego, co mówisz, my, Kolumbijczycy, jesteśmy bardzo biedni. Tutaj wszystko jest drogie i stale drożeje – potrząsnął głową. – Patrz, to jest Palmira. Wkrótce dojedziemy do Cali.

W Bogocie i Armenii cieszyłem się, że mam skórzaną kurtkę. Tutaj, w upale, była piątym kołem u wozu. W Cali zlewałem się potem z gorąca i mimowolnie zostawiłem kurtkę w pociągu, więc musiałem po nią wrócić. Właśnie szedłem po peronie, kiedy ujrzałem bagażowego, który mówił coś gniewnie do staruszka dźwigającego worek pomarańczy. Udając, że wiążę but, zacząłem podsłuchiwać.

– Pomogłem ci z tym workiem – mówił bagażowy. – Mógłbyś mi coś dać.

– Nic ci nie dam. Nic nie zrobiłeś.

– Pięć pesos – nalegał bagażowy. – Dawaj!

Staruszek obrócił się na pięcie. Bagażowy zrobił może dziesięć kroków, załamując ręce.

Staruszek odwrócił się i odsłonił zęby.

– Jesteś skurwysynem.

Bagażowy usłyszał, odwrócił się i odparował:

– Ty jesteś kurwą, a twoja matka była czarną kurwą. – Napotkawszy moje spojrzenie, dodał: – Patrz tylko na tego kretyna!

Cali („Bardzo niebezpiecznie") okazało się tak nudne, że pewnego popołudnia, nie mając nic innego do roboty, kupiłem nitkę dentystyczną i starannie wyczyściłem zęby. Nie poszczęściło mi się też z hotelami. Spędziłem tu trzy noce, a każdego ranka wynosiłem się z jednego domu wariatów, w którym nocowałem, po czym ruszałem na poszukiwanie następnego. Zwiedziłem kościoły, gdzie widziałem długie kolejki staruszek czekających na spowiedź. Cóż za grzechy mogły im ciążyć? „Mam złe myśli, ojcze". W końcu zacząłem rozpytywać o rozrywki, jakie oferuje Cali.

– Na twoim miejscu pojechałbym do Armenii – powiedział Kolumbijczyk w drugim hotelu. – To miasto tętni życiem.

Zgodnie z prawdą odparłem, że widziałem już Armenię, która przypominała mi najbiedniejsze obszary w Indiach. Takie zdanie zawsze zamykało rozmowę, ponieważ Kolumbijczyk, choćby uważał się za ostatniego nędzarza, czuł się urażony porównaniem z innym biednym krajem.

Na południu i zachodzie wznosiły się wzgórza. Ostatniego dnia w Cali nabyłem mapę całego okręgu i ruszyłem przed siebie ścieżkami dla mułów, omijając najwyższe wzgórze, miejscową Golgotę z trzema krzyżami na szczycie. Przez całe przedpołudnie wędrowałem, a gdy słońce stanęło w najwyższym punkcie, ujrzałem strumień wpadający z pluskiem do parowu. Co prawda, miałem ze sobą kanapki, ale brakowało mi wody, więc pospieszyłem do strumienia, żeby się napić. Po drugiej stronie zobaczyłem chatę, z kozą uwiązaną do ściany. Przy chacie stał staruszek, który ciskał kamienie do strumienia. Początkowo wydał mi się jak żywcem wyjęty z wierszy Wordswortha, ale po chwili zaczął rzucać dokładniej i zrozumiałem, że celuje we mnie. Wtedy się zatrzymałem, a stary zaczął coś mamrotać i krzyczeć. Może postradał zmysły, może wziął mnie za poborcę podatkowego. Inna droga doprowadziła mnie w końcu do wody.

Na wszystkich okolicznych wzgórzach stały chaty, pobudowane w najdziwniejszych miejscach, przy głazach i wejściach do jaskiń, na dnie dołów z piaskiem. Z czasem chaty zaczęły wzbudzać we mnie lęk, bo z każdej wybiegał parchaty pies, warczał na mnie i ujadał. Naprawdę bałem się, że jeden z tych kundli mnie ugryzie; wyglądały na wściekłe, a szczekanie jednego pobudzało inne, ukryte na kamienistym zboczu. Ominąwszy psy szerokim łukiem, oddaliłem się od ścieżek dla mułów, ale po chwili moja mapa stała się bezużyteczna. Do Cali wróciłem, orientując się dzięki krzyżom na Golgocie.

Wieczorem w rozmowie z pewnym Kolumbijczykiem wspomniałem o psach. Na wzgórzach żyje sporo kundli, powiedziałem. Czy są niebezpieczne?

– Niektóre z tych psów są niebezpieczne, ale wszystkie węże są śmiertelnie jadowite.

– Nie widziałem żadnych węży.

– Może nie. Ale one widziały ciebie.

Dla uczczenia wyjazdu z Cali, zafundowałem sobie niedzielny bufet w drogiej restauracji. Właśnie tam spotkałem grupę amerykańskich misjonarzy na weekendowym odpoczynku: dwóch gargantuicznych mężczyzn, dwie grubaski, chłopca z wystającym brzuchem i garstkę młodszych dzieci. Tego rodzaju baptystów, uzbrojonych w Biblię, znajduje się czasem najeżonych zatrutymi strzałami nad dopływem w górnym biegu Amazonki. To wścibscy mieszkańcy Środkowego Zachodu, którzy głosząc Słowo Boże, wciskają się na najbardziej bezludne tereny Ameryki Południowej. Często kończą makabryczną męczeńską śmiercią, o czym skrzętnie donosi kościelna gazetka w ich rodzinnych stronach. Tego wieczoru jednak bawili się świetnie, raz po raz wędrowali po dokładkę do bufetu, nie żałowali sobie deserów.

– To ciasto jest wyborne!

Kelnerzy nie kryli zdumienia i niedowierzania, kiedy misjonarze prosili ich o rozpłatanie kolejnego kurczaka lub o pokrojenie jeszcze jednego ciasta. Bardzo chciałem porozmawiać z misjonarzami, ale cała dziesiątka trzymała się razem przy długim stole. W Kostaryce, na Wybrzeżu Moskitów, znalazłem scenerię do powieści o rozbitkach; tutaj, w restauracji hotelowej na południu Kolumbii, spostrzegłem, kim mogli być ci rozbitkowie. Sam Bóg ich tu zesłał.

Centralne miejsce bufetu zajmowała metrowa lira z lodu, która powoli topniała na obrus. Widok ten mnie zaciekawił, ponieważ w dzielnicach nędzy Cali oraz wioskach, które widziałem tego popołudnia, nie tylko nie było lodu, ale często brakowało wody. Tutaj lód stanowił frywolną ozdobę, a jej głupawy kształt mnie rozdrażnił. Kiedy przyglądałem się lodowej rzeźbie, podeszła do mnie otyła kobieta. Początkowo sądziłem, że jest jedną z misjonarek, ale zwróciła się do mnie po hiszpańsku:

– Jak to się nazywa po angielsku?

– Pomarańcze – odparłem, po raz kolejny czując, że moje wąsy na nic się nie zdały.

– Marańcze – powiedziała po hiszpańsku. – Chcę się nauczyć angielskiego. Możesz mnie uczyć. A to?

– Winogrona.

– Finogrona.

– Dobry wieczór – pozdrowił mnie mężczyzna ubrany na czarno, z koloratką, najwyraźniej duchowny. – Nałóż sobie jedzenie, Mario – powiedział do kobiety, która uśmiechnęła się do mnie, po czym przeszła na koniec bufetu. – Ona wszystkich zagaduje – wyjaśnił. – Musisz jej wybaczyć. Jest opóźniona w rozwoju.

Kobieta nakładała sobie na talerz furę jedzenia. Szeroka, pospolita twarz, jasne oczy i niezdrowy tłuszcz, typowy dla umysłowo i obłożnie chorych, którzy całymi dniami gapią się w okno.

– Jej ojciec był bardzo bogaty. Dwa lata temu zmarł. Bardzo bogaty – powiedział duchowny, a siorbiący odgłos, jaki dobył się z jego ust, można było uznać za wyraz litości.

– Czy Maria jest w twojej parafii?

– O, nie. Ona mieszka sama. Ja się nią opiekuję.

Duchowny miał pociągłą twarz matadora, mroczne spojrzenie. Zerknął na Marię, potem na mnie. Na jego wargach błąkał się niespokojny uśmiech, a podejrzliwe zmarszczki ujmowały usta w nawias. Wkrótce dołączył do nas poważny mężczyzna w niebieskiej koszuli.

– To jest ojciec Padilla – powiedział mój pierwszy rozmówca. – Jest kapucynem. Ojcze Padilla, ten dżentelmen przyjechał z Ameryki. Przepraszam was, ale muszę się zająć Marią. – To rzekłszy, pospieszył do bufetu, gdzie Maria zagadnęła kolejnego nieznajomego.

– Nie jesteś ubrany jak duchowny – zwróciłem się do ojca Padilli.

– W Kolumbii już nie nosimy takich strojów – wyjaśnił.

– Kapucyni?

– Wszyscy.

– Ale twój przyjaciel nosi koloratkę – wskazałem na mężczyznę w czerni, który pomagał Marii nakładać jedzenie.

– On nie jest duchownym – odparł ojciec Padilla, marszcząc brwi.

Dziwne: ksiądz w sportowej koszuli, osoba świecka w koloratce.

– Wygląda na duchownego – powiedziałem.

– On pomaga, ale nie w mojej parafii.

Mężczyzna w czerni podniósł wzrok. Maria zbeształa go, widząc, że przestał nakładać jej jedzenie na talerz. Wtedy wbił widelec w plaster szynki.

– Czy ona jest bogata? – spytałem.

– Bardzo bogata – odparł ojciec Padilla. – W moim okręgu wszyscy są biedni. Nie mają nic.

Opowiedziałem mu o tym, co widziałem w Armenii, o dzieciach śpiących w bramie. Jak można pozwalać na coś podobnego?

– Nie mogę zrozumieć, dlaczego w tym kraju niektórzy są tacy bogaci, a inni tacy biedni – odpowiedział. – To straszne. Dziesiątki tysięcy dzieci żyje w ten sposób. Czemu tak się dzieje? Nie potrafię wyjaśnić.

Farbowany ksiądz podszedł do nas z Marią, prowadząc ją, jak pracownik ogrodu zoologicznego prowadzi niezdarne, rzadkie zwierzę.

– Ona chce panu zadać pytanie – powiedział.

Maria się śliniła. W dłoni trzymała srebrny przedmiot.

– Jak mówi się na to po angielsku?

– Łyżka.

– Liszka – powiedziała głosem małej dziewczynki. – Chodź ze mną. Musisz usiąść z nami. Nauczysz mnie angielskiego.

– Przykro mi, ale muszę już iść – odparłem.

Farbowany ksiądz powiódł Marię w głąb sali.

Ojciec Padilla odprowadził ich wzrokiem, po czym rzekł:

– Chciałbym, żebyś wiedział, że nie przychodzę tu często. Jestem tu może drugi raz. Rozumiesz.

– Tak.

– Powodzenia w podróży. Bóg z tobą.

rozdział_piętnasty_

Autoferro do Guayaquil

W Ameryce Środkowej i Kolumbii spotkałem wielu ludzi jadących na północ, którzy opowiadali mi, jak ekscytująca jest
podróż pociągiem Guayaquil i Quito, „G i Q", czyli „Good and
Quick" (Dobry i szybki), jak nazywają go ci, którzy nim nie
jechali. Budowa tej linii kolejowej trwała trzydzieści siedem
lat (ukończono ją w 1908 roku), chociaż jej długość wynosiła
czterysta osiemdziesiąt kilometrów. Z wysokości niemal trzech
tysięcy metrów w Quito pociąg Autoferro – przerobiony autobus,
przyspawany do kolejowego podwozia – podjeżdża prawie tysiąc
metrów w górę w Urbina, a następnie zjeżdża ostrymi zakrętami
i pętlami (podwójny zygzak Diabelskiego Nosa! Pętla Alausi!)
do poziomu morza w parnym południowym porcie Guayaquil.
Bez trudu uzyskałem informacje o tym pociągu; stacja znajdowała się nieopodal, połączeń było sporo, a bilet kosztował tylko
kilka dolarów. Przekonany, że podróż nie przysporzy trudności,
zacząłem zwlekać. W Quito zgodziłem się wygłosić wykład, po
którym jego uczestnicy zaprosili mnie na przyjęcia; zacząłem
więc na nie chodzić i starałem się być zabawny. Pociąg mógł
poczekać; wsiądę do niego lada dzień.

Pogoda w Quito mnie zdumiała. Raz po raz zmieniała się
w ciągu dnia. Niekiedy chmury zwieszały się tak nisko nad miastem, że miałem wrażenie, iż wystarczy wyciągnąć rękę i oderwać kosmyk pary z sufitu nieba. Ponieważ mieszkałem na wzgórzu, widziałem strefę przejrzystego powietrza, a tuż nad nią
warstwę chmur. Poranki często wstawały słoneczne, popołudnia

szare, wieczorem zaś napływały kolejne chmury, zaciemniając światła w domach, zamazując neony, aż Quito upodabniało się do opuszczonego miasta, albo wręcz do powietrznego szybu, w którym wirowały obłoki. Jednego ranka siąpił deszcz, a maleńkie ptaszki – kolibry wielkości kukułek w zegarach – przycupnęły na krzewie. Każdemu kolibrowi za ochronę przed deszczem wystarczył mały listek.

Pomimo zimna i zapierającej dech wysokości, stolica Ekwadoru przypadła mi do gustu. Spośród wszystkich wysokogórskich miast Ameryki Południowej Quito sprawiało wrażenie najszczęśliwszego. Bogota wydała mi się w retrospekcji okrutnym, wyniosłym miastem, podobnym do orlego gniazda, zamieszkanego przez sępy i ich zdychające ofiary. Quito wyglądało radośnie: płaskowyż kościelnych wież i domów w jasnych kolorach, rozrzuconych na zboczach góry; w wyższych partiach Pichincha stały chaty biedaków, którzy mogli z nich dojrzeć Peru. Mimo to w Quito kryły się niuanse, które mi umknęły. Miesiąc po tym, jak uznałem, że jest to jedno z najprzyjemniejszych miejsc, jakie widziałem, a przy tym jedno z najbardziej sprawiedliwych (w Ekwadorze nie było więźniów politycznych), opłaty za przejazdy autobusowe podniesiono do sześciu centów, po czym protestujący demonstranci zniszczyli wszystkie autobusy miejskie.

– Nie powinieneś oceniać ludzi po ich kraju – poradziła mi pewna kobieta. – W Ameryce Południowej rozsądnie jest oceniać ludzi po wysokości, na jakiej żyją.

Ta pani, pochodząca z Boliwii, wyjaśniła mi, że jest mniej cech narodowych niż cech związanych z wysokością. Górale zamieszkujący wysokie partie Andów są formalni, nieprzystępni; ludzie z dolin bywają bardziej gościnni, natomiast najmilsi pochodzą z wybrzeża, choć często się wałkonią. Bliski ideału – można rzec, równy gość – jest człowiek mieszkający na wysokości około tysiąca dwustu metrów nad poziomem morza, wszystko jedno czy w Ekwadorze, Peru, Boliwii czy innym kraju.

W Quito wygłosiłem wykład, potem przez kilka dni spotykałem się z pisarzami, nauczycielami i sprzedawcami coca-coli. W Quito można znaleźć jedne z najlepszych księgarń w Ameryce Południowej, ale nie kupowałem książek. Nowi przyjaciele obdarowali mnie książkami, więc zamiast złapać pociąg do Guayaquil, czytałem i patrzyłem na kolibry. Niedługo po przyjeździe napomknąłem, że chciałbym zwiedzić kilka kościołów w Quito (w sumie jest ich osiemdziesiąt sześć), więc natychmiast zaczęto mnie obwozić po tych świętych miejscach.

W jezuickim kościele La Compañia ujrzałem mural przedstawiający piekło. Z pewnej odległości do złudzenia przypominał nocny mecz piłkarski, który widziałem w Salwadorze, ale przy bliższych oględzinach uznałem, że ten olbrzymi piekielny amfiteatr, odmalowany ze szczegółami, mógł zostać namalowany przez Boscha. Dziatwę szkolną z Quito zwozi się do tego kościoła i pokazuje mural, żeby dzieci, stosownie przerażone, nie zbaczały z prostej, wąskiej ścieżki. Każdy grzech jest podpisany, grzeszników zaś spotyka zasłużona kara: wrzeszczącą cudzołożnicę pożera dzik; nieczystemu człowiekowi wlewają do ust ogień przez lejek, a tymczasem ziejący ogniem pies osmala mu płomieniami genitalia; próżna kobieta nosi naszyjnik ze skorpionów, pijak musi chłeptać wrzący olej, wąż kąsa w język plotkarza, gigantyczny skorpion miażdży niesprawiedliwego; lichwiarze o semickich twarzach są mieleni na miazgę, defraudantów siekają na rąbankę, żarłoki opychają się odpadkami, kłamców łamie się kołem. U szczytu muralu widnieje złoty cytat z Ewangelii według świętego Łukasza (13, 3) po hiszpańsku: „jeśli się nie nawrócicie, wszyscy podobnie zginiecie".

Przerażająca kara przewyższa wszelkie okropności piekła Dantego. Bezstronna brutalność wywodzi się raczej od świętej

Teresy z Ávili, hiszpańskiej zakonnicy, której pisma zawierają przerażającą wizję piekła. Święta Teresa została kanonizowana w tym samym roku, kiedy ufundowano kościół Compañia, czyli w 1622. Jakże skutecznie musiał ten mural przekonywać Indian do zachowania wiary. Większość ludzi uczęszczających do kościołów w Quito stanowili Indianie, a w stylu samych kościołów dało się zauważyć indiańskie – czyli inkaskie – rysy. Jedna czwarta zdobień kościoła San Francisco była inkaska. Kościół wzniesiono na miejscu letniej rezydencji Atahualpy, a motywy inkaskie można znaleźć wszędzie. Dwaj solarni bogowie, wygrawerowani na złotych dyskach, pojawiają się na ścianach wraz z owocami i kwiatami, inkaskimi symbolami urodzaju, które towarzyszą świętym i scenom ukrzyżowania. Na ścianach nad hiszpańskimi stacjami drogi krzyżowej wiszą duże złote maski, jakie można zobaczyć w miniaturze na inkaskiej biżuterii, niektóre z nakryciami głowy, z ustami przesadnie uśmiechniętymi lub zwróconymi w dół, jak na maskach z komedii i tragedii.

W kościołach widziałem mnóstwo modlących się na klęczkach Indian w poncho, chustach, z nosidełkami dla dzieci. W kościele Santo Domingo Indianie zapalali świece, w San Francisco przechodzili drogę krzyżową na kolanach, w La Compañia oddawali cześć gitarze pierwszej ekwadorskiej świętej, Marianny, kobiety tak pięknej, że zasłaniała twarz ciemną woalką. Podobno pewien mężczyzna uniósł raz woalkę i ujrzał wyszczerzoną czaszkę świętej. W ten sposób Bóg pokazał mu, że zgrzeszył. Nikt nie potrafił wyjaśnić pochodzenia gitary, ale ten instrument nie wymaga wyjaśnienia w Ameryce Południowej. Drobni, krępi, czarnowłosi Indianie o pałąkowatych nogach, podobni do dobrodusznych trolli, wpatrywali się w gitarę. Nawet kiedy nic nie nieśli, chodzili pochyleni, w postawie typowej dla tragarzy.

Blisko połowę ludności Ekwadoru stanowią Indianie, ale wydaje się, że jest ich więcej, ponieważ z racji swojej pracy są bardziej widoczni. Na każdej ulicy sprzedają mandarynki i pamiątki, papierosy, słodycze i zapałki; pracują jako kucharze, ogrodnicy, robotnicy budowlani. Ci ostatni mieszkają w niedokończonych domach, a po zakończeniu budowy przenoszą się do fundamentów domu, który ma powstać. Na najbardziej eleganckiej podmiejskiej ulicy można zobaczyć, jak ojciec, matka i dziecko zbierają drewno na opał i myszkują w pojemnikach na śmieci. W tłumie Ekwadorczyków bez trudu rozpoznaje się Indian: to ci, którzy dźwigają ciężary; poznaje się ich po tobołkach.

– Ktoś powinien z nimi coś zrobić – powiedział mi pewien człowiek. – Kiedy widzisz drobnego człowieczka, zawsze dźwiga pod górę wielki pakunek. Gdyby tylko można było im jakoś pomóc.

– Koła? – podsunął ktoś.

– Koła na nic by się zdały na górskich ścieżkach – odparł pierwszy.

– Może sanie – zaproponowała kobieta. – Mogliby je ciągnąć.

– Nigdy nie wciągnęliby ich na górę – powiedział tamten.

– Może trzeba dać im do pomocy innych Indian – wtrąciłem.

Moją szyderczą propozycję potraktowano z całkowitą powagą.

– Musisz zrozumieć, że z chwilą, gdy Indianin wkłada buty, przestaje być Indianinem – włączył się ktoś inny.

Ekwadorski pisarz Jorge Icaza powiedział mi, że właśnie indiańskość powieści tworzonych w jego kraju czyniła je ekwadorskimi. Wszystko inne było imitacją i podróbką. Jego własna powieść *Huasipungo* pełna jest indiańskiego folkloru i słownictwa. Icaza powiedział, że zrobił to celowo, nie chciał napisać powieści hispanoamerykańskiej ani europejskiej. W tym celu musiał wynaleźć nowy idiom i dać początek nowej tradycji.

– Zapewniam cię, że Akademii wcale się to nie spodobało.

Wcześniej postanowiłem, że właśnie tego dnia wsiądę do pociągu do Guayaquil, ale łatwo dałem się przekonać do zmiany planu i zjedzenia lunchu z trzema starszymi ekwadorskimi pisarzami. Oprócz Icazy, który trząsł się, markotniał i wyznał mi, że postawił krzyżyk na północnoamerykańskich pisarzach ("Te książki nic mi nie mówią"), przyszedł Benjamín Carrión i Alfredo Pareja. Pareja, najmłodszy z trójki, o wyglądzie pułkownika z Kentucky, sporo podróżował po Stanach Zjednoczonych. Carrión miał ponad osiemdziesiąt lat, a przypominał mi aktora Alastaira Sima; czcigodność i zramolenie mieszały się na jego zdumionej twarzy. Pisarze mieli na sobie prążkowane garnitury, podpierali się laskami. W koszuli niewymagającej prasowania i nieprzemakalnych butach czułem się jak drobny udziałowiec, z którym zgodził się porozmawiać prezes rady nadzorczej. Carrión kierował założoną przez siebie gazetą codzienną.

Trzej ekwadorscy pisarze zgadzali się co do jednego: ostatnim interesującym pisarzem, jakiego wydały Stany, był John Steinbeck. Po nim pisarstwo amerykańskie stało się nieczytelne.

Zanim zdążyłem dorzucić swoje trzy grosze, Icaza oświadczył, że cała literatura jest walką, każde słowo jest walką; następnie opisał strukturę kompozycyjną *Huasipungo*.

Wtedy wspomniałem o Borgesie.

– Nie, nie, nie – powiedział Icaza.

– Borges powiedział, że tradycją Argentyny jest cała zachodnia kultura – dodałem.

– Borges się myli – oświadczył Carrión.

– Niezbyt cenimy Borgesa – dodał Icaza.

Pareja milczał niepewnie.

– Zawsze chciałem go poznać – wyznałem.

– Posłuchaj, liczą się wyniki sprzedaży – powiedział Carrión. – Musisz zostać zaakceptowany. Musisz sobie wyrobić nazwisko, bo w przeciwnym razie nikt na ciebie nie spojrzy.

Corrión rozwinął temat i naprawdę poczułem się jak na posiedzeniu rady nadzorczej południowoamerykańskiej firmy, która nie przynosiła ostatnio dużych zysków. Icaza i Pareja przez grzeczność zgadzali się z Carriónem, który mówił, że pochwały krytyków nic nie znaczą, jeśli nikt nie czyta twoich książek. Branża wydawnicza to interes, wydawcy są biznesmenami, którzy, jeśli chcą przetrwać, muszą zarabiać pieniądze. Oczywiście, pisarze muszą sprzedawać książki, aby zaczęto ich rozpoznawać. Corrión dobrze o tym wiedział, ponieważ działał w południowoamerykańskim panelu Komitetu Noblowskiego. Chociaż zwracał uwagę na wielu wartościowych pisarzy, przedstawiciele Komitetu Noblowskiego mówili:

– Kto to jest? Nigdy o nim nie słyszeliśmy.

Icaza oświadczył, że to jest problem.

Tak, to poważny problem, przyznał Pareja. Ktoś powinien się nim zająć.

Co prawda, chciałem ponownie wspomnieć o Borgesie, czułem jednak, że dostanę wymijającą odpowiedź. W pewnym momencie uzmysłowiłem sobie, że Pareja zwraca się do mnie. Kłopot z amerykańskimi pisarzami, mówił, jest taki, że zawsze kojarzą mu się z amerykańską polityką, z rządem Stanów Zjednoczonych, Nixonem, Wietnamem. Ponieważ polityka amerykańska go nie interesowała, także książki go rozczarowywały.

Amerykańskie powieści, te dobre, nie mają związku z amerykańską polityką, odparłem.

– Dla mnie są jednym i tym samym – powiedział Pareja.

– Czy przypadkiem nie mylisz myśliwego ze ściganą zwierzyną? – spytałem.

Nie sądził, by się mylił. Pozostali dwaj przyznali koledze rację, po czym posiedzenie zostało zakończone.

– Może myśleli, że ich krytykujesz – zasugerował mi nazajutrz amerykański urzędnik państwowy.

Naprawdę próbowałem zachowywać się taktownie, zapewniłem, a o Borgesie wspomniałem tylko dlatego, że darzę podziwem jego twórczość.

– Latynosi są zabawni – odparł Amerykanin. – Nienawidzą, gdy się ich krytykuje. Nie są w stanie tego znieść, więc ich nie krytykuj. Nie cierpią krytyki albo tego, co uważają za krytykę. Rząd ekwadorski jest swoistym triumwiratem dyktatorów, dowódców armii, marynarki wojennej oraz sił powietrznych. Kiedy uważają, że ktoś ich krytykuje, podkładają bombę pod drzwiami takiej osoby.

To brzmi poważnie, powiedziałem.

– Nie, nie. Nikomu nie dzieje się krzywda – zapewnił mnie Amerykanin. – Takie wybuchy są tylko przestrogą. Dotychczas jedyny wypadek śmiertelny to krytyk, który dostał zawału serca, kiedy usłyszał wybuch.

Na ścianie w gabinecie Amerykanina wisiała mapa Ekwadoru, zupełnie inna niż moja. Urzędnik wyjaśnił, że to mapa ekwadorska, a połowę terytorium stanowi Peru. Ekwadorskie mapy Peru i peruwiańskie mapy Ekwadoru bardzo różnią się między sobą, ponieważ każdy z krajów rości sobie prawa do prowincji amazońskiej.

Amerykanin okazał się taką kopalnią informacji, że zapytałem go o Indian. Cóż, odparł, nieliczni inkascy arystokraci używali Indian jako taniej siły roboczej. Po konkwiście miejsce Inków zajęli Hiszpanie, wykorzystując Indian w ten sam sposób. Sytuacja niezbyt się zmieniła: Indianie nadal stali na samym dole drabiny społecznej, a ponieważ zazwyczaj byli analfabetami, nie mogli głosować.

– Dziwię się, że Indianie nie zaduszą tych ludzi – powiedziałem.

Odkąd przyjechałem do Quito, słyszało się o przypadkach uduszeń. Nazajutrz dusiciela schwytano. Gazeta „El Universo" zamieściła artykuł *Opętany krawatami*. Morderca był homoseksualistą, ale na tym sensacje się nie kończyły. Ofiary znajdował, przebierając się za kobietę (na zdjęciach przedstawiono go w rozmaitych damskich perukach). Czterech mężczyzn padło jego ofiarą. Gazeta donosiła: „Podczas stosunku seksualnego z szanowanym obywatelem albo kimś, kto nosił krawat, czuł, że musi go udusić. Z innymi zachowywał się zupełnie normalnie".

– Wszystko się zmienia na dobre – powiedział amerykański pisarz Moritz Thomsen. Autor *Living Poor* i *The Farm on the River of Emeralds*, dwóch świetnych książek, które stawiają go w klasie mieszkańca Patagonii, W. H. Hudsona, przemieszkał w dzikich rejonach Ekwadoru czternaście lat. – Kiedy jeździsz po Ekwadorze, są miejsca, gdzie Indianie obrzucają cię kamieniami. Wielu ludziom wybili przednie szyby. – Thomsen uśmiechnął się szeroko i zmrużył błękitne oczy. – Dlatego myślę, że jest szansa na rewolucję.

Właśnie Moritz powiedział mi pewnego popołudnia na ulicy w Quito:

– Nie łapię tego, Paul. Jak ty właściwie piszesz książkę podróżniczą, skoro bez przerwy chodzisz na przyjęcia?

– Może piszę o przyjęciach? – odparłem, ale miał całkowitą rację. Zawstydzony, ślubowałem sobie, że nazajutrz pojadę pociągiem do Guayaquil.

Następnego dnia nie było pociągu. Pan Keiderling z ambasady amerykańskiej znalazł rozwiązanie. Jeśli zgodzę się wygłosić wykład w Guayaquil, ambasada opłaci mi przelot. Pan Keiderling zaproponował, że zawiadomi biuro w Guayaquil i poprosi ich, żeby kupili dla mnie bilet powrotny do Quito pociągiem Autoferro.

– To ten sam pociąg, tylko jedzie w przeciwnym kierunku – wyjaśnił.

Ponieważ takie rozwiązanie mi odpowiadało, poleciałem samolotem do Guayaquil.

Odwiedzających Guayaquil namawia się, żeby podnieśli wzrok, ponieważ z parnych ulic tego cuchnącego miasta można w bezchmurny dzień zobaczyć ośnieżony szczyt wulkanu Chimborazo. Kiedy natomiast spuścisz wzrok, ujrzysz tylko szczury. Chimborazo spowijało gęste, żółtobrunatne powietrze, które przez cały dzień pluło brudnym deszczem, a przechodnie musieli kryć się pod sklepowymi markizami. W nocy rozpętała się ulewa, ale ani mżawka, ani ulewa nie miały żadnego wpływu na szczury. Szczury potrafią pływać, przez trzy dni brodzić w wodzie, przegryzać żeliwne bloki, wspinać się po pionowych ścianach; całymi dniami mogą żyć bez jedzenia, znoszą ekstremalnie niskie i wysokie temperatury; są nikczemne, nieustraszone, energiczne, a sposób rozmnażania się czyni je praktycznie niezniszczalnymi. Prawdopodobnie jako jedyne ze szkodników są hałaśliwe; właściwie się nie skradają. Szczur nie przemyka się chyłkiem, ale lezie beztrosko, kiwając się na boki, jak na wpół wykolejony pociąg. Szczury oznajmiają swoje nadejście z odległości trzydziestu metrów: piszczą, kłócą się, przeskakują przez siebie. Krótko mówiąc, są na tyle paskudne, że nie potrzebują przebiegłości.

W Guayaquil można spotkać szczura śniadego z gatunku *Rattus rattus*, zwanego także szczurem czarnym lub okrętowym, który przywlókł z Azji do Europy czarną śmierć, czyli dżumę dymieniczą. Dżuma utrzymywała się w Europie z przerwami przez czterysta lat, by pod koniec osiemnastego wieku zacząć się cofać przez Bliski Wschód do Azji. Powszechnie uważa się, że dżuma w Europie się skończyła, ponieważ czarne szczury zostały wyparte przez odporniejszy, aspołeczny gatunek szczura wędrownego (*Rattus norvegicus*), mniej groźny dla ludzi. Czarne, zapchlone szczury wsiadały na statki, rozmnażały się w gorących, wilgotnych miastach portowych Afryki i Ameryki Południowej, przynosząc tam dżumę, która do dziś jest chorobą endemiczną na tych kontynentach. W Guayaquil nie udało mi się uzyskać danych dotyczących liczby zgonów z powodu dżumy – takie pytanie uważano za nieuprzejme – ale ludzie ciągle umierają tam w wyniku pogryzienia przez szczurze pchły. Choroba jest krótka i straszna: dwa dni po ugryzieniu człowiek umiera.

Ściany mojego pokoju hotelowego w Guayaquil wyłożono boazerią. Przez dwie noce szmer paska wentylatora nie pozwalał mi zasnąć. O zmroku zaczynał się jakby świst gumki, ślizgającej się na nienaoliwionym kole. W końcu wspomniałem o tym właścicielowi hotelu.

– W twoim pokoju nie ma wentylatora – powiedział.

Po powrocie do pokoju stanąłem na krześle i przytknąłem zapaloną zapałkę do boazerii. To, co wcześniej brałem za klimatyzację, okazało się gniazdem szczurów. W kurzu za boazerią trzy szczury piszczały w najlepsze.

– W moim pokoju są szczury – oznajmiłem właścicielowi.

– A, tak – odparł, wcale niezdziwiony. Chwilę czekałem, aż powie coś więcej, ale tylko się uśmiechał.

– Może zostawmy ten pokój szczurom – zaproponowałem. – Wyglądają tam na bardzo szczęśliwe.

– Tak – powiedział ostrożnie właściciel hotelu. Najwyraźniej nie odczytał mojej ironii.

– Szczurom zostawimy ten pokój, a ja przeniosę się do innego.

– Chcesz zmienić pokój, tak?

Jednak wszystkie pokoje w tym drogim hotelu (nazwanym na cześć sławnego niemieckiego odkrywcy, przyrodnika i łowcy szczurów) cuchnęły szczurami. Wszędzie unosiła się woń przeżutych ubrań, odchodów i stęchlizny. Na ścianach i sufitach widniały wyraźne ślady w miejscach, gdzie szczury się przegryzły.

Bardzo mi zależało na odwiedzeniu Guayaquil, bo mieszkali tam moi dalecy krewni. W 1901 roku mój pradziadek opuścił rodzinną wioskę Agazzano niedaleko Piacenzy w północnych Włoszech, aby z żoną i czwórką dzieci przenieść się do Nowego Jorku. Pradziadek Francesco Calesa uznał, że Nowy Jork jest odrażający, a cała Ameryka bardzo go rozczarowała. Dwudziestodniowa podróż statkiem parowym *Sicilia* okazała się wyczerpująca, Boże Narodzenie na Ellis Island było pobytem w czyśćcu, natomiast Nowy Jork przypominał piekło. Pradziadek zmierzał do Argentyny, gdzie miał pracować na farmie, ale wybuch żółtej febry w Buenos Aires pokrzyżował mu plany. Niewykluczone, że nosił się z zamiarem uprawy ziemi w Stanach Zjednoczonych, ale znalazł się w beznadziejnej sytuacji: miał pięćdziesiąt dwa lata i ani grosza przy duszy. Kiedy już dłużej nie mógł znieść życia w Nowym Jorku, zaczął planować powrót do Włoch. Żona pradziadka Ermenegilda nie chciała wracać. Małżeństwo się rozpadło: Francesco wrócił do Piacenzy, gdzie mieszkała jego zamężna córka (rok wcześniej uciekła z mężem z Ameryki). Ermenegilda została w Nowym Jorku, samotnie wychowała pozostałe dzieci, inicjując w rodzinie nurt upartej determinacji. Moja cioteczna babka, która została we Włoszech, miała córkę Marię Ceruti, a ta z kolei wyszła za pana Norero, z rodziny wywodzącej się z Chiavari. Wielu Norerów zostało znanymi lekarzami, a jedna z odnóg rodziny osiadła w Ekwadorze, właśnie w Guayaquil, gdzie zajęła się produkcją ciastek, słodyczy i makaronów. Rodzina Norero stała się sławna w Ekwadorze, a sława ta wróciła aż do Chiavari. Bez problemu znalazłem ich w Guayaquil. Zdziwienie budził jedynie fakt, że ja, obcy, jestem spokrewniony z tą potężną rodziną.

W rodzinnej fabryce La Universal spotkałem się z Domingiem Norero. Fabryka mieściła się w jednym z nielicznych dużych budynków w mieście. Domingowi towarzyszyła śliczna Włoszka, jego siostra Annamaria, która właśnie przyjechała z Włoch w odwiedziny. Wytłumaczenie powiązań rodzinnych okazało się skomplikowane, ale nazwa miejscowości Chiavari działała jak hasło. Annamaria mieszkała w Chiavari, Domingo miał tam dom, a ich matka właśnie teraz tam przebywała.

W biurze na trzecim piętrze, pachnącym biszkoptami w czekoladzie, odbyło się spotkanie rodzinne. Domingo, wysoki, szczupły mężczyzna o angielskim wyglądzie, wspominał odwiedziny mojej babci we Włoszech. Jego dziadek założył fabrykę w Guayaquil, a po śmierci tego pioniera interes odziedziczył Vicente, ojciec Dominga. Słabe zdrowie oraz zainteresowanie historią Inków skłoniły Vicente do przejścia na emeryturę. Obecnie powiększał swoją kolekcję sztuki prekolumbijskiej i pisał monografie historyczne na ten temat. Niedawno opublikował po włosku *Prekolumbijską historię Ekwadoru*. Domingo, który miał dopiero dwadzieścia siedem lat, w wieku dziewiętnastu lat ożenił się z drobną blondynką; mieli dwoje dzieci, ślicznych jak książątka. Należący do nich jacht *Vayra* kotwiczył na rzece Guayas, przed fabryką stał chevrolet impala, samochód terenowy i mercedes parkowały przed rodzinną willą na obrzeżach miasta. Mimo bogactwa Domingo pozostał skromnym człowiekiem, może odrobinę smętnym z powodu faktu, że ciężar prowadzenia interesu spadł na jego barki.

– Nie zdawałem sobie sprawy, że mam tylu krewnych w Stanach – powiedział. – Ale czy wiesz, ilu masz kuzynów w Ameryce

Południowej? Norero są na całym kontynencie, w Chile jest ich pełno.

Ta wiadomość mnie zaskoczyła. Potentaci i biznesmeni żyjący za murami, których widziałem i przeklinałem w Kolumbii i Ekwadorze, byli może moimi krewnymi. Dowód takiego stanu rzeczy stanowiła Villa Norero, posiadłość podobna do tych, które widziałem w całej Ameryce Środkowej i tej części Ameryki Południowej. Jej widok kazał mi wątpić, czy stary porządek kiedykolwiek ulegnie zmianie. Posiadłość zbudowano w stylu mauretańskim, z arabskimi kafelkami i kolumnami, z basenem na starannie zaprojektowanym terenie, obsadzonym krzewami cytrynowymi, palmami i kwietnikami. Nad drzwiami widniało godło rodziny z mottem: *Deus Lo Vult*, „Bóg tak chce" albo „Wola Boża".

Przy drinku porozmawiałem ze starym Vicente, szacownym mężczyzną, który przewodniczył Klubowi Garibaldiego w Guayaquil. Vicente do złudzenia przypominał Giorgia Violę, garybaldczyka z powieści Conrada *Nostromo*. Conrad, w swym poprzednim wcieleniu kapitana Korzeniowskiego, odwiedził te strony, a w *Nostromo* odtworzył Ekwador jako Costaguanę, Guayaquil jako Sulaco, wulkan Chimborazo zaś jako górę Higuerota. Nikt nie wyglądał bardziej na miejscu w Ekwadorze niż Vicente Norero, który pasowałby też do powieści Conrada. W jednej ze swych książek wpisał dla mnie autograf, po czym dwoma samochodami ruszyliśmy do Jachtklubu Guayaquil. Poprzedniego dnia przechodziłem tamtędy samotnie, ale nie zauważyłem klubu. Moją uwagę przykuły szczury, wypadające z zarośli i hasające z piskiem nad rzeką.

Lunch przeciągnął się na całe popołudnie. Od stołu, przy którym jedliśmy i rozmawialiśmy, widziałem szeroką rzekę – spływały nią wielkie maty wodorostów, zwanych przez miejscowych sałatą, kłody i gałęzie. Z tego powodu rzeka przywodziła na myśl monsunową powódź, unoszącą wszystko, co napotka na drodze. Chociaż Guayaquil wydało mi się całkowicie obmierzłym miastem, spotkanie rodzinne osłodziło pobyt, przypominając mi zarazem o moich związkach z tymi śmiałkami. Wszyscy szukaliśmy zysków w Nowym Świecie, także ja, w nieprzemakalnych butach, uzbrojony w notatniki, próbowałem spenetrować okolicę wzrokiem i eksportować garść wrażeń.

Annamaria też zajmowała się biznesem. Jej mąż i dwójka dzieci zostali we Włoszech. Po włosku, z genueńskim akcentem, powiedziała mi, że przyleciała do Ekwadoru w interesach.

– Wytwarzam armaturę łazienkową i strzykawki jednorazowe, jedno ukłucie, i wyrzucasz. – Odgarnąwszy loki od oczu, delikatnymi palcami wzięła ze stołu pustą butelkę. – Robię też takie butelki. Robię wszystko.

– Robisz pieniądze? – spytałem.

– Tak, pieniądze, robię pieniądze – zaśmiała się. – Ale bardzo lubię gotować w domu.

– Nie powiedziałeś, dlaczego przyleciałeś do Guayaquil – zwrócił się do mnie Domingo.

Tłumaczenie pociągowe uznałem za zbyt skomplikowane. Odpowiedziałem, że miałem wygłosić wykład w miejscowym ośrodku kultury, a potem zamierzałem wrócić Autoferro do Guayaquil.

– To przyjemna podróż, pod warunkiem że się jej nie powtarza – powiedziała Annamaria.

Krewni wyjaśnili mi, że dworzec kolejowy znajduje się po drugiej stronie zaśmieconej rzeki, w Duran. Wcale mnie nie zdziwiło, że sami nigdy nie jechali tym pociągiem. W Ameryce Południowej przebywałem już wystarczająco długo, by zrozumieć, że na pociągach ciąży swoiste piętno. Tylko rozbitkowie życiowi, łazęgi, bosi, Indianie i wieśniacy bez piątej klepki podróżowali pociągami albo wiedzieli cokolwiek na ich temat. Właśnie dlatego pociąg stanowił dobry wstęp do udręk społecznych i malowniczych krajobrazów kontynentu.

– Mam nadzieję, że znowu przyjedziesz do Guayaquil – powiedział Domingo, po czym się rozstaliśmy: Norerowie poszli wypracowywać zyski, a ja w ramach bezużytecznego mielenia językiem udałem się wygłosić wykład o literaturze amerykańskiej.

Co z biletem, który mi obiecano?

– Próbowaliśmy wykupić dla ciebie miejsce, ale w najbliższych dniach pociąg jest pełen – powiedział człowiek z ambasady. – Jeśli chcesz zatrzymać się na kilka dni w Guayaquil, pewnie uda się nam kupić bilet, ale niczego nie obiecuję.

– Dlaczego ten pociąg jest taki popularny? – spytałem.

– On nie jest popularny, tylko mały.

Jednego wieczoru w Guayaquil zagadnął mnie Irlandczyk w średnim wieku, w rzucającym się w oczy kraciastym garniturze:

– Pewnie nie uwierzysz w to, co ci powiem.

– Daj mi szansę – odparłem.

Irlandczyk miał dobroduszny sposób bycia, łagodny głos, a przy tym cechował go brak elegancji w ubiorze, typowy dla ludzi nieprzyzwyczajonych do dopasowywania garnituru z krawatem. W jego bezpośredniości kryła się szeptana intymność człowieka smętnie i wnikliwie badającego innych. Jak się domyśliłem, miałem przed sobą byłego księdza.

– Kiedyś byłem jezuitą – powiedział. – Mam za sobą piętnastoletnią posługę kapłańską. Po nowicjacie w Irlandii i Rzymie zostałem wyświęcony i wyjechałem do Stanów. Przez pewien czas pracowałem jako misjonarz w Ekwadorze, potem w jednej z nowojorskich parafii. Regularnie odwiedzałem Belfast, żeby zobaczyć się z rodziną. W siedemdziesiątym drugim było bardzo źle, „krwawa niedziela", brytyjskie bestialstwa. Mego brata torturowano, siostrę wykurzono z domu. To wszystko mną wstrząsnęło. „Głoś swoim braciom posłanie miłości", mówią, ale jak mogłem głosić miłość po wszystkim, co zobaczyłem? Oczywiście to nie stało się ot tak, z dnia na dzień. Od siedmiu lat miałem wątpliwości, ale po tamtym pobycie w Belfaście naprawdę się rozsypałem. Po powrocie do Nowego Jorku udałem się do swego biskupa i poprosiłem o sześciomiesięczne zwolnienie. To normalna rzecz. Księża są ludźmi. Niekiedy za dużo piją, mają problemy osobiste, potrzebują czasu na uporządkowanie spraw. Gdybym otrzymał zwolnienie, nie miałbym żadnych obowiązków. Nie musiałbym odprawiać mszy, tylko służyć do mszy. Rozumiesz, co mam na myśli.

Biskup był oszołomiony. Nie wierzył w to, co mówię. Jak powiedział, już wcześniej zrobił listę wątpiących księży. Sporządził listę gości, o których sądził, że wcześniej czy później porzucą stan kapłański. Zabawne, że mnie na niej nie było. Mimo to biskup zwolnił mnie, ale powiedział: „Wrócisz".

Miałem mnóstwo czasu. Służenie do mszy to drobnostka. W końcu zacząłem sprzedawać ubezpieczenia. Świetnie mi szło! Polisy sprzedawałem w całym Nowym Jorku. Chyba pomogło to, że byłem księdzem, bo jeśli chcesz sprzedawać polisy ubezpieczeniowe, najlepsze jest szczere podejście. Pieniędzmi niespecjalnie się przejmowałem. Interesowali mnie ludzie, z którymi rozmawiałem w ich domach. Nie wiedzieli, że jestem księdzem. Widzisz, byłem sprzedawcą ubezpieczeń.

Po upływie sześciu miesięcy wróciłem do biskupa i poprosiłem o kolejne pół roku zwolnienia. Biskup zdziwił się, a jakże, ale nie było mnie na jego liście wątpiących. Z uśmiechem powtórzył: „Wiem, że wrócisz". Ja jednak wiedziałem, że nie wrócę.

Łatwo jest być księdzem, prawda? Cóż, ty nic nie możesz o tym wiedzieć, ale to istotnie proste życie. Twoje potrzeby są zaspokojone. Nie musisz płacić czynszu, nie musisz kupować jedzenia. Odpada gotowanie, sprzątanie, pranie. Poza tym dostajesz prezenty. „Trzeba gdzieś ojca podwieźć?". „Oto mały drobiazg dla ojca". „Czy coś możemy dla ojca zrobić? Wystarczy, że ojciec powie". Nie chciałem takiego życia, ale nie chciałem też dalej sprzedawać ubezpieczeń, bo to przypominało stan kapłański. Nie mogłem wracać do domu, nie mogłem zostać w Nowym Jorku. Jedno wiedziałem na pewno: chciałem się wyrwać.

Wtedy odwiedziłem Belfast po raz ostatni, spotkałem się z rodziną, sytuacja polityczna była fatalna. Brat odprowadził mnie do samolotu, a kiedy tak szliśmy, pomyślałem: już nigdy mnie nie zobaczysz. To była najtrudniejsza rzecz, jaką w życiu zrobiłem – odwróciłem się od brata i wsiadłem do samolotu.

Przyleciałem prosto do Ekwadoru. Tutaj zawsze czułem się szczęśliwy, miałem przyjaciół. Wszystko to działo się pięć lat temu. Ożeniłem się z Ekwadorką. Nigdy w życiu nie byłem taki szczęśliwy. Mamy czternastomiesięczne dziecko, następne w drodze, dlatego nie ma tu dziś mojej żony.

Czy chodzę do kościoła? Naturalnie, że tak. Opuściłem stan kapłański, ale nie porzuciłem Kościoła. Chodzę na msze, chodzę do spowiedzi. Widzisz, kiedy idę do spowiedzi, nie mówię do księdza, ale do Boga. Mam tu pracę. Nie jest to żadna ważna praca, ale zostanę tutaj przez pewien czas.

Najtrudniejsze jest to, że nikomu nie mogę o tym opowiedzieć. Jak powiedzieć: „Przestałem być księdzem. Ożeniłem się. Mam dzieci"? Nikt o tym nie wie. Dla mojej matki to byłby straszny cios. Dzieją się jednak dziwne rzeczy. Kilka lat temu siostra napisała do mnie: „Jeśli pewnego dnia postanowisz zrzucić sutannę, my to zrozumiemy". Czemu to napisała? W ostatnie Boże Narodzenie druga siostra przysłała mi trochę pieniędzy. „Może ci się przydadzą", mówi. Nigdy wcześniej tego nie robiła, przecież księża nie potrzebują pieniędzy. Ale nie mogę spojrzeć w oczy matce. Myślę, że zawsze brałem na siebie cierpienie, aby ocalić innych od cierpienia. Czy matka by to zrozumiała? Nie wiem, jak głębokie jest jej zrozumienie. Chwytasz, co mam na myśli. Wielka szkoda. Śni mi się, że wracam do domu. W jednym z takich snów jestem w Belfaście, widzę swój stary dom, podchodzę do drzwi. Mimo to nie mogę przestąpić progu, zastygam na schodach i muszę odejść. Ten sen śni mi się co tydzień.

O, tak, stale piszę listy do domu. Listy o moim życiu w Ekwadorze, parafii i tak dalej są arcydziełami. Nie ma w nich ani słowa prawdy. Wiem, że brat i siostry zrozumieliby, ale matkę to by chyba zabiło. Widzisz, ona ma ponad osiemdziesiąt lat. Chciała, żebym został księdzem. Ona żyje dla mnie. Kiedy umrze, od razu wrócę do Belfastu. Najbardziej boli mnie właśnie to, że matka nie może poznać prawdy o mnie. Już nigdy nie mogę jej zobaczyć.

Sądzisz, że powinienem o tym napisać? Chciałbym, ale nie potrafię. Coś ci powiem, Paul: ty o tym napisz. Wyszłaby z tego dobra historia, prawda?

Dla tego Irlandczyka Indianie byli uciśnionym ludem, któremu nie dano szansy; według Jorge Icazy Indianie posiadali klucz do całej kultury; moi odlegli krewni z rodziny Norero uważali Indian za niezwykły lud o wspaniałej przeszłości; dla większości pozostałych ludzi byli drwalami, woziwodami, krótko mówiąc, wiejskimi prostakami.

W Guayaquil usłyszałem jeszcze inny pogląd. Pan Medina był najeżonym ekwadorskim starym kawalerem z cienkim wąsikiem, wąską czaszką i surowymi szarymi oczami. Krawat wiązał ściśle, spodnie prasował w kant, ostre czubki butów polerował na glanc; trudno było uwierzyć, że w tych butach w kształcie szponów kryją się pięciopalczaste stopy. Początkowo nasza rozmowa dotyczyła szczurów. Niektórzy ludzie trują szczury, mówił pan Medina, inni zastawiają na nie pułapki, ale istnieje lepszy sposób. Należy użyć wysokiego dźwięku, niesłyszalnego dla ludzkiego ucha. Szczury nie mogą go znieść i uciekają. Miejscowe młyny zostały opanowane przez szczury, ale ten wysoki dźwięk – pan Medina użył chyba określenia „sonar" – okazał się skuteczny. Czasami zamykano szczury w pomieszczeniach, gdzie puszczano ten dźwięk, a nazajutrz leżały martwe.

– Szafy grające działają na mnie w ten sposób – powiedziałem. – Zwłaszcza ekwadorskie szafy grające.

– Tego dźwięku nie słychać, choć najwyraźniej kobiety boli od niego głowa – ciągnął pan Medina. – Dobrze by było, gdyby dało się użyć czegoś podobnego przeciwko Indianom.

– Cóż za dobrosąsiedzki pomysł – zauważyłem.

– Problem Ekwadoru jest problemem rasowym – wyjaśnił pan Medina ze słabym uśmiechem. – Indianie są leniwi. Nie są podobni do waszych Indian. Niekiedy ścinają włosy i idą do pracy, ale rzadko. W Ekwadorze nie ma biednych ludzi, tylko Indianie. Są niewykształceni, chorują.

– Dlaczego ich nie wykształcicie? Dajcie im lekarzy i szkoły. Przecież łażą po Quito i Guayaquil, ponieważ myślą, że w miastach znajdą to, czego nie mają na wsi.

– Oni nie mają pojęcia, dlaczego przychodzą do Guayaquil. Nie wiedzą, co tutaj robić. Sprzedają jakieś rzeczy, żebrzą, niektórzy pracują, ale wszyscy są zagubieni. Zawsze byli zagubieni.

– Nawet przed przybyciem Hiszpanów?

– Zdecydowanie tak. Imperium Inków jest przereklamowane.

– Kto się z panem zgadza? – spytałem.

– Prawie wszyscy, ale boją się przyznać. Gdyby został pan tutaj dłużej, sam przyznałby mi pan rację. Kim byli Inkowie? Nie mieli wielkiej kultury, literatury, niczego. Nie zrobili wrażenia na Hiszpanach, nie robią wrażenia na mnie nawet dziś. Nie wiem, o czym mówią ci ludzie, którzy sprzedają maski i wyroby ceramiczne. Czy nie widzą, jak prymitywne są te rzeczy? Inkowie nie byli wojownikami, nie walczyli przeciwko Hiszpanom. Po prostu zostali podbici.

Hiszpanie przybyli w okresie wojny domowej, przypomniałem. Atahualpa odebrał tron Inków bratu. Wśród ludzi panował nastrój fatalistyczny; uważali, że Hiszpanie zostali na nich zesłani jako kara. Nietrudno było podbić lud osłabiony poczuciem winy.

– Inkowie byli zdegenerowaną rasą – odparł pan Medina.

– Wypracowali system ubezpieczeń społecznych o wiele lepszy niż wszystko, na co było stać Ekwador.

– Oni byli tym, czym są nadal: leniwym ludem o odmiennej mentalności.

– Chce pan powiedzieć: odmiennej od pańskiej?

– I od pańskiej. Całe to gadanie o Inkach w Ekwadorze to bzdury. Historia Ekwadoru to historia hiszpańska, nie indiańska.

– To brzmi jak epitafium – skwitowałem. – Na czyim grobie zostanie wypisane?

Pan Medina tracił do mnie cierpliwość. Złączonymi palcami zabębnił po stole i rzekł:

– Czy pan wie, co to jest fetyszyzm? Ich religią jest fetyszyzm. Indianie muszą widzieć posąg i dotykać krzyża. To się wywodzi z ich własnej religii, a patrzenie na to jest czymś okropnym. Oni nie wierzą w to, czego nie widzą. Właśnie dlatego dotykają dewocjonaliów i ślinią się w kościele.

– To samo robią ludzie w Bostonie – odparłem.

– Niech pan zostanie w Guayaquil, to zmieni pan zdanie.

Nie przychodził mi jednak do głowy żaden powód, dla którego miałbym zostać dłużej w Guayaquil. W pociągu Autoferro ciągle brakowało miejsc. Ktoś mi podpowiedział, że jeśli wrócę do Quito, będę mógł przyjechać Autoferro z powrotem do Guayaquil, a stąd polecieć do Peru. W końcu postanowiłem tak zrobić, nazajutrz poleciałem do stolicy i właśnie lądowanie w Quito przypomniało mi o beznadziejności podróży lotniczych. Jakież miałkie byłyby przyloty i odloty, relacjonowane na podstawie widoku z okna: *Pod nami leżał zwinięty materiał zaoranych pól, zabawkowe miasto w Andach...* Nie, wszystko, tylko nie to. Jeśli miałem podróżować, musiałem podróżować lądem, gdzie każdy widok i każde miejsce miały własny zapach. Doskonale wiedziałem, że gdybym zaczął opisywać miniaturowy krajobraz oglądany przez okno samolotu, brzmiałbym jak człowiek na Księżycu.

Gdy znalazłem się w Quito, ludzie, których poznałem przed tygodniem, witali mnie jak starego przyjaciela. Tymczasowość podróży często intensyfikuje znajomość, przeobrażając ją w bliską przyjaźń. Coś podobnego ma jednak zgubny wpływ na człowieka spieszącego się na pociąg. To, co piszę, brzmi tak, jakbym skrycie sugerował, że wdałem się w płomienny romans, który mnie zatrzymywał. („Jeszcze tylko jeden dzień, najdroższy, a potem złamiesz mi serce i odjedziesz..."). Nic podobnego się nie wydarzyło. Sprawy były znacznie prostsze, ale powodowały opóźnienie. Z obcymi dawałem sobie radę, jednak przyjaciele wymagali uwagi. Łatwiej podróżować w przebraniu samotnej anonimowości, podkręcać wąsy, pykać z fajki, wyruszać z miasta o świcie. Ameryka Południowa stanowiła zadanie z geografii, rozwiązywalne tylko pod warunkiem, że człowiek się przemieszczał. Zatrzymanie się w jednym miejscu prowadziło do oszołomienia. Ludzie skarżyli się na barbarzyńskość różnych miejsc, ale jeśli o mnie chodzi, okazywały się za mało barbarzyńskie.

– Ekwador jest miły na swój maleńki sposób – powiedział mi pisarz V. S. Pritchett, zanim wyruszyłem w drogę. To prawda, a ja czułem, że na pewno wrócę, bo kiedy wreszcie zdobyłem bilet, pociąg Autoferro odjechał beze mnie.

rozdział_szesnasty_

Tren de la Sierra

Uroczy kremowy dworzec kolejowy w Limie nazywa się Desamparados, czyli „opuszczony". Słowo to wydaje się bezpodstawnie ponure dopóty, dopóki Tren de la Sierra nie przetnie równin, aby minąwszy Chosica, ruszyć w górę między różowymi skałami wąskiej doliny Rímac. Tutaj pasażerowie zaczynają chorować. Po palpitacjach w Bogocie i zadyszanym lenistwie w Quito wiedziałem, że jestem podatny na chorobę wysokościową. Podróż w górę wąwozu do Ticlio można opisywać zarówno w kategoriach krajobrazów, jak i objawów fizycznych. W miarę jak wjeżdżaliśmy wyżej w Andy, coraz bardziej cierpiałem, aż uznałem, że do żadnej innej podróży pociągiem na świecie nie pasuje bardziej określenie jazda *ad nauseam*.

Pracownicy kolejowi w Peru grozili strajkiem, ale chociaż tylko krążyły o tym pogłoski, mury kościołów i klasztorów pokryły się napisami: *Precz z imperialistami i ciemięzcami*, *Popierajcie pracowników kolejowych* oraz *Wyższe płace!* Wśród wielkich, odręcznych napisów często pojawiało się słowo „strajk", ale jego hiszpański odpowiednik oznacza także odpoczynek, toteż wypisane w całej Limie hasła dało się też odczytać jako *Wyluzujcie się!* Gdyby pracownicy kolejowi składali się z darmozjadów, wykorzystujących zamęt polityczny do składania wygórowanych żądań, miałbym okazję obejrzeć próbę zażegnania strajku przez miodoustych rozjemców. Ale to nie była gra. Nie tylko pracownicy kolejowi, ale praktycznie wszyscy robotnicy w Peru otrzymywali haniebnie niskie wynagrodzenie. W innych krajach

Ameryki Południowej poradzono sobie z prowokacjami lub prostymi prośbami robotników; tam, gdzie łamigłówka wyborcza nie przyniosła rezultatu, sprawdziło się wojsko i policja. Peru, niegdyś złote królestwo zajmujące trzecią część kontynentu, rozsypało się w drobny mak, a po klęsce najwyraźniej nie potrafiło dać niezadowolonym robotnikom choćby cienia nadziei. Niewiele dużych miast na świecie sprawia wrażenie tak splądrowanych i zbankrutowanych jak Lima. Podobnie jak w Rangunie, panuje tu upał, widzi się pozostałości kolonialne, czuje trupi odór; parady wojskowe dawno już opuściły miejskie aleje, zostawiając widzom żebraninę i myszkowanie w odpadkach. Od pobytu w Meksyku, słysząc opis w rodzaju „kiedyś ważne miasto hiszpańskie, słynące z architektury", sztywniałem nieufnie, ale żadne miasto nie upadło tak nisko jak Lima. Niczym zbezczeszczony grób, gdzie została jedynie wyschnięta mumia nacjonalizmu oraz odrobina religii, by pocieszać cierpliwe masy obietnicą lepszego życia po śmierci, Lima – symbolizująca całe Peru – stanowiła niewesoły przykład fatalnego zarządzania. Drętwa oficjalna retoryka rządu ociekała samooszukiwaniem się, ale gniew robotników zaostrzało ich poczucie, że zostali zdradzeni, a także zwyczajny głód.

Ponieważ czułem, że strajk w stolicy mógłby się ciągnąć długo, przy pierwszej nadarzającej się okazji wyjechałem z Limy pociągiem do Huancayo. Po przyjeździe do tej górskiej stacji węzłowej zamierzałem ruszyć drogą przez Ayacucho do Cuzco, a stamtąd rozpocząć długi zjazd przez Boliwię i Argentynę do końca trasy w Patagonii. Ten pobieżny plan nie przewidywał, że po trzech dniach znajdę się z powrotem w Limie, by szukać innej drogi do Cuzco.

Nieopodal stacji płynęła rzeka Rímac. O siódmej rano panował całkowity mrok, a kiedy słońce wzniosło się nad podnóża Andów, poszarzało. Piaskowe góry na skraju miasta nadają

Limie wygląd pustynnego miasta, z rozpalonym płaskowyżem po jednej stronie. Odległość od Oceanu Spokojnego wynosi zaledwie kilka kilometrów, ale teren jest zbyt płaski, by dało się zobaczyć ocean, a w ciągu dnia nie wieje bryza. W Limie rzadko pada deszcz. W przeciwnym razie kilka tysięcy chat nędzarzy na brzegu Rímac potrzebowałoby dachów. Ta dzielnica nędzy zasługuje na uwagę nie tylko z powodu braku dachów. Chaty w tej (by użyć peruwiańskiego eufemizmu) „młodej wiosce" plecie się ze słomy, bambusów i trzcin. Ludzkie siedziby, jak małe kruche kosze otwarte na gwiazdy i słońce, stoją nad rzeką, która w pewnej odległości od stacji przybiera barwę kakaową. Ludzie używają rzecznej wody do prania, picia, gotowania; wyrzucają do niej zdechłe psy i wnętrzności kurczaków.

– Co nie znaczy, że często jedzą kurczaki – wyjaśnił mi pewien Peruwiańczyk z pociągu. Rzeka, powiedział, jest zarówno ściekiem, jak i liną ratunkową biedoty.

Kiedy człowiek podróżuje po tej równinie, nie od razu staje się jasne, jak można się wbić w piętrzące się w oddali zbocze. Urwisko wydaje się zbyt strome, nagie, wysokie; doliny są tylko pionowymi szczelinami, a na całym górzystym obszarze nie widać śladu drzew ani ludzi. Słońce wypaliło roślinność do cna, zostawiając łagodne krągłości gołych skał. Przez czterdzieści kilometrów górskie ściany utrzymują się w oddali. Rzeka płynie tak blisko torów, że pociąg zdaje się jechać szybciej niż w rzeczywistości. Po pięciominutowym postoju w Chosica rusza dalej, ale już nigdy nie nabiera początkowej prędkości.

W końcu wjechaliśmy w dolinę, po czym ruszyliśmy zygzakiem pod górę. Właściwie trudno to nazwać doliną, ot, wąskie wcięcie w skałach, gdzie gwizd dieslowskiej lokomotywy prawie nie odbijał się echem od zbyt bliskich skał. O szesnastej mieliśmy dotrzeć do Huancayo. Jeszcze przed południem myślałem, że przyjedziemy przed czasem, ale w południe tak się ślimaczyliśmy, że zacząłem wątpić, czy dojedziemy do Huancayo za dnia. Na długo przed Ticlio zacząłem odczuwać pierwsze objawy choroby wysokościowej. Nie byłem w tym odosobniony, ponieważ kilku pasażerów, w tym Indianie, wyglądało upiornie.

Choroba wysokościowa zaczyna się od lekkiego bólu głowy. Stojąc w drzwiach pociągu, wdychałem chłodne powietrze owiewające półki skalne. Ponieważ ugięły się pode mną nogi, usiadłem, a gdybym miał możliwość, tobym się położył. Niestety brakowało wolnych siedzeń. Po godzinie zlałem się potem, a chociaż nie ruszyłem się z miejsca, brakowało mi tchu. Pocąc się w suchym powietrzu, zacząłem odczuwać dojmujący chłód. Inni pasażerowie siedzieli bezwładnie, podskakiwały im głowy, nikt nie rozmawiał, nikt nie jadł. Z walizki wyjąłem aspirynę, rozgryzłem, ale zrobiło mi się jeszcze bardziej niedobrze; ból głowy nie ustępował. Najgorsze w chorowaniu w podróży jest poczucie, że jeśli coś niedobrego stanie się z pociągiem – wykolejenie albo katastrofa – okażesz się zbyt słaby, aby się ratować. Nie opuszczała mnie też jeszcze straszniejsza myśl: przebyliśmy może jedną trzecią drogi do Huancayo, ale Huancayo leżało wyżej niż my teraz. Na myśl o tym, jak się poczuję na większej wysokości, truchlałem.

Przez pewien czas rozważałem możliwość wyjścia z pociągu na stacji Matucana, ale nie było tam nic prócz kilku kóz, Indian i chałup krytych blachą na kamienistej ziemi. Żadna z mijanych stacji nie obiecywała ulgi ani schronienia. Choroba wysokościowa miała jeszcze jeden przykry aspekt: rujnowała potencjalnie piękną podróż. Nigdy wcześniej nie widziałem takich zboczy, nigdy nie jechałem tak niezwykłym pociągiem. Dlaczego pośród tych niewiarygodnie pięknych krajobrazów czułem się chory jak pies? Gdybym tylko znalazł w sobie siłę koncentracji, przyroda by mnie oszołomiła; w tej sytuacji tylko dodatkowo mnie rozdrażniała.

Wokół nas wznosiły się jasne różane góry w ciemne pasy, cętkowane jak muszle najdelikatniejszych ślimaków. Chorować w takiej okolicy, zwisać niczym worek na siedzeniu i patrzeć, jak czerwonawy żwir osypuje się i zamiera w rozpadlinach, jak oblicza zboczy zmieniają się wraz z każdą zmianą wysokości, wszystko to stało się tak nieznośną torturą, że zacząłem kojarzyć wielkie piękno z wielkim bólem. Ząb trzonowy rozbolał mnie tak, jakby nerw zapłonął żywym ogniem. Wtedy jeszcze nie wiedziałem, jak ubytek w zębie zaczyna doskwierać na dużej wysokości. Uwięzione powietrze rozszerza się, uciska na nerw, sprawiając potworny ból. Dentysta, który mi o tym opowiadał, służył w siłach lotniczych. Pewnego razu w kokpicie ostro pikującego samolotu doszło do dekompresji, nawigator krzyknął z bólu, a po chwili jeden z jego zębów eksplodował.

Kilku moich współpasażerów zaczęło wymiotować w politowania godny sposób, jak ludzie bezradnie chorzy. Wymiotowali na podłogę, przez okna, dodatkowo wzmagając moje mdłości. Zauważyłem, że niektórzy potykając się, szli przez wagony. Początkowo sądziłem, że idą szukać miejsca do wymiotowania, ale wracali z balonami. Balony? Po zajęciu miejsc, zatykali nosy i wdychali powietrze przez otwory balonów.

Chwiejnie stanąłem na nogi, po czym ruszyłem na koniec pociągu, gdzie znalazłem Peruwiańczyka w mundurze kolejowym, który napełniał balony tlenem ze zbiornika. Balony rozdawał udręczonym pasażerom, którzy z wdzięcznością wdychali z nich hausty. Odstawszy w kolejce, przekonałem się, że kilka wdechów tlenu oczyszcza głowę i wyrównuje oddech.

W wagonie z tlenem spotkałem pewnego chłopaka, także z balonem tlenowym, w eleganckim kowbojskim kapeluszu ozdobionym paskiem z inkaską wypalanką.

– Gdybym wiedział, że tak tu będzie, nigdy bym nie przyjechał – powiedział.

– Wyjąłeś mi to z ust.

– Tlen trochę pomaga. Kurczę, czuję się potwornie.

Obaj pociągnęliśmy z balonów.

– Jesteś ze Stanów? – spytał.

– Z Massachusetts.

– Ja pochodzę z Minnesoty. Długo byłeś w Limie?

– Jeden dzień.

– Tam nie jest tak źle – zapewnił chłopak. – Spędziłem w Limie miesiąc. Jedno z najtańszych miast w Ameryce Południowej. Podobno Cuzco jest jeszcze tańsze. Chyba spędzę tam około miesiąca, potem wrócę do Limy i poszukam pracy na statku. – Obrzucił mnie spojrzeniem. – Mądrze zrobiłeś, ubierając się ciepło. Chciałbym mieć taką kurtkę. Mam tylko te ciuchy z Limy. W Huancayo kupię sobie sweter. Robią tam takie rzeczy. Sweter z wełny alpaki można kupić za grosze. Jezu, ale kiepsko się czuję.

Pociąg wjechał do tunelu. Już wcześniej przejeżdżaliśmy przez tunele, ale ten był długi, a wysokość czterech tysięcy ośmiuset trzydziestu metrów nad poziomem morza czyniła go najwyższym tunelem kolejowym na świecie. W pociągu huczało; chyba nigdy w życiu nie czułem się gorzej. Połknąwszy resztę tlenu z balonu, poszedłem po następny.

– Chce mi się rzygać – powiedział chłopak z Minnesoty. W słabym żółtawym świetle, z kapeluszem kowbojskim nasuniętym na oczy, wyglądał źle, jak śmiertelnie chory. Sam nie czułem się najlepiej, ale po wyjeździe z tunelu Galera wiedziałem, że minęliśmy najwyższy punkt, a skoro miałem go za sobą, byłem pewien, że dam radę dotrzeć do Huancayo.

– Dokąd zamierzasz popłynąć tym statkiem, na którym chcesz się zatrudnić? – spytałem.

– Do domu – odparł. – Popłynę do Stanów. Jeśli dopisze mi szczęście, wrócę pod koniec kwietnia. Bardzo chcę zobaczyć Minneapolis wiosną.

– Jest tak ładnie?

– Jeszcze ładniej.

Pociąg znajdował się teraz tak wysoko, że dało się ogarnąć wzrokiem Andy, a niektóre łańcuchy ciągnęły się setki kilometrów. Nie są to samotne szczyty, tylko raczej skupiska wierzchołków, im dalszych, tym łagodniejszych. Chłopaka z Minnesoty spytałem, jak zamierza dostać się do Cuzco. Skoro spędził w Limie miesiąc, uznałem, że dysponuje wiarygodnymi informacjami. Powiedział mi o połączeniu autobusowym, dodał też, że jeśli chcę, możemy pojechać razem. Autobus nie kosztuje dużo, ale podobno podróż do Cuzco zajmowała czasami cztery lub pięć dni. Wszystko zależało od drogi. Ponieważ panowała pora deszczowa, droga przez Ayacucho na pewno jest w złym stanie.

W La Oroya, gdzie linia kolejowa się rozwidla – jedna z odnóg wiedzie na północ do kopalni miedzi i cyny w Cerro de Pasco – nasz pociąg się opóźnił. Sama miejscowość La Oroya okazała się zimna i opuszczona. Dzieci żebrały na stacji, do pociągu ładowano worki. Od chodzenia zaczęło mnie palić w gardle, więc usiadłem i jąłem się zastanawiać, czy powinienem coś zjeść. Indianie sprzedawali wełniane szale, poncho, smażone ciastka i kawałki przypalonego mięsa. Kwaśną herbatą popiłem aspirynę. Bardzo chciałem wrócić do pociągu i zaczerpnąć tlenu z balonu.

Kiedy wsiedliśmy, na peron przykuśtykała stara Indianka z trzema pakunkami: tobołkiem z materiału, paczkami zatłuszczonych gazet i lampą naftową. Kiedy pomogłem jej wsiąść do pociągu, podziękowała mi, po czym powiedziała, że jedzie do Huancavelica, nieco za Huancayo.

– Dokąd ty jedziesz?

Odpowiedziałem, następnie spytałem, czy tutejsi ludzie mówią językiem Inków, czyli keczua.

– Tak – odparła Indianka. – To mój język. Tutaj wszyscy mówią keczua. Zobaczysz w Cuzco.

Przez resztę popołudnia toczyliśmy się do Huancayo, a im dalej jechaliśmy, tym bardziej zdumiewała mnie i zachwycała ta górska linia kolejowa. Powszechnie uważa się, że zaprojektował ją Amerykanin Henry Meiggs, ale najważniejszych pomiarów dokonał polski emigrant Ernest Malinowski. Meiggs nadzorował i promował budowę od jej rozpoczęcia w 1870 roku aż do śmierci siedem lat później. Dopiero po kolejnych dwudziestu latach kolej dotarła do Huancayo. Kolej transandyjska z Huancayo do Cuzco, zaplanowana w 1907 roku, nigdy nie powstała. W przeciwnym razie mój przyjazd do błotnistego wysokogórskiego miasteczka byłby bardziej optymistyczny. Zbyt schorowany, by jeść, z zawrotami głowy, w skórzanej kurtce zległem na łóżku. Wstrząsany dreszczami, czytałem wiersze i medytacje religijne Johna Donne'a. Jak na zimną noc w Andach, lektura oferowała niewielką otuchę: „Największą udręką jest choroba, natomiast największą udręką w chorobie jest osamotnienie; kiedy zaraźliwość choroby odstrasza ludzi, którzy powinni opiekować się chorym, nawet lekarz nie odważa się przyjść. Osamotnienie jest udręką, której nie niweluje nawet piekło".

Coś w wilgotnych ścianach wszystkich pokojów w tym mieście oraz w błotnistych drogach wyjazdowych sprawiało, że izolacja Huancayo była namacalna; panujący tu chłód wywoływał fizyczne poczucie oddalenia. Nie musiałem patrzeć na mapę, by wiedzieć, że znalazłem się dalej niż na końcu świata. Nazajutrz po przebudzeniu przyszedł mi do głowy pewien pomysł. Zamiast wypytywać mieszkańców Huancayo o drogę do Cuzco, mogłem pójść na dworzec autobusowy i porozmawiać z ludźmi, którzy przyjechali autobusem przez Andy od strony Cuzco. Mój nastrój nieco się poprawił. Przekonany, że do Cuzco prowadzi tylko jedna droga, gotów byłem ruszyć przez Andy, ale kiedy się okazało, że mam przed sobą kilka różnych możliwości, mogłem wybrać najlepszą, najłatwiejszą, nawet jeśli wiązało się to z zawróceniem. Podróż do Huancayo okazała się ciężka, ale jeśli dalsza droga będzie jeszcze gorsza?

Sporą część przedpołudnia spędziłem na rozmowach z pasażerami wysiadającymi z autobusów z Ayacucho. Wielu ludzi, otępiałych długą drogą, udzielało mi mglistych odpowiedzi, ale przytomniejsi mówili, że zatrzymał ich deszcz i osuwające się błoto; musieli spać w autobusach. Tylko dwaj moi rozmówcy przyjechali aż z Cuzco do rodzinnego Huancayo.

Niedaleko przystanku autobusowego znalazłem bar. Peruwiańskie bary mają charakter średniowieczny: grubo ciosane drewniane stoły, wilgotne ściany, klepisko. Spotyka się w nich psy i kurczaki. Co prawda, można kupić butelkowane piwo, ale większość amatorów napojów alkoholowych w Andach woli sfermentowany, gęsty, gorzki specjał. Napój ten, podawany w plastikowych kubkach, smakuje prawie tak samo jak piwo z kukurydzy, które w wioskach Afryki Wschodniej nalewa się z niedomytych garnców. Jeden łyk wywaru z Huancayo ożywił we mnie wspomnienia kochanego starego Bundibugyo.

– Chcesz znaleźć najlepszą drogę do Cuzco? – zwrócił się do mnie pewien człowiek w barze. Ten student z Limy miał nadzieję, że strajk generalny poprawi sytuację płacową w kraju. – Mówisz, że właśnie przyjechałeś z Limy, więc pewnie nie chcesz tam wracać, co? Pewnie ci się zdaje, że to bardzo daleko. Ale Lima leży bliżej Cuzco niż Huancayo.

– Przecież Cuzco znajduje się za tamtymi górami – powiedziałem.

– I właśnie na tym polega problem, prawda? – Student łyknął piwa, a ja zauważyłem, że nie pije lokalnego specjału, ale, podobnie jak ja, butelkowane jasne pełne. – Nad tymi górami łatwiej jest przelecieć, niż przez nie przejechać. Wystarczy, że kupisz bilet lotniczy i, trach, jesteś w Cuzco.

– Wydawało mi się, że tylko turyści latają samolotami.

– Przecież jesteś turystą.

– Niezupełnie.

– Posłuchaj, nawet niektórzy Indianie – wyszeptał to słowo – nawet oni latają samolotem.

Nazajutrz wróciłem pociągiem do Limy. Z Huancayo wyruszyłem w zimnej mgle, na dworcu Desamparados wysiadłem w tropikalnym upale. Ta podróż pociągiem trwała krócej, nie mieliśmy opóźnienia, ale przecież przez całą drogę jechaliśmy w dół.

– Czy Peru nie jest okropne? – powiedział mi pewien Peruwiańczyk w Limie. Opinia ta zabrzmiała bardzo niepołudniowoamerykańsko. Dotychczas nikt nie krytykował własnego kraju w mojej obecności. Nawet najbardziej zbuntowani Kolumbijczycy chwalili swoją kawę, Ekwadorczycy uważali, że ich banany są smaczne. Podejrzewając, że Peruwiańczyk liczy może na komplementy, wyraziłem lekkie zdziwienie i ostrożnie się z nim nie zgodziłem. Mój rozmówca upierał się jednak, że się mylę: Peru jest okrutnie rządzone, wrogo nastawione do sąsiadów i rozpada się na kawałki. Peruwiańczyk nie liczył na komplementy.

– Teraz, kiedy tak mówisz, muszę przyznać, że to rzeczywiście dość okropny kraj – powiedziałem.

– Peru umiera. Dojdzie tu do strasznych rzeczy – ciągnął, bardzo wzburzony.

Wówczas zapewniłem go, że doskonale wiem, co ma na myśli.

– Mam nadzieję, że kiedy znowu odwiedzisz Peru, sytuacja się zmieni – powiedział.

Peruwiańczyk był bardziej krytyczny niż ja. Z czasem zacząłem doceniać Limę, tolerować panujący tu brud. Miasto w niczym nie przypominało mi domu: brakowało znajomych elementów. Tęsknotę za domem odczuwałem tylko tam, gdzie ludzie kupowali odkurzacze czy płacili rachunki za prąd. Podobnie jak ja, mieszkańcy Limy czuli się nieco zagubieni; spacerowali, przesiadywali na placach, bo nie mieli nic innego do roboty, a gdy szli do kościoła czy muzeum, kierowali się tą samą motywacją co ja: czystą nudą. Dobrze wiedziałem, że jestem obcy, ale co z nimi? Biedacy zawsze czują się obco we własnym kraju. Z różnych powodów ani oni, ani ja nie mieliśmy swojego miejsca.

Życie w Limie toczyło się na widoku, ponieważ ludzie żyli pod gołym niebem. Owszem, istniały zamożne przedmieścia, ale bogacze żyli za murami; w tak biednym mieście afiszowanie się bogactwem i siłą wiązało się z niebezpieczeństwem. W Limie obszarpani przechodnie często krzyczeli na ludzi w drogich samochodach. Pozostała część społeczeństwa wylała się na ulice, gdzie zasiadła w smrodzie ścieków i przenikliwym, półsłodkim odorze ludzkich odchodów. Deszcz mógłby umyć to miasto, ale w Limie rzadko pada. Ciepły klimat pozwala ludziom żyć na dworze, dzięki czemu można przejść przez miasto i zobaczyć, że mieszkańcy Limy są biedni, młodzi i bezczynni. Dzięki nędzy Lima nie boryka się z korkami ulicznymi (szerokie aleje zaprojektowano z myślą o paradach wojskowych), ale nędza oznacza też, że autobusy są bardzo stare i zawsze zatłoczone. W centrum miasta znajduje się siedem dużych placów i parków. Tam roi się od ludzi; większość po prostu śpi lub siedzi, inni sprzedają pomarańcze, słodycze, okulary przeciwsłoneczne albo wystawiają na chodnik konstrukcje podobne do lektyki ważniaka i czyszczą buty. Bardziej przedsiębiorczy są fotografowie, wyciągający niezłe podobizny ze sklepanych skrzynek, które mają wyglądać jak camera obscura albo aparaty Kodak. Na kolejnym straganie za dziesięć centów można obejrzeć na przezroczach Królewnę Śnieżkę i Siedmiu Krasnoludków, Singapur, Nowy Jork, Rzym, Jelonka Bambi i dzikie zwierzęta. Tam stoi kataryniarz z papugą i oszalałą małpą; dalej pięć dziewcząt ubranych jak Cyganki wróży z kart.

– Przyjechałeś z bardzo daleka, mister. – Usłyszałem. – Widzę kobietę, ona z tobą rozmawia. To nie jest twoja żona. (Kobietą okazała się Elvera Howie z Chicago, która przyjechała do Cuzco z mężem, Bertem. Elvera nie wylewała za kołnierz, ale nasza znajomość nie miała w sobie nic z romansu).

W parkach mieszkały całe rodziny, z przyborami do gotowania i posłaniami; matki karmiły niemowlęta piersią, inne dzieci żałośnie łkały, ulicznicy wrzeszczeli; na zaśmieconej trawie ujrzałem chudego chłopca śpiącego obok chudego psa. Oprócz tego prostytutki, bandy mężczyzn, kochankowie, żebracy, „cały świat", jak Hiszpanie określają tłumy. Wszyscy ci ludzie nie mieli nic do roboty.

Rozwiązanie kryzysu: wojna domowa! Ten napis wymalowany niedaleko Plaza de Armas był jeszcze świeży, ale wyglądało na to, że wojna przyszła, a potem się skończyła. Ktoś mógłby pomyśleć, że tysiące ludzi w parkach i na placach to zabici i ranni w wyniku gwałtownych starć, ale należało ich raczej opisać jako uchodźców. W całej Ameryce Południowej nie było domów, które wyglądały na zrujnowane przez bombardowania i walki bardziej niż te w Limie, jednak zniszczenia na fasadach nie powstały po kulach i pociskach. Budynki nadgryzł po prostu ząb czasu. Walka klasowa toczy się bez trąbek sygnałowych; towarzyszy jej smród i pomruki, a nie donośny przepych wojsk, bohatersko wykrwawiających się na polu bitwy.

Peru nie stać ani na renowację zniszczonych budynków, ani na ich rozbiórkę. Większość wyblakła i niszczeje, ale te, które zachowały portyki i balkony, nadal są śliczne. Jeśli nie zabito ich deskami, zamieniono je na sale taneczne i bary, a kolejka Peruwiańczyków na chodniku nie czeka na chleb, tylko na otwarcie drzwi eleganckiej niegdyś posiadłości, gdzie (w porze popołudniowej) wyświetla się film pełen przemocy albo mają się odbyć tańce. Mimo to wydawało mi się, że obrzydzenie Peruwiańczyków jest tak szczere, że gdyby dysponowali bogactwem, rozebraliby starą Limę i zastąpili ją chybioną nowoczesnością Bogoty.

Od Katedry (wystawiona na pokaz mumia nie należy do Francisca Pizarra, którego szkielet odkryto niedawno w ołowianej trumnie w krypcie) poszedłem do parku uniwersyteckiego, zrobiłem obchód miasta, by w końcu zatrzymać się na Plaza Bolognesi, gdzie usiadłem i zadumałem się nad pomnikiem generała Bolognesiego. Nigdy wcześniej nie widziałem tak dziwacznego monumentu. Wysoki na dwadzieścia cztery metry, przedstawiał skrzydlatą boginię zwycięstwa; na panelach maszerowali żołnierze, a na jednym ze stopni człowiek spadał z konia. Naturalnych rozmiarów koń przekrzywiał się na bok. Żołnierze z mieczami w rękach zdobywali kolejny stopień pomnika; orły, wieńce oraz działa z brązu i marmuru unosiły kolumnę jeszcze wyżej; kobieta w żałobie przylegała ciałem do górnego filaru; jeszcze więcej strzelb, flag, oddziałów – bitwy ze wszystkich stron – tu zwycięstwo, tam klęska, a jeszcze wyżej dwie marmurowe nimfy z rozpostartymi skrzydłami i stopami w powietrzu unosiły ramiona ku szczytowi, gdzie sam Bolognesi, odlany z brązu, nacierał z pistoletem w jednej, flagą w drugiej dłoni, twarzą do szerokiej alei, sal tanecznych, wrzeszczących dzieci i przeładowanych autobusów.

– Chcesz kupić zdjęcia?

Peruwiańczyk podsuwał mi stary album z fotografiami: górnicy w kopalni cyny, stare auta, śnieżyce, kościoły, pociągi.

Zdjęcia miały osiemdziesiąt lat. Najpierw kupiłem dwie stare fotografie z pociągami, po dolarze za sztukę, potem zaczęliśmy rozmawiać.

– Mam nadzieję, że mi uwierzysz, jeśli powiem, że spędziłem w twoim kraju wiele lat – powiedział po hiszpańsku mój obdarty rozmówca w filcowym kapeluszu. – Mieszkałem w Waszyngtonie.

– Jak ci się tam podobało?

– Nie powinienem był stamtąd wyjeżdżać. W Limie nie da się żyć. – Z łachmanów wyjął wyświechtany dokument, świadczący o tym, że złożył zeznanie podatkowe za 1976 rok. – Spłaciłem wszystko. Jeśli tylko postanowię wrócić do Stanów, to mnie przyjmą.

– Dlaczego więc tam nie pojedziesz?

– Niedawno wdałem się tu w awanturę. Pewien człowiek za dużo pił. Chciał się ze mną bić. No to się z nim pobiłem. Nigdzie nie mogę wyjechać. Muszę meldować się w sądzie. Ale kto wie, kiedy odbędzie się rozprawa?

– Wszystko się dobrze skończy – pocieszyłem go. – Po procesie możesz wrócić do Waszyngtonu.

– Nie – odparł Peruwiańczyk. Przez chwilę poruszał ustami, jakby ćwiczył wypowiedź, wreszcie powiedział po angielsku: – Jestem całkowicie zrujnowany. Tak jak mój kraj.

rozdziałsiedemnasty

Pociąg do Machu Picchu

Peru jest najbiedniejszym krajem Ameryki Południowej, a zarazem krajem najchętniej odwiedzanym przez turystów. Te dwa fakty są ze sobą powiązane; nawet najbardziej tępy turysta umie liczyć po hiszpańsku – zwłaszcza niskie liczebniki swobodnie płyną z ust – wie też, że olbrzymie peruwiańskie ruiny oraz słaba waluta składają się na świetną okazję. Poznany w Huancayo student miał rację; w samolocie do Cuzco spotkałem grupę Indian Keczua, ale całą resztę stanowili turyści. Poprzedniego dnia przylecieli do Limy, po czym obwieziono ich po mieście. W hotelu, gdzie się zatrzymali, obowiązywał następujący porządek dnia: „4:00 – Pobudka! 4:45 – Bagaże na korytarzu! 5:00 – Śniadanie! 5:30 – Zbiórka w holu!...". O ósmej rano wycieczkowicze wylądowali w Cuzco – mężczyźni z resztkami piany do golenia na uszach – przepchnęli się przez Indian (niosących blaszane garnki, zatłuszczone pakunki z jedzeniem i lampy, mniej więcej tak samo jak w pociągu), wsiedli do czekającego autobusu i pogratulowali sobie, że zwiedzają bardzo tani kraj. Ludzie ci nie zdają sobie sprawy, że transport lotniczy przewozi turystów do najbardziej zapyziałych krajów świata. Najaktywniejsi turyści pochodzą z najbardziej statycznych społeczeństw. Turystykę można zdefiniować jako podróże zamożnych ludzi, bezmyślnie odwiedzających pogrążonych w letargu biedaków.

Obserwuj ludzkość jak najszerzej
Od Chin po Peru, patrz na mozół;

Oglądaj rojne sceny z życia,
Niesnaski, walkę o powszedni chleb[1].

Efekt często doprowadza obie strony do szału.

Każdy z uczestników wycieczki nosił znaczek z napisem *Samba South America* i swoim nazwiskiem. Wcześnie rano, w rozrzedzonym szarym powietrzu na dużej wysokości, w siąpiącej mżawce, ich zmęczone twarze nie pasowały do ćwierkających nazwisk: Hildy Wicker, Bert i Elvera Howie, Charles P. Clapp, Morrie Upbraid, Prellowie, Goodchuckowie, Bernie Khoosh, Avatarianowie, Jack Hammerman, Nick i Lurleen Poznan, Harold i Winnie Caseyowie, Lewgardowie, Wally Clemons oraz drobniutki Merry Mackworth. Turyści mieli już swoje lata. Garbaci, z aparatami ortodontycznymi, drewnianymi nogami, dwie osoby szły o kulach – niezwykły wyczyn w Andach – nikt nie wyglądał dobrze. Po upalnej Limie, tutejszym chłodzie, opóźnieniach, mozolnym wchodzeniu i schodzeniu po schodach – czekała ich jeszcze wspinaczka po pionowych stopniach Inków („sam nie wiem, co jest gorsze: wchodzenie czy schodzenie") – szczerze cierpieli. Człowiek musiał ich podziwiać, ponieważ za dwa dni tym samym samolotem mieli wrócić do Limy, znowu obudzić się o czwartej rano i ruszyć do kolejnego okropnego miasta w rodzaju Guayaquil czy Cali.

Po przylocie do Cuzco kręciło mi się w głowie, po lunchu poczułem się jeszcze gorzej. Mimo to postanowiłem nie poddać się chorobie wysokościowej. Odczuwając to mdłości, to zawroty głowy, ruszyłem na spacer po mieście. W szaroburym Cuzco wciąż dało się zauważyć ślady trzęsienia ziemi sprzed trzydziestu lat. Tylko niezniszczalne fortyfikacje i świątynie Inków za miastem przetrwały. Na każdym rogu Indianie sprzedawali swetry z wełny alpaki, kilimy, poncho, czapki. Szerokie dolne części

[1] Samuel Johnson, *The Vanity of Human Wishes*, tłum. P. Lipszyc.

ciała upodabniają ich do figur szachowych. Zwłaszcza kobiety, noszące po trzy spódnice i grube wełniane podkolanówki, są tak przysadziste i krępe, że trudno sobie wyobrazić, by ktoś mógł je przewrócić. Indianki ciepło się ubierają, bo po mistrzowsku robią na drutach z wełny hodowanych alpak. Jedyną częścią stroju niezrobioną na drutach jest kapelusz; doprawdy rzadko widzi się Indianina bez kapelusza, najczęściej filcowego. Od kilku tygodni pytałem ludzi, dlaczego Indianie tak bardzo upodobali sobie te nakrycia głowy, ale wyjaśnienia nie były ani oryginalne, ani interesujące; nikt właściwie nie wiedział, czemu europejskie kapelusze cieszą się taką popularnością. Oto rozmowa dwóch turystów zasłyszana w Cuzco:

– Nadal nie rozumiem, o co chodzi z tymi kapeluszami – powiedział pierwszy turysta.

– To chyba tak jak ze znaczkami pocztowymi, nie?

– Jak to?

– Wszyscy liżą znaczki pocztowe, ale nigdy nie przeprowadzono badań, czy to szkodliwe dla zdrowia. Podobnie z kapeluszami.

Po raz pierwszy od wyjazdu ze Stanów Zjednoczonych w tę bezcelową podróż ujrzałem innych podróżników bez celu. Jeśli ja podawałem się za nauczyciela, oni przedstawiali się jako studenci. Status studenta wiązał się z korzyściami: studenckie zniżki na przejazdy, noclegi, bilety wstępu. Barczyste, owłosione bufony w średnim wieku awanturowały się przy kasach:

– Słuchaj, jestem studentem! Wyświadcz mi przysługę! On nie wierzy, że jestem pierdolonym studentem. Hejże...

Wszyscy oni byli turystami podróżującymi tanio, próżniakami, włóczęgami, którzy zjechali do tego biednego miejsca, ponieważ chcieli zaoszczędzić pieniądze. Całkowicie przewidywalne rozmowy tych ludzi dotyczyły wyłącznie cen, kursów wymiany, najtańszych hoteli, najtańszych autobusów. Ktoś kupił posiłek za piętnaście centów, alpakowy sweter za dolara albo przekimał u Indian Ajmara w zapadłej wiosce. Wśród turystów dominowali Amerykanie, ale spotykało się też Holendrów, Niemców, Francuzów, Brytyjczyków i Skandynawów. Wszyscy mówili tym samym językiem, językiem pieniędzy. Wszyscy przechwalali się, jak długo udało im się utrzymać tu, w peruwiańskich Andach, kiwając system.

Tego rodzaju podróżnicy mogli działać demoralizująco na Indian, sprzedających gumę do żucia czy swetry. W Peru panowało bardzo duże bezrobocie, brakowało miejsc pracy, na ulicach spotykało się wielu żebraków i bezdomnych. Jak zatem wyjaśnić obecność tysięcy cudzoziemców w poncho, którzy wylegiwali się, żyli jak u Pana Boga za piecem, ale najwyraźniej nie pracowali? Turyści nie stanowili problemu; przyjeżdżali, wyjeżdżali, nie robili zamieszania. Ale brygada z plecakami wzbudzała niepokój i wprawiała miejscowych w przygnębienie.

Plecakowicze mieli różnoraki wpływ na Peru. Po pierwsze, stopa przestępczości utrzymywała się na niskim poziomie. Podróżnicy z plecakami nie posiadali dużych sum pieniędzy, ale tego, co mieli, bronili zawzięcie. Peruwiańscy kieszonkowcy czy złodzieje uliczni, którzy popełnili błąd i spróbowali okraść jednego z takich wędrowców, marnie wychodzili na bójce, jaka zawsze się wywiązywała. Spacerując po Cuzco, kilkakrotnie słyszałem krzyk, potem widziałem wściekłego Holendra albo wkurzonego Amerykanina szamoczącego się z Peruwiańczykiem. Błąd napastnika polegał na założeniu, że ci ludzie podróżują samotnie. W istocie zachowywali się jak plemię; znajomi napadniętego natychmiast spieszyli na ratunek. Obrabowanie Merry'ego Mackwortha czy mnie nie nastręczało trudności, ale brodaty drągal w poncho włożonym na koszulkę z napisem *Kalifornia jest dla kochanków*, z plecakiem i pieniędzmi odłożonymi na autobusowy bilet powrotny do Limy – to była inna para kaloszy. Taki twardziel nie bał się bronić.

Poza tym dzięki plecakowiczom ceny utrzymywały się na niskim poziomie. Nie dawali napiwków, nie kupowali niczego bardzo drogiego. Na bazarze targowali się jak sami Peruwiańczycy, pomidory i owoce kupowali po aktualnych cenach, nie płacili ani centavo więcej, niż musieli. Sama obecność tych ludzi wskazywała na to, że dało się znaleźć tanie jedzenie i zakwaterowanie; w Limie trzymali się jednej dzielnicy, Huancayo omijali, w Cuzco spotykało się ich całe tabuny. Przymuszony okolicznościami turysta zapłaci każdą cenę, ponieważ nie zamierza zostać na dłużej. Podróżni z plecakami, jakich opisuję, są nieugiętymi sknerami. Co prawda, nie wywarli trwałego wpływu na Peru, z pewnością nie poprawili stanu rzeczy w tym kraju, ale może tacy przyjezdni byli o oczko lepsi niż nieudolne próby skolonizowania Peru drogimi hotelami. Argument, że pięciogwiazdkowe hotele przynoszą korzyść krajowi, ponieważ tworzą miejsca pracy, jest niemądry, a wręcz wywrotowy. Miejscowa ludność zostaje zdegradowana do poziomu kelnerów i pomywaczek, to wszystko.

Brygada plecakowa dużo mówiła i myślała o ruinach. Dla wielu z nich ruiny stanowiły główny powód przyjazdu do Cuzco. Ciekawe, co ich tak pociągało w ruinach, skoro nie byli ani archeologami, ani, wbrew zapewnieniom, studentami. Z zasłyszanych rozmów wywnioskowałem, że odczuwali duchowy związek z Inkami, którzy czcili słońce, a także pewne społeczne powinowactwo – praktycznie w stu procentach humbug – z Indianami. Indianie wyplatali kosze, lepili garnki, tkali ubrania, co wzbudzało autentyczny lub zmyślony entuzjazm przyjezdnych, którzy dobrze im życzyli. Pod pewnym względem plecakowicze byli nieindiańscy: nie chodzili do kościoła. Nie tylko nie chodzili na mszę – co robili wszyscy Indianie – ale nie zwiedzali też katolickich klasztorów czy kaplic. Klasztory mogły się okazać zajmujące. Oprócz obrazów, posągów, człowiek mógł tam obejrzeć bicze, bransolety z drutu kolczastego, metalowe opaski na głowę, noszone przez świętą Katarzynę ze Sieny i świętą Różę z Limy podczas bolesnego, krwawego umartwiania (opaskę zaciskało się tak długo, aż tryskała krew). Ale brodaci twardziele podający się za studentów i podróżujący na krzywy ryj nie zwiedzali klasztorów. Zamiast tego, znosząc zawroty głowy, woleli przejść dziesięć kilometrów i obejrzeć fortecę Sacsahuamán, zbudowaną w kształcie szczęk pumy, sanktuarium Kenko z mrocznymi wewnętrznymi ołtarzami („Odlot") lub, nieco dalej, bulgoczące źródło w świątyni Tambomachay. Turyści jechali autobusem, ale podróżnicy maszerowali drogą Inków, wijącą się nad przepaściami górską ścieżką na północ od Cuzco. Nie przyjechali tu, aby dumać o Hiszpanach, ale żyć pośród pamiątek po Inkach. Dla nich Cuzco jest nadal inkaskim miastem. Plaza de Armas nie jest placem dwóch wspaniałych kościołów, tylko miejscem, gdzie w „miesiącu noszenia zmarłych" Inkowie wystawiali na widok publiczny mumie wydobyte ze Świątyni Słońca. Nie ma sensu podkreślać, że na placu nie ma Świątyni Słońca, ponieważ z jej kamieni wzniesiono kościół Santo Domingo. Każda hiszpańska budowla była kiedyś budowlą inkaską, drogi wytyczono w miejscu inkaskich szlaków, w miejscu okazałych domów wznosiły się pałace Inków.

Nie nosiłem ani znaczka uczestnika wycieczki, ani plecaka. Kroczyłem wąską, mało przekonującą granicą oddzielającą obie grupy, a po pewnym czasie znalazłem się w towarzystwie Meksykanów, którzy uważali się za turystów, ale brano ich za hipisów lub, co gorsza, za Peruwiańczyków.

– Przyjrzyj mi się dobrze, Paul – zwrócił się do mnie wieczorem jeden z Meksykanów. – Czy ja wyglądam jak Peruwiańczyk?

– Zdecydowanie nie – odparłem.

– Co się stało tym ludziom? W Cuzco jestem dopiero od dwóch dni, a ludzie zatrzymują mnie na ulicy i pytają o drogę! Coś ci powiem: jeszcze dwa dni i wracam do Meksyku. Tam może jest brudno, ale nie tak jak tutaj.

Nazajutrz, tuż przed zmrokiem, Meksykanie i ja szliśmy na skróty bocznymi uliczkami Cuzco, aż znaleźliśmy się na wilgotnym, ciemnym podwórzu. W niskich domach nie paliły się światła, na sznurze suszyło się pranie. Kuśtykający szczeniak podszedł do kałuży, pochłeptał wodę, duży indor zagulgotał na nas, dwie Indianki na ławce piły piwo kukurydziane z plastikowych kubków.

– Słyszę muzykę – powiedział jeden z Meksykanów. Twarz mu pojaśniała, zbliżył się do dźwięków dochodzących z ciemnej bramy z boku podwórza. Wszedł, ale po chwili wyszedł szybkim krokiem. – To zwykły bar.

– Wchodzimy? – zapytałem.

– Nie ma miejsc – odparł, najwyraźniej spiesząc się do odejścia. – Piwa napiję się w hotelu.

Trzech Meksykanów odeszło. Po wejściu do baru zrozumiałem ich pośpiech. Bar o niskim stropie znajdował się praktycznie pod ziemią. W świetle sześciu kopcących lamp naftowych dostrzegłem obdartych Indian. Z pijackimi uśmiechami na twarzach chłeptali piwo kukurydziane z poobijanych kufli. Bar miał kształt koryta. Na jednym końcu starszy mężczyzna i bardzo mały chłopiec grali na instrumentach strunowych; chłopiec śpiewał ślicznie w języku keczua. Na przeciwległym krańcu koryta gruba Indianka piekła mięso na ogniu; dym krążył po barze. Indianka wszystko robiła gołymi rękami: dorzucała mięso, przewracała je, sprawdzała, w końcu podnosiła i kładła na talerzu. Prawie nagie dziecko, najwyżej sześciomiesięczne i podobne do miękkiej zabawki, raczkowało przy ogniu. Napatrzywszy się, chciałem odejść, ale spostrzegłem, że trzech ludzi daje mi znaki, żebym podszedł.

– Tu jest miejsce – powiedział jeden po hiszpańsku i przesunął się na ławie. Sączył piwo kukurydziane. Kiedy zachęcał mnie, żebym spróbował, odparłem, że piłem już w Huancayo. Peruwiańczyk zapewnił, że to piwo jest lepsze, ale nie poczułem różnicy. Ten sam smak skwaśniałej owsianki.

– Smakuje jak piwo afrykańskie – powiedziałem.

– Nie! – krzyknął. – To dobre piwo.

Po chwili zamówiłem piwo butelkowe i przedstawiłem się jako nauczyciel. W duchu usprawiedliwiałem się, że łatwiej podawać się za nauczyciela niż za pisarza. Zawodu pisarza nie sposób wyjaśnić. Nawet jeśli człowiek ujawni, że jest pisarzem, i nie wywołuje tym oszołomienia, często zaczynają go darzyć przesadnym szacunkiem, a rozmowa zamienia się w wywiad. Nauczyciel geografii ma nieszkodliwą wymówkę, dzięki której może się znaleźć praktycznie w każdym miejscu.

Moi rozmówcy przedstawili się jako pracownicy Ministerstwa Robót Publicznych. Gustavo i Abelardo byli architektami, trzeci zaś, Napoleon Prentice („To dobre angielskie nazwisko, ale nie znam angielskiego"), pracował jako inżynier. Mimo prestiżowych zawodów trzej mężczyźni mieli na sobie liche ubrania, sprawiali też wrażenie przygnębionych.

– Może nie znasz angielskiego, ale w keczua na pewno mówisz lepiej ode mnie – zwróciłem się do Napoleona.

– Nie znam keczua – odparł.

– Ja znam kilka słów, ale to wszystko – powiedział Gustavo. – Bez trudu nauczysz się języka keczua. Jest taki jak angielski.

– Keczua jest jak angielski?

– Gramatyka jest identyczna. Na przykład po hiszpańsku mówimy „książka czerwona", ale w keczua mówią „czerwona książka". Jak po angielsku. No, dalej, powiedz to.

– Czerwona książka – powiedziałem po angielsku.

Trzej Peruwiańczycy uśmiechnęli się, słysząc w potoku dźwięcznej hiszpańskiej mowy angielskie zająknięcie.

– Nie będziesz miał problemów z keczua – zapewnił Gustavo.

Wszyscy trzej pochodzili nie z Cuzco, ale z Limy. Ministerstwo przysłało ich tu, aby zaprojektowali osiedle mieszkaniowe w Quillabamba za Machu Picchu, nad rzeką Urubamba. Abelardo niedawno przyjechał; dwaj pozostali mieszkali w Cuzco już od kilku miesięcy.

– Jak długo tu zostaniesz, Abelardo? – spytałem.

– Rok – odparł i zerknął na kolegów, potrząsając głową. Bez przekonania dodał: – Nie jest tak źle.

– Wszystkie te ruiny! Jakie ciekawe! – powiedział Napoleon.

– Interesujesz się ruinami? – zapytałem.

– Nie – odparł, a po śmiechu pozostałych poznałem, że Napoleon mówił za wszystkich.

– Co wasze żony myślą o tym, że wyjechaliście na tak długo? – spytałem. To pytanie zadawali mi wszyscy. Ciekawe, pomyślałem, czy usłyszę teraz zmyślną odpowiedź, którą będą mógł później wykorzystać.

– Nie mamy żon – odparł Gustavo. – Czy myślisz, że żonaci ludzie przyjechaliby do Cuzco czy Quillabamba?

– Ja jestem żonaty, a odwiedziłem Huancayo.

– To twoja sprawa, przyjacielu. Gdybym miał żonę, zostałbym w domu.

– Ja zazwyczaj jestem w domu – wyjaśniłem.

– Zazwyczaj! – wrzasnął Gustavo, trzęsąc się ze śmiechu. – To naprawdę zabawne.

– Tylko kawalerów, takich jak my, wysyła się w okropne miejsca w rodzaju Iquitos i Puerto Maldonado – powiedział Abelardo.

– Czy Iquitos nie leży w Ekwadorze? – spytałem.

– Czasami leży, czasami nie – odparł ze śmiechem Gustavo. – Aktualnie leży.

– Byłem w Maldonado – wtrącił Napoleon. – Okropny skwar, gorszy niż w Brazylii.

– Lima jest przyjemna – zapewnił Abelardo. – Podobało ci się w Limie? Tak? Tam zawsze jest co robić.

Najwyraźniej rok w Quillabamba miał mu się bardzo dłużyć.

– Ale pomyśl tylko o wszystkich ruinach w Cuzco – powiedział Napoleon.

Abelardo zaklął. W przybliżeniu znaczyło to: „Szczać Bogu na jaja!".

– Jakie inne kraje znasz? – zapytał Gustavo. – Na przykład Francję? Słuchaj, ile potrzebowałbym pieniędzy, żeby mieszkać w Paryżu? Ile dolarów dziennie?

– Około czterdziestu – odparłem.

Gustavo zrobił zawiedzioną minę.

– A w Londynie?

– Może ze trzydzieści – powiedziałem.

– Jedź do Limy – poradził Abelardo. – Tam wystarczą ci cztery dolary dziennie.

– Jedź do Maldonado – dorzucił Napoleon. – Przeżyjesz za dolara.

– A dziewczyny w Limie – westchnął smutno Abelardo.

– Tutaj jest dziewczyn pod dostatkiem – zauważył Gustavo. – Amerykanki, Niemki, Japonki. Są naprawdę ładne. Do wyboru, do koloru.

– Dacie sobie radę – powiedziałem.

– Jasne – zapewnił Gustavo. – W Quillabamba będziemy szczęśliwi. Będziemy się wymieniać pomysłami.

Chłopiec i staruszek przez cały czas brzdąkali. Bosy chłopak, śpiewający w tym obskurnym lokalu, wzbudzał melancholię.

Nagle muzyka ucichła. Chłopiec zdjął czapkę i przeszedł między stolikami, zbierając monety. Daliśmy mu trochę drobnych, chłopiec skłonił się, potem wrócił do śpiewania.

– On jest biedny – powiedziałem.

– Siedemdziesiąt procent Peruwiańczyków klepie biedę jak ten chłopiec – odparł Gustavo.

Piliśmy dalej, ale na tej wysokości alkohol dosłownie paraliżuje. Po chwili poczułem odrętwienie i tępotę; nie chciałem wypić trzeciej butelki piwa. Tamci trzej zabrali się do jedzenia pieczonego mięsa, ja postanowiłem zachować apetyt na później, wiedząc, że za półtora dolara mogę dostać w Cuzco porządny stek i nadziewane awokado. Kiedy odchodziłem, rozmowa dotyczyła szans Peru na mundialu.

– Nie jesteśmy zbyt dobrzy – mówił Napoleon. – Pewnie przegramy. – Nie sprzeczałem się, bo wiedziałem, że kiedy Peruwiańczyk wyraża swój pesymizm, należy się z nim zgadzać.

Po kolacji poczułem się zbyt słaby, by iść na spacer. Po powrocie do hotelu, a właściwie do wynajętego mieszkania przy placu, pomyszkowałem po pokoju i znalazłem stary gramofon marki Victor z 1904, tak zwaną Victrolę. Obok leżały płyty na siedemdziesiąt osiem obrotów na minutę. Większość była popękana, ale znalazłem jedną w dobrym stanie. *Ben Bernie and the Lads*, przeczytałem na okładce, *Shanghai Lil* (Warner Bros., „Footlight Parade"). Zakręciłem korbką i puściłem płytę.

> Szukałem w górach,
> Szukałem w dolinach,
> Nie marnowałem chwil;
> Jak świat długi i szeroki
> Szukałem Szanghaj Lil.

Na placu paliły się światła. Trędowaty, którego widziałem po południu, jak wlókł się na krwawiących nogach, niczym Okruszek bez paluszków z wiersza Edwarda Leara, zwinął się w kłębek przy fontannie. Po drugiej stronie placu stał piękny kościół Jezuitów, za nim zaś Andy, wysokie i czarne jak kapelusze Indian, także koczujących na placu.

Próbowałem o niej zapomnieć,
Wędrując setki mil.
Na próżno – po całym świecie

Było zimno. Skórzana kurtka nie wystarczyła, a przecież przebywałem w pomieszczeniu. Na szczęście panowała cisza: nie słyszałem klaksonów, samochodów, radioodbiorników, krzyków; tylko kościelne dzwony i Victrola.

Wciąż szukam Szanghaj Lil.

W każdy dzień powszedni o czwartej rano odzywają się dzwony kościołów w Cuzco. Potem dzwonią znowu kwadrans po czwartej i o wpół do piątej. Ponieważ kościołów jest mnóstwo, a dolinę otaczają góry, odgłos dzwonów od czwartej do piątej brzmi uroczyście. Dzwony przywołują wiernych na mszę, ale przychodzą tylko Indianie. O piątej zbierają się w katedrze, tuż przed szóstą wielkie drzwi katedralne otwierają się na chłodny górski świt, na plac wylewają się setki Indian w jaskrawoczerwonych poncho. Obserwator może odnieść wrażenie, że wkrótce rozpocznie się fiesta. Indianie wyglądają na szczęśliwych, właśnie przystąpili do komunii. Wszyscy katolicy wychodzą z mszy z lekkim sercem, a chociaż ci Indianie są zazwyczaj zgorzkniali i często marszczą twarze, po tej wczesnej mszy wielu z nich się uśmiecha.

Wraz z Indianami budzą się turyści, którzy ruszają na stację Santa Ana, żeby pojechać pociągiem do Machu Picchu. Podróżni niosą prowiant, parasole, płaszcze przeciwdeszczowe i aparaty fotograficzne. Nie kryją niezadowolenia, czemu trudno się dziwić. Ktoś im powiedział, że jeśli dotrą na stację o szóstej, o siódmej dostaną miejsce w pociągu. Teraz jednak jest siódma, a dworcowe drzwi wciąż są zamknięte. Lekki deszczyk zaczyna kropić na dwustuosobową grupę turystów. Na stacji panuje chaos. Turyści dobrze o tym wiedzą; są wściekli. Wczoraj wcześnie rano musieli wstać, żeby zdążyć na samolot do Cuzco; na lotnisku ujrzeli zbitą masę ludzi. Dziś wstali wcześnie, żeby zdążyć na pociąg do Machu Picchu, a tłum okazał się jeszcze większy. Turyści nie przepychają się ani nie szturchają. Karnie czekają w porannej szarówce, kurczowo ściskają prowiant, mamroczą pod nosem. Prawie wszyscy przyjechali na dwunastodniową wycieczkę po Ameryce Południowej, ale znaczną część czasu spędzali tak jak teraz, czekając, aż coś się wydarzy. Wcale im się to nie podoba. Nie chcą narzekać, wiedzą bowiem, że Amerykanie słyną z narzekania. Wyraźnie jednak są zniesmaczeni. Stoję w tłumie i czekam na okazję, by powiedzieć: „Wcale ci się nie dziwię".

– Mogliby przynajmniej otworzyć drzwi i wpuścić nas na stację – mówi jeden z Goodchucków.

– To zbyt proste – rezonuje Charles P. Clapp. – Wolą kazać nam czekać.

– Mam tego dość – dorzuca Hildy, która naprawdę wygląda na chorą. Biedaczka ma ponad siedemdziesiąt lat. Oto stoi na schodach stacji kolejowej, na tyłach brudnego targu w Cuzco w wysokich Andach. U jej stóp Indianka z płaczącym dzieckiem sprzedaje gumę do żucia i papierosy, natomiast umorusany mężczyzna poobijane brzoskwinie. Skąd pochodzi Hildy? Ze schludnych przedmieść na Środkowym Zachodzie, gdzie pociągi kursują punktualnie, a uprzejmi ludzie ustępują jej miejsca. Hildy nie wiedziała, że podróż okaże się taka ciężka. Postawa starszej pani wzbudza we mnie sympatię, wręcz podziw; w jej wieku taka wyprawa wymaga odwagi. – Jeśli wkrótce nie otworzą tych drzwi, wracam do hotelu.

– Wcale ci się nie dziwię.

– Od La Paz źle się czuję.

– Marquette przegrali – mówi przez zęby Morrie Upbraid, postawny mężczyzna z Baton Rouge.

– Teksas ma w tym roku świetną drużynę – dorzuca Jack Hammerman.

– Co się stało z Notre Dame?

Turyści rozmawiają o futbolu: zwycięstwach, porażkach i kolorowym graczu, który ma ponad dwa metry wzrostu. Atmosfera zadowolenia łagodzi przykre oczekiwanie na deszczu w Cuzco. Mężczyźni rozmawiają między sobą; kobiety stoją i się martwią.

– Chciałbym zobaczyć, jak lsu łoi im skórę – mówi pan Hammerman.

– Mogliby przynajmniej otworzyć te drzwi – wzdycha pani Goodchuck.

Stacja w końcu zostaje otwarta. Tłum prze do przodu. Starsi turyści przesuwają się, ale się nie pchają. Ludzie są wyraźnie skrępowani, czują, że cała sytuacja jest sprawdzianem, a jeśli zareagują zbyt gwałtownie, upodobnią się do Peruwiańczyków. Wstyd i dezaprobata skłaniają ich do pewnej powściągliwości. Tylko argentyńska para w podróży poślubnej – śniady, pewny siebie mężczyzna z chudą żoną, nieodstępującą go ani na krok – bez trudu przepycha się do przodu. Zostawiwszy za sobą potulniejszych Amerykanów, są pewnie zdziwieni, że tak szybko przecisnęli się przez drzwi.

– Odchylcie się nieco w tył – napomina Charles P. Clapp. – Dzięki temu nie zostaniecie stratowani.

Słysząc to, Amerykanie odchylają się do tyłu.

Miejsc w pociągu starczyło dla wszystkich oprócz trzech Indianek z nosidełkami dla dzieci i tobołkami oraz dwóch podróżników przebranych za Indian, w oklapłych kapeluszach i poncho. Cała reszta usiadła, z prowiantem na kolanach. Przez godzinę nieśmiało zastanawiano się, czy pociąg ruszy; stopniowo narastało zniechęcenie. Pasażerowie odetchnęli z ulgą, kiedy pociąg wreszcie oddalił się od stacji. Niebo wciąż skrywały chmury, w górach utrzymywała się zielonkawa mgiełka. Droga wiedzie wysoko, ale tory okrążają góry u podnóży wąwozami, gdzie woda płynie obok szyn. Ponieważ znajdowaliśmy się tak głęboko w górach, dało się zobaczyć tylko najwyższe zbocza. Na płaskich odcinkach dna wąwozu gliniane lepianki stały obok zmyślnych murów inkaskich ułożonych z głazów, inkaskich tarasów zamienionych w indiańskie wioski. Gliniane lepianki postawiono niedawno, inkaskie mury były stare, a mimo to wzniesiono je bez pomocy kół; powierzchnie wygładzono i połączono kamiennymi narzędziami.

Na widok tych kamiennych konstrukcji Bert Howie skanduje:

– Inka! Inka! Inka! Wszędzie, gdzie spojrzysz: Inka!

– To mi przypomina Wyoming – mówi Harold Casey, zwracając naszą uwagę na skaliste zbocza, spadającą wodę, zielone wzgórza.

Lewgardom ten widok przypomina stan Maine. Prellowie mówią, że tu w ogóle nie jest jak w Indianie, co wywołuje śmiech. Ktoś mówi, że tu jest jak w Ekwadorze. Pozostali irytują się: Ekwador to ich następny etap podróży.

Bert i Elvera Howie słuchają tych porównań, po czym mówią, że okolica przypomina im Afrykę. Pewne rejony Afryki wyglądają dokładnie tak samo. Wszyscy wyglądamy przez okno, widzimy lamy, mniejsze i bardziej puchate alpaki, bardzo włochate świnie; kobiety w wysokich kapeluszach, szalach i podkolanówkach zbierają drzewo na opał. Afryka? Elvera upiera się, że właśnie tak. Tego ranka, mówi, w holu koktajlowym na najwyższym piętrze ich hotelu Bert stwierdził, że widok przypomina mu Florencję: wszystkie te dachy z pomarańczową dachówką, kościoły, światło.

– Zawsze chciałam odwiedzić Afrykę – mówi Hildy, która po zajęciu miejsca w pociągu wygląda lepiej.

– Jako ostatni opuściliśmy Ugandę – mówi Bert.

– To musiało być straszne.

– Biedni Hindusi. Na lotnisku zdejmowali kolczyki.

– Było przerażająco – mówi Elvera. – Podobało mi się.

– Tam widziało się podobne góry. Afrykanki chodziły po nich, nosząc różne rzeczy na głowach.

– Bert łowił ryby.

– W Nilu. – Kiedy Bert mówi to z uśmiechem, pociąg przejeżdża wzdłuż zabawnej peruwiańskiej rzeczki Anta o swojskim wyglądzie. Czy może się równać z Nilem? – Łapałem tam spore okazy. Nazywają je okoniami nilowymi. Woda była tam czarna jak to siedzenie.

– Spójrzcie tylko na tę biedę – mówi pan Upbraid.

Za miasteczkiem Anta leży wioska: kilka lepianek, świnie, alpaki o skołtunionym futrze, dziewczynki noszące niemowlęta, dzieci z wyciągniętymi rękami wołające „Piniądze! Piniądze!".

– Haiti – mówi Bert. – Byliście na Haiti? To jest dopiero nędza. Tutaj to jeszcze nic. Ci ludzie mają swoje gospodarstwa, każdy ma kawałek ziemi. Mogą hodować własną żywność. Mają dach nad głową. Dadzą sobie radę. Ale Haiti? Tam ludzie głodują. Albo na Jamajce? Jeszcze gorzej.

Nikt nie zaprzeczył. Wszyscy patrzyliśmy przez okno. Komentarze Berta sprawiły, że okolica wydawała się teraz dość zamożna.

Nie ma sensu mówić Bertowi, że patrzymy na dzierżawców, których cały dobytek składa się z ubrań, jakie mają na sobie. Chaty przeciekają. Jasnozielone grządki warzywne leżą wysoko na zboczach gór, na inkaskich tarasach albo przyczepione na stromiznach pod kątem sześćdziesięciu stopni. Przez chwilę kusi mnie, żeby mu powiedzieć, że tutaj nikt nie ma żadnej własności, że ci Indianie sami są czyjąś własnością. Ale informacje wprawiają turystów w zamęt; sami chcą się domyślać znaczenia tego, co widzą.

– To wygląda jak jaskinia. Chyba dawno temu żyli w takich miejscach.

– Tam prowadzą schody, na pewno do punktu obserwacyjnego.

– Dziś jest słonecznie, ale tu panuje ciemność.

– Dlatego, że jedziemy doliną.

Taka rozmowa, czysty Thornberry, toczyła się nieskładnie, podczas gdy pociąg mijał przysadziste kupry gór.

– Patrzcie, znowu Indianie.

Za oknem ujrzeliśmy dwie Indianki owinięte w chusty, w czerwonych kapeluszach z szerokim rondem. Jedna ściągała lamę z pola, druga – może na użytek turystów – niedbale przędła surową wełnę, odwijając ją z wrzeciona i skręcając w palcach.

– Zrobiłeś im zdjęcie, Bert? – zapytała Elvera.

– Momencik.

Bert wyjął aparat i kliknął zdjęcie dwóm Indiankom. Obserwował go turysta nazwiskiem Fountain. Czując na sobie jego spojrzenie, Bert powiedział:

– To nowy canon, świeża rzecz na rynku.

Bert nie powiedział, ile zapłacił za aparat, ani nie podkreślił, że należał do niego. Stwierdzenie „To nowy canon" było zawoalowaną przechwałką.

Pan Fountain wziął aparat, zważył w dłoni, spojrzał przez okienko i osądził:

– Poręczny.

– Zgrabny – dodał Bert. – Szkoda, że nie miałem takiego podczas naszej podróży na Boże Narodzenie.

Uczestnicy wycieczki zamruczeli, ale nie okazali wielkiego zainteresowania.

– Czy wiecie, co to jest sztorm dwunastego stopnia?

Niewiedza często przypomina opakowany towar. Pomruki były podobne do szelestu odwijanego papieru pakowego. Nikt nie wiedział.

– Popłynęliśmy w rejs – wyjaśnił Bert. – W dzień po wypłynięciu z Acapulco słoneczne niebo nagle się zachmurzyło. Wkrótce zaczął wiać wiatr o sile dwunastu stopni. Wszyscy się pochorowali. Sztorm trwał czterdzieści osiem godzin. Elvera poszła do baru i siedziała tam przez dwa dni.

– Tam się czułam bezpiecznie.

– Nie mogłem spać, nie mogłem jeść. Widzicie, lekarstwo przeciwko chorobie morskiej działa tylko wtedy, jeśli się je zażyje, zanim człowiek zacznie wymiotować. To było okropne. Przez dwa dni chodziłem i mówiłem do siebie: „Nie mogę w to uwierzyć. Po prostu nie mogę w to uwierzyć".

Na tym opowieść się nie skończyła. Bert i Elvera przez dziesięć minut opowiadali o huraganie, a nawet przy ich monotonnej narracji – przerywali sobie nawzajem, aby uzupełnić szczegóły – relacja brzmiała przerażająco, jakby żywcem wyjęta z *Przygód Artura Gordona Pyma*. Wysokie fale, porywisty wiatr, choroba morska, tchórzostwo, bezsenność. Sztorm tak mocno poturbował starszych ludzi na statku (co zaniepokoiło starsze osoby w pociągu), że niektórzy połamali ręce i nogi.

– Pewien miły starszy pan uszkodził sobie biodro. Kilka osób tak bardzo ucierpiało, że nie widzieliśmy ich przez resztę rejsu.

Bert mówił, że zapanował chaos; Elvera obwiniała angielskiego kapitana, który wcale ich nie ostrzegł („A przecież musiał coś wiedzieć"). Później kapitan powiedział, że w życiu nie przeżył tak silnego sztormu.

Elvera przyglądała mi się chwilę z gorzką nieufnością, wreszcie powiedziała:

– Wy, Anglicy.

– Właściwie to nie jestem Anglikiem.

– Właściwie – powtórzyła, wykrzywiając twarz w grymasie.

Bert wciąż opowiadał o sztormie, wietrze, połamanych kościach. Po całej tej historii lekki deszczyk siąpiący w andyjskim kanionie wyglądał jak wiosenny kapuśniaczek, a podróż pociągiem jak przejażdżka kolejką w wesołym miasteczku. Bert i Elvera przeżyli sztorm na Pacyfiku; ta podróż pociągiem była niedzielną majówką, niczym więcej.

– Chcę się napić – oświadczyła Elvera. – Zamiast opowiadać ludziom o innej podróży, skup się na tej i zorganizuj mi drinka.

– Zabawne – powiedział Bert. – Nie znam ani słowa po hiszpańsku. Mówię tylko po angielsku, a mimo to zawsze potrafię się dogadać. Nawet w Nairobi. Nawet we Włoszech. Wiecie, jak to robię? Po prostu siadam i mówię: „Ja chcieć drinka". To zawsze działa.

Bert bardzo szybko mógł zademonstrować, z jaką łatwością przekracza barierę językową. Do wagonu wszedł konduktor. Bert uśmiechnął się i poklepał go po ramieniu.

– Ja chcieć drinka – powiedział.

Konduktor stęknął i odszedł.

– Pierwszy raz coś podobnego…

– Patrzcie.

Przed nami, za czarną bramą górskich szczytów, rozpościerała się szeroka, płaska dolina zalana słońcem; ptaki na niebie i półkach skalnych przypominały znaki diakrytyczne nad samogłoskami, a na stromych zboczach w oddali rosły zielone krzewy, spłaszczone przez wiatr. Tam właśnie płynęła rzeka Vilcanota, zmierzająca na północ do Machu Picchu, gdzie zmieniała nazwę na Urubamba i dążyła dalej na północny wschód, by wpaść do dopływu Amazonki. Rzeka wypływała z Sicuani, mijała lodowce obok rozpadającego się miasta Pisaq, a w miejscu, gdzie teraz gwizdał nasz pociąg, utworzyła Świętą Dolinę Inków. Kształt płaskiej, zielonej i ukrytej doliny przyciągnął Inków. Wielu przeniosło się tu jeszcze przed wejściem Hiszpanów do Cuzco, a po upadku miasta dalsi wycofali się, walcząc z najeźdźcami. Dolina stała się inkaską twierdzą. Jeszcze długo po tym, jak Hiszpanie uznali, że zmietli z powierzchni ziemi to pobożne, wysoce cywilizowane imperium, Inkowie żyli w przepastnych kanionach. W 1570 roku dwaj misjonarze z zakonu augustianów – bracia Marcos i Diego – gnani fanatyczną wiarą, przekroczyli te góry i weszli do doliny. Mnisi prowadzili grupę nawróconych Indian, którzy podpalili pochodniami inkaskie miejsca kultu. Ostateczne zwycięstwo odnieśli w Chuquipalta koło Vitcos, gdzie, ku większej chwale Boga (Inkowie twierdzili, że w tej okolicy ukazał się Szatan), podpalili Dom Słońca. Nad rzeką powstały misje (Marcos zginął w końcu straszliwą męczeńską śmiercią), ale dalej, gdzie góry i niebo praktycznie zlewały się w jedność, pozostały ruiny, do których nikt już nie wchodził. Doliny spały. Dopiero w 1911 roku Hiram Bingham z Yale, ze słowami Kiplinga kołaczącymi się w głowie ("Coś skrytego. Idź i znajdź to. Idź i zajrzyj za te Szczyty/ Za Szczytami zaginione. Czeka na cię, Idź!"), odkrył wielkie górskie miasto Machu Picchu. Bingham wierzył, że odnalazł zaginione miasto Inków, ale John Hemming pisze w *The Conquest of the Incas*, że położone dalej na zachód Espíritu Pampa bardziej zasługuje na to miano.

Geniusz Inków polegał między innymi na tym, że ukryli się w niedostępnych dolinach, za skalnymi złomowiskami, na końcu stromych szlaków za szczytami. Zdolności budownicze pozwoliły im przeobrazić naturalne mury obronne w bezpieczne fortece. Kilka kilometrów po wjeździe do doliny Vilcanota dotarliśmy do Ollantaytambo. Oddzielna wycieczka w tamte strony pozwoliła mi docenić doskonałą lokalizację; tarasy i świątynne mury ukazywały się dopiero wtedy, gdy człowiek znalazł się na ich szczycie. Budowle są prawie niewidoczne od strony linii kolejowej i rzeki, a to, co obserwator uznaje za siedziby Inków, okazuje się w istocie grubymi inkaskimi wieżami trzydziestometrowej wysokości. Stacjonujący w nich strażnicy ostrzegali oblężonych wojowników o natarciu Hiszpanów. Ollantaytambo odniosło swoisty sukces. Ponad czterysta lat temu hiszpański oddział pod wodzą Hernanda Pizarra zaatakował miasto, ale poniósł klęskę. „Kiedy dotarliśmy do Tambo – pisał jeden z Hiszpanów – okazało się tak dobrze umocnione, że ogarnęło nas przerażenie". W krwawej bitwie, która się wywiązała, Hiszpanie zostali pokonani przez inkaskich procarzy, amazońskich łuczników oraz Inków, uzbrojonych w broń i zbroje odebrane nieprzyjaciołom.

W inkaskiej symetrii jest smukła, biblijna okazałość: za murami kryją się wiszące ogrody, zwieńczone dwudziestotonowymi megalitami, które przywleczono z odległości kilku kilometrów i wciągnięto na szczyt. Pierwotnie to miejsce nie służyło jako forteca, ale jako królewski ogród.

– To musi być ochrona przed osuwającą się ziemią – powiedział, przechodząc obok nas, pan Fountain.

– Hej, ale kapitalne buty! – zawołał Bert Howie, wpatrzony z zachwytem w moje stopy.

– Nieprzemakalne – wyjaśniłem.

– Kochanie, spójrz tylko na te kapitalne buty.

Ale Elvera ciągle patrzyła na Ollantaytambo. Wieżę zegarową na wioskowym placu wzięła mylnie za kościół i powiedziała, że przypomina jej kościoły w Cuzco. Pozostali wycieczkowicze wspomnieli o kościołach w Limie, Quito, Caracas, La Paz czy jeszcze dalej. Chociaż jechaliśmy przez Świętą Dolinę Inków, nikt nie zwracał uwagi na pola pszenicy i kukurydzy ani na kolosalne wysokości tych zboczy, przeoranych przez zlodowacenia; nikt nie mówił o naszej podróży ku słońcu wzdłuż szumiącej, brunatnej rzeki. Wzmianka na temat kościoła wywołała rozmowę o religii, a wraz z nią rwący nurt mętnych opinii.

Te złote ołtarze naprawdę mnie wkurzają, powiedział ktoś. Nie rozumiem, dlaczego nie przetopią ich i nie nakarmią głodujących. A te posągi, dorzucił inny, są takie przesadne, zawsze zakrwawione i wychudzone. Wycieczkowicze zaczęli się kłócić i przekrzykiwać: najgorsze są posągi Chrystusa, takie krwawe; podobizny Marii są pucołowate, ubrane w koronki i atłas, jak lalki; Jezus na krzyżu, z tymi wystającymi żebrami, wygląda okropnie pośród złoceń. Ktoś mógłby sądzić, że mogli przynajmniej nadać im ludzki wygląd. Rozmowa toczyła się dalej w podobnym duchu: krew, złoto, cierpienie, ludzie na kolanach. Dlaczego musieli przesadzać, pytał pewien mężczyzna, skoro rezultat zawsze był wulgarny?

Już wcześniej dość często słyszałem podobne rzeczy. W udawanym oszołomieniu i niesmaku pobrzmiewała nuta protekcjonalnego szyderstwa. „Po prostu nie mogę tego pojąć", mówili, ale niezrozumieniem tylko pogłębiali własną ignorancję. Ignorancja zaś upoważniała ich do wyszydzania.

W końcu uznałem, że czas zabrać głos. Ja również widziałem te kościoły i doszedłem do pewnych wniosków. Odchrząknąłem.

– Wystrój kościołów wygląda na przesadny, ponieważ jest przesadny – powiedziałem. – Możliwe, że figury Chrystusa w tutejszych kościołach są krwawsze niż w Hiszpanii, a już na pewno krwawsze niż te, które oglądacie w Stanach. Ale tutejsze życie jest krwawsze, czyż nie? Aby uwierzyć, że Chrystus cierpiał, musicie uwierzyć, że cierpiał bardziej niż wy. W Stanach Zjednoczonych na figurze Chrystusa widać nieco siniaków, kilka kropli krwi, drobnych obrażeń. Ale tu? Jak można cierpieć bardziej niż ci Indianie? Przecież ci ludzie doznali wszystkich rodzajów bólu.

Inkowie miłowali pokój, byli pobożni, ale jeśli ktoś złamał prawo, spotykała go niewiarygodna kara. Taki człowiek mógł zostać pogrzebany żywcem, zatłuczony na śmierć, rozciągnięty na ziemi i rytualnie stratowany albo poddany torturom. Jeśli wysoki urzędnik dopuścił się przestępstwa, z wysokiej skarpy zrzucano mu na głowę ciężkie kamienie. Dziewicę przyłapaną na rozmowie z mężczyzną wieszano za włosy. Bólu nie przywieźli tu hiszpańscy księża, ale ukrzyżowany Chrystus stanowił część liturgicznego planu. Indian nauczano, że Chrystus cierpiał; musieli uwierzyć, że cierpiał bardziej niż oni. Na tej samej zasadzie Maria, matka świata, była zdrowsza i lepiej ubrana niż inkaskie kobiety. A zatem, owszem, posągi są przejaskrawionym obrazem ich życia, ponieważ te wizerunki przedstawiają Boga i Świętą Matkę. Zgoda?

Przekonany, że mam rację, dawałem się ponieść potokowi własnej wymowy. Maria w kościele San Francisco w Limie, w gwiaździstej opończy, brokatowej sukni, ze srebrnym koszem w dłoni, musiała przyćmiewać inkaskie arystokratki, a nawet modne Hiszpanki. Te boskie istoty musiały przewyższać Hiszpanów i Peruwiańczyków pod względem cierpienia oraz bogactwa; musiały wydawać się odważniejsze, bardziej udręczone, bogatsze lub krwawsze, aby ludzie uwierzyli, że są błogosławione. Chrystus w każdym kościele był bardziej umęczony niż najbardziej umęczony trędowaty z placu: tak musiało być. Lekcja Kościoła peruwiańskiego – a może całej Ameryki Południowej – pokazała nadzwyczajny charakter Zbawiciela. Podobnie posągi Buddy jako wędrownego mnicha-żebraka ukazywały człowieka głodniejszego i bardziej wychudzonego niż najchudszy buddysta. Jeśli miałeś uwierzyć w Boga, musiałeś zobaczyć, że Bóg znosił większą udrękę niż ty. Maria zaś musiała się jawić jako kobieta bardziej macierzyńska, płodna i bogata niż jakakolwiek inna matka. Religia wymagała tej intensywności, aby wywołać pobożność. Wierzący nie mógł czcić kogoś takiego jak on sam;

należało mu zademonstrować świętość boskiego posągu. Wówczas oddawał posągowi chwałę w najbardziej stosowny sposób: zdobił go złotem.

Po mojej wypowiedzi nikt więcej nie wspomniał o religii. Turyści wyglądali przez okno i mówili: „Znowu świnie" albo „Patrzcie, czy to tęcza?". Rozmawiali zdawkowo, w stylu Thornberry'ego, aby zabić nudę monotonnej podróży pociągiem.

Nad Urubamba rzeczywiście jaśniała tęcza. O ile nam wiadomo, Inkowie, jako jedyny lud na świecie, czcili tęczę. Oto zbliżaliśmy się do miasta, które Hiram Bingham nazwał „ostatnią stolicą Inków". Pociąg stanął. Nad nami, ukryte za zboczami i nawisami skalnymi, leżało Machu Picchu. Turyści nie przestawali gadać. Nieopatrznie powiedziałem Bertowi Howie o gramofonie w hotelu i o tym, że puszczałem płytę *Shanghai Lil*. Bert odparł, że Ben Bernie pochodzi z Chicago, i wspinając się górską drogą, zaczął snuć wspomnienia. Wysoko ponad paplającą głową Berta, na najbardziej stromym zboczu, kapłani słońca w przepysznych szatach zwracali się o świcie na wschód, a gdy słońce, ich bóg, roztaczało światło nad Andami, wznosili ręce i (jak pisał ojciec Calancha w 1639 roku) „przesyłali słońcu pocałunki […] w obrzędzie pełnym głębokiej rezygnacji i czci". Nie uszliśmy jednak zbyt daleko; wciąż znajdowaliśmy się blisko rzeki, wzburzonej i ciemnej, ponieważ nie odbija nieba, ale gąbczastą roślinność porastającą nawisy skalne. „Nawet wolnym od przesądów jankesom tutejsza woda wydaje się czarna i groźna", pisał Bingham.

Dalej wspinaliśmy się po stromiźnie. Turyści paplali, zatrzymując się tylko dla zaczerpnięcia tchu. Z czasem zadyszka przeszła w narzekania. Dopiero po ostatnim stopniu, na szczycie wzgórza, naszym oczom ukazało się miasto. Leżało rozciągnięte niczym ogromny złamany szkielet, oczyszczony do białości przez kondory. Przynajmniej raz turyści zamilkli.

rozdział_osiemnasty_

El Panamericano

Ekspres Panamerykański, jeden z najwspanialszych pociągów Ameryki Południowej, przemierza tysiąc sześćset kilometrów z La Paz w Boliwii do argentyńskiego miasta Tucumán. Ekspres przekracza granicę państw – niewiele pociągów na tej półkuli tego dokonuje – a właśnie przejazd przez granicę czyni podróż koleją fascynującą. Granica jest z reguły ziemią niczyją, gdzie rozgrywają się zapierające dech w piersiach scenki oszustw: stemplowanie paszportów, podejrzliwe spojrzenia, zastraszanie podczas odprawy celnej, głupawe patriotyczne nadęcie oraz niewytłumaczalne opóźnienia. Z Teksasu do Meksyku przeszedłem przez rzekę Rio Grande, z Gwatemali do Salvadoru przybyłem piechotą. Teraz liczyłem na to, że w Boliwii wsiądę do pociągu, a po trzech dniach podróży andyjskimi wyżynami znajdę się w sercu Argentyny.

Najpierw jednak musiałem się wydostać z Peru. Strajk kolejowy już się rozpoczął. Funkcjonowała tylko jedna linia; wojsko obsługiwało pociąg do Machu Picchu na użytek turystów. Sytuacja Indian, pragnących wrócić do domu innym pociągiem, była nie do pozazdroszczenia. Górnicy także rozpoczęli strajk, a pracownicy służb miejskich okupowali urząd władz stołecznych w Limie. Pokojowe demonstracje przerodziły się w gniewne zamieszki; istniała groźba sabotażu pociągu do Machu Picchu. Strajkujący domagali się podwyżki płac o półtora dolara na miesiąc. W Peru za półtora dolara można kupić kilogram mięsa, na tyle mogła sobie pozwolić raz w miesiącu przeciętna rodzina.

Ludzie przestrzegli mnie, że jeśli wkrótce nie wyjadę z Peru autobusem, strajk obejmie i ten środek lokomocji. Chociaż w Kolumbii obiecałem sobie, że więcej nie wsiądę do południowoamerykańskiego autobusu – na Boga, miałem żonę i dzieci! – nie było innego wyjścia, jak ruszyć autobusem do Puno.

Pociągiem trasa ta byłaby prosta i przyjemna; jazda autobusem wyboistą drogą okazała się męcząca i obfitująca w kurz. W autobusie nie mogłem czytać; tego dnia nie zrobiłem też wpisu do dziennika. O zachodzie słońca dotarliśmy do jeziora Titicaca, które przepłynęliśmy w środku nocy statkiem parowym *M. V. Ollanta*. Mówi się, że jest to jedna z najbardziej czarownych podróży na całym kontynencie, ale ja nic nie widziałem w ciemnościach. Ostatni etap, z Guaqui do La Paz, okazał się zbyt krótki, by trwale zapisać się w pamięci. Zapamiętałem tylko zaskoczonego Indianina, stojącego z lamą wśród głazów i odprowadzającego nas wzrokiem. Lama patrzyła na mnie ze szczególnym wyrzutem.

> Lama to wełnista i kudłata koza:
> Falujące gardło, arogancka poza –
> Zupełnie jak podrzędny literat[1].

Nad La Paz, gdzie pociąg podjeżdża pod górę i przecina górski grzbiet, by w końcu zjechać do miasta, wznoszą się czarne jak sadza szczyty, przykryte śniegiem. Śnieg miał suchy, nieziemski wygląd czegoś trwałego; w niczym nie przypominał jaśniejącej brei, jaką spotyka się w Nowej Anglii.

Jałowość Boliwii stała się wyraźnie widoczna, kiedy tylko dotarliśmy do południowego krańca jeziora. To nie była jałowość meksykańska, przywodząca na myśl okruchy ciastka, ani peruwiańska, podobna do skorupy ślimaka, nawet nie wyschnięty ugór Gwatemali. Jałowość Boliwii była ziarnistą warstwą skorupy

---

[1] Hilaire Belloc, *Llama*, tłum. P. Lipszyc.

ziemskiej, topografią skamielin: procesy geologiczne zdmuchnęły górną warstwę gleby, obnażając stare kości kraju. Trudno sobie wyobrazić zimniejsze i bardziej nieprzytulne miejsce. Mimo to Boliwijczycy w pociągu z Guaqui odnosili się do mnie przyjaźnie, a styl nakryć głowy Indian – w tych stronach popularnością cieszyły się brązowe meloniki – nadawał im zawadiacki wygląd.

– Powinieneś tu na trochę zostać – powiedział pewien Boliwijczyk, wskazując na ośnieżone szczyty. – Tam możesz jeździć na nartach.

W szarych chmurach dało się dostrzec czarne smugi, a gdy pociąg zaczął zjeżdżać do La Paz – w miarę jak zbliżaliśmy się do dna doliny, miasto rosło i brzydło – z załamujących się chmur strzeliła niebieskobiała błyskawica. Po chwili rozległ się grzmot i sypnął grad. Kulki gradu o centymetrowej średnicy grzechotały w okna pociągu; cud, że szyby nie pękały.

Nie czułem się najlepiej. W Cuzco źle spałem, zdrzemnąłem się w autobusie do Puno; wściekłe kotły *M. V. Ollanta* nie pozwoliły mi zasnąć na jeziorze Titicaca. W dodatku dostałem rozstroju żołądka, wobec którego angielski specyfik z domieszką morfiny okazał się bezradny. Nie pomagała też wysokość nad poziomem morza: La Paz leży na wysokości niemal trzech tysięcy siedmiuset metrów, a pociąg wspiął się nawet wyżej przed zjazdem do miasta. Kręciło mi się w głowie, brakowało tchu. Choroba wysokościowa dotarła aż do wnętrzności, a chociaż łykałem angielski specyfik i żułem goździki – ból zęba wrócił – wiedziałem, że dopóki nie wyjadę z La Paz ekspresem Panamerykańskim, nie poczuję się lepiej.

Poza tym doskwierała mi jeszcze inna dolegliwość, ale ta okazała się akurat korzystna. Zupełnie nie pamiętam, jak znalazłem hotel w La Paz – myślę, że po prostu wszedłem do tego, który wydał mi się obiecujący. Wkrótce po wejściu do pokoju połknąłem aspirynę i upuściłem szklankę do umywalki.

Instynktownie wsunąłem tam dłoń, a po chwili ujrzałem, że trzymam odłamek szkła i krwawię. To była dłoń, którą pisałem; krew spływała mi po ręce. Bandażując ranę ręcznikiem, wyszedłem na korytarz i zawołałem do pokojówki, która zamiatała podłogę. Na widok przesiąkającej przez ręcznik krwi pokojówka cmoknęła, po czym wyjęła gumkę z kieszeni fartucha.

– Owiń przegub – poradziła. – Zatamujesz krew.

Przypomniawszy sobie, że opaski uciskowe przestały się cieszyć dobrą opinią, spytałem pokojówkę o najbliższą aptekę.

– Może powinieneś pójść do lekarza – powiedziała.

– Nie, na pewno wkrótce przestanie krwawić – odparłem.

Zanim zdążyłem przejść dwie przecznice, owinięty wokół dłoni świeży ręcznik nasiąkł krwią. Rana, co prawda, nie bolała, ale wyglądało to okropnie. Dłoń ukryłem pod pachą, aby nie niepokoić przechodniów. Krew kapała na chodnik, a ja myślałem: cholera. Kłopotliwie było iść przez duże szare miasto z dłonią owiniętą zakrwawionym ręcznikiem. Wtedy zacząłem żałować, że nie zatamowałem krwawienia gumką. Krople krwi zostawiałem na przejściu dla pieszych, na placu. Spytałem o drogę do apteki, a odwróciwszy się, zobaczyłem kałużę krwi w miejscu, gdzie przed chwilą stałem, i patrzącego za mną przerażonego Boliwijczyka. Starałem się nie biec, bo wtedy serce przyspiesza i człowiek bardziej krwawi.

Aptekę prowadziło pięć Chinek, mówiących po hiszpańsku z tą samą rozwlekłością – jakby żuły gumę – z jaką mówią po angielsku. Trzymając krwawiącą łapę nad koszem na śmieci, powiedziałem:

– Mam tu pewien problem.

Przed wyjściem z hotelu sprawdziłem, jak jest po hiszpańsku rana, środek dezynfekujący, bandaż, plaster i gaza.

– Czy krew ciągle cieknie? – spytała jedna z Chinek.

– Chyba tak.

– Proszę zdjąć bandaż.

Posłusznie odwinąłem zakrwawiony ręcznik. Z rozciętej dłoni sączyła się równomiernie strużka krwi. Teraz krwawiłem na apteczną ladę. Dziewczyna podeszła szybko, zanurzyła watę w alkoholu i przycisnęła do rany, sprawiając mi spory ból. Po chwili wata się zaczerwieniła.

– Ciągle krwawi – stwierdziła Chinka.

Jej koleżanki oraz kilku klientów podeszli bliżej, żeby się przyjrzeć.

– Przykra sprawa – powiedział ktoś.

– To nie boli – zapewniłem. – Przepraszam za zamieszanie.

Inna Chinka bez słowa założyła mi na przegub gumkę. Kiedy do rany przyłożono watę, ta pozostała biała.

– Teraz nie krwawi – powiedziała druga Chinka.

Dłoń mi zdrętwiała, ujrzałem też, że szarzeje. Przestraszony, zdjąłem gumkę. Krew znowu popłynęła po łokciu.

– Trzeba było zostawić gumkę.

– Myślę, że to niebezpieczne – odparłem.

Dziewczyny próbowały wszystkiego. Polewały ranę alkoholem, ściskały ją, smarowały środkiem dezynfekującym, posypywały białym proszkiem, aż dłoń upodobniła się do boliwijskiego ciastka. Wszystko na próżno; ucisk sprawiał, że krew płynęła szybciej.

– Załóż znowu gumkę.

– Nie – zaprotestowałem. – To na nic.

– Ależ tak, w ten sposób zatamujesz krew.

– Ciągle cieknie! – zdumiała się druga Chinka.

– Musisz założyć szwy – zawyrokowała trzecia.

– Rana nie jest aż taka duża – zaoponowałem.

– Owszem, jest. Idź do lekarza. Przyjmuje po drugiej stronie ulicy.

Posłusznie udałem się do lekarza, ale akurat wyszedł na

lunch. Po powrocie do apteki, ciągle krwawiąc, powiedziałem:

– Dajmy sobie spokój z gumką. Sprzedajcie mi po prostu bandaż i coś do dezynfekcji. Wiem, że przestanie krwawić, wcześniej czy później zawsze przestaje.

Inna Chinka odwinęła bandaż, pomogła mi opatrzyć dłoń, potem wręczyła mi wszystkie plastry i buteleczki, których użyliśmy, a ja za wszystko zapłaciłem w kasie.

Rana jeszcze trochę krwawiła, akurat tyle, żeby bandaż upodobnił się do tych zabawkowych, którymi dzieci straszą kolegów. Krew na grubym bandażu miała jaskrawoczerwoną barwę, ale byłem prawie pewien, że w końcu udało się ją zatamować. Kiedy kupowałem słodką kawę, by odzyskać siły, zabandażowaną dłoń położyłem na kolanach.

– Fuj. Jak to się stało? – spytał kelner.

– Wypadek – odparłem niedbale.

Wymieniając pieniądze w banku, oparłem ranną dłoń na kontuarze. Kasjerka nie zadawała pytań, tylko szybko przeliczyła banknoty, odwracając wzrok od dłoni. Najszybsza transakcja bankowa od miesięcy.

Następnie udałem się do przedstawicielstwa linii kolejowych. Stary urzędnik tryskał energią. Raz po raz rzucał hiszpańskie słowa, oznaczające „Gotowe!" albo „Zgadza się!". Kazał mi usiąść. Usiadłszy, położyłem prawą dłoń na ladzie i udałem, że nie zwracam na nią uwagi.

– Poproszę bilet do Buenos Aires przez Tucumán.

– Zgadza się!

– Sypialny w pierwszej klasie, chciałbym wyjechać najszybciej jak to możliwe.

– Zgadza się!

Urzędnik przełożył dokumenty, a wypisując mój bilet, spytał:

– Czy ta rana jest duża?

– Bardzo.

– Zgadza się. – W świszczącym głosie zabrzmiała nuta współczucia. Jeszcze nigdy tak łatwo nie kupiłem biletu. Reakcje Boliwijczyków na moją ranną dłoń natchnęły mnie taką otuchą, że dopiero nazajutrz zmieniłem bandaż. Wszędzie obsługiwano mnie szybko, ze współczuciem pytano, czy boli. W jaki sposób się skaleczyłem? Czy rana jest duża? Dłoń stała się świetnym tematem do rozmów; przechodnie wpatrywali się w biały bandaż. W Limie próbowałem kupić pewien obraz, ale cena okazała się groteskowo wysoka, więc zrezygnowałem, sfrustrowany. W La Paz znalazłem jeszcze lepszy obraz, portret świętego Dominika, wykonany w połowie osiemnastego wieku w Potosí. Przez niespełna godzinę targowałem się, gestykulując zabandażowaną ręką, w końcu wyszedłem ze sklepu z obrazem pod pachą.

– Lepiej schowaj obraz do walizki – poradziła kobieta ze sklepu. – Wywożenie takich dzieł sztuki z kraju jest nielegalne.

Ranna dłoń okazała się jednym z moich najbardziej satysfakcjonujących doświadczeń w Ameryce Południowej. Później pomyślałem, że może za bardzo kuszę los. Ogarnęły mnie obawy, że rana ulegnie zakażeniu, a dłoń mi odpadnie.

Tego rodzaju okropności najwyraźniej pasowały do La Paz. Stolicę toczyła swoista gangrena, a jeśli jakieś miasto wyglądało na zakażone w takim stopniu, że sprawiało wrażenie rannego – nawet pod względem koloru przypominało strup – było nim właśnie La Paz. Brzydota miasta była tak żałosna, że wzbudzała sympatię; z czasem przekonałem się, że naprawdę można je polubić. La Paz było miastem betonu i czerstwego chleba, burz lodowych, po których powietrze pachniało bułgarskim tweedem, miastem zbudowanym ponad granicą drzew, na wysokiej andyjskiej przełęczy. Jego mieszkańcy mieli grubo ciosane, godne twarze, bez cienia drapieżnej czujności, jaką widziałem w Kolumbii i Peru. W wyłożonych boazerią kawiarniach La Paz, z kelnerami w białych kitlach, ekspresami do kawy, ciastkami z kremem i lustrami, gdzie przy stolikach siedziały srogie matrony lub krępi mężczyźni w luźnych, niedopasowanych garniturach, trudno było uwierzyć, że nie jestem w Europie Wschodniej. Dopiero po wyjściu na dwór widok przysadzistego Indianina, żującego liście koki przy betoniarce, przypominał mi, gdzie jestem.

Padało nieustannie: zimny deszcz, igiełki lodu, grad. Większość ludzi ubierała się stosownie do pogody, w grube płaszcze i swetry, wełniane czapki, nawet rękawice z jednym palcem i rękawiczki. Indianie o krągłych, obłych kształtach nosili nauszniki pod melonikami. Jeden raz zobaczyłem słońce. Pewnego ranka przebiło się przez mgłę nad kanionem, bardzo jasne, ale nie ciepłe, po prostu oślepiający błysk, który wkrótce zasłoniła mgła. Prognoza pogody w codziennej gazecie zazwyczaj brzmiała tak samo: „Pochmurno, mgła, opady deszczu, bez zmian". Klimat przypominał pewną porę roku w stanie Maine, tyle że tutaj ani na chwilę nie potrafiłem uwolnić się od choroby wysokościowej i mdłości. Mimo zmęczenia nie mogłem spać; nie miałem apetytu, a po jednym drinku się zataczałem. Obcemu trudno się żyje w zimnym mieście: ludzie nie wychodzą z domów, po zamknięciu sklepów ulice pustoszeją, nikt nie wyleguje się w parku, a celowe ludzkie działania – lub ich pozór – leniwy podróżny odbiera zawsze jako wyrzut. Zwinąłem obraz, schowałem do walizki i zacząłem się przygotowywać do wyjazdu.

Słońce wyszło zza chmur w chwili, gdy ekspres Panamerykański wyjechał ze stacji i ciasną spiralą zaczął się wspinać przez gaje eukaliptusowe na stokach na północy miasta. Przez kilka dni nie miałem widzieć żadnych innych drzew. Zza eukaliptusów wybiegali obdarci chłopcy, wskakiwali do pociągu, by po kilku minutach zeskoczyć i odbiec z krzykiem w rzadkie listowie. Po chwili znikali wśród wysokich, smukłych drzew pokrytych łuszczącą się korą. Na niższych stokach widniały lepianki, ale wyżej nie widziałem już chat, tylko gdzieniegdzie migały pojedyncze sylwetki Indian i porzucone roboty ziemne. Chociaż w ciągu ostatnich kilku dni padał deszcz, strome koryta strumieni, wrzynające się głęboko w bezwodne górskie zbocze, były suche i kamieniste. Trudno wyobrazić sobie bardziej jałową okolicę niż ta ziemia, zarzucona kamieniami i piaskiem. Pociąg znajdował się teraz bardzo wysoko, może na czterech tysiącach metrów, i wciąż się wspinał ku suchej, szarej krawędzi płaskowyżu nad miastem. Na stromiźnie przechylił się pod ostrym kątem; po prawej mieliśmy górskie zbocze; po lewej głęboki wąwóz, pełen nieporadnie skleconych dachów.

Po blisko godzinie ciągle widziałem La Paz. Pociąg wznosił się coraz wyżej nad miastem, które rosło i stawało się nadzwyczaj szkaradne. Za miastem wznosiły się Andy, śnieżne góry o szczytach dymiących chmurami. Pociąg sunął pośród stokrotek, zielska i ćwierkających ptaków; dzień był zimny i słoneczny, a widok rozciągał się na setki kilometrów. Z trzech stron miasta wznosiły się płaskowyże i szczyty, a gdy ekspres zrobił ostatni trawers – wyjechaliśmy teraz na otwartą równinę – La Paz wyglądało jak pobrużdżona drogami i rowami czerwona kopalnia odkrywkowa, nad którą wznosiły się zielone zbocza, czarne urwiska i białe szczyty.

Pociąg ścigany przez wściekłe psy nabierał prędkości, a po przecięciu szarej równiny dotarł do pierwszej stacji, Illimani, na wysokości ponad czterech tysięcy metrów nad poziomem morza. Po torach przechadzały się owce, Indianki sprzedawały pomarańcze po pensie. Kupiłem sześć, po czym szybko wsiadłem, bo pociąg zaczął się toczyć. Po mozolnej wspinaczce do tej stacji nabierał szybkości i zaczynał mknąć po wysokich wyżynach, co budziło zdziwienie.

Ekspres był pociągiem boliwijskim. Większość wagonów

stanowiły drewniane skrzynki drugiej klasy, pełne Indian jadących na południe. Te wagony wraz z wagonem restauracyjnym i boliwijskim sypialnym zmierzały tylko do granicy w Villazón. Mój wagon sypialny, należący do kolei argentyńskich, jechał aż do Tucumán. Ten solidny brytyjski pullman miał około pięćdziesięciu lat, a każdy przedział wyposażono w szafki, umywalkę i nocnik. W moim przedziale znajdowały się dwa łóżka. Fernando, student dziennikarstwa, zajął górne; ja dostałem dolne, co wiązało się z przywilejami w postaci miejsca przy oknie i stolika.

– Jesteś nauczycielem, a nic, tylko piszesz – powiedział Fernando. – Ja mam być niby dziennikarzem, a nawet nie mam długopisu! To ty powinieneś być dziennikarzem!

– Jestem nauczycielem geografii – wyjaśniłem, przerywając pisanie. – Tutejsza geografia jest, jak widzisz, dość niezwykła.

– Ta tutaj?

Obaj wyjrzeliśmy przez okno.

– Na przykład tamta góra.

– A, tak – przyznał Fernando. – To jest duża góra.

W oddali wznosiła się Nevado de Illimani, wysoki na sześć tysięcy czterysta metrów brunatny garb, pokryty śniegiem smaganym przez wiatr. Między górą a pociągiem rozciągała się równina szarej trawy spłaszczonej przez huragany.

Fernando się uśmiechnął. W ogóle nie rozumiał, o co mi chodzi.

– Cieszę się, że podoba ci się w moim kraju – powiedział i wyszedł z przedziału.

Góra wkrótce została za nami; pociąg pędził wprost na nieregularną ścianę chmur deszczowych i wzgórz, mijając pola pszenicy i papryki. Na wschodzie, niczym bajkowe arabskie miasto, bielała kopuła horyzontu; tam kończyły się wyżyny. Łańcuch górski podobny do meczetów, zakopanych aż po kopuły i minarety, był tak wąski, a przy tym tak cudownie ukształtowany, że momentami przypominał miraż. Bliżej torów – w sporych odległościach od siebie – stały małe lepianki bez okien, z podwórzami wyłożonymi gliną i zagrodami dla bydła. Zamknięte, bez świateł, nie były niczym więcej niż nędznymi norami. W wiosce Viacha pociąg zatrzymał się, by zabrać pasażerów. W drugiej klasie zostały już tylko miejsca stojące, sfatygowane zielone wagony pękały w szwach, a na zakrętach widziałem w każdym oknie po trzy lub cztery twarze. Próbowałem przejść przez pociąg do tych wagonów, ale okazało się to niemożliwe: korytarze drugiej klasy zatarasowali ludzie wraz z dobytkiem. Robaczek świętojański pełen Boliwijczyków ostro kontrastował z pustymi równinami.

> To tyle, co żyć w tragicznym kraju
> Albo w tragicznych czasach.
> Spójrz na spadziste górskie skały
> Na rzekę prącą przez kamienie
> Spójrz na nory tych, co żyją w zniszczonym kraju[1].

W mijanych wioskach nie widziałem samochodów, dróg ani drzew; tylko lepianki, krowy oraz Indian okutanych przed chłodem. Jeśli nie liczyć lam, płoszących się na widok pociągu, oraz kosmatych mułów, które nic sobie z niego nie robiły, podróż przez te wysokie wyżyny przypominała nieco jazdę przez Teksas. Wzgórza w oddali były lekko zaokrąglone – deszcz padał na jedno, słońce zachodziło za innym – a niebo nad nimi ogromne. Od tego miejsca tory biegły dalej w linii prostej, a tuż przed zmierzchem powietrze bardzo się ochłodziło. Na pustkowiu ujrzałem Indianina, który pchał rower po ścieżce, po czym skręcił na jałowe pole; później zobaczyłem kobietę doglądającą owiec. Zapadał zmrok. Kilka kilometrów dalej Indianka z dwójką

---

[1] Wallace Stevens, *Dry Loaf*, tłum. P. Lipszyc.

małych dzieci szła przez równinę, prowadząc pięć mułów dźwigających narzędzia rolnicze, łopaty i motyki. W słońcu zachodzącym za chmurami wioska Ayoayo – lepianki i kościół – wyglądała jak przyczółek z innej epoki. Ta wioseczka, leżąca na środku równiny, była tak mała, że pociąg się nie zatrzymał.

Teren stał się bardziej pofałdowany, a po chwili pojawiło się pasmo poszarpanych, nagich gór, tak wysokich, że jaśniały w zachodzącym słońcu, chociaż jechaliśmy już w prawie całkowitej ciemności. Kondory też latały tak wysoko, że chwytały światło. Ostatni Indianin, jakiego zobaczyłem tego dnia, oddalał się parowem od torów. Na nogach miał sandały, ale – pomimo chłodu – nie nosił skarpet.

Początkowo sądziłem, że patrzę na posąg Chrystusa, ale gdy podjechaliśmy bliżej, kształt człowieka zmienił się w butelkę. Na pustkowiu stała siedmiometrowa drewniana butelka z napisem Inka-Cola.

W końcu udało mi się uaktualnić prowadzony dziennik. Z zadowoleniem uznałem, że zakończyłem pracę na ten dzień; wygodnie usadowiony w wagonie sypialnym jechałem na południe, w stronę granicy. W wagonie restauracyjnym znalazłem Fernanda, pijącego piwo ze swoim znajomym Victorem oraz trzecim człowiekiem – pijanym lub w naturalny sposób opryskliwym – którego imię mi umknęło. Przyjaciele zaprosili mnie, żebym się przysiadł, po czym zaczęli zadawać tradycyjne południowoamerykańskie pytania: Skąd jestem? Gdzie byłem? Czy jestem katolikiem? Co myślę o ich kraju?

„Oni nie cierpią, kiedy się ich krytykuje – powiedział mi pewien człowiek w Ekwadorze. – Nigdy ich nie krytykuj". Ta rada nie miała zastosowania w Peru, gdzie pochwały tylko rozsierdzały Peruwiańczyków, bo uważali, że sympatyzujesz z ich skorumpowanym rządem. Za to Boliwijczycy – o ile Fernando i jego przyjaciele stanowili typowy przykład – najwyraźniej łaknęli pochwał.

– Boliwia to cudowny kraj – powiedziałem.

– Prawda? – zgodził się Victor z chłodnym uśmiechem.

Pozostali przytaknęli. A przecież wszyscy wiedzieliśmy, że kłamiemy.

– Weź na przykład Peru – zagaił Fernando.

Trzej Boliwijczycy przez kilka minut obsmarowywali Peru.

– Większość Peruwiańczyków przyznałaby wam rację – zauważyłem.

– Najgorsze jest Chile – dorzucił Victor.

– A co z Ekwadorem? – spytał opryskliwy.

– Tam jest dyktatura wojskowa – odparł Fernando.

Ostatnia uwaga nie była zbyt oryginalna. We wszystkich wymienionych krajach, włącznie z Boliwią, rządziły dyktatury wojskowe.

– W Ekwadorze mają się odbyć wybory – powiedziałem.

– U nas też – poinformował mnie Victor.

Cztery miesiące później w Boliwii odbyły się wybory. W całym kraju dochodziło do wymiany ognia, urny wyborcze pękały w szwach. Według powszechnego przekonania wybory sfałszowano, a głowa państwa, generał Banzer, unieważnił wyniki. Po ogłoszeniu stanu oblężenia, na skutek tak zwanego bezkrwawego zamachu stanu uformowano nowy rząd. Pięć miesięcy później doszło do kolejnego przewrotu, po czym znowu obiecano wybory.

Peru jest zacofane, mówił Fernando. Czarny rynek w Chile tak się rozrósł, że nie sposób kupić tam choćby pasty do zębów, dorzucił Victor. Opryskliwy stwierdził, że w Brazylii masakruje się Indian. Fernando powiedział, że zna się trochę na prasie; boliwijskie gazety należą do najlepszych w Ameryce Południowej, ale w Argentynie rzadko podaje się wiadomości ze świata. Pozostałe informacje sprowadzały się do obiegowych pogłosek:

Paragwaj to niewiarygodne bagno, Kolumbia jest pełna złodziei, Panamczycy są durni, a ich przywódca jest takim tyranem, że nie zasługują na kanał.

Dalej piliśmy piwo, a Boliwijczycy odsądzali sąsiadów od czci i wiary. W pewnej chwili zasugerowałem, że różne narody Ameryki Południowej mają pewne wspólne cechy, wspomniałem przy tym opinię kobiety z Ekwadoru, według której wysokość nad poziomem morza wpływa na osobowość. Moi rozmówcy zgodnie uznali, że to bzdura, i z uporem zaczęli podkreślać różnice. Najdziwniejsze jednak, że niewiele mówili o samej Boliwii, a ta znajdowała się tuż-tuż: była tym staroświeckim wagonem restauracyjnym i uwijającymi się kelnerami; była Indianami kucającymi w drzwiach oraz zimną ulewą na wyżynach za oknem. Victor, jakby czytał w moich myślach, powiedział:

– W Boliwii mamy jeden problem.

– Tylko jeden? – spytałem.

– Jeden duży problem, a mianowicie morze. Chilijczycy albo Peruwiańczycy powinni nam udostępnić morze. Potrzebny nam jest własny port. Inne nasze problemy wynikają z braku portu. Co można zrobić bez portu?

– Jemu smakuje boliwijskie piwo – zauważył Fernando.

– Tak – odparłem. – Jest bardzo smaczne.

– Spójrzcie na tamtego faceta – powiedział Victor.

Przy sąsiednim stoliku pewien mężczyzna pił piwo. Natychmiast poznałem, że jest Amerykaninem. Z niechlujną brodą, w wysokich sznurowanych butach na grubej podeszwie, miał na sobie kraciastą flanelową koszulę, jaką lubią nosić studenci uniwersytetów stanowych. Piwo pił prosto z butelki, ocierał usta wierzchem dłoni i bekał. Koszula zwisała luźno.

– Ale flejtuch – uznał Victor.

– Mógł poprosić kelnera o szklankę – dodał Fernando.

Opryskliwy zaczął się uśmiechać.

– Patrzcie tylko! Gul, gul. – Naśladował, wsuwając kciuk w otwarte usta. – Prosto z butelki!

– Ohyda. – Victor wzdrygnął się.

– Myślę, że jest Amerykaninem – dorzuciłem.

– To musi być Niemiec – odparł Victor. – Niemcy piją piwo w ten sposób.

Rozmawialiśmy po hiszpańsku. Jak się okazało, postąpiliśmy nierozważnie, ponieważ po chwili piwosz wstał i powiedział płynnym hiszpańskim z amerykańskim akcentem:

– Jestem Amerykaninem, a Amerykanie tak właśnie piją piwo. – Opróżnił butelkę, beknął i ruszył do drugiej klasy.

Podczas jedzenia dostałem silnych skurczów żołądka. Przeprosiwszy pozostałych, wróciłem do przedziału. Pociąg stanął w Oruro, sporym mieście, w znacznej mierze indiańskim, w pobliżu jeziora Uru Uru. W okno bębnił silny deszcz, srebrzący się w świetle dworcowej latarni. Zgasiwszy światło, położyłem się do łóżka i skuliłem z bólu. Około północy zbudziłem się w zimnym i tak zakurzonym przedziale, że z trudem łapałem oddech. Kurz zdawał się wynikiem szybkiego ruchu pociągu. Światło nie działało. Szarpnąłem drzwi, ale wyglądało na to, że ktoś je zamknął od zewnątrz. Dusiłem się, drżałem z zimna, zwijałem się z bólu brzucha. Ze wszystkich sił starałem się zachować spokój. Po czterech łykach mikstury wtuliłem twarz w koc, czekając, aż morfina przyniesie ulgę.

O świcie zrozumiałem, dlaczego nie mogłem otworzyć drzwi: Fernando, który wciąż spał na górnym łóżku, zamknął je na wszystkie zamki. Nadal czułem się fatalnie. Po piętnastu godzinach jazdy miałem nadzieję, że opuścimy wyżyny i wjedziemy w dolinę mniej więcej na wysokości poziomu morza. Tymczasem wciąż znajdowaliśmy się na wysokości czterech tysięcy metrów, pociąg toczył się przez księżycowy krajobraz wysuszonych skał i pustych kraterów. Alkohol nasila objawy choroby wysokościowej, a kac na tej wysokości przypomina agonię. Okolica była posępna, pełna ostrych, krzemiennych skał. Tu, w zimnej Cordillera de Chicas, nie widziało się nawet Indian. Nieliczne bajorka miały galaretowatą konsystencję, po chwili dostrzegłem, że są pokryte warstwą zakurzonego lodu, natomiast dalej zauważyłem zabrudzone połacie śniegu, podobne do podartych szmat. Śnieg!

Przy śniadaniu, złożonym z suchej grzanki i herbaty, porozmawiałem z Victorem. On i Fernando (opryskliwy towarzysz zniknął) postanowili wszystko rzucić. Wybrali miasto na południu Boliwii, gdzie pociąg miał się zatrzymać za kilka godzin. Co zamierzali tam robić?

– Nic – wyjaśnił Victor.

Zapewniłem go, że świetnie wiem, co ma na myśli.

– Może będziemy czytać – powiedział. – Uwielbiam czytać amerykańskie powieści.

– Wymień swoich ulubionych autorów.

– E. Bing Walla – odparł bez wahania. – Poza tym Artur Ailie i Tyla Cowday.

– Nigdy o nich nie słyszałem – przyznałem.

W neseserze Victor miał hiszpańskie przekłady Irvinga Wallace'a, Arthura Haileya i Taylora Caldwella w kieszonkowych wydaniach. Pokazując mi powieść Taylora Caldwella, powiedział:

– To jest o Cyceronie. Ale na pewno czytałeś tych pisarzy.

– Nie czytałem ani słowa.

– A co ty czytasz?

The Assassination Bureau Jacka Londona nie sprawiała mi przyjemności.

– Ta powieść brzydko pachnie – powiedziałem. – Po angielsku mówimy: „śmierdzi".

– Śmiardzi – powtórzył Victor.

– Okropnie się czuję – jęknąłem. – To przez wysokość. Chyba muszę wracać do łóżka.

Wróciwszy do przedziału, położyłem się, wsparty na poduszce, i patrzyłem, jak pociąg sunie przez pomarszczone góry koloru prochu strzelniczego. Domyśliłem się, że zjeżdżamy z wyżyn. Nieliczne mijane osady wyglądały na opuszczone, widziałem zrujnowane kościoły, walące się płoty; oprócz nich nic tylko karłowate zarośla, skały i brunatne strumyki. Fernando i Victor zaglądali do mnie od czasu do czasu. „W porządku?" – pytali. Odpowiadałem twierdząco, ale nadal czułem się okropnie; mój niepokój narastał. Wypiłem resztkę mikstury, a skurcze żołądka nie ustąpiły.

Godziny mijały, pociąg się kołysał, drażniąc jeżozwierza, który zamieszkał w moim żołądku. Kiedy dotarliśmy do Tupiza, Fernando i Victor się pożegnali. Nawet w blasku słońca Tupiza – sterta brązowych domów na wzgórzu – wyglądała jak dziura zabita dechami. W górze krążyły kondory, a kilku Indian zerkało na dwóch przybyszów, którzy mieli spędzić z nimi najbliższe tygodnie. Na samą myśl, że miałbym stanąć na peronie w takim miejscu i patrzeć, jak pociąg odjeżdża, a wioskę spowija cisza, wstrząsał mną dreszcz.

Pociąg ruszył z szybkością truchtającego biegacza, a przez kilka następnych godzin jechaliśmy wzdłuż zachodniego brzegu mulistej rzeki Camblaya. Rosły tu krzewy, kaktusy jak maczugi, między suchymi wzgórzami migotały nawet pola kukurydzy. Wtedy pomyślałem, że zjechaliśmy niżej, ale krajobraz nie zmienił się znacznie. Ustąpienie skurczów żołądka mnie zmyliło; czując się lepiej, uznałem, że opuściliśmy wyżyny. Jednak tylko ta dolina rzeczna była żyzna; resztę krajobrazu stanowiła sucha, górzysta pustynia, nieprzyjazny pejzaż sennego koszmaru. Pociąg jechał przez bezkresną, pustą krainę. Przy skarlałej rzece rosły cierniste zarośla i drobne wierzby, ale wszędzie wokół dominował zakurzony błękit – wzgórza, wąwozy, skręcone węzły kaktusów.

Wzgórza spłaszczyły się, rzeka znikła z pola widzenia i jak okiem sięgnąć rozpościerał się przed nami ugór. Pociąg nie zmieniał szybkości. Powoli pełzł pod bezchmurnym niebem przez powtarzalną jałowość. Zajmujący krajobraz leżał gdzie indziej: na zachodzie, gdzie ziemię żłobiły kaniony; na wschodzie wznosił się łańcuch śnieżnych szczytów, podobnie ulotny jak miraż, widziany poprzedniego dnia za La Paz. Ludzie nazywali te góry Andami, ale ta nazwa nic nie znaczy. Nadzwyczajne, że tak olbrzymie, ośnieżone góry nosiły tak prostą, ogólną nazwę. Jednak tę zróżnicowaną pustynię, tysiąc sześćset kilometrów płaskowyżu i dziwacznych kształtów, znano wyłącznie jako wyżyny. Nawet na mapie brakuje nazw i opisów. Pociąg toczył się przez krainę chmur; zatrzymaliśmy się może sześć razy, ale cała reszta pozostawała nieznana. Wszyscy pasażerowie w tym pociągu zmierzali do granicznego miasta, które miało nazwę.

Bliżej Villazón pociąg przyspieszył, płosząc pasące się osiołki. W końcu wjechaliśmy na stację, na tabliczce podana była wysokość nad poziomem morza – taka sama jak w La Paz. Argentyński wagon sypialny przetoczono na bocznicę, a reszta pociągu zjechała ze wzgórza i znikła nam z oczu. W wagonie sypialnym podróżowało pięć osób, ale nikt nie wiedział, kiedy przewiozą nas przez granicę. Na korytarzu znalazłem konduktora, tłukącego muchy.

– Zostaniemy tu na długi czas – odpowiedział na moje pytanie. Zabrzmiało to jak wiele lat.

Miasteczko, w którym się zatrzymaliśmy, wcale nie było miasteczkiem. Ot, kilka budynków na przejściu granicznym. Jedna, niebrukowana ulica, niskie sklepy podobne do chat. Wszystkie zamknięte. Nieopodal stacyjki dwadzieścia kobiet ustawiło kwadratowe parasole domowej roboty i sprzedawało owoce, chleb oraz sznurowadła. Kiedy pociąg wjechał na stację, na peron wysiadł tłum Indian, wywiązało się małe zamieszanie, ale po chwili zarówno Indianie, jak i pociąg zniknęli. Kobiety pod parasolami nie miały klientów; poruszały się jedynie muchy nad błotnistymi kałużami. Dysząc ciężko – może szedłem za szybko – ruszyłem przez peron, na którego końcu, przy kikucie drzewa, stara szalona Indianka zawodziła wniebogłosy. Nikt nie zwracał na nią uwagi. Kupiwszy ćwierć kilo orzeszków ziemnych, usiadłem na dworcowej ławce i zacząłem je łuskać.

– Jesteś w tym wagonie sypialnym? – spytał z oburzeniem niechlujnie odziany mężczyzna, spieszący w moją stronę.

Potwierdziłem.

– O której odjeżdża?

– Chciałbym to wiedzieć – odparłem.

– Zaraz się dowiem.

Wzburzony pasażer wszedł na stację i zapukał do drzwi.

– Odejdź! – zawołał ktoś od wewnątrz.

– Ci ludzie to dziwki – oświadczył mężczyzna, wychodząc ze stacji. Przez kałuże ruszył z powrotem do wagonu sypialnego.

Indianka ciągle wrzeszczała, ale po paru godzinach zdążyłem się do tego przyzwyczaić, a jej krzyki stały się częścią ciszy Villazón. Wagon sypialny, porzucony na bocznicy, wyglądał bardzo głupio. Nigdzie nie widać było pociągu, ani nawet jednego wagonu. Półtora kilometra na południe, za mostem i wzgórzem, znajdowało się argentyńskie miasto La Quiaca. Ono również leżało na pustkowiu, ale właśnie tam kiedyś mieliśmy dotrzeć.

Przydreptała świnia, pochłeptała wodę z kałuży u moich stóp, obwąchała łupiny po orzeszkach ziemnych. Nad Villazón zebrały się chmury, przejechała masywna ciężarówka, zatrąbiła bez powodu, wzbiła kurz i potoczyła się w stronę Boliwii. Indianka wciąż krzyczała. Sprzedawczynie spakowały towary i odeszły. O zmierzchu martwota okolicy jeszcze się nasiliła.

Pod osłoną nocy ruszyłem do ciemnego wagonu sypialnego; brakowało elektryczności, brakowało oświetlenia. W korytarzu roiło się od much. Konduktor tłukł je ręcznikiem.

– O której odjeżdżamy? – spytałem.

– Nie wiem.

Zapragnąłem wrócić do domu.

Zniecierpliwienie na nic się nie zdało. W końcu musiałem przyznać, że znalazłem się w pustce, w martwej strefie, oddzielającej mnie od bardziej uchwytnego doświadczenia podróży. Co bym zyskał, gdybym stracił panowanie nad sobą albo zaczął szukać sposobów na zabicie czasu? Nie miałem innego wyjścia, jak wytrzymać tę próbę. W ciemnościach czas płynie jednak powoli. Indianka wrzeszczała; konduktor przeklinał muchy.

Opuściwszy wagon sypialny, ruszyłem w stronę niskiego oświetlonego budynku, który uznałem za bar. W okolicy nie rosły żadne drzewa, a w słabym świetle księżyca odległości zwodziły. Dopiero po półgodzinie dotarłem do budynku. Nie pomyliłem się: to była kawiarnia. Zamówiwszy kawę, usiadłem w pustej sali i czekałem, aż ją podadzą. Wtedy rozległ się gwizd pociągu.

Drobna, bosa Indianka postawiła przede mną kawę.

– Co to za pociąg?

– To jest pociąg do La Quiaca.

– Cholera! – Cisnąłem na stół drobne i nie tknąwszy kawy, pognałem do wagonu sypialnego. Kiedy dobiegłem, dołączano do niego lokomotywę. Po biegu na tak dużej wysokości paliło mnie w gardle; waliło mi serce. Z trudem chwytając oddech, runąłem na łóżko.

Na dworze sygnałowy rozmawiał z jednym z pasażerów.

– Tory do Tucumán są w złym stanie – mówił. – Droga może wam zająć nawet kilka dni.

Niech szlag trafi tę podróż, pomyślałem.

Lokomotywa przetoczyła nasz wagon do argentyńskiej stacji za wzgórzem. Tam odczepiono wagon i znowu zostawiono na bocznicy. Tak minęły trzy godziny. Na stacji nie sprzedawano jedzenia, ale znalazłem Indiankę pilnującą imbryka herbaty na ogniu. Na moją prośbę o sprzedanie mi kubka zareagowała zdziwieniem, a pieniądze przyjęła z nadzwyczajną gracją. Północ minęła, ludzie na stacji kulili się w kocach, siedzieli na bagażach, tulili do siebie dzieci. Po pierwszych kroplach deszczu zaczęło ogarniać mnie rozdrażnienie, ale wtedy przypomniałem sobie, że ci ludzie są pasażerami drugiej klasy. Okrutny los kazał im czekać na przyjazd pociągu w samym środku kontynentu. Mnie poszczęściło się bardziej. Przecież miałem łóżko i bilet w pierwszej klasie. Na opóźnienie nikt nie mógł nic poradzić.

Wtedy zrobiłem to, co uczyniłby każdy rozsądny człowiek, który w deszczową noc utknął na granicy boliwijsko-argentyńskiej: poszedłem do przedziału, umyłem twarz, ubrałem się w piżamę i położyłem do łóżka.

Ktoś zapukał do przedziału: konduktor.

– Proszę o bilety.

– Gdzie jesteśmy?

– La Quiaca.

Wciąż na granicy.

– Kiedy odjeżdżamy?

– Za kilka minut.

Akurat, pomyślałem, po czym znowu zasnąłem. Rozpacz i zniecierpliwienie działały usypiająco. Wkrótce jednak obudził mnie gwizd pociągu, szczęk metalu, podobny do kowadła łoskot wagonów. Przynajmniej ruszyliśmy.

Przespałem dwanaście godzin. O szóstej rano zbudziłem się i ujrzałem, że wjechaliśmy na stację. Za oknem dostrzegłem trzy topole. Wczesnym popołudniem obudziłem się znowu. Trzy topole nadal tam stały. Pociąg ani drgnął.

Nasz postój wypadł w Humahuaca, niewielkim miasteczku w północnej Argentynie. Od La Quiaca przejechaliśmy zaledwie sto kilkadziesiąt kilometrów, obniżając wysokość nad poziomem morza o mniej więcej trzysta metrów. Niedziela była chłodna i słoneczna; szeleściły owady, wesoło dzwoniły kościelne dzwony. Miasteczko wyglądało pogodnie. W trakcie podróży odzwyczaiłem się od widoku kwietnych klombów – grządek chryzantem – i swego rodzaju zawziętego dobrobytu. Po raz pierwszy od wielu tygodni widziałem stację, na której świnia nie ryła przy torach albo kurczaki nie popiskiwały w biurze zawiadowcy. Obraz ładu i porządku podniósł mnie na duchu: najwyraźniej znaleźliśmy się w innym kraju, a ten brudny pociąg z wagonami pełnymi much nie bardzo tu pasował.

Elegancka kobieta w wieku może czterdziestu lat oprowadzała ładną dziewczynkę po stacji.

– To jest pociąg do Tucumán – mówiła po hiszpańsku. – Przyjechał aż z Boliwii. Czy nie cieszysz się, że przyjechałyśmy samochodem?

Krzywiąc się, dziewczynka zerknęła na ekspres Panamerykański.

Bardzo chciałem zwiedzić miasteczko, ale bałem się, że pociąg mi ucieknie. Humahuaca to malownicza miejscowość, lecz w promieniu wielu kilometrów otacza ją pustkowie; następny pociąg miał przyjechać dopiero za trzy dni.

Spytałem konduktora z wagonu sypialnego, w czym jest problem.

Chodzi o tory, wyjaśnił. Powódź albo osunięcie się ziemi spowodowało przerwanie torów na dalszym odcinku trasy.

Wcześniej nie dało się tego naprawić, ponieważ ludzie nie mogli pracować w nocy. Sprawa wyglądała poważnie: miała związek z wulkanem.

– Nie damy rady odjechać wcześniej niż za kilka godzin – powiedział konduktor.

Wtedy udałem się na przechadzkę i ujrzałem Indian wracających z kościoła ze zwiędłymi kwiatami. Ich widok uzmysłowił mi, że jest Niedziela Palmowa. Na twarzach tych ludzi malowało się głębokie zadowolenie, czysta radość, zwana świętością. Każdy z kilkuset Indian niósł kwiat.

Oprócz kościoła miasteczko wymarło, restauracje zamknięto, dworzec autobusowy świecił pustkami. Obszedłszy park, wróciłem na stację.

W ciągu kilku godzin od przyjazdu ekspresu Panamerykańskiego atmosfera na stacji uległa zmianie. Pociąg wniósł na stację brud. Pod oknami walały się skórki od pomarańczy i bananów – dworzec był zbyt szacowny, by buszowały przy nim świnie; spod wagonów lała się woda, a pod każdą toaletą zbierały się odchody. Słońce zaczęło prażyć mocniej, wokół wagonów uwijały się roje much. Ekspres, tak dramatyczny podczas jazdy, stojąc w miejscu, był odrażający.

Wcześniej sądziłem, że jestem jedynym cudzoziemcem w pociągu. Nic podobnego. Doświadczenie pokazało, że w drugiej klasie zawsze siedzi Niemiec, drzemiący na plecaku i plujący przez okno pestkami pomarańczy. W Humahuaca był nim Wolfgang. Podczas zimnej ulewy w Oruro wsiadł do boliwijskiej części pociągu i od tamtej pory znosił podróż drugą klasą. Ja go nie zauważyłem, ale Wolfgang zapewnił, że widział, jak kupowałem herbatę od Indianki w La Quiaca. Od miesięcy podróżował po Ameryce Środkowej i Południowej, mając tylko mgliste pojęcie, dokąd zmierza. Jednego był pewien: jeżeli nie uda mu się znaleźć pracy w Buenos Aires, pozostanie w Argentynie do końca życia. Wyznał, że chciałby wrócić do domu.

Niekiedy w obecności takiego człowieka – spotkałem ich wielu – ogarniał mnie wstyd na myśl, z jaką łatwością przyjechałem z Bostonu. Dwa miesiące wcześniej na dworcu South wsiadłem do pociągu Lake Shore Limited, a po kilku śnieżnych dniach podróżowałem pod bezchmurnym niebem Meksyku. Nikt mnie nie okradł, nie rozchorowałem się poważnie; widziałem malownicze miejsca, spotykałem miłych ludzi. Zapisawszy setki stron dziennika, nabrałem pewności, że dojadę do Esquel w Patagonii, maleńkiej mieściny na mapie, którą arbitralnie wyznaczyłem na cel wyprawy. Przez większość krajów przemknąłem, a zawsze zaskakiwało mnie spotkanie z podróżnikiem, który zamierzał spędzić miesiąc na przykład w Barranquilli czy Cuzco.

– Ekwador mi się nie podobał – powiedział mi w Peru pewien Amerykanin. – Może nie spędziłem tam dość czasu. – Kiedy wyznał, że był tam przez dwa miesiące, wydało mi się to wiecznością.

Opowieść Wolfganga brzmiała podobnie: miesiąc tu, miesiąc tam, dwa miesiące gdzie indziej. W kolejnych miejscach pobytu niemal zapuszczał korzenie, niczym człowiek szukający nowego życia. Dobrze wiedziałem, że tylko przelatuję na południe jak ptak wędrowny, dokonując uogólnień na podstawie bezpośrednich doznań. Ponieważ jednak nie miałem aparatu fotograficznego, za to prowadziłem obfite notatki, moje impresje tętniły życiem. Wystarczyło zajrzeć do zapisanej rozmowy, aby przywołać Meksyk lub Kostarykę; na podstawie szczegółów podróży kolejowej z Santa Marta do Bogoty mogłem odtworzyć Kolumbię. Podróż była przede wszystkim sprawdzianem pamięci.

Po części dla zabicia czasu – pociąg nadal stał w Humahuaca – po części chcąc uwolnić się od poczucia winy, jakie wzbudzał we mnie człowiek uważający mnie za zwykłego turystę, spytałem Wolfganga, co zapamiętał z odwiedzonych miejsc.

– To taki test – powiedziałem. – Podam nazwę miejsca, a ty powiesz mi, co najbardziej z niego zapamiętałeś. Udajmy, że jestem kimś, kto nigdy nie podróżował. Chcę się dowiedzieć, jakie są te miejsca. Zgoda?

– Podoba mi się ta zabawa – odparł Wolfgang.

– Gotowy? Zaczynamy. Meksyk.

– Amerykanie wpadają tam w tarapaty – powiedział Wolfgang.

– Gwatemala.

– Uciekł mi autobus do Salwadoru, a zostawiłem w nim plecak z paszportem. Wydałem trzy dolary na rozmowy telefoniczne. To było straszne.

– Nikaragua.

– Nie powinienem był tam jechać.

– Kostaryka.

– Nudna.

– Kolumbia.

– Na targach jest tam dużo dobrego jedzenia, ale się rozchorowałem.

– Może przez jedzenie – powiedziałem. – A co z Ekwadorem.

– Spędziłem tam miesiąc, próbując łapać autobusy.

– Peru.

– Miłe i tanie.

– Boliwia.

– Wszyscy Boliwijczycy są głupi.

– Argentyna.

– Spędzę tu kilka tygodni albo miesięcy – odparł. – No i jak? Zdałem egzamin?

– Oblałeś, Wolfgang.

Mój rozmówca zaczął się wyrażać precyzyjnie dopiero wtedy, gdy poruszyliśmy temat kursów wymiany walut. Tutaj płacono sześćset siedemdziesiąt peso za dolara, ale w niektórych miastach mogłeś dostać sześćset osiemdziesiąt. Różnica nie wynosiła nawet centa, ale Wolfgang stanowił ucieleśnienie reguły, którą sformułowałem już na wcześniejszym etapie podróży: najbardziej obdarty podróżnik najlepiej orientuje się w kursach wymiany. Wolfgang nie szukał innego życia. Dla niego, jak dla wielu innych, podróż była kolejnym sposobem oszczędzania pieniędzy.

Bez ostrzeżenia pociąg ruszył. Szybko wskoczyliśmy z peronu do swoich przedziałów, Wolfgang w drugiej, ja w pierwszej klasie. Ponownie zobaczyłem go dopiero dwa dni później w Tucumán.

Ekspres Panamerykański sunął płaską zieloną doliną wzdłuż prawie wyschniętej, ale bardzo szerokiej rzeki, Río Grande de Jujuy. Z doliny strzelały w niebo góry, stare, popękane, bardzo wysokie i całkowicie pozbawione drzew. W miejscach, gdzie strome zbocza były wystawione na działanie wiatru, miały różową barwę, z pomarańczowymi i kasztanowymi smugami. Wzgórza bliżej rzeki przypominały błotne kopce. Te pagórki oraz brak roślinności nadawały górskiemu pasmu wygląd brutalnej powagi: kontury zostały odsłonięte, po bokach osypały się kamienie, bielały ślady erozji. Krągłe szczyty niższych zboczy przypominały oklapnięte namioty lub koce – z identycznymi fałdami – którymi Indianie przykrywają dobytek. Środkiem rzecznego koryta płynęła brunatna struga – to wszystko, co zostało z Río Grande; brzegi porastały topole, wierzby i kaktusy, na obrzeżach ziemi ornej stały lepianki. Dziwnie wyglądały te nagie góry nad zieloną doliną, z szeroką rzeką toczącą tak niewiele wody. Jedyna ludzka postać należała do staruszka kuśtykającego, jak stereotyp siwego poszukiwacza, z jednego brzegu na drugi.

Wokół nas rozciągały się pola kukurydzy, ogrody z pomidorami i słonecznikami oraz pola czerwonej kapusty, prezentujące się okazalej niż bezbarwne chałupy. Pociąg toczył się przez Argentynę na wysokości, która bardziej mi odpowiadała. Wyraźnie odczuwałem zmianę samopoczucia, spałem dobrze. Rozległy, żyzny krajobraz argentyński przypadł mi do gustu. Okolica sprawiała wrażenie słabo zaludnionej, jakby dopiero czekała na osadników. Nietrudno było zrozumieć, dlaczego Walijczycy, Niemcy i Włosi przybyli tu i zniknęli, zakopując się wraz ze swoją kulturą w górskiej dolinie i zapominając o reszcie świata.

Przez okno przedziału wpadał pył. Ponieważ ranna dłoń zaczęła mnie martwić, obmyłem ją i zmieniłem bandaż. Gdyby do niezagojonej rany dostał się pył, wdałoby się zakażenie. Burza piaskowa ucichła w miejscowości Tilcara, położonej pod topolami na zboczu góry. Ludzie na pikniku przywodzili na myśl odległy zakątek Włoch. Staruszki ubrane na czarno, brzuchaci mężczyźni w cieniu jabłoni prawie na pewno byli włoskimi osadnikami. Tilcara stanowiła oazę. Sto metrów za miasteczkiem, po upomnieniu *Nie niszczyć drzew* (cywilizacja dawała o sobie znać w przewrotny sposób), zaczął fruwać pył. Na nagich górach widniały żółte smugi piaskowca.

Pociąg przekroczył Zwrotnik Koziorożca. Linię graniczną wyznaczała szczelina biegnąca przez góry, których różowe, pomarańczowe i zielone warstwy przypominały mapę topograficzną. Cały krajobraz był prosty, równo pokolorowany jak rozłożona przede mną mapa: czarna linia kolejowa biegła przez brunatną dolinę, zabarwioną w odpowiednich miejscach na zielono, różowo i pomarańczowo. Pociąg znajdował się w pobliżu Maimará. Prócz kilku domów żółciła się kaplica z połowy siedemnastego wieku. Mieszkańcy argentyńskich miasteczek wyglądali tak, jakby przybyli tu na stałe, podczas gdy w miasteczkach boliwijskich miało się wrażenie, że rychło zostaną opuszczone.

Kulawy pies w Maimará uzmysłowił mi, że od wyjazdu ze Stanów Zjednoczonych nie widziałem psa, który by nie kulał, kobiety, która by czegoś nie niosła, Indianina bez kapelusza. Ani razu nie zobaczyłem też kota.

W Maimará mieliśmy stać najwyżej trzy minuty, ale po godzinie wciąż tam tkwiliśmy w przedwieczornym słońcu. Usiadłem na stopniach peronu i zapaliłem fajkę. Człowiek idący ścieżką przy torach podszedł i spytał, dokąd jadę. Niski, bardzo śniady, skośnooki, miał szeroką twarz i pulchne dłonie. Mógł być Indianinem lub pół-Indianinem; Inkowie dotarli aż tutaj, a nawet dalej, do Jujuy.

Odparłem, że jadę tym pociągiem do Tucumán.

Na południu wulkan spowodował osunięcie się ziemi i zerwanie torów, powiedział. Chyba próbowali naprawić, ale i tak do Jujuy zostały jeszcze cztery godziny, więc nie dotrę do Tucumán wcześniej niż nazajutrz

– Jaki jest sens w podróżowaniu? – spytał śniady miejscowy. – Zjeździłem całą okolicę: Jujuy, La Quiaca, wszędzie. Nigdzie nie jest tak dobrze jak w Maimará. Mamy tu jabłka, kukurydzę, gruszki, wszystko, czego ci trzeba. Tutaj łatwo się wszystko hoduje, a miasteczko jest ładne. Raz widziałem Villazón, było naprawdę szkaradne. Za nic nie chciałbym tam mieszkać. Tutaj mam wszystko, czego mi trzeba.

– Szczęściarz z ciebie.

– Powinieneś tu zostać – powiedział.

– Pociąg najwyraźniej nie rusza, więc chyba tu zostanę.

– To przez wulkan, który zniszczył tory. Dokąd jedziesz z Tucumán?

– Do Buenos Aires, a potem do Patagonii.

– Patagonia! Ależ to kawał drogi, nawet mówią tam inaczej. – Uśmiechnął się szeroko. – A więc byłeś w La Quiaca, a teraz jedziesz do Patagonii. To po dwóch przeciwnych stronach Argentyny. Nigdy bym tam nie jechał. Wolę zostać w domu.

– Po Patagonii wrócę do domu.

– O to chodzi! To musi być okropne: znaleźć się tak daleko od domu w takie przyjemne niedzielne popołudnie.

– Tutaj świeci słońce – odparłem. – Jestem pewien, że u mnie w domu pada deszcz.

– Ciekawe – powiedział mój rozmówca, podziękował mi i zniknął wśród szumiących topoli.

Na południe od Purmamarca, w suchym korycie rzeki – szeroką dolinę okalały zachmurzone góry – ujrzałem procesję z okazji Niedzieli Palmowej. Przynajmniej tak się domyśliłem. Co najmniej dwa tysiące osób posuwało się korytem rzeki. Wielu jechało na koniach, niektórzy nieśli proporce i flagi; elegancko odziani muzycy rzępolili żałobnie. Na przodzie procesji kilku ludzi niosło białą trumnę, prawdziwą lub symboliczną. Niezwykłości dodawało tej scenie zwieszające się nad procesją niebo. Istotnym elementem olbrzymiego muralu, przedstawiającego mrowie maleńkich postaci, był granitowy mięsień zwisającej chmury.

Pociąg jechał dalej, chmura stale się obniżała. Miarowo zsuwała się z gór w dolinę, aż do koryta rzeki. Chmura zawisła nad wierzchołkami drzew, popołudnie pociemniało. W ciągu kwadransa oszałamiający bezkres argentyński zmienił się w pochmurne późne popołudnie w Nowej Anglii. Widoczność nie wynosiła więcej niż pięćdziesiąt metrów; wszystko spowiła ciepła, mleczna biel. Znaleźliśmy się w świecie zjaw.

W siąpiącym deszczu ujrzałem przy torach osuwiska błota. Pozrywane przepusty, zdemolowane mury, woda podmywająca worki z piaskiem – szkody były widoczne gołym okiem. Kiedy wychyliłem się za drzwi, żeby przyjrzeć się osuwisku, usłyszałem za plecami głos konduktora:

– To jest wulkan.

– Nie wiedziałem, że tu są wulkany.

– Nie, miasteczko nazywa się Volcano.

A więc na tym polegał mój błąd. To, co od pewnego czasu brałem za opisy wulkanu, dotyczyło tylko nazwy miejscowości.

– Jak sobie radzimy? – spytałem.

– Do Buenos Aires przyjedziemy z półtoradobowym opóźnieniem.

Pozostałe godziny dziennego światła wykorzystałem na lekturę powieści *Sędzia i jego kat* Friedricha Dürrenmatta. Po naciąganej, słabej intrydze Jacka Londona, powieść Dürrenmatta wydała mi się błyskotliwa, nawet konieczna. W trakcie lektury zacząłem uważać autora za mędrca. Najlepsza książka do pociągu to ta, która ma najbardziej zawikłaną intrygę; dzięki temu chaosowi podróży zostaje nadany porządek.

W Jujuy ujrzałem, że rzeka, która kilka kilometrów na północ wyschła, silnie przybrała. Tutaj Río Grande zasługiwała na swoją nazwę. Brzegi porastały drzewa liściaste i kwiaty, nad wodą zwieszała się wieczorna mgiełka. Jujuy wyglądało łagodnie i wilgotno; leżało na przyjemnej wysokości, niewywołującej zawrotów głowy. Deszcz padający na kwiaty przesycał ciemne powietrze aromatem, znad rzeki wiała świeża bryza. Całość wyglądała idyllicznie, a przecież później dowiedziałem się, że Jujuy dotknęła taka powódź, że musiano ewakuować tysiące ludzi. Z pociągu nie wszystko da się zobaczyć.

Na stację wylegli Indianie witający Indian, którzy przyjechali pociągiem od granicy. W tym miejscu po raz ostatni w Argentynie widziałem tak wielu Indian. Mnóstwo Argentyńczyków zaprzecza, jakoby spotykało się ich licznie w tym kraju. Jujuy przypominało więc miasteczko graniczne, koniec starego szlaku Inków. Zielona miejscowość leżała zatopiona w soczystym, bezdennym szpinaku.

Z przyjemnością zostałbym tam na dłużej, o mały włos tego nie zrobiłem, ale stojąc na peronie, ujrzałem, że do pociągu przyłączają dwadzieścia nowych wagonów, w tym ponętnie wyglądający restauracyjny. Natychmiast poprawiło mi się samopoczucie: nie miałem żadnych skurczów, ani śladu choroby wysokościowej; wrócił apetyt (zaledwie poprzedniego dnia siedziałem w Villazón, jedząc orzeszki ziemne), a wraz z nim pragnienie. Bez wahania ruszyłem do wagonu restauracyjnego, gdzie zamówiłem karafkę wina. Kelner w czerni nakrył wszystkie stoliki – obrusy, srebrna zastawa, wazoniki z kwiatami. Jego trud okazał się jednak przedwczesny, byłem bowiem jedynym gościem.

Obiad – jechaliśmy teraz przez miasto General Miguel Martín de Güemes w kierunku Tucumán – składał się z pięciu dań: domowego rosołu, polenty z kiełbasą, sznycli cielęcych, sałatki z szynką oraz deseru. Chociaż kelner stał w pobliżu, co pewien czas podając mi nowe karafki z winem, kiedy skończyłem jeść i zapaliłem fajkę, przysiadł się do mnie, trąciliśmy się kieliszkami i porozmawialiśmy.

Po hiszpańsku mówił z silnym włoskim akcentem, jak wiele osób w Argentynie. Po włosku mówił jednak słabo. Jego „Jestem Włochem" zabrzmiało tak jak deklaracje Amerykanów, że są Polakami albo Ormianami: pretensja lub wymówka imigranta w nieokreślonym kraju.

– Mamy szczęście, że ten pociąg przejechał – mówił kelner. – To pierwszy pociąg od dwóch tygodni, któremu udało się minąć Volcano. Widziałeś osunięcie się ziemi?

Owszem: cała góra błota osunęła się na tory.

– Kilka pociągów próbowało tamtędy przejechać, zanim w pełni usunięto błoto. Wszystkie się wykoleiły. Potem przestali ryzykować. Od dwóch tygodni czekam na ten pociąg.

Cóż za zrządzenie losu: kelner dwa tygodnie czeka w Jujuy na ekspres Panamerykański, a kiedy wreszcie nadjeżdża, dołączają wagon restauracyjny, w którym siedzi jeden klient: ja. Mimo to nie wyglądał na zbyt zawiedzionego.

– Jakie kraje widziałeś?

Opowiedziałem mu.

– Który podobał ci się najbardziej?

„Oni nie cierpią krytyki".

– Argentyna – odparłem.

– Pozostałe kraje są bardzo biedne – powiedział kelner. – Czy wiesz, ile kosztuje tu najlepszy stek? Zgadnij.

Moja sugestia okazała się zbyt niska; podałem równowartość pięćdziesięciu centów. Kelner powiedział – lekko poirytowany – że porządny kawałek filet mignon kosztuje siedemdziesiąt pięć centów.

Ten argument za dobrobytem zabrzmiał słabo w kraju, gdzie roczna stopa inflacji wynosiła od trzystu do czterystu procent. Wartość peso codziennie spadała, rosły ceny wszystkich produktów z wyjątkiem steków. Większość Argentyńczyków jadła steki dwa razy dziennie; nawet najprostszy urzędnik zamawiał na lunch wielką podeszwę wołowiny z frytkami. Wtedy przypomniałem sobie, że najbardziej krytyczne artykuły o Argentynie, jakie czytałem, wyszły spod pióra V. S. Naipaula. Zamieszczane w „The New York Review of Books", wzbudziły sporo kontrowersji. Nikt nie zwrócił uwagi na najbardziej oczywisty punkt tych artykułów, ale może wtedy nie było jeszcze powszechnie wiadomo, że Naipaul jest wegetarianinem.

– Co sądzisz o tym pociągu?

„Pod żadnym pozorem ich nie krytykuj".

– To jeden z najlepszych pociągów, jakie w życiu widziałem.

– Powinien być najlepszy. Jest dobrze wyposażony: rozkładane fotele, mnóstwo miejsca i wygody. Ale spójrz tylko na ludzi! Podróżują pierwszą klasą, a plują na podłogę, wieszają ubrania na lampach, kładą nogi na eleganckich fotelach. – Kelner przedrzeźniał prostaków włoskimi minami i gestami, co niezmiernie rozśmieszyło kucharzy, którzy także się do nas przysiedli. – Widziałeś ich? Co możemy począć? Ci ludzie nie potrafią podróżować pociągiem, ot co.

Kelner obwiniał ogół pasażerów. Nie wybrał żadnej konkretnej grupy, ciekawe też, że nie wspomniał o Indianach. Poczułem ulgę. Jedną z miłych stron Argentyny – podobnie jak Kostaryki – był fakt, że człowiek mógł tu liczyć na pełną anonimowość. Twarze w ekspresie Panamerykańskim nie różniły się od tych, które widuje się w dowolnym pociągu w Stanach Zjednoczonych, albo nawet w Europie. W Argentynie można było wtopić się w tłum. Anonimowość przynosiła wytchnienie; pozwalała mi niepostrzeżenie i długo przyglądać się ludziom.

Tej nocy spałem dobrze, ale obudziło mnie walenie do drzwi.

– Pobudka! – wołał konduktor. – Jesteśmy w Tucumán! Musi pan wstać!

Otworzyłem drzwi.

– Proszę się pospieszyć. Pozostali pasażerowie już wysiedli.

– Jak mam się dostać do Buenos Aires?

– Przegapił pan pociąg. Dziś wieczorem musi pan złapać Gwiazdę Polarną. Powinniśmy byli przyjechać tu wczoraj wieczorem – mówił, wynosząc moją walizkę z przedziału. – Wszyscy pasażerowie mają ten sam problem.

Konduktor pomógł mi wysiąść na zielonkawy świt dworca Belgrano w Tucumán. Poranny chłód już zaczynał się skraplać. Palmy w dworcowym ogrodzie wyglądały niesamowicie w gęstniejącej mgle. Walizkę zostawiłem w okienku Rzeczy Zaginione, po czym ruszyłem na śniadanie.

rozdział_dziewiętnasty

La Estrella del Norte, czyli Gwiazda Polarna do Buenos Aires

Konieczność przyniosła mi szczęście. Nie było lepszego sposobu na opuszczenie wyżyn – tej krainy piasku dla kotów – niż prześlizgnąć się nocą przez proste argentyńskie przejście graniczne, zwiedzić nazajutrz teren przygraniczny, a następnego dnia przyjechać do dużej stolicy prowincji i spacerować pustymi ulicami, podczas gdy miasto spało. O wpół do ósmej nawet kawiarnie były jeszcze zamknięte. Królewskie palmy i ciemnozielone araukarie ociekały mgłą. Dzień należał do mnie. Jeśli nic w Tucumán nie skłoni mnie do dłuższego postoju, wieczorem wsiądę do Gwiazdy Polarnej, by obudzić się w Buenos Aires. Ta podróż wiązała się z pewnym ryzykiem. W notatniku przechowywałem wycinek z gazety z Bogoty. „Katastrofa kolejowa w Argentynie: 50 ofiar śmiertelnych", donosił hiszpański nagłówek. „Pociąg Gwiazda Polarna – brzmiał komunikat policyjny – wyjeżdżając z prowincji Tucumán, zderzył się na przejeździe z ciężarówką". Wypadek, opisywany z typowym latynoskim entuzjazmem dla katastrof, wydarzył się zaledwie miesiąc wcześniej.

– Bez trudu dostaniesz łóżko w tym pociągu – zapewnił mnie bagażowy w Tucumán. – Od katastrofy ludzie boją się nim jeździć.

Tucumán okazało się starsze, bardziej płaskie, czystsze i znacznie nudniejsze, niż się spodziewałem. Typowe miasto prowincjonalne, samowystarczalne i odległe, było po staroświecku europejskie – począwszy od prążkowanych garniturów i czarnych wąsów mężczyzn, przesiadujących w kawiarniach lub wysuwających buty do czyszczenia na placu, a skończywszy na luźnych mundurkach szkolnych uczennic, które w drodze do przyklasztornej szkoły ściskały – w pobożnym geście – kolana Chrystusa na krzyżu w katedrze. Starą Europę widziało się w fasadach domów w centrum miasta, w biurokracji w banku (każdą transakcję zapisywano w trzech kopiach), wyszukanej elegancji kobiet robiących zakupy oraz próżnych pozach i wymuskanych fryzurach młodych mężczyzn. Domy mieszkalne zbudowano w stylu francuskim, siedziby władz w stylu włoskiego baroku, natomiast pomniki i posągi stanowiły kwintesencję ducha południowoamerykańskiego. W miarę przesuwania się na południe stawały się coraz bardziej fantazyjne; boginie i duszki coraz śmielej odsłaniały nagość, bohaterowie zaś wyglądali surowiej i przybierali coraz bardziej wojownicze pozy.

Po krępych Indianach, żyjących pośród smaganych wichrem skał na wyżynach, po rolnikach z zapadłych przygranicznych wiosek i po ziejących dolinach rzecznych na północy spodziewałem się wszystkiego, tylko nie Tucumán. Miasto okazało się ponure, ale ponuractwo jest nieodłącznym elementem argentyńskiego charakteru; nie był to dramatyczny mrok, tylko raczej zgnębiona melancholia, jaka dopada imigrantów w deszczowe popołudnia z dala od ojczyzny. Nie widziało się żadnych spustoszeń, a jeśli nawet dochodziło do aktów barbarzyństwa, to pozostawały one mrocznymi sekretami, rozgrywającymi się w pokojach tortur na posterunkach policji lub w zatłoczonych pomieszczeniach pracowników plantacji cukru. Bar znalazłem dopiero o czwartej po południu, tak przyzwoitym miastem było Tucumán.

Przez cały dzień spacerowałem. Dzień wstał pochmurny i wilgotny, a światło było tak słabe, że fotograf z placu Niepodległości (niepodległość Argentyny ogłoszono w Tucumán w 1816 roku) dopiero po dwóch próbach zdołał zrobić mi zdjęcie staroświeckim aparatem. Może posępna tonacja, jak z filmów Buñuela, kazała mi myśleć o Tucumán jako o mieście, dokąd wysłano smutne, niewinne dziecko na straszny tydzień u ciotki-starej panny. Wyobrażałem sobie ładne, gnębione służące w ciasnych domach, miarowe tykanie zegarów z fałszywego złota w wysokich salonach. Wszystko to jednak były tylko fantazje, ozdobniki spacerowicza. Po pewnym czasie znalazłem biuro turystyczne. Pracownica wręczyła mi trzy foldery, wszystkie namawiające do wyjazdu z Tucumán: w góry, do lasu za miastem oraz – co mnie rozbawiło – do Jujuy. Najwyraźniej jedna z atrakcji Tucumán polegała na tym, że znajdowało się o dzień drogi od Jujuy.

Pamiątki w Tucumán reprezentowały kiczowaty styl gaucho: kule na linach do chwytania zwierząt, zabawkowe końskie baty, za drogie sztylety, solniczki, fartuchy, kalendarze i skrzyneczki z kaktusa, wszystko opatrzone napisem *Tucumán*. Księgarnie okazały się znacznie lepiej zaopatrzone niż jakiekolwiek zwiedzane dotychczas podczas podróży, ale może odniosłem takie wrażenie, widząc trzy własne książki w hiszpańskim przekładzie. Zapisałem sobie adres wydawcy w Buenos Aires i postanowiłem, że złożę mu wizytę.

W Tucumán nie zrobiłem już więcej prawie nic, z wyjątkiem zamówienia pizzy, grubej pizzy po neapolitańsku z dodatkiem anchois. To przypomniało mi smutny komentarz zasłyszany w Peru.

– W Peru nastały tak ciężkie czasy, że nawet sardele odpłynęły z naszych wód – powiedział pewien człowiek.

Z każdą godziną utwierdzałem się w postanowieniu, że wyjadę z Tucumán Gwiazdą Polarną. Później wpadłem na Wolfganga i razem poszliśmy na stację. Niemiecki podróżnik nie posiadał się z radości. W ciągu doby dolar zdrożał o pięć pesos, „a jutro będzie jeszcze droższy". Obrót spraw wprawiał Wolfganga w wyśmienity nastrój, a w Buenos Aires widywałem go, gdy każdego ranka szedł sprawdzić poziom inflacji. Dla Wolfganga inflacja stanowiła czysty zysk.

Gwiazda Polarna czekała na peronie.

– Po tej podróży przestaję jeździć pociągami – westchnął Wolfgang.

– Chcesz coś do czytania? – Wręczyłem mu powieść Dürrenmatta.

– Czytałem to już po niemiecku – odparł, wertując książkę. Ale i tak ją zatrzymał. – Poćwiczę trochę swój angielski.

Oswaldo, zajmujący dolne łóżko w moim przedziale w Gwieździe Polarnej, był nerwowym, szybko mówiącym handlowcem, który jechał do Rosario sprzedawać mięso. Co prawda, chciał polecieć samolotem, ale jego firma uznała, że to zbyt drogie.

– Ten sam pociąg miał wypadek mniej więcej miesiąc temu. Mnóstwo ludzi zginęło, wagony się paliły, coś strasznego. – Rozsunął zasłony i wyjrzał przez okno. – Mam nadzieję, że nas to nie spotka. Nie chcę przeżyć katastrofy kolejowej. Mimo to mam złe przeczucia co do tego pociągu.

Rozmowa z Oswaldem działała na mnie tak przygnębiająco, że przeniosłem się do wagonu restauracyjnego, gdzie usiadłem z butelką piwa i kupioną w Tucumán gazetą. Chełpliwy artykuł donosił o wyborczym zwycięstwie francuskich partii prawicowych oraz o porwaniach we Włoszech. („Wszyscy nasi terroryści przenieśli się do Europy – powiedział mi pewien człowiek w Buenos Aires. W jego współczuciu pobrzmiewała nuta mściwości. – Teraz będziecie mieli przedsmak tego, co myśmy przechodzili"). Argentyńska prasa zbijała kapitał polityczny na doniesieniach zagranicznych.

– Za pozwoleniem – powiedział Oswaldo, przysiadając się do mojego stolika. W dłoni trzymał hiszpański komiks, może trzycentymetrowej grubości, pod tytułem *D'Artagnan*, bo tak nazywał się matołowaty zawadiaka z okładkowej opowieści. Nawet jak na sprzedawcę mięsa, uznałem to za mało ambitną lekturę.

Nie zwracając uwagi na Oswalda, wyjrzałem przez okno. Pociąg wyjechał z miasta Tucumán, potem z prowincji o tej samej nazwie, by wjechać do ościennej, Santiago del Estero. W zamglonym zmierzchu soczysta zieleń pól trzciny cukrowej i gajów pomarańczowych przywodziła na myśl irlandzki wieczór. Na podwórzach niektórych gospodarstw paliły się ogniska; widziałem ceglane chałupy ścinaczy trzciny, a w oddali dachy i kolumny posiadłości oraz piękne konie przy ogrodzeniu. Nad polami trzciny cukrowej zapadła noc, a jedyną oznaką życia były żółte reflektory samochodów, podskakujących na wiejskich drogach.

– Właśnie tutaj się to stało – powiedział Oswaldo, odkładając komiks. – Katastrofa.

Sprzedawca chwycił się stołu, jakby spodziewał się, że zostanie zrzucony z krzesła. Mimo to pociąg, kołysząc się, jechał dalej przez Argentynę, a z kuchni dobiegał męski śpiew.

O dziesiątej podano kolację złożoną z czterech dań, w tym grubego steku za dwa dolary. W tym wagonie restauracyjnym kelnerzy i obsługa byli ubrani bardziej formalnie niż goście. Wszystkie miejsca zajęli hałaśliwi, dobrze odżywieni pseudo-Europejczycy. Do naszego stolika przysiedli się dwaj mężczyźni, a po kilku kieliszkach wina jeden z nich zaczął opowiadać o przyczynie podróży do Buenos Aires: jego ojciec zmarł na atak serca.

Mężczyzna mówił świszczącą argentyńską hiszpańszczyzną, każde podwójne l wymawiając z rosyjska jako *ża*.

– Mój ojciec miał osiemdziesiąt pięć lat – mówił, opychając się chlebem. – W życiu nie chorował. Bez przerwy palił, praktycznie jadł papierosy. Był silny i zdrowy jak koń. Bardzo się zdziwiłem, kiedy zadzwonili do mnie z informacją, że miał zawał. „Ten człowiek w życiu nie chorował", powiedziałem.

– Mój ojciec był taki sam – włączył się drugi mężczyzna. – Prawdziwy twardziel, stara gwardia. On nie zmarł na atak serca. Wysiadła mu wątroba.

– Cóż, mój ojciec... – zaczął Oswaldo.

Pierwszy z mężczyzn kompulsywnie palił i jadł; kiedy żuł chleb, dym wylatywał mu nosem. Co pewien czas wołał: „Szefie!".

– Szefie! Przynieś mi popielniczkę. Kiedy jem, muszę mieć popielniczkę.

Po chwili zjadł całe pieczywo z koszyka.

– Szefie! Więcej chleba, jestem głodny. A przy okazji, przynieś jeszcze jedno piwo, pić mi się chce.

Obydwaj zadawali szyku, usta im się nie zamykały, choć nie grzeszyli poczuciem humoru. Nie byli próżniakami, przeciwnie, uznałem, że ciężko pracują. Jednak ze wszystkich mieszkańców Ameryki Południowej właśnie Argentyńczycy najmniej interesowali się światem zewnętrznym czy zagadnieniami niemającymi bezpośredniego związku z Argentyną. Podobnie jak biali z Republiki Południowej Afryki, dawali do zrozumienia, że ugrzęźli na antypodach otoczeni przez dzikusów. Nawet zwracając się do siebie nawzajem, używali agresywnego tonu; byli przy tym filistrami do szpiku kości. Takie wyniosłem wrażenie z Gwiazdy Polarnej. Dopiero w Buenos Aires poznałem ludzi o łagodniejszym usposobieniu, którzy kazali mi zmienić zdanie.

Przez kolejne pół godziny Oswaldo i dwaj mężczyźni rozmawiali o piłce nożnej. Argentyna właśnie pokonała Peru, a rozmówcy wyrażali pewność, że Argentyna może zwyciężyć na lipcowym Mundialu.

– Czy ty mówisz po hiszpańsku? – spytał nagle pierwszy mężczyzna, ten, którego ojciec zmarł na zawał. Przy ustach trzymał kawałek chleba.

– Tak – odparłem. – Chyba wystarczająco, żeby się porozumieć.

– Nie jesteś zbyt rozmowny. Dlatego pytam.

– Nie interesuję się piłką nożną.

– Chodzi mi o to, że nie włączasz się do rozmowy – powtórzył tamten, posyłając pozostałym krzywy uśmieszek.

– Jakiej rozmowy?

– Tej rozmowy – odparł, tracąc cierpliwość.

– O piłce nożnej.

– Nie, o wszystkim. My rozmawiamy, a ty nie. Po prostu siedzisz.

– Co z tego? – spytałem.

– Może coś jest nie tak.

A więc o to chodziło: podejrzliwość, lęk, poczucie, że moje milczenie oznacza dezaprobatę; stary południowoamerykański brak bezpieczeństwa.

– Wszystko jest w porządku – zapewniłem. – Bardzo się cieszę, że tu jestem. Argentyna to cudowny kraj.

– On się cieszy – oświadczył mężczyzna, wciąż trzymając w dłoni chleb. Kieliszek wina przysunął bliżej i powiedział: – Wiesz, co robią w Hiszpanii? Patrz. Oto, co robią. Jesteś gotów? Zanurzają chleb w ten sposób. – Zanurzył chleb w winie. – Potem go zjadają. O tak. – Żując zmoczony chleb, dodał: – Widzisz? Zanurzają chleb w winie. W Hiszpanii.

– Jeśli sądzicie, że to dziwne, posłuchajcie tego – powiedziałem.

Mężczyźni się uśmiechnęli: oto przyłączyłem się do rozmowy.

– Włosi wkrajają do wina owoce – ciągnąłem. – Kroją gruszki, brzoskwinie, banany, potem wrzucają do kieliszka z winem. Mieszają, zjadają owoce, następnie wypijają wino. Pomyślcie tylko, robić coś podobnego z kieliszkiem wina.

Moja wypowiedź nie spotkała się z przychylnym przyjęciem. Cała trójka wpatrywała się we mnie.

– My też to robimy – powiedział w końcu Oswaldo.

Kolacja zakończyła się kawą i *crème caramel*, a drugi z mężczyzn wdał się w nudny opis rozmaitych nazw pieczywa w różnych częściach Argentyny.

– W Tucumán nazywamy to bułką. Jeśli jednak pojedziesz do Córdoby, nazwą to kajzerką. Za to w Salta usłyszysz ciastko. Słowa bochenek używają w…

Opowieść ciągnęła się bez końca, pozostali dorzucali inne różnice regionalne. Czując, że nie mam nic do dodania, pożegnałem się i przez pędzący pociąg ruszyłem do przedziału.

Kiedy położyłem się spać, miałem sen. W edwardiańskim domu przebywała śliczna, przebiegła kobieta. Cały budynek trząsł się w posadach, podłoga się zapadała i kołysała jak tratwa, na ścianach pojawiały się pęknięcia. Kobieta błagała mnie, abym wyjaśnił wstrząsy. Wyjrzawszy przez strzaskane okno, wyszedłem na podwórze. Potężne wstrząsy sprawiały, że z trudem utrzymywałem się na nogach; były odczuwalne, ale nie dało się ich zobaczyć. Kobieta stała w oknie, a wszystkie cegły wokół niej popękały.

– Dom stoi nad polem magnetycznym – powiedziałem, ledwo utrzymując równowagę. – Pod ziemią znajduje się przewód naładowany elektrycznością. Dom trzęsie się od magnetyzmu…

Wtedy się zbudziłem. Pociąg dygotał, jak podwórze we śnie, a ja nie mogłem już sobie przypomnieć imienia kobiety.

Dzień wstał słoneczny, a po chwili zatrzymaliśmy się w San Lorenzo nad Paraną. Po drugiej stronie rzeki leżała prowincja Entre Ríos, a za nią Urugwaj. Ziemia była tu płaska, powoje oplatały ogrodzenia, na pastwiskach konie skubały trawę.

Oswaldo się pakował.

– Ci ludzie, z którymi jedliśmy wczoraj kolację, stali się bardzo interesujący, kiedy odszedłeś – powiedział. – Nie powinieneś był tak wcześnie się kłaść.

– Nie miałem nic do powiedzenia.

– Mogłeś posłuchać – nalegał Oswaldo. – Było naprawdę ciekawie. Jeden z nich pracuje w branży mięsnej. On mnie znał! No, nie osobiście, ale o mnie słyszał.

Oswaldo wyglądał na bardzo zadowolonego z tego powodu. Kiedy skończył się pakować, wskazał na leżący na siedzeniu komiks.

– Chcesz moją książkę?

Przewertowałem kolorowy hiszpański komiks *D'Artagnan*. „Super-numer – przeczytałem na okładce. – Dziesięć kompletnych barwnych historii". Ich tytuły brzmiały: *Żegnaj, Kalifornio*, *My z Legionu, Or-Grund, zabójca wampirów*. Opowieści dotyczyły kowbojów, detektywów, jaskiniowców, żołnierzy; widziałem też reklamy kursów naprawy telewizorów.

– Mam już książkę – powiedziałem.

– Daję ci ją za darmo – kusił Oswaldo.

– Nie czytam komiksów.

– Ten jest piękny.

„Komiksy są dla dzieci i analfabetów", chciałem odpowiedzieć, ale przecież nie należy krytykować tych ludzi.

– Dziękuję – powiedziałem. – Czy zdarza ci się czytać argentyńskich pisarzy?

– To jest argentyńska książka – odparł, stukając trzymany przeze mnie komiks. – Kupiona w Buenos Aires.

– Miałem na myśli inne książki. Bez obrazków.

– Opowiadania?

– Tak. Na przykład Borgesa.

– Którego Borgesa?

– Jorge Luisa.

– Nie znam go.

Oswaldo wyglądał na znudzonego rozmową, poza tym rozdrażnił go mój brak entuzjazmu dla komiksu. Kiedy dotarliśmy do Rosario, pożegnał się dość chłodno i wysiadł. Przemysłowe miasto Rosario również leżało nad Paraną. Zapach fabrycznego dymu mieszał się z wonią kwitnących drzew i gorącej rzeki. W jednej z tutejszych solidnych willi klasy średniej w 1928 roku przyszedł na świat Che Guevara. Jednak to nie życie w Rosario zrobiło z niego rewolucjonistę. Doświadczenia zdobyte w Gwatemali – kiedy w 1954 roku CIA odsunęła Arbenza od władzy – utwierdziły Che w przekonaniu, że Ameryka Południowa pilnie potrzebuje nowego wyzwoliciela. Wędrówki po tych krajach przywiodły mnie do takich samych wniosków. Che Guevarę spotkał w pewnym sensie jeszcze gorszy los niż Bolívara. Jego upadek był całkowity, jego intencje poszły w zapomnienie, za to styl podchwycili właściciele butików (jeden z najmodniejszych londyńskich butików nosi nazwę Che Guevara). Nie ma szybszej metody na zniszczenie człowieka lub wyszydzenie jego idei niż uczynienie go modnym. Fakt, że Guevara zdołał wywrzeć wpływ na projektantów mody, stał się częścią jego tragedii.

Pola za Rosario miały wrześniowy wygląd: opustoszałe bruzdy ziemi, suche liście po kolbach kukurydzy, rolnicy zbierający siano. Dalej pola uprawne ustąpiły miejsca pastwiskom, bydłu stojącemu nieruchomo na zielonej trawie, wiatrołapom z kauczukowców. Wszędzie panowały cisza i ład.

Oto obóz wojskowy, przedmieścia, fabryka. W innych stronach Ameryki Południowej obozy wojskowe wyglądają groźnie, niczym więzienia, ten jednak nie miał fortyfikacji, a żołnierze na manewrach – właśnie atakowali czołg na polu przy torach – wyglądali jak skauci. Przedmieście nie sprawiało klaustrofobicznego wrażenia, a fabryka nie psuła krajobrazu. Pozory mylą, ale po wszystkim, co widziałem, potrzebowałem otuchy, jaką budził ten porządek, czyste powietrze, punkcik jastrzębia na niebie.

Na trasie mijaliśmy wiele małych stacyjek, jednak Gwiazda Polarna się na nich nie zatrzymywała. Okolica stała się bardziej podmokła; dopływy Parany występowały z brzegów i zalewały piaszczyste drogi. Dzięki wylewającym rzekom roślinność eksplodowała w postaci bardzo wysokich kauczukowców i gęstych lasów. Domy ranczerów miały w sobie elegancję i przestrzeń, ale oprócz nich widziałem też małe pudełkowate domki, każdy na ogrodzonej działce, z maleńkim ogródkiem i basenikiem.

Zabudowania zaczęły gęstnieć; na skraju mokradła stały szopy, a w oddali większe domy, wieże ciśnień i kościelne wieże. Nastała pora lunchu. Uczennice w białych mundurkach podskakiwały na chodnikach, na stacji J. L. Suárez mieszkańcy przedmieść czekali na lokalny pociąg, za nimi zaś, za napisem *Władza dla Perona*, ozdobione żywopłotami i bananowcami surowe domki tłoczyły się w ciasnych uliczkach. Kucharze i kelnerzy z restauracyjnego wysiedli w San Martín, złożonym prawie wyłącznie z parterowych domów; w Miguelete pociąg opuścili kolejni pasażerowie i ruszyli obok klubu golfowego, gdzie gracz czekał, aż pociąg odjedzie, zanim uderzył piłkę.

Miasto, jak się domyślałem, nie mogło leżeć daleko. Domy stawały się coraz okazalsze, a przy tym jakby nawiedzone, niczym domy z duchami z opowiadań Borgesa. Na wpół ukryte za drzewami budynki w stylu francuskim, z gotyckimi kratami, balkonami i zamkniętymi okiennicami miały kolor pajęczyn i wydawały się równie kruche. Kolejną otwartą przestrzenią okazał się zalany słońcem park, potem bulwar, gdzie błysnęła Europa, pośpiech, eleganckie stroje śpieszących przechodniów. Nagle poczułem, jakbym przez wiele miesięcy podróżował tunelem, a teraz wyjechał w odległym zakątku ziemi, w miejscu szalenie znanym, równie szacownym jak Boston, ale znacznie większym.

Dworzec Retiro zbudowali Anglicy według angielskiego projektu, z wysokim zakrzywionym dachem, wspartym metalowymi belkami odlanymi w hutach Liverpoolu, marmurowymi filarami i posadzkami, bogato zdobionymi baldachimami, gdzie snopy słonecznego światła podkreślały wysokość, a do katedry brakowało tylko ławek i ołtarzy. Argentyńskie dworce i linie kolejowe nie przypadkiem mają brytyjski wygląd. Większość zbudowali Anglicy, którzy zarządzali nimi aż do 1947 roku, kiedy to, w ramach jednej z najbardziej niekorzystnych transakcji w historii, kupił je Juan Perón. Gdyby odczekał kilka lat, brytyjskie przedsiębiorstwa kolejowe, tracące pieniądze, oddałyby mu je za darmo. Od tamtej pory Koleje Argentyńskie przynoszą straty. Mimo to wyposażenie pozostało, a ja odczułem ulgę, gdy po długiej podróży wjechałem na ten dworzec w sercu złożonego, pięknego miasta. Widok dworca przypomniał mi, że przebyłem długą drogę, a sam przyjazd miał dla mnie większe znaczenie niż najbardziej nieziemskie widoki Andów i wyżyn. Nie wystarczyła świadomość, że znajduję się na wysokim bezludziu; potrzebowałem zapewnienia, że dotarłem do gościnnej kultury, dającej się objaśnić i zasługującej na trud podróży.

Na pierwszy rzut oka, a później jeszcze przez wiele dni, Buenos Aires sprawia wrażenie wysoce ucywilizowanego ula. Domy i ulice mają w sobie całą elegancję starego świata, natomiast ludzie całą wulgarność i krzepkie zdrowie nowego. Na widok tych wszystkich kiosków z gazetami i księgarń człowiek myśli sobie: cóż za wykształcone miasto, jaka zamożność i styl. Mieszkanki Buenos Aires ubierają się z wystudiowanym szykiem, zarzuconym w Europie. Spodziewałem się dość zamożnego miasta, bydła, gaucho i bezlitosnej dyktatury; nie liczyłem na to, że zostanę oczarowany, uwiedziony przez architekturę i wigor. Buenos Aires okazało się znakomitym miastem do spacerów, a wędrując po nim, uznałem, że dobrze by się tu żyło. Na Panamę i Cuzco byłem przygotowany, ale Buenos Aires całkowicie mnie zaskoczyło. W opowiadaniu Joyce'a *Eveline*, z tomu *Dublińczycy*, tytułowa bohaterka rozmyśla o swym pełnym udręki życiu i szansach wyjazdu z Frankiem z Dublinu. „W Buenos Ayres stanął na nogach, powiedział, a do starego kraju przyjechał tylko na wakacje". Frank, który szuka szczęścia w nowym świecie, sypie opowieściami („opowiadał jej o straszliwych Patagończykach"); wkrótce oświadcza się Eveline i nakłania ją do wyjazdu z Dublinu. Dziewczyna decyduje się wyjechać, ale w ostatniej chwili – „Wszystkie morza świata wezbrały w jej sercu" – opuszcza ją odwaga. Frank wsiada do pociągu zmierzającego do portu, ale bohaterka zostaje w Dublinie „jak bezradne zwierzę".

Opowiadania ze zbioru *Dublińczycy* są smutne – w literaturze niewiele jest smutniejszych utworów – ale *Eveline* odczytałem jako kronikę zmarnowanych możliwości dopiero wtedy, gdy ujrzałem miasto, do którego nie dotarła bohaterka. Fakt, że ktoś nie dojechał do Buenos Aires, nie wydawał mi się wcześniej wielką tragedią. Joyce, jak przypuszczałem, użył miasta ze względu na nazwę; zamienić smród Dublinu na „dobre powietrze" Ameryki Południowej. Ale pierwsza dziewczyna, którą poznałem w Buenos Aires, okazała się irlandzką ranczerką, mówiącą po hiszpańsku z irlandzkim akcentem. Właśnie przyjechała z Mendozy, aby wziąć udział w Mistrzostwach Świata w Hokeju. Zapytała mnie – choć odpowiedź wydawała mi się oczywista – czy ja też gram w hokeja. W Stanach Zjednoczonych Irlandczycy zostawali kapłanami, politykami, policjantami; szukali konwencjonalnego statusu społecznego i przyjmowali posady gwarantujące pewną dozę szacunku. W Argentynie Irlandczycy zostawali farmerami, a kierowanie ruchem zostawiali Włochom. Eveline najwyraźniej przegapiła statek.

W opanowanym przez imigrantów Buenos Aires, gdzie panowała zasada „kto pierwszy, ten lepszy", na próżno szukałem uchwytnych cech południowoamerykańskich. W trakcie podróży zdążyłem przywyknąć do zrujnowanych miast przypominających miejsca pochówku, do kultury żebraczej, hacjendowej gospodarki, zadowolonych z siebie, zamożnych rodzin bezprawnie zajmujących indiańskie tereny, rządów opartych na nepotyzmie, świń na stacjach. Tego rodzaju wulgarne widoki znieczuliły mój wzrok i zachwiały zdolnością rozróżnienia. Po głodujących dzieciach w Kolumbii, po peruwiańskiej nędzy trudno było się oburzać cenzurą prasy w Argentynie, dwuznaczną, wątpliwą i w znacznej mierze teoretyczną. Wcześniej miałem do czynienia z widocznymi uproszczeniami na dużą skalę; teorie uważałem za rzecz elitarną, a tutaj, w mieście, które najwyraźniej dobrze funkcjonowało, pewność siebie mnie opuściła. Mimo to spacerując po Buenos Aires dla przywrócenia krążenia – od wyjazdu z Cuzco prawie nie chodziłem – zaczynałem rozumieć, dlaczego to miasto wydało tuzin światowej klasy skrzypków, striptizerkę Fanne Foxe, a Che Guevara, Jorge Luis Borges i Adolf Eichmann czuli się tu jak u siebie w domu.

Odniesienia kulturowe dało się dostrzec w samym układzie miasta. Obsypane różowymi kwiatami „pijane" drzewa z pampy rosły w parkach, te jednak miały angielski i włoski charakter, co wyrażały nazwy: Britannia Park, Palermo Park. W centrum miasta dominował styl architektury francuskiej, dzielnice przemysłowe były niemieckie, port zaś włoski. Tylko skala Buenos Aires była amerykańska; rozmiary i poczucie przestrzeni miały w sobie coś znajomego. To było schludne miasto. Nikt nie spał w bramach ani parkach, co w kontekście południowoamerykańskim niemal szokowało. Po ulicach spacerowało się bezpiecznie o każdej porze, a jeszcze o trzeciej nad ranem widziało się tłumy. Z powodu utrzymującej się w ciągu dnia wilgotności chłopcy kopali piłkę w oświetlonych parkach grubo po północy. W Buenos Aires nie spotykało się wielu Indian; najwyraźniej tylko nieliczni zapuszczali się na południe od Tucumán, a ci, których się widziało, pochodzili z Paragwaju lub Urugwaju, tuż po drugiej stronie Río de la Plata. Indianie zatrudniali się do prac domowych, mieszkali w podmiejskich dzielnicach nędzy i nikt specjalnie nie zachęcał ich do zostania.

Podział kultury odzwierciedla podział całego kraju. Argentyńczycy mówili mi, że istnieją dwa kraje: północne wyżyny, pełne folkloru, gór i na wpół barbarzyńskich osadników, oraz „wilgotne pampy" na południu, z ranczami, pustką i nadal dziewiczymi terenami (pampa pochodzi od słowa w języku ajmara, oznaczającego przestrzeń). Aby dostrzec ów podział, należy przejechać ponad tysiąc kilometrów, a Argentyńczycy – mimo zapewnień, że mają ducha odkrywców – podróżują tylko wytyczonymi szlakami. Znają Chile. Niektórzy znają Brazylię. Weekendy spędzają w domach uciech w Montevideo. Zamożniejsi posiadają wille w patagońskiej oazie Bariloche. Po północy Argentyny podróżują jednak rzadko, natomiast o reszcie kontynentu wiedzą niewiele, mało ich też obchodzi. Jeśli wspomnisz o Quito, powiedzą, że to piekielne, małe, nędzne i prymitywne miasto. Podróż do Boliwii jest nie do pomyślenia. Ci ludzie utrzymują silniejsze związki z Europą. Bardzo lubią myśleć, że są sfrancuziali, a tak często słyszeli, że ich stolica przypomina Paryż, że nie czują potrzeby, aby odwiedzać Francję i to sprawdzić. Zamiast tego wolą kultywować stare związki z Europą; wielu odwiedza Hiszpanię, ale blisko ćwierć miliona Argentyńczyków jeździ co roku do Włoch. Co bardziej przedsiębiorczy są anglofilami. Stany Zjednoczone budzą w nich niepewność, która z kolei powoduje, że szydzą z tego kraju.

– Co ty wiesz o Argentynie? – pytali, ja zaś, tytułem uprzedzenia ich wywodów (sytuacja polityczna najwyraźniej wprawiała ich w zażenowanie), mówiłem rzeczy w rodzaju „Cóż, kiedy byłem w Jujuy" albo „Humahuaca to naprawdę miłe miasto" lub „W La Quiaca uderzyło mnie…". Nie spotkałem nikogo, kto odwiedziłby La Quiaca czy przejechał pociągiem przez granicę. Mieszkaniec Buenos Aires, który chce mówić o nędzy odległych prowincji, opowie ci o rozmiarach karaluchów w pobliskim Rosario.

Do Buenos Aires dojechałem wyczerpany, na początku fali upałów, która, jak mi mówiono, zapowiada argentyńską jesień. Po pięciu dobach w pociągu z La Paz słaniałem się na nogach. W dodatku ciężko się przeziębiłem, skaleczona dłoń pulsowała, więc przez kilka dni dochodziłem do zdrowia; czytałem, piłem wino, grałem w bilard, aż znowu poczułem, że jestem sobą.

W końcu uznałem, że mogę się spotkać ze swoim argentyńskim wydawcą. Bezskutecznie próbowałem się dodzwonić; w słuchawce rozlegały się piski i szumy, ale nie słyszałem żadnego ludzkiego głosu.

– Mam trudności z połączeniem się z tym numerem – zwróciłem się do boya hotelowego.

– W Buenos Aires?

– Tak. Firma znajduje się na ulicy Carlosa Pellegriniego.

– Ależ Carlosa Pellegriniego jest tylko cztery przecznice stąd!

– Chciałem do nich zadzwonić.

– O wiele szybciej tam dojdziesz.

W wydawnictwie przedstawiłem się jako autor trzech książek, które widziałem w księgarni w Tucumán.

– Spodziewaliśmy się kogoś znacznie starszego – oświadczył pan Naveiro, dyrektor zarządzający wydawnictwem.

– Po tym, co przeżyłem, czuję się jak osiemdziesięciolatek – zapewniłem.

Na wieść o moim przybyciu do gabinetu pana Naveiro zajrzała pewna kobieta i oznajmiła:

– Generał, który pełni w rządzie funkcję ministra transportu, czytał pańskie książki. Chciałby, żeby pojechał pan pociągiem do Salta.

Odparłem, że już byłem w Salta, a w każdym razie niedaleko.

– Generał chciałby, żeby pojechał pan pociągiem z Salta do Antofagosty w Chile.

Wolałbym tego nie robić, oznajmiłem.

– Generał jest też ciekaw, dokąd jeszcze chciałby pan pojechać.

Odpowiedziałem, że na południe, do Patagonii.

– Generał załatwi panu bilety. Kiedy chciałby pan wyruszyć?

W ten sposób poczyniono niezbędne przygotowania.

– Mamy nadzieję, że miło spędzi pan czas w Argentynie – powiedział pan Naveiro. – Ostatnio żyło się tu ciężko, ale teraz sytuacja się poprawia.

Na to wyglądało. Od dwóch lat nie dochodziło do porwań politycznych. Mój przyjaciel, Bruce Chatwin, który niedawno wrócił z Patagonii, opowiadał, że partyzanci miejscy wyjechali na urlop do Urugwaju albo na narty do Szwajcarii. Isabel Perón została obalona. Przebywała w areszcie domowym, w odległej dolinie, w towarzystwie kanarka i pokojówki. Bardziej sceptycznie podchodziłem do oficjalnych komunikatów na temat więźniów politycznych.

– W Republice Argentyńskiej nie ma więźniów politycznych – zapewnił pułkownik Dotti, stojący na czele państwowego systemu penitencjarnego. – Ci ludzie nie są więźniami politycznymi, ale elementami wywrotowymi.

Wkrótce po moim przyjeździe sześćdziesiąt „elementów wywrotowych" zginęło w zamieszkach w więzieniu w Buenos Aires; niektórych zastrzelono, inni udusili się dymem.

Nie mogłem rozwinąć tego tematu w rozmowie z panem Naveiro, który rad by mi nieba przychylić. Czy chcę wysłać do kogoś teleks? Czy chciałbym podyktować list jego uroczej sekretarce?

Czy mój hotel jest wygodny? Czy chciałbym się z kimś spotkać w Argentynie? Czy chcę, żeby ktoś poleciał do Patagonii i załatwił dla mnie sprawy?

– Moim zdaniem, ktoś powinien polecieć do Patagonii – powiedział. – Pan pojedzie pociągiem. Na wszelki wypadek na miejscu będzie pan miał człowieka pod ręką. Wystarczy, że pan powie, a wszystko będzie załatwione.

W górach Kolumbii taka propozycja mogła się okazać pomocna, odparłem, ale w Patagonii nie przewidywałem trudności.

– Cóż, pewnie pan wie, że Argentyna jest krajem mięsa – powiedział pan Naveiro. – Przyjazd do Buenos Aires musi pan uczcić solidnym kawałkiem mięsa.

W życiu nie jadłem tak olbrzymiego steku; miękki jak rozgotowana rzepa, miał rozmiary buta do piłki nożnej numer czterdzieści pięć. W tej restauracji należało wymienić część wołowiny oraz odmianę młodego wołu, z którego miała pochodzić. Krzyżowa długoroga, mówiłeś na przykład, ewentualnie polędwica krótkoroga.

– Tak, obecnie sprawy bardzo przycichły – mówił pan Naveiro, nalewając wina. Według niego, Isabel Perón okazała się katastrofą, ale ogół społeczeństwa uważał ją raczej za osobę żałosną niż złą. Generał Videla, tak bardzo podobny do trupa, że nazywano go „Czaszką" lub „Kością", był nieśmiałym, ostrożnym człowiekiem, z którym ludzie wiązali nadzieje powrotu Argentyny do rządów cywilnych.

Podobnie jak Włochy, Argentyna wydała mi się krajem biurokratycznym, nienadającym się do rządzenia. Ten rozwinięty kraj, pod względem geograficznym umiejscowiony w Trzecim Świecie, był zacofany politycznie; ludzie nie ufali rządowi i gardzili polityką. Bez przeciwwagi w postaci wiary w prawo lub wolnych wyborów, patriotyzm przybierał formę

mętnej agresji i taniej zaściankowości. Ponieważ polityka oka-
zywała się nieskuteczna, uważano ją za oszustwo. Przy najwyższym w Ameryce Południowej odsetku ludzi umiejących
czytać i pisać, jednym z najwyższych na świecie (91,4%), Argentyna doprawdy nie miała wymówki, aby być tyranią. Nawet
najprzychylniej nastawiony obserwator musiał dostrzec beztro-
skę postawy, która tolerowała rządy autorytarne, bo przecież
alternatywą dla nich była anarchia. Zapytałem, czy taki pogląd
nie trąci infantylizmem.

– Sam nie wiem – odparł pan Naveiro. – Powiem jednak
panu, co podejrzewam. Argentyna jest bardzo zamożnym krajem. Mamy bogactwa naturalne. Ludzie żyją tu na wysokim
poziomie, nawet na północy, gdzie pan podróżował, sytuacja
nie jest zła. Chyba nie mylę się też, twierdząc, że ciężko pracujemy. Mimo to mamy jedną poważną wadę. Czy potrafi pan
się domyślić jaką?

Nie mam pojęcia, odparłem.

– Oddzielnie wszyscy pracują dobrze, ale nie potrafimy
pracować razem. Nie wiem, czemu tak jest, ale nie umiemy pracować zespołowo.

– Uzurpacyjny rząd generałów nie inspiruje chyba ludzi
do pracy zespołowej – powiedziałem. – Dlaczego nie rozpiszą
wyborów?

– Ciągle mamy na to nadzieję. Jeśli pan pozwoli, wolałbym
zmienić temat.

– Dobrze.

– Przeczytałem pański esej o Rudyardzie Kiplingu. Jest bardzo dobry.

Ta obszerna recenzja książkowa kilka tygodni wcześniej
ukazała się w „The New York Times Book Review", trafiając na
okładkę. Zdziwiło mnie, że pan Naveiro ją znał. Sam jej nie czytałem w druku, ale – w przeciwieństwie do niego – nie miałem

prenumeraty, a kiedy recenzja się ukazała, podróżowałem po Peru lub Boliwii.

– Wie pan, kogo zainteresowałyby pańskie poglądy na temat Kiplinga? Borgesa.

– Naprawdę? Zawsze chciałem go poznać.

– Wydajemy jego dzieła – powiedział pan Naveiro. – Jestem pewien, że to się da załatwić.

Pan Naveiro nie skontaktował się ze mną od razu. Wcześniej jego dyrektor od kontaktów z prasą przysłał do mojego hotelu reportera, który miał zrobić ze mną wywiad. Drobny, chudy człowiek bardzo chciał wiedzieć, co sądzę o Argentynie. Nie miałem pojęcia, od czego zacząć. Oprócz trudności w wyrażaniu niuansów politycznych po hiszpańsku (jak się mówi „mętna agresja i tania zaściankowość"?), za wszelką cenę starałem się przestrzegać zasady: *Nie krytykuj ich. Oni nie cierpią krytyki.*

Moje wahanie reporter uznał za lękliwość.

– Argentyna to kulturalny kraj, prawda? – podsunął.

– O, tak, niezwykle kulturalny.

Reporter zapisał moją wypowiedź.

– Jest też cywilizowana, tak?

– Absolutnie.

Ogromnie zadowolony notował.

– Dobre pociągi, angielskie pociągi?

– Pan to powiedział.

– Ładne dziewczyny? – pytał, wciąż uśmiechając się i notując.

– Oszałamiające.

– A Buenos Aires? Przypomina…

– Paryż – odpowiedziałem.

– Naturalnie – przyznał reporter, nakładając nasadkę na długopis. Wywiad dobiegł końca.

Tego wieczoru poszedłem na przyjęcie z człowiekiem, który przełożył moje książki na hiszpański do argentyńskiego wydania. Tłumacz wzbudził mój podziw tym, że zlokalizował źródło cytatu, który umieściłem w jednej z książek. Cytat składał się z dwóch wersów z *Intercepted Letters* Thomasa Moore'a. Jednak Rolando Costa Picazo wykładał w Ohio i Michigan, gdzie takie rzeczy były powszechnie znane. On także gorąco namawiał mnie do spotkania z Borgesem.

– Nie chodzi o to, czy ja zechcę się spotkać z Borgesem, ale czy Borges zechce się spotkać ze mną.

– W tej chwili czyta twój tekst o Kiplingu – powiedział Rolando. – Jeśli mu się spodoba, zechce się z tobą spotkać. Tam jest ktoś, kogo musisz poznać – dodał, kierując mnie w stronę wiekowego dżentelmena.

Staruszek uśmiechnął się, uścisnął mi dłoń i powiedział po hiszpańsku:

– Bardzo mi miło pana poznać.

– On przełożył Ezrę Pounda na hiszpański – wyjaśnił Rolando.

– Tłumaczenie Pounda na hiszpański musi nastręczać trudności – powiedziałem po angielsku, ostatecznie rozmawiałem z tłumaczem.

Staruszek uśmiechnął się, ale nic nie odpowiedział.

– *Pieśni* są trudne – zauważyłem, myśląc przy tym: trudne, o ile nie jest to czysty bełkot.

– Tak. *Pieśni* – powiedział tłumacz.

– Które lubi pan najbardziej?

Staruszek wzruszył ramionami. Uśmiechając się do Rolanda, prosił o pomoc. Dopiero po chwili pojąłem, że człowiek, którego przedstawiono mi jako argentyńskiego intelektualistę i tłumacza, nie znał angielskiego. Jakież to stosowne dla tłumacza Ezry Pounda, pomyślałem. Niewiedza z pewnością była jego wielkim atutem, nie miałem też wątpliwości, że jego przekład przewyższa oryginał.

Nazajutrz późnym popołudniem mój telefon zadzwonił.

– Borges chce się z tobą spotkać.

– Wspaniale – odparłem. – Kiedy?

– Za piętnaście minut.

Metro w Buenos Aires

Pomimo dość niesamowitej nazwy Kolej Podziemna Buenos Aires jest sprawną, złożoną z pięciu linii siecią metra. Tych samych rozmiarów co metro bostońskie, powstała pięć lat później, w 1913 roku (co czyni ją starszą niż metro w Chicago czy Moskwie) i, podobnie jak w Bostonie, szybko doprowadziła tramwaje do bankructwa. Jorge Luis Borges mieszkał przy Maipú, niedaleko stacji Plaza General San Martín, przy linii Retiro–Constitutión.

Odkąd dowiedziałem się o istnieniu kolei podziemnej, pragnąłem nią pojechać; zawsze też bardzo chciałem spotkać Borgesa. Człowiek ten był dla mnie tym, czym Lady Hester Stanhope dla Alexandra Kinglake'a: „trwałym przedmiotem zainteresowania w całym społeczeństwie". Ekscentryczny geniusz, bardziej może niż prorok, krył się w labiryncie bezbożnego miasta. W jednej z moich ulubionych książek podróżniczych, *Eothen* („Mam nadzieję – pisze autor – że »Eothen« to jedyne trudne słowo w całej książce, a oznacza »ze wschodu«"), Kinglake poświęca cały rozdział na opis spotkania z Lady Hester. Czułem, że z Borgesem nie mogę postąpić inaczej. Po kursie koleją podziemną bez trudu znalazłem jego dom.

Napis na mosiężnej tabliczce na szóstym piętrze głosił *Borges*. Zadzwoniwszy do drzwi, zostałem wprowadzony przez chłopczyka w wieku może siedmiu lat. Na mój widok, onieśmielony zaczął ssać palec. Był dzieckiem pokojówki, Paragwajki o obfitych kształtach, która wpuściła mnie, po czym zostawiła w przedpokoju z dużym białym kotem. Paliło się tu jedno słabe światło, ale resztę mieszkania spowijał mrok. Ciemność przypomniała mi, że Borges jest niewidomy.

Ciekawość i zakłopotanie przywiodły mnie do niewielkiego pomieszczenia. Nawet przy zaciągniętych zasłonach i zamkniętych okiennicach dostrzegłem kandelabr z rodowych sreber, wspomnianych przez Borgesa w jednym z opowiadań, kilka obrazów, stare fotografie oraz książki. Mebli nie widziałem wiele – sofa i dwa krzesła pod oknem, stół jadalny pod ścianą, półtorej ściany półek z książkami. Coś otarło się o moje nogi. Zapaliłem lampę i ujrzałem, że kot przyszedł tu za mną.

Na podłodze nie leżał dywan, bo niewidomy mógłby się potknąć; nie stały meble, na które mógłby wpaść. Parkiet lśnił; nigdzie ani pyłku. Obrazy były bezkształtne, za to trzy grafiki emanowały precyzją. W jednej z nich rozpoznałem *Widoki Rzymu* Piranesiego. Najbardziej borgesowska była *Piramida Cestiusa*, która mogła ilustrować *Fikcje* samego Borgesa. Bianconi, biograf Piranesiego, nazwał go „Rembrandtem ruin". „Muszę tworzyć wielkie idee – miał powiedzieć Piranesi. – Gdyby powierzono mi zaplanowanie nowego wszechświata, wierzę, że byłbym wystarczająco szalony, by podjąć się tego zadania". Podobne słowa mógł wypowiedzieć Borges.

Księgozbiór stanowił różnorodną mieszaninę. W kącie były głównie wydania Everymana, klasyki w angielskim przekładzie – Homer, Dante, Wergiliusz. Poezje stały na półkach bez wyraźnego porządku – Tennyson i E. E. Cummings, Byron, Poe, Wordsworth, Hardy. Wśród opracowań dostrzegłem *Literaturę angielską* Harveya, *Oksfordzką księgę cytatów*, słowniki – w tym Doktora Johnsona – oraz starą encyklopedię oprawną w skórę. Nie były to kosztowne wydania; grzbiety wytarły się, sukno wyblakło, ale książki nosiły ślady czytania. Z wnętrza wyrastały paski papieru do zaznaczania stron. Czytanie zmienia wygląd książki. Raz przeczytana, już nigdy nie wygląda tak samo, a ludzie zostawiają na książkach własne ślady. Jedna z przyjemności lektury polega na obserwowaniu tych zmian na stronicach i na sposobie, w jaki, czytając, bierzesz książkę w posiadanie.

Na korytarzu rozległo się szuranie oraz wyraźne stęknięcie. Ze słabo oświetlonego przedpokoju, macając ścianę, wszedł Borges. Ubrany formalnie, w granatowy garnitur i ciemny krawat, czarne buty miał luźno zawiązane, z kieszeni wysuwał się łańcuszek zegarka. Wyższy, niż się spodziewałem, miał w twarzy coś angielskiego, bladą powagę w okolicy szczęki i czoła. Oczy nabrzmiałe, szeroko rozwarte, niewidzące. Ale jeśli nie liczyć ostrożnego stawiania kroków i lekkiego drżenia dłoni, stanowił okaz zdrowia. Drobiazgowa precyzyjność ruchów upodabniała go do chemika. Skórę miał jasną – ani śladu plam wątrobianych na dłoniach – zdecydowane rysy twarzy. Ludzie mówili mi, że ma „około osiemdziesięciu lat". W istocie miał siedemdziesiąt dziewięć, ale wyglądał na dziesięć lat mniej. „Kiedy dojdziesz do mojego wieku – mówi do sobowtóra w opowiadaniu *Tamten* – stracisz niemal całkowicie wzrok. Będziesz widział żółtości, cienie, światła. Ale nie przejmuj się. Stopniowe tracenie wzroku nie jest tragiczne. Przypomina powolny letni zmierzch"[1].

– Tak – powiedział, szukając mojej dłoni. Uścisnąwszy ją, poprowadził mnie do krzesła. – Proszę usiąść. Gdzieś tutaj jest krzesło. Proszę się rozgościć.

Mówił tak szybko, że dopiero gdy skończył, uświadomiłem sobie akcent. Odnosiło się wrażenie, że brak mu tchu. Borges mówił wybuchami, ale bez wahania, chyba że otwierał nowy temat. Wtedy, jąkając się, unosił w górę drżące dłonie, jakby chwytał temat w powietrzu i wytrząsał z niego idee.

[1] J. L. Borges, *Księga piasku*, przeł. Z. Chądzyńska, Warszawa: Prószyński i S-ka, 1999, s. 16.

– Pochodzi pan z Nowej Anglii – powiedział. – To cudownie. Najlepsze miejsce do przyjścia na świat. Tam wszystko się zaczęło: Emerson, Thoreau, Melville, Hawthorne, Longfellow. To oni wszystko zaczęli. Bez nich nie byłoby nic. Byłem tam, cóż za piękno.

– Czytałem pański wiersz o tej wizycie – powiedziałem. *Nowa Anglia w 1967* Borgesa rozpoczyna się od słów „Oni odmienili kształt moich snów…".

– Tak, tak – przerwał mi, poruszając niecierpliwie dłońmi, jakby potrząsał kostkami. Nie chciał rozmawiać o swoich dziełach, był niemal lekceważący. – Wykładałem na Harwardzie. Nie cierpię wykładać. Uwielbiam uczyć. W Stanach, w Nowej Anglii bardzo mi się podobało. Teksas też ma w sobie coś wyjątkowego. Byłem tam z matką, która miała ponad osiemdziesiąt lat. Odwiedziliśmy Alamo. – Matka Borgesa zmarła niedawno, w imponującym wieku dziewięćdziesięciu dziewięciu lat. Jej pokój pozostał w niezmienionym stanie. – Czy zna pan Austin?

Odpowiedziałem, że z Bostonu pojechałem pociągiem do Fort Worth, ale miasto nie zrobiło na mnie dobrego wrażenia.

– Powinien pan był pojechać do Austin – oświadczył Borges. – Cała reszta nic dla mnie nie znaczy: Środkowy Zachód, Ohio, Chicago. Sandburg jest poetą chicagowskim, ale kimże on jest? Tylko hałasuje, wszystko ściągnął od Whitmana. Whitman był wielki, Sandburg jest nikim. A cała reszta – ciągnął, potrząsając w palcach wyobrażoną mapą Ameryki Północnej. – Kanada? Niech pan powie, co stworzyła Kanada? Nic. Za to Południe jest interesujące. Jaka szkoda, że przegrali wojnę secesyjną, prawda?

Klęska Południa była nieunikniona, odparłem. Wcześniej zacofani i samozadowoleni, dzisiaj jako jedyni ludzie w całych Stanach mówili o wojnie secesyjnej. Ludzie z północy nigdy o niej nie mówili. Gdyby Południe zwyciężyło, oszczędzono by nam przynajmniej tych konfederackich wspominków.

– Naturalnie, że o tym mówią – powiedział Borges. – To była dla nich straszliwa klęska. Mimo to musieli przegrać. To była kultura rolnicza. Tak się jednak zastanawiam, czy klęska jest rzeczywiście taka zła? Czy Lawrence w *Siedmiu filarach mądrości* nie mówi o „bezwstydzie zwycięstwa"? Południowcy byli odważni, ale odważny człowiek może wcale nie jest dobrym żołnierzem. Jak pan sądzi?

Sama odwaga nie zrobi z ciebie dobrego żołnierza, odparłem, podobnie jak sama cierpliwość nie wystarczy, żeby zostać dobrym rybakiem. Odwaga może sprawić, że człowiek stanie się ślepy na ryzyko, a nadmiar odwagi, bez rozwagi, może być zgubny.

– Mimo to ludzie szanują żołnierzy – odparł. – Właśnie dlatego nikt nie darzy wielkim szacunkiem Amerykanów. Gdyby Ameryka nie była mocarstwem gospodarczym, ale militarnym, imponowałaby ludziom. Kto szanuje biznesmanów? Nikt. Ludzie patrzą na Amerykę i widzą tylko komiwojażerów. Dlatego śmiech ich ogarnia.

Borges pomachał dłońmi, chwycił coś, i zmienił temat.

– Jak przyjechał pan do Argentyny?

– Z Teksasu pojechałem pociągiem do Meksyku.

– I co sądzi pan o Meksyku?

– Podniszczony, ale przyjemny.

– Nie lubię Meksyku ani Meksykanów – powiedział Borges. – Są tacy nacjonalistyczni. Oni nienawidzą Hiszpanów. Co może ich spotkać, skoro tak się czują? Przecież oni nic nie mają. To tylko zabawa, bawią się w nacjonalizm. Najbardziej jednak lubią się bawić w czerwonoskórych. O, tak. Nic nie mają, za to bardzo lubią się bawić. Są fatalnymi żołnierzami, zawsze przegrywają. Za grosz nie potrafią walczyć, co? Ileż garstka Amerykanów mogła zdziałać w Meksyku! Nie, Meksyk w ogóle mi się nie podoba.

Borges urwał i pochylił się do przodu, rozwierając szeroko oczy. Odnalazłszy moje kolano, poklepał je, dla podkreślenia swoich słów.

– Ja nie mam tego kompleksu – podjął. – Nie darzę Hiszpanów nienawiścią, chociaż znacznie bardziej wolę Anglików. Kiedy w pięćdziesiątym piątym straciłem wzrok, postanowiłem zrobić coś zupełnie nowego. Nauczyłem się więc anglosaskiego. Następnie wyrecytował całą modlitwę *Ojcze nasz* po anglosasku.

– To było *Ojcze nasz*. A teraz to, zna pan?

Borges wyrecytował początkowe wersy *The Seafarer*.

– *The Seafarer* – powiedział. – Czyż to nie piękne? Jestem po części Anglikiem. Moja babka pochodziła z Northumberland, mam też krewnych w Staffordshire. „Saksończycy, Celtowie i Duńczycy", czy nie tak to idzie? W domu zawsze rozmawialiśmy po angielsku. Może mam w sobie krew norweską. W Northumberland byli Wikingowie. Poza tym York, York to piękne miasto, prawda? Moi przodkowie i tam mieszkali.

– Robinson Crusoe pochodził z Yorku – powiedziałem.

– Naprawdę?

– „Urodziłem się w roku takim a takim, w mieście York, w dobrej rodzinie...".

– Rzeczywiście, zapomniałem o tym.

Wtedy powiedziałem, że w całej północnej części Anglii można spotkać staronorweskie nazwiska, na przykład Thorpe. Jest to zarówno nazwa geograficzna, jak i nazwisko.

– Jak niemieckie *dorf* – dodał Borges.

– Albo niderlandzkie *dorp*.

– Dziwne. Coś panu powiem. Piszę teraz opowiadanie, gdzie główny bohater nazywa się Thorpe.

– Oto dochodzi do głosu pańskie dziedzictwo z Northumberland.

– Możliwe. Anglicy to wspaniali ludzie, chociaż lękliwi. Wcale nie chcieli imperium. To Francuzi i Hiszpanie im je narzucili. W ten sposób dostali imperium. Wspaniała rzecz, prawda? Tyle rzeczy po nich zostało. Proszę pomyśleć, co dali Indiom: Kiplinga! Jednego z największych pisarzy.

Wtedy zauważyłem, że niektóre opowiadania Kiplinga sprowadzają się właściwie do samej akcji albo są ćwiczeniami z dialektu irlandzkiego, zdarzają się też niewiarygodne banialuki, jak kulminacja utworu *At the End of the Passage*, gdzie człowiek robi zdjęcia czarownika na siatkówce oka zmarłego, a następnie pali fotografie, tak bardzo są przerażające. W jaki jednak sposób czarownik tam się znalazł?

– To bez znaczenia, Kipling zawsze jest dobry. Moim ulubionym opowiadaniem jest *The Church that was at Antioch*. Coś wspaniałego. Poza tym, jaki to fantastyczny poeta. Wiem, że pan się ze mną zgadza, czytałem pański esej w „New York Timesie". Chciałbym, żeby przeczytał mi pan kilka wierszy Kiplinga. Proszę za mną – powiedział Borges, wstając i prowadząc mnie do półki z książkami. – Czy widzi pan wszystkie książki Kiplinga? Po lewej stoją *Poezje zebrane*. To duży tom.

Kiedy przebiegałem wzrokiem po dziełach Kiplinga w edycji Elephant Head, Borges wykonywał misterne ruchy dłońmi. W końcu znalazłem książkę i zabrałem ją z powrotem na krzesło.

– Proszę mi przeczytać *Harp Song of the Dane Women* – poprosił Borges.

Spełniłem prośbę.

Czym jest kobieta, którą porzucasz,
Czym domowe ognisko i kawałek ziemi,
Gdy odchodzisz z siwym stwórcą wdów?

– „Siwy stwórca wdów" – powtórzył Borges. – To jest znakomite. Po hiszpańsku nie da się powiedzieć takich rzeczy. Ale przerywam panu. Proszę, czytać dalej.

Po chwili podjąłem, ale przy trzeciej zwrotce Borges znowu mi przerwał.

– „Powstrzymuje cię dziesięciopalczaste zielsko", jakież to piękne!

Dalej czytałem tę wymówkę skierowaną do podróżnika, czując jak wzbiera we mnie tęsknota za domem, a co kilka zwrotek Borges zachwycał się sformułowaniem. Angielskie frazy wzbudzały w nim iście nabożny podziw. Język hiszpański nie pozwalał na podobne zwroty. Prostą frazę poetycką w rodzaju „znużone światem ciało" należało oddać po hiszpańsku jako „to ciało, które jest znużone światem". Dwuznaczność i subtelność ginie w hiszpańszczyźnie, a Borgesa wściekało, że nie może komponować takich wersów jak Kipling.

– Teraz mój kolejny ulubiony utwór, *The Ballad of East and West*.

W balladzie znalazło się jeszcze więcej powodów do przerywania niż w *The Harp Song*, a chociaż nigdy nie należała ona do moich ulubionych, Borges zwrócił mi uwagę na udane wersy, wyrecytował kilka kupletów, mówiąc co pewien czas: „Tego nie da się zrobić w hiszpańskim".

– Proszę przeczytać mi jeszcze jeden – poprosił.

– Może *The Way Through the Woods*? – zaproponowałem, przeczytałem, i dostałem gęsiej skórki.

– To jest jak Hardy – powiedział Borges. – Hardy był wielkim poetą, ale nie mogę czytać jego powieści. Powinien był się trzymać poezji.

– Pod koniec życia tak zrobił. Całkowicie zrezygnował z pisania powieści.

– W ogóle nie powinien był zaczynać – zawyrokował Borges. – Chce pan zobaczyć coś ciekawego? – Zaprowadził mnie z powrotem do półki z książkami, skąd wyjął *Encyklopedię Britannicę*. Rzadkie, jedenaste wydanie, niebędące zbiorem faktów, ale dziełem literackim. Borges poprosił, żebym otworzył encyklopedię na haśle „Indie", a następnie sprawdził podpis pod ilustracjami. Lockwood Kipling. – Ojciec Rudyarda Kiplinga, widzi pan?

Później kontynuowaliśmy przegląd księgozbioru. Mój gospodarz szczególnie szczycił się *Słownikiem* Johnsona („Przysłała mi go anonimowa osoba z więzienia Sing-Sing"), *Moby Dickiem*, przekładem *Tysiąca i jednej nocy* autorstwa Sir Richarda Burtona. Borges szperał na półkach, wyjmując kolejne egzemplarze; zaprowadził mnie do gabinetu, gdzie zaprezentował dzieła Thomasa De Quinceya. Dotykając *Beowulfa*, zaczął recytować islandzkie sagi.

– To jest najlepsza kolekcja anglosaskich książek w całym Buenos Aires – powiedział.

– O ile nie w Ameryce Południowej.

– Tak, chyba tak.

Po chwili wróciliśmy do biblioteki w salonie. Borges zapomniał pokazać mi swoje wydanie Poego. Niedawno czytałem *Opowieść Arthura Gordona Pyma*, powiedziałem.

– Nie dalej jak wczoraj wieczorem rozmawiałem o Pymie z Bioy Casaresem – odparł Borges. Bioy Casares współpracował z nim przy cyklu opowiadań. – Zakończenie tej książki jest bardzo osobliwe, cały ten mrok i światło.

– I statek pełen trupów.

– Tak – powiedział Borges trochę niepewnie. – Czytałem ją bardzo dawno temu, jeszcze zanim straciłem wzrok. To największy utwór Poego.

– Z radością go panu przeczytam.

– Proszę przyjść jutro wieczorem – zaproponował Borges. – O wpół do ósmej. Przeczyta mi pan kilka rozdziałów *Pyma*, a potem zjemy kolację.

Z oparcia krzesła zdjąłem marynarkę. Wcześniej biały kot przeżuwał jej rękaw. Rękaw zawilgł, ale kot już spał.

Z zamkniętymi oczami, spał na plecach, jakby chciał, żeby ktoś podrapał go po brzuchu.

Nazajutrz był Wielki Piątek. W całej Ameryce Południowej odbywały się poważne procesje, ludzie nieśli podobizny Chrystusa, dźwigali krzyże na szczyty wulkanów, ubierali się na czarno, biczowali się, przechodzili na kolanach stacje drogi krzyżowej, obnosili czaszki. W Buenos Aires widziało się niewiele podobnych aktów pokuty. W tym świeckim mieście pobożność wyrażała się w chodzeniu do kina. W Wielki Piątek odbyła się premiera filmu *Julia*, zdobywcy kilku Oscarów, ale sala świeciła pustkami. Po drugiej stronie ulicy, w kinie Electric, wyświetlano epicki obraz biblijny z lat pięćdziesiątych, *Dziesięć przykazań*. Na *Jezusa z Nazaretu* Zeffirellego wybrało się ponad pięćset osób, które pobożnie stały na deszczu w kolejce po bilety.

W ciągu dnia przepisywałem notatki z poprzedniego wieczoru. Ociemniałość Borgesa pozwalała mi bezceremonialnie notować, kiedy mówił. W końcu wyruszyłem na umówione spotkanie, ponownie wsiadając do kolejki podziemnej.

Tym razem w mieszkaniu pisarza paliło się światło. Szuranie zapowiedziało przybycie gospodarza, który w ten parny wieczór, podobnie jak wczoraj, sprawiał wrażenie ubranego z przesadną elegancją.

– Czas na Poego – powiedział. – Proszę usiąść.

Tom Poego leżał na pobliskim krześle. Podniosłem go, znalazłem *Pyma*, a zanim zdążyłem zacząć czytać, Borges powiedział:

– Właśnie myślałem o *Siedmiu filarach mądrości*. Każda strona jest bardzo dobra, a jednak to niezwykle nudna książka. Ciekawe dlaczego.

– On chciał napisać wielką rzecz. George Bernard Shaw doradził mu, żeby użył wielu średników. Lawrence postanowił wyczerpać temat, wierząc, że jeśli stworzy monumentalne dzieło, zostanie ono uznane za wielkie. Mimo to jest nudne, bez krztyny humoru. Jak książka o Arabach może nie być zabawna?

– *Huckleberry Finn* to świetna książka – ciągnął Borges. – Przy tym zabawna. Ale zakończenie jest niedobre. Kiedy pojawia się Tomek Sawyer, wszystko się psuje. No i jest jeszcze Murzyn Jim… – Borges zaczął przeszukiwać dłońmi powietrze. – Tak, tu, w Retiro mieliśmy targ niewolników. Moja rodzina nie była zbyt zamożna, mieliśmy tylko pięciu czy sześciu niewolników. Niektóre rodziny miały nawet po trzydziestu, a nawet czterdziestu.

Gdzieś czytałem, że dawniej ćwierć ludności Argentyny stanowili czarni. Obecnie wcale się ich nie spotykało. Spytałem Borgesa, dlaczego tak jest.

– To zagadka. Ale pamiętam, że swego czasu często ich widywałem. – Borges wyglądał tak młodzieńczo, że bez trudu można było zapomnieć, że jest równolatkiem stulecia. Nie mogłem ręczyć za jego wiarygodność, ale okazał się najlepiej poinformowanym świadkiem ze wszystkich, których poznałem podczas podróży. – Murzyni pracowali jako kucharze, ogrodnicy, złote rączki – mówił. – Nie mam pojęcia, co się z nimi stało.

– Ludzie mówią, że powymierali na gruźlicę.

– Dlaczego nie umierali na gruźlicę w Montevideo? Tylko tutaj, co? Istnieje inna historia, równie głupia, że jakoby walczyli z Indianami, a Indianie i Murzyni pozabijali się nawzajem. Coś podobnego miało się dziać w tysiąc osiemset pięćdziesiątym roku, ale to nieprawda. W tysiąc dziewięćset czternastym w Buenos Aires wciąż żyło wielu Murzynów. Może raczej w dziewięćset dziesiątym. – Borges nagle się roześmiał. – Oni nie przemęczali się w pracy. Dobrze było mieć indiańską krew, ale murzyńska krew to żaden rarytas, co? Niektóre wybitne rodziny w Buenos Aires mają odrobinkę sadzy, co? Mój wuj zwykł mawiać: „Jorge, jesteś leniwy jak czarny po obiedzie".

Widzi pan, oni nie pracowali zbyt dużo po południu. Nie wiem, dlaczego jest ich tutaj tak mało, ale w Urugwaju czy Brazylii... W Brazylii można czasem wpaść na białego, jeśli człowiekowi dopisze szczęście, co? Ha!

Borges śmiał się z politowaniem. Cała twarz mu się rozjaśniła.

– Oni uważali się za rdzenną ludność. Kiedyś słyszałem, jak Murzynka mówi do Argentynki: „Cóż, przynajmniej nie przypłynęliśmy tu na statku!". W ten sposób dawała do zrozumienia, że uważa Hiszpanów za imigrantów. „Przynajmniej nie przypłynęliśmy tu na statku!".

– Kiedy pan to słyszał?

– Dawno temu – odpowiedział Borges. – Mimo to Murzyni byli dobrymi żołnierzami. Walczyli w wojnie niepodległościowej.

– Podobnie jak w Stanach Zjednoczonych – dodałem. – Wielu walczyło zresztą po stronie Brytyjczyków, którzy obiecali im wolność w zamian za wstąpienie do piechoty. Jeden z południowych pułków, zwany Etiopczykami Lorda Dunmore'a, składał się wyłącznie z czarnych. Na koniec wylądowali w Kanadzie.

– Nasi czarni wygrali bitwę pod Cerrito. W wojnie przeciwko Brazylii byli bardzo dobrymi piechurami. Gaucho walczyli na koniach, ale Murzyni nie galopowali. Jeden z pułków, szósty, nie nazywał się Pułkiem Mulatów i Murzynów, ale – żeby ich nie obrażać – „Pułkiem Brązowych i Ciemnoskórych". W książce *Martín Fierro* nazywa się ich „ludźmi o skromnej barwie". Ale dość już, dość. Czytajmy *Arthura Gordona Pyma*.

– Który rozdział? Może ten, w którym statek dopływa do plaży pełnej trupów i ptaków?

– Nie, chcę usłyszeć ostatni. O mroku i świetle.

Tak więc przeczytałem ostatni rozdział, gdzie canoe dryfuje na Antarktykę, woda ociepla się, potem staje się gorąca, pada biały popiół, unoszą się opary, ukazuje się biały olbrzym. Borges przerywał mi od czasu do czasu, mówiąc po hiszpańsku:

– To zachwycające. Urocze. Jakież to piękne!

Kiedy skończyłem, mój gospodarz poprosił:

– Proszę mi przeczytać przedostatni rozdział.

Przeczytałem rozdział dwudziesty czwarty o ucieczce Pyma z wyspy, pościgu rozwścieczonych dzikich, sugestywny opis zawrotu głowy. Ten obszerny, zatrważający fragment zachwycił Borgesa, który na końcu zaczął bić brawo.

– Co powie pan teraz na trochę Kiplinga? – zaproponował Borges. – Może rozwikłamy *Panią Bathurst* i sprawdzimy, czy to dobre opowiadanie?

– Muszę przyznać, że w ogóle nie lubię *Pani Bathurst* – odparłem.

– Zgoda. Musi być niedobra. Wobec tego *Gawędy spod Himalajów*. Proszę przeczytać *Poza przegrodą*.

Przeczytałem *Poza przegrodą*, a kiedy doszedłem do miejsca, gdzie Bisesa śpiewa pieśń miłosną do swego angielskiego kochanka, Trejago, Borges przerwał mi, recytując:

> Samotna wchodzę na dach domu płaski
> i patrzę, jak hen błyska się na niebie,
> jakby na północ szły stóp twych odblaski.
> Wróć, ukochany – bo zginę bez ciebie![1]

– Mój ojciec recytował ten wiersz – wyjaśnił. Kiedy skończyłem czytać opowiadanie, powiedział: – Teraz proszę coś wybrać.

Wtedy przeczytałem mu opowiadanie o palaczu opium, *Brama stu westchnień*.

– Jakież to smutne – powiedział Borges. – Coś strasznego. Ten człowiek jest bezradny. Niech pan zwróci uwagę, jak Kipling

[1] R. Kipling, *Gawędy spod Himalajów*, przeł. J. Birkenmajer, Poznań: Wydawnictwo Polskie R. Wegner, 1930, s 65.

powtarza te same wersy. W ogóle nie ma tu akcji, ale całość jest urocza. – Dotknął marynarki. – Która godzina? – Wydobywszy zegarek kieszonkowy, dotknął wskazówek. – Wpół do dziesiątej, powinniśmy zjeść.

Odkładając Kiplinga na półkę – Borges nalegał, by każda książka wróciła na swoje miejsce – zapytałem:

– Czy zdarza się panu czytać własne utwory?

– Nigdy. Nie jestem zadowolony ze swojej pracy. Krytycy znacznie wyolbrzymiają jej znaczenie. Wolę czytać... – wyciągnął ręce ku książkom, po czym zagarnął je do siebie – ...prawdziwych pisarzy. Ha! – Odwrócił się do mnie i spytał: – A pan czyta moje rzeczy?

– Tak. *Pierre Menard*...

– To jest pierwsze opowiadanie, jakie napisałem. Miałem wtedy trzydzieści sześć, może trzydzieści siedem lat. Mój ojciec mawiał: „Dużo czytaj, dużo pisz, i nie spiesz się z drukowaniem". Dokładnie tak mówił. Moje najlepsze opowiadanie to *Intruz*. *Południe* też jest dobre. Ma tylko kilka stron. Jestem leniwy, kilka stron i wysiadam. *Pierre Menard* to nie było opowiadanie, ale żart.

– Swoim chińskim studentom dawałem do czytania *Mur i książki*.

– Chińskim studentom? Pewnie zarykiwali się ze śmiechu. Według mnie, to komiczna rzecz. Zupełnie bez znaczenia, prawie niewarta czytania. Chodźmy jeść.

Borges wziął laskę z sofy, wyszliśmy, zjechaliśmy małą windą i przekroczyliśmy żelazną bramę. Restauracja znajdowała się tuż za rogiem; nie widziałem jej, ale pisarz znał drogę. Niewidomy mnie prowadził. Iść ulicą Buenos Aires z Borgesem to było jak iść przez Aleksandrię z Kawafisem albo przez Lahore z Kiplingiem. Miasto należało do Borgesa, który przyczynił się do jego wymyślenia.

W wielkopiątkowy wieczór w restauracji panował tłok i hałas. Kiedy tylko Borges wszedł i postukując laską, macał drogę między stolikami, które najwyraźniej świetnie znał, goście umilkli. Rozpoznano go, a jego wejście przerwało wszystkie rozmowy i jedzenie. Milczenie, wyrażające zarówno szacunek, jak i ciekawość, trwało do czasu, kiedy Borges usiadł i złożył zamówienie.

Kolacja składała się z serc palmowych, ryby i winogron. Ja piłem wino, Borges wodę. Przekrzywiając głowę, usiłował nadziewać serca palmowe na widelec. Potem spróbował łyżką, wreszcie, zrezygnowany, zaczął jeść palcami.

– Wie pan, jaki błąd popełniają ludzie, filmując *Doktora Jekylla i pana Hyde'a*? – spytał. – Obydwie role powierzają temu samemu aktorowi. Powinni posługiwać się dwiema osobami. Taka była intencja Stevensona. Jekyll był dwoma ludźmi. Dopiero na końcu dowiadujesz się, że to jeden i ten sam człowiek. Na końcu powinno nastąpić mocne uderzenie. I jeszcze jedno. Dlaczego reżyserzy zawsze robią z Hyde'a kobieciarza? To był bardzo okrutny człowiek.

– Hyde tratuje dziecko – dorzuciłem. – Stevenson opisuje chrzęst miażdżonych kości.

– Tak, Stevenson nienawidził okrucieństwa, ale nie miał nic przeciwko fizycznej namiętności.

– Czy zdarza się panu czytać współczesnych pisarzy?

– Stale ich czytam. Anthony Burgess jest dobry. Nawiasem mówiąc, to bardzo hojny człowiek. Borges i Burgess to to samo nazwisko.

– Kto jeszcze?

– Robert Browning – odparł Borges, a ja zastanawiałem się, czy mnie nabiera. – On powinien był pisać opowiadania. Gdyby pisał, przewyższyłby Henry'ego Jamesa, a ludzie do dziś by go czytali. – Borges zabrał się do winogron. – W Buenos Aires jest dobre jedzenie, prawda?

– To miasto pod wieloma względami wygląda na bardzo cywilizowane.

Borges uniósł głowę.

– Możliwe, ale codziennie wybuchają bomby.

– Gazety o nich nie wspominają.

– Boją się o tym donosić.

– Skąd pan wie o bombach?

– To proste. Słyszę je – odpowiedział.

Rzeczywiście, trzy dni później pożar spustoszył znaczną część nowego studia telewizji kolorowej, zbudowanego z myślą o transmisjach mundialowych. Oficjalnie ogłoszono, że przyczyną była usterka instalacji elektrycznej. Tydzień później zamordowano jednego z ministrów. Ciało znaleziono na ulicy Buenos Aires, z przypiętą kartką z napisem *Prezent od Montoneros*.

– Rząd wcale nie jest taki zły – mówił Borges. – Videla jest wojskowym, który chce dobrze. – Uśmiechnął się i powiedział powoli: – Nie jest zbyt bystry, ale przynajmniej jest dżentelmenem.

– A co z Perónem?

– Perón był szubrawcem. Za jego rządów moja matka siedziała w więzieniu. Moja siostra siedziała w więzieniu. I moja kuzynka. Perón był złym przywódcą, a także, jak podejrzewam, tchórzem. Ten człowiek splądrował kraj. Jego żona była prostytutką.

– Evita?

– Pospolitą prostytutką.

Po kawie Borges przywołał kelnera i powiedział po hiszpańsku:

– Pomóż mi dojść do toalety. – Zwracając się do mnie, dodał: – Muszę pójść i uścisnąć dłoń biskupowi. Ha!

W drodze powrotnej Borges zatrzymał się przed hotelem i dwukrotnie uderzył laską w metalowy słupek markizy. Może wcale nie był tak ociemniały, jak się wydawało, może ten słupek stanowił znajomy punkt orientacyjny. Ciosy laską zostały zadane bardzo pewnie.

– To na szczęście – wyjaśnił.

Kiedy skręciliśmy w Maipú, Borges powiedział:

– Mój ojciec mawiał: „Historia Jezusa to bujda na resorach. Żeby ten człowiek miał umrzeć za grzechy świata. Kto niby miałby w to uwierzyć?". To bzdura, prawda?

– Myśl w sam raz na Wielki Piątek.

– Nie przyszło mi to do głowy! Ach, tak! – Zaśmiał się tak donośnie, że przestraszył dwójkę przechodniów.

Kiedy wyjmował klucz, zagadnąłem go o Patagonię.

– Byłem tam, ale nie znam jej dobrze – powiedział. – Coś panu jednak powiem. To ponure, bardzo ponure miejsce.

– Jutro zamierzałem pojechać tam pociągiem.

– Niech pan nie wyjeżdża już jutro. Proszę mnie odwiedzić. Podoba mi się, jak pan czyta.

– Do Patagonii chyba mogę pojechać w przyszłym tygodniu.

– Jest bardzo ponura – powtórzył Borges. W końcu otworzył drzwi, ruszył do windy i otworzył jej metalową bramę. – Brama stu smutków – oświadczył i wszedł, chichocząc.

Borges okazał się niestrudzony. Raz po raz namawiał mnie, żebym go odwiedził. Nie kładł się do późnych godzin, chętnie rozmawiał, chciał, żebym mu czytał, był znakomitym kompanem. Stopniowo przemieniał mnie w Boswella. Każdego ranka po przebudzeniu zapisywałem rozmowy z poprzedniego wieczoru; potem spacerowałem po mieście, a o zmroku wsiadałem do kolei podziemnej. Borges wyznał, że rzadko wychodzi.

– Nie odwiedzam ambasad. Nie chodzę na przyjęcia, nie cierpię pić na stojąco.

Ostrzegano mnie przed jego surowością i wybuchowym usposobieniem, ale człowiek, którego poznałem, miał niemal anielski charakter. Borges miał coś z szarlatana; potrafił perorować, wiedziałem też, że powtarza rzeczy, które mówił już setki razy. Zaczynał się jąkać, ale opanowywał tę przypadłość za pomocą dłoni. Niekiedy wpadał w profesorski ton, potrafił też jednak, przeciwnie, upodobnić się do studenta, ze splecionymi palcami i skupioną twarzą, przywodzącą na myśl elfa. Kiedy rysy mu łagodniały, nabierały cech arystokratycznych, a gdy obnażał żółte zęby w przesadnym uśmiechu, jakim podkreślał zadowolenie – zaśmiewał się z własnych dowcipów – twarz mu jaśniała i wyglądał jak francuski aktor, który pojął, że udało mu się skraść przedstawienie. („Skraść przedstawienie! – zachwyciłby się Borges. – Tego nie da się powiedzieć po hiszpańsku. Właśnie dlatego literatura hiszpańska jest taka nudna"). Miał idealną twarz mędrca, a zarazem, ułożywszy rysy w pewien sposób, mógł wyglądać jak klown, choć nigdy jak głupiec. Borges stanowił uosobienie delikatności; jego wypowiedzi i gesty były całkowicie wolne od przemocy.

– Nie rozumiem zemsty – wyznał. – Nigdy nie odczuwałem czegoś podobnego. Nie piszę też o niej.

– A *Emma Zunz*?

– Tak, to jedyny utwór. Ale to opowiadanie zostało mi dane, zresztą wcale nie wiem, czy jest dobre.

– Czyli nie popiera pan wyrównywania rachunków, mszczenia się za wyrządzoną krzywdę?

– Zemsta nie zmieni tego, co ci zrobiono. Przebaczenie też tego nie zmieni. Zemsta i przebaczenie są bez znaczenia.

– Co w takim razie można zrobić?

– Zapomnieć – odparł Borges. – To wszystko, co można zrobić. Kiedy ktoś wyrządza mi krzywdę, udaję, że to się przydarzyło dawno temu komuś innemu.

– Czy to działa?

– Mniej więcej. – Odsłonił żółte zęby. – Raczej mniej niż więcej.

Rozmawiając o daremności zemsty, Borges wyciągnął przed siebie dłonie i poruszył nowy, ale pokrewny temat drugiej wojny światowej.

– Kiedy tuż po wojnie odwiedziłem Niemcy, nikt nie mówił o Hitlerze. W Berlinie Niemcy pytali – przeszedł na niemiecki – „Co sądzisz o naszych ruinach?". Niemcy lubią się nad sobą użalać. Czyż to nie okropne? Pokazywali mi ruiny. Chcieli, żebym się nad nimi litował. Czemu jednak miałbym iść im na rękę? „Widziałem Londyn" – powiedział po niemiecku.

Dalej rozmawialiśmy o Europie, przeszliśmy na kraje skandynawskie, wreszcie, co nieuniknione, na Nagrodę Nobla. Nie wspomniałem oczywistości, że Borgesa wymieniano w gronie kandydatów. On sam, nieoczekiwanie, oświadczył:

– Gdyby mi ją ofiarowano, popędziłbym i złapałbym ją oburącz. Jacy amerykańscy pisarze ją otrzymali?

– Steinbeck – odparłem.

– Nie wierzę.

– To prawda.

– Nie mogę uwierzyć, że Steinbeck dostał Nobla. Ale przecież Tagore też dostał, a to okropny pisarz. Te tandetne, kiczowate wiersze o księżycach i ogrodach.

– Może tracą coś w przekładzie z bengalskiego na angielski.

– Mogą tylko zyskiwać. Co za kicz. – Borges uśmiechnął się, a na jego twarzy zagościł wyraz błogości, wzmocniony przez ślepotę. Często tak właśnie wyglądał: widziałem, jak konsultuje się z własną pamięcią. – Tagore przyjechał do Buenos Aires.

– Już po tym, jak otrzymał Nagrodę Nobla?

– Na pewno. Nie wyobrażam sobie, żeby Victoria Ocampo zaprosiła go, gdyby jej nie dostał – zachichotał. – Tagore i ja się pokłóciliśmy.

– O co?

Borges potrafił mówić tonem szyderczo-pompatycznym, którym skreślał kogoś z mrożącą ostatecznością. Teraz odchylił głowę w tył i tym właśnie tonem rzekł:

– Tagore opowiadał herezje na temat Kiplinga.

Tego wieczoru spotkaliśmy się, żeby przeczytać opowiadanie Kiplinga *Zwodniczy brzask*, ale tego nie zrobiliśmy. Zrobiło się późno, zbliżała się pora kolacji, a my rozmawialiśmy o opowiadaniach Kiplinga oraz ogólnie o horrorach.

– *Oni* to bardzo dobre opowiadanie. Lubię opowieści Lovecrafta. Jego intrygi są świetne, ale styl okropny. Kiedyś poświęciłem mu opowiadanie. Nie jest jednak tak dobre jak *Oni*, które jest bardzo *triste*.

– Myślę, że Kipling pisał o własnych zmarłych dzieciach. Jego córka umarła w Nowym Jorku, syn zginął na wojnie. Kipling już nigdy nie wrócił do Stanów.

– Cóż, walczył ze swoim szwagrem.

– Ale stał się pośmiewiskiem w sądzie – powiedziałem.

– „Stał się pośmiewiskiem", tego nie da się powiedzieć po hiszpańsku! – Borges był rozbawiony, ale po chwili udał przygnębienie. – Nic nie można powiedzieć po hiszpańsku.

W końcu poszliśmy zjeść. Borges spytał mnie, co robię w Ameryce Południowej. Wyjaśniłem, że wygłaszam wykłady o literaturze amerykańskiej, a dwukrotnie, kiedy przedstawiałem się hiszpańskojęzycznej publiczności jako feminista, uznano mnie za człowieka, który wyznaje zboczenie. Borges przypomniał mi, że Latynosi nie są zbyt subtelni w tej kwestii. Dalej mówiłem, że na swoich wykładach omawiałem Marka Twaina, Faulknera, Poego i Hemingwaya.

– Co z Hemingwayem? – spytał.

– Miał jedną poważną wadę – odparłem. – On podziwiał osiłków, którzy zastraszają słabszych.

– Trudno mi się z tym nie zgodzić – przyznał Borges.

Po miłej kolacji wracaliśmy do domu Borgesa, on zaś znowu uderzył laską w słup przed hotelem.

– Myślę, że pan i ja zgadzamy się co do większości spraw, co?

– Możliwe, ale wkrótce muszę wyjechać do Patagonii – odparłem.

– My nie mówimy Patagonia – powiedział Borges. – Mówimy Chubut albo Santa Cruz. Nigdy nie mówimy Patagonia.

– W. H. Hudson mówił Patagonia.

– Co on tam wiedział. *Idle Days in Patagonia* nie jest złą książką, ale zwraca w niej uwagę całkowity brak ludzi, są tylko zwierzęta i ptaki. Tak to już jest w Patagonii. Tam nie ma ludzi. Problem z Hudsonem był taki, że kłamał jak najęty. Ta książka jest pełna kłamstw. Hudson wierzył we własne kłamstwa, a po pewnym czasie nie potrafił już ich odróżnić od prawdy. – Borges zastanawiał się chwilę, wreszcie rzekł: – W Patagonii nic nie ma. Nie jest to Sahara, ale jej najbliższe podobieństwo, jakie można zobaczyć w Argentynie. Nie, w Patagonii nic nie ma.

Skoro tak, pomyślałem, skoro naprawdę nic tam nie ma, to jest to idealne miejsce na skończenie tej książki.

Ekspres Lagos del Sur, czyli Jeziora Południa

Przez Patagonię biegła też droga do domu. Wcześniej odwołałem kilka rezerwacji kolejowych, aby spędzić więcej czasu z Borgesem, teraz jednak przestałem zwlekać i powziąłem silne postanowienie, żeby ruszyć na południe. Do wyjazdu z Buenos Aires zostało kilka dni, ale czując się wyłączony z długich świąt wielkanocnych, samotnie spacerowałem po mieście. Teraz zaczęło mnie to przygnębiać. Ponury nastrój, przejściowo zniwelowany przez rdzennych Argentyńczyków, wkradł się do mojej duszy. Częściowo był to efekt wizyty w La Boca, włoskiej dzielnicy nad zatoką. Chłopcy pływali w oleistej, cuchnącej wodzie, a w sycylijskim stylu domów i restauracji widziałem więcej fałszu niż uroku. Brud i nędza były tutaj po części udawane, po części autentyczne. Ponieważ wyglądało na to, że wszyscy odwiedzają cmentarz Chacarita, zrobiłem to samo. Po pewnym czasie znalazłem grób Peróna, gdzie kobiety całowały jego straszną, odlaną z brązu twarz i wplatały goździki na bramie do mauzoleum.

– Fanatyczki! – powiedział człowiek stojący nieopodal.

– Jak na meczach piłkarskich – szepnęła jego żona.

Pewnej nocy, kiedy jechaliśmy z Rolandem na przedmieścia, wyprzedził nas policjant na motorze i kazał zjechać na pobocze. Rozmowę prowadził Rolando. Policjant twierdził, że przejechaliśmy na czerwonym świetle. Rolando upierał się, że światło było zielone. W końcu policjant przyznał mu rację: rzeczywiście paliło się zielone światło.

– Ale to jest twoje słowo przeciwko mojemu – powiedział chytrze policjant. – Chcesz tu stać całą noc czy załatwić sprawę od ręki? – Rolando dał mu około siedmiu dolarów w peso, na co policjant zasalutował i życzył nam wesołych świąt Wielkiejnocy.

– Wyjeżdżam – powiedziałem.

– Nie podoba ci się Buenos Aires? – zapytał Rolando.

– Podoba mi się, ale chcę wyjechać, zanim będę musiał zmienić zdanie.

Ekspres Jeziora Południa przez godzinę wyjeżdżał z miasta. Wyruszyliśmy o piątej, w słoneczne popołudnie, ale kiedy zaczęliśmy pędzić po pampach, chłodnych bezkresnych pastwiskach, zaczął zapadać zmrok. W końcu wieczorna poświata zniknęła; w półmroku trawa szarzała, drzewa poczerniały, bydło trwało nieruchomo jak głazy, a pięć krów na polu bieliło się jak suszące się pranie.

Ekspres należał do linii kolejowej General Roca. Niedawno została ona zbombardowana, ale coś takiego nie nastręczało trudności. Tory biegły przez prowincje La Pampa i Río Negro, dalej przez trawiaste i pustynne pustkowia ku wielkiemu płaskowyżowi Patagonii. Na tych słabo zaludnionych terenach wysadzanie pociągów nie wymagało wielkich umiejętności. Tutaj każdy mógł być terrorystą. Konduktor w moim wagonie sypialnym zapewnił mnie jednak, że o nic nie muszę się martwić. Terroryści z jakiegoś powodu woleli pociągi towarowe; może wysadzając je w powietrze, wyrządzali więcej szkód. Nasz pociąg przewoził wyłącznie pasażerów.

– Spokojnie – powiedział konduktor. – Baw się dobrze. Pozwól, że my będziemy się martwić. Martwienie się to nasza praca.

Wagon sypialny był niezwykły. Stary, drewniany, miał boazerię z ciemnego, polerowanego mahoniu. Pośrodku bardzo długiego wagonu znajdowała się salonka z miękkimi krzesłami i stołami do gry w karty. W salonie przesiadywali pasażerowie, w większości w podeszłym wieku, rozmawiając o tym, jak zimno było w Patagonii. Mój bilet upoważniał mnie do podróży pierwszą klasą. Większość czasu spędzałem w przedziale, gdzie pisałem o Buenos Aires i Borgesie; żałowałem, że nie spytałem go, w roli Boswella: „Dlaczego lis ma puszysty ogon, sir?".

Pierwszego wieczoru podczas kolacji – wino, dwie sałatki, obowiązkowy stek – przy moim stole siedział mężczyzna w mundurze wojskowym. Taki układ uzasadniała wyłącznie wygoda kelnera: w wagonie restauracyjnym siedziało tylko sześciu pasażerów, ale stłoczono nas razem, żeby kelner nie musiał biegać przez cały wagon, żeby nas obsłużyć. Siedzący obok mnie żołnierz był młody. Spytałem, dokąd jedzie.

– Do Comodoro Rivadavia – odparł. – To brzydkie miasto.

– Czyli też jedziesz to Patagonii.

– Nie mam wyboru – odpowiedział, prostując mundur. – Jestem na służbie.

– Musisz tam jechać?

– Każdy musi odsłużyć rok.

– Mogło być gorzej – powiedziałem. – Teraz nie ma wojny.

– Wojny nie ma, ale są problemy z Chile, wokół Kanału Beagle'a. Że też musiało to wypaść w tym roku! Kiepski rok na służbę. Może będę musiał walczyć.

– Rozumiem. Nie chcesz walczyć z Chilijczykami?

– Z nikim nie chcę walczyć. Chcę siedzieć w Buenos Aires. Jak ci się podobało miasto? Piękne, co? Piękne dziewczyny, co?

– Jaką armię ma Chile?

– Słabą i niezbyt liczną. Za to chilijska marynarka wojenna jest ogromna. Mają okręty, działa, wszystko. Nie martwię się o armię, ale boję się marynarki. Dokąd jedziesz?

– Do Esquel – odparłem.

– Dlaczego właśnie tam? – prychnął żołnierz.

– Bo tam dojeżdża pociąg.

– Pociąg dojeżdża też do Bariloche. Tam powinieneś pojechać. Góry, jeziora, śnieg, piękne domy. W Bariloche jest jak w Szwajcarii albo Austrii.

– Byłem w Szwajcarii i Austrii.

– Śnieg jest wspaniały.

– Przyjechałem do Ameryki Południowej, żeby uciec od śniegu. Tam, skąd wyruszyłem, leżały trzy metry śniegu.

– Chodzi mi o to, że Esquel jest ładne, ale Bariloche fantastyczne.

– Skoro tak mi radzisz, może po Esquel pojadę do Bariloche.

– Zapomnij o Esquel. Zapomnij o Patagonii. To brzydkie miejsca. Mówię ci, Buenos Aires to jest to.

A więc nawet tutaj, niedaleko maleńkiej mieściny, którą w Bostonie zaznaczyłem na mapie, ludzie próbowali mnie zniechęcić.

Tej nocy, słysząc rechotanie i kumkanie żab, wyjrzałem przez okno i zobaczyłem świetliki. Po winie spałem źle – czy dlatego Argentyńczycy zawsze rozcieńczali je wodą? – ale kiedy się rozbudziłem, wielki pomarańczowy krąg księżyca dodał mi otuchy. Przed świtem zapadłem w drzemkę; przespałem Bahía Blanca, miasto, które chciałem zobaczyć, a obudziłem się dopiero, gdy pociąg przejeżdżał przez Río Colorado. Zdaniem niektórych, właśnie tędy przebiega granica Patagonii; rzeczywiście, po przejechaniu na drugi brzeg, nie było nic do oglądania. Mówiono mi, że nicość stanowi dominującą cechę Patagonii. Po pewnym czasie wjechaliśmy jednak na tereny trawiaste, z bydłem pasącym się pod pustym niebem. Przez kolejnych kilka godzin było tylko to: trawa, bydło, niebo. Poza tym panował chłód. Pociąg mijał miasteczka, złożone z zabudowań gospodarskich o płaskich dachach, które szybko nikły w dali.

Po jedenastej rano dotarliśmy do miasta Carmen de Patagones, na północnym brzegu Río Negro. Po drugiej stronie mostu leżało miasto Viedma. Rzekę uznałem za autentyczną granicę między żyzną częścią Argentyny a zapylonym płaskowyżem patagońskim. Hudson rozpoczyna książkę o Patagonii opisem tej właśnie doliny rzecznej, a jej niestosowna nazwa pasowała do wielu poprzednich niestosowności nazewniczych, jakie obserwowałem od Meksyku. „Miejscowa ludność – pisze Hudson – błędnie nazwała tę rzekę Cusar-leofú, czyli Czarna Rzeka. Chyba że ten epitet miał opisywać tylko jej wartki, niebezpieczny nurt, bo rzeka wcale nie jest czarna [...] Woda spływająca z Andów przez kamienny, żwirowy kontynent jest cudownie czysta i morskozielona". Pociąg zatrzymał się na północnym brzegu, na stacji na skarpie. Kobieta sprzedawała na straganie czerwone jabłka, po pięć sztuk. Sprzedawczyni przypominała energiczne kobiety, które można zobaczyć w jesienny dzień w małym miasteczku w stanie Vermont: włosy spięte w kok, rumiane policzki, brązowy sweter i gruba spódnica. Kupiłem trochę jabłek i spytałem, czy są patagońskie. Tak, odparła, rosną tutaj. Po chwili dodała:

– Ależ piękny dzień!

Słońce świeciło jasno, mocny wiatr zginał topole. Pociąg miał godzinne opóźnienie, ale wcale mi to nie przeszkadzało. Właściwie, im dłużej mieliśmy stać, tym lepiej, ponieważ w Jacobacci miałem wysiąść o niewygodnej godzinie, wpół do drugiej nad ranem. Pociąg do Esquel odjeżdżał dopiero o szóstej rano.

„Dzięki jasnemu słońcu", pisał Karol Darwin, który przybył do Carmen na pokładzie statku *Beagle*, widok był „niemal malowniczy". Samo miasto wydało mu się jednak nędzne. „W przeciwieństwie do naszych, brytyjskich, te hiszpańskie kolonie nie mają w sobie elementów wzrostu"[1].

[1] Karol Darwin, *Podróż na okręcie „Beagle"*, przeł. K. Szarski, Kraków: Wydawnictwo Egis Libron, 2008, s. 123..

Pociąg przejechał przez rzekę. Chociaż miała tylko kilkaset metrów szerokości, doznanie, nawet po wielu podobnych w Ameryce Południowej, było zaskakujące: na drugim brzegu wjechaliśmy do innej, brunatnej krainy. Gleba piaszczysta i żwirowa, ani śladu cienia. W Carmen de Patagones pasło się bydło, rosły topole, zieleniła się trawa. Za Viedma trawa już jednak nie rosła. Nic, tylko karłowata roślinność i pył; natychmiast dwa pyliste demony zerwały się i pognały, kuśtykając w stronę horyzontu.

Lunch zjadłem w wagonie restauracyjnym. Sprzedawca wyrobów plastikowych, jadący do walijskiej osady Trelew, z niesmakiem wskazał ręką na okno i powiedział:

– Aż do Jacobacci nie ma nic, tylko to.

Początkowo można było błędnie uznać tę okolicę za żyzną. Na horyzoncie widnieje nieprzerwany pas zieleni, z prześwitującymi kępami krzewów. Gdy podjedzie się bliżej, ziemia jest zielonożółta i blaknie na pofałdowanym obszarze, znaczonym brunatnymi plamami. Wreszcie patrząc z bliska, człowiek zaczyna rozumieć iluzję: te rzadkie, drobnolistne cierniste krzewy stwarzają złudzenie zieleni, a właśnie te suche, łamliwe kształty porastają równinę. Cierniste krzaki tkwią korzeniami w pyle, pozostałe krzewy mają kolor porostów i wyglądają niemal jak grzyby. Na ziemi nie rosną nawet chwasty; nic, tylko krzaki, które równie dobrze mogłyby być uschnięte. Ptaki latają zbyt wysoko, by dało się je zidentyfikować. Nigdzie nie ma żadnych owadów. Ani śladu zapachu.

A to był dopiero początek Patagonii. Ciągle jeszcze jechaliśmy wzdłuż wybrzeża, wokół zatoki San Matías. Nikt by się nie domyślił, że ocean jest tak blisko, ale po południu wyłoniło się coś, co początkowo przypominało jezioro, ale stopniowo wypełniało się, coraz bardziej błękitniało, aż okazało się, że to Atlantyk. Ziemię nadal porastała karłowata roślinność, a dawne przypływy słonej wody jeszcze bardziej spustoszyły glebę.

Pociąg mijał wioski; na mapie ich nazwy zaznaczono jako miasteczka, ale właściwie żadna nazwa tu nie pasowała. Czym one były? Sześć płaskich, podniszczonych budynków, w tym trzy wychodki; cztery daleko od siebie rosnące drzewa, kulawy pies, kilka kurczaków i wiatr, wiejący z taką siłą, że para damskich majtek furkotała poziomo na sznurze. Gdzieniegdzie, na pustyni, stały pojedyncze domy z cegieł albo glinianych bloków. Te zagadkowe budynki były proste jak komiksowe obrazki. Parkany z gałęzi i patyków – co ogradzały, czego nie chciały wpuścić do środka? – nie pomagały zgłębić przeznaczenia tych chałup.

Pociąg dotarł do San Antonio Oeste, przypominającego oazę miasteczka nad niebieskimi wodami zatoki San Matías. Tu wysiadło około czterdziestu pasażerów, aby jechać dalej autobusami do patagońskich miast położonych bardziej na południe, Comodoro i Puerto Madryn. Widząc, że mamy opóźnienie, wysiadłem i spacerowałem na wietrze.

Z okna wagonu restauracyjnego wychylił się kelner.

– Dokąd jedziesz?

– Do Esquel.

– Nie!

– Przez Jacobacci.

– Nie! Tamten pociąg jest takiej wielkości! – Kelner zademonstrował palcami.

W Stanach i Meksyku nie chciałem mówić ludziom, dokąd jadę: nie sądziłem, że mi uwierzą. Później, w Ameryce Południowej, zacząłem wspominać o Patagonii, co przyjęto uprzejmie. Ale tutaj, gdy coraz bardziej zbliżałem się do Esquel, ludzie mówili o nim tak, jakby leżało coraz dalej. Odebrałem komunikat: nikt nie kończył podróży w takim miejscu; w Esquel podróże się rozpoczynały. Mimo to zawsze wiedziałem, że nie chcę pisać o życiu w takim miejscu; wymagało to umiejętności miniaturzysty. Bardziej interesował mnie sposób, w jaki się tam dostać, poezja wyjazdów. Tutaj dostałem się, wsiadając do metra pełnego ludzi dojeżdżających do Bostonu, którzy wysiedli i poszli do pracy, a pociąg pojechał ze mną dalej. Wytrwale trzymałem się wytyczonej trasy, i oto znalazłem się w San Antonio Oeste, w patagońskiej prowincji Río Negro. Podróż dostarczała zadowolenia; spacerowanie po tej stacji było nudne.

Pociąg ruszył dalej na południowy-zachód, do prowincji Chubut. Wszelka zieleń, nawet iluzoryczna, znikła. Dominowały półtony brązu i szarości, a niskie, brzydkie ciernistе krzaki rosły rzadziej i miały mniej liści. Pod krzakami można było dostrzec małe, sztywniejsze rośliny, twarde i kształtem przypominające koralowce. Ziemia nie była tu dość sproszkowana, by dało się z niej wycinać bloki. W dużych odstępach od siebie stały domy, ale zbite z kłód; dziwny to był widok w okolicy, gdzie nie rosły drzewa. Hudson i inni podróżnicy po Patagonii wspominają o ptakach – Hudson na wielu stronach rozwodzi się na temat śpiewu ptaków na pustyni – ale przez całe popołudnie zobaczyłem tylko duże jaskółki i jednego jastrzębia. Podobno miały tu żyć nandu, flamingi, czaple, ale kiedy zacząłem narzekać, że ich nie widzę, przypomniał mi się Thornberry w Kostaryce („Gdzie są papugi i małpy?"), więc przestałem wypatrywać ptaków. Zdumiewające, jak pusta była ta okolica. Borges nazwał ją ponurą, ale nie była ponura. Nie była właściwie żadna. Brakowało jej substancji, by mogła mieć nastrój. Pustynia jest czystym płótnem; to ty nadajesz jej rysy i nastrój, to ty pracujesz nad stworzeniem mirażu i nad jego ożywieniem. Mnie jednak brakowało ciekawości. Pustynia okazała się opustoszała; ja czułem się podobnie.

Przez okna wpadał drobny pył, unosił się na korytarzu i osiadał w małej salonce pośrodku wagonu. W salonce byli ludzie, ale pył prawie zasłaniał tych, którzy siedzieli pod ścianą wagonu, dwa metry ode mnie. Pył nigdy mi specjalnie nie przeszkadzał, ale teraz ledwo wytrzymywałem. Przenikał przez framugi drzwiowe, nieszczelne ramy okienne, gęstniał w wagonie.

Mimo to nie brakowało niespodzianek. Już straciłem nadzieję, że w Patagonii ujrzę roślinność, kiedy w Valcheta zobaczyłem ogrodzenie z topoli, okalające pole winorośli. Winnica na pustkowiu, a obok jabłkowy sad. Wszystko wyjaśniała rzeczułka Valcheta, płynąca z południa, od płaskowyżu wulkanicznego. Valcheta była wioską, podobnie jak wioski położone dalej na wschód, zawdzięczające swoje istnieje tej płynącej na północ rzece.

Na każdym postoju wysiadałem z pociągu tylko po to, żeby złapać oddech. Dzień stawał się coraz chłodniejszy, teraz robiło się już zimno, co komentowali pasażerowie, przyzwyczajeni do duchoty Buenos Aires. Nadal siedzieli w zapylonej salonce, niektórzy zasłaniali usta chustkami, prowadzili błahe rozmowy.

– Jaka pogoda jest w Bariloche?

– Deszczowo, bardzo deszczowo.

– Ależ, nie mówi pan prawdy! Jest pan bardzo okrutny!

– Dobrze, w takim razie pogoda jest cudowna.

– Wiem, że jest cudowna. Bariloche jest takie śliczne. Dojedziemy tam we wtorek rano!

Pasażerowie mieli aparaty fotograficzne. Z trudem powstrzymałem się od śmiechu na myśl o tym, że ktoś przyjechał tu z zamiarem pstrykania fotek. Co za pomysł! Widzisz niezwykły szczegół krajobrazu, po czym stwierdzasz, że to tylko kałuża w błocie, falująca na wietrze. Przed siódmą niskie słońce świeciło jasno, a przez kilka minut paskudne karłowate cierniste krzaki były pięknie oświetlone, rzucając długie cienie na pustyni. W oddali widniały ślady erupcji i zagłębienia; krajobraz stał się znajomy. Wypalony słońcem, pustynny krajobraz, który ogląda się na ilustracjach na końcu szkolnego wydania Biblii. „Palestyna", czytamy pod ilustracją, albo „Ziemia Święta". Człowiek patrzy i widzi: pył, uschnięte krzaki, błękitne niebo, podściółka dla bydła.

Tego wieczoru podczas kolacji dosiadła się do mnie młoda para z Buenos Aires, która niedawno odwiedziła Brazylię. Jak się domyślałem, to była ich podróż poślubna. Słońce zachodziło, niebo było jasnobłękitne, jasnożółte, krajobraz czarny; pociąg właśnie wjechał na smaganą wiatrem stację Ministro Ramos Mexía. Taka stacja nie figurowała na mapie. Kobieta przy stole mówiła: w Brazylii jedli obfite śniadania; widzieli tam dużo czarnych; wszystko było drogie. Za oknem, na peronie Ministro, chłopcy sprzedawali orzechy włoskie i winogrona.

Potem słońce zaszło. Natychmiast zrobiło się bardzo zimno i ciemno, a ludzie stojący blisko pociągu podeszli do zbyt jasnych reflektorów dworcowych. Jak ćmy, wyszli z mroku i zebrali się wokół światła.

Nasz zapylony wagon restauracyjny wydawał się luksusowy w porównaniu z tą stacją na odludziu. Młodożeńcy – przed chwilą rozmawiali o biedzie w Brazylii – zawstydzili się.

– Winogrona! Winogrona! Winogrona! – wołał za oknem chłopiec, unosząc kosz do okna wagonu.

– Ci ludzie są tu tacy biedni – powiedziała kobieta. Kelner właśnie podał nam steki, ale żadne z nas nie zaczęło jeść.

– Wszyscy o nich zapomnieli – dodał mąż.

Ludzie na peronie śmiali się i pokazywali coś palcami. Przez chwilę myślałem, że i pozbędziemy się poczucia winy: mieszkańcy Ministro wyglądali na dość wesołych. Pociąg ruszył dalej, a my zaatakowaliśmy steki.

Gdy młodożeńcy wrócili do przedziału, konduktor spytał, czy może się przysiąść.

– Naturalnie – odparłem i nalałem mu kieliszek wina.

– Chciałem pana o coś zapytać. Skąd pan ma darmowe pozwolenie na przejazd?

– Od pewnego generała – odpowiedziałem.

Konduktor nie drążył tematu.

– Argentyna jest drogim krajem, prawda? Niech pan zgadnie, ile zarabiam.

Pewien człowiek w Buenos Aires powiedział mi, że przeciętna pensja w Argentynie wynosi około pięćdziesięciu dolarów miesięcznie. Co prawda, wydało mi się to mało, ale teraz miałem okazję sprawdzić. Podałem równowartość pięćdziesięciu dolarów w peso i powiedziałem, że pewnie tyle zarabia.

– Mniej – odparł konduktor. – Znacznie mniej. – Potem wyjaśnił, że zarabia jakieś czterdzieści dolarów miesięcznie. – Ile zarabiają ludzie w Stanach?

Nie miałem serca wyznać mu prawdy. Postanowiłem osłodzić gorycz i powiedziałem, że konduktor zarabia może pięćdziesiąt dolarów tygodniowo.

– Tak myślałem – rzekł konduktor. – Widzi pan? Znacznie więcej niż my.

– Ale jedzenie w Stanach jest drogie – powiedziałem. – Tutaj jest tanie.

– Trochę tańsze, ale wszystko inne jest drogie. Chce pan kupić ubranie? Chce pan buty? Są drogie. Ktoś mógłby sądzić, że tak jest tylko w Argentynie. Nie, taka jest cała Ameryka Południowa. Niektóre kraje są znacznie biedniejsze niż my.

Konduktor nalał sobie wina, dodał wody sodowej i dodał cicho:

– Kiedy ludzie przyjadą tu w lipcu na Mundial, to się zdziwią. Tak jak pan. „Ależ to jest cywilizowane miasto!”, powiedzą. Potem zobaczą, jaka tu drożyzna, i zechcą wracać do domu!

– Interesuje się pan piłką nożną? – spytałem.

– Nie – warknął. Po chwili zastanowienia dodał powoli: – Nie. Ja nienawidzę piłki nożnej. Nie wiem dokładnie dlaczego. Pod tym względem jestem bardzo nietypowym człowiekiem. Większość ludzi szaleje na punkcie piłki nożnej. Chcę pan wiedzieć, co mi się w niej nie podoba?

– Tak, proszę mówić.

– To zbyt brudny sport. Nieuczciwy. Niech pan obejrzy mecz, to pan zobaczy. Zawodnicy bez przerwy kopią się po kostkach. Sędziowie mają to gdzieś. Kop, kop, trach, trach. Co za głupota. Piłka to nieuczciwy sport. Ludzie uwielbiają ją za brutalność, lubią oglądać bijatyki, krwawiące kostki. – Konduktor łyknął wina. – Ja? Ja lubię patrzeć na finezję. Na przykład tenis to ładny, czysty i bezpieczny sport, koszykówka też jest świetna. Nie ma tam żadnej bijatyki ani kopania. Sędzia zapisuje faule: trzy przewinienia i wypadasz z gry.

Później konduktor powiedział mi, że pracuje na kolei od trzydziestu dwóch lat.

– Był pan w Patagonii? – spytałem.

– To jest Patagonia. – Klepnął dłonią okno. Na dworze panował mrok, ale przez szczelinę między parapetem a framugą do wagonu sączył się pył. Możliwe, że konduktor wskazywał właśnie na ten pył.

– Rozumiem, że pracował pan dla Brytyjczyków.

– A, Brytyjczycy. Lubiłem ich, mimo że jestem Niemcem.

– Pan jest Niemcem?

– Jasne.

Konduktor mówił o tym jednak podobnie jak Amerykanie. „Jesteśmy Anglikami", mówią mieszkańcy Charlottesville w stanie Wirginia, odnosząc się do faktu, że ich przodkowie porzucili czarne od sadzy miasteczka górnicze w Yorkshire, zarobili dość pieniędzy na hodowli świń, żeby zostać ziemianami i nie dopuszczać Żydów do miejscowych klubów łowieckich. Pewien chłopak w moim liceum, dobry z algebry, wyjaśniał to swoim albańskim pochodzeniem.

Coś z tej niepewności i majstrowania przy rodowodach dało się zaobserwować w Argentynie. Argentyński konduktor powiedział mi, jak się nazywa. Nazwisko miał niemieckie.

– Niech pan posłucha, mam na imię Otto!

Oczywiście nie mówił po niemiecku. Pan DiAngelo i jego pyzaci kumple w wagonie restauracyjnym nie mówili po włosku. Kontroler biletów, pan Kovacs nie mówił po węgiersku. W Argentynie poznałem tylko jednego imigranta, który jeszcze się nie wykorzenił. W myślach nazywałem go pan Totalitarian: wierzył w dyktatorów, poza tym nazwisko Totalitarian brzmiało ormiańsko. Ubrany w luźną bluzę i małą niebieską czapeczkę, codziennie czytał ormiańską gazetę, ukazującą się w Buenos Aires. Z Armenii wyjechał sześćdziesiąt lat temu.

– Wysiada pan w Jacobacci? – spytał konduktor Otto.

– Tak. O której dojeżdżamy?

– Jutro, około drugiej nad ranem.

– Co mam robić w Jacobacci?

– Czekać – odparł. – Pociąg do Esquel odjeżdża dopiero o wpół do szóstej.

– Jechał pan tym pociągiem, tak?

Wyraz twarzy Otto mówił „Chyba żartujesz!". Wykazał jednak dość wyrozumiałości i przytomności, by powiedzieć:

– Nie, w pociągu do Esquel nie ma wagonu restauracyjnego. – Zamyślił się, pijąc wino. – W tym pociągu w ogóle nie ma wiele. Jest mały. – Użył hiszpańskiego podwójnego zdrobnienia: – Jest tyci, tyci. Telepie się godzinami. Proszę się położyć. Obudzę pana, kiedy dojedziemy.

Wypił resztę wina z wodą sodową, zagrzechotał kostkami lodu, po czym wrzucił je do ust. Wreszcie wstał, wyjrzał przez czarne okno na czarną Patagonię i żółty księżyc, w fazie między połówką a pełnią. Konduktor żuł lód zębami trzonowymi. Kiedy nie mogłem dłużej znieść chrzęstu, poszedłem spać. Niewiele rzeczy razi ludzkiego ducha bardziej, nawet w Patagonii, niż stojący za tobą człowiek, który żuje i ssie kostki lodu.

Stary Ekspres Patagoński

Otto nie musiał mnie budzić, uczynił to pył, który wypełnił mój przedział. Ekspres Jeziora Południa mknął po płaskowyżu, gdzie rzadko pada deszcz (na co mi tu nieprzemakalne buty?), wzbijając pył, który, pod wpływem pędu, wpadał przez łomoczące okna i dzwoniące drzwi. Obudziłem się zduszony, z prześcieradła zrobiłem maskę, żeby móc oddychać. Otworzyłem drzwi i uderzył we mnie pył. Nie była to zwyczajna burza pisakowa, ale raczej katastrofa w kopalni: łoskot pociągu, ciemność, pył, zimno. Nie groziło mi, że prześpię stację Ingeniero Jacobacci. Po północy czułem się w pełni rozbudzony. Gdy zacisnąłem szczęki, między zębami trzonowymi zazgrzytały ziarenka piasku.

Doprowadziłem do porządku zawartość walizki, poupychałem po kieszeniach jabłka kupione w Carmen de Patagones, wyszedłem na korytarz i usiadłem, w oczekiwaniu na sygnał od Otta. Pył wyfruwał z korytarza, zbierał się wokół żarówek, pokrywał lustra i szyby jakby futerkiem chomika. Przytykałem do twarzy chustkę. Mycie się nie miało sensu; brakowało mydła, woda była lodowata.

Po pewnym czasie pojawił się Otto. W kolejarskim mundurze włożonym na piżamę wyglądał na mocno złachanego. Postukawszy palcem w zegarek, powiedział zaspanym głosem:

– Za dwadzieścia minut Jacobacci.

Bardzo chciałem wrócić do łóżka. Ostatnią rzeczą, jakiej pragnąłem, było opuszczenie bezpiecznego pociągu i wyjście w nieznane. Zapylony pociąg był moim gniazdem; na dworze panowała pustka i nic nie było pewne. Wszyscy przestrzegali mnie przed pociągiem do Esquel. Cóż jednak mogłem począć? Musiałem dojechać do Esquel, żeby wrócić do domu.

Spodziewałem się, że tylko ja wysiądę na stacji Ingeniero Jacobacci, ale się myliłem. Poza mną wysiedli dwaj starsi mężczyźni, którzy oprócz bagażu taszczyli pojemniki z benzyną, kobieta z jednym dzieckiem na ręku, drugim idącym za nią, para z walizką obwiązaną sznurkiem i paskami, i jeszcze kilka innych cieni. Na stacyjce było akurat dość miejsca dla nas wszystkich. Postój pociągu i dworcowe latarnie zbudziły pasażerów drugiej klasy, a na ich bladych twarzach malowało się zmęczenie. Pociąg sapał na stacji przez pół godziny, w końcu ruszył bardzo powoli. Pozostawił po sobie pył, półmrok i ciszę. Można było odnieść wrażenie, że zabrał za sobą cały świat.

Ten pociąg ekspresowy – jak bardzo pragnąłem znowu się w nim znaleźć – zamazał odległość i wysokość. Na stacji Jacobacci przeczytałem informacje. Oto znajdowaliśmy się ponad tysiąc sześćset kilometrów od Buenos Aires, a od Carmen de Patagones, leżącego na poziomie morza, wznieśliśmy się na wysokość około tysiąca metrów, na płaskowyż, który opadał dopiero do Cieśniny Magellana. Przy tym wietrze, na tej wysokości, o drugiej nad ranem w Jacobacci panował ziąb. Nikt nie zatrzymuje się w Jacobacci, mówili ludzie. Teraz mogłem zadać temu kłam. Z ekspresu wysiedli pasażerowie, którzy, jak zakładałem, podobnie jak ja czekali na pociąg do Esquel. Teraz rozejrzałem się za nimi, ale zniknęli.

Co się z nimi stało? Chyba rozpłynęli się na wietrze, w ciemności, w tych chatach na pustyni. Ci ludzie nie przesiadali się do innego pociągu, oni mieszkali w Jacobacci. Później uznałem tę myśl za naiwną, ale wtedy zastanawiałem się nad tym, jakie to dziwne, że akurat w tym miejscu postanowili mieszkać ludzie: imigranci oraz ich dzieci. W tej okolicy brakowało wody, cienia, drogi były okropne, płatnej pracy jak na lekarstwo. Niezależnie od tego, jak twardzi byli to ludzie, nie mieli przecież wytrwałości i pomysłowości Indian, którzy zresztą nigdy nie żyli w tej części Patagonii. Na północnym wschodzie leżały żyzne łąki Bahía Blanca, na zachodzie jeziora i tyrolski raj Bariloche. Z powodu stada owiec i bydła, a także zaskakującego uporu ludzie żyli w tym małym patagońskim miasteczku, gdzie linia kolejowa się rozwidlała. To była jednak naiwna myśl. Są bowiem ludzie, dla których przestrzeń jest ważniejsza niż trawa i drzewa; dla nich duże miasta i lasy niosły ze sobą chaos. Tutaj mogłeś być sobą, powiedział mi w Patagonii pewien Walijczyk. Cóż, to akurat była prawda.

Walizkę zostawiłem na peronie, przez pewien czas przechadzałem się, paląc fajkę. Najbliższy pociąg do Buenos Aires odjeżdżał za trzy dni. Plakat UNESCO na ścianie dworca informował mnie o niedożywieniu w Ameryce Południowej. Podobnie jak w Gwatemali, napisy głosiły: „Pojedź pociągiem – jest tańszy!" Drugi brzmiał: „Pociąg jest twoim przyjacielem – Bądź przyjacielem pociągu!" Na słupie wisiał dzwonek z brązu, podobny do starych dzwonków szkolnych. Zawiadowca zadzwonił nim tuż przed odjazdem ekspresu Jeziora Południa, ale nikt nie wsiadł.

Ekspres odjechał w jednym kierunku, pasażerowie z Jacobacci udali się w przeciwnym. Jak Izmael, zostałem sam: „ja sam uszedłem, by ci o tym donieść"[1]. Na ponurej stacji panował chłód, ale musiałem czekać cztery godziny na tyci, tyci pociąg do Esquel. Mimo to myślałem sobie: jest idealnie. Jeżeli jednym z celów podróżowania ma być dreszczyk odkrywcy i poczucie, że jesteś sam, że po przejechaniu dwudziestu czterech czy ponad trzydziestu tysięcy kilometrów przegoniłeś wszystkich i wyruszasz na samotną wyprawę na odludzie, to zrealizowałem marzenie

[1] Hi, 1, 16.

podróżnika. Pociąg przejeżdża tysiąc sześćset kilometrów z Buenos Aires, zatrzymuje się na pustyni, a ty wysiadasz. Rozglądasz się, jesteś sam. To przypomina przyjazd i samo w sobie jest jak odkrycie. Na niebie świeciły nieznane konstelacje gwiazd, nawet księżyc wyglądał inaczej, jak rewers tego, który znałem. Wszystko było nowe. W najlepszych książkach podróżniczych słowo „sam" jest sugerowane na każdej ekscytującej stronie, subtelne i niewymazywalne, jak znak wodny. Niewygody podróży równoważyło zadufanie, świadomość tego, że można o tym wszystkich napisać – przecież celowo wyruszyłem w podróż, żeby napisać książkę, prawda? Sam, sam: oto dowód, że mi się udało. Musiałem przejechać kawał drogi, żeby osiągnąć ten stan.

– Herbaty? – zachrypiał czyjś żabi głos.

Zawiadowca miał na sobie zimowy płaszcz, szalik, stare buty i srebrną odznakę Linii Kolejowych General Roca na kołnierzu. Maleńki piecyk gazowy w jego biurze dawał nieco ciepła, niewielki, poobijany imbryk kołysał się na palenisku domowej roboty.

– Czekam na pociąg do Esquel – powiedziałem, uznałem bowiem, że powinienem wyjaśnić.

– Esquel to bardzo miłe miejsce.

Tak to wyglądało od strony Jacobacci. Zawiadowca był pierwszą osobą, jaką spotkałem, która chwaliła Esquel. Ale zerknąwszy na Jacobacci, mogłem zrozumieć dlaczego. Ludzie z Belchertown w Massachusetts zawsze mieli coś dobrego do powiedzenia o Holyoke.

Zawiadowca umieścił liście mate (pochodzące z wiecznie zielonego ostrokrzewu) w małym kubeczku, do którego wsunął srebrną rurkę. Na naczynku zrobionym z krowiego rogu widniało toporne, ozdobne liternictwo.

– W Esquel można robić wiele rzeczy. Są hotele, restauracje, duże gospodarstwa. Jak przejedziesz może pięćdziesiąt kilometrów, znajdziesz uroczy park: drzewa, trawa, wszystko. Tak, Esquel to miłe miejsce.

Zawiadowca zalał liście wrzątkiem i wręczył mi naczynie.

– Dobra?

– Bardzo. Lubię mate. – Zawiadowca wsypał za dużo cukru, przez co napój smakował ohydnie.

– Pytałem o kubek.

Wtedy mu się przyjrzałem.

– Krowi róg – powiedział zawiadowca. – Kubek jest z Paragwaju.

Tyle dało się przeczytać na boku naczynia. Powiedziałem, że jest bardzo ładne.

– Był pan w Paragwaju?

Zawiadowca wzruszył ramionami i odparł:

– Moja żona. Jej brat tam mieszka. Odwiedziła go w zeszłym roku – uśmiechnął się. – Samolotem.

Kiwając głową, parzył kolejny kubek mate. Pytałem go o Jacobacci, pociąg, Patagonię. Zawiadowca odpowiadał nieciekawie. Chciał rozmawiać tylko o pieniądzach. Ile kosztowała moja walizka? Ile kosztuje dom w Stanach Zjednoczonych? Ile zarabiam? Ile kosztuje nowy samochód? W ramach odpowiedzi, powiedziałem mu, ile kosztuje w Massachusetts funtowy stek. To go zatkało, przestał narzekać i zaczął się przechwalać ceną befsztyka z polędwicy.

Gdyby tylko powiedział: „Chce pan usłyszeć coś dziwnego?". Zawiadowca miał wystarczająco dużo lat, by znać dobrą historię. Nic takiego jednak nie powiedział; przysypiał, wiało chłodem, dochodziła trzecia nad ranem. W końcu zostawiłem go i wyszedłem. Idąc wzdłuż torów, oddaliłem się od stacji. Wiatr w ciernistych krzewach szeleścił jak piasek w szybie. Powietrze pachniało pyłem. Wyboista monotonia Patagonii lśniła niebiesko w świetle księżyca.

Wtem usłyszałem warkot. W odległości może trzydziestu metrów stała niska czarna chałupa; pewnie odgłos moich kroków na żwirze obudził psa, który zaczął szczekać. Szczekanie zbudziło psa znajdującego się bliżej mnie, a ten zaczął głośno ujadać. Nigdy nie zdołałem opanować dziecięcego lęku przed pogryzieniem przez psa, a na widok dużych szczekających psów kostnieję z przerażenia. W moich najgorszych koszmarach ślinią się wilczarze. Najbardziej agresywne należą do starszych ludzi, pięknych kobiet, szkaradnych karłów i bezdzietnych małżeństw. „On nie zrobi ci krzywdy", mówią ci ludzie, bawiąc się moim przerażeniem, na co chcę odpowiedzieć: „Może i nie, ale ja mogę zrobić krzywdę jemu". Dobrze wiadomo, że wiele psów w Ameryce Południowej choruje na wściekliznę. Nie są to kulący się pariasi, jakich widziałem na Cejlonie i w Birmie, ale wilcze stworzenia z pokaźnymi kłami. W indiańskich wioskach w Peru i Boliwii zawsze widziałem psy, z reguły czujniejsze od samych Indian. Te głupie stworzenia goniły za pociągiem, a ja bałem się, że dostanę wścieklizny. „Lekarstwo jest równie przykre jak choroba". Nie był to zresztą lęk irracjonalny: widziałem ogłoszenia ostrzegające przed wściekłymi psami.

Z ciernistych krzaków wyłonił się pies, mniejszy niż sugerowało to szczekanie – wielkości mniej więcej tornistra – i wypadł na tory. Zwierzę kuliło się, warczało, wzywało towarzysza. Wsunąwszy ręce do kieszeni, zacząłem się cofać. Spojrzałem w tył, na oświetloną stację; ależ głupio zrobiłem, że odszedłem tak daleko. Obydwa psy czujnie zbliżały się do mnie po torach, raz po raz wypadały do przodu z głośnym szczekaniem. Rozejrzałem się za kijem (czy uderzenie sprowokowałoby je do morderczego ataku, czy odpędziło?), ale znajdowałem się na pustyni. Z wyjątkiem kilku topoli na stacji, w promieniu setek kilometrów nie rosły żadne drzewa. Chciałem biec, ale wiedziałem, że psy odczytają to jako przejaw tchórzostwa i rzucą się na mnie. Dalej się cofałem, nie spuszczając psów z oczu i bojąc się tak bardzo, że nie mogłem ich nienawidzić. Bliżej stacji dodały mi otuchy topole: przynajmniej mogłem wdrapać się na drzewo. Poza tym paliło się tu światło, co najwyraźniej niepokoiło psy. Trzymały się w cieniu, śmigały między wagonami, a gdy ujrzały, że schroniłem się na peronie, zaczęły się uganiać za sobą. Kiedy już nic mi nie groziło, mogłem poczuć nienawiść do tych małych, durnych, żałosnych i kulawych stworzeń.

Zawiadowca stacji usłyszał harmider.

– Nie odchodź za daleko – poradził. – Tam jest mnóstwo psów.

Walizkę zataszczyłem na drewnianą ławkę. Wcześniej pozbyłem się wszystkich książek oprócz Boswella, którego teraz zacząłem ponownie czytać. Dłonie skostniały mi z zimna. Odłożywszy książkę, naciągnąłem jeszcze jeden sweter, dłonie wsunąłem do kieszeni i położyłem się na ławce, pod napisem *Pociąg jest twoim przyjacielem*. Wpatrując się w żarówkę, dziękowałem w duchu za to, że nie pogryzł mnie wściekły pies.

Lęk przed pogryzieniem, racjonalny czy nie, stale mi towarzyszył. Samotna podróż daje różne rodzaje zadowolenia, ale niesie też równie wiele lęków. Najgorszy z nich jest zarazem najtrwalszy: to lęk przed śmiercią. Nie sposób samotnie podróżować przez kilka miesięcy, dotrzeć do Patagonii i nie czuć, że zrobiło się coś głupiego. W zimnej porze przed świtem, na odludziu, cały pomysł jawi się jako zbędne, całkowicie pozbawione sensu ryzyko. Oto przyjechałem sam, znajdowałem się już prawie u celu, ale po co? Zamierzałem dobrze się bawić; nie chciałem niczego udowadniać. A jednak dzień po dniu towarzyszy mi lęk. Przejeżdżanie obok wypadku samochodowego, czytanie o katastrofie kolejowej, widok konduktu żałobnego lub cmentarza; jazda z tyłu pędzącego autobusu lub widok zamkniętych drzwi przeciwpożarowych (w większości hoteli, gdzie się zatrzymywałem, drzwi przeciwpożarowe zamykano na kłódkę, żeby złodzieje nie mogli się włamać), pisanie kartki i dwuznaczność zdania „To moja ostatnia podróż" – wszystko to dzwoniło w moim umyśle jak dzwon pogrzebowy.

Zostawiłem bezpieczne pielesze domowe i wyruszyłem w niebezpieczne strony. Ryzyko śmierci wydawało się tym większe, że dotychczas nie przydarzyło mi się jeszcze nic złego. Najwyraźniej podróżowanie do Patagonii w ten sposób było wyzywaniem losu. Obsunięcia się ziemi, katastrofy lotnicze, zatrute jedzenie, wściekłe psy – aby ich uniknąć potrzebowałeś ochronnego zaklęcia. Leżąc na tej ławce na stacji, nie winszowałem sobie z tego powodu, że przemierzyłem już taki kawał drogi, że znalazłem się już o włos od celu. Przeciwnie, rozumiałem, dlaczego ludzie śmiali się pod nosem, kiedy mówiłem im, dokąd jadę. Mieli rację, że szydzili; na swój prosty sposób dostrzegali daremność całego przedsięwzięcia. Pan Thornberry powiedział w dżungli w Kostaryce: „Wiem, co chcę zobaczyć. Papugi i małpy! Gdzie one są?". W Patagonii żyły guanako („Guanako plują na ludzi!"). Czy rzeczywiście warto było ryzykować życie, by zobaczyć guanako? Albo, inaczej mówiąc, czy warto spędzić choćby jedną noc, kostniejąc z zimna na ławce na patagońskiej stacji kolejowej, aby usłyszeć śpiew osławionego dzierzbowrona? Wtedy tak nie uważałem. Później cała podróż wydała mi się tak fascynująca, że zapomniałem o lęku. Dopisało mi szczęście. Podczas podróży często wyglądałem przez okno i myślałem: jak okropnie byłoby tutaj umrzeć.

Poza tym bałem się, że zgubię paszport czy bilet powrotny albo ukradną mi wszystkie pieniądze; bałem się, że zachoruję na zapalenie wątroby i spędzę dwa miesiące w szpitalu w beznadziejnym miejscu, takim jak Guayaquil czy Villazón. To były uzasadnione obawy. „Codziennie ryzykujemy życie, przechodząc przez ulicę", pocieszają nas znajomi. Ale w Andach i prymitywnych krajach ryzyko jest większe, a każdy, kto twierdzi inaczej, jest głupcem.

Mimo to leżąc na ławce w Jacobacci, cieszyłem się, że przegoniłem wszystkich. Chociaż znajdowałem się w miasteczku z jedną główną ulicą i stacją kolejową, z ludźmi, psami i elektrycznością, Jacobacci leżało tak blisko krańców ziemi, że czułem się jak samotny odkrywca w nieznanej krainie. To złudzenie (podobne do złudzenia odczuwanego na biegunie południowym czy u źródeł Nilu) dostarczało wystarczającej satysfakcji, bym chciał jechać dalej.

Po drzemce obudziłem się zmarznięty. Próbowałem nie spać, próbowałem zachować ciepło. Jeszcze trzy razy ruszyłem na spacer, obchodząc psy szerokim łukiem. Koguty piały, ale świt nie nadchodził; słyszało się tylko wiatr, napierający na stację.

Do Ingeniero Jacobacci przyjechałem w ciemności. Kiedy wreszcie wsiadłem do pociągu, ciągle panował mrok. Zawiadowca znowu poczęstował mnie herbatą i powiedział, że mogę wsiadać do wagonu. Zgodnie z przestrogami, okazał się mały, pełen pyłu, który naleciał przez okna. Przynajmniej mogłem usiąść. O piątej zaczęli się schodzić ludzie. Trudno w to uwierzyć, ale nawet o tej porze odprowadzali przyjaciół i krewnych do pociągu. Już w Boliwii i Argentynie zwróciłem uwagę na ten zwyczaj. Pocałunki, uściski, machanie ręką, a na większych stacjach płaczący mężczyźni, którzy rozstawali się z żonami i dziećmi – wszystko to wydawało mi się wzruszające i kłóciło się z komiczną postawą macho.

Po chwili rozległ się świdrujący odgłos parowego gwizdka, rozbrzmiał dworcowy dzwon. Odprowadzający wysiedli z pociągu, pasażerowie wsiedli i tuż przed szóstą ruszyliśmy.

Na błękitnym niebie jaśniał księżyc. Słońce jeszcze nie wzeszło, a okolica wokół Jacobacci miała barwę niebieskoszarą i jasnobrunatną. Zanim niebo na wschodzie pojaśniało, wyjechaliśmy z miasta. Widok wzgórz mnie uradował. Ponieważ przyjechaliśmy w nocy, zakładałem, że okolica okaże się płaska, tak jak jałowe tereny wokół wioski Ministro Ramos Mexía, gdzie chłopcy sprzedający winogrona nawoływali i podskakiwali w pyle. Tutaj jednak było inaczej, a bezchmurne niebo zapewniało mnie, że wstaje ciepły dzień. Zjadłem jabłko, wyjąłem Boswella, a gdy wzeszło słońce, zasnąłem.

Pociąg był stary, a chociaż na tym etapie powinienem był przywyknąć do osobliwości południowoamerykańskich pociągów, wydał mi się dziwny. Chłopak siedzący po drugiej stronie przejścia patrzył, jak ziewam.

– Czy ten pociąg ma nazwę? – spytałem.

– Nie rozumiem.

– Pociąg, którym jechałem z Buenos Aires, nazywał się Gwiazda Polarna, ekspres do Bariloche nazywa się Jeziora Południa. Ten do Mendoza nosi nazwę Wyzwoliciel. O to pytam.

– Ten pociąg jest zbyt mizerny, żeby mieć nazwę – zaśmiał się chłopak. – Rząd zastanawia się, czy go nie zlikwidować.

– Czy nie nazywa się Strzała Esquel albo jakoś tak?

Chłopak potrząsnął przecząco głową.

– Albo Ekspres Patagoński?

– Stary Ekspres Patagoński – powiedział chłopak. – Ale ekspresy powinny jeździć bardzo szybko.

– Nigdy tak nie jest – odparłem. – Ekspres do Tucumán, którym jechałem, spóźnił się o godzinę. – Z jednej stacji, Humahuaca, wyjeżdżaliśmy przez sześć godzin.

– To przez powodzie, deszcze – wyjaśnił chłopak. – Tutaj nie pada, ale to i tak wolny pociąg. Wszystko przez te wzgórza. Widzisz, ciągle krążymy w kółko.

To prawda. Malownicze patagońskie wzgórza i doliny, które sprawiły mi taką radość, bo stanowiły urozmaicenie, były przyczyną żółwiego tempa pociągu. Po linii prostej podróż nie trwałaby dłużej niż trzy godziny, ale przyjazd do Esquel planowano o dwudziestej trzydzieści, czyli po blisko czternastu godzinach. Wzgórza były nie tyle wzgórzami, ile nieudanymi sufletami.

Pociąg był parowy, a ja, po raz pierwszy od wyjazdu, żałowałem, że nie wziąłem aparatu, żeby zrobić mu zdjęcie. Przypominał uszkodzony samowar na kołach, z żelaznymi płatami na kotłach, kapiącymi rurami pod spodem, ciurkającymi zaworami i metalowymi wypustami, z których strzelały strumienie pary. Napędzany olejem, nie wypuszczał czarnego dymu, ale miał problemy z oskrzelami; przy wzniesieniach terenu sapał z trudem, a zjeżdżając, dziwnie rzęził i jakby tracił kontrolę. To była kolej wąskotorowa, a niewielkie wagony wykonano z drewna. Pierwsza klasa nie była czystsza niż druga, ale miała siedzenia z wyższymi oparciami. Pociąg skrzypiał, a kiedy się rozpędzał, co działo się rzadko, połączenia wagonów tak łomotały, szyby w oknach dzwoniły, drewno jęczało, że czułem, jakby cała konstrukcja miała za chwilę rozlecieć się na kawałki i runąć do jednego z suchych wąwozów.

Krajobraz wyglądał prehistorycznie, jak ścienne malowidło, na tle którego wystawia się w muzeum szkielet dinozaura: proste, groźne wzgórza i żleby; cierniste krzewy i skały; wszystko wygładzone przez wiatr, jak gdyby potężna powódź ogołociła teren, usuwając znaki szczególne. Wiatr nadal pracował, nie pozwalał drzewom rosnąć, żyzną glebę wywiewał na zachód, odsłaniał skały, obnażał korzenie szkaradnych krzewów.

Pasażerowie wyglądali przez okna tylko na stacjach, kiedy chcieli kupić winogrona lub chleb. Jedną z zalet podróży kolejowej jest to, że wyjrzawszy przez okno, możesz ustalić, gdzie jesteś. Nie potrzeba żadnych oznakowań. Wzgórze, rzeka, łąka – takie znaki rozpoznawcze mówią ci, jak daleko zajechałeś. Ale ta okolica nie miała znaków rozpoznawczych, a raczej składała się wyłącznie z nich, nie do rozróżnienia między sobą: tysiące wzgórz i suchych koryt rzecznych, miliardy jednakowych krzaków. Na przemian drzemałem i budziłem się; mijały godziny; krajobraz za oknem nie ulegał zmianie. Jedna stacja przypominała drugą – szopa, betonowy peron, gapie, chłopcy z koszami, psy, sfatygowane ciężarówki.

Z braku lepszych zajęć, zacząłem wypatrywać guanako. Ani śladu. Okolica obfitowała za to w ptaki: małe i ćwierkające, takie jak jerzyki i wróble, a także ciemne sokoły i jastrzębie. Patagonia jest przede wszystkich azylem dla ptaków. Żyją tu sowy, bliżej Andów widzi się orły, a dalej na południe olbrzymie albatrosy. Brzydota krajobrazu nie ustępowała, więc nie miałem najmniejszej ochoty ruszać się z tego pociągu. „Jesteśmy wdzięczni pociągowi niby jakiemuś bogu, który prowadzi nas wartko przez cień i czyhające zagrożenia – pisał Robert Louis Stevenson. – Lekko suniemy przez tę straszliwą krainę, jak mewa, która bezpiecznie umyka przed burzą i zębami rekina".

Chłopak po drugiej stronie przejścia spał. Przyjrzawszy się jemu i pozostałym, zdumiałem się, jak bardzo są do mnie podobni. Na wczesnym etapie podróży uznałem, że jestem nietypowym podróżnym: nie mam żadnych kart kredytowych, plecaka, nie byłem wystarczająco dobrze ubrany, by uchodzić za turystę w dziesięciodniowej podróży po ruinach i katedrach; nie byłem też wystarczająco brudny i złachany, by uchodzić za włóczęgę. Kiedy ludzie pytali mnie, co robię, przedstawiałem się jako nauczyciel geografii („Przerwa wielkanocna!"), ale rozmówcy wątpili, czy mówię prawdę. Gdy wspominałem o żonie i dzieciach, dziwili się, że nie ma ich ze mną. Trudno było to wyjaśnić. Turyści uważali, że zszedłem na złą drogę, włóczędzy brali mnie za intruza, miejscowi w ogóle mnie nie rozumieli. Trudno było przekonać kogokolwiek, że nie przyświeca mi ukryty cel, że nie uciekam, nie jestem oszustem, nie knuję. Najgorsze było to, że knułem, ale nie chciałem się z tym zdradzić. Gdybym powiedział Thornberry'emu, Wolfgangowi, tamtej kobiecie z Veracruz, Bertowi i Elverze Howie, że jestem pisarzem, tamci wzięliby nogi za pas albo – jak to ujął Bert Howie – „powiedzieliby mi do słuchu".

Ale w tym pociągu, w Starym Ekspresie Patagońskim, wyglądałem jak pozostali: niedogolony, w miarę czysty, ze sfatygowaną walizką, o nieco europejskim wyglądzie, z opadającymi wąsami, w wytartych, nieprzemakalnych butach. Z ulgą stwierdziłem, że w końcu jestem anonimowy, ale w jakim dziwnym miejscu! Oto wtopiłem się w tło. Ale jakie tło! Zdumiewające: w tym pociągu byłem u siebie.

Chłopak się obudził.

– Jak daleko jest stąd do Norquinco? – spytał.

– Nie wiem – odparłem. – Wszystkie te miejscowości wyglądają tak samo.

– Jeszcze około dwóch godzin – odezwał się człowiek siedzący za mną. Nie wskazał dłonią na okno, ale spojrzał na zegarek. Krajobraz nie pomagał w ustaleniu, gdzie jesteśmy.

Chłopak miał na imię Renaldo, na nazwisko Davies i był Walijczykiem. W tej części Patagonii roiło się od Jonesów, Williamsów, Powellów i Pritchardów – walijskich rodzin, które przeprawiły się przez płaskowyż z Rowson, Trelew i Puerto Madryn z zamiarem założenia nowej walijskiej kolonii. Ludzie ci są twardzi, niezależni i skryci; nie są śpiewakami i marzycielami, jakich najczęściej kojarzy się z Walią. To zgoła inny typ: protestanci chodzący do kościoła, hodują owce, z sentymentem myślą o ojczyźnie, nigdy niewidzianej, i języku, którego nie znają. (Klasyczną pozycją literatury walijskiej jest *Dringo'r Andes – Wspinaczka w Andach* – autorstwa pisarki nazwiskiem Eluned Morgan, urodzonej nad Zatoką Biskajską w czasie wielkiej emigracji). Renaldo chciał mówić po angielsku, ale ponieważ jego angielszczyzna okazała się dla mnie niezrozumiała, rozmawialiśmy po hiszpańsku.

– Angielskiego uczyłem się na statku towarowym – wyjaśnił. – To niedobre miejsce do nauki.

Na statku pracował przez dwa lata, a teraz wracał do domu.

– Skoro pływałeś na statku, musiałeś odwiedzić Boston – powiedziałem.

– Nie, ale zwiedziłem całą Amerykę. Cały kontynent.

– Nowy Jork?

– Nie.

– Nowy Orlean?

– Nie. – Chłopak zrobił zdumioną minę. – Amerykę, nie Stany Zjednoczone.

– Amerykę Południową?

– Zgadza się, zwiedziłem ją całą. Całą Amerykę. Byłem też w Azji: Singapur, Hongkong, Bombaj. Zaliczyłem Afrykę: Durban, Kapsztad, Port Elizabeth. Byłem wszędzie. Renaldo pływał na statku peruwiańskim, ale załoga składała się głównie z Chińczyków i Hindusów.

– Hindusów dosyć lubiłem – mówił – Oni gadali, graliśmy w karty. Za to nie cierpiałem Chińczyków! Patrzą tylko na ciebie, nic nie mówią, a jak czegoś chcą… – Renaldo złapał dłonią powietrze. – Do siebie, do siebie, wszystko sobie biorą.

Kiedy spytałem go o wrażenia z Afryki Południowej, odpowiedź Renalda mnie zdziwiła:

– Afryka Południowa to bardzo złe miejsce. Bardzo ładne, ale społeczeństwo jest okrutne. Nie uwierzysz, ale mają tam napisy „Tylko dla białych". Taksówki, autobusy, sklepy: „Tylko dla białych". Biali oddzielnie, czarni oddzielnie. Dziwne, co? Większość ludzi jest czarna! – mówił Renaldo, bardziej zdumiony niż oburzony, ale zaznaczył, że mu się to nie podoba.

– Dlaczego? – spytałem.

– System „Tylko dla białych", „Tylko dla czarnych" jest głupi. Najwyraźniej mają duży problem.

Fakt, że niewykształcony Patagończyk potrafił dokonywać takich rozróżnień, napawał mnie otuchą.

– Wolałbym spędzić życie w Barranquilli niż w Durbanie – powiedział Renaldo. – A Barranquilla jest naprawdę okropna.

– To prawda – przyznałem. – Byłem w Barranquilli. Obmierzłe miasto.

– Czy to nie chlew? Szkaradzieństwo.

– Kiedy tam byłem, mieli właśnie wybory.

– Mieli wybory? Ha! – zawołał Renaldo. – Tam nic nie ma.

Na myśl o Barranquilli wprost się krztusił. Wyjrzałem przez okno na wydmowe wzgórza, niskie krzewy, oślepiające słońce i tumany pyłu wzbijane przez pociąg. W oddali kołował kondor – kondory nie trzepoczą skrzydłami. Obrzydzenie Patagończyka do Barranquilli brało się z nienawiści do powolnego rozkładu, pleśni oraz insektów. Tutaj nic nie gniło. Martwe stworzenie szybko stawało się wyschniętą padliną, kurczyło się, aż zostawały same kości. Nie było tu wilgoci, nie było stagnacji. Dominowała pustynna czystość, szybkie zniszczenie, powodowane słońcem i jałowym powietrzem, odwodniona dzicz, skamielina na boku planety. Nie przetrwało tu wiele żywych stworzeń, ale te, którym się udało, były praktycznie niezniszczalne.

– Czyli zobaczyłeś kawał świata – powiedziałem. – Ale dlaczego jedziesz do domu?

– Bo zobaczyłem kawał świata – odparł Renaldo. – Nigdzie nie jest tak jak tutaj. Znajdę pracę, może przy budowie domów albo naprawie silników. W Norquinco albo Esquel.

– Jadę właśnie do Esquel – rzuciłem.

– Można tam dojechać szybciej autobusem z Bariloche.

– Chciałem pojechać Ekspresem Patagońskim – wyjaśniłem.

– Tym starym!

Kiedy dotarliśmy do Norquinco, Renaldo przeciągnął walizkę do drzwi i powiedział:

– Królowa Anglii, wiesz, co mam na myśli.

– Królowa Elżbieta? Co z nią?

– Posiada ranczo koło Esquel. Mnóstwo bydła, bardzo ładne miejsce.

Popołudnie spędzone w tym pociągu przypominało wiele popołudni w południowoamerykańskich pociągach. Wspominałem ludzi, którzy zachowali się wobec mnie okrutnie; ćwiczyłem cięte riposty, jakimi należało ich poczęstować; wspominałem żenujące sytuacje z życia; ponownie przeżywałem drobne zwycięstwa i ciężkie klęski; wyobrażałem sobie, że żenię się z inną kobietą, mam dzieci, rozwodzę się; wybrałem się na prezydenta republiki bananowej i borykałem z hałaśliwą opozycją; ukończyłem medycynę, założyłem praktykę lekarską, przeprowadzałem skomplikowane operacje; przed liczną publicznością opowiadałem długą zabawną historię, ale na koniec nagrodę otrzymywał ktoś inny. Umarłem, a ludzie bardzo głośno o mnie mówili. Ot, typowe popołudnie w podróży.

Obrałem sobie na mapie mieścinę o nazwie Leleque i posługiwałem się nią jako punktem orientacyjnym. Do Leleque zostało jeszcze wiele godzin drogi. Pociąg jechał z mozołem, rzadko w linii prostej, czasami przystawał – krzyk, dzwonek, gwizd, szczekanie, i jechaliśmy dalej. Dotarło do mnie, że podróż dobiega końca, ale nie smuciłem się na myśl o tym, że za kilka godzin, może o zmroku, pociąg dowiezie mnie do celu, a dalej nie będzie już nic. Mój umysł galopował ku stacji Esquel, do samolotu do Buenos Aires i przyjazdu do domu. Tak, z lotniska wezmę taksówkę, niech szlag trafi pieniądze. Cel się zbliżał; ogarniało mnie zniecierpliwienie.

Ale ten krajobraz uczył cierpliwości, uważności, ostrożności. Jeśli człowiek chciał go naprawdę zobaczyć, musiał przyjrzeć się bardzo dokładnie. Pobieżny rzut oka nic nie dawał. Pracowita lokomotywa jechała wąskimi torami na skraju pustyni, zdawało się, że lada chwila wypluje wnętrzności, wybuchnie fontanną metalu i pary albo stopniowo zatrzyma się na zboczu, zsunie się w rozpadlinę i dalej nie pojedzie. Fakt, że tak stara lokomotywa ciągnie dalej, zakrawał na cud, toteż jej sapanie zaczęło mi się wydawać nie słabowite, ale energiczne.

Lokomotywa i krajobraz nie wystarczyły jednak, by wypełnić uwagę. Po pewnym czasie skupiłem się na lekturze Boswella, jadłem winogrona, drzemałem. Słońce zachodziło ku wysokim wzgórzom na zachodzie. Wiatr się ochłodził. Najwyraźniej nie miałem szansy dotrzeć do Esquel przed zmrokiem. Ciemność nadeszła w nagły, patagoński sposób, jak opadająca kurtyna. W chłodnej pustynnej ciszy rozlegały się tylko odgłosy pociągu i wiatru. Pociąg zatrzymywał się na stacyjkach przed Esquel, lokomotywa dygotała w ciemności, niebo stało się bezmiernym sitem błękitnych gwiazd.

Po ósmej zobaczyłem światła. Zacząłem się rozglądać za dalszymi, ale ich nie było. W tych miejscowościach nic nie widać, pomyślałem, dopóki człowiek nie znajdzie się ponad nimi. Nie wiedziałem, że właśnie znaleźliśmy się nad Esquel. Spodziewałem się czegoś więcej – oazy, może wyższych topoli, widoku przyjaznych barów, rojnej restauracji, rozświetlonego kościoła, czegokolwiek, co stałoby się znakiem mego przyjazdu. Albo spodziewałem się czegoś mniejszego, w rodzaju jednej ze stacyjek na trasie, jak Jacobacci: kilka chałup, psy, dzwon. Pociąg szybko opustoszał.

Znalazłem człowieka w kolejarskiej czapce, z odznaką kolejarza przypiętą do koszuli. Czy w pobliżu jest hotel?

– W Esquel jest pełno hoteli – odparł. – Niektóre są nawet dobre.

Wtedy poprosiłem, żeby podał nazwę jednego z nich, co też zrobił. Udawszy się tam, wykąpałem się w zimnej wodzie, choć nie z własnego wyboru. Później poszedłem do restauracji.

– Czego się pan napije? Czerwonego wina?

– Tak – odparłem.

– Co pan zje? Stek?

– Tak.

Nic nowego. Ale nastrój panował tu inny, jak w saloonie na Dzikim Zachodzie, na weekend zjechali się do miasta ludzie o ogorzałych twarzach, siedzieli w środku w skórzanych kurtkach, pewien człowiek oparł książkę na krześle. Kelnerzy uganiali się z tacami. Ujrzałem zegar, kalendarz, fotografię – przypuszczalnie miejscowej drużyny piłkarskiej – i podobiznę świętego.

Wcześniej zamierzałem pójść na spacer, znaleźć bar. Mięśnie bolały mnie po podróży, chciałem się rozluźnić. Ale tu, na krześle, zapadłem w drzemkę. Po pewnym czasie ocknąłem się i poprosiłem o rachunek.

Kiedy położyłem się do łóżka, piasek i żwir wysypał się spomiędzy kartek Boswella na moją klatkę piersiową. Przeczytałem zdanie, patrzyłem, jak piasek się wysypuje, strzepując go, zasnąłem.

Do Esquel zamierzałem dotrzeć w Wielką Sobotę, obudzić się w Wielkanoc i obejrzeć wschód słońca. Ale Wielkanoc minęła. Zaspałem, a dzień, który się zaczął, nie miał żadnej wyjątkowej daty. Wstałem i wyszedłem na dwór. Słoneczny, wietrzny dzień niczym nie różnił się od wszystkich innych dni w roku w tej części Patagonii.

Ruszyłem na stację. Stojąca na bocznicy lokomotywa, która przywiozła mnie do Esquel, wyglądała tak, jakby już nigdy nie miała pojechać. Mimo to byłem pewien, że pociągnie jeszcze sto lat. Minąwszy ją, przeszedłem obok parterowych domów, później dotarłem do jednoizbowych chałup, gdzie szosa skręcała w piaszczystą drogę. Kamieniste zbocze, trochę owiec, krzaki i chwasty. Przyjrzawszy się bliżej, na krzakach dało się dostrzec drobne różowe i żółte kwiatuszki, poruszane wiatrem. Podszedłem. Kwiatuszki zadrżały. Były śliczne. Za moją głową rozciągała się wielka pustynia.

Oto paradoks patagoński: warto tu być albo miniaturzystą, albo interesować się bezmiarem pustkowi. Brakowało sfery pośredniej, którą dałoby się studiować. Albo bezmiar pustyni, albo widok maleńkiego kwiatka. Należało wybrać między maleńkim a ogromnym.

Paradoks mnie rozproszył. Przecież przyjazd nie znaczył zupełnie nic. Liczyła się podróż. Postanowiłem, że pójdę za radą Johnsona. Na wczesnym etapie kariery przetłumaczył on książkę portugalskiego podróżnika po Abisynii. We wstępie Johnson pisze: „Autor nie zabawia czytelnika romantycznymi absurdami ani niewiarygodnymi zmyśleniami. Wszystko, o czym pisze, autentyczne czy nie, jest przynajmniej prawdopodobne. Człowiek, który nie przekracza granic prawdopodobieństwa, zasługuje na to, by uwierzyli mu ci, którzy nie mogą zadać mu kłamu".

Owce mnie zobaczyły. Młode zaczęły wierzgać. Po chwili zniknęły, a ja zostałem sam, jak mrówka na obcym mrowisku. W tej przestrzeni trudno było oszacować rozmiary czegokolwiek. Przez zarośla nie biegła żadna ścieżka, ale mogłem błądzić wzrokiem ponad nimi, ponad oceanem cierni, które z oddali wyglądały tak łagodnie, ale z bliska tak okrutnie, jak potargane bukieciki. Otoczenie było doskonale ciche, pozbawione wszelkich woni.

Dobrze wiedziałem, że znajduję się nigdzie, ale najdziwniejsze było to, że po tylu tygodniach podróży wciąż jestem na świecie, w punkciku u dołu mapy. Krajobraz miał surowy wygląd, ale nie mogłem zaprzeczyć, że wyróżniały go też cechy szczególne, a ja w nim trwałem. Oto dokonałem odkrycia: nigdzie jest miejscem.

Patagońska dolina przechodziła w oddali w szare skały, noszące odwieczne pręgi, rozłupane przez potopy. Przede mną wznosiły się wzgórza, wygładzone i zerodowane przez wiatr, teraz śpiewający w zaroślach. Pieśń wiatru wstrząsnęła krzewami. Po chwili one zastygły i pogrążyły się w ciszy. W górze błękitniało niebo. Kłębiasta chmura, biała jak kwiat pigwy, ciągnęła mały cień z miasta, albo z bieguna południowego. Patrzyłem, jak nadciąga. Chmura przeleciała nad krzewami, nade mną, krótki chłód, wreszcie powędrowała na wschód. Nie słyszałem żadnych głosów. Widziałem to, co widziałem, a chociaż w oddali były góry, lodowce, albatrosy oraz Indianie, nie było tu o czym mówić, nic nie mogło zatrzymać mnie na dłużej. Tylko paradoks patagoński: bezmiar przestrzeni, maleńkie kwiatki rośliny spokrewnionej z szałwią. Sama nicość, będąca dla nieustraszonego podróżnika początkiem, dla mnie oznaczała koniec. Oto przyjechałem do Patagonii, a kiedy przypomniałem sobie, że dotarłem tu z Bostonu, metrem, którym ludzie dojeżdżają do pracy, wybuchnąłem śmiechem.

Spis treści

przedmowa_ 7

rozdział_pierwszy_ Lake Shore Limited 17

rozdział_drugi_ Lone Star, czyli Samotna Gwiazda
Teksasu 51

rozdział_trzeci_ Aztec Eagle, czyli Aztecki Orzeł 66

rozdział_czwarty_ El Jarocho do Veracruz 97

rozdział_piąty_ Pasażerski do Tapachuli 118

rozdział_szósty_ 7:30 do Gwatemali 140

rozdział_siódmy_ 7:00 do Zacapa 164

rozdział_ósmy_ Wagon silnikowy do San Salvador 182

rozdział_dziewiąty_ Lokalny do Cutuco 200

rozdział_dziesiąty_ Pociąg Atlantic: 12:00 do Limón 219

rozdział_jedenasty_ Pociąg Pacific: 10:00
do Puntarenas 260

rozdział_dwunasty_ Balboa Bullet, czyli Pocisk Balboa
do Colón 274

rozdział_trzynasty_ Expreso del Sol do Bogoty 313

rozdział_czternasty_ The Expreso Calima 339

rozdział_piętnasty_ Autoferro do Guayaquil 365

rozdział_szesnasty_ Tren de la Sierra 387

rozdział_siedemnasty_ Pociąg do Machu Picchu 401

rozdział_osiemnasty_ El Panamericano 425

rozdział_dziewiętnasty_ La Estrella del Norte, czyli Gwiazda
Polarna do Buenos Aires 458

rozdział_dwudziesty_ Metro w Buenos Aires 480

rozdział_dwudziesty_pierwszy_ Ekspres Lagos del Sur, czyli Jeziora
Południa 501

rozdział_dwudziesty_drugi_ Stary Ekspres Patagoński 514

WYDAWNICTWO CZARNE sp. z o.o.
czarne.com.pl

Sekretariat: ul. Kołłątaja 14, III p., 38-300 Gorlice
tel. +48 18 353 58 93, fax +48 18 352 04 75
mateusz@czarne.com.pl, tomasz@czarne.com.pl
dominik@czarne.com.pl, ewa@czarne.com.pl
edyta@czarne.com.pl

Redakcja: Wołowiec 11, 38-307 Sękowa
redakcja@czarne.com.pl

Sekretarz redakcji: malgorzata@czarne.com.pl

Dział promocji: ul. Marszałkowska 43/1, 00-648 Warszawa
tel./fax +48 22 621 10 48
agnieszka@czarne.com.pl, dorota@czarne.com.pl
zofia@czarne.com.pl, marcjanna@czarne.com.pl
magda.jobko@czarne.com.pl

Dział marketingu: honorata@czarne.com.pl

Dział sprzedaży: piotr.baginski@czarne.com.pl
agnieszka.wilczak@czarne.com.pl, urszula@czarne.com.pl

Audiobooki i e-booki: anna@czarne.com.pl

Skład: d2d.pl
ul. Sienkiewicza 9/14, 30-033 Kraków
tel. +48 12 432 08 52, info@d2d.pl

Druk i oprawa: WZDZ – Drukarnia LEGA
ul. Małopolska 18, 45-301 Opole, tel. +48 77 400 33 51

Wołowiec 2016
Wydanie II
Ark. wyd. 22,2; ark. druk. 33,5